战斗在
敌人的心脏

解放战争时期南京户籍档案
整理研究（一）

中共南京市委党史工作办公室　南京市档案馆　编

中共党史出版社
南京出版社

图书在版编目（CIP）数据

战斗在敌人的心脏：解放战争时期南京户籍档案整理研究．一 / 中共南京市委党史工作办公室，南京市档案馆编．-- 北京：中共党史出版社；南京：南京出版社，2023.12

ISBN 978-7-5098-6304-6

Ⅰ．①战… Ⅱ．①中… ②南… Ⅲ．①户籍—历史档案—档案整理—研究—南京— 1945-1949 Ⅳ．① K295.31

中国国家版本馆 CIP 数据核字（2023）第 091154 号

书　　名：战斗在敌人的心脏——解放战争时期南京户籍档案整理研究（一）
作　　者：中共南京市委党史工作办公室　南京市档案馆

出版发行：中共党史出版社　南京出版社
责任编辑：王兵　安胡刚（特约）
社　　址：北京市海淀区芙蓉里南街 6 号院 1 号楼　邮编：100080
　　　　　南京市太平门街 53 号　邮编：210016
网　　址：www.dscbs.com　www.njcbs.cn
印　　刷：南京顺和印刷有限责任公司
开　　本：787mm × 1092mm　1/16
字　　数：600 千字
印　　张：38.75
版　　次：2023 年 12 月第 1 版
印　　次：2023 年 12 月第 1 次印刷
书　　号：ISBN　978-7-5098-6304-6
定　　价：128.00 元

编委会

目　录

· 导读

· 户籍卡及人物小传

市委委员

（以下人员按姓氏音序排列）

·综述文章

·回忆文章

· 文献资料

党的文献

其他文献

研究资料

·后记

导　读

抗日战争胜利后，国民党政府于1946年还都南京。1947年至1948年，国民党政府在南京连续开展了两次“户口总清查”与“户口总复查”，留下了一批以人口户籍卡为主的南京居民人口户籍统计档案。

2006年，南京市档案馆在接收这批档案后，对150多万张户籍卡片进行整理、编录，形成了“民国时期南京户籍卡档案”。2015年6月，经“中国档案文献遗产工程”国家咨询委员会评审和国家档案局批准，“民国时期南京户籍卡档案”入选第四批《中国档案文献遗产名录》。南京作为国民党政府的首都，有着独特的地位和影响，这套完整、详实的民国户籍档案在国内绝无仅有，它客观反映了抗日战争胜利后到国民党撤出大陆前南京市居民的人口状况，极具研究参考价值。在过去的南京地方党史研究中，着重挖掘和展示了中共南京地方组织为迎接南京解放所做出的艰苦卓绝的努力，以及所取得的历史功绩，但对解放前夕中共南京地下党员的个人资料研究尚不够深入。鉴于当时地下斗争的特殊性和严酷性，中共南京地方组织要求党员必须严格践行党的白区工作方针，做到职业化、社会化、合法化。因此，这批户籍卡档案便成为记录他们当时战斗和生活状态的最直接的见证。

习近平总书记要求我们，要用好用活丰富的党史资源，使之成为激励人民不断开拓前进的强大精神力量。为贯彻落实好习近平总书记的重要指示精神，进一步用好用活南京丰富的党史资源，从党的百年奋斗中汲取继续前进的智慧和力量，中共南京市委党史工作办公室、南京市档案馆、南京大学新中国史研究院联合成立课题组，以“民国时期南京户籍卡档案”研究为中心，共同开展中共南京地下党员户籍档案整理研究项目，并联合编撰出版《战斗在敌人的心脏——解放战争时期南京户籍档案整理研究》系列书籍。

为填补南京地方党史研究在户籍卡档案研究方面的空白，课题组组织工作团队从150多万份户籍卡档案以及其他相关档案中，全面搜寻中共南京地下党员的人生轨迹，力争以一个全新的视角，还原他们在敌人心脏地带的秘密斗争，追寻他们投身革命、前赴后继的初心，从而深入挖掘和展示中共南京地方组织战斗历程中所蕴含的以伟大建党精神为源头的革命精神，更加全面、客观地反映中国人民解放战争在南京的历史进程，书写南京人民在中国共产党领导下所进行的艰苦斗争和所取得的伟大胜利。

一、户籍调查的时代背景与开展课题研究的史料基础

（一）抗战胜利后南京开展户籍调查的时代背景

“抗战胜利后，面临着国内千疮百孔的窘境，国民政府在全国范围内展开了复员、接收和整顿的行动。为了确保这些工作的顺利完成，首要的、也是最为基础的工作就是对户籍有清晰的了解。特别是随着抗战的胜利，大量人口的流动，使得抗战期间的户籍调查结果失去了原有的意义，因此战后的户籍调查变得非常有必要。”[①]为了有效地完成户籍调查，南京国民政府在战前已有相关法规的基础上，于1946年1月3日修正公布《户籍法》[②]，1947年3月12日公布《户口普查法》[③]。此后，南京市民政局会同“首都警察厅”，先后开展了两次大规模的户籍调查行动，1947年的称为“户口总清查”，1948年的称为“户口总复查”，两次户籍调查行动均有着很深的时代背景。

1946年6月，国民党倚恃美国支持发动全面内战，为筹措内战经费，国民党政府不但对人民征收苛重的捐税，还无限制地发行纸币，引发恶性通货膨胀。国民党统治区陷入严重经济危机，人民在饥饿和死亡线上挣扎。“中国内战的日益扩大，不仅是国民党政府坚持独裁、内战、卖国政策的结果，也是美国政府为‘保持甚至增加国民政府势力’，支持、援助国民党的结果。”[④]驻华美军在中国横行霸道、胡作非为，激起中国人民极大的民族义愤。1947年新年伊始，南京两度爆发学生反美抗暴游行。南京人民在“抗暴运动中迸发出来的强烈的反美情绪，使刚刚召开过国民大会，陶醉在军事和政治‘胜利’中的国民党当局深感不安。南京首都警察厅发专报致教育部，报告南京各校的抗议示威活动”[⑤]。

“1947年2月28日，中共中央就国民党统治区的工作发出指示，指出党应‘力求从为生存而斗争的基础上，建立反卖国、反内战、反独裁与反特务恐怖

①南京市档案馆编：《民国珍档：民国名人户籍》，南京出版社2015年版，第11页。

②具体内容详见蔡鸿源主编：《民国法规集成》第41册，黄山书社1999年版，第385—391页。

③具体内容详见蔡鸿源主编：《民国法规集成》第42册，黄山书社1999年版，第9—10页。

④中共南京市委党史工作办公室编：《南京人民革命史》，南京出版社2005年版，第260页。

⑤中共南京市委党史工作办公室编：《南京人民革命史》，南京出版社2005年版，第269页。

的广大阵线’。”[①]针对国统区群众斗争日趋活跃的形势，1947年四五月间，中共上海分局先后向南京、上海等地党组织作出指示，要求从生活斗争入手，使分散斗争逐步会合，在红五月形成高潮，同时决定首先在南京取得突破。中共南京市委因势利导，发动各行各业人民反饥饿、反内战、反迫害。1947年5月20日，5000余名学生在南京举行“京沪苏杭十六专科以上学校学生挽救教育危机联合大游行”，遭到反动当局镇压。此后，反饥饿、反内战、反迫害的爱国民主运动迅速波及全国60多个大、中城市，形成了配合解放军正面战场的第二条战线。5月30日，新华社播发毛泽东撰写的评论文章，对以学生运动为代表的国统区人民的爱国民主运动给予高度评价。五二〇运动成为国民党陷入政治危机的重要标志。

1947年夏秋，人民解放军从战略防御转入战略进攻。与此同时，“国民党政府加紧了对其统治区人民的疯狂掠夺和血腥镇压。7月4日，国民党政府颁布《国家总动员案》，并下达‘戡平共匪叛乱总动员令’。7月19日，又明令公布《动员戡乱完成宪政实施纲要》……同时还限制国民的基本政治权利，规定对罢工和所谓‘煽动叛乱’的集会及言论、行动，要严加‘惩处’。随后，国民党政府又颁布《厉行消费节约纲要》、《后方共产党处理办法》、《特种刑事法庭组织条例》、《戒严法》等一系列反动法令”[②]。这些反动法令的出台和执行，使得整个国民党统治区为白色恐怖所笼罩。

1948年，人民解放战争进入夺取全国胜利的决定性阶段。“国民党在军事上不断失败，政治上危机日深，于是对人民民主运动采取了更野蛮的法西斯镇压……8月19日，蒋介石发表讲话，要人民‘检举匪谍，清楚乱源以保障安全’。当天，首都高等特种刑事法庭发出传票147份，传讯179人。警宪和便衣特务以绑架方式强行搜捕列入名单的学生。”[③]中共南京市委获悉敌人大逮捕“黑名单”后，从暑假起分批撤退已暴露的共产党员、积极分子。与此同时，“随着内战持续到1948年，通货膨胀已经积重难返，物价飞涨以及物资的缺

①中共中央党史和文献研究院：《中国共产党的一百年》全四册，中共党史出版社2022年版，第286页。

②中共中央党史研究室：《中国共产党历史第一卷（1921—1949）》下册，中共党史出版社2011年版，第772页。

③中共南京市委党史工作办公室编：《南京人民革命史》，南京出版社2005年版，第311—312页。

乏，引起了全国许多地方的游行。作为国民政府的首都，南京人民也在沉默中，时刻准备爆发”[①]。在这样的时代背景下，国民党政府在南京开展“户口总清查”与“户口总复查”，其目的便不言而喻了，原本单纯的人口户籍调查，已经成为国民党当局“戡乱查匪”的工具。

（二）开展课题研究的史料基础

开展课题研究和书稿编撰工作的史料基础主要包括三大部分：一是南京市档案馆馆藏的“民国时期南京户籍卡档案”；二是馆藏的大批与中共南京地方组织相关的新民主主义革命时期相关档案；三是省市组织、党史、档案部门已先期出版的多部图书、资料汇编和文献纪录片。特别是省市党史部门历年来抢救和保存的近百万字口述史料，为搜寻中共南京地下党员户籍卡，以及完成书稿编撰工作提供了重要线索和史料支撑。如能将上述三部分档案史料结合起来进行深入研究，或成为对这一领域史料进行充分研究和利用的有益尝试与突破。

首先是“民国时期南京户籍卡档案”，这是课题研究的中心和重点。“战后南京的户籍调查资料共分三类：一类是南京市各级机关有关往来公文，这部分资料基本完整地保存在南京市档案馆；一类是公布在《南京市政府公报》的相关内容；还有一类最为重要，即民国户籍卡。”[②]2006年底，南京市档案馆从南京市公安局浦口石佛寺仓库接收了一批原国民政府“首都警察厅”遗留的户籍资料。经过4年多的整理、编录，2011年，所有户籍卡片全部入库。“这项整理工作的工作量之浩大是外人无法想象的，150多万张户籍卡，每一张都经过除尘、消毒、重新编号，重要的信息进行电脑录入，涉及到数据300万条、3000多万字，然后再进入恒温恒湿的档案馆库房被永久收藏。”[③]

户籍卡片分为口卡和户卡两类。口卡相当于现在的身份证，长14厘米，宽8厘米，按男、女两大类进行划分，并按照姓氏进行排列。“除了常规的姓名、性别、年龄、住址、籍贯、教育程度、职业、与户主关系、身份证号等常规内容外，还包括外貌特征、公民宣誓日期与宣誓地点、兵役、义务劳动、保

①南京市档案馆编：《民国珍档：民国名人户籍》，南京出版社2015年版，第15页。

②南京市档案馆编：《民国珍档：民国名人户籍》，南京出版社2015年版，第15—16页。

③王伟：《重启尘封60载的记忆——抢救整理民国户籍卡片工作纪实》，《南京档案》2011年第1期。

甲番号、左右手指纹等，正、反面密密麻麻，有28项之多。同时卡片对一些个人的主要特征作了详尽的描绘，如左撇子、瘸腿、麻子脸、眼盲等，都会一一描述。”①户卡则类似现在的户口簿，“除了家庭外，有一部分以工作单位或者军队编制为户，户主就是上司领导，佣工用雇主名字登记，这样不仅外来人口的情况在户卡上得到了充分反映，也为研究南京当时人口流动、民族资本的规模、行业分布、城市驻军等情况提供了完整资料……户卡除了口卡已有的内容外，增加了如互保结人、枪支登记、房屋是否参加保险、本户财产（包括动产、不动产）价值，同时并特别注明在首都沦陷期间本户财产所受损失、本户抗敌军人及其直系亲属的登记”②。这批珍贵档案“完整记录和反映了民国时期南京市全部人口的身份和居住信息，对研究民国时期的政治、经济、文化有重要的学术价值”③。

其次是南京市档案馆馆藏的大批与中共南京地方组织相关的新民主主义革命时期相关档案。其主要来源分为两部分：一是地方党史部门形成和移交的相关档案；二是其他部门形成和移交的相关档案。后者主要包括中共南京市委（地委等）、金陵支队、共青团南京市委（地委等）相关档案，以及南京学生运动档案等。南京市最早有系统地开展党史工作始于1959年，1959年至1962年曾设立市委党史办公室，先后征集各类党史资料计480万字。1978年党的十一届三中全会召开以后，各级地方党史机构相继恢复和建立。1980年8月，中共南京市委党史汇编工作领导小组及办公室成立。此后，“党史工作者的足迹遍布全国各地重要的档案馆、图书馆，广泛走访解放前在南京从事革命活动的老同志数百位，召开各类座谈会百余次，征集到大量具有史料价值的文献资料和回忆资料。截止到1991年，共征集、整理了民主革命时期各类文字资料3299份、1540万字，历史照片800余幅”④。这部分档案都保存于南京市档案馆。

最后是省市组织、党史、档案部门已先期出版的多部图书、资料汇编和文献纪录片。1998年，多位老中共地下党员联名给中共南京市委写信，建议拍摄

---

①王伟：《重启尘封60载的记忆——抢救整理民国户籍卡片工作纪实》，《南京档案》2011年第1期。

②王伟：《重启尘封60载的记忆——抢救整理民国户籍卡片工作纪实》，《南京档案》2011年第1期。

③王伟：《重启尘封60载的记忆——抢救整理民国户籍卡片工作纪实》，《南京档案》2011年第1期。

④中共南京市委办公厅、南京市人民政府办公厅、中共南京市委党史工作办公室、南京市档案馆编：《乘风破浪——南京改革开放三十年（1978—2008）》，中共党史出版社2008年版，第716页。

一部反映中国共产党领导南京人民开展不懈斗争，配合人民解放军解放南京、接管南京的文献纪录片。1999年11月4日，由中共中央党史研究室、中共南京市委联合摄制，市委宣传部、市委党史办、南京电视台承制的8集电视文献纪录片《无名英雄》在中央电视台首播。这是新中国成立以来首次以文献纪录片的形式，全面反映当年中共南京地方组织在国民党首都南京展开的英勇斗争。进入21世纪后，省市党史部门先后组织编撰出版了以《重温激情岁月——革命者口述历史》《在历史的洪流中：革命者口述历史续》《甘于奉献 初心永恒：南京解放亲历者口述史》等为代表的一批口述史书籍。以上这些档案、史料为搜寻中共南京地下党员户籍卡提供了重要线索和依据，并与“民国时期南京户籍卡档案”共同构成开展课题研究的史料基础。

二、在户籍卡档案中搜寻战斗在敌人心脏地带的中共南京地下党员

（一）解放战争时期中共南京地方组织的沿革与战斗历程

从1927年4月南京国民政府建立到1949年4月人民解放军占领南京，南京一直是国民党和日伪反动统治的核心地带，军、警、宪、特密布，白色恐怖严重。在这个特殊时空中，中共南京地方组织的生存与斗争显得尤为艰难和特殊。1927年4月至1934年8月，中共南京地方组织多次遭受破坏，仅规模较大的就有8次，多位党组织负责人相继牺牲。此后3年间，南京党组织都未能恢复，仅有零星的党员及南京读书会、左翼剧联南京分盟等革命团体在秘密活动和发展。1937年八路军驻京办事处建立后，8月底9月初，大批平津流亡学生到达南京，其中约有30名共产党员。他们设立了特别支部，并在南京秘密学联的骨干分子中发展了一批党员。9月，根据博古指示，平津流亡学生、原中共北平西城区区委书记李华等组建中共南京市委，李华任书记。同年11月因日军逼近，中共代表和八路军驻京办事处分批撤往武汉，市委随后停止工作。虽然党的地下组织屡遭破坏、屡经曲折，但党中央始终没有放弃在这里的秘密斗争。在不同时期，以不同方式，通过不同系统，不断建立起党的地下组织。

“1935年遵义会议以后，党中央认真总结了中国革命的经验教训，将马克思列宁主义普遍原理同中国实际紧密结合起来，确定实行抗日民族统一战线的方针，纠正白区工作中‘左’倾关门主义和冒险主义错误。1940年又明确地提

出‘隐蔽精干，长期埋伏，积蓄力量，以待时机’的方针。南京党组织认真贯彻执行党中央的正确方针，扎根基层，稳步发展。”[①]从1940年起，中共江苏省委和苏皖区党委都很重视在南京开辟工作，先后派党员到南京，重建党组织。到抗日战争胜利时，南京共有160多名党员。“解放战争时期南京党组织的沿革，大体上可分为两个阶段：第一阶段从1945年9月南京各系统党的关系逐步交给南京工作部至1946年4月建立市委；第二阶段从1946年4月市委建立至1949年4月南京解放。”[②]

“1945年8月29日，中共中央发出《关于大城市交通要道的工作方针的指示》，指示指出：凡我不能切实占领的大城市及交通要道中的工作，必须仍作长期打算，积蓄力量，以待将来，趁此敌伪投降，国民党统治尚未建立和稳定的混乱期间，我们在城市与交通要道，应尽可能留下不暴露的力量，并须派遣大批干部潜入国民党重要的军事、政治、经济、文化、党务机关和铁路、工厂、矿山、市政、银行、学校里边建立工作，利用合法，团结群众，以便将来更有力地进行民主运动。10月，华中分局根据中央的指示精神，在分局城工部下建立南京工作部（驻六合竹镇以东地区，后曾迁驻六合县城附近和安徽天长等地），陈修良任部长，领导南京地区党的工作。”[③]南京工作部成立后，各系统在南京的党组织统归该部领导。

1946年4月，中共华中分局决定撤销南京工作部，派陈修良等一批干部到南京建立秘密的中共南京市委。市委由陈修良（书记）、刘峰（副书记）、王明远、朱启銮、方休（其调出后，补陈慎言）组成。“此时，南京共有党员220多人。5月，陈修良召集市委委员开会，传达了华中分局关于南京工作的指示，要求利用各种合法条件，开展群众斗争，建立和发展党的组织；市委不设工作机构，干部要职业化、社会化，立足于群众之中。市委建立后，将原来各系统的党组织统一领导起来，并按产业进行调整，由市委委员分工负责，单线联

①中共南京市委党史工作办公室编：《南京人民革命史》，南京出版社2005年版，第360—361页。

②中共南京市委组织部、中共南京市委党史办公室、南京市档案局编：《中国共产党江苏省南京市组织史资料（1922—1987）》，南京出版社1991年版，第80页。

③中共南京市委党史工作办公室编：《南京人民革命史》，南京出版社2005年版，第240页。

系。”[①]此后，在国民党统治的心脏地带，“中共南京市委采取机动灵活的斗争策略，把政治斗争与经济斗争紧密结合起来，开展了分散的、此起彼伏的学生运动和职工运动……这些都有力地打击了国民党的反动统治，配合了人民解放军的军事斗争”[②]。

在解放战争胜利发展的形势下，1948年9月，中共中央上海局发出对南京市委的指示信。根据指示，中共南京市委进一步建立和加强了各个工作委员会，在转移已经暴露的党员和进步群众的同时，从1948年冬至1949年初，领导党员和群众对国民党军政机关进行了调查工作。“在整个解放战争时期，中共南京市委先后在华中分局、上海分局和上海局的领导下，正确执行了党在白区的工作方针和斗争策略，团结教育人民，不断巩固和发展了党的组织，特别是在淮海战役以后发展了一大批党员，以适应形势发展的需要。到1949年4月南京解放时，南京市委下设学生、工人、小教、公务员、文化、警员、银钱业、店员、中教等九个工作委员会和情报、策反两个系统，并领导镇江工委和芜湖等支部，总计有80个支部，约2000名党员（含撤退到解放区的党员200多人）。”[③]

在斗争中，党始终把握斗争方向，注意敌我力量对比变化，最大限度地团结各阶层人民，积蓄和发展了革命力量。在解放战争的关键时期，情报和策反系统先后参与策动国民党空军、海军、首都警卫部队等多次起义。与此同时，中共南京市委组织领导人民群众反破坏、反搬迁，开展护厂、护店、护校斗争，为里应外合迎接南京解放和接管南京作出了重要贡献。

（二）对中共南京地下党员户籍卡档案的搜寻与研究

2021年初，中共南京市委党史工作办公室启动项目前期调研，在深入查阅相关档案的基础上，初步整理出近2000名中共南京地下党员名单，但因年代久远加之统计口径不一，其中存在许多重复登记的情况，需结合档案进行重新梳理和甄别。2021年3月，中共南京市委党史工作办公室、南京市档案馆、南京大

---

①中共南京市委组织部、中共南京市委党史办公室、南京市档案局编：《中国共产党江苏省南京市组织史资料（1922—1987）》，南京出版社1991年版，第81页。

②中共南京市委组织部、中共南京市委党史办公室、南京市档案局编：《中国共产党江苏省南京市组织史资料（1922—1987）》，南京出版社1991年版，第83页。

③中共南京市委组织部、中共南京市委党史办公室、南京市档案局编：《中国共产党江苏省南京市组织史资料（1922—1987）》，南京出版社1991年版，第83—84页。

学新中国史研究院联合成立课题组；同年9月，该课题被作为2021年度南京市社会科学基金项目专项研究课题立项。2022年2月，该项目申报中央党史和文献研究宣传专项引导资金项目；同年6月，中共南京地下党员户籍档案整理研究二期项目入选中央党史和文献研究宣传专项引导资金2022年度项目，成为全国党史部门获得立项的50个研究课题之一。

课题立项后，课题组同步启动书稿编撰工作，本书全面梳理和展现解放战争时期中共南京市委的战斗历程，集中展示100位中共南京地下党员的户籍卡与人物小传，以及项目推进过程中征集到的重要档案、史料、图片与回忆文章。

项目推进过程中，课题组先后组织并完成三轮查档，共计抄录并整理1200多份各类登记表，以及近100万字各类文件和回忆文章等。在此基础上，整理制作出较为完整的《解放战争时期中共南京市组织系统表》，并对中共南京地下党员名单进行甄别与核实。截至2022年底，已将南京解放前夕中共南京地下党员名单核实、补充至近1300名。经过多轮搜寻和甄别，课题组在150多万张户籍卡中搜寻到了774名中共南京地下党员对应的户籍卡，并为其中182名各类辅助档案相对齐全的中共南京地下党员建立了个人文件夹。

在这182名中共南京地下党员中，户籍卡信息填写较全者有113名，以下就相关数据做简要统计和分析。①就性别而言，男性94人，占83.2%；女性19人，占16.8%。②就籍贯分布而言，南京特别市和江苏省的有56人，其他省市的有57人，各占一半；如考虑到历史上的“两江”地区包括江苏、安徽和江西，以及地缘相近的浙江、上海，则来自周边地区的党员总人数超过75%。③就与户主关系而言，血亲38人，占33.6%；本人为户主者20人，占17.7%；僚属18人，占15.9%；师生13人，占11.5%；姻亲9人，占8%；未详者15人，占13.3%。④就户籍登记姓名而言，与新中国成立后使用姓名不同的有87人，占77%；先后使用姓名一致者26人，占23%。⑤就年龄分布而言，20—29岁者69人，占61%；30—38岁者28人，占24.8%；19岁以下者13人，占11.5%；未详者3人，占2.7%。⑥就行业分布而言，学生39人，占34.5%；工界31人，占27.4%；军界9人，占8.0%；政界4人，占3.5%；商界8人，占7.1%；文教界8人，占7.1%；其他7人，占6.2%；未详者7人，占6.2%。⑦就受教育程度而言，大学36人，占31.8%；专科和师范7人，占6.2%；中学49人，占43.4%；小学12人，占10.6%；识字1人，占0.9%；未详者8人，占7.1%。

抽样分析可见，中共南京地方组织已明显实现“在地化”发展，党员群体呈现出年轻化、知识化的特点。他们在党的领导下，切实践行党的白区工作方针，努力做到“三勤”（勤业、勤学、勤交友）、“三化”（职业化、社会化、群众化）。事实证明，这些斗争策略不仅有利于党员在群众中隐蔽，也有利于党组织发现、培养积极分子，并及时了解群众需求，适时推动群众运动。与此同时，课题组也注意到，严酷的地下斗争形势必定会造成户籍登记信息部分失真，只有综合其他档案史料进行二次甄别，才能最大程度地读取和利用其中宝贵的历史信息，使之成为地方党史研究的重要史料补充。

回顾户籍卡的搜寻过程，主要难点有两个方面：一是许多中共南京地下党员在参加民国户籍登记时使用的姓名，与相关档案中显示的姓名或新中国成立后使用的姓名不同，电子检索显示查无此人；二是即便在参加民国户籍登记时使用的姓名，与新中国成立后使用的姓名一致，但在民国户籍登记系统中会检索出多张同名户籍卡，需进一步甄别。如何在150多万张户籍卡中精准搜寻到对应的中共南京地下党员，成为课题组面临的艰巨任务。在第一轮查档中，共计搜寻到100多名中共南京地下党员对应的户籍卡，他们基本上都未担任党内重要职务或未执行重要任务，因此在参加民国户籍登记时使用了真实姓名。然而随着课题推进，户籍卡的检出率不断下降，特别是一些曾担任党内重要职务的中共南京地下党员对应的户籍卡一直未被检出，搜寻工作一度陷入僵局。

此后，课题组决定转换思路，跳出原先设定的档案搜寻范围，在其他相关档案中寻找关键线索，这些举措在后两轮查档中收到显著效果。一是在人物传记、回忆文章中寻找有效信息。例如在搜寻公务员工作委员会书记刘诚的户籍卡时，课题组参考了陈修良所撰写的回忆文章《南京地下党为迎接解放所进行的艰苦斗争》，其中提及：“1948年又成立了公务员工作委员会，成员有王嘉模、刘诚（羊申甫）”[①]，据此线索找到了刘诚化名“羊申甫”[②]的户籍卡。二是在其他馆藏档案中搜寻关键线索。例如在搜寻店员工作委员会负责人张士雄的户籍卡时，出现多张同名卡。课题组在馆藏的一份采访记录中发现，张士雄

①南京市档案馆编：《南京解放》，中国档案出版社2009年版，第614页。

②南京市档案馆藏，姓名：羊申甫，档号：10—09—032804。

当时公开职业是在邮汇局工作，后又在馆藏的市政协档案中查到其为浙江杭州人，毕业于复旦大学，综合这些信息进行甄别后，最终确定住址为“汉中路1号”的户籍卡属于中共南京地下党员“张士雄”[①]。三是通过家人户籍信息来倒查线索。例如在搜寻中共南京地下党员曹琬的户籍卡未果后，课题组开始搜寻其家人相关信息。根据曹琬回忆文章《我的学生岁月》记载：“我的祖父是前清举人，曾执教于两江师范（中央大学前身），因而在南京大石桥购置了房产，全家定居南京。”[②]另外，她在文章中回忆其父亲名为“曹髯公”，曾“先后执教于中大、钟英中学、中大实中、一中、模范女中等校”[③]。综合以上信息，课题组搜寻到其父亲“曹髯公”的户籍卡，随后在户主“曹髯公”名下检出户籍登记名为“曹毓苾”[④]的户籍卡，经综合比对该卡属于曹琬。

经过不懈搜寻，截至2022年底，《解放战争时期中共南京市组织系统表》中显示的曾担任重要职务的中共南京地下党员对应的户籍卡均已找到。相信随着课题研究的深入以及史料搜寻范围的不断拓展，目前尚未检索到的中共南京地下党员对应的户籍卡还有望被寻获。

三、由户籍卡档案看伟大建党精神在南京隐蔽斗争中的展现

1948年9月形成的《南京市各区现有人口统计表（一）人口性别》显示：“到1948年9月为止，南京市共有人口1333891人，其中男750138人，女583753人；全南京共有409保，7850甲，254055户。”[⑤]与133.4万人的城市总人口相比，中共南京地下党员直到解放前夕才发展到约2000名，如果以前者为分母，后者为分子，这个比例几乎小到可以忽略不计。然而正是这支隐蔽队伍在南京发挥了巨大能量，在斗争中发展壮大党的力量，伴随着全国解放战争不断走向胜利的步伐，导演了一幕幕惊心动魄、英勇动人的人民革命斗争正剧。

---

①南京市档案馆藏，姓名：张士雄，档号：10—05—057056。

②中共江苏省委党史工作办公室、中共南京市委党史工作办公室编：《重温激情岁月——革命者口述历史》，中共党史出版社2003年版，第157页。

③中共江苏省委党史工作办公室、中共南京市委党史工作办公室编：《重温激情岁月——革命者口述历史》，中共党史出版社2003年版，第158页。

④南京市档案馆藏，姓名：曹毓苾，档号：10—12—001559。

⑤《南京市各区现有人口统计表（一）人口性别》（1948年9月），南京市档案馆藏，全宗号1003—4，卷宗号175。

习近平总书记在庆祝中国共产党成立100周年大会上的讲话中指出："一百年前，中国共产党的先驱们创建了中国共产党，形成了坚持真理、坚守理想，践行初心、担当使命，不怕牺牲、英勇斗争，对党忠诚、不负人民的伟大建党精神，这是中国共产党的精神之源。"透过户籍卡档案，回顾解放战争时期中共南京地方组织开展地下斗争的历程，无论是这个英雄群体还是党员个体，他们的战斗轨迹与体现的革命精神都与伟大建党精神高度契合，堪称伟大建党精神的践行者。以下，选取部分具有典型意义的中共南京地下党员户籍卡档案进行分析研究。

（一）坚持真理、坚守理想，构筑第二条战线的青年学子

中央大学										
姓名	户籍卡登记名	性别	籍贯		出生日期	教育程度	业别	住址	户主	与户主关系
			本籍	寄籍						
华彬清	华彬清	男	江苏吴县	南京	民国12年9月17日	大学	学生	四牌楼1号	吴有训	师生
罗炳权	罗炳权	男	广东	南京	民国11年8月	大学	学生	四牌楼1号	吴有训	师生
杨训焕	杨训焕	男	广东	南京	民国13年11月	大学	学生	四牌楼1号	吴有训	师生
胡润如	胡润如	女	河南人	南京	民国13年11月8日	大学肄业	学生	四牌楼1号	周鸿经	
周延佑	周延佑	男	湖南长沙	南京	民国16年9月4日	大学肄业	学生	四牌楼1号	周鸿经	
柳培柏	柳培柏	男	皖凤阳	南京	民国12年6月9日	大学	学	丁家桥中央大学	周鸿经	

列表中展示的是解放战争时期部分中央大学学生的户籍登记情况，由本籍栏可见他们来自于五湖四海，由年龄栏可见他们参加户籍登记时普遍在21岁至25岁，共同的求学经历使得他们聚集在中央大学校园。除南京本地学生参加以家庭为单位的户籍登记外，其余外地学生或投靠亲友或登记在学校总户头名下，因此户主一栏显示为该生在读时的中大校长吴有训或周鸿经。参照南京市档案馆馆藏的相关党员登记表以及解放后相关人员履历表，这些青年学子在参加户籍登记时，有部分已加入中国共产党，为中共地下党员；其余大多隶属于党的秘密外围组织，并在南京解放前加入党组织。

这一时期的中央大学，堪称南京学生运动的中心堡垒，中央大学有市委领导的党支部，中大和金大还有一批属上海分局和上海市委领导的党员，以及新

青社、民主青年协会、新青小组等党的秘密外围组织[①]。特别是以青年学生为主要成员的新青社，是党组织在大学生中开展工作的一支重要力量。在后来的南京历次学生运动中，它发挥了党的得力助手和联系群众的纽带作用。从1945年10月开始的反甄审斗争到1946年底在南京掀起反美抗暴浪潮，从1947年5月爆发的五二〇运动到1948年开展的助学运动、红五月运动，南京各校的地下党员和进步学生始终战斗在人民民主运动的前沿。

透过已经泛黄的户籍卡档案，再重新审视这些曾受过高等教育并积极投身革命的青年学子会发现，他们中许多人是在抛弃优越家庭条件、背叛原有社会阶层后踏上革命道路的。金陵女子文理学院的中共南京地下党员洪范出身于知识分子家庭，其父“毕业于清华大学，后又留学美国，学土木工程，当过民国政府交通部路政司司长。伯父是哈佛大学教授，叔父是耶鲁大学教授。母亲毕业于华南女子文理学院，曾做过重庆淑德女中校长、南京明德女中教师”[②]。1948年冬天，她从家中出走后，与同学们穿着粗布袄裤前往解放区。

无数青年学生在斗争实践中认识到，“只有共产党才是最忠诚地高举爱国主义和人民民主的战斗旗帜，从而在政治上分清了国共两党的优劣，从思想上靠近了共产党。由此，他们也就产生了了解共产党、了解共产主义思想体系的强烈愿望，正因为这样，他们中的一些人还直接参加到人民解放战争的行列中去，或随部队参加城市的接收和管理。经过斗争的锤炼，他们中间的许多人终于成了坚定的共产主义战士”[③]。从中央大学、金陵大学、金陵女子文理学院，到国立戏剧专科学校、国立音乐院……这群走出象牙塔，坚定投身革命的青年学子，正是解放战争时期在南京加入党组织的众多优秀青年的代表和缩影。他们在中国共产党的领导下，经受了血与火的考验，展现出坚持真理、坚守理想的政治品格，以青春和热血构筑起对敌斗争的第二条战线。

---

①中共南京市委党史工作办公室编：《南京人民革命史》，南京出版社2005年版，第273页。

②钱焕琦主编：《金女大校友口述史》，南京师范大学出版社2015年版，第441页。

③中共北京市委党史研究室编：《解放战争时期第二条战线 学生运动卷（上册）》，中共党史出版社1996年版，第3—4页。

（二）践行初心、担当使命，执行特殊任务的家庭党支部

姓名	户籍卡登记名	性别	籍贯		出生日期	教育程度	业别	服务处所	住址	户主	与户主关系
			本籍	寄籍							
王嘉谟	王嘉谟	男	南京		民国10年3月4日	大学	工	市府工务局	上海路福音里3号	王达五	父子
傅积嘉	傅积嘉	女	杭州市	南京	民国16年7月19日	中学毕业	绘图员	地政局	市府路25号	周一夔	僚属
王嘉猷	王嘉猷	男	南京	南京	民国14年	大学	学		宁海路福音里3号	王达五	父子
王嘉训	王嘉训	男	南京	南京	民国17年	大学	学		宁海路福音里3号	王达五	父子
王嘉言	王嘉言	男	南京	南京	民国19年	中学	学		宁海路福音里3号	王达五	父子

据南京地方党史部门掌握的史料，由这张户籍统计表中5位成员所组成的家庭党支部，是南京党史中第一个也是唯一的一个家庭党支部。支部所有成员来自于同一个大家庭，分别是家中长子王嘉谟、次子王嘉猷、三子王嘉训、四子王嘉言、王嘉谟之妻傅积嘉。家庭党支部在南京解放前夕，以各自社会职业为掩护，共同担负起开展秘密调研的特殊任务，为顺利接管南京提供了大量极具价值的资料。

1948年9月27日，中共中央上海局在给中共南京市委发出的指示信中要求："按照实际条件的可能性，对于今后管理大城市的调查研究工作亦必须有计划去进行，坚决执行中央的指示，并研究华北各大城市管理城市的新经验。"①同年11月底，上海局在香港举办为期两个月的干部学习班，专门提出"为配合将来接收、管理城市，还应加强调查研究工作，各单位指定专人负责"②。1949年初，淮海战役胜利后，中共中央社会部指示华东局社会部要做好调查和材料工作，并发出"京沪调查提纲"③。与此同时，上海局发出指示文件（《"京沪一般形势的特点"及"当时的基本方针和我们具体工作"》），指出调查研究是"头等重要意义的事"④。根据这些指示，中共南京市委在1948年10月以后开展了一系列调查研究，特别是在国民党50多个机关的100多名地下党员，均参与到秘密调研中来。大量情报资料和调研材料于1949年3月前送达总前委司令部，后

①南京市档案馆编：《南京解放》，中国档案出版社2009年版，第29页。

②中共上海市委党史研究室：《中国共产党上海史》，上海人民出版社1999年版，第1831页。

③上海市公安局公安史资料征集研究领导小组办公室：《上海解放四十周年纪念文集》，第222页。

④《党史资料丛刊》第3辑，上海人民出版社1984年版，第35页。

编入作为接管依据的《南京概况》。

在这些秘密调研中，摸清南京范围内国民党各级机关的地情资料和隶属情况显得十分重要。由于档案资料分散在各个机关中，如果集中人手进行调查、核实和整理，很容易被军警特务发现。市委书记陈修良在与公务员工作委员会书记王嘉谟商量后，决定在王家成立家庭党支部，并将王嘉猷由上海调回担任党支部书记。1949年1月，经中共南京市委特别批准，家庭党支部成立，成为党在特殊历史条件下采取的一种特殊组织形式。为方便工作，家庭党支部在成立后将活动地点搬迁到王家亲属位于丹凤街石婆婆巷12号的住宅，这里与他们的户籍登记地“福音里3号”相比，是一座具有独门深院的洋房，更具隐蔽性。

傅积嘉在回忆文章中写道：“国民党南京地政局拥有完整的产权登记册和地籍图，保存在档案室。中共地下党南京市政府支部书记陈其福通过档案室管理人员濮齐民从档案室中秘密取出所需图册，由陈其福经测工王景栋和王建林两位地下党员，装在图筒内，分批背出大门，再由陈其福将图册交给王嘉谟带回家。依据这些档案材料，再进行实地核查。王嘉猷、王嘉训、王嘉言3人负责外勤，走街串巷，调查核实。弄清了国民党中央和地方机关的平面布置。‘家庭党支部’每晚集中活动。对照地籍图、登记册和其他支部提供的情况及白天外出调查的结果，由负责内勤的我用红蓝铅笔修改地籍图、更正登记册。核实过的图纸通过林征（徵）同志上交给地下党南京市委。”[①]

此后，家庭党支部在公务员工作委员会的领导下，以及各系统中共南京地下党员的配合下，主要完成了两大项工作：一是在实地调查核实、不断修正的基础上，形成了一整套按地块划分的国民党各级机关地籍图和登记册；二是按照组织系统分类，整理出一套国民党机关隶属关系及地址明细表。这些调研材料后来被编入《南京概况》，在解放南京和接管南京的过程中，发挥了重要作用。陈修良曾高度评价家庭党支部为南京解放所作出的贡献：“在一次军管会会议上，我与朱启銮、林徵等汇报了南京的房地产详情，刘司令说：这个报告最好，听了让人头脑清醒。这件事是王嘉谟等人的功绩，当时王嘉谟同志对工

①中共南京市委党史工作办公室编：《甘于奉献 初心永恒：南京解放亲历者口述史》，中共党史出版社2019年版，第120页。

作极为认真负责。”[①]

中共南京市委选择王家成立家庭党支部绝非偶然，在此之前，王家户主“王达五”[②]（王嘉谟之父）所开设的私人诊所，便已成为党组织的秘密活动地点。每当召开秘密会议时，王家全家都会各负其责，或担负警戒工作或提供后勤保障，也正是因为这个革命大家庭具有坚定的革命信仰和丰富的斗争经验，才使得他们担负并完成这一艰巨的特殊任务成为可能。

（三）不怕牺牲、英勇斗争，潜伏在情报策反战线的无名英雄

情报系统											
姓名	户籍卡登记名	性别	籍贯		出生日期	教育程度	业别	服务处所	住址	户主	与户主关系
			本籍	寄籍							
卢伯明	鲁道麟	男	江苏镇江	南京	民国6年8月10日	中学	百货	中正路中央商场	中正路中央商场	唐季平	
刘　贞	鲁刘氏	女	上海		民国7月					鲁柏桴	媳
张一锋	张友柏	男	南京	南京	民国10年11月3日	大学	人事		朝天宫西街57号	张学声	父子
马常卿	张马常卿	女	江苏江都	本京	民国10年3月14日	大学	家务		礼拜寺巷21号	张学声	
策反系统											
姓名	户籍卡登记名	性别	籍贯		出生日期	教育程度	业别	服务处所	住址	户主	与户主关系
			本籍	寄籍							
史　永	沙重叔	男	浙江鄞县	南京	民国3年1月5日	大学	专员	国立中央研究院	鸡鸣寺1号	萨本栋	部属

高度重视情报策反工作，使其成为配合党的全局工作的重要组成部分，是解放战争时期中共南京市委工作的重要特点和亮点。1946年5月，市委下设情报系统，卢伯明为负责人。1948年10月，市委又专门建立策反系统，史永为负责人。情报、策反系统均由市委书记陈修良单线联络，这两个部门一直属上海局领导。他们在敌人心脏千方百计获取情报，了解和研究敌人政治、军事、经济动态，及时报告上级；他们深入敌人内部，准备和组织起义，瓦解敌军，无畏地进行着特殊的战斗。

这一时期国民党为实行独裁统治，在南京建立了庞大的特务组织，“据不完全统计，在南京活动的各派系职业特务有8000人之多”[③]。在如此艰险的生存

①陈修良：《陈修良文集》，上海社会科学院出版社1999年版，第533页。

②南京市档案馆藏，姓名：王达五，档号：10—02—046428。

③中共南京市委党史工作办公室编：《南京人民革命史》，南京出版社2005年版，第331页。

环境下，情报策反战线的中共南京地下党员能够找到有效社会身份进行掩护已属不易，更不用说打入敌人内部获取情报并进行策反。为保护组织安全，他们大多采用单线联系、单兵作战的方式开展工作，许多曾在情报、策反系统开展秘密工作的地下党员，直到20世纪80年代参加由南京党史部门举办的相关座谈会时才相互见面。肩负特殊使命，使得这部分地下党员大量使用化名，大大增加了搜寻其户籍卡的难度。

课题组在第一轮查档中，未能搜寻到情报系统负责人卢伯明的户籍卡，在将搜寻范围扩展到其他馆藏档案后发现，在中共南京市委党史工作办公室4063全宗卷中有一份档案名为《解放战争时期的商报南京办事处》，其中提及："1946年5月，唐季平根据彭原同志的安排，离开上海铁路局工务段，弃职返回南京。同年6月，组织关系转由刚从延安出来的南京地下党情报部负责人卢伯明（化名鲁道麟）以及刘贞同志领导。"并且该档案的第一部分重点写了他们如何解决职业掩护的问题："经与卢伯明多次研究，还是在中央商场二楼租了一个店面（实际是一个摊位），取名'利新百货商店'。"[①]综合以上信息，课题组最终检出卢伯明化名"鲁道麟"[②]的户籍卡，卡上填写的服务处所为"中央商场、摊位30号"，与档案记述内容相符。

与情报夫妻卢伯明、刘贞相对应，这一时期情报战线还活跃着另一对革命伴侣，他们便是张一锋和马常卿夫妇。课题组在搜寻他们的户籍卡时，采取了迂回搜寻方式。在检索本名"张一锋"未果的情况下，课题组在《南京大学共产党人（1922年9月—1949年4月）》一书中发现了一段人物简历："张一锋（张友柏），男，江苏省南京市人，1922年12月生。"[③]再尝试检索"张友柏"[④]，便找到一份高度疑似的户籍卡，该卡显示户主为张学声，与张友柏为父子关系。在张一锋之子张楠所写的文章中，曾回忆全家在卢伯明领导下开展情报工作的情况："卢以张家为联络站……张一锋、马常卿称卢为张大哥，张父张学声、母张宝源则称卢为张先生。张一锋主要负责联系外面的情况，马常卿

①南京市档案馆藏档案，档号：4063000000502320020。

②南京市档案馆藏，姓名：鲁道麟，档号：10—08—055448。

③华彬清、钱树柏主编：《南京大学共产党人（1922年9月—1949年4月）》，南京大学出版社2002年版，第504页。

④南京市档案馆藏，姓名：张友柏，档号：10—05—033129。

则留守家中，随时和卢伯明联系。”[①]由此可见，户籍登记名为“张友柏”的户籍卡便属于张一锋。运用相同方法，课题组检索到户籍登记名为“张马常卿”[②]的户籍卡，该卡同样显示户主为张学声，应是夫妇二人成婚后，马常卿被冠以夫姓。至此，这两对情报战线革命伴侣的户籍卡全部浮出水面。他们在寻找到职业掩护后，以家庭为联络站，在情报战线其他同志的共同努力下，冒着随时暴露的危险深入敌人内部，先后收集、传递了大量重要情报。

1948年，随着解放战争形势的迅速发展，中共南京市委根据上级指示，积极组织力量深入敌人内部，开展策反和瓦解敌军的工作。策反系统负责人史永直接受中共上海局领导，同市委书记陈修良联系，策反关系由南京市委提供。史永在南京的公开身份是“中央研究院”总办事处专员。并且，市委书记陈修良既是史永的直接领导，也是他的三嫂。据《百年缱绻 沙文汉陈修良画传》记述：“沙文汉（文舒，文沅，张登）（1908—1964）在五兄弟中排行第三……四弟是沙文威（文溶，史永）（1910—1999）。”[③]在搜寻史永的户籍卡时，课题组先后使用沙文威、文溶、史永等姓名进行检索均未果。后在1999年的《人民日报》中搜索到其讣告，文中提及：“史永同志，原名沙文威、字重叔”[④]，再尝试以“沙重叔”[⑤]进行检索，顺利找到其户籍卡，卡上记载其服务处所为“国立中央研究院”，这也与《南京人民革命史》所记载内容相符。

在市委书记陈修良的直接领导下，由于工作得力，措施得当，市委的情报人员先后打入到国民党国防部二厅、国防部新闻局、联勤总司令部、空军总部电台、海军总部情报处、京沪杭总司令部、六〇兵工厂、国民党保密局、中央日报社、美国驻华大使馆等数十个关键部门，巧妙、机智地获取大量极有价值的军事、政治情报。与此同时，为配合人民解放军的战场攻势，还先后策动国民党空军B—24型重型轰炸机起义，首都警卫部队——九十七师起义以及江宁要塞、南京大校场机场塔台、431电台的起义，参与策动了国民党海军“重

①张楠：《张一锋、马常卿：革命伴侣的地下情报生涯》，华彬清、钱树柏主编：《南京大学共产党人（1922年9月—1949年4月）》，南京大学出版社2002年版，第438页。

②南京市档案馆藏，姓名：张马常卿，档号：10—11—005664。

③沙尚之主编：《百年缱绻 沙文汉陈修良画传》，上海社会科学院出版社2007年版，第5页。

④《史永同志逝世》，《人民日报》1999年8月5日第4版。

⑤南京市档案馆藏，姓名：沙重叔，档号：10—08—096417。

庆”号巡洋舰的起义。这些起义大部分发生在国民党的首都南京，对于瓦解敌军阵营，加速国民党政权的垮台，具有特别重要的军事、政治意义。南京解放初期，周恩来、刘伯承、李克农等同志曾高度评价中共南京地下市委所做的情报、策反工作。在这个没有硝烟的战场上，许多情报策反战士隐姓埋名、出生入死，他们不怕牺牲、英勇斗争，为解放战争取得最终胜利作出了不可磨灭的贡献。

（四）对党忠诚、不负人民，战斗在敌人心脏的市委委员

中共南京市委工作委员会												
序号	姓名	户籍卡登记名	性别	籍贯		出生日期	教育程度	业别	服务处所	住址	户主	与户主关系
				本籍	寄籍							
1	陈修良	程兰如	女	浙江		民前4年8月7日	初中	家务		武学园37号	柏焱	戚
2	刘　峰	汤健行	男	本		民国4年9月13日	高中	财政部清理储备银行总署	新街口	堂子街38号	汤健行	本主
3	王明远	王绍华	男	山东	本京	民国7年12月21日	北京燕京大学	教员	培育中学	户部街64号	马卓然	姨表兄弟
4	朱启銮	朱金波	男	南京		民国3年3月1日	大学	教育	石鼓路41号	南台巷11之2号	朱金波	
5	方　休	方仲年	男	江苏上海	寄	民国2年2月23日	专科学校	职员	新人周报社	丹凤街石婆婆巷14号	方仲年	本人系户主
6	陈慎言	陈剑华	男	浙江黄岩	南京市	民国11年6月15日	中学	电料	黄泥冈九千闪光水电行	黄泥冈9号	冯慎叔	主、夥

1946年4月，中共南京市委成立，陈修良任书记，刘峰任副书记，王明远、朱启銮、方休（其调出后，补陈慎言）为委员。在对敌斗争中，市委采取高度统一与分工负责相结合的活动形式，将党的公开工作和秘密工作严格分开。“正是由于采取了正确的地下工作方法，这届市委在国民党统治中心异常严酷的环境中坚持斗争三年，始终保持着完整的组织建制。”①作为南京隐蔽斗争的领导核心，严酷的斗争形势要求每一位市委委员都必须找到与自己身份、年龄特征相称的合法职业，以掩护自己的政治身份并藉以维持生活，同时，也便于在社会职业中联系群众。为搜寻6位市委委员的户籍卡，课题组对他们在南京的战斗历程进行了全面追溯。其中，在抗日战争时期潜入南京开展地下工作的有

①陈修良：《陈修良文集》，上海社会科学院出版社1999年版，第10页。

朱启銮、刘峰、陈慎言、方休，市委书记陈修良和市委委员王明远则是在市委成立前来到南京。

市委委员中最先来到南京开展工作的是朱启銮。其户籍卡在《朱启銮画传》中已作展示，卡片显示其户籍登记名为“朱金波”[①]，业别为“教育”，服务处所为“石鼓路41号”。他在回忆文章《南京地下斗争十年》中自述：“1940年9月，上海党委又派我来南京开辟工作……南京是日伪反动统治中心，直接在敌人屠刀下生活，生存下来并开展工作，是更加艰难的。”[②]此后，为了生存和隐蔽，朱启銮曾与地下党员马卓然一起贩卖过牛肉，直到1941年底，“老马终于在伪华中铁道运输公司找到职业。我在他的帮助下，也在一所私立中学教英语。这样我们两人才算取得了完全合法的身份，站住了脚跟”[③]。以上线索都与户籍卡显示信息相符。解放战争时期，朱启銮一直以教育职业做掩护，“石鼓路41号”正是南京市私立培育中学所在地。并且，他在自己站稳脚跟后，又先后帮助刘峰、陈慎言、王明远等在南京立足。

市委委员中第二位来到南京开展工作的是刘峰，他于1942年6月与妻子欧阳仪一同从上海来到南京恢复和开辟党的地下工作。他在回忆录中记述了当时的困境：“我们从上海来的同志，不仅立足生根很困难，而且都感到环境很恶劣，如我住的大院子内，前后有两家是汪伪的特务……敌伪还在南京实行保甲制度，由保甲长监管居民，敌人有时还突击搜查，发现可疑的人就抓走，所以派到南京来的同志都要注意周围环境，提高警惕，搞好群众关系，找到职业，取得合法身份，才能坚持下来开展工作。”[④]由于一直找不到赖以谋生的职业，刘峰曾与朱启銮的岳父合伙开过小百货店，后又和马卓然一起在兴中商场做过生意，直到1946年秋才在亲属帮助下到中央储备银行担任出纳，获得了合法职业掩护。综合以上信息，课题组在使用其回忆录中提及的两个曾用名“汤锦黻”和“汤仲良”进行检索未果后，将搜寻范围扩展到馆藏的市委组织部档案，其中一份干部登记表中记载着一条关键线索：“刘峰同志原名汤健行”，

①南京市档案馆藏，姓名：朱金波，档号：10—06—000419。

②《怀念朱启銮同志文集》，1992年，第205页。

③朱小棣、朱小蔓：《朱启銮画传》，中国大百科全书出版社2015年版，第71页。

④刘峰：《革命一生：刘峰回忆录》，南京出版社2005年版，第51页。

后又依据其曾任中央储备银行出纳会计的线索，排除了其他同名户籍卡，最终确认户籍登记名为“汤健行”[①]的户籍卡属于刘峰。

市委委员中第三位来到南京开展工作的是陈慎言。1944年6月，华中局将南京小组改建为中共南京工作委员会，刘峰任书记，朱启銮任副书记，彭原、陈慎言为委员。据朱启銮回忆：“陈先在南方大学读书，后开设电料行（在鼓楼黄泥岗）为掩护。”[②]另据刘峰回忆：“抗日时期（约1944年）当陈慎言同志调南京工作后，不久患病较重，单身一人，无人照顾。启銮同志把慎言接到家中，作为朋友，一住一个多月，他和他的贤内助杨坤一同志为慎言治病、调养，费了许多心血，直至痊愈。”[③]这些文字生动展现了地下党同志之间生死与共的革命情谊，但以本名“陈慎言”检索，未能搜寻到对应的户籍卡。经档案专家建议，课题组决定通过搜寻其家人信息来倒查。在馆藏的市委办公厅相关档案中，有一份陈慎言所填写的干部登记表，其中记载其夫人名为“林守琴”，以此姓名检出其夫人户籍卡后，又在同一地址搜寻到名为“陈剑华”[④]的户籍卡。该卡显示业别为“电料”，服务处所为“黄泥冈九千闪光水电行”，其他本籍、照片信息也都相符，由此确认户籍登记名为“陈剑华”的户籍卡属于陈慎言。

市委委员中第四位来到南京开展工作的是方休。“1945年2月，苏皖区党委派原宣当县委书记方休（又名楚丰）以特派员身份来领导这些党员。”[⑤]据当时苏皖区地下党员鲁平回忆，方休当时主要住在城外江宁县委陆纲那里。抗日战争胜利后，“南京党组织仍分别由华中分局城工部和苏南（1945年5月，苏皖区党委改称苏南区党委）、皖江、淮南等区党委领导。1945年10月，开始陆续交给南京工作部统一领导……原苏南区党委特派员方休领导的47名党员，1946年2月交给南京工作部领导”[⑥]。据鲁平回忆，新四军北撤后，方休曾在他家所

---

①南京市档案馆藏，姓名：汤健行，档号：10—08—029247。

②《怀念朱启銮同志文集》，1992年，第210页。

③《怀念朱启銮同志文集》，1992年，第3页。

④南京市档案馆藏，姓名：陈剑华，档号：10—02—097808。

⑤中共南京市委组织部、中共南京市委党史办公室、南京市档案局编：《中国共产党江苏省南京市组织史资料（1922—1987）》，南京出版社1991年版，第55页。

⑥中共南京市委组织部、中共南京市委党史办公室、南京市档案局编：《中国共产党江苏省南京市组织史资料（1922—1987）》，南京出版社1991年版，第84—85页。

在的磨盘街42号短暂居住，并将这里推荐给陈修良作为市委联络站使用。由于方休在南京工作时间不长，地方党史中留存的相关史料十分有限，课题组在联系家属征集史料时，其子方进玉提供了4份重要材料：一是填写于1948年的方进玉本人的“婴儿出生证”，姓名登记为“方仲年小孩”；二是方进玉母亲唐淑芸1948年在南京住院生育时的“挂号证”，姓名登记为“方仲年太太”；三是方休1954年填写干部履历表时留下的3页底稿，在备考栏中标注“在南京做地下工作时叫方仲年”；四是方进玉母亲唐淑芸1964年填写干部履历表时留下的5页底稿，曾用名一栏为“唐可贤”。综合以上线索，课题组搜索到户籍登记名为“方仲年”[①]和“唐可贤”[②]的两张户籍卡，经其子方进玉辨认照片，确认卡片属于其父母，并且卡上的毛笔字迹为其父亲方休亲笔填写。

第五位进入南京开展工作的市委委员是王明远。据《朱启銮画传》记载：“1946年3月，党派刚从延安参加‘七大’归来的王明远、卢伯明两位同志来南京工作。”[③]王明远则在回忆文章《深深的怀念》中记述了与朱启銮交往的一段经历：“那是一九四九年过春节。当时我们同在一个学校任教（也是他介绍我进去的），他住在学校的宿舍里。除夕之夜……我们畅谈了解放战争胜利发展的大好形势。”[④]由此可见，解放前夕王明远与朱启銮在同一所学校工作，并且其职业由朱启銮所介绍。与此同时，课题组在馆藏的市委组织部档案中搜寻到一份干部登记表，上面显示王明远的曾用名为“王永麒”和“王绍华”，据此很快搜寻到王明远化名“王绍华”[⑤]的户籍卡，卡上显示的服务处所正是当时朱启銮工作的“培育中学”。

最后进入南京开展工作的是市委书记陈修良，她于1946年4月中旬奉命从解放区潜入南京。《百年缱绻 沙文汉陈修良画传》一书记录了她与丈夫沙文汉（时任华中分局城工部部长）在长江边分别时的悲壮情景。“陈修良回头看了看江北大地，认定自己不会再回来，便脱口念了一句诗：‘风萧萧兮易水寒，壮士一去兮不复返。’沙文汉在她的扁担上写有‘不入虎穴，焉得虎子’八个

①南京市档案馆藏，姓名：方仲年，档号：10—07—008590。

②南京市档案馆藏，姓名：唐可贤，档号：10—12—019617。

③朱小棣、朱小蔓：《朱启銮画传》，中国大百科全书出版社2015年版，第83页。

④《怀念朱启銮同志文集》，1992年，第27页。

⑤南京市档案馆藏，姓名：王绍华，档号：10—02—037140。

字，并赠诗一首。诗名为《丙戌春送陈修良主持南京地下工作，赠诗以壮其行》。全诗如下：男儿一世重横行，巾帼岂无翻海鲸？欲得虎儿需入穴，如今虎穴是南京。”[①]当时的南京城内敌特密布，可谓名副其实的“虎穴”。陈修良在回忆文章中写道：“我脱去军装，换上旧时装，渡江到了镇江，然后又坐火车进入‘虎穴’……因国民党要查户口，我们来历不明，恐怕出事。我就迁入柏焱、柯秀珍同志的家里，他们有一个婴儿，我就算是他们的‘姑妈’。柏焱和柯秀珍都是中学教员，这地方在中正路武学园3号的楼上……市委全体会议开得极少，往往只是3个人在一起开会，再多的人就有危险了。我出门寻人，经常走小巷子，转弯抹角地绕圈子，下雨天带伞，夏天戴黑眼镜，从不进电影院、商场、旅馆、茶楼、酒肆、公园、游乐场所，真正是隐姓埋名在敌人的心脏中进行地下活动。”[②]

由于无法查询到陈修良当时使用的化名，课题组在遇阻后决定从搜寻柏焱的户籍卡入手。在用户主柏焱的名字进行检索后，系统显示地址为“武学园37号”，这与回忆文章中提及的“武学园3号”有出入。再将户主柏焱的户卡调出，很快在其中发现了陈修良化名“程兰如”[③]的户籍卡，上面粘贴的照片虽未在其他公开出版物上使用过，但可确认为陈修良，业别一栏显示为“家务”，与户主关系显示为“戚”，并且出生日期、本籍等信息也与陈修良个人资料相符。此张卡片的检出，足以成为陈修良深入“虎穴”进行潜伏斗争的直接佐证，并修正了之前老同志回忆和相关资料中的偏差。

解放战争时期，由这几位市委委员所组成的中共南京市委历经复杂斗争的考验，成为一个坚强的战斗堡垒。他们将个人生死置之度外，对党忠诚、不负人民，以忘我的革命精神带领中共南京地下党员开展隐蔽斗争。正如陈修良在《战斗在敌人的心脏——南京》一文中所写：“镇压并不能使人民不革命，在血的教训中，教会了我们共产党员怎样去和残暴的敌人斗争……回顾过去这一段历史，我觉得有许多真实的历史人物应当记载下来，革命的经验——地下斗

---

①沙尚之主编：《百年缱绻 沙文汉陈修良画传》，上海社会科学院出版社2007年版，第65页。

②中共江苏省委党史工作办公室、中共南京市委党史工作办公室编：《重温激情岁月——革命者口述历史》，中共党史出版社2003年版，第20—23页。

③南京市档案馆藏，姓名：程兰如，档号：10—12—024980。

争的经验值得总结。在敌人统治最严密的地方，我们能够建立起一个强大的地下党组织；能够展开伟大的群众斗争。”①

《中共中央关于党的百年奋斗重大成就和历史经验的决议》指出：“全党要坚持唯物史观和正确党史观，从党的百年奋斗中看清楚过去我们为什么能够成功、弄明白未来我们怎样才能继续成功”。透过对中共南京地下党员户籍卡档案的搜寻与解读，我们可以清晰地看到一个个真实生活和战斗在人民中间的中共南京地下党员。他们之所以能在充满白色恐怖的艰险环境中扎根并坚持战斗到南京解放，根本原因便在于他们始终坚守共产党员的理想信念，深深根植于人民群众之中，敢于斗争、勇于牺牲，以对党对人民的绝对忠诚，践行了共产党人的初心使命。在下一阶段研究中，课题组将继续深化对“民国时期南京户籍卡档案”及相关档案史料的研究利用，进一步搜寻那些隐藏在档案中的无名英雄；同时，全面征集相关影像图片、手迹实物、文献资料等，力争尽快建成具有南京特色的较为全面的中共南京地下党员史料数据库；继续深入挖掘和展示中共南京地方组织战斗历程中所蕴含的以伟大建党精神为源头的革命精神，不断推动地方党史工作高质量发展。

（缪慧 执笔　焦惠敏 制表）

①陈修良：《陈修良文集》，上海社会科学院出版社1999年版，第150页。

户籍卡及人物小传

姓名	程蘭如		教育程度	初中
別號		性別 女	職業 業別	家務
年齡 歲數	四十		服務處所	
出生日期	民前國 四年八月七日		黨籍	
屬籍 本籍	浙江		特徵	
			與户主關係	戚
寄籍			家屬人數	六
本市居住年月	年 月		身份證	2字116602號

户主姓名 柏森

（上粘貼相片）

注意 一 無相片者須在表内註明兩手各指箕斗 二 箕用△代表斗用○代表

年 月 日登記

公民資格	宣誓時期	民國 年 月 日	住址	武学園街路 巷里 37號
	宣誓地點		保甲番號	區 鄉鎮 保 甲 户
兵役	起役	民前國 年 月 日	住址異動登記	街路 巷里 號 / 區 鄉鎮 保 甲 户
	除役	民國 年 月 日		街路 巷里 號 / 區 鄉鎮 保 甲 户
義務、勞動	工作地點	日 期		
		自至 年 月 日 起止		
		自至 年 月 日 起止		
		自至 年 月 日 起止	附記	

陈修良（1907—1998），女，曾用名陈秀霞、程兰如、陈逸仙、陈逸等，浙江宁波人。1925年在宁波女子师范学校读书时参加声援五卅运动宣传活动，任女师学生自治会会长，领导学生运动。1926年3月加入中国共产主义青年团。后任中共汉口市委宣传部部长向警予秘书。1927年5月转为中国共产党党员。同年11月，受组织委派赴莫斯科中山大学学习。1930年7月回国，不久，担任全国赤色海员总工会秘书，参加《赤海报》的编辑工作，因叛徒出卖受到追捕。1933年2月，与丈夫沙文汉一同逃亡日本，不久与共产国际远东情报局接上关系。1935年10月回国。1937年全民族抗战爆发后，历任中共江苏省委妇委书记、《新华报》总编辑、中共华中局党校总支副书记、华中建设大学财经系副主任兼支部书记等。1945年10月任中共华中分局城工部南京工作部部长。1946年4月任中共南京市委书记，领导市委全面工作，并单独领导情报、策反工作。在任期间，领导南京市委在国民党的统治中心，成功开辟第二条战线；参与策反国民党海、陆、空军起义；派出一批党员打入国民党党、政、军、特机关，获取大量关键情报，为解放军胜利渡江、和平解放和接管南京作出重大贡献。1948年5月至7月，赴香港参加中共上海局秘密举办的干部训练班，组织领导南京干部的学习工作。南京解放后，任中共南京市委常委、组织部长、妇女委员会书记。1950年后，历任中共上海市委组织部副部长兼基层工作委员会副书记、中共浙江省委宣传部代理部长等职。“文化大革命”结束后，历任上海市政协常委，中共上海社会科学院党委顾问、研究员，中共上海市委党史资料征集委员会党史研究员，上海社会科学院学术委员会顾问等。1987年离休。1998年在上海逝世。

协助查档单位及人员：

上海社会科学院　张佳林

DH.10-8-29247

3612	25—21	戶主姓名	湯建行

姓名	湯健行		職業	高中 財政部清理儲備銀行總署	手指名	注意
別號		性別 男			大指	一二箕用△代表斗用○代表
年齡 歲數	三十歲		服務處所	新街口	食指	
出生日期	民國四年九月十三日		特徵		中指	
屬籍 本籍	李		與戶主關係	本主	無名指	證明
寄籍			家屬人數	五人	小指	各指箕斗
居住本市年月	五年 月		身份證	5字23779號	（上粘	

年 月 日登記

公民資格	宣誓時期	民國 年 月 日		住址	堂子 街路 巷里 二十八號
	宣誓地點			保甲番號	五區 鄉鎮 廿一保 廿三甲 四戶
兵役	起役	民國前 年 月 日		住址異動登記	街路 巷里 號
	除役	民國 年 月 日			區 鄉鎮 保 甲 戶
義務勞動	工作地點	日期			街路 巷里 號
		自至 年 月 日	起止		區 鄉鎮 保 甲 戶
		自至 年 月 日	起止		
		自至 年 月 日	起止	附記	

刘峰（1916—2018），男，曾用名汤健行、汤锦黻，安徽凤阳人。早年就读于凤阳省立第五中学。1929年6月加入中国共产主义青年团，并担任共青团凤阳县委书记。1932年曾任共青团长淮特委宣传部长，年底失去组织关系。1933年后到上海，在量才补习学校学习。1935年秋至1936年，先后参加中国左翼教育工作者联盟和职业界救国会，后任全国各界救国联合会干事会干事。1936年6月转为中国共产党党员。1937年11月起，历任中共江苏省委学生运动委员会书记、省委组织部干事、省委教育界运动委员会书记。1942年6月，被中共江苏省委派至南京工作，领导江苏省委系统在南京的党员。同年8月任中共南京工作小组负责人。1943年4月，前往中共中央华中局汇报工作并参加整风运动。1944年6月任中共南京工作委员会书记。1946年4月中共南京市委重建后，任副书记。除协助书记陈修良开展全面工作外，主要领导工人工作。此后又陆续负责领导市委小教工作委员会、中共镇江工作委员会、市委银钱业工作委员会、店员工作委员会等方面的工作。南京解放后，历任南京市军管会财经接管委员会副主任，市财政局局长、财经委员会副主任，江苏省计划委员会副主任、主任，省财经办公室主任。1978年3月任中共南京市委副书记，并先后担任市革委会副主任兼市政协主席、市人大常委会主任等。1984年11月任中共南京市顾问委员会副主任。1986年离休。2018年在南京逝世。

1941年，刘峰与妻子欧阳仪的结婚照（刘峰　提供）

DH:10-6-419

2590	80-34	户主姓名	朱金波

姓名	朱金波		教育程度		大学	
别号		性别 男	职业	业别	教育	
年龄	岁数	卅三		服务处所	石鼓路41号	
	出生日期	民前国三年三月一日	特征			
属籍	本籍	南京	与户主关系			
	寄籍		家属人数		五	指
居住本市年月		前后共17年　月	身份证		字10821号	（上粘贴相片）

注意
一　无相片者须在表内注明两手各指箕斗
二　箕用△代表斗用○代表

年　月　日登记

公民资格	宣誓时期	民国35年3月30日		住址	南[illegible]街路　巷里　112号
	宣誓地点	五区		保甲番号	五区　乡镇　18保21甲　户
兵役	起役	民前国　年　月　日		住址异动登记	街路　巷里　号 区　乡镇　保　甲　户
	除役	民国　年　月　日			街路　巷里　号 区　乡镇　保　甲　户
义务劳动	工作地点	日期			
		自至　年　月　日　起止			
		自至　年　月　日　起止			
		自至　年　月　日　起止		附记	

朱启銮（1914—1990），男，曾用名朱金波，安徽歙县人。1932年加入中国共产主义青年团。1935年转为中国共产党党员。北平大学肄业。曾任天津南开中学团支部书记、上海光华大学高中部党支部书记、北平大学学生团支部书记，参加一二九运动。全民族抗战时期，受中共组织派遣在上海慈善团体做救济难民的工作，任上海慈善团联救灾会党团书记、上海文化界抗日救亡协会支部组织委员。其间根据党的工作需要，先后任上海中共青浦县委书记、青浦淞沪抗日游击支队政委兼政治部主任。1940年4月，被中共江苏省委派至南京进行党组织的重建工作，公开身份为私立培育中学外语教员。1942年秋，任中共南京工作小组负责人。1944年6月，任中共南京工作委员会副书记。1946年4月中共南京市委重建后，为市委委员，先后负责领导军事小组、小教工委、公务员工委的工作。1949年3月，受中共南京市委委派，率市委情报系统干部白沙化装成商人冒险过江，到达合肥人民解放军渡江战役总前委司令部，送去国民党京沪杭警备总司令部汤恩伯的《京沪、沪杭沿线军事布置图》等一批重要敌情资料。南京解放后，历任南京市军管会副秘书长，市房地产局局长，市人民政府副秘书长，南京农学院及林学院党委书记，南京无线电工业学校校长、党委书记，中共南京市委常委、宣传部部长，中共苏州市委常委、副市长。1979年12月任南京航空学院院长、党委副书记。1981年1月任南京市人大常委会副主任。1983年4月起任南京市政协党组副书记、副主席。1985年离休。1990年在南京逝世。

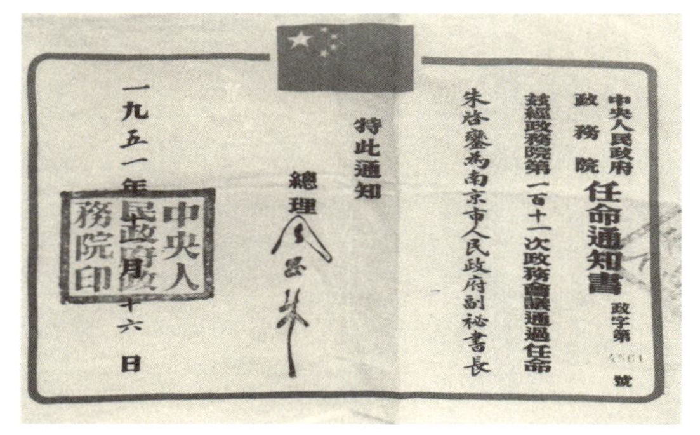

中央人民政府
政务院　任命通知書　政字第[illegible]號
茲經政務院第一百十一次政務會議通過任命
朱啓鑾為南京市人民政府副秘書長
特此通知
總理
一九五一年[illegible]月十六日
中央人民政府政務院印

1951年，中央人民政府政务院给朱启銮下达的任命书

协助查档单位及人员：

中共南京市委组织部干部档案室

南京市档案馆　金善、尹彦彬

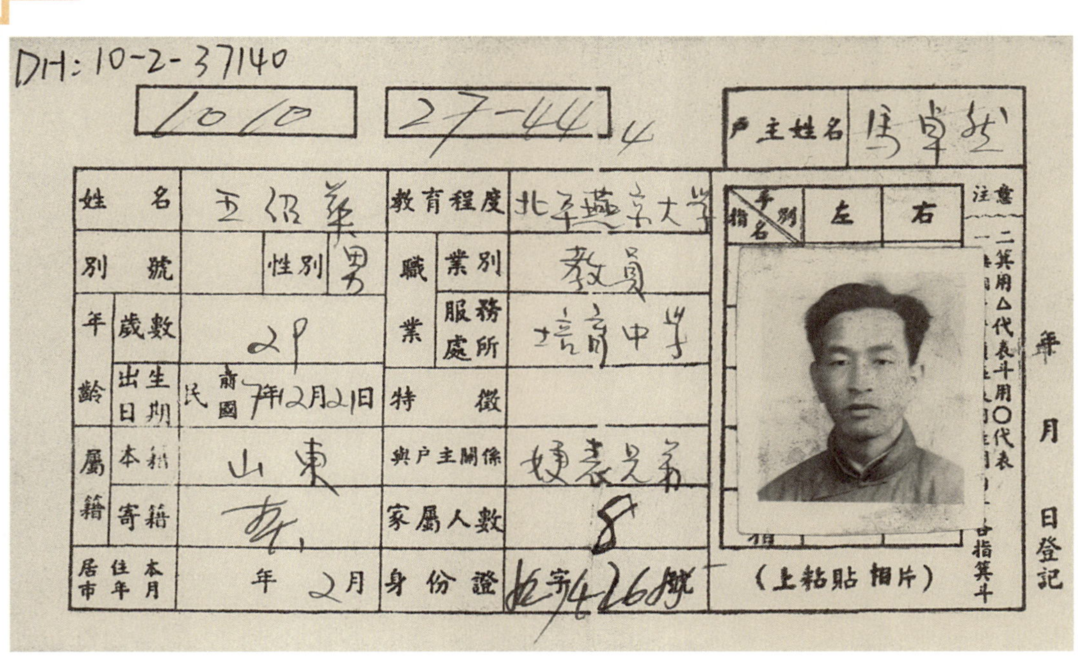

DH: 10-2-37140

1010 | 27-44 4

户主姓名	马卓然

姓名	王绍業			教育程度		北平燕京大学
别号		性别	男	职业	业别	教员
年龄	岁数	29			服务处所	培育中学
	出生日期	民国前7年12月21日		特徵		
属籍	本籍	山东		与户主关系		姨表兄弟
	寄籍	[illegible]		家属人数		8
本市居住年月		年 2月		身份證		北字4268号

指别	左	右

（上黏贴相片）

注意 一……二 箕用△代表斗用○代表……指箕斗

年 月 日登记

公民资格	宣誓时期	民国 年 月 日	住址	户部街路 巷里 64号
	宣誓地点		保甲番号	2区 乡镇 7保 9甲 5户
兵役	起役	民国前 年 月 日	住址异动登记	街路 巷里 号
	除役	民国 年 月 日		区 乡镇 保 甲 户
义务劳动	工作地点	日 期		街路 巷里 号
		自至 年 月 日 起止		区 乡镇 保 甲 户
		自至 年 月 日 起止		
		自至 年 月 日 起止	附记	

王明远（1916—2000），男，曾用名王绍华、王永祺，山东范县人。早年就读于山东济南高级中学。1935年考入燕京大学新闻系，参加中共领导的中国社会科学家联盟、左翼作家联盟和一二九运动。1935年12月加入中国共产党。1936年1月起，先后担任燕京大学党支部书记、中华民族解放先锋队大队长。1937年7月底北平沦陷后，到上海参加组建平津流亡同学会。1938年春任中共上海地下党领导的抗日救亡团体上海学生界救亡协会党团书记、宣传部长。1938年冬至1939年11月，任中共江苏省委学生运动委员会书记，期间被江苏省委选为代表学委的七大代表。1941年1月起，在延安中央党校学习并参加整风运动。1945年4月出席中共七大。1946年3月被派往南京做党的地下工作。同年4月中共南京市委重建，任市委委员，领导学生工作；5月起兼任市委学生工作委员会书记。1947年5月，在上级组织的领导下参与发动了五二〇运动。1948年5月至7月，在香港参加中共上海局秘密举办的干部训练班。10月，兼任市委文化工作委员会书记。南京解放后，担任中共南京市委委员，青委书记、青年团市工作委员会书记。1951年起，历任中共中央华东局团华东工委常委、副书记，中国人民保卫世界和平委员会（中国人民对外友好协会前身）组织部副部长、副秘书长、党组成员，北京农业大学副校长、党委副书记等职。1982年离休。2000年在北京逝世。

陈修良（左）与王明远（右）合影（沙尚之　提供）

协助查档单位及人员：

中国农业大学　李静、苏雅澄

DH:10-7-8590

0022	25-80.	戶主姓名	方仲年

姓名	方仲年		教育程度	專科学校	注意
別號	／ 性別	男	職業 業別	職員	一無相片者須在表內註明兩手各指箕斗
年齡 歲數	叁拾叁		職業 服務處所	新人周報社	二箕用△代表斗用○代表
年齡 出生日期	民前國 2年2月23日		特徵	左眼皮有疤	
屬籍 本籍	江蘇上海		與戶主關係	本人係戶主	
屬籍 寄籍	寄		家屬人數	2	
本市居住年月	年 月		身份證	1字3618號	（上粘貼相片）

年 月 日登記

公民資格	宣誓時期	民國 年 月 日		住址	丹鳳街路 石婆婆巷里 14 號
公民資格	宣誓地點			保甲番號	1 區 鄉鎮 1 保 23 甲 戶
兵役	起役	民前國 年 月 日		住址異動登記	街路 巷里 號
兵役	除役	民國 年 月 日		住址異動登記	區 鄉鎮 保 甲 戶
義務勞動	工作地點	日期		住址異動登記	街路 巷里 號
義務勞動		自至 年 月 日 起止		住址異動登記	區 鄉鎮 保 甲 戶
義務勞動		自至 年 月 日 起止		附記	
義務勞動		自至 年 月 日 起止			

方休（1918—1968），男，曾用名刘斯达、楚丰、方仲年、王士林、方士林等，上海宝山人。1936年参加中华民族解放先锋队。1938年1月加入中国共产党，同年3月参加新四军。先后任新四军政治部服务团宣传科长、新四军服务团学习队副队长、新四军三支队政治部民运科长等职。皖南事变突围成功，返回新四军，任新四军七师十九旅统战科长等职。1942年5月起，历任皖南地委宣当芜工委书记、苏皖区党委宣当县委书记等职，在领导宣当地区抗日斗争中做出积极贡献。1945年1月受苏皖区党委派遣，来南京以特派员身份领导该系统党员开展秘密工作，曾在江宁方山组成临时指挥班子，侦察日伪军事情况，准备配合新四军攻占南京。1946年2月，其领导的47名党员交给南京工作部领导，同年4月任中共南京市委委员，负责领导店员、小教工作。1948年5月，在任上海局外县工作委员会淞沪杭嘉湖工委书记期间被捕，后在党组织营救下出狱，任中共中央华东局政研室城市组研究员。解放后，历任中共上海市委政策研究室私营企业管理组组长，中共上海市委秘书处副处长，中共上海机床厂党委书记、厂长，华东财委第一办公室基建处副处长，上海市政工程设计院院长，城建部给水排水设计院副院长等职。1968年在甘肃逝世。

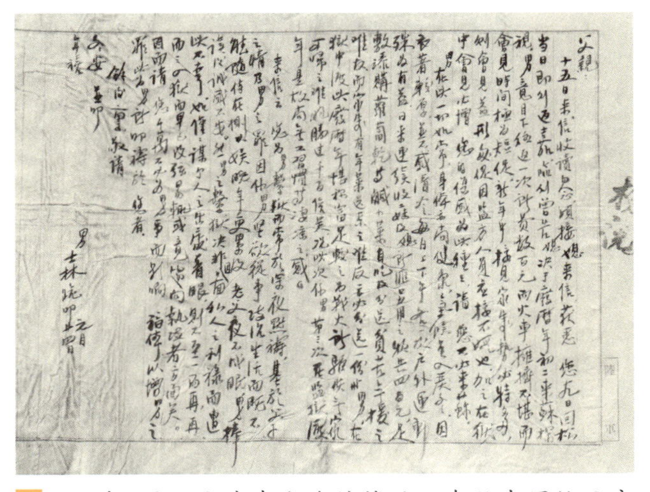

1948年5月，方休在上海被捕后，在狱中写给父亲的信函（方进玉　提供）

协助查档单位及人员：

中华人民共和国住房和城乡建设部人事司　朱洪

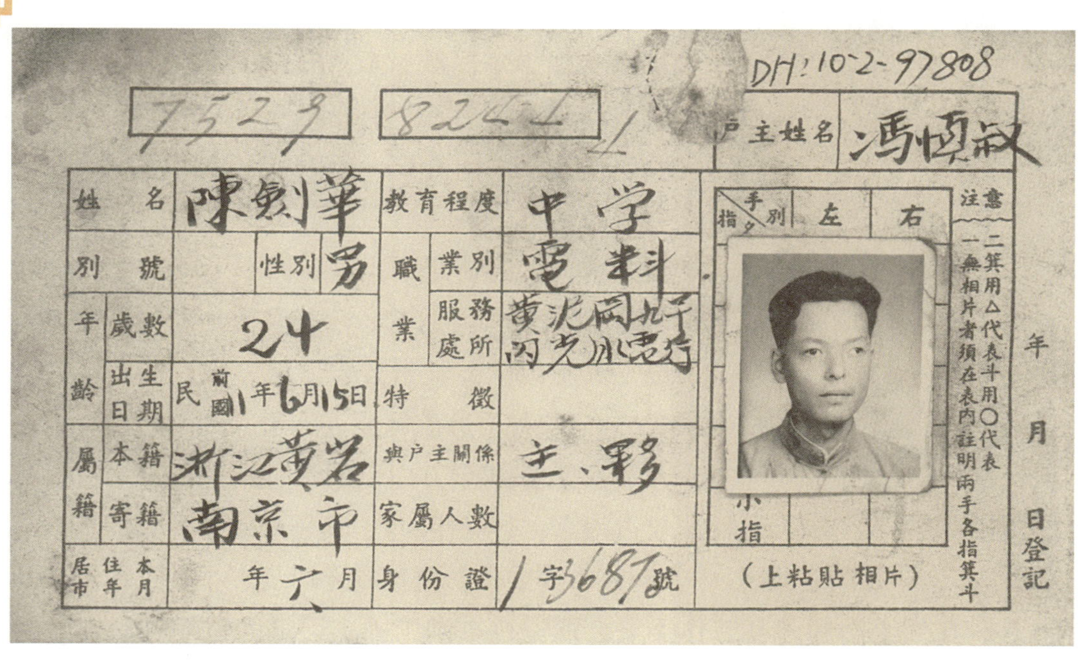

DH:10-2-97808

7529 | 8241

戶主姓名	馮慎叔

姓名	陳劍華		教育程度	中学
別號		性別 男	職業 業別	電料
年齡 歲數	24		服務處所	黃泥岡九号 闪光電行
出生日期	民前國1年6月15日		特徵	
屬籍 本籍	浙江黄岩		與戶主關係	主、夥
寄籍	南京市		家屬人數	
本市居住年月	年六月		身份證	1字3681號

指 \ 手別	左	右
小指		

（上粘貼相片）

注意：一 無相片者須在表內註明兩手各指箕斗 二 箕用△代表斗用○代表

年 月 日登記

公民資格	宣誓時期	民國 年 月 日	住址	黃泥崗 街路 巷里 九 號
	宣誓地點		保甲番號	區 鄉鎮 二 保 一 甲 十三 戶
兵役	起役	民前國 年 月 日		
	除役	民國 年 月 日	住址異動登記	小仙鶴 街路 巷里 18 號
義務勞動	工作地點	日 期		4 區 鄉鎮 28 保 24 甲 戶
		自至 年 月 日 起止		街路 巷里 號
		自至 年 月 日 起止		區 鄉鎮 保 甲 戶
		自至 年 月 日 起止	附記	37.1.18.47

陈慎言（1921—1999），男，曾用名陈剑华、陈福拱，浙江黄岩人。1938年10月加入中国共产党。曾任浙江天台中华民族解放先锋队第一区队队长，中共上海华立中学、大夏大学支部书记，中共华中局城工部政治交通。1944年6月被中共华中局城工部派往南京开展工作，任中共南京工作委员会委员。1946年5月，出任中共南京市委下属城内工人区委书记。1947年1月，城内工人区委撤销，改任新成立的中共南京市委工人工作委员会（简称工委）书记，统一领导南京的工人运动；5月，增补为中共南京市委委员。1948年5月至7月，在香港参加中共上海局秘密举办的干部训练班。解放战争期间，根据中共南京市委指示，领导工委以各基层党支部为核心，发动群众开展护厂斗争，组织精干队伍保护工厂，为壮大党的力量，迎接南京解放作出了积极贡献。南京解放后，历任南京市总工会副主席，市劳动局局长，市委工业部部长，市委常委、副市长等职。1980年当选第六届市政协副主席。1984年5月任市经济体制改革领导小组顾问组组长。同年10月任中共南京市顾问委员会委员。1989年离休。1999年在南京逝世。

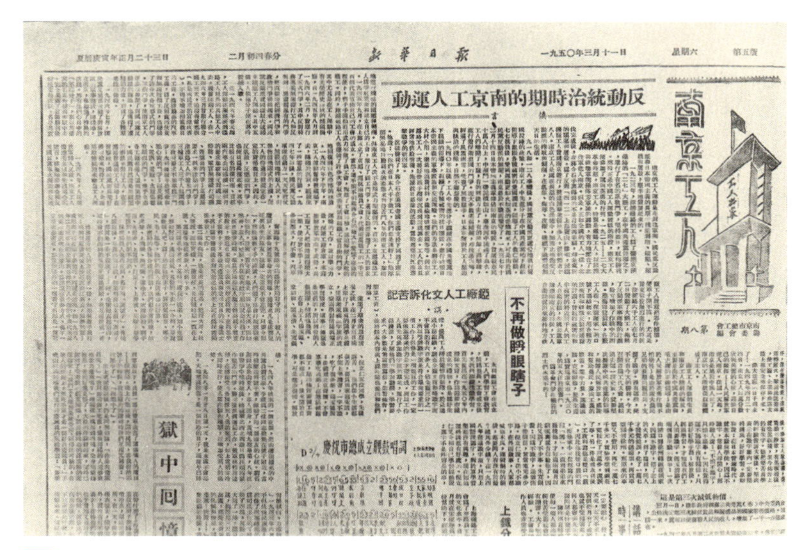

新華日報　一九五〇年三月十一日

反動統治時期的南京工人運動

南京工人

不再做睜眼瞎子

獄中回憶

1950年，陈慎言发表于《新华日报》的文章《反动统治时期的南京工人运动》

协助查档单位及人员：

中共南京市委组织部干部档案室

南京市档案馆　金善

0410-3-88259

5560	861·2

戶主姓名	康清桂

姓名		曹錦		教育程度		高中肄業	（黏貼相片）
別號		京生	性別 男	職業	業別	学生	
年齡	歲數	十八			服務處所		
	出生日期	民國十八年五月二十日		特徵			
屬籍	本籍	安徽績溪		與戶主關係		親戚	
	寄籍	南京		家屬人數			
居住本市年月		35年9月		身份證		[illegible]號	

年　月　日登記

公民資格	宣誓時期	民國　年　月　日	住址	石鐘路　街/路　巷/里　21號
	宣誓地點		保甲番號	北區　鄉/鎮　23保　17甲　戶
兵役	起役	民國前　年　月　日		
	除役	民國　年　月　日	住址異動登記	街路　巷里　號
義務勞動	工作地點	日期		區　鄉鎮　保　甲　戶
		自至　年　月　日　起止		街路　巷里　號
		自至　年　月　日　起止		區　鄉鎮　保　甲　戶
		自至　年　月　日　起止	附記	

曹锦（1929—2023），男，曾用名曹景，原籍安徽绩溪，生于江苏南京。1946年至1948年，先后在南京金陵中学、钟英中学读书。1947年，先后参与成立进步组织友爱社，筹备金陵中学学生自治会活动，加入金陵大学党支部的秘密团体耘社并任负责人，利用南京基督教青年会团契活动从事进步工作等。1948年2月，由刘锐芳介绍加入中国共产党。入党后，在中共南京市委学生工作委员会中学分委的领导下，考察发展积极分子，参与组织多次进步学生运动，参与发展中央大学附属中学党组织。南京解放前夕，先后担任中学分委、大专分委干事，带领所属地下党员完成迎接解放、协助接管等各项工作。南京解放后，先后担任中共南京市委组织部组织科干事，南京人民大会堂管理处主任，市委秘书处秘书科秘书等职；1951年10月起，调任上海华东文联创作工场助理编辑，华东作家协会上海分会秘书等职。1962年1月调至徐州，先后在中共徐州市委办公室、市委宣传部、徐州钢铁厂、徐州博物馆等单位工作。1983年3月起，担任徐州市委党史办公室（现徐州市史志办公室）编研科负责人、调研员。1990年离休。2023年在徐州逝世。

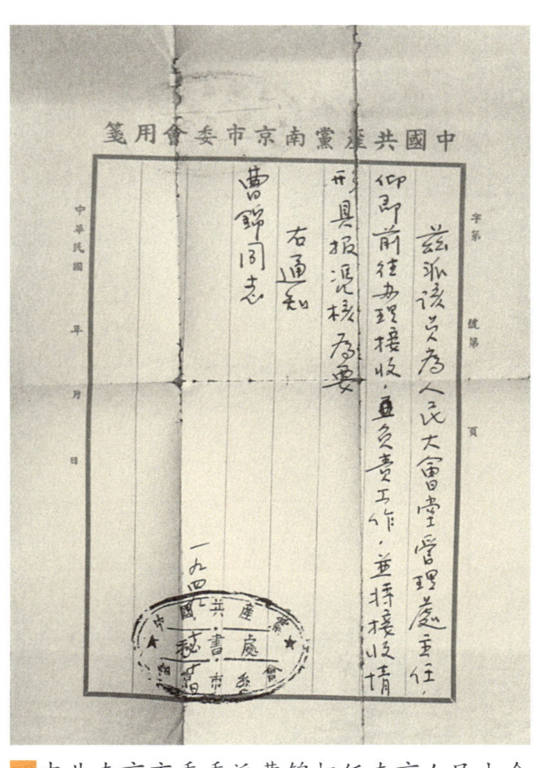

中國共產黨南京市委會用箋

字第 號第 頁

茲派該員為人民大會堂管理處主任，
仰即前往办理接收，並負責工作，並將接收情
形具报混核為要
右通知
曹錦同志

一九四

中國共產黨南京市委會秘書處

中華民國 年 月 日

中共南京市委委派曹锦担任南京人民大会堂管理处主任的函件（曹锦　提供）

协助查档单位及人员：

徐州市史志办公室　王文英

1714-10-12-1559

5560　80-44

戶主姓名	曹翼公

姓名	曹毓芬		教育程度	高中
別號		性別 女	職業 業別	學生
年齡 歲數	十六		職業 服務處所	明德女中
年齡 出生日期	民前國廿年二月十三日		特徵	
屬籍 本籍	安徽歙縣		與戶主關係	父女
屬籍 寄籍	南京市		家屬人數	
居住本市年月	年 月		身份證	5字11877號

手別 指名	左	右
大指	[illegible]	
食指		
中指		
無名指		
小指		

（上粘貼相片）

注意
一 無相片者須在表內註明兩手各指箕斗
二 箕用△代表斗用○代表

年 月 日登記

公民資格	宣誓時期	民國 年 月 日		住址	莫愁 街路 巷里 54 號
公民資格	宣誓地點			保甲番號	西區 鄉鎮 22 保 甲 戶
兵役	起役	民前國 年 月 日		住址異動登記	街路 巷里 號
兵役	役	民國 年 月 日		住址異動登記	區 鄉鎮 保 甲 戶
義務勞動	工作地點	日期		住址異動登記	街路 巷里 號
義務勞動		自至 年 月 日 起止		住址異動登記	區 鄉鎮 保 甲 戶
義務勞動		自至 年 月 日 起止			
義務勞動		自至 年 月 日 起止		附記	

曹琬（1931—2022），女，曾用名曹毓苾，原籍安徽歙县，生于江苏南京。1942年起，先后在南京市立一女中、钟英中学等校求学。1946年6月加入由新四军二师系统领导的抗日民主青年救国会。9月转入明德女中学习。1946年9月，由程箴敏、陆苇介绍加入中国共产党。入党后，因成绩优异，广受同学欢迎，当选为学生会主席，领导组织同学开展助学运动。1948年考入金陵女子文理学院（也称金女大）社会系，后转入中文系。先后担任中共金女大支部宣传委员、代理书记。通过组织民歌社、办壁报、读书会等多种方式，广泛吸收积极分子；利用南京基督教青年会开展的团契活动宣传教育进步同学。1949年4月1日，领导参与金女大同学开展“反对假和平，要求真和平”的示威游行，并组织慰问四一惨案中受伤的同学。南京解放后，先后担任中共南京市委组织部干部处办公室副主任、支部副书记等职。1962年起，历任十一中党支部副书记、书记，七一四厂社教工作队队部研究组组长，鼓楼区教育科副科长、科长，市教育局副局长、党组副书记，市委教卫部副部长、部长，市委常委等职。1986年3月担任南京市人大常委会副主任。1994年离休。2022年在南京逝世。

1949年4月1日，在“反对假和平，要求真和平”的游行队伍中，穿工装裤举金陵女大横幅者为曹琬

协助查档单位及人员：

中共南京市委组织部干部档案室

南京市人大常委会人事代表联络委员会　马淑敏

南京市人大法制（工）委办公室　黄瑞娟

DH:10-3-90404

5366　0222

戶主姓名	周鴻綬

姓名	曹序	性別	男	年齡	22	出生	民國前15年7月10日
本籍	山東安邱	寄籍	南京	婚姻狀況	未	特徵	

教育程度				職業		義務勞動			指紋符號	注意
(一)	(二)	(三)	(四)	行業		工作地點				一、無相片者須在表內註明
大學肄業				職位	學生	日期	自 年 月 日起	至 年 月 日止		二、箕用△代表斗用○代表兩手指紋
				服務處所						

保甲番號				住址名稱	登記日期			戶籍登記	役歷
區	保	甲	戶		年	月	日	事由	役別
1	9			四牌樓 中央大學	37	12	8	日期 年 月 日	日期 年 月 日

家屬	
稱謂	
姓名	

國民身份證	
填發機關	
填發日期	年 月 日
號碼	京(一)字310210號
備註	

曹汶（1926—2022），男，曾用名曹尔序、曹序，原籍山东安丘，生于陕西三原。早年在北平香山、山东安丘、陕西西安等地学习。1945年7月，开始接触中共重庆地下党员，并承担一些事务性工作。之后经中共组织介绍，为史学家顾颉刚主编的《中国历史名人传记丛书》撰写传记并绘制插图。后担任爱国民主人士李公朴的秘书，并经其介绍加入救国会。同时就读于陶行知创办的社会大学文学系。1947年，在南京入中央大学法医科（后转入艺术系）学习。1947年10月，由赵洛生介绍加入中国共产党。入党后，先后负责中央大学一年级和师范学院的党支部工作，领导组织中央大学新生院开展请贷运动，获得上级党组织口头表扬。1948年12月奉命到上海嘉定县，担任县支部书记，以农业推广所科员的身份为掩护从事策反工作。南京解放前夕，担任中共南京市委警员工作委员会区委，开展警察工作。后历任南京市公安学校教育科长、《南京公安》报总编辑、市文化处副处长、市文化局副局长、市文联副主席兼党组副书记、中国美术家协会江苏分会副主席、市美术家协会主席、南京书画院副院长等职。1988年离休。2022年在南京逝世。

曹汶在南京书画院门口留影

协助查档单位：

中共南京市委组织部干部档案室

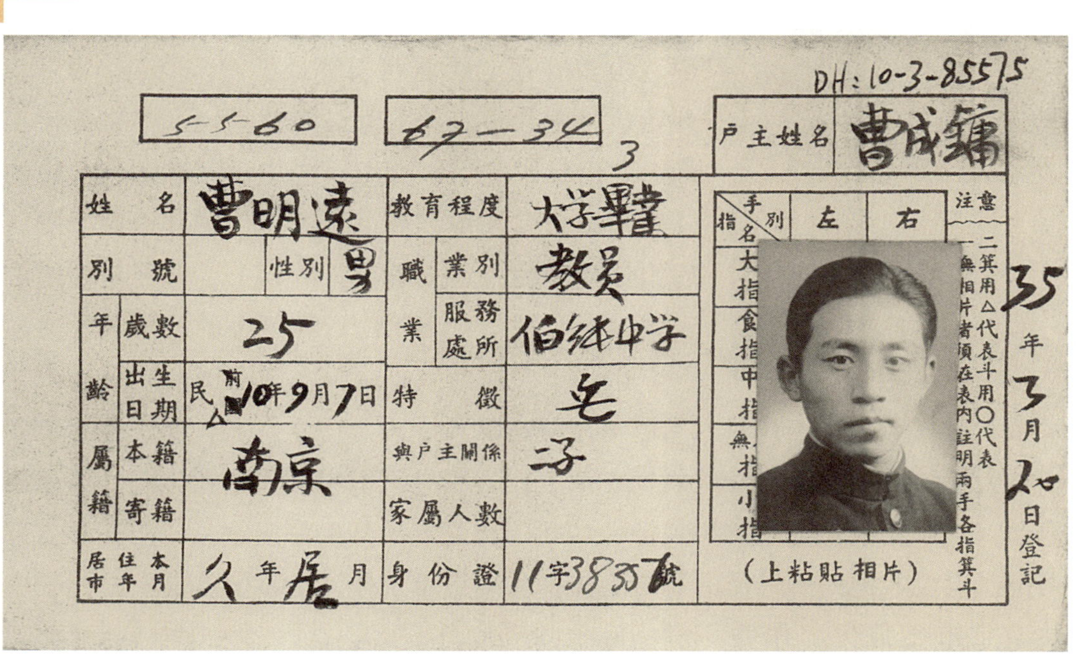

DH:10-3-85575

5-5-60	62—34 3	户主姓名	曹成镛

姓名	曹明远		教育程度		大学毕業
別號		性別 男	職業	業別	教员
年齡 歲數	25			服務處所	伯续中学
出生日期	民國前10年9月7日		特徵		无
屬籍 本籍	南京		與户主關係		二子
寄籍			家屬人數		
居住本市年月	久年居月		身份證		11字3835號

指別 手別	左	右
大指		
食指		
中指		
無名指		
小指		

（上粘貼相片）

注意：一 無相片者須在表內註明兩手各指箕斗 二 箕用△代表斗用○代表

35年3月20日登記

公民資格	宣誓時期	民國　年　月　日	住址	北山门街路　巷里26號
	宣誓地點		保甲番號	11區 雨花鄉鎮 11保12甲11户
兵役	起役	民國前　年　月　日	住址異動登記	街路　巷里　號
	除役	民國　年　月　日		區　鄉鎮　保　甲　户
義務勞動	工作地點	日期		街路　巷里　號
		自至　年　月　日　起止		區　鄉鎮　保　甲　户
		自至　年　月　日　起止		
		自至　年　月　日　起止	附記	

曹昭云（1921—1997），男，曾用名曹明远、赵明，江苏南京人。1941年入南京中央大学土木工程系学习。1943年暑假，参加由中共组织掌握领导权的中大学生互助会，从事抗日活动。1943年11月，由方焜（潘田）介绍加入中国共产党。入党后，按照党组织要求，参加干字运动实践会（简称干运会）。在干运会举办的寒假学生生活营中，组织文体活动，团结教育青年学生，掩护下层地下党员活动。1945年毕业后，被保送至南京华中铁路局任绘图员。1946年至1947年，先后在南京伯纯中学、青荟中学，安徽明光嘉山中学等校任教。1947年奉命打入国民党空军十二中队工作，担任少尉绘图员。党内担任军事工作小组组长，负责搜集敌人情报和进行策反工作。搜集了国民党空军十二中队淮海战役主要兵力布置图；通过联系中共地下党员林诚，传达党的指示，研究部署工作，参与策反了俞渤等5人驾机起义。1949年1月，调任中共南京市委小教党委书记，领导组织党员为人民解放军进城接管做好准备。南京解放后，历任南京九中副校长，南京机床厂副厂长，北京一机部二局副处长，青岛铸造机械厂副厂长等职。1976年5月任南京机床厂副厂长、党委常委。1983年离休。1997年在深圳逝世。

干运会出版的《干》字月刊

协助查档单位及人员：

南京新工投资集团有限责任公司　邢文范

南京机电产业（集团）有限公司　陈宁燕

南京仪机股份有限公司　陈志明

7529　46-44

DH-10-10-小-2084

户主姓名	董昌年			
姓名	陳观英	教育程度	高师	
别號	性别 女	職業 業别	学生	
年齡 歲數	二十岁	服務處所	本校	
出生日期	民前國15年10月3日	特徵		
屬籍 本籍	武進	與户主關係	师生	
寄籍	南京	家屬人數		
居住本市年月	年　月	身份證	號	年　月　日登記

公民資格	宣誓時期	民國　年　月　日	住址	街路 龍蟠 巷里 4 號
	宣誓地點		保甲番號	區　鄉鎮　保　甲　户
兵役	起役	民前國　年　月　日		
	除役	民國　年　月　日	住址異動登記	街路　巷里　號
義務勞動	工作地點	日期		區　鄉鎮　保　甲　户
		自至　年　月　日　起止		街路　巷里　號
		自至　年　月　日　起止		區　鄉鎮　保　甲　户
		自至　年　月　日　起止	附記	

陈观英（1925—2021），女，江苏武进人。早年在武进奔牛小学、常州育群中学、县立中学等校学习。在校成绩优异，思想进步，广泛阅读，自觉接受思想政治启蒙。1943年考入南京国立师范学校（后更名为国立第一临时中学）。抗战胜利后，面对国民党对收复区学生的歧视和侮辱，参与反甄审斗争，坚持请求复学并取得胜利。1946年，在中共地下党员的教育和引导下，传阅进步报刊和革命理论，思想觉悟不断提高。1946年7月，由徐淑美、欧阳仪介绍加入中国共产党。1947年起，在南京六〇兵工厂子弟小学任教。同年按照中共组织指示，参加南京小学教师协进会，开展文体活动，团结教育进步群众；组织参与学习会、讨论会等，做好护校迎解放的准备工作。南京解放后，先后在承恩寺小学、马道街小学、中华路小学、考棚小学担任教师、教导主任、校长等职。1953年至1968年，历任秦淮区计划供应科副科长，区粮管所主任、书记，市粮食局购销科副科长、秘书室副主任等职。1973年5月起，担任南京市水利局副科长、科长等职。1983年离休。2021年在南京逝世。

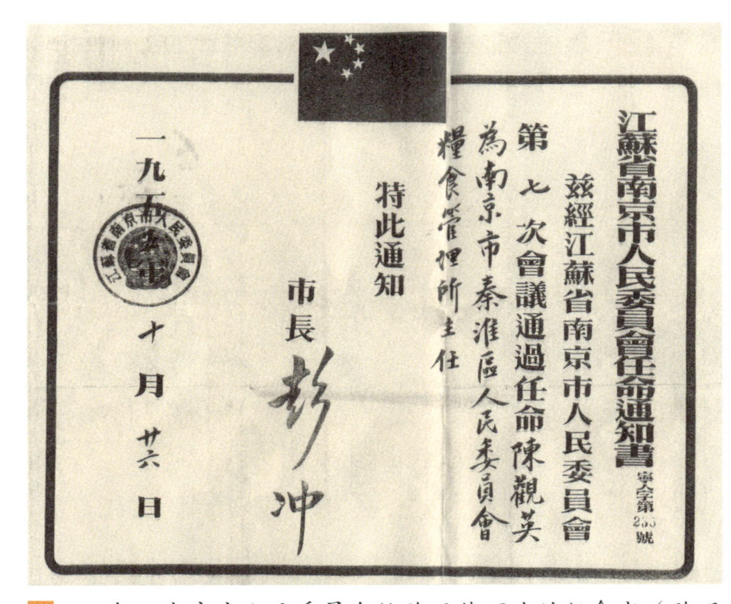

江蘇省南京市人民委員會任命通知書 寧人字第255號

茲經江蘇省南京市人民委員會第七次會議通過任命陳觀英為南京市秦淮區人民委員會糧食管理所主任

特此通知

市長 彭冲

一九五五年十月廿六日

1955年，南京市人民委员会给陈观英下达的任命书（陈观英　提供）

协助查档单位及人员：

南京市水务局　王利文、王映霞

DH:10-3-18519

7529 50-41，

户主姓名	陳惠標

姓名		陳惠標		教育程度		初中畢業
别號			性别 男	職業	業别	袜商百貨
年齡	歲數	32			服務處所	大丰百貨号
	出生日期	民國前4年7月1日		特徵		
屬籍	本籍	無錫		與户主關係		本人
	寄籍	南京		家屬人數		1
居住本市年月		年 月		身份證		85字54005號

(上粘貼相片)

意 二箕用△代表斗用〇代表……各指箕斗

31年3月25日登記

公民資格	宣誓時期	民國 年 月 日	住址	昇州街路 巷里198號
	宣誓地點		保甲番號	一區 鄉鎮 8保4甲1户
兵役	起役	民國前 年 月 日		
	除役	民國 年 月 日	住址異動登記	街路 巷里 號
義務勞動	工作地點	日期		區 鄉鎮 保 甲 户
		自至 年 月 日 起止		街路 巷里 號
		自至 年 月 日 起止		區 鄉鎮 保 甲 户
		自至 年 月 日 起止	附記	

陈惠标（1917—2008），男，曾用名陈渭标、陈光元，江苏无锡人。早年在上海同昌袜厂、久益袜厂和安大袜厂做学徒、店员。1938年7月，由曹世军介绍加入中国共产党。入党后，按照党组织指示，加入上海绸布业求知互助社，任社内党支部干事，团结广大职工进行抗日救亡活动，引起资本家不满而被解雇。1942年2月，来南京昇州路开设大丰百货号，经营百货批发业务。1943年永安商场开业后，又与人合资开设永安袜厂门市部。1946年大丰百货号停业后，实际担任永安袜厂经理。按照中共组织指示，在永安商场继续从事地下工作。以商店经理身份为掩护，开展工商界上层人物工作；组织互励会，团结进步群众，支持职工争取福利措施；积极发展党员，大力资助地下党的活动经费。南京解放初期，积极宣传党的政策，动员恢复营业。之后历任中共南京市委统战部副处长、处长，市人委办公厅副主任，市财政局副局长，市物资局副局长，市第二轻工业局局长等职。1981年5月任南京市进出口管理办公室主任和市计委党组成员。1982年离休。2008年在南京逝世。

永安商场互励会口琴队

协助查档单位及人员：

中共南京市委组织部干部档案室

南京市档案馆　金善

7529　80—14

017:10-10-69317

户主姓名	陳仁先

姓名	陳金琦		教育程度	高中
别號		性别 女	職業 業别	學生
年齡 歲數	22		職業 服務處所	國立三臨中
年齡 出生日期	民前國 年5月2日		特徵	
屬籍 本籍	江寧		與户主關係	
屬籍 寄籍	南京		家屬人數	
居住本市年月	年 月		身份證	字 號

指名 \ 手别	左	右
大指		
食指		
中指		
無名指		
小指		

（上粘貼相片）

注意 一二箕用△代表斗用○代表

指箕斗

年 月 日登記

公民資格	宣誓時期	民國 年 月 日		住址	街路 殷高 巷里 47 號
公民資格	宣誓地點			保甲番號	4 區 鄉鎮 23 保 14 甲 户
兵役	起役	民前國 年 月 日		住址異動登記	街路 巷里 號
兵役	除役	民國 年 月 日		住址異動登記	區 鄉鎮 保 甲 户
義務勞動	工作地點	日期		住址異動登記	街路 巷里 號
義務勞動		自至 年 月 日 起止		住址異動登記	區 鄉鎮 保 甲 户
義務勞動		自至 年 月 日 起止		附記	
義務勞動		自至 年 月 日 起止			

陈金琦（1925—2002），女，曾用名陈祯琦，江苏江宁人。早年在江宁秣陵小学、南京同伦女中、国立师范学校等校学习。抗战胜利后，面对国民党对收复区学生的歧视和侮辱，积极参加中学生反甄审斗争并取得胜利。1945年夏加入中国共产党。1946年8月，从国立南京第一临时中学高中毕业后，先后在知行小学、三汊河小学、新廊小学等校任教。在校期间，在中共南京市委小教工作委员会、小教党委的领导下，加入小学教师协进会，团结教师参加小学教师联谊会组织的文娱活动；参加全市小学教师总罢教，奔赴各校进行宣传动员；组织教师向国民党教育局“要遣散费，保障职业”等。南京解放前夕，按照中共组织指示，领导进步分子争取群众开展保护校产等接管工作。后历任夫子庙小学校长，秦淮区人委办公室副主任，第三十二中学校长兼党支部书记等职。1978年9月担任南京三十一中（现南京旅游营养中等专业学校）党支部书记。1984年离休。2002年在南京逝世。

1936年，国立南京第一临时中学第一届高师科毕业合影。一排右五陈金琦、右九陈观英，二排左三徐淑美

协助查档单位及人员：
中共南京市秦淮区委组织部　杜洪源

2691　00306　24/10-6-29119

户主姓名	楼德银

姓名	楼安富			教育程度	
别號		性别	男	職業别	缝工
年齡 歲數	[illegible]			業 服務處所	[illegible]
出生日期	民國　[illegible]年　[illegible]月　[illegible]日			特徵	
屬籍 本籍	安徽合肥			與户主關係	[illegible]
寄籍	[illegible]			家屬人數	
居住本市年月	[illegible]年　[illegible]月			身份證	574307號

指名＼手别	左	右
大指		
食指		
中指		
無名指		
小指		

（上粘貼相片）

注意：一、無相片者須在表内註明兩手各指箕斗　二、箕用△代表斗用○代表

年　月　日登記

公名資格	宣誓時期	民國　　年　　月　　日	住址	石橋後街路　　巷里　174號
	宣誓地點		保甲番號	五區　　鄉鎮　22保　　甲　　户
兵役	起役	民前國　　年　　月　　日	住址異動登記	街路　　巷里　　號
	除役	民國　　年　　月　　日		區　　鄉鎮　　保　　甲　　户
義務勞動	工作地點	日期		街路　　巷里　　號
		自至　　年　　月　　日起止		區　　鄉鎮　　保　　甲　　户
		自至　　年　　月　　日起止		
		自至　　年　　月　　日起止	附記	

程立富（1923—1995），男，安徽合肥人。1932年在南京大中桥小学读书。全民族抗日战争爆发后，从南京逃难回乡。1938年至1946年，辗转湖南长沙、广西桂林、四川江津等地，先后在国民政府军政部第三被服厂、第一被服厂学徒、做工。1944年6月，由姚国祥介绍加入中国共产党。1946年8月，回南京在首都被服厂做工。之后，在中共南京市委工人工作委员会领导下，组织参加要求增加工资的罢工斗争。1948年5月起，担任中共首都被服厂支部委员、书记，领导工人群众发动反对搬迁的护厂斗争。南京解放前夕，组织工人成立护厂纠察队严防敌人破坏，等待接收。解放后，在华东军区后勤部军需部负责接管工作。先后在解放军华东军区后勤部军需部被服四厂、华东军需生产管理局一〇三厂担任副主任、主任等职。1965年调至中国人民解放军三五〇三厂，历任技术科、计划科科长等职。1983年离休。1995年在南京逝世。

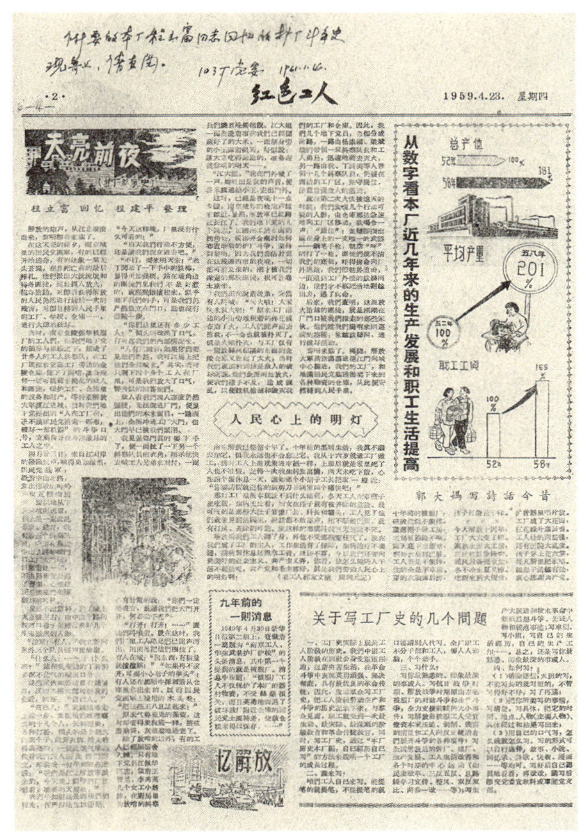

·2·　红色工人　1959.4.23.　星期四

天亮前夜（护厂斗争史）

程立富 回忆　程建平 整理

从数字看本厂近几年来的生产发展和职工生活提高

人民心上的明灯

九年前的一则消息

关于写工厂史的几个问题

忆解放

1959年，程立富发表在厂刊《红色工人》上的文章《天亮前夜（护厂斗争史）》

协助查档单位及人员：

南京际华三五〇三服装有限公司　管亚玲

DH:10-6-74556

1020	64-21	户主姓名	薛培貞

姓名	丁[illegible]熊		教育程度	高小畢業
別號		性別 男	職業 業別	機械
年齡 歲數	二十六		職業 服務處所	教育部科学儀器製造所
年齡 出生日期	民國十年五月十日		黨籍	
屬籍 本籍	江蘇常熟		特徵	
			與户主關係	技工
屬籍 寄籍	本市		家屬人數	
居住本市年月	三十六年四月		身份證	2字110306號

指名 \ 手別	左	右
大指		
食指		
中指		
無名指		
小指		

（上粘貼相片）

注意 一 二 …… 指箕斗

年 月 日登記

公民資格	宣誓時期	民國 年 月 日	住址	洪武 街路 巷里 112 號
	宣誓地點		保甲番號	2 區 鄉鎮 6 保 21 甲 21 户
兵役	起役	民國 年 月 日	住址異動登記	街路 巷里 號
	除役	民國 年 月 日		2 區 鄉鎮 6 保 21 甲 21 户
義務勞動	工作地點	日期		街路 巷里 號
		自至 年 月 日 起止		2 區 鄉鎮 6 保 21 甲 21 户
		自至 年 月 日 起止		
		自至 年 月 日 起止	附記	

丁熊，1924年生，男，曾用名丁连元、丁时熊，江苏常熟人。1936年起，先后在上海虹口中华教育用具制造厂、香港保安实业股份有限公司等地学徒做工。1941年12月珍珠港事件后，因香港遭日军占领而被迫撤回至广东。1942年起，先后在昆明中央机器厂、国民党兵工署第53兵工厂工作。其间，结识很多进步青年，并接触西南联大的中共党员，主动接受思想教育和政治启蒙。1945年7月，加入云南省民主工人同盟，开始参加进步活动。1946年6月加入中国共产党。1947年4月，经朋友介绍进入南京中华科学仪器制造所工作，后被调至紫金山天文台维修设备。在中共南京市委工人工作委员会领导下，培养发展积极分子，壮大组织力量，并参与成立中央无线电器材有限公司南京厂党支部。1948年底，受中共南京市委委派，调至中共南京市委警员工作委员会开展革命工作。1949年3月，遭国民党特务逮捕被关押至羊皮巷看守所，直到南京解放后获释。1949年6月起，先后在青年团南京市工作委员会、中华全国体育总会南京分会、国营七七二厂等单位工作。1980年调至中国南京无线电公司工作。1984年离休。

20世纪50年代，丁熊与妻子王慧君（学委地下党员）合影（丁熊　提供）

121-1012-7607

2324　25405

户主姓名	周一夔

姓名	傅積嘉			教育程度		中學畢業
别號		性别	女	職業	業别	繪圖員
年齡	歲數	20			服務處所	地政局
	出生日期	民前國16年7月19日		特徵		
屬籍	本籍	杭州市		與户主關係		僚屬
	寄籍	南京		家屬人數		
居住本市年月		36年8月		身份證		3字385136號

注意

年　月　日登記

公名資格	宣誓時期	民國　年　月　日		住址	市府　街路　巷里　25號
	宣誓地點			保甲番號	三區　鄉鎮　九保廿四甲廿一户
兵役	起役	民前國　年　月　日		住址異動登記	街路　巷里　户
	除役	民國　年　月　日			區　鄉鎮　保　甲　號
義務勞動	工作地點	日期			街路　巷里　户
		自至　年　月　日	起止		區　鄉鎮　保　甲　號
		自至　年　月　日	起止		
		自至　年　月　日	起止	附記	

傅积嘉，1927年生，女，原籍浙江杭县，生于黑龙江哈尔滨。早年在哈尔滨、北平等地求学。1941年入南京市立女子中学读书。中学时代，深受大哥等进步青年影响。1943年带领同学参加清毒运动大游行并任清毒总会市立女中分会主任、寒假工作团团员，由此结识了当时的南京中央大学学运领导人王嘉谟。抗战胜利后赴上海，先后在经济部苏浙皖区特派员办公处、上海东南汽车公司谋职。1946年7月，由王嘉谟介绍加入中国共产党。1947年11月，与王嘉谟结为夫妻。1948年底，经中共南京市委书记陈修良批准，和王嘉谟及其兄弟5人共同组成特殊的“家庭党支部”，接受中共南京市委公务员工作委员会领导，为迎接南京解放而开展城市地情资料调查工作。主要负责内勤、修改地籍图、更正登记册等工作。共整理出一套按地区划分的南京市国民党各级机关单位的地籍图、登记册和一套按照组织系统分类整理出的国民党行政机关隶属关系及地址明细表，计有国民党政府1191个机关单位，1930处房地产。南京解放后，先后任南京市妇女联合会会计、秘书，市机关干部升学补习班学员兼团总支副书记、学生会主席。1952年入中国人民大学教师研究班学习。1955年毕业后留校工作，历任工业经济系企业管理教研室教员、资料室主任，讲师等职。1982年离休。

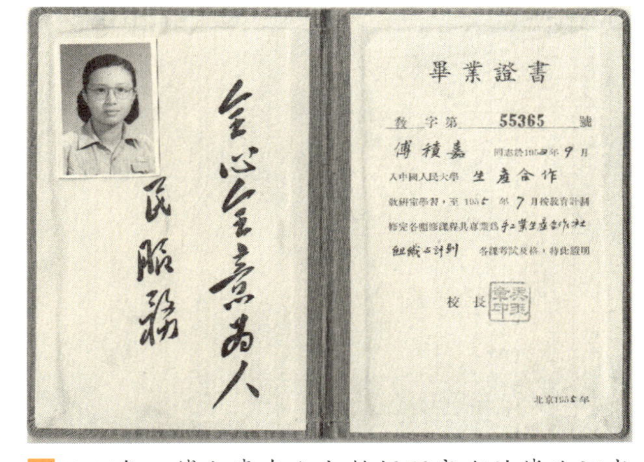

畢業證書

教字第 55365 號

傅積嘉 同志於195[illegible]年9月

入中國人民大學 生產合作

教研室學習，至1955年7月按教育計劃

修完各種修課程其專業為手工業生產合作社

組織與計劃 各課考試及格，特此證明

校長 吳玉章印

北京1955年

1955年，傅积嘉在人大教师研究班的毕业证书（王索雅　提供）

协助查档单位及人员：

中国人民大学　杨保忠

DH-10-13-47917

84977	60-220		户主姓名	钟辅华

姓名	甘南山		教育程度	高小
别号		性别 男	职业 业别	缝纫技工
年龄 岁数	二十七岁		职业 服务处所	首都被服厂
年龄 出生日期	民前國九年九月伍日		特徵	
属籍 本籍	湖南常德		與户主關係	部下
属籍 寄籍	首都被服厂		家屬人數	
居住本市年月	三十五年六月		身份證	5字140894號

手指 右 左

（上粘貼相片）

注意

一、無相片者須在□內註明兩手各指箕斗

二、箕用△代表斗用○代表

年 月 日登記

336

公名資格	宣誓時期	民國 年 月 日	住址	石鼓 街路 首都被服 巷里 厂 號
	宣誓地點		保甲番號	5 區 鄉鎮 25 保 甲 户
兵役	起役	民前國 年 月 日	住址異動登記	街路 巷里 號
	除役	民國 年 月 日		區 鄉鎮 保 甲 户
義務勞動	工作地點	日期		街路 巷里 號
		自至 年 月 日 起止		區 鄉鎮 保 甲 户
		自至 年 月 日 起止		
		自至 年 月 日 起止	附記	

甘南山（1920—1995），男，湖南常德人。早年在南京军需储备司、首都实验被服厂谋生。全民族抗日战争爆发后，辗转湖南湘潭、广西桂林、四川万县的国民政府军政部被服厂任检验员、统计员等职。其间，与中共地下党员紧密接触，阅读进步报刊和革命理论书籍，深受教育和启发。1941年10月，由姚国祥介绍加入中国共产党。1944年日军进攻桂林，中共组织紧急撤退时所在支部的负责人未能找到上级，迫使与组织失去联系，后积极寻找党的关系。抗战胜利后回到南京，在首都被服厂做工。其间，发动工人开展要求增加工资和福利的怠工、罢工斗争，了解国民党工厂生产情况，建立进步群众组织“弟兄会”等，一直坚持斗争至1948年3月重新接上党的关系。同年12月，在中共南京市委工人工作委员会领导下，从被服厂党支部抽调出来担任南区区委副书记，继续领导三轮车工人开展斗争。南京解放后，历任南京工人政治大学班主任，南京一〇三厂检验员、统计员，建邺区消费合作社代经理，南京星火棉织厂人事股长，南京红光防护装具厂厂长，南京第二灯泡厂副主任等职。1976年1月任南京塑料十二厂副厂长。1982年离休。1995年在南京逝世。

1978年，甘南山（前排右一）一家三口与侄子、侄媳合影（甘俊　提供）

协助查档单位及人员：

南京新工投资集团有限责任公司　杨芳

南京轻纺产业（集团）有限公司　周志强、李宁、周颖

DH:10-2-64090

0022	86-30		户主姓名	陳熙仁

姓名	高錫安		教育程度	大學畢業	手別 指名	左	右
別號		性別 男	職業 業別	教員			
年齡 歲數	六十五		業 服務處所	中華女中			
出生日期	民前國11年2月5日		特徵				
屬籍 本籍	青島		與户主關係	教員			
寄籍	南京		家屬人數	三			
居住本市年月	一年 月		身份證	6字70139號	（上粘貼相片）		

注意
一 二箕用△代表斗用○代表
無相片者須在表内註明兩手各指箕斗

三十五年十月十日登記

公民資格	宣誓時期	民國 年 月 日		住址	保泰街路 巷里 43號
	宣誓地點			保甲番號	六區 鄉鎮 二保三甲十三户
兵役	起役	民前國 年 月 日		住址異動登記	街路 巷里 號
	除役	民國 年 月 日			區 鄉鎮 保 甲 户
義務勞動	工作地點	日期			街路 巷里 號
		自至 年 月 日 起止			區 鄉鎮 保 甲 户
		自至 年 月 日 起止			
		自至 年 月 日 起止		附記	

高锡安（1922—2009），男，曾用名高乐民，山东胶县人。早年在胶县、高密、青岛求学直至高中毕业。1942年至1946年，先后在北平中国大学化学系、南京中央大学化工系、上海交通大学化学系读书。大学期间，在沪、宁两地积极参加学生运动。参与领导上海同学开展反甄审斗争，成为“121”同学会①上海分会负责人之一；支援南京学生斗争，营救被捕同学；声援昆明一二·一惨案，作为学生代表在追悼会上发言；发动同学欢送马叙伦等和平晋京请愿代表团赴南京。大学毕业后，在南京中华女中任教，其间利用南京基督教青年会团契活动，团结教育进步师生。1949年1月，由沙轶因介绍加入中国共产党，担任中共南京市委中教工作委员会委员，继续以宗教身份为掩护，从事革命工作。南京解放后，历任南京中华女中、十一中、一女中校长兼支部书记等职。1956年调任江苏省教育厅副处长。1979年起，历任南京化工学院（现南京工业大学）基础课部副主任、党总支副书记、院党委委员，江苏省化学化工学会理事等职。1983年离休。2009年在南京逝世。

1946年初夏，上海交通大学工程馆楼上陈文辉（右一）、梁伯琛（右四）、闾邱禔均（右八）、高锡安（右六）等同学合影（陈文辉　提供）

协助查档单位及人员：

南京工业大学　郑文静、张文元

①抗日战争胜利后，国民党政府下令解散南京汪伪时期的国立、市立大中学校，规定学生必须经过甄审考试才能继续升学或就业，引起学生强烈不满和抗议。为了缓和矛盾，国民党教育部将原定的“先甄审，后补习”改为全部先行补习，并宣布南京临大补习班于12月1日开学，学费一概免收。但国民党政府为了分散南京学生力量，将部分学生分配到上海各学校上课。为了加强沪、宁两地学生团结，继续向国民党反动派进行斗争，南京中央大学学生成立了“121”同学会。

1918	71-06	DH:10-8-87192	戶主姓名	彭湖

姓名	耿季澤			教育程度		大學	指名 手別	左	右
別號	希民	性別	男	職業	業別	中國銀行			
年齡 歲數	32				服務處所	白下路			
出生日期	民前國 4年3月15日			特徵					
屬籍 本籍	江都			與戶主關係					
寄籍				家屬人數			指		
本市居住年月	年 月			身份證		[illegible]字69456號	（上粘貼相片）		

注意：一、二箕用△代表斗用○代表 無相片者須在表內註明兩手各指箕斗

年 月 日登記

公民資格	宣誓時期	民國 年 月 日			住址	白下 街路 巷里 33 號
	宣誓地點				保甲番號	2區 鄉鎮 2保 11甲 11戶
兵役	起役	民前國 年 月 日				
	除役	民國 年 月 日			住址異動登記	街路 益樂巷 5號
義務勞動	工作地點		日期			2區 鄉鎮 5保 甲 戶
			自至 年 月 日	起止		街路 巷里 號
			自至 年 月 日	起止		區 鄉鎮 保 甲 戶
			自至 年 月 日	起止	附記	

耿一民（1915—1982），男，曾用名耿厚泽，江苏江都人。1934年起，先后在南京、汉口的中国银行任职。1938年4月，由张刚（张植华）介绍加入中国共产党。入党后，在国民党统治区域从事革命活动，包括共同创建大公书店，筹集资金、租赁店房，并担任书店董事长；保持与抗日进步人士的联系，宣传中共的政策与主张；在中共领导下的进步团体经济界同仁联谊会和中国农场经济研究会中开展工作；协助将地下党员、进步作家、民主人士从国统区安全转移等。1945年，随中国银行调至重庆，参加中共南方局领导的中国经济事业协进会的组织活动工作，并担任理事。1946年调至南京，开始筹建中国经济事业协进会南京分会。1948年，按照中共组织指示，重点改抓南京市银行业同仁联谊社（简称银社）工作，担任改选后的银社干事会副总干事，组织开展各种进步活动，并任深受银行职员喜爱的刊物《银讯》编辑。南京解放后，历任南京市军管会金融贸易部、市工商局主任秘书，中国银行南京分行副经理等职。1977年起，先后任中国银行南京分行科长，江苏省金融学会理事兼副秘书长等职。1982年在南京逝世。

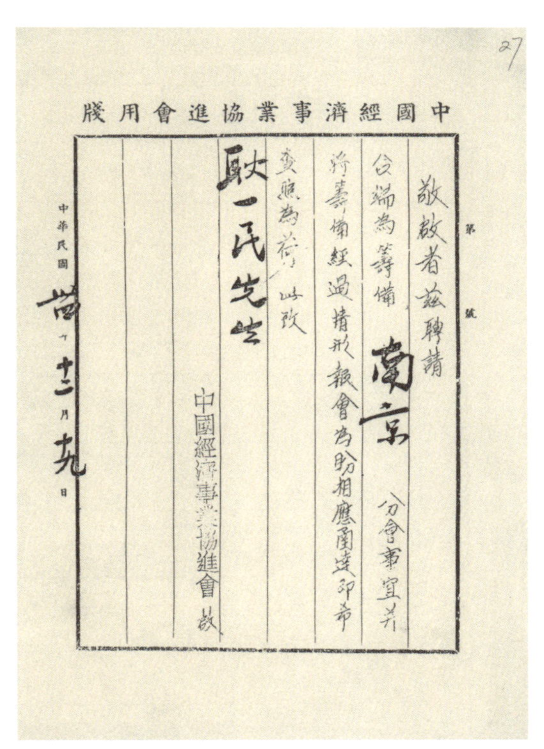

中國經濟事業協進會用牋

第　號

敬啟者茲聘請
台端為籌備南京分會事宜并
將籌備經過情形報會為盼相應函達即希
查照為荷此致
耿一民先生

中國經濟事業協進會啟

中華民國卅四年十二月九日

1945年12月，中国经济事业协进会聘请耿一民参与筹备南京分会

协助查档单位及人员：

中国银行江苏省分行　怀悦、王兰

中国银行南京分行　尚燕南

DH:10-7-33837

3128 | 80-502

戶主姓名	顧祖德

姓名	顧以表			教育程度	大学畢業
別號		性別	男	職業 業別	金融界
年齡 歲數	30			職業 服務處所	郵政儲金匯業局
年齡 出生日期	民國前六年五月十日			特徵	
屬籍 本籍	江蘇南通			與戶主關係	父子
屬籍 寄籍	南京			家屬人數	五人
居住本市年月	年 月			身份證	字11748號

公名資格	宣誓時期	民國 年 月 日		住址	湖南路 大同新邨 十 號(街 巷 號)
	宣誓地點			保甲番號	新 區 九 鄉鎮 保 甲 戶
兵役	起役	民國前 年 月 日		住址異動登記	街路 巷里 號
	除役	民國 年 月 日			區 鄉鎮 保 甲 戶
義務勞動	工作地點	日 期			街路 巷里 號
		自至 年 月 日	起止		區 鄉鎮 保 甲 戶
		自至 年 月 日	起止		
		自至 年 月 日	起止	附記	

顾公泰（1917—1997），男，江苏南通人。早年就读于北平汇文中学、省立南通中学。1937年11月底赴兰州，历任甘肃省农村合作委员会合作指导员、交通银行兰州分行办事员。1941年夏，考入四川成都光华大学经济系，1942年转入乐山武汉大学学习。1942年秋，在校内参与发起秘密的马克思主义小组，开展抗日民主运动。1945年3月，参加由中共南方局青年组指导建立的、统一领导武大学生运动的核心组织，出任书记一职。1946年6月大学毕业，1946年9月加入中国共产党。后奉命前往南京，进入邮政储金汇业总局南京分局工作，以此职业为掩护从事地下斗争。1948年春，按照中共南京市委指示，以南京市银行业同仁联谊社和《银讯》半月刊为阵地，在各种学习和文娱活动中进行进步思想的宣传，团结教育银行业职工。11月，担任新成立的中共南京市委银钱业工作委员会负责人，参与领导全市金融业职工反搬迁、保护银行及钱庄的斗争。同年底，让出自家三代九口人居住的复成新村10号洋楼宅院，用作市委秘密机关。市委经常在此开会，研究部署工作，直到南京解放。军管会接管南京后，曾任中国人民银行南京分行副行长兼中国银行南京分行经理，后任职于江苏省水利厅。1983年离休。1997年在南京逝世。

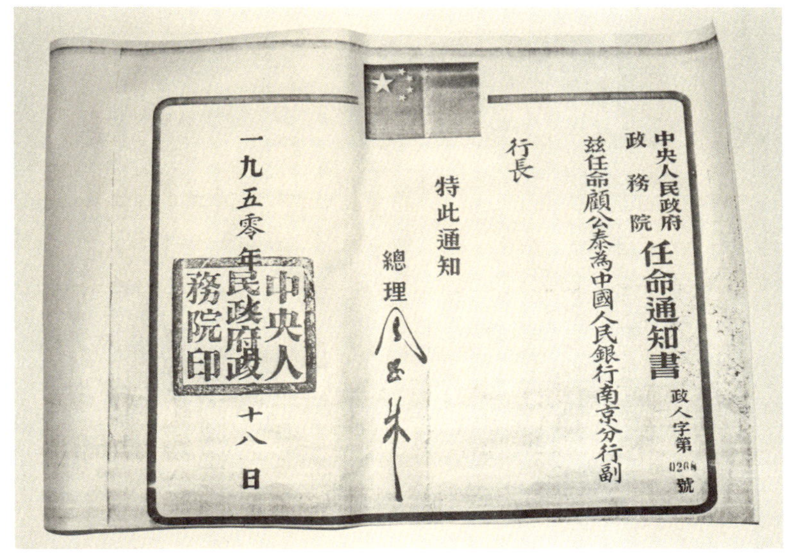

中央人民政府
政務院 任命通知書 政人字第0268號
茲任命顧公泰為中國人民銀行南京分行副
行長
特此通知
總理 周恩來
一九五零年 十八日
中央人民政府政務院印

1950年，中央人民政府政务院给顾公泰下达的任命书（顾南曦　提供）

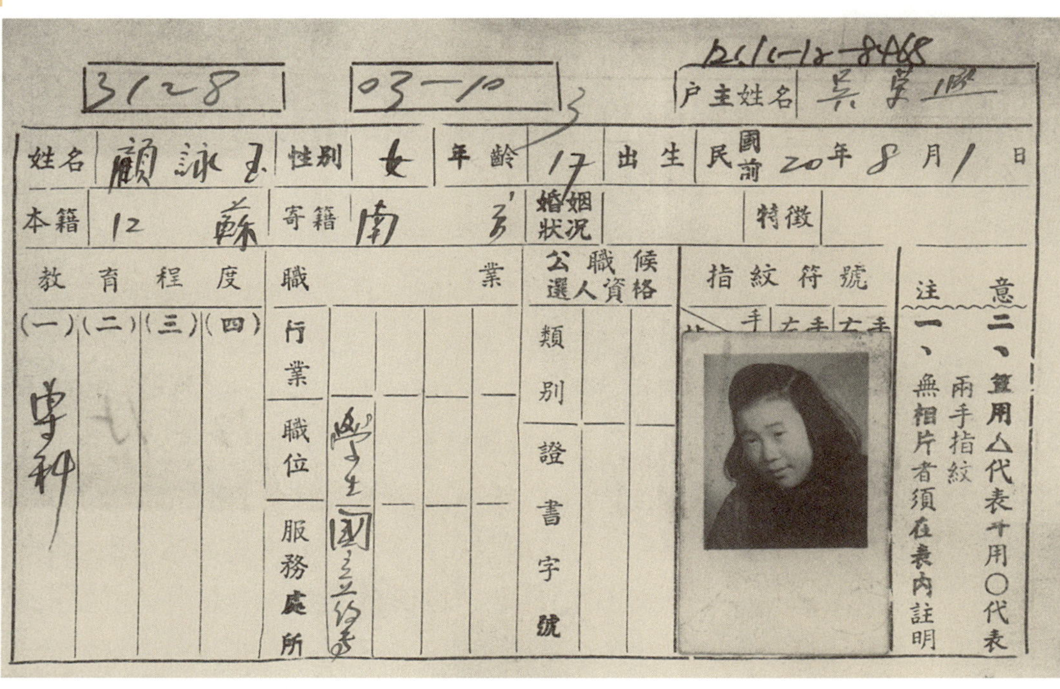

3128　03—10　D.1-1-12-8468

户主姓名：吴宝田

姓名	顾詠玉	性别	女	年龄	17	出生	民國前 20年8月1日
本籍	江蘇	寄籍	南京	婚姻狀況		特徵	

教育程度	職業	公職候選人資格	指紋符號
（一）（二）（三）（四）	行業	類別	
專科	職位：學生	證書字號	
	服務處所：國立社教		

注意
一、無相片者須在表內註明
二、箕用△代表斗用○代表兩手指紋

保甲番號				住址名稱	登記日期			户籍登記	役歷
區	保	甲	户		年	月	日	事由	役別
6	11	3		丁家橋吳家衙40號				日期 年 月 日	日期 年 月 日

家屬	
稱謂	
姓名	

國民身份證	
填發機關	
填發日期	37年12月15日
號碼	京六字246895號
備註	

顾詠玉，1930年生，女，江苏无锡人。早年在上海的培元小学、明德女中等校学习。少年时代，深受叔父顾衡（雨花英烈）革命事迹和姐姐顾泳越（中共党员）进步思想的影响和教育，追求真理，向往革命。1946年入南京国立药专中专部读书。在校期间，结识进步同学，传阅革命理论书刊，共同反对校方迫害，先后参加抗议美军暴行运动、五二〇运动等。1948年起，参加校内进步清寒同学组成的工读服务社，共同开展助学运动；在中央大学操场参加五二〇运动周年纪念晚会等。1949年3月，由张滇娥介绍加入中国共产党。入党后，曾担任中共药专支部书记。4月1日，领导参加“反对假和平、要求真和平”的大游行。南京解放前夕，宣传动员广大同学开展反对搬迁的护校斗争。1949年7月起，历任青年团南京市委机要秘书、干事，南京制药厂生产计划科科员，太原二二一厂党委宣传干事、冶金支部书记，太原制药厂技术员，兰州二四二厂非金属室主任，无锡化工研究所室主任等职。1979年11月任南京五一一厂冶金科防锈试验员、工程师。1985年离休。

1949年4月1日，四一惨案发生后，国立药专等南京大专学校师生举行示威游行

协助查档单位及人员：

金城集团五一一厂　达艳

叫10-1-33173

4445	12-341	户主姓名	本人

姓名	韓瑞寧	教育程度	大學	（上粘貼相片）
號	川 性別 男	職業 業別	學生	
年齡 歲數	24	服務處所	南京临大	
出生日期	民前國12年4月28日	特徵		
屬籍 本籍	南京市	與户主關係		
寄籍		家屬人數	3	
本市居住年月	在居年 月	身份證	字45800號	

注意 一無相片者須在表內註明兩手各指箕斗 二箕用△代表斗用○代表

年 月 日登記

公民資格	宣誓時期	民國 年 月 日	住址	珠江街路大紗帽巷里 3 號
	宣誓地點		保甲番號	區 鄉鎮 10 保 1 甲 17 户
兵役	起役	民前國 年 月 日	住址異動登記	街路 巷里 號
	除役	民國 年 月 日		區 鄉鎮 保 甲 户
義務勞動	工作地點	日期		街路 巷里 號
		自至 年 月 日 起止		區 鄉鎮 保 甲 户
		自至 年 月 日 起止		
		自至 年 月 日 起止	附記	

韩瑞涛（1923—2016），男，曾用名韩川、韦澄，江苏南京人。早年在南京市第二中学、国立师范学校学习。1945年9月，入南京国立临时大学补习班读书。在校期间，面对国民党对收复区学生的歧视和侮辱，参加反甄审斗争、罢课斗争，和同学到教育部请愿，要求承认学籍，反对甄审；抗议国民党政府迫害，呼吁社会各界的同情与支持。后被校方开除。1946年10月起，先后在东焦村小学、玄武门小学、北阴阳营小学任教。1947年12月，由陆坚志介绍加入中国共产党。入党后，参加党领导的公开合法组织南京小学教师协进会，团结教育进步群众；后转移至珠江路小学任教，负责发展党员工作；参加全市小学教师总罢教，开展争取活命贷金的斗争。1949年1月，担任小教党委一区支部负责人，领导一区应变会，发动组织群众进行反搬迁的护校斗争。南京解放后，长期从事宣传、教育工作。1952年至1957年，先后在南京市人事局、市级机关党委、市财经党委、市委交通部等机关部门担任秘书、科长、办公室主任、副处长等职。1958年至1976年，任浦口区委文教科科长、宣传部副部长等职。1977年10月起，调任中共南京市委党校教研室、资料室副主任等职。1985年离休。2016年在南京逝世。

1950年，韩瑞涛和徐淑美（二人均为小教系统地下党员）的结婚照（徐小江　提供）

协助查档单位及人员：

中共南京市委党校　王志京、王宏颖

PH:109-96659

4680	22336	戶主姓名	賀除雲

姓名		賀崇寅		教育程度		中學
別號			性別 男	職業	業別	商
年齡	歲數	24			服務處所	新街口
	出生日期	民前國12年6月1日		特徵		
屬籍	本籍	六合		與戶主關係		父子
	寄籍	南京		家屬人數		
居住本市年月		年 月		身份證		1字8731號

（註）二、兵用△代表斗用○代表

年 月 日登記

公民資格	宣誓時期	民國 年 月 日		住址	街路 糖坊橋 巷里 38 號
	宣誓地點			保甲番號	1 區 22 鄉鎮 保 12 甲 15 戶
兵役	起役	民前國 年 月 日		住址異動登記	街路 巷里 號
	除役	民國 年 月 日			區 鄉鎮 保 甲 戶
義務勞動	工作地點	日期			街路 巷里 號
		自至 年 月 日 起止			區 鄉鎮 保 甲 戶
		自至 年 月 日 起止		附記	
		自至 年 月 日 起止			

贺崇寅（1923—2003），男，曾用名何志新、何子辛，江苏六合人。早年在上海比德小学、民主中学等校求学。1936年9月入上海中华职业学校机械系学习。全民族抗战爆发后，在进步思想感召下投身学生爱国救亡运动。1940年12月，由张金祺介绍加入中国共产党。入党后，先后担任上海中华职业学校、上海工程专科学校党支部书记等职。曾组织读书会、星火社等进步团体，团结进步群众，传播革命思想，传递秘密情报。1942年底奉命回到家乡任六合县地下交通点政治交通员，并在县立小学任教作掩护。1945年后进中共华中局城工部工作，负责与中共南京市委联系。1946年后在中共南京市委领导下工作，于1947年4月起担任市委上海联络站负责人。1948年10月联络站撤销后，转入中共上海局机要支部负责沪宁线情报工作。解放后，历任上海市总工会秘书处主任，中共邑庙区区委委员、区委财经工作部部长，中共上海市委办公厅二室副主任，上海科学技术出版社党组书记、副社长、副总编辑。1978年初筹建《自然杂志》，任社长、主编。1983年初筹建上海翻译出版公司（后更名为上海远东出版社），任社长兼总编辑。1993年离休。2003年在上海逝世。

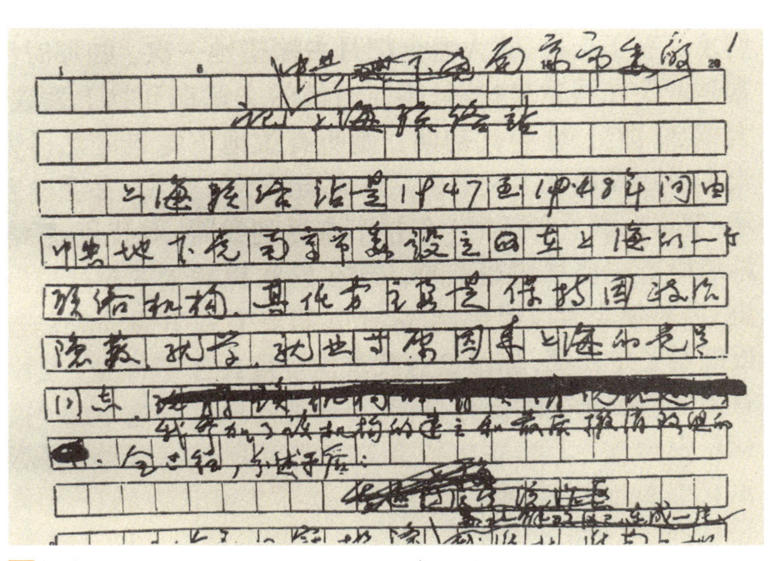

贺崇寅撰写的关于上海联络站文章的手迹（部分）

协助查档单位及人员：

上海世纪出版股份有限公司远东出版社　朱可鑫

5-3-54　28280

DL6-13-37473

户主姓名	國夫任

姓名	盛洪儀徵	教育程度	大學
別號	性別 女	職業 業別	無
年齡 歲數	二十五歲	職業 服務處所	
年齡 出生日期	民前國 11年 1月 19日	特徵	
屬籍 本籍	江蘇太倉	與户主關係	夫妻
屬籍 寄籍	南京市	家屬人數	四人
居住本市年月	五年六月	身份證	新字53393號

（上粘貼相片）

意 …… 二箕用△代表斗用〇代表 …… 指箕斗

年　月　日登記

公民資格 宣誓時期	民國　年　月　日	住址	大隍城 街路 巷里 52 號
公民資格 宣誓地點		保甲番號	1 區 鄉鎮 25 保 21 甲 戶
兵役 起役	民前國　年　月　日	住址異動登記	街路 巷里 號
兵役 除役	民國　年　月　日		區 鄉鎮 保 甲 戶
義務勞動 工作地點	日期		街路 巷里 號
	自至　年　月　日起止		區 鄉鎮 保 甲 戶
	自至　年　月　日起止	附記	
	自至　年　月　日起止		

洪仪征（1922—2012），女，江苏太仓人。早年在太仓师范附属小学、太仓中学、上海正风中学学习直至高中毕业。1940年考入南京中央大学法商学院会计系。在校期间，追求真理，深受中共党员盛天任的启发和教育，阅读革命理论和进步书籍。1943年下半年，按照中共组织指示，协助盛天任共同打入汪伪陆军部修械所，开辟敌伪军事部门的工作。1944年夏，中大毕业后留在修械所成本会计室任职。同年10月，与盛天任结为夫妻。1944年11月，由朱启銮、盛天任介绍加入中国共产党。入党后，在学委党委的领导下，居家从事诸如抄录文件、剪贴报纸、接引关系、保存文件书籍等掩护工作，确保党的秘密活动安全开展。1948年7月，在汇文女中兼职教学，担任支部组织委员，继续从事革命斗争。南京解放后，历任中共南京市委行政处会计，市财政局经建科、监交科科长，泰州市财政局副局长等职。1978年8月担任南京中医学院（现南京中医药大学）总务处财务科科长。1983年离休。2012年在南京逝世。

盛天任和洪仪征夫妇（盛天任　提供）

协助查档单位及人员：

南京中医药大学　姜芬、杨小萍

DM:11-1-36931

戶別	住戶		警察局　所　街路 基王府 巷里 54 號	己產或租賃
戶主姓名	張聖樸	1	3 區　鄉鎮 19 保 11 甲 4 戶	己

稱謂	姓名	別號	性別	年齡	出生 年	月	日	屬籍 本籍	寄籍	身份證字號	職業 業別	服務處所	黨籍	宗教	教育程度	婚姻狀況	居住本市 年	月	廢疾及身體上特徵	異動登記 類別	年	月	日
戶主	張聖樸		男	60		12	6	鄞		68977	顧問	蘇省政府			大學	已	5		—				
妻	陳氏		女	58		1	1	〃		50682					不	〃	〃						
長女	〃一權		女	21		7	11	鄞		68976	銀行	蘇農行			高中	未	〃						
〃	〃一誠		〃	22		11	15	鄞		68975	學	金陵大學			大學	〃	〃						
〃	〃一鳴		〃	32		3	6	〃							高中	已	〃						
外孫	胡立峰		男	20		6	21	〃		50683	學	仝上			學	未	〃		重號68977				
〃	謝樹雄		男	7		5	19	〃							〃	〃	〃						

本戶統計	性別/類別	男	女	增減登記 增 男	增 女	減 男	減 女	本戶曾服兵役人 姓名	役別	起止時間	有無證件	本戶房東	
	現住	4	7							自起至止 年 月 日		姓名	
	他住									自起至止 年 月 日		住址	
	共計口數	11								自起至止 年 月 日		房屋保險已否	

本戶有無槍枝	種類		本戶保結人	機關商號名稱或戶主姓名	職別或職業	住址	備考	本戶所受損失首都淪陷期間	
	枝數								
	執照字號								

住址異動及日期	
	年　月　日遷住　局　所　街路　巷里　號 / 區　鄉鎮　保　甲　戶
	年　月　日遷住　局　所　街路　巷里　號 / 區　鄉鎮　保　甲　戶

本戶抗敵軍人及其直系親屬	抗敵軍人姓名	直系親屬 稱謂	姓名	稱謂	姓名	本戶財產	動產數目		附記	
							不動產價值			

注：该卡为中共南京市委学生工作委员会委员胡立峰全家的户卡，卡上显示的“户主”为张圣模〔谟〕，即胡立峯（峰）外公；“外孙”即胡立峰。截至本书出版前，尚未搜寻到胡立峰的口卡。

胡立峰（1925—2023），男，曾用名胡震、王迈，江苏邳县人。早年在邳县、上海等地求学。1942年入南京钟英中学读书。学生时代，热爱阅读进步书刊，主动接受革命思想教育和政治启蒙，积极组织同学参加壁报社、读书会等进步活动。1942年4月，由姜秀英介绍加入中国共产党。入党后，先后4次赴茅山抗日根据地学习。1943年，按照中共组织的指示，离校从事金融、工人等方面工作。1945年入南京临时大学经济系学习。1946年起，在中共南京市委学生工作委员会领导下，历任男中分委委员、书记，学委委员等职，联系发展多名学生党员，参与领导组织抗议美军暴行运动、五二〇运动、助学运动及反增费斗争等进步活动。1948年5月至7月，在香港参加中共上海局秘密举办的干部训练班。同年8月，面对国民党特务机构大逮捕，领导组织大、中学生党员、积极分子成功疏散撤退，保存了党组织力量。南京解放后，历任青年团南京市工作委员会少年部部长，青年团华东工作委员会统战部副部长，吉林二〇一厂办公室主任、党委常委，吉林市重工业局、电子工业局副局长等职。1980年起，先后任南京市电子仪表局副局长，中国南京无线电公司党委书记等职。1984年4月任中共南京市委宣传部巡视员，负责筹建南京社会科学联合会，并担任第一届常务副主席。1987年离休。2023年在南京逝世。

1968年，胡立峰在天安门广场留影（胡立峰　提供）

协助查档单位：

中共南京市委组织部干部档案室

21.10-1-70384

4762	17-66	户主姓名	周鸿经

姓名	胡润水	性别	女	年龄	25	出生	民國前十三年11月8日
本籍	海南人	寄籍	南京	婚姻狀況	未	特徵	

教育程度	職業	義務勞動	指紋符號	注意
(一)大學肄業 (二) (三) (四)	行業：學生；職位；服務處所	工作地點；日期：自 年 月 日起至 年 月 日止		一、無相片者須在表內註明 二、箕用△代表斗用○代表

保甲番號				住址名稱	登記日期			戶籍登記	役歷
區	保	甲	戶		年	月	日	事由；日期 年 月 日	役別；日期 年 月 日
東1	9			文昌橋中大女生宿舍134室	37	11	18		
				四牌樓一号中央大學					

家屬			國民身份證	
稱謂	弟	師生	填發機關	
姓名	胡瑞壇	周鴻經	填發日期	年 月 日
			號碼	京一區 29814号 29814號
			備註	

胡润如（1922—2019），女，曾用名赵毅，河南开封人。1938年加入中共组织领导的抗日救亡妇女宣传队。1939年9月，由王兴刚、李丕荣介绍加入中国共产党。1940年9月调到重庆新生活运动妇女指导委员会军政部工作队，在邓颖超的直接领导下工作。皖南事变后，按照中共组织指示，从工作队安全转移。1945年秋，在重庆入中央大学学习。后加入中共领导的秘密外围组织新民主主义青年社并任组联会组长。1946年随校迁至南京，继续从事学运工作。先后参加抗议美军暴行运动、五二〇运动等进步活动。1947年10月任中共中央大学总支委员。1948年底，因国民党特务机构进行大逮捕，奉命撤退至苏北解放区并在华中党校学习。南京解放前夕，被编入中国人民解放军第二野战军金陵支队第七大队并任组织委员。后随人民解放军南下，参加对南京的接管工作。1949年6月起，历任青年团南京市委组织部部长，市委组织部办公室主任等职。1955年起，历任北京前门区委监委副书记，无锡市轻工业学院党委常委，海口市教育局副局长、科教办副主任等职。1976年调回南京任江苏省科技局情报室副主任。1978年10月任江苏省科技情报研究所党支部书记兼副所长。1982年离休。2019年在南京逝世。

抗日救亡妇女宣传队队员合影。前排右一胡润如、右二李丕荣，后排右一王品素、右二王华冰（蒲晓东　提供）

协助查档单位及人员：

江苏省科技情报所　朱阿琼

DH:10-10-6024

2121	114-38	戶主姓名	虎逸辟

姓名	寇世祥		教育程度	初中	
別號		性別 男	職業 業別	學生	
年齡 歲數	十五		服務處所	夫子廟十子	
出生日期	民前二國十年四月九日		特徵		
屬籍 本籍	南京		與戶主關係	父子	
寄籍			家屬人數	8人	
居住本市年月	世居 年 月		身份證	京3字46842號	

手別 指名	左	右
大		
小指		

（上粘貼相片）

注意 一、無相片者須在表內註明兩手各指箕斗 二、箕用△代表斗用○代表

35年4月7日登記

公民資格	宣誓時期	民國 年 月 日	住址	街小四福巷 10 號 路 里
	宣誓地點		保甲番號	3 區 14 鄉鎮 保 3 甲 1 戶
兵役	起役	民前國 年 月 日	住址異動登記	街路 巷里 號
	除役	民國 年 月 日		區 鄉鎮 保 甲 戶
義務勞動	工作地點	日 期		街路 巷里 號
		自至 年 月 日 起止		區 鄉鎮 保 甲 戶
		自至 年 月 日 起止		
		自至 年 月 日 起止	附記	

虎世祥，1932年生，男，曾用名李进，江苏南京人。早年就读于南京夫子庙小学。1943年至1948年，在市立第一中学读书直至高中毕业。中学时代，追求思想进步，经常阅读优秀文艺作品和革命理论书籍。1947年加入南京基督教青年会，与进步同学组织成立“野火”团契，出版《野火》壁报，开展丰富多样的文娱活动；团结组织清寒同学开展3次助学活动，通过推销助学花，义卖文具用品、手工艺品，演活报剧等方式募集助学经费。1948年11月，由沈庆林介绍加入中国共产党。入党后参加南京中学生清寒学生自助联合会；参与领导组织同学向国民党教育局请愿，开展反对按米价征收学费的反增费斗争，并取得胜利。后担任一中学生党支部书记。南京解放后，入南京大学学习，期间适逢中国人民解放军海军学校在大连创建，成为南京市被选拔入学的10人之一。后毕业留校任助教、教员。1958年调至哈尔滨工作。1963年起，在哈尔滨市公共交通客车厂（后更名为哈尔滨客车厂）工作，历任技术员、工程师、副厂长、厂长兼党委副书记、调研员等职。1992年离休。

1998年，虎世祥（一排右二）与部分一中地下党员在南京聚会合影（虎世祥　提供）

协助查档单位及人员：

哈尔滨市离退休干部综合服务中心　潘鑫

DH:10-2-14232

4480	40—006	戶主姓名	陳重寅

姓名	黄右廣	性別	男	年齡	28	出生	民國前9年3月5日
本籍	四川	寄籍	南京	婚姻狀況	未	特徵	

教育程度				職業		公職候選人資格		指紋符號	注意
(一)	(二)	(三)	(四)	行業	学	類別			一、
大学				職位	教员	證書字號			二、箕用△代表斗用○代表手指紋
				服務處所	市立一中				

保甲番號				住址名稱	登記日期			戶籍登記	役歷
區	保	甲	戶		年	月	日	事由	役別
3	26	26		府西街16号	37	3	9	日期 年 月 日	日期 年 月 日
	26	20							

家屬		國民身分證	
稱謂		填發機關	
姓名	校長陳重寅	填發日期	年 月 日
		號碼	3字91134號
		備註	

黄志广（1923—2001），男，曾用名王伯敏、胡德、周华，四川威远人。早年在威远镇西小学、自贡蜀光中学等校求学。1942年在重庆入中央大学体育系学习。其间，结识进步同学，传阅进步书刊，参加了重庆各大学万余名师生举行的“一·二五”示威游行。1946年随校迁至南京。在宁期间，先后参加抗议美军暴行运动、五二〇运动、助学运动等进步活动和校内进步组织蓓蕾社。1947年6月，加入中共领导的秘密外围组织新民主主义青年社。同年中大毕业后，在南京弘光中学、市立第一中学等校任教师，并于10月加入中共领导的秘密外围组织中央大学校友联谊会。1948年5月，由何赐文、刘文干介绍加入中国共产党，主要负责在中学教员中从事党的工作，团结教育进步教师，培养发展积极分子。南京解放后，历任南京市财经学校党支部书记、教导副主任，青年团市委军体部副部长，市体育分筹会秘书长，南京地质学校教师、工会副主席，市教师进修学院政治教研组组长，市教育局政治学习办公室副主任，市一中校长等职。1981年11月担任南京市教育局工农教育科科长。1983年离休。2001年逝世。

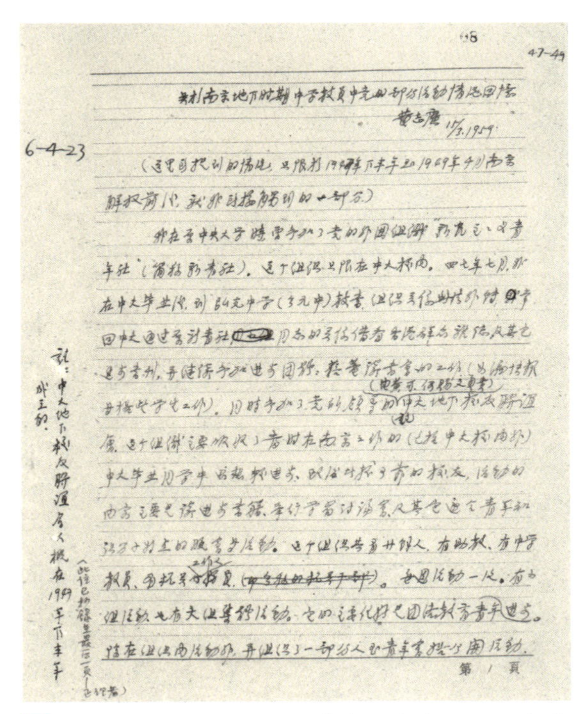

关于南京地下时期中学教员中党的部分活动情况回顾

黄志广 1/3.1959

第 1 页

1959年，黄志广撰写的《关于南京地下时期中学教员中党的部分活动情况回顾》手稿（部分）

协助查档单位及人员：

南京市教育局　王京、邹燕

2231　17-10-9　　　22/10-8-92884

户主姓名	姜文彬

姓名	紀耀炎			教育程度	高中
别號	心恒	性别	男	職業 業别	闲
年齡 歲數	二十三歲			職業 服務處所	本宅
年齡 出生日期	民前國 十三年十一月三日			特徵	
屬籍 本籍	南京			與户主關係	妻弟
屬籍 寄籍				家屬人數	
居住本市年月	二十年　月			身份證	4字33506號

注意 ……用△代表……用○代表

年　月　日登記

公民資格	宣誓時期	民國　年　月　日		住址	三條营 街路　巷里 四0 號
公民資格	宣誓地點			保甲番號	四區　鄉鎮　六保 九甲　户
兵役	起役	民前國　年　月　日		住址異動登記	街路　巷里　號
兵役	除役	民國　年　月　日		住址異動登記	區　鄉鎮　保　甲　户
義務勞動	工作地點	日期		住址異動登記	街路　巷里　號
義務勞動		自至 年　月　日 起止		住址異動登記	區　鄉鎮　保　甲　户
義務勞動		自至 年　月　日 起止		附記	
義務勞動		自至 年　月　日 起止		附記	

纪浩（1924—2015），男，曾用名纪耀炎、纪心恒，江苏南京人。早年在南京小西湖小学、市立一中读书。1946年2月，在中共苏皖七分区城市工作部淮河办事处，由张曼萍、徐白坚介绍加入中国共产党。3月入中共中央华中分局城工部训练班学习。10月受中共组织派遣至南京从事地下工作。在中共南京市委工人工作委员会领导下，先后担任印刷业党支部委员、书记，并联系首都被服厂、三轮车和淮南煤矿党支部。白区斗争期间，通过发动党员，深入群众，结拜兄弟等方式团结和教育工人；成功将个别党员打入国民党中央印务局、宪兵司令部、联勤总部的印刷所，串联各工厂、报社，巧妙举行加薪斗争；领导三轮车工人开展反对车租涨价、反对限价的请愿罢工和游行示威；组织首都被服厂工人开展反对搬迁和要求遣散费斗争；建立规模较大、人人武装的护矿队，负责巡逻警戒等工作。南京解放后，历任南京市交通运输工会副主席，市城建局副科长，市交通局、市公交公司科长，市汽车运输公司副经理等职。1981年9月起，先后任市运输管理处副主任、调研员。1985年离休。2015年在南京逝世。

南京新民報日刊　月六日

千輛三輪車集市府
控訴車商無理措施
社會局調解後糾紛解決

1948年，《新民报》刊载三轮车工人请愿的消息

协助查档单位及人员：

南京市交通运输综合行政执法监督局　李东庆、孔垂婷

原南京市公路运输管理处　刘克俭、吴胜民

DH:10-9-22087

2033	2026	户主姓名	周鸿经

姓名	焦继和	性别	男	年龄	20	出生	民國前17年4月28日
本籍	陕西	寄籍	南京	婚姻狀況	未	特徵	

教育程度	職業	義務勞動
(一)(二)(三)(四) 大学	行業 学 職位 生 服務處所	工作地點 日期 自 年 月 日起 至 年 月 日止

保甲番號 區	保	甲	戶	住址名稱	登記日期 年	月	日	戶籍登記	役歷
1	9			四牌楼 14 中央大学	37	12	8	事由 日期 年 月 日	役別 日期 年 月 日

家屬 稱謂	校长
姓名	周鸿经

國民身份證	
填發機關	
填發日期	37年12月8日
號碼	京一字310211號
備註	

焦维和（1928—2016），男，曾用名赵维忠、汪维忠，原籍陕西武功，生于浙江杭州。早年在重庆、武功、西安等地求学。1947年入中央大学工学院机械工程系学习。同年10月，加入中共领导的秘密外围组织新民主主义青年社，曾任系内小组长。先后参与成立壁报社、学习小组，组织同学罢课，领导参加助学运动、请贷运动等进步活动。1948年4月，由曹汶介绍加入中国共产党。入党后，主要负责中央大学一年级学生工作。1948年底，因国民党特务机构进行大逮捕，按照中共组织的指示，协助地下党员撤退至解放区。1948年12月奉命到上海嘉定，担任县党支部委员，以县立中学教员的身份为掩护从事策反工作。3月下旬，回到南京参加中共南京市委警员工作委员会，任区委委员，与埋伏在警察机构内部的同志秘密联系，开展警察工作。南京解放初期，针对南京西郊沿江水陆要冲情况复杂的特点，领导组织警员和居民积极分子，维护地方治安。之后在南京市公安局、市公安总队一团政治处任秘书、副股长等职。1954年转业后，先后在太原二二一厂、兰州二四二厂、南京五一一厂担任科长、技工学校校长、办公室主任等职。1982年5月起，担任南京仪表机械厂副厂长、调研员。1988年离休。2016年在南京逝世。

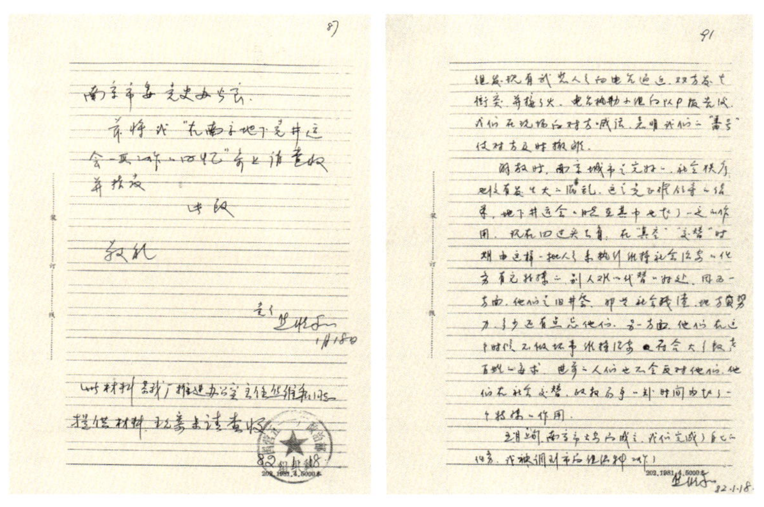

1982年，焦维和写给南京市委党史办的文章《在南京地下党警运会一区工作的回忆》手稿（部分）

协助查档单位及人员：

南京新工投资集团有限责任公司　邢文范

南京机电产业（集团）有限公司　陈宁燕

南京仪机股份有限公司　陈志明

DH:10-9-76957

4192　81-34　3

户主姓名	柯鉅遠

姓名	柯鉅遠		教育程度		中学
别號	/	性别 男	職業	業别	鐘英中学
				服務處所	/
年齡 歲數	18		特徵		/
年齡 出生日期	民前國 年三月九日				
屬籍 本籍	京		與户主關係		本人
屬籍 寄籍	/		家屬人數		二
本市居住年月	年　月		身份證		5字16081號

（粘貼相片）

注意：一、箕用△代表斗用〇代表；二、無相片者須在表內注明兩手各指箕斗

年　月　日登記

公民資格	宣誓時期	民國　年　月　日		住址	[illegible]營街路　巷里　8號
	宣誓地點			保甲番號	5區　鄉鎮　3保9甲17户
兵役	起役	民前國　年　月　日		住址異動登記	街路　巷里　號
	除役	民國　年　月　日			區　鄉鎮　保　甲　户
義務勞動	工作地點	日期			街路　巷里　號
		自至　年　月　日　起止			區　鄉鎮　保　甲　户
		自至　年　月　日　起止			
		自至　年　月　日　起止		附記	

柯西平，1928年生，男，曾用名柯钲远、柯镇远，江苏南京人。早年在南京安品街小学、仓巷小学等校学习。1940年入钟英中学读书，结识中共党员和进步同学，自觉接受思想教育和政治启蒙，先后参与组建进步社团“切磋社”，创办手抄月刊《切磋》（后改为《十日谈》）；参加“洪流剧团”，创作公演戏剧，传阅进步书籍；参加校内学生会，负责文宣工作，通过写艺术字、创办墙报等方式，宣传教育同学。1943年，参加了声势浩大的反抗日伪统治的清毒运动。抗战胜利后，面对国民党对收复区学生的歧视和侮辱，参加反甄审斗争。1945年底，组织参与中学生助学活动，义卖纪念章、助学花，并将募捐款分给贫困师生。1946年5月，由周长清介绍加入中国共产党。后组织关系调至中共南京市委店员工作委员会，担任中共永安商场支部副书记。南京解放前夕，按照中共组织的指示，负责联系永安商场党支部，组织店员开展反对搬迁、护场护店斗争，迎接人民解放军解放南京。1949年5月起，历任南京市总工会秘书科副科长，南京电瓷厂党委宣传科科长、党委委员，市委工业部办公室副主任，市工业局仪表科科长，南京精密光学仪器厂厂长，兵器工业部第五二八厂厂长等职。1977年调任电子工业部第八九八厂厂长。1988年离休。

1944年前后与同学合影。前排左起：柯西平、程极明、朱宝泉，后排左起：李如健、梅学家、舒五岳

PH:10-9-76751

4192	25-90 1	户主姓名	柯仲光

						注意
姓名	柯仲光		教育程度		[illegible]中[illegible]	一 無相片者須在表內註明兩手各指箕斗 二 箕用△代表斗用○代表
別號		性別 男	職業	業別	電信	
年齡	歲數	廿八		服務處所	太平路電信局	
	出生日期	民國 前 八年十月十二日	特徵		瘦小，近視.	
屬籍	本籍	浙江永嘉	與户主關係			
	寄籍		家屬人數		共三人	
本月住年居市		年 一 月	身份證		[illegible]字847號	

年 月 日登記

公民資格	宣誓時期	民國 年 月 日	住址	街 巷 石鼓路偉仁里 4 號
	宣誓地點		保甲番號	五區 鄉/鎮 廿六保廿七甲廿九户
兵役	起役	民國 前 年 月 日		
	除役	民國 年 月 日	住址異動登記	街路 巷里 號
義務勞動	工作地點	日期		區 鄉鎮 保 甲 户
		自 至 年 月 日 起 止		街路 巷里 號
		自 至 年 月 日 起 止		區 鄉鎮 保 甲 户
		自 至 年 月 日 起 止	附記	

柯仲光（1919—2021），男，曾用名柯金，浙江永嘉人。早年在永嘉县立第一小学、温州六县联立初级中学、温州师范学校求学。在校期间，热爱优秀文艺作品，经常向校刊投稿诗歌、散文等。1940年考入交通部浙江有线电报务员训练班学习。毕业后，先后在屯溪、上饶、赣州等地的电报局工作。1946年调至南京电信局任报务员。工作之余，参加由中共组织掌握领导权的工会开展的各项文体活动；担任杨将军巷工会支部创办的《电声壁报》编辑，团结进步青年职工，配合经济斗争开展宣传，揭发国民党反动统治的黑暗。1948年10月，由李铮介绍加入中国共产党。入党后，根据中共组织指示，培养发展党员，壮大组织力量。同年11月，经中共南京市委工人工作委员会批准，参与成立中共杨将军巷支部并担任支部书记。南京解放前夕，召开支委会，传达市委工委指示，成立护局委员会，下设警卫、消防、救护、物资4个小组，领导开展护局斗争。解放后，历任南京电信局工会主席、总支副书记，江苏省邮电工会主席，中国邮电工会全国委员会科长、办公室主任等职。1982年离休。2021年在北京逝世。

1948年，中共电信局支部以开展文娱活动的形式经常组织职工活动的地点——杨将军巷报房礼堂

协助查档单位及人员：

中华全国总工会　邢思

D1+:10-4-56201

40-260	1241 3	户主姓名	吳有訓

姓名	李飛		教育程度	大學	（上粘貼相片）	注意 一 無相片者須在表內註明兩手各指箕斗 二 箕用△代表斗用○代表
別號		性別 男	職業別	學生		
年齡 歲數	二四		業 服務處所			
年齡 出生日期	民國前十一年十二月 日		特徵			
屬籍 本籍			與户主關係	師生		
屬籍 寄籍	湖南湘鄉		家屬人數			
居住本市年月	年 月		身份證	1字144541號		

年 月 日登記

公名資格	宣誓時期	民國 年 月 日	住址	回龍橋 街路 巷里 一 號
	宣誓地點		保甲番號	一 區 鄉鎮 九 保 甲 戶
兵役	起役	民國前 年 月 日	住址異動登記	區 街路 鄉鎮 巷里 保 甲 號 戶
	除役	民國 年 月 日		
義務勞動	工作地點	日期		區 街路 鄉鎮 巷里 保 甲 號 戶
		自至 年 月 日 起止		
		自至 年 月 日 起止		
		自至 年 月 日 起止	附記	

李飞（1921—2017），男，曾用名李贻长、李思皇、李非等，湖南涟源人。全民族抗战爆发后，在建国中学参加由中共领导的青年救国团并任副团长，从事抗日救亡宣传工作。1943年至1948年，先后在重庆、南京入中央大学学习。大学期间，先后参加民盟中央大学地下支部、工学院秘密组建的进步团体工社以及中共领导的秘密外围组织新民主主义青年社。领导参加各种进步活动，在抗议美军暴行运动中，负责交际联络；在五二〇运动中，担任京沪苏杭四区学联秘书处负责人；参加两次助学运动并负责秘书处工作等。1948年3月，由朱成学介绍加入中国共产党。入党后，组织参与五二〇周年纪念活动以及包围青年部、营救被捕同学的斗争。同年7月按照中共组织要求撤退至解放区，后因交通员失事而被捕。1949年4月经中共地下党争取而出狱。南京解放后，历任南京学联秘书长，中共南京市委学区党委宣传部干事，永利铔厂党支部书记，永利宁厂党委办公室主任等职。1957年起，调任吉林化肥厂副总工程师、研究所所长，吉林化工设计研究院副总工程师、副院长，天津化工部第一设计院院长兼党委副书记等职。1983年3月担任南京化工学院（现南京工业大学）党委书记。1991年离休。2017年在南京逝世。

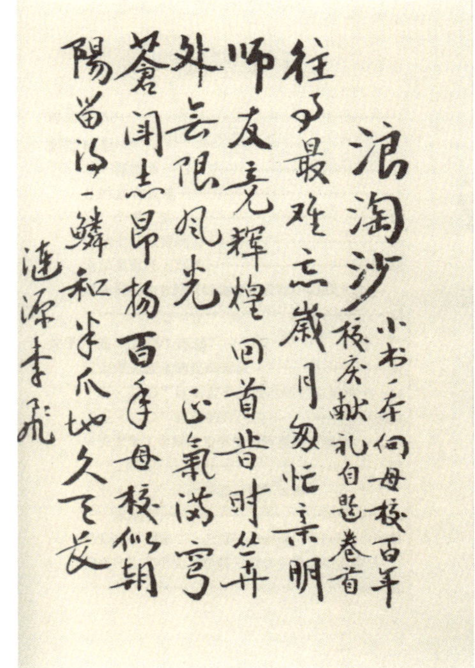

2002年，李飞作诗一首，献礼南京大学百年校庆（李飞　提供）

协助查档单位及人员：

南京工业大学　郑文静、张文元

6060　　86-16　　DH: 6-11-42742

戶主姓名	李錫琨

姓名	李錫琨			教育程度		高中	（上粘貼相片）
別號		性別	女	職業	業別	教育	
年齡	歲數	二十一			服務處所	漢口路小學	
	出生日期	民國前五年六月廿日		特徵			
屬籍	本籍	北平		與戶主關係		戶主	
	寄籍	南京		家屬人數		五人	
居住本市年月		二年　月		身份證		6字4446號	

注意

一 無相片者須在表內註明兩手各指箕斗

二 箕用△代表斗用〇代表

三十五年五月三十日登記

公民資格	宣誓時期	民國　年　月　日		住址	漢口路　街/巷里　3號
	宣誓地點			保甲番號	六區　鄉/鎮　一保　1甲　戶
兵役	起役	民國前　年　月　日		住址異動登記	街/路　巷/里　號
	除役	民國　年　月　日			區　鄉/鎮　保　甲　戶
義務勞動	工作地點	日期			街/路　巷/里　號
		自/至　年　月　日　起/止			區　鄉/鎮　保　甲　戶
		自/至　年　月　日　起/止		附記	
		自/至　年　月　日　起/止			

李锡琨（1926—1998），女，天津人。早年在天津、北平等地求学直至高中毕业。1945年至1949年，先后在南京汉口路小学、中央路小学任教员。1946年5月，由李锡焕、康景平介绍加入中国共产党。入党后，参加中共领导的公开合法组织南京小学教师协进会，并担任康乐股副股长。通过开展形式多样的业余文娱活动，团结进步教师，发展培养积极分子入党；组织参加全市小学教师总罢教，争取活命贷金。1949年1月，担任小教党委六区支部负责人，领导六区应变会，发动群众，组织护校、迎接解放。南京解放后，先后任裴家桥小学、萨家湾小学校长，中共南京市委中学分党委组织部副部长，市委文教部马列主义教研室理论教员等职。1957年起，历任中共安徽省委文化局总支代理副书记，省艺术学校教务处主任，省文艺工作团支部副书记，省委党校党史党建教研室副主任等职。1980年9月担任安徽省社科所情报资料室副主任。1987年离休。1998年在合肥逝世。

1991年，小教系统部分地下党员合影。前排左起：陆九云、李锡琨、张振洲、胡敏之，后排左起：张其勋、张世彬、吴与燕（陆九云　提供）

协助查档单位及人员：

安徽省社会科学院　张寒凝、朱强娣

44ff　16-22　52-10-7-15498

户主姓名	吴有训

姓名	林醒山		教育程度	大学		注意：一、无相片者须在表内注明两手各指箕斗；二、表用（）代表斗用（）代表
别号		性别 男	职业 业别	学生	（上粘贴相片）	
年龄 岁数	22		服务处所			
出生日期	民国前14年3月18日		特徵			
属籍 本籍	吉林伊通		與户主关系	师生		
寄籍	南京		家属人数			
本住居年月	年　月		身份证	字141815号		

年　月　日登记

公名资格	宣誓时期	民国　年　月　日	住址	四牌楼 街路　巷里　1 号
	宣誓地点		保甲番号	一 区　乡镇　九 保　甲　户
兵役	起役	民国前　年　月　日	住址异动登记	街路　巷里　号
	除役	民国　年　月　日		区　乡镇　保　甲　户
义务劳动	工作地点	日期		街路　巷里　号
		自至　年　月　日　起止		区　乡镇　保　甲　户
		自至　年　月　日　起止		
		自至　年　月　日　起止	附记	

林醒山（1925—2016），男，吉林伊通人。早年在吉林、南京、益阳、重庆等地求学。1944年在重庆入中央大学（简称中大）土木系学习。抗战胜利后，于1946年随校迁至南京。1947年参加中共领导的秘密外围组织新民主主义青年社（简称新青社），并担任中大土木系新青社组长。大学期间，先后参加抗议美军暴行运动，五二〇运动以及包围青年部、营救被捕学生等进步活动。1948年夏，毕业留校任土木系助教。1948年10月，由赵得秀介绍加入中国共产党。入党后，参加中共南京市委文化工作委员领导下的中大教师党支部并担任委员，负责中共领导的秘密外围组织中央大学校友联谊会的校内教职员联系和组织工作。是年底，参加校内应变会，团结组织广大教职员工，开展反对搬迁的护校迎解放斗争。南京解放前夕，配合军管会接管中央大学。1951年被派往莫斯科建筑工程学院学习并获副博士学位。1956年起，历任南京工学院（现东南大学）土木系讲师、副教授、系主任、系党总支委员、院党委委员等职。1983年8月担任南京建筑工程学院（现南京工业大学）院长。1991年离休。2016年在南京逝世。

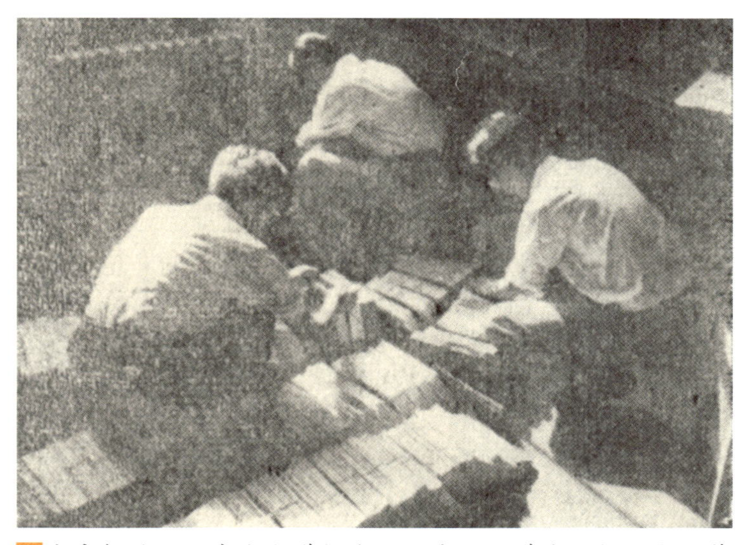

南京解放后，中央大学校友联谊会组织学生积极配合军管会开展清点资料等接管工作

协助查档单位及人员：
南京工业大学　郑文静、张文元

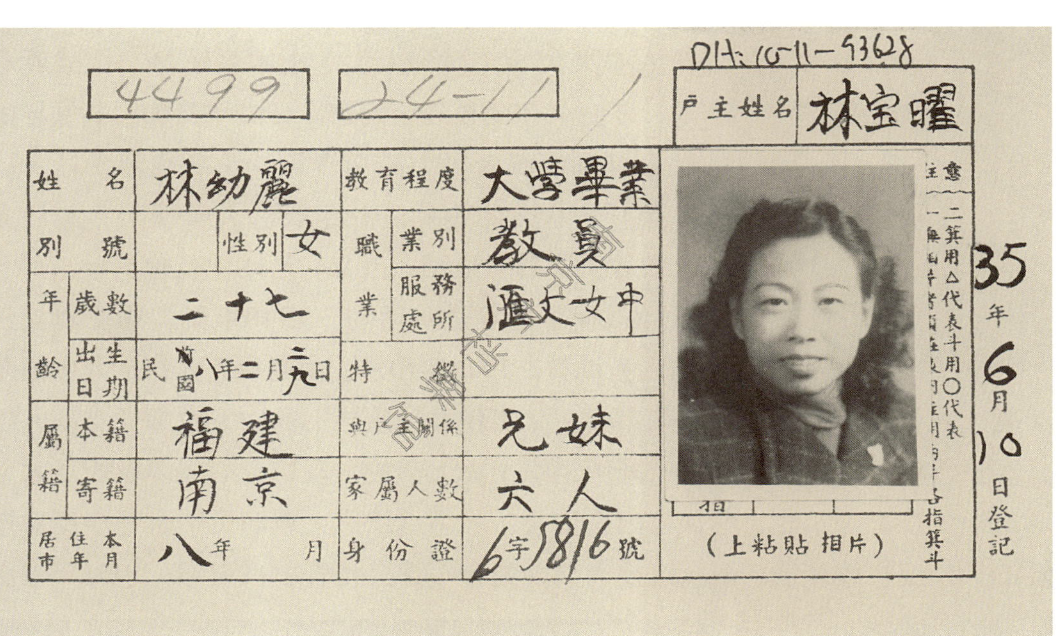

DH:10-11-93628

4499	24-11	戶主姓名	林宝曜

姓名	林幼麗			教育程度	大學畢業
別號		性別	女	職業 業別	教員
年齡 歲數	二十七			職業 服務處所	滙文女中
年齡 出生日期	民國八年二月九日			特徵	
屬籍 本籍	福建			與戶主關係	兄妹
屬籍 寄籍	南京			家屬人數	六人
居住本市年月	八年　月			身份證	6字5816號

（上粘貼相片）

35年6月10日登記

公民資格	宣誓時期	民國　年　月　日	住址	益倉橋街路　巷里24號
公民資格	宣誓地點		保甲番號	6區　25鄉鎮　10保　13甲　戶
兵役	起役	民國前　年　月　日	住址異動登記	街路　巷里　號
兵役	除役	民國　年　月　日	住址異動登記	區　鄉鎮　保　甲　戶
義務勞動	工作地點	日期	住址異動登記	街路　巷里　號
義務勞動		自至　年　月　日　起止	住址異動登記	區　鄉鎮　保　甲　戶
義務勞動		自至　年　月　日　起止		
義務勞動		自至　年　月　日　起止	附記	

林幼丽（1921—2008），女，曾用名林民乾、林玲、赵明，原籍福建福州，生于山东济南。1940年至1945年在南京中央大学先修班和教育学院学习。其间，参与组织了由中共党员发起成立的进步社团民社①；参加全市大、中学生争取学籍、反对甄审的示威游行。1945年8月，由庄佩琳介绍加入中国共产党。入党后，历任中央大学教育学院助教，汇文女中、知行小学、火瓦巷小学教师等职，党内任支委、支书。工作期间，领导开展提高教职员工待遇的经济斗争和进步活动。1947年加入南京小学教师协进会，先后担任出版股股长、二区联络站副站长。1948年10月至11月，在中共南京市委小教工作委员会的领导下，先后参与组织新生小学反美抗暴斗争和争取活命贷金的全市小教总罢教斗争等。南京解放后，历任南京市白下区（现秦淮区）文教科副科长，区妇联主任，市妇联办公室主任，市一女中、市三女中校长，区教育科副科长等职。1982年4月任白下区托幼办公室主任。1983年离休。2008年在南京逝世。

林幼丽（后排左一）和民社其他姐妹合影。前排右一刘超尘，后排右一庄佩琳（姚建平　提供）

协助查档单位及人员：

中共南京市秦淮区委组织部　杜洪源

中共南京市秦淮区委党史工作办公室　姜利平

①1942年，中共女党员芮琴和、庄佩琳、黄圭彬与中央大学7位志趣相投的女生结为十姊妹，形成了一个自愿结合、公开交往、自然联谊的社团。社员皆以“民”字为别号。社员通过发表文章、郊游、晚会等形式，吸引了一批进步青年。该社成为党联系广大学生和群众，物色、培养和发展党员的一个阵地。刘超尘、林幼丽、胡克玲等社员先后加入中国共产党。

DH:10-10-7997

2210 (4)00

户主姓名	姜文德

姓名	劉超塵			教育程度		大学畢業
別號	志清	性別	女	職業	業別	教員
年齡 歲數	24				服務處所	滙文女中
出生日期	民前國12年4月13日			特徵		
屬籍 本籍	江蘇高邮			與户主關係		校長教員
寄籍	南京			家屬人數		
居住本市年月	6年 月			身份證		字28193號

(上粘貼相片)

注意 一 二箕用△代表斗用○代表 …… 指箕斗

年 月 日登記

公民資格	宣誓時期	民國 年 月 日		住址	中山路 街 巷里 236號
	宣誓地點			保甲番號	1區 鄉鎮 13保 5甲 11户
兵役	起役	民前國 年 月 日		住址異動登記	街路 巷里 號
	除役	民國 年 月 日			區 鄉鎮 保 甲 户
義務勞動	工作地點	日期			街路 巷里 號
		自至 年 月 日 起止			區 鄉鎮 保 甲 户
		自至 年 月 日 起止		附記	
		自至 年 月 日 起止			

刘超尘（1925—2007），女，曾用名刘志清、刘民黎，江苏高邮人。早年在高邮县立中学、南京模范女中等校学习。1942年入南京中央大学教育系读书。同年，在中共地下党员的联络下，参与成立进步社团民社。积极参加社内文娱活动，传阅进步书刊，主动接受革命思想教育。1944年10月，由庄佩琳介绍加入中国共产党。1945年6月大学毕业后，在中共组织的指示下，与地下党员共同创办暑期补习学校。借以教师身份为掩护，参与配合新四军解放南京的准备工作。1946年进入南京国华银行工作，任会计助理员。1947年加入南京市银行业同仁联谊社（简称银社）。1948年8月，参加改选后的银社干事会，担任深受银行职员喜爱的刊物《银讯》妇女版编辑。通过举办妇女星期五聚餐会，紧密联系职员，团结教育群众。1948年秋起，从事党的秘密沪宁交通工作，负责转送相关情报。南京解放后，历任南京三女中教导副主任，五女中、八中支部书记兼校长，十六中、二十九中革委会副主任等职。1977年任南京五十中支部书记。1982年离休。2007年逝世。

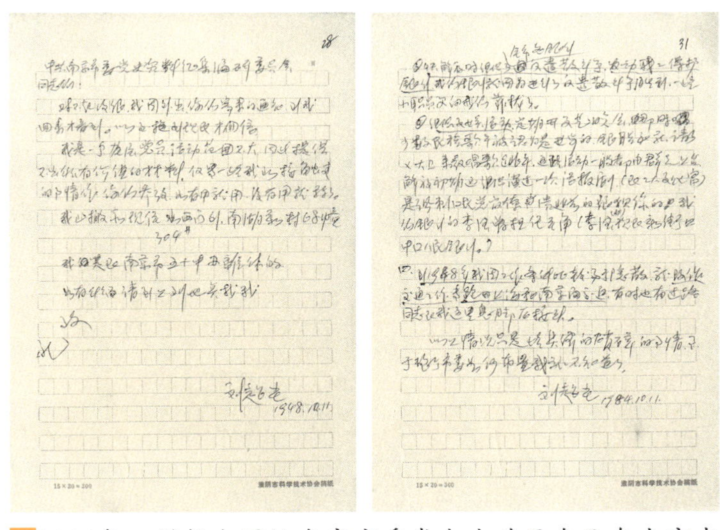

1984年，刘超尘写给南京市委党史办关于自己在南京中学、银行系统、地下交通线从事地下活动情况的信件手稿（部分）

协助查档单位及人员：

中共南京市鼓楼区委组织部　陈浦

南京市第五十中学　邢国林

DH210-1-45165

7210	24-31	户主姓名	劉道仲

姓名	劉德源		教育程度	初中	手别/指名	左	右	注意
别號		性别 男	職業 業别	学生	大指			一無相片者須在表内註明
年齡 歲數	18		職業 服務處所	昌明中学	食指			二箕用△代表斗用○代表兩手各指箕斗
年齡 出生日期	民前國 18年1月1日		特徵		中指			
屬籍 本籍	南京		與户主關係	父子	無名指			
屬籍 寄籍			家屬人數	6	小指			
居住本市年月	年 月		身份證	3字11310號	(上粘貼			

35年4月1日登記

公民資格	宣誓時期	民國 年 月 日	住址	大石壩街路 巷里 78 號
	宣誓地點		保甲番號	3 區 鄉鎮 2 保 18 甲 5 户
兵役	起役	民前國 年 月 日	住址異動登記	街路 巷里 號
	除役	民國 年 月 日		區 鄉鎮 保 甲 户
義務勞動	工作地點	日期		街路 巷里 號
		自至 年 月 日 起止		區 鄉鎮 保 甲 户
		自至 年 月 日 起止	附記	
		自至 年 月 日 起止		

刘德源，1929年生，男，江苏南京人。早年在南京钞库街小学、育德中学、昌明中学等校学习至初中毕业。1947年入南京市立五中学习。在校期间，思想进步，追求真理，与校内中共地下党员紧密接触，自觉接受政治启蒙教育。先后参加大、中学生助学运动，参与筹备义卖品，扎助学花，编印助学报等；协助地下党员组建“岫云”团契，通过歌舞表演、郊游踏青、读书会等方式，宣传教育同学；发动同学参加五二〇运动周年纪念晚会等。1948年12月，由王世杰介绍加入中国共产党。入党后，在中共南京市委学生工作委员会男中分委的领导下，先后参加中学生反增费斗争和护校护产斗争等。南京解放后，参与协助军代表接管学校。后历任中共南京市委统战部干事，秦淮区委统战部干事、副部长，徐州市、连云港市城市社教工作团工作队正副队长等职。1979年起，历任南京市秦淮区人民检察院检察员，区委办公室统战干事，区政协副秘书长，区委统战部副部长、调研员等职。1986年8月担任秦淮区委党史工作委员会副主任兼办公室主任。1989年离休。

1987年，刘德源（后排左一）与秦淮区各民主党派、工商联基层组织负责人在雨花台合影（刘德源　提供）

协助查档单位及人员：

中共南京市秦淮区委组织部　杜洪源

中共南京市秦淮区委党史工作办公室　姜利平

PH-10-1-52632

7210　167-28

户主姓名	陈青耀

姓名	刘明德			教育程度	中学
别号	古心	性别	男	职业 业别	百货
年龄 岁数	19岁			职业 服务处所	同孝百货店
年龄 出生日期	民前国16年4月5日			特征	
属籍 本籍	江苏江阴			与户主关系	友
属籍 寄籍				家属人数	
居住本市年月	年　月			身份证	字10811号

指名 / 手别	左	右

注意：二箕用△代表斗用○代表无相片者须在表内注明两手各指箕斗

35年9月8日登记

公民资格 宣誓时期	民国　年　月　日	住址	许铭 街路　巷里 15号
公民资格 宣誓地点		保甲番号	5区　乡镇　5保1甲5户
兵役 起役	民前国　年　月　日	住址异动登记	街路　巷里　号
兵役 除役	民国　年　月　日		区　乡镇　保　甲　户
义务劳动 工作地点	日期		街路　巷里　号
	自至　年　月　日　起止		区　乡镇　保　甲　户
	自至　年　月　日　起止		
	自至　年　月　日　起止	附记	

刘古心，1928年生，男，曾用名刘明德，江苏江阴人。早年在常熟做学徒。1946年起，先后在南京同发百货店、中央商场做店员。工作期间，思想要求进步，追求真理，经常阅读并向中央商场同人自励会刊物《自励》报投稿，参加读书会、春游等进步活动。1947年5月，由陈光照介绍加入中国共产党。入党后，在中共南京市委店员工作委员会领导下，先后参与主编《自励》报，参与成立百联互励会、世界商场互励会筹委会等。南京解放前夕，按照中共组织指示打入义务警察队，带领所属的地下党员、店员职工开展护场、护店工作。南京解放后，先后担任南京市总工会店员工会副主席，私营企业工作委员会副主任，新街口百货商店工会副主席、副书记，市食品公司党委书记等职。1978年起，担任南京市供销社副主任、调研员等职。1990年离休。

1955年，中国店员工会第二届全国代表大会江苏代表团全体合影。二排左一刘古心（刘古心　提供）

协助查档单位：

中共南京市委组织部干部档案室

DH:10-1-52729

7210	67-04	戶主姓名	刘光宇

姓名	刘明詁			教育程度		初中	（上粘貼相片）	意 二箕用△代表斗用○代表 指箕斗	年 月 日登記
別號		性別	男	職業	業別	機械			
年齡	歲數	29			服務處所	御甲甸永利廠			
	出生日期	民前國19年五月1日		特徵					
屬籍	本籍	南京		與戶主關係		父子			
	寄籍			家屬人數		四人			
居住本市年月		3年2月		身份證		5字04332號			

公民資格	宣誓時期	民國 年 月 日		住址	綫莊 街路 巷里 40 號
	宣誓地點			保甲番號	5區 鄉鎮 2保22甲10戶
兵役	起役	民前國 年 月 日			
	除役	民國 年 月 日		住址異動登記	街路 巷里 號
義務勞動	工作地點	日期			區 鄉鎮 保 甲 戶
		自至 年 月 日	起止		街路 巷里 號
		自至 年 月 日	起止		區 鄉鎮 保 甲 戶
		自至 年 月 日	起止	附記	

刘明诂（1928—2009），男，江苏南京人。早年在南京荷花塘小学、冶城中学等校学习。1942年至1945年在南京中华门外邓府山汪伪陆海空军修械所做学徒。其间，于1944年在中共组织领导的南京工商业青年联谊会所办的太平路职工业余学校读书，阅读进步书刊，开始接受党的启蒙教育，并积极参加反对汉奸工头迫害工人的斗争等抗日宣传活动。1945年6月，协助配合南京工商业青年联谊会负责人叶再生（中共党员），参与筹建雨花路职工业余学校，负责该校的总务工作，团结中华门地区青年职工积极抗日。1946年1月考入永利铔厂做工。工作之余发动群众，成立工会，为提高工人待遇领导组织罢工斗争。1948年10月，由孟广鑫介绍加入中国共产党，党内任小组长及分支副书记，继续从事地下革命工作。1949年3月，按照中共组织指示，撤退至浦口区委接收工作队邮政工作组，后在解放区滁县淮南公校学习。南京解放后，历任共青团南京市委副书记，市城建局、市建筑工程局党委副书记，市电信局副局长、党委副书记等职。1979年11月起，先后任南京市环保局副局长、党组成员、督导员等职。1985年离休。2009年在南京逝世。

1955年，刘明诂和赵碧珍结婚照（刘明诂　提供）

协助查档单位及人员：

中共南京市委组织部干部档案室

南京市档案馆　金善

DH:10-1-95794

7 2 1 0	8 8 4 0		戶主姓名	刘錦芳

姓名	刘銳芳		教育程度		中
別號	/	性別 男	職業	業別	学
年齡	歲數	二十		服務處所	
	出生日期	民前國 11年12月18日	特徵		
屬籍	本籍	南京	與戶主關係		子
	寄籍	/	家屬人數		4人
居住本市年月		廿 年 月	身份證		京字48215號

指名 \ 手別	左	右

（上粘貼相片）

注意：一 二 箕用△代表斗用〇代表 指箕斗

35年4月2日登記

公民資格	宣誓時期	民國 年 月 日	住址	敦敷 街路 巷里 10 號
	宣誓地點		保甲番號	3 區 鄉鎮 14 保 20 甲 7 戶
兵役	起役	民前國 年 月 日		
	除役	民國 年 月 日	住址異動登記	街路 巷里 號
義務勞動	工作地點	日期		區 鄉鎮 保 甲 戶
		自至 年 月 日 起止		街路 巷里 號
		自至 年 月 日 起止		區 鄉鎮 保 甲 戶
		自至 年 月 日 起止	附記	

刘锐芳（1928—2006），男，曾用名刘岚峯、于之、刘潜，江苏南通人。早年在南京弓箭坊小学，扬州城西小学、扬州中学等校学习。1943年入南京市立一中学习，参加了全市大、中学生开展的清毒运动。1946年转入金陵大学附属中学。1946年6月，由朱蒋生介绍加入中国共产党。入党后，在党组织的领导下，先后参加助学运动、五二〇运动等进步活动，团结教育进步同学。1947年12月入南京国立东方语文专科学校学习，后参加中共领导的秘密外围组织新民主主义青年社。1948年因国民党“八一九”大逮捕而被关押，后无罪保释。1949年1月，根据中共组织安排，撤退到苏北华中党校学习。南京解放前夕，被编入中国人民解放军第二野战军金陵支队第七大队。后随人民解放军南下进城，参加对南京的接管工作。1951年起，历任中共南京市委行政处秘书、管理员、副科长，市机关行政管理局房产科修缮队队长，市市级机关事务管理局基建办主任等职。1981年4月任南京市市级机关事务管理局副局长、党组成员。1990年离休。2006年在南京逝世。

特種刑事法庭
傳訊匪諜名單

1948年8月，《中央日报》刊登的传讯名单，黄色标记处为“刘锐芳”

协助查档单位及人员：

中共南京市委组织部干部档案室

南京市档案馆　金善

南京市市级机关事务管理局　刘佳

DH:10-1-99122

7210	0065	户主姓名	刘叔涵

姓名	刘维农		教育程度	初中
别号	—	性别 男	职业 业别	学生
年龄 岁数	15		职业 服务处所	—
年龄 出生日期	民前国21年6月10日		特征	—
属籍 本籍	南京		与户主关系	子
属籍 寄籍			家属人数	8
居住本市年月	年 月		身份证	4字3524号

手别 指名	左	右
大		

（上粘贴相片）

注意

一、无相片者须在表内注明两手各指箕斗

二、箕用△代表斗用○代表

年 月 日登记

公民资格	宣誓时期	民国 年 月 日	住址	集庆路 街 巷 里 53号
公民资格	宣誓地点		保甲番号	4区 乡镇 28保 1甲 24户
兵役	起役	民前国 年 月 日		
兵役	除役	民国 年 月 日	住址异动登记	街路 巷里 号
义务劳动	工作地点	日期	住址异动登记	区 乡镇 保 甲 户
义务劳动		自至 年 月 日 起止	住址异动登记	街路 巷里 号
义务劳动		自至 年 月 日 起止	住址异动登记	区 乡镇 保 甲 户
义务劳动		自至 年 月 日 起止	附记	

刘维震，1931年生，男，曾用名刘普，江苏南京人。1943年入南京市立一中学习。在校期间，曾参与清毒运动示威游行，开始接触、接受进步思想，并逐渐培养爱国抗日的民族意识。喜爱阅读进步书籍，组织成立读书会，并参加反甄审斗争。1946年8月，由厉恩麟介绍加入中国共产党。入党后，在中共南京市委学生工作委员会的领导下，先后参加抗议美军暴行运动、五二〇运动、助学运动等进步活动。南京基督教青年会团契联合会成立后，担任常务干事。作为一中党支部负责人，坚持开展群众工作，培养积极分子，发展党员。1948年12月，因国民党“八一九”大逮捕而撤退至苏北解放区，在华中党校学习并担任华中军区政治部文化教员。南京解放后，历任南京机床厂党委委员、团委书记，团市委统战部、宣传部副部长，青工部部长等职。1964年起，先后任南京东方玻璃厂党委副书记，南京酒厂、玻璃仪器厂党支部书记，南京缝纫机厂党委副书记，南京曙光机械厂副厂长等职。1984年4月起，担任南京市建筑设计院党委副书记、调研员。1992年离休。

1982年，学委部分地下党员参加纪念五二〇座谈会后合影。一排左起：王正平、赵志、刘维震、李桢革、李更之，二排左起：张锦屏、黄秋霞、欧阳仪、沙轶因、陈修良、胡立峰、陶子平，三排左起：工作人员、马新农、盛天任、陆庆良、王明远、潘振玉（刘维震　提供）

协助查档单位及人员：

南京市规划和自然资源局　万伟庆、王启庆

逊钟陵路221号

DH:11-1-14705

户别		警察局	所	街路 珠江八條	巷里 12	號	已產或租賃
户主姓名	鲁柏桴（死亡）	2 區	鄉鎮 3	保 4	甲	户	

稱謂	姓名	別號	性別	年齡	出生 年	月	日	屬籍 本籍	寄籍	身份證字號	職業 業別	服務處所	黨籍	宗教	教育程度	婚姻狀況	居住本市 年	月	廢疾及身體上特徵	異動登記 類別	年	月	日
户主	鲁柏桴（死亡）		男	71		9	13	镇江		(2)80083	商												
妻	"凰		女	25		2	6	"		(2)103705	"	利新商店			中学		35	10					
子	鲁道麟		男	31		4	20	"		103705	"	利新商店			中								
媳	"刘氏		女	29		7		上海		(4)28283													
戚	王仁寿		男	30		8	15	南京		(3)56013													
孙女	鲁次瑚		女	1		12	25	镇江															
佣	王桂英		女	16		8		六合	—														

本户統計	類別＼性別	男	女	增減登記 增 男	增 女	減 男	減 女	本户曾服兵役人 姓名	役別	起止時間	有無證件	本户房東	
	現住									自至 年 月 日 起止		姓名	
	他住									自至 年 月 日 起止		住址	
	共計口數									自至 年 月 日 起止		房屋已否保險	
										自至 年 月 日 起止			
										自至 年 月 日 起止			

本户有無槍枝	種類		本户保結人	機關商號名稱或户主姓名	職別或職業	住址	備考	本户所受損失首都淪陷期間
	枝數							
	執照字號							

住址及日期異動	
	年 月 日遷住 局 所 街路 巷里 號／ 區 鄉鎮 保 甲 户
	年 月 日遷住 局 所 街路 巷里 號／ 區 鄉鎮 保 甲 户

本户抗敵軍人及其直系親屬	抗敵軍人姓名	直系親屬 稱謂	姓名	稱謂	姓名	本户財產	動產數目		附記
							不動產價值		

注：该卡为中共南京市委情报系统负责人卢伯明全家的户卡，卡上显示的“户主”为鲁柏桴，即卢伯明的父亲；“子”鲁道麟即卢伯明；“媳”鲁刘氏即刘贞。截至本书出版前，尚未搜寻到刘贞的口卡。

刘贞（1919—2000），女，曾用名刘顺娣、刘仁娣、刘美芳、刘明贞，江苏靖江人。10岁开始在上海做童工。1936年11月加入中国共产党。后在中共组织的领导下，参加发动沪东日本纱厂工人大罢工。后到上海沪西鸿章纱厂开展工作，担任党支部书记。全民族抗战爆发后，参加女青年会的抗日救亡工作。1938年8月担任中共江苏省委工委沪西中国纱厂委员会书记。1939年11月当选为中共七大代表，于1940年12月到达延安。因中共七大延期召开，入中央党校学习，并参加延安整风运动。1945年4月至6月，作为华中代表团成员出席中共七大。1945年9月到中共中央华中局城工部南京工作部工作，后被派往南京，协助担任中共南京市委情报系统负责人的卢伯明开展工作，收集整理军事情报，直到南京解放。解放后，历任中共华东局公安部经济保卫处副科长，华东电业管理局副处长，上海市公安局交通保卫处副处长、机关党委副书记兼团委书记，中国科学院华东分院机关党委副书记、政治部副主任、党委委员等职。1979年4月起，担任上海市纺织局副局长、党委委员。1983年离休。2000年在上海逝世。

刘贞和丈夫卢伯明

DH:10-8-55448

2760 3 9

戶主姓名	唐季平

姓名	魯道麟		教育程度		中學
別號		性別 男	職業	業別	百貨
年齡	歲數	卅歲		服務處所	中正路中央商場
	出生日期	民前國6年8月10日	特徵		
屬籍	本籍	江蘇鎮江	與戶主關係		
	寄籍	南京	家屬人數		
居住本市年月		乙年0月	身份證		字9611號

指名 \ 手別	左	右
大指		
食指		
中指		
無名指		
小指		

（上粘貼相片）

注意 一二 箕用△代表斗用○代表 無 指箕斗

年 月 日登記

公民資格	宣誓時期	民國 年 月 日	住址	中正路中央商場街巷里號
	宣誓地點		保甲番號	五區 鄉鎮 二十四保二甲 戶 攤位30號
兵役	起役	民前國 年 月 日	住址異動登記	街路 巷里 號
	除役	民國 年 月 日		區 鄉鎮 保 甲 戶
義務勞動	工作地點	日期		街路 巷里 號
		自至 年 月 日 起止		區 鄉鎮 保 甲 戶
		自至 年 月 日 起止		
		自至 年 月 日 起止	附記	

卢伯明（1917—2017），男，曾用名鲁道麟、卢伯民、鲁伯民、鲁天石等，江苏镇江人。1936年考入江苏省银行当练习生，因参加反裁员斗争被除名。1938年8月加入中国共产党。入党后，任上海绸布业店员支部负责人。1941年1月入延安马列学院学习。此后在中央敌后工作委员会、中央党务研究室敌后组、中央社会部西北公学工作。1945年4月至6月，作为华中代表团成员参加中共七大。会后被派往南京开展秘密工作。1946年5月任中共南京市委情报系统负责人。为便于工作，在中央商场附近租赁小百货柜台，以卖服装为掩护，开展情报的搜集传递。南京解放后，历任南京市公安局政保处副处长，（上海）华东公安部（局）副处长、处长，上海市公安局副局长，中共上海市嘉定县委第二书记，上海市人民政府外事处处长、党组书记等职。1978年8月起，历任上海市手工业局党委书记，市人大常委会委员、生产委员会副主任、财经委员会副主任等职。1989年离休。2017年在上海逝世。

1984年，解放战争时期中共南京市委情报系统的部分地下党员合影。前排右一周一凡、右三刘贞、右四卢伯明

DH:105-10285

1123	24-67	户主姓名	張耕雲

姓名	張德錚		教育程度	大學
別號		性別 男	職業 業別	工程
年齡 歲數	二十三		職業 服務處所	湖南煤礦
年齡 出生日期	民國13年4月16日		特徵	
屬籍 本籍	南京		與户主關係	父子
屬籍 寄籍			家屬人數	八
居住本市年月	二十三年 月		身份證	4字40755號

指名 手別	左	右
指		

（上粘貼相片）

注意
一 無指斗者須在表內註明兩手各指箕斗
二 箕用△代表斗用◎代表

年 月 日登記

公民資格	宣誓時期	民國 年 月 日	住址	磨盤街路 二巷里 42號
	宣誓地點		保甲番號	4區 二鄉鎮 23保 11甲 16户
兵役	起役	民國 前 年 月 日	住址異動登記	街路 巷里 號
	除役	民國 年 月 日		區 鄉鎮 保 甲 户
義務勞動	工作地點	日 期		街路 巷里 號
		自至 年 月 日 起止		區 鄉鎮 保 甲 户
		自至 年 月 日 起止		
		自至 年 月 日 起止	附記	

鲁平（1922—1999），男，曾用名张德铮、张杰，江苏南京人。早年就读于南京船舨巷小学、钟英中学、市立一中等校。中学时期喜爱阅读进步书刊，开始接触共产主义思想。1940年考入南京中央大学工学院土木系。在校期间先后参加秘密抗日团体团结救国社、青年救国社，并前往新四军茅山抗日根据地学习。1942年6月加入中国共产党。同年秋，打入汪伪南京市长周学昌主办的东亚联盟总会南京分会所属的学生互助会，利用合法身份开展抗日活动。1944年1月，参加干字运动实践会举办的寒假学生生活营，和清毒运动寒假工作团联合查抄“白面大王”曹玉成家，并控诉其贩毒罪行。同年下半年苏皖区党委系统撤销南京工委、撤离部分党员后，负责领导留宁党员。1945年9月参加新四军，任华中野战军八纵队七十二团连指导员。1946年4月中共南京市委重建后，一度以其家宅磨盘街42号作为市委联络站，其父负责掩护与照应。1946年11月回到南京。1947年初起，在各中学开展建立组织、发展党员的工作。后参与组织市委学委下辖的中学分委，领导南京的中学生工作。是年，奉命打入美军顾问团做掩护工作。1949年2月，调中共南京市委工委，参与组织电厂、水厂、农机厂和兵工厂的护厂斗争和统战宣传。南京解放后，在下关电厂工作。20世纪60年代任江苏省建设厅科研所副所长。80年代离休。1999年在南京逝世。

中共南京市委第一次会议旧址——磨盘街42号

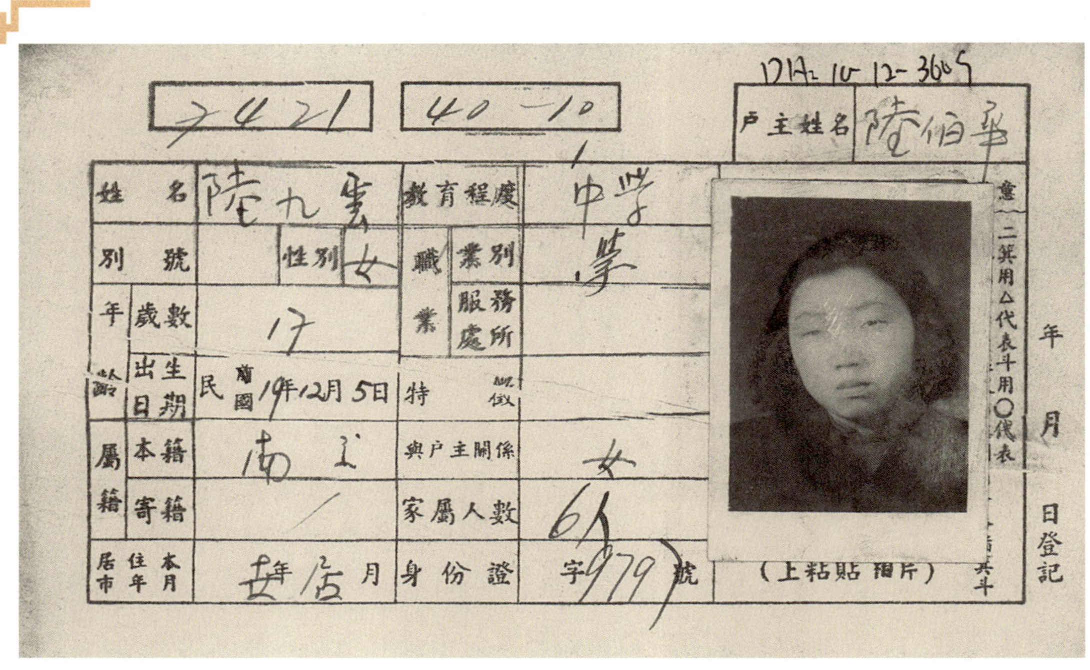

7421　　40—10

171A2 10 12-3605

户主姓名	陸伯華

姓名	陸九雲			教育程度	中学
別號		性別	女	職業 業別	学
年齡 歲數	17			職業 服務處所	
年齡 出生日期	民國前19年12月5日			特徵	
屬籍 本籍	南京			與户主關係	女
屬籍 寄籍	/			家屬人數	6人
居住本市年月	廿年月			身份證	字979號

（上粘貼相片）

意……二其用△代表斗用〇代表……

年　月　日登記

公民資格	宣誓時期	民國　年　月　日	住址	建鄴路	185號
	宣誓地點		保甲番號	3區　鄉鎮	15保8甲28户
兵役	起役	民國前　年　月　日			
	除役	民國　年　月　日	住址異動登記	街路　巷里	號
義務勞動	工作地點	日期		區　鄉鎮　保　甲	户
		自至　年　月　日　起止		街路　巷里	號
		自至　年　月　日　起止		區　鄉鎮　保　甲	户
		自至　年　月　日　起止	附記		

陆九云（1931—2023），女，江苏南京人。早年在南京仓巷小学、模范女中等校学习。少年时代思想进步，追求真理。经常向已是中共党员的大哥陆少华学习请教，接受思想教育和政治启蒙。1946年考入南京师范学校高中师范科。同年，和家中10多位追求进步的堂（表）兄弟姊妹共同成立亲友协进会，通过吟唱进步歌曲，排演优秀话剧，组织读书会，参加学习座谈会等多种方式，深化了革命思想和政治觉悟。1947年下半年，在校参加助学运动，和同学筹备义卖品、扎助学花、印助学报等。参与抵制钦定的参议员选举等进步活动。1948年4月，由陆永青介绍加入中国共产党。入党后，按照党组织指示，利用南京基督教青年会，组织开展社会教育活动，团结进步同学；并参加全市小学教师第二次总罢教斗争。南京解放后，在琅琊路小学、燕子矶小学任教。1951年起，先后在南京市教育工会、市总工会、市委党校，句容县委党校、句容县中学、县委宣传部等单位工作。1978年起，在中共江苏省委党校教务处、党建教研室任讲师、副教授等职。1992年离休。2023年在南京逝世。

1952年，陆九云（左三）与吴钦照（左一）、史瑞芬（左二）、朱刚（左四）在中山陵合影（陆九云　提供）

协助查档单位：

中共江苏省委党校人事处

2H10-6-64406

7421	00-30 2	户主姓名	陸海峯

姓名	陸慶良		教育程度	鐘英中学	指名 手別	左	右	注意
別號		性別 男	職業 業別	讀書				二箕用△代表斗用○代表
年齡 歲數	16		職業 服務處所					
年齡 出生日期	民國前 年6月22日		特徵					
屬籍 本籍	吳縣		與户主關係	父子				
屬籍 寄籍			家屬人數	8				
居住本市年月	3年 月		身份證	乙字/1855號				

35年3月26日登記

公民資格 宣誓時期	民國 年 月 日	住址	街 巷 里 12 號
公民資格 宣誓地點		保甲番號	2 區 鄉鎮 1 保 14 甲 1 户
兵役 起役	民國前 年 月 日	住址異動登記	街路 巷里 號
兵役 除役	民國 年 月 日		區 鄉鎮 保 甲 户
義務勞動 工作地點	日期		街路 巷里 號
	自至 年 月 日 起止		區 鄉鎮 保 甲 户
	自至 年 月 日 起止		
	自至 年 月 日 起止	附記	36.9.30 住.

陆庆良，1930年生，男，曾用名司马正午，江苏吴县人。早年在吴县务本小学，南京市立一中、新华中学等校学习。1945年9月转学至钟英中学。在校期间，阅读进步书刊，开始接触共产主义思想。1946年7月，由毕镜澄介绍加入中国共产党。1947年加入南京基督教青年会（简称青年会），开展团契活动，担任“敢能”团契副主席。青年会少年部团契联合会成立后，担任常务干事和服务部长，领导组织同学开展助学运动、声援五二〇运动的游行活动并组织慰问受伤同学等。1947年9月入南通农学院农艺系学习。1948年初，应党组织要求，返回南京任中学学委联络员。同年秋入金陵大学农艺系学习。11月下旬，中共金大支部因一名地下党员遭到国民党军警逮捕而被撤。12月，按照上级指示，组织关系被转入大学学委，负责重建金大党支部并担任支部书记。南京解放前夕，先后组织支部成员协助引导同学开展“反对假和平、要求真和平”的示威游行；团结争取校内师生和职工，开展护校迎解放斗争等。南京解放后，历任中共南京市委学区党委金大支部专职书记，市委农工部合作处副处长，市农业专科学校党委委员、教务处长，市农村工作办公室经营管理处处长等职。1982年6月起，先后担任中共南京市委党史办公室副主任、市委党史资料征集编研委员会副主任兼办公室主任等职。1993年离休。

2014年，陆庆良和中学时期的部分地下党员合影。左一陆庆良、左二姚永年、左三王志强、左六王葆权、左七叶绪泰、左八王瑞琪

协助查档单位：

中共南京市委组织部干部档案室

DH:10-6-664 40

7421	34—233	戶主姓名	陸伯華

姓名	陸浩然	性別	男	年齡	27	出生	民國前十一年一月二十日
本籍	南京	寄籍		婚姻狀況		特徵	

教育程度	職業	義務	注意
(一)高中 (二) (三) (四)	行業 交通；職位 站員；服務處所 公路總局	工作地點；日期 自 年 月 日起	一、無相片者須在表內註明 二、箕用△代表斗用○代表兩手指紋

保甲番號				住址名稱	登記日期			戶籍登記		役歷	
區	保	甲	戶		年	月	日				
五	十四	二		明瓦廊五十九號	37	10	19	事由	遷入	役別	
								日期	年 廿七 月 十 日 九	日期	年 月 日

家屬		國民身份證	填發機關	
稱謂			填發日期	年 月 日
姓名	陸浩然		號碼	5 字 202001 號
		備註		

陆少华（1925—2016），男，曾用名陆浩然、陆云鹏，江苏南京人。早年就读于金陵中学。全民族抗战爆发后，随家人逃难至汉口，继而在上智中学、法汉中学学习。学生时代，热爱学习，成绩优异，后因家庭困难，被迫辍学回宁谋职。1942年考入南京华中运输公司。1943年10月，由马卓然介绍加入中国共产党。1945年春，参加由中共党员领导的合法组织南京市工商业青年联谊会，通过开展读书会、演话剧等活动，宣传教育周围群众，考察发展积极分子。同年秋，参与成立南京市失业青年大同盟，组织开展向国民党“要饭吃、要工作”请愿游行，并出版进步刊物《生路》。1946年，在家中组建亲友协进会，团结教育堂（表）兄弟姊妹追求进步，投身革命。1948年5月至7月，在香港参加中共上海局秘密举办的干部训练班。回宁后，成为中共南京市委店员工作委员会负责人之一，组织领导商场店员开展反对搬迁、护场护店斗争。南京解放后，历任南京市总工会筹备委员会秘书长、办公室副主任，市委私营企业工作委员会办公室副主任，市委统战部工商处副处长，河北省工商业联合会办公室主任，交通部远洋运输局航运处副处长，中国远洋运输公司上海分公司副经理等职。1978年11月担任上海远洋运输公司副经理。1983年离休。2016年在上海逝世。

2003年，陆少华（左）接受原南京市委党史办主任陆庆良（右）的采访（吴斌　提供）

协助查档单位及人员：

上海远洋运输有限公司　罗海鹰

DH:10-7-95722

6091	91-44	4	戶主姓名	吳有訓

姓名	羅炳權			教育程度	大學
別號		性別	男	職業 業別	學生
年齡 歲數	25			職業 服務處所	
年齡 出生日期	民國前11年8月日			特徵	
屬籍 本籍	廣东			與戶主關係	師生
屬籍 寄籍	南京			家屬人數	
居住本市年月	年 月			身份證	字14570號

指名 手別	左	右

（上粘貼相片）

注意
一 無相片者須在表內証明兩手各指箕斗
二 箕用△代表斗用○代表

年 月 日登記

公名資格	宣誓時期	民國 年 月 日	住址	四牌樓街路 巷里 九 號
公名資格	宣誓地點		保甲番號	區 鄉鎮 保 甲 戶
兵役	起役	民國前 年 月 日	住址異動登記	街路 巷里 號
兵役	除役	民國 年 月 日	住址異動登記	區 鄉鎮 保 甲 戶
義務勞動	工作地點	日期	住址異動登記	街路 巷里 號
義務勞動		自至 年 月 日 起止	住址異動登記	區 鄉鎮 保 甲 戶
義務勞動		自至 年 月 日 起止		
義務勞動		自至 年 月 日 起止	附記	

罗炳权，1922年生，男，广东兴宁人。1935年至1942年，先后在兴宁县立一中、梅县东山中学等校求学。1940年9月，由池耀华介绍加入中国共产党。1942年因党组织遭到破坏而被迫失掉关系。1943年在重庆入中央大学师范学院教育系学习。1945年春，在中央大学参与筹建中共领导的秘密外围组织新民主主义青年社，担任领导小组组织委员、组长，举办以进步分子为骨干的读书会、壁报社，发起和参加符合青年要求的社团组织，领导参加了重庆各大学万余师生举行的“一·二五”示威游行，并提出“国民代表大会代表合理产生”的口号。1946年随校迁至南京。1947年3月重新接上党组织关系。白区斗争期间，先后领导参加抗议美军暴行运动、五二〇运动等进步活动；筹备重建中央大学党支部并任第一任支部书记。1947年夏毕业后，在金陵女子文理学院附中执教。同年10月接受党组织委派至香港，先后主要负责保障干部训练班、接待内地转移的青年以及转送情报等工作。南京解放后，历任青年团南京市工作委员会副书记、宣传部部长，南京师范学校校长、党支部书记，市教育局教研室教员、副局长、局长兼党组书记等职。1983年5月担任南京市人大常委会委员、教科文卫委员会主任。1985年离休。

晚年读报学习的罗炳权

协助查档单位及人员：

中共南京市委组织部干部档案室

南京市人大常委会人事代表联络委员会　马淑敏

南京市人大法制（工）委办公室　黄瑞娟

21.10-11.5664

11-71	80-7770	戶主姓名	張学聲

姓名	張馬帝卿	性別	女	年齡	26	出生	民國前10年3月14日
本籍	江蘇江都	寄籍	本京	婚姻狀況	已	特徵	

教育程度				職業		公職候選人資格	指紋符號	注意
(一)	(二)	(三)	(四)	行業	家务	類別	手指 左 右	一、無相片者須在表內註明兩手指紋
大学				職位		證書字號	大指 食指 中指 環指 小指	二、箕用△代表斗用○代表
				服務處所				

保甲番號				住址名稱	登記日期			戶籍登記	役歷
區	保	甲	戶		年	月	日	事由	役別
5	21	28	12	礼拜寺巷21号				日期 年 月 日	日期 年 月 日

家屬	
稱謂	
姓名	

國民身分證		
	填發機關	
	填發日期	36年12月 日
	號碼	5字172841號
備註		

马常卿（1922—1979），女，曾用名马世都，江苏扬州人。早年在江都仓巷小学、扬州震旦女中等校求学。1941年入南京中央大学法商学院法律系学习。在校期间，为改善学生伙食，积极参加校内学生驱逐反动校长樊仲云的倒樊斗争①，并获得胜利。1945年5月，加入抗战时期中共领导的秘密外围组织青年抗日救国会南京中央大学地下分会，担任联络和发展组织的工作。1946年4月，由顾秋石（顾渊）介绍加入中国共产党，同年10月经卢伯明批准转正。后在卢伯明的领导下，在中共南京市委情报部负责联络和保管情报资料等工作。南京解放后，历任南京市人民法院民事审判庭书记员，皖南人民法院刑事审判庭及秘书室书记员、人事科员，芜湖市人民法院民事审判庭书记员、审判员，芜湖市人民检察院检察员，芜湖市园林管理处行政组组长等职。1979年在芜湖逝世。

1960年，情报系统地下党员张一锋、马常卿夫妇和儿子们的合影（张楠　提供）

协助查档单位及人员：

安徽省芜湖市园林管理处　戴维国

①1943年，南京中央大学校长樊仲云每周利用周会散布“曲线救国”理论，又贪污学生伙食费，激起学生的强烈不满。初夏，南京中央大学学生中生活特别困难的东北、华北学生首先提出驱逐校长樊仲云的主张。中大学生、共产党员方焜向上级汇报，得到同意。经几次密商，决定发动全体学生向汪精卫请愿，要求罢免樊仲云，由青救社社员王嘉谟、丁璇（丁又川）等起草《请愿书》。5月31日凌晨2时，在校学生1000余人整队去汪精卫公馆请愿。在汪精卫住所，高呼“我们不要贪污分子当校长！”等口号，要求汪精卫接见。汪精卫不得已，只好接见学生代表，答应派员处理。当天下午组织者宣布罢课3天，由11个学生组成临时校务委员会，代行校长职权。第二天汪精卫派伪教育部部长李圣五、伪宣传部部长林柏生到校与学生代表谈判。迫于压力，伪政权宣布撤销樊仲云的校长职务，另派校长。倒樊斗争取得胜利。

171-10-2-73369

2132　13132

户主姓名	马星野

姓名	马琅	教育程度	中学毕业
别号	性别 男	职业 业别	新闻
年龄 岁数	26	服务处所	中央日报
出生日期	民国前10年9月19日	特征	
属籍 本籍	南京	与户主关系	
寄籍		家属人数	
本市居住年月	年　月	身份证	1字72293号

（上粘贴相片）

注意　一、箕用△代表斗用〇代表　二、无相片者须在表内注明两手各指箕斗

年　月　日登记

公民资格	宣誓时期	民国　年　月　日	住址	中山路139号　街路　巷里　号
	宣誓地点		保甲番号	1区　11乡镇　保　甲　户
兵役	起役	民国前　年　月　日		
	除役	民国　年　月　日	住址异动登记	大辉復街路　巷里　35号
义务劳动	工作地点	日期		5区　乡镇　7保　22甲　户
		自　年　月　日起　至　止		街路　巷里　号
		自　年　月　日起　至　止		区　乡镇　保　甲　户
		自　年　月　日起　至　止	附记	

马琅（1919—2016），男，曾用名马谋良，江苏南京人。中学时代，喜爱阅读进步报刊，自觉接受政治启蒙。从江苏省镇江中学毕业后，先后担任小学教员、合作社职员、邮政局雇员等职。1940年初，为掩护哥哥马卓然（中共党员）来南京开辟党的工作，协助其谋求职业。1940年，由马卓然介绍加入中国共产党。1945年10月考入国民党中央机关报中央日报社，以此为掩护从事党的地下工作。曾利用做资料员的便利，将库房里的中共报刊《新华日报》等带给党内同志，将国民党当局的秘密材料提供给党组织，还多次通过工作便利获取到国民党当局准备对中共组织进行破坏的情报，及时上报组织以做防范。后在火瓦巷小学做兼职。1947年11月，参与成立南京小学教师协进会，为改进教学，办好教师福利，提高教师待遇做了大量工作。曾在中共组织的指示下，发动开展“南京市小学教师要求寒衣费代表团”请愿活动。1948年11月，组织发动全市小学教师开展总罢教斗争并取得胜利。南京解放后，历任南京市建邺区（原四、五区）副区长，宁夏回族自治区统战部民族宗教处处长，宁夏回族自治区驻上海办事处主任等职。1984年离休。2016年在南京逝世。

2000年，小教系统部分地下党员合影留念。前排左五刘峰、左四马琅（马琅　提供）

DH-10-2-77411

7132 21—23

户主姓名	馬卓然

姓名	馬卓然		教育程度		南京中学
别號		性别 男	職業	業别	副经理
年齡	歲數	30		服務處所	中國電業公司
	出生日期	民前國 6年8月22日	特徵		
屬籍	本籍	南京	與户主關係		本人
	寄籍		家屬人數		八
居住本市年月		廿年居月	身份證		京字4167號

（上粘貼相片）

注意 二箕用△代表斗用〇代表

年 月 日登記

公民資格	宣誓時期	民國 年 月 日		住址	鼓郎 街路 巷里 64號
	宣誓地點			保甲番號	2區 鄉鎮 7保 9甲 5户
兵役	起役	民前國 年 月 日		住址異動登記	街路 巷里 號
	除役	民國 年 月 日			區 鄉鎮 保 甲 户
義務勞動	工作地點	日期			街路 巷里 號
		自至 年 月 日 起止			區 鄉鎮 保 甲 户
		自至 年 月 日 起止			
		自至 年 月 日 起止		附記	

马卓然（1917—1989），男，曾用名马谋忠、马莫良，江苏南京人。早年在南京卢妃巷小学读书。1931年至1940年，先后在上海梁清记珠宝店、英商公共汽车公司任职。1937年11月，由母志逵介绍加入中国共产党，担任英商公共汽车公司卖票支部组织委员，从事工运工作。1940年2月因领导汽车公司工人罢工而身份暴露，于4月受中共江苏省委指示回南京隐蔽待命。同年9月起配合朱启銮负责党组织的重建工作。年底经弟弟马琅介绍，打入日本通运公司（后为日、伪合营的华中运输公司）下关营业所。其间广交朋友，逐渐把所内20多位中国职员团结在身边，并做好业务工作。1943年11月担任中共下关支部委员。1945年10月，按照中共南京工委指示，与人合开中国电业公司，以此掩护党的地下工作。南京解放后，历任南京市军管会总务科长，市工商联秘书长，市第四区（现建邺区）区长，江苏省民族宗教事务处副处长兼南京市民族、华侨事务处处长，市委统战部副部长兼市政协秘书长等职。1982年离休。1989年在南京逝世。

抗战时期，马卓然等中共地下党员坚持秘密活动的主要场所之一——南京下关火车站（马云　提供）

协助查档单位及人员：

中共南京市委组织部干部档案室

南京市档案馆　金善

DH1·11-3-66350

戶別	住户		西区警察局	所	堂子街路		巷里	38號	已產或租賃
戶主姓名	湯建行		5區	鄉鎮	21保	23甲		4戶	租

稱謂	姓名	別號	性別	年齡	出生 年	月	日	屬籍 本籍	寄籍	身份證字號	職業 業別	服務處所	黨籍	宗教	教育程度	婚姻狀況	居住本市 年	月	廢疾及身體上特徵	異動登記 類別	年	月	日
戶主	湯建行		男	30	4	7	13	南京		23779	商				高中	已							
妻	〃林氏		女	30	4	10	10	〃		23780	人乃				初中	〃							
子	〃大弟弟		男	3	31	3	7	〃		23781						未							
〃	〃二弟弟		〃	1	34	10	3	〃		23782						〃							
母	〃刘氏		女	55	21	11	8	〃		23783	人乃				不	寡							
弟	〃锦鹤		男	13	21	4	10	〃		23784	学				初小	未							
佣	徐乃氏		女	52		8	8	〃		23785													

本戶統計 類別＼性別	男	女	增減登記 增 男	女	減 男	女
現住	4	2				
他住						
共計口數	6					

本戶曾服兵役人 姓名	役別	起止時間	有無證件
		自至 年 月 日 起止	
		自至 年 月 日 起止	
		自至 年 月 日 起止	
		自至 年 月 日 起止	
		自至 年 月 日 起止	

本戶房東	
姓名	
住址	
房屋已否保險	

本戶有無槍枝	
種類	
枝數	
執照字號	

本戶保結人 機關商號名稱或戶主姓名	職別或職業	住址	備考

本戶所受損失首都淪陷期間：

住址及異動日期	
年 月 日遷住 局 所 街路 巷里 號	區 鄉鎮 保 甲 戶
年 月 日遷住 局 所 街路 巷里 號	區 鄉鎮 保 甲 戶

本戶抗敵軍人及其直系親屬 抗敵軍人姓名	直系親屬 稱謂	姓名	稱謂	姓名

本戶財產	
動產數目	
不動產價值	

附記：

注：该卡为中共南京市委委员刘峰全家的户卡，卡上显示的“户主”为汤健行，即刘峰；“妻”汤林氏即欧阳仪。截至本书出版前，尚未搜寻到欧阳仪的口卡。

欧阳仪（1919—2008），女，曾用名欧阳伟明、林仪、林伟、范英，广东潮阳人。早年在上海潮惠小学、务本女中（后更名为怀久女中）等校学习。1937年，参加中共上海地下党领导的抗日救亡团体上海市学生协会（原上海市学术界救亡协会）及下设的小剧团，从事抗日救亡演出。1938年6月，由伊素琴介绍加入中国共产党，后担任怀久女中党支部书记。1939年任上海市中共学生区委副书记期间，遭到敌人注意，按照中共组织指示，调至南通如皋县马塘地区开辟党的工作，担任中共马塘区委书记。1940年8月调回上海，历任中共虹口工人区委副书记，中共沪西工人区委书记等职。1942年，根据中共中央决定开辟城市工作的指示精神，受中共江苏省委委派，随丈夫刘峰到南京恢复和开辟地下党工作。1945年12月任中共南京工作委员会学生工作委员会书记。1946年5月任中共南京市委学生工作委员会委员。1948年5月至7月，在香港参加中共上海局秘密举办的干部训练班。回来后因病休息，但仍负责党内机密工作，并发展党组织。南京解放后，历任青年团南京市委教职部副部长、部长，白下区委宣传部副部长，市委宣传部处长、副部长，南京师范专科学校主任，宁海中学书记、校长等职。1977年起，先后担任南京教师进修学校党总支书记，市教育局副局长、党委委员等职。1981年任中共南京市委教育卫生部顾问。1982年离休。2008年在南京逝世。

1945年5月，刘峰、欧阳仪夫妇与两个儿子在南京留影（刘峰　提供）

协助查档单位及人员：

中共南京市委组织部干部档案室

南京市档案馆　金善

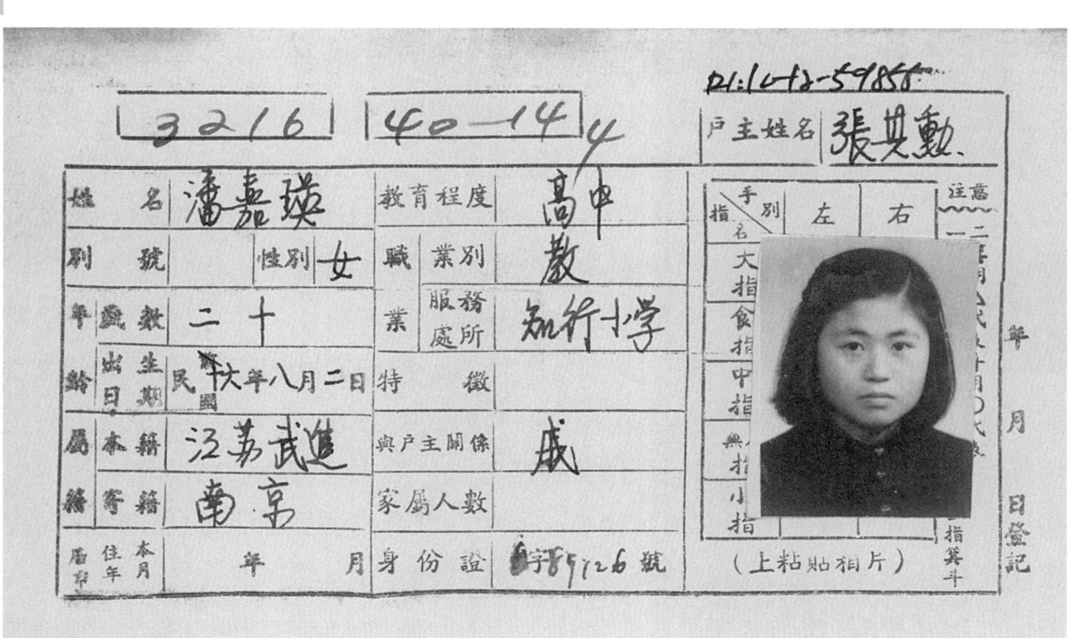

DI:1-0-12-59858

3216	40-144	户主姓名	張其勳

姓名	潘嘉瑛		教育程度	高中
别號		性别 女	職業 業别	教
年齡 歲數	二十		職業 服務處所	知行小学
年齡 出生日期	民國十八年八月二日		特徵	
籍貫 本籍	江蘇武進		與户主關係	戚
籍貫 寄籍	南京		家屬人數	
居住本市年月	年 月		身份證	字第126號

指紋 手别	左	右
大指		
食指		
中指		
無名指		
小指		

（上粘貼相片）

注意 指箕斗

年 月 日登記

公名資格	宣誓時期	民國 年 月 日	住址	金銀 街路 巷里 11 號
	宣誓地點		保甲番號	六區 鄉鎮 25 保 12 甲 户
兵役	起役	民國前 年 月 日		
	除役	民國 年 月 日	住址異動登記	街路 巷里 號
義務勞動	工作地點	日期		區 鄉鎮 保 甲 户
		自至 年 月 日 起止		街路 巷里 號
		自至 年 月 日 起止		區 鄉鎮 保 甲 户
		自至 年 月 日 起止	附記	

潘嘉瑛（1927—2010），女，原籍江苏常州，生于吉林省吉林市。早年在常州、汉口、上海等地求学。1940年秋入南京汇文女中读书，受中共地下党员影响，接触进步报刊和理论书籍。后因组织参与学生进步活动被校方开除。1946 年夏从常州正衡中学毕业。1946年8月至1949年7月，先后在南京知行小学、伞兵子弟学校、八府塘小学任教。1947年3月，由二姐潘嘉镇介绍加入中国共产党。入党后，首先负责培养发展党员工作。同年11 月，成为南京小学教师协进会的骨干，负责协助出版油印刊物《生活通讯》。曾掩护被国民党政府追捕的同志撤退至解放区。1948年，按照中共组织要求，减少公开活动，主要从事党内机密文件的翻印工作。1949年春，在中共南京市委小教党委领导下，积极组织开展护校迎解放斗争。1949年7月至1955年，历任中共南京市委学区党委组织部、市委组织部学校支部科干事，西南军政委员会公安部政治部组织科科员、机关党委秘书，中共南京市委学校党委秘书，市委中学党委宣传部副部长。1955年至1968年，历任南京市教育局小教科副科长、业余教育科副科长、半工半读办公室副主任。1972年任南京晓庄师范学校政治教员。1973年11月起，先后任南京市教育局小教科副科长、科长等职。1983年离休。2010年在南京逝世。

1950年夏，潘嘉瑛（三排右一）与中共南京市委组织部部长邱一涵（二排中间）及部分女同志合影

协助查档单位及人员：

南京市教育局　王京、邹燕

DH:10-8-43626

4212	50-80	戶主姓名	吳有訓

姓名	彭炎年		教育程度	大學
別號		性別 男	職業 業別	學生
			職業 服務處所	
年齡 歲數	22		特徵	
年齡 出生日期	民國前 14年 4月 日			
屬籍 本籍	湖南長沙		與戶主關係	師生
屬籍 寄籍	南京		家屬人數	
本市居住年月	年 月		身份證	1字94190號

（上粘貼相片）

注意：一 無相片者須在表內註明兩手各指箕斗 二 箕用△代表斗用○代表

年 月 日登記

公名資格	宣誓時期	民國 年 月 日	住址	四牌樓 街路 巷里 1 號
	宣誓地點		保甲番號	一 區 鄉鎮 九 保 甲 戶
兵役	起役	民國前 年 月 日		
	除役	民國 年 月 日	住址異動登記	街路 巷里 號
義務勞動	工作地點	日期		區 鄉鎮 保 甲 戶
		自 年 月 日 起 至 年 月 日 止		街路 巷里 號
		自 年 月 日 起 至 年 月 日 止		區 鄉鎮 保 甲 戶
		自 年 月 日 起 至 年 月 日 止	附記	

彭炎午（1925—2008），男，原籍湖南长沙，生于北京。早年在北平、长沙、常宁等地求学直至高中毕业。1943年在重庆入中央大学航空系学习。在校期间，开始接触《新华日报》等进步报刊。1946年，参加由中共中央南方局青年组领导的重庆万余学生“一·二五”示威大游行，并参与印刷传单的工作。同年10月随校迁到南京。之后继续参加抗议美军暴行运动、五二〇运动等进步活动，并曾被国民党特务打伤。1947年夏毕业留校任助教。工作期间，与中共地下党员紧密接触，接受深刻的革命思想教育。1948年参加中共领导的秘密外围组织中央大学校友联谊会（简称校联），并在中央大学工学院的助教中组织校联小组，团结教育广大教职员工。1948年11月，由黎洪模介绍加入中国共产党。入党后，继续领导校联小组，培养发展党员，开展拒绝装箱、反对迁校的护校斗争。1950年至1952年在哈尔滨工业大学研究班学习。1953年在南京原华东航空学院七系任讲师。1956年赴苏联莫斯科航空工艺学院进修两年。1959年起，历任西北工业大学教研室主任、科研部主任、教务部副部长、副校长等职。1984年5月起，先后担任国家经委直属的中国设备管理培训中心主任，上海机械学院计算机工程系兼职教授等职。1995年离休。2008年在西安逝世。

抵抗逃匪破壞罪行

本市工人學生武裝護廠護校

表現了不屈不撓的英勇氣概

第四野軍南下前

1949年4月，《人民报》刊载南京学生工人武装护厂护校的报道

协助查档单位及人员：

西北工业大学　赵玉

6212　10-7/6　　　2410-8-42879

姓名　彭玉原

姓名		彭玉原		教育程度		小学	手別 指名	左	右	注意
别號			性别 男	職業	業别	電器業	(上粘貼相片)			一　無相片者須在表内註明兩手各指箕斗
年齡	歲數	35			服務處所	黄泥崗九号				二　箕用△代表斗用○代表
	出生日期	民國1年12月23日		特徵						
屬籍	本籍	山東泰安		與户主關係		户主				
	寄籍	南京市		家屬人數		二				
居住本市年月		3年6月		身份證		5字10956號				

年　月　日登記

公民資格	宣誓時期	民國　年　月　日		住址	小板 街路 巷里 18 號
	宣誓地點			保甲番號	區　鄉鎮　13 保 8 9 甲　户
兵役	起役	前民國　年　月　日		住址異動登記	街路　巷里　號
	除役	民國　年　月　日			區　鄉鎮　保　甲　户
義務勞動	工作地點	日期			街路　巷里　號
		自至　年　月　日起止			區　鄉鎮　保　甲　户
		自至　年　月　日起止			街路　巷里　號
		自至　年　月　日起止			區　鄉鎮　保　甲　户
				附記	

彭原（1910—1994），男，曾用名彭玉原，山东泰安人。早年曾在上海英商中国公共汽车公司、京（南京）沪铁路、美军顾问团等处做过司机、工人。1939年1月加入中国共产党。1940年参与领导上海英商中国公共汽车公司全体员工大罢工。1943年9月，受中共华中局城工部委派来南京工作，历任中共下关支部书记，中共浦镇机厂支部书记，中共下关两浦区委书记，中共南京市委工人工作委员会、职工工作委员会委员。1948年1月因叛徒出卖被捕，遭受酷刑，坚不吐实，被判刑12年。1949年4月获释出狱。南京解放后，历任中共南京市委职工运动委员会委员，市总工会第一至第四届副主席，市建筑工程党委副书记等职。当选为南京市各界人民代表会议协商委员会委员、市第一届政协常委。1957年7月以后任江苏省总工会副主席。1958年调宁夏，历任宁夏回族自治区工会筹委会主任、总工会主席、党组书记。1979年12月任江苏省总工会顾问。1983年离休。1994年在南京逝世。

1985年10月，抗战时期江苏省委系统在宁从事地下斗争老同志的合影。前排右二彭原、右三刘峰，后排右一胡立峰（刘峰　提供）

DH:10-6-95732

8315	44-460	户主姓名	周貽春

姓名	錢樹柏			教育程度		大學	手指別	左	右	注意
別號	臨四	性別	男	職業	業別					
年齡	歲數	廿一			服務處所					
	出生日期	民國十四年三月十八日		特徵						
屬籍	本籍	浙江		與户主關係		親				
	寄籍			家屬人數		七				
居住本市年月		卅五年八月		身份證		6字6672號				年　月　日登記

公民資格	宣誓時期	民國　年　月　日		住址	江蘇　街路　巷里　47　號
	宣誓地點			保甲番號	北　區　鄉鎮　21　保　6　甲　户
兵役	起役	民國前　年　月　日		住址異動登記	街路　巷里　號
	除役	民國　年　月　日			區　鄉鎮　保　甲　户
義務勞動	工作地點	日期			街路　巷里　號
		自至　年　月　日　起止			區　鄉鎮　保　甲　户
		自至　年　月　日　起止		附記	
		自至　年　月　日　起止			

钱树柏（1926—2012），男，曾用名于汕、高路，浙江杭州人。早年在杭州、南京等地求学。抗日战争全面爆发后，随家人避难逃往上海。1940年入上海南洋模范中学学习。1945年5月，由夏禹龙介绍加入中国共产党，担任南洋模范中学党支部委员。8月因参加学生运动被校方开除，转入上海育英中学学习，担任该校党支部委员。1946年考入南京金陵大学农学院，先后担任中共金陵大学党支部小组长、支部委员。在校期间，利用朔风壁报社及各种读书会，团结进步同学，培养积极分子；组织同学参加抗议美军暴行运动、五二〇运动、助学运动及五二〇运动周年纪念活动等。1948年11月底，因国民党“八一九”大逮捕而撤退至苏北解放区，在华中党校学习并担任党小组组长。南京解放前夕，被编入中国人民解放军第二野战军金陵支队第七大队。后随人民解放军南下进城，参加对南京的接管工作。1949年5月起，历任南京市两浦区委会区委兼青年部部长，青年团南京市工委会宣传科科长、办公室主任，南京干部文化补习学校副校长，市教师进修学院副院长、院长等职。1985年3月担任南京教育学院（现南京晓庄学院）调研员。1987年离休。2012年在南京逝世。

钱树柏（中）与弟弟钱匡武（左）和钱理群（右）合影（钱理群　提供）

协助查档单位：

中共南京市委组织部干部档案室

DH:10-13-11590

39/2　40-030

户主姓名	陳熙仁

姓名	洪志诚			教育程度		大学
別號		性別	女	職業	業別	教育
年齡	歲數	廿六			服務處所	中華女中
	出生日期	民國前九年十一月七日		特徵		
屬籍	本籍	江蘇江陰		與户主關係		教员
	寄籍	南京		家屬人數		二人
本市居住年月		卅五年九月		身份證		女字2508號

手指別　左　右　注意

年　月　日登記

公民資格	宣誓時期	民國　年　月　日		住址	保泰街路　巷里43號
	宣誓地點			保甲番號	六區　鄉鎮　二保　三甲十三户
兵役	起役	民國前　年　月　日		住址異動登記	街路　巷里　號
	除役	民國　年　月　日			區　鄉鎮　保　甲　户
義務勞動	工作地點	日期			街路　巷里　號
		自至　年　月　日起止			區　鄉鎮　保　甲　户
		自至　年　月　日起止			
		自至　年　月　日起止		附記	

沙轶因（1920—2015），女，曾用名沙志诚、沙轶瀛，江苏江阴人。1935年就读于南京汇文女中，在校成立读书会，团结进步同学参加抗日救亡运动。1936年8月加入南京学生界救国会（即南京秘密学联），成为骨干成员。1937年7月南京学生界抗敌后援会成立后，负责女同学方面的工作。9月加入南京学生界抗敌后援会与平津南下学生联合组成的抗日救亡宣传团。1937年9月，由杨永直介绍加入中国共产党。1938年至1940年在重庆大学商学院学习，同时从事抗日救亡和党的地下工作，曾任重庆妇女慰劳会执行委员、重庆沙磁区委妇运委员。1940年起在四川涪陵等县继续从事革命工作。1947年秋任中共南京市委学生工作委员会委员、女中分委书记。1949年1月，任中共南京市委学生工作委员会副书记。从1948年底开始，在中共南京市委的指示下，对其姐夫杨兆龙（时任国民党政府司法行政部刑事司司长，1949年3月任国民党最高检察署检察长）开展政治争取工作，进而通过杨兆龙，成功动员国民党代总统李宗仁下令释放大批政治犯。南京解放后，历任南京市妇联主任，市卫生局副局长、局长兼党组书记，鼓楼医院党委书记，南京第二医院党委书记兼院长，市委宣传部副部长，市文教办主任兼党组书记，当选为南京市第八、第九届人大常委会副主任，中共南京市顾问委员会常委。2015年在南京逝世。

沙氏三姐妹——左起：沙轶因、沙溯因、沙竟因

DH.10-9-17364.

8022 | 80-303

户主姓名	尚義鈞

姓名	尚義寬		教育程度	大學
別號		性別 男	職業 業別	教育部
年齡 歲數	22		職業 服務處所	南京教育部
年齡 出生日期	民國13年正月16日		特徵	
屬籍 本籍	南京		與户主關係	[illegible]弟
屬籍 寄籍			家屬人數	5
居住本市年月	22年 月		身份證	11字59360號

指名＼手別	左	右
大指		
食指		
中指		
無名指		
小指		

（上粘貼相片）

注意 一、[illegible] 二、箕用△代表斗用○代表 [illegible]指箕斗

年 月 日登記

公民資格	宣誓時期	民國 年 月 日	住址	吉祥[illegible]街路 巷里 8號
	宣誓地點		保甲番號	4區 鄉鎮 34保10甲13户
兵役	起役	民國前 年 月 日		
	除役	民國 年 月 日	住址異動登記	街路 巷里 號
義務勞動	工作地點	日期		區 鄉鎮 保 甲 户
		自至 年 月 日 起止		街路 巷里 號
		自至 年 月 日 起止		區 鄉鎮 保 甲 户
		自至 年 月 日 起止	附記	

尚渊如（1924—2001），男，曾用名尚义宽、高德隆，江苏南京人。早年在南京冶城中学、钟英中学等校读书。1940年入南京中央大学学习。大学期间，追求进步。1943年秋，按照中共组织安排，被中共地下党员何明（何广鑫）推荐担任汪伪青年模范团中队长及其外围团体干字运动实践会组织组副组长，掩护中共地下党员的活动。1946年春，跟随中共地下党员李铁夫到淮阴新四军联络部学习工作。同年8月，入金陵大学社会科学研究所攻读研究生。1947年5月，由张一锋介绍加入中国共产党。入党后，曾在南京市立六中执教，参加南京市中学教师联谊会，担任六中教联分会代表；按照党组织要求，及时转送情报，协助中共地下党员安全撤退。南京解放后，历任南京市教育局、市建工局，市建二、三公司正副科长、技术负责人，市建五公司技术科科长等职。1980年至1981年，入市科技干部进修学院学习。1982年9月调任南京市中等专业学校副校长。1988年离休。2001年逝世。

1984年，南京市委党史办召开情报系统老同志座谈会。前排右四张一锋、右五卢伯明、右六刘贞，后排右二尚渊如（张楠　提供）

协助查档单位及人员：

南京市教育局　王京、邹燕

DH210-9-13980

5320 10224

户主姓名	盛天任

姓名	盛天任		教育程度	大學
别號		性别 男	職業 業别	軍
年齡 歲數	二十五歲		職業 服務處所	軍政部特派员办公處兵工组
年齡 出生日期	民國前11年1月8日		特徵	
屬籍 本籍	江蘇太倉		與户主關係	本人
屬籍 寄籍	南京市		家屬人數	四人
居住本市年月	三年六月		身份證	新字53392號

指	手别	左	右

注意

年 月 日登記

公民資格 宣誓時期	民國 年 月 日	住址	大陰城 街路 巷里 52號
公民資格 宣誓地點		保甲番號	1區 鄉鎮 25保25甲 户
兵役 起役	民國前 年 月 日	住址異動登記	街路 巷里 號
兵役 除役	民國 年 月 日		區 鄉鎮 保 甲 户
義務勞動 工作地點	日期		街路 巷里 號
	自至 年 月 日 起止		區 鄉鎮 保 甲 户
	自至 年 月 日 起止		
	自至 年 月 日 起止	附記	

盛天任（1922—2010），男，曾用名盛大可、沈启永，江苏太仓人。早年在太仓师范附中、上海省立扬州中学、松江职业中学等校学习。1939年10月，在上海中学读书时，加入中共上海地下党领导的抗日救亡团体上海学生界救亡协会干部小组，组织读书会，从事进步活动。1942年4月，由沈希约介绍加入中国共产党。为了开辟南京党的工作，1942年8月考入南京中央大学农学院农专科。1944年7月毕业后被分配到太平门果园任果树技士。1944年9月，按照中共组织指示，打入汪伪陆军部修械所做敌伪军事工作。1945年9月，打入国民党军政部兵工组，继续坚持对敌斗争，收集转送情报。1945年底，调中共南京市委学生工作委员会，先后任学委委员、委员兼中学分委书记，学委副书记、书记。以汇文女中教师为职业掩护，参与组织领导解放战争时期南京学生运动的全过程。南京解放后，历任中共南京市委组织部干部处处长，市人事局、市监察局副局长，市委宣传部副部长，中共江苏省监察委员会秘书长兼办公室主任，南京艺术学院党委书记、副院长，江苏皮肤病防治研究所革委会副主任、主任，南京医学院院长、党委书记，江苏省卫生厅党组成员、顾问等职。1985年12月担江苏省人大常委会教科文委员会副主任。1991年离休。2010年在南京逝世。

1950年1月，中共南京市委组织部全体同志合影。前排左四陈修良，后排左四盛天任、左二王葆权（王葆权　提供）

协助查档单位及人员：

中共江苏省委党史工作办公室　蔡琦

51-8-7791

0821. 70-77.

戶主姓名	施成熙

姓名	施雅風		教育程度	碩士	
別號		性別 男	職業	業別	學
年齡	歲數	28		服務處所	中國地理研究所
	出生日期	民前國 7年3月20日	特徵		
屬籍	本籍	南通	與戶主關係		弟
	寄籍		家屬人數		
居住本市年月		35年2月	身份證		5字1005號

（上粘貼相片）

注意 二箕用△代表斗用〇代表

指箕斗

年 月 日登記

公民資格	宣誓時期	民國 年 月 日	住址	石鼓路 街路 巷里 35號
	宣誓地點		保甲番號	五區 鄉鎮 廿五保 四甲 戶
兵役	起役	民前國 年 月 日		
	除役	民國 年 月 日	住址異動登記	街路 巷里 號
義務勞動	工作地點	日期		區 鄉鎮 保 甲 戶
		自至 年 月 日 起止		街路 巷里 號
		自至 年 月 日 起止		區 鄉鎮 保 甲 戶
		自至 年 月 日 起止	附記	

施雅风（1919—2011），男，江苏海门人。1942年毕业于浙江大学史地系。1944年获得浙江大学研究院硕士学位，之后任中国地理研究所助理研究员。1946年，随该所迁至南京后，加入青年科技团体科学时代社，并发起成立南京分社。与社员日常共同讨论时局，筹款支持刊物《科学时代》的出版。1947年担任分社负责人，领导组织全体社员加入中国科学工作者协会①。在此基础上参与成立中国科协南京分会并任干事。1947年10月，由吕东明介绍加入中国共产党。在中共南京市委情报系统领导下，为党组织搜集军事情报，团结科学家抵制搬迁、迎接解放作出了贡献。南京解放后，历任中国科学院地理研究所副研究员兼生物地学部副学术秘书，中国科学院兰州分院副院长，南京地理与湖泊研究所研究员等职。1980年，当选为中国科学院学部委员（院士）、地学部副主任。曾任中国地理学会副理事长、理事长、名誉理事长，国际冻土协会理事，国际冰川学会理事。2011年在南京逝世。

1947年春，施雅风（前排右一）与吕东明（后排左一）等人的合影

①中国科学工作者协会是由周恩来倡议，于1945年春夏间在重庆成立的，是中国科学界第一个以科学工作者来命名的团体，含有工会的性质。创始人是一批有名望的进步教授，如梁希、潘菽、涂长望、金善宝、谢立惠、干铎等。

DH:10-8-96417

3912　20-27

户主姓名	薩本棟

姓名	沙重叔		教育程度	大学
別號		性別 男	職業 業別	專員
年齡 歲數	33		職業 服務處所	国立中央研究院
年齡 出生日期	民前三年一月五日		特徵	
屬籍 本籍	浙江鄞縣		與户主關係	部屬
屬籍 寄籍	南京		家屬人數	
居住本市年月	年　月		身份證	6字156889號

（上粘貼相片）

年　月　日登記

公民資格	宣誓時期	民國　年　月　日	住址	鸡鸣寺路　街路　巷里　號
	宣誓地點		保甲番號	6區　鄉鎮　8保　3甲　戶
兵役	起役	民前國　年　月　日	住址異動登記	街路　巷里　號
	除役	民國　年　月　日		區　鄉鎮　保　甲　戶
義務勞動	工作地點	日期		街路　巷里　號
		自至　年　月　日　起止		區　鄉鎮　保　甲　戶
		自至　年　月　日　起止		
		自至　年　日　月　起止	附記	

史永（1910—1999），男，曾用名沙重叔、沙文威，浙江鄞县人。1925年3月加入中国共产主义青年团，后转为中国共产党党员。历任共青团宁波地委委员、组织部负责人、宁波市学联主席等。1930年因中共浙江省委遭到破坏，与组织失去联系。1934年10月恢复党组织关系，先后在上海、南京、汉口、重庆等地从事情报工作。1936年，由留俄同学介绍加入南京市新生活运动促进会，继而参加蒋介石亲自主持的庐山军官训练团。1937年，转入国民党政府军事委员会，任干事，继续从事情报工作。1941年打入中统局。1942年，回到上海收集汪伪情报。抗日战争胜利后，任中央研究院总办事处专员。1948年9月起，任中共南京市委策反系统负责人，参与策反了国民党军第九十七师起义、“重庆”号巡洋舰起义等。南京解放后，历任中共南京市委统战部副部长、部长，兼任市协商委员会秘书长、市人民政府交际处处长、市人事局副局长。1958年3月调北京，先后担任全国政协秘书处处长、副秘书长、机关党组成员、文史资料研究委员会副主任委员，当选为第四、第五、第六届全国政协委员。1999年在北京逝世。

1987年，陈修良（右一）与史永（右四）在鄞县樟村烈士墓祭扫

DH: 10-2-79782

3090	5-1-38	户主姓名	許舜廷

姓名	宋振海			教育程度		高中畢業	注意
別號		性別	男	職業	業別	電信	一 無相片者須在表內注明兩手各指箕斗 二 箕用△代表斗用〇代表
年齡	歲數	二十七			服務處所	南京電信局	
	出生日期	民前國 9年10月8日		特徵			
屬籍	本籍	安徽懷遠		與户主關係			
	寄籍			家屬人數			
居住本市年月		年　月		身份證		2字46652號	（上粘貼相片）

年　月　日登記

公民資格	宣誓時期	民國　年　月　日		住址	太平街路　黨公巷里　30號
	宣誓地點			保甲番號	2區　鄉鎮　10保25甲18户
兵役	起役	民前國　年　月　日		住址異動登記	街路　巷里　號
	除役	民國　年　月　日			區　鄉鎮　保　甲　户
義務勞動	工作地點	日期			街路　巷里　號
		自至　年　月　日	起止		區　鄉鎮　保　甲　户
		自至　年　月　日	起止		
		自至　年　月　日	起止	附記	

宋振海（1920—2017），男，安徽怀远人。1946年6月，在南京电信局有线报房任报务员。工作期间，追求进步，经常参加中共组织领导的经济斗争；为杨将军巷工会支部创办的《电声壁报》建言献策，并担任编辑，配合经济斗争开展宣传工作；参加工会改选并担任代表，团结教育进步职工。1948年10月，由李铮、柯仲光介绍加入中国共产党。11月，成立杨将军巷党支部并担任委员。1949年，按照中共组织指示，领导开展向主管部门索取应变费的合法经济斗争；布置党员在群众中秘密宣传，开展保护通信机器设备等物资的护局斗争。南京解放后，历任南京电信局工会副主席，上海中国电信总工会华东办事处主任，北京中国邮电工会全国委员会劳保部副部长，江苏省工人南京疗养院院长等职。1978年起，担任南京变压器厂（后更名为南京调速电机厂）党总支副书记。1985年离休。2017年在南京逝世。

1981年，中共南京电信局地下党党史座谈会留影。前排右六华格人、右四李铮、右三宋振海、右二吴兆奇、右一冯仲一，后排右六李磐、右五车棣华（吴胜民　提供）

协助查档单位及人员：

南京新工投资集团有限责任公司　杨芳

南京天正耐特机电集团　李方萍

DH:10-1-14811

0026	3044	户主姓名	唐盛江

姓名	唐宗林			教育程度	在高中肄業
别號	/	性別	男	職業 業別	学生
年齡 歲數	19			服務處所	國立二臨中
出生日期	民國17年1月7日			特徵	
屬籍 本籍	安徽省含山縣			與户主關係	父子
寄籍	南京			家屬人數	6
居住本市年月	12年 月			身份證	京(四)字71030

手別 / 指名	左	右
大指		
食指		
中指		
無名指		
小指		

（上粘貼相片）

注意
一 無相片者須在表內註明兩手各指箕斗
二 箕用△代表斗用○代表

年 月 日登記

公民資格	宣誓時期	民國 年 月 日	住址	街路 [illegible] 巷里 34 號
	宣誓地點		保甲番號	4 區 鄉鎮 18 保 7 甲 14 户
兵役	起役	民（前）國 年 月 日	住址異動登記	街路 [illegible]都堂 巷里 4 號
	除役	民國 年 月 日		區 鄉鎮 保 甲 户
義務勞動	工作地點	日期		街路 巷里 號
		自至 年 月 日 起止		區 鄉鎮 保 甲 户
		自至 年 月 日 起止		
		自至 年 月 日 起止	附記	36.11.8.

唐守林（1928—2014），男，曾用名唐煜，安徽含山人。早年在南京督粮厅小学、市立一中、中央大学实验学校等校学习。1945年9月就读于国立第二临时中学（后更名为市立第五中学）。在校期间，思想进步，开始接触中共地下党员，接受思想教育和政治启蒙。1946年4月，参加中共领导的秘密外围组织青年抗日救国会，发起成立六人社读书会，组织成员传阅进步书刊，交流学习心得。1946年10月，由买德申（田枫）介绍加入中国共产党。入党后，培养发展党员，壮大五中组织力量；组织启明读书会，研究与校内反动当局斗争的策略等。1946年底沈崇事件发生后，筹划发表告全校同学书，声援支持抗议美军暴行运动。南京解放后，历任南京市文教委员会秘书，市人事局科员，南京砂石厂统计员，下关区文化馆副馆长，区文化科副科长等职。1984年7月担任下关区文化局调研员。1987年离休。2014年在南京逝世。

1952年，南京市立五中老同学合影。二排右二唐守林、右三王少华、右五赵志（赵志　提供）

协助查档单位及人员：

中共南京市鼓楼区委组织部　陈浦

中共南京市鼓楼区委党史工作办公室　张兴中

DIT:10-7-61723 中華聯合工程公司

3111 2016

戶主姓名	汪季琦

姓名		汪季琦		教育程度		中央大學工科畢業
別號			性別 男	職業	業別	中華聯合工程公司 經理
年齡	歲數	38			服務處所	同上
	出生日期	民前國3年3月9日		特徵		
屬籍	本籍	江蘇吳縣		與戶主關係		
	寄籍	南京		家屬人數		5
居住本市年月		35年5月		身份證		6字52316號

（上粘貼相片）

35年7月18日登記

公民資格	宣誓時期	民國　年　月　日	住址	鼓樓街路 二条巷里 14號
	宣誓地點		保甲番號	6區 鄉鎮 4保 甲 戶
兵役	起役	民前國　年　月　日	住址異動登記	街路 巷里 號
	除役	民國　年　月　日		區 鄉鎮 保 甲 戶
義務勞動	工作地點	日期		街路 巷里 號
		自至　年　月　日　起止		區 鄉鎮 保 甲 戶
		自至　年　月　日　起止		
		自至　年　月　日　起止	附記	

汪季琦（1909—1984），男，曾用名汪楚宝，江苏吴县人。1925年在中学时代即开始从事革命活动。1929年考入中央大学土木工程系。在校期间参加爱国民主运动，1931年参与领导了中央大学和南京的反蒋抗日学生运动，并任首都学生抗日救国会负责人。1931年加入中国共产党。1933年受中共南京特别支部指派，负责互济会工作。同年秋，加入南京读书会。大学毕业后，一边担任技术工作，一边在公开职业掩护下长期从事党的秘密工作和科技界、经济界与民主党派的统战工作。先后参与或主持过湖北金水建闸、昆明中央机器厂、修复青岛大港五号码头等多种工程，历任技术员、工程师、工地主任及建筑公司经理等职。曾两次被捕，后经营救出狱。抗日战争胜利后，任西北农学院教授、中华联合工程公司总经理。解放后，历任上海市工务局副局长，同济大学教授，建筑工程部北京工业建筑设计院、建筑科学研究院副院长和建筑学会副理事长等职。当选为第五届全国政协委员。1984年在北京逝世。

1928年，顾衡（右三）与汪季琦（右一）等人在川沙的农场内合影

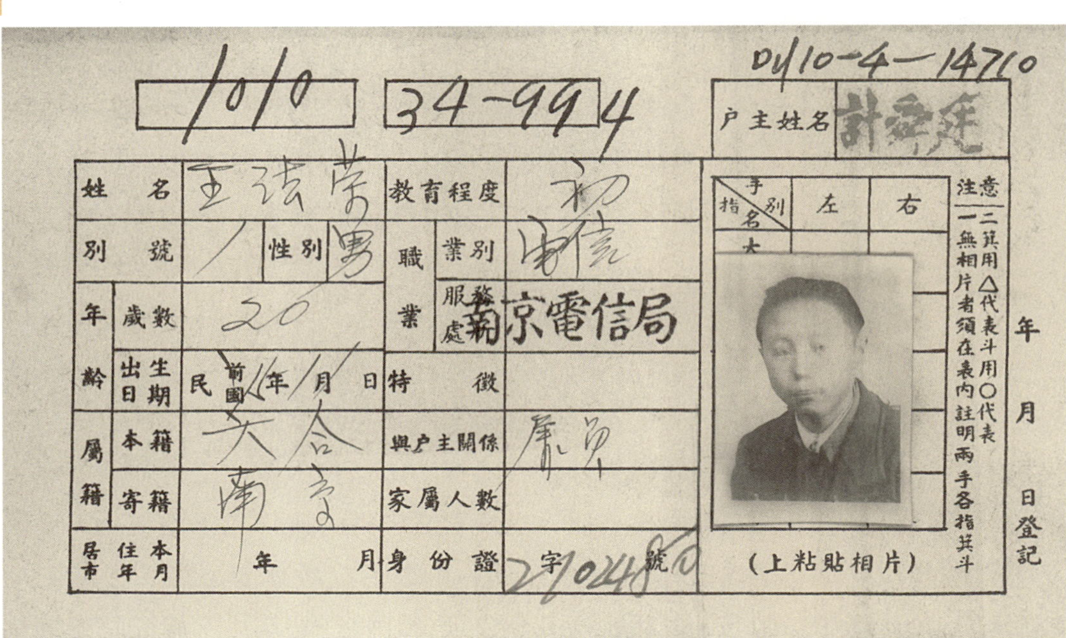

1010　34-994　04/10-4-14710

户主姓名	許[illegible]

姓名	王[illegible]荣	教育程度	初[illegible]
别號	/ 　性别 男	職業 業别	電信
年齡 歲數	20	職業 服務處	南京電信局
年齡 出生日期	民前國 16 年 月 日	特徵	
屬籍 本籍	六合	與户主關係	屬員
屬籍 寄籍	南京	家屬人數	
居住本市年月	年 月	身份證	210248 字 號

手指別名	左	右
大		

（上粘貼相片）

注意
一 無相片者須在表内註明兩手各指箕斗
二 箕用△代表斗用○代表

年 月 日登記

公民資格	宣誓時期	民國 年 月 日	住址	太平路[illegible]公巷三十號（街 巷 號）
	宣誓地點		保甲番號	2 區 鄉鎮 10 保 甲 户
兵役	起役	民前國 年 月 日	住址異動登記	街路 巷里 號
	除役	民國 年 月 日		區 鄉鎮 保 甲 户
義務勞動	工作地點	日期		街路 巷里 號
		自至 年 月 日 起止		區 鄉鎮 保 甲 户
		自至 年 月 日 起止		
		自至 年 月 日 起止	附記	

王法荣（1926—2007），男，曾用名王正科，江苏六合人。早年在乡村私塾和小学读书。1945年入南京电信局做电缆工。1946年6月，由李铮、顾国武介绍加入中国共产党。入党后，团结工人开展经济斗争，并发起成立群众性组织梅花兄弟会。1948年任南京至苏北江淮军区一分区交通员，协助中共地下党员和进步青年撤退至解放区。南京解放初期，任南京军管会联络员和交通接管委员会管理员。1951年调至宣化市，先后任市公安局科员、派出所所长，市饮食公司秘书股长。1956年调至张家口市，历任市物资局业务科科员、副科长，市地毯厂业务组长，市铝制品厂业务组长等职。1978年12月担任六合县棉纺厂供销科科长等职。1982年离休。2007年在南京逝世。

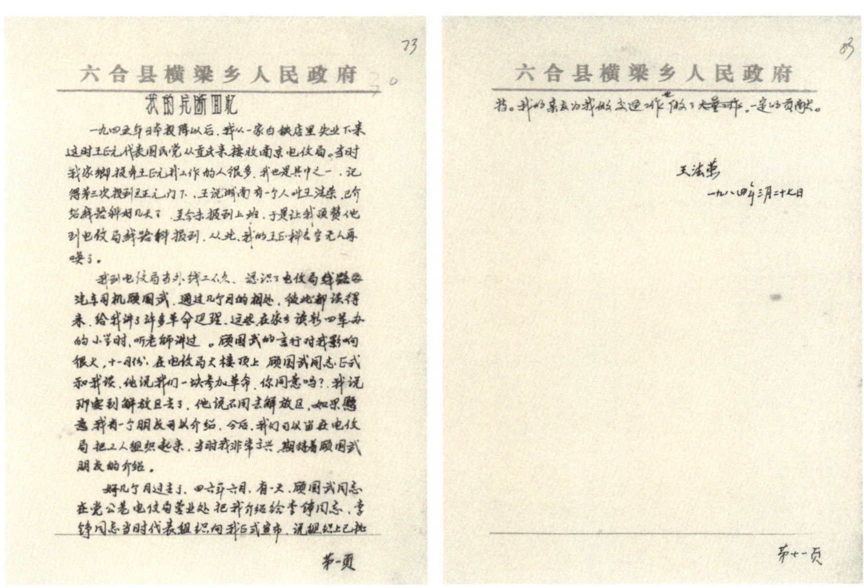

六合县横梁乡人民政府

我的片断回忆

一九四五年日本投降以后，我从一家白铁店里失业下来。这时王巨元代表国民党从重庆来接收南京电信局。当时我家乡投奔王巨元找工作的人很多，我也是其中之一。记得第三次投到王巨元门下，王说湖南有一个人叫王法荣，已介绍线路料好几天了，至今未报到上班，于是让我顶替他到电信局线路料报到。从此，我的王正科名字无人再喊了。

我到电信局当外线工不久，认识了电信局线路汽车司机顾国武，通过几个月的相处，彼此都谈得来，给我讲了许多革命道理，这些在家乡读私塾和小学时，听老师讲过。顾国武的言行对我影响很大，十一月份，在电信局大楼顶上顾国武同志正式和我谈，他说我们一块参加革命，你同意吗？我说那要到解放区去了，他说不用去解放区，如果愿意，我有一个朋友可以介绍，今后，我们可以留在电信局把工人组织起来。当时我非常高兴，期待着顾国武朋友的介绍。

好几个月过去了，四六年六月，有一天，顾国武同志在党公巷电信局营业处把我介绍给李铮同志，李铮同志当时代表组织向我正式宣布，说组织上已批

第一页

六合县横梁乡人民政府

准。我的亲友为我做交通工作也做了一定的贡献。

王法荣

一九八四年三月二十七日

第十一页

1984年，王法荣回忆入党经历和参加地下斗争的文章《我的片段回忆》手稿（部分）

协助查档单位及人员：

南京市档案馆　王伟、崔益艳

六合区档案馆　张云伟、王媛

0H-10-11-23547

1010	55-17	户主姓名	吴有训

姓名	王慧君		教育程度	大学
别号		性别 女	职业	学生
年龄 岁数	23		服务处所	
年龄 出生日期	民国前 11年8月 日		党籍	
属籍 本籍	四川内江		特征	
			与户主关系	师生
籍 寄籍	南京		家属人数	
居住本市年月	年 月		身份证	1字58113

注意
一、无相片者须在表内注明两手指各箕斗
二、箕用△代表斗用○代表

年 月 日登记

公民资格	宣誓时期	民国 年 月 日	住址	街路 四牌楼巷里 1 号
	宣誓地点		保甲番号	一 区 乡镇 九 保 甲 户
兵役	起役	民国前 年 月 日	住址异动登记	街路 巷里 号
	除役	民国 年 月 日		区 乡镇 保 甲 户
义务劳动	工作地点	日期		街路 巷里 号
		自至 年 月 日 起止		区 乡镇 保 甲 户
		自至 年 月 日 起止	附记	
		自至 年 月 日 起止		

王慧君（1923—2010），女，曾用名陈慧君、晏东云、倚笳，四川内江人。1938年在成都女子师范学校读书时，参加校内抗日进步团体学生旬刊社，撰写通讯稿，进行抗日宣传。1944年9月，在成都入燕京大学学习，参加进步组织未名团契，组织开展读书会、郊游、晚会等活动。11月，到重庆入中央大学边疆政治系读书，担任进步社团蓓蕾团契的领导工作，组织同学阅读进步书籍，出版油印小报以及参加示威游行等。1946年10月，随学校迁到南京。之后参加抗议美军暴行运动、五二〇运动、助学运动等进步活动。1947年7月加入中共领导的秘密外围组织新民主主义青年社，后担任女同学组联会主席、领导小组成员。1947年12月，由胡润如介绍加入中国共产党。1948年7月中大毕业后，调至中共南京市委学生工作委员会大专分委工作，先后担任联络员、委员，负责联系金陵女子文理学院及金陵大学地下党支部。南京解放后，曾任南京新民主主义青年团筹委会教育科科长、团训班主任。1952年入中共中央华东局党校理论班学习。1954年起，历任中共江苏省委中级党校教员，省委党校哲学教研室教员、主任等职。1983年离休。2010年在南京逝世。

1982年，为纪念五二〇运动35周年，中央大学地下党员相聚时合影。前排坐者：右一王慧君、右二胡润如，后排右起：时昭溥、任建树、蒋毅辛、颜次青、罗炳权、许荏华、赵宏才、朱成学（许荏华　提供）

协助查档单位及人员：
中共江苏省委党校　李小红

DH:10-4-28114

1010	40-044	主姓名	王達五

姓名	王嘉謨		教育程度		大學	手別 指名	左	右	注意
別號		性別 男	職業	業別	工				一 無相片者須在表內註明
年齡	歲數	24		服務處所	市府工務局				二 箕用△代表斗用〇代表兩手各指箕斗
	出生日期	民前國10年3月4日	特徵						
屬籍	本籍	南京	與戶主關係		父子				
	寄籍		家屬人數			指			
居住本市年月		年 月	身份證		5字83415號	（上粘貼相片）			年 月 1日登記

公民資格	宣誓時期	民國 年 月 日		住址	上海 街路 福音 巷里 3 號				
	宣誓地點			保甲番號	5區	鄉鎮	30保	16甲	5戶
兵役	起役	民前國 年 月 日		住址異動登記	街路	巷里	號		
	除役	民國 年 月 日			區	鄉鎮	保	甲	戶
義務勞動	工作地點	日期			街路	巷里	號		
		自至 年 月 日 起止			區	鄉鎮	保	甲	戶
		自至 年 月 日 起止		附記					
		自至 年 月 日 起止							

王嘉谟（1923—1995），男，曾用名王天爵，江苏南京人。1940年9月考入南京中央大学土木工程系。1941年，参加中共领导的秘密外围组织青年救国社，秘密进行抗日活动。1943年5月，参与领导南京中央大学学生驱逐反动校长樊仲云的倒樊斗争。年底，参与领导清毒运动，并任首都（南京）学生清毒总会副会长。1945年4月参加党领导的南京各界抗敌内援会，开展抗日斗争。1945年9月，由鲁平介绍加入中国共产党。1946年3月，以南京市政府工务局技术员为职业掩护从事地下斗争。6月担任中共南京市委公务员支部书记。1948年3月，中共南京市委公务员工作委员会（简称公务员工委）成立，任书记。5月至7月，在香港参加中共上海局秘密举办的干部训练班，任临时支部委员。不久，经中共南京市委书记陈修良批准，由王家5名党员组成特殊的“家庭党支部”，在公务员工委领导下，开展秘密收集国民党各级机关地籍房产资料等工作，为迎接解放、接管南京提供了可靠依据。南京解放后，历任南京市军管会房地产管理处主任秘书，市政府地政局公产管理科科长，南京机械厂军代表，市政府工业局技术室副主任。1950年10月在中国人民大学工业经济系攻读研究生，后任工业经济系工业企业组织与计划教研室教员、主任。1975年1月起，历任北京经济学院经济研究所教员，中国人民大学外国经济管理研究所教授、副所长、所长等职。1983年离休。1995年在北京逝世。

南京解放后，王嘉谟被市军管会任命为军代表，派驻至南京机械厂（王索雅　提供）

协助查档单位及人员：

中国人民大学　杨保忠、胡玲玲

DH:10-4-13136

1010	40-83 4	户主姓名	王達五

姓名		王嘉猷		教育程度		大學
別號			性別 男	職業	業別	學
年齡	歲數	22			服務處所	
	出生日期	民前國14年 月 日		特徵		
屬籍	本籍	南京.		與户主關係		父子
	寄籍	南京		家屬人數		9
居住本市年月		~~22~~ 21年 月		身份證		5字/06386號

（此貼相片）

注意 一 無相片者須在表內註明兩手各指箕斗 二 箕用△代表斗用○代表

年 月 日登記

公民資格	宣誓時期	民國 年 月 日		住址	寧海 街路 福音 巷里 3 號
	宣誓地點			保甲番號	5 區 鄉鎮 30 保 16 甲 5 户
兵役	起役	民前國 年 月 日		住址異動登記	街路 巷里 號
	除役	民國 年 月 日			區 鄉鎮 保 甲 户
義務勞動	工作地點		日期		街路 巷里 號
			自至 年 月 日 起止		區 鄉鎮 保 甲 户
			自至 年 月 日 起止		
			自至 年 月 日 起止	附記	

王嘉猷（1925—2019），男，江苏南京人。高中时期，于1941年参加中共领导的秘密外围组织青年救国社。1943年考入南京中央大学土木系。在校期间，先后参加驱逐反动校长樊仲云的倒樊斗争和反对日伪统治的清毒运动。1944年参加中共领导的南京各界抗敌内援会，成为青年组骨干。抗日战争胜利前夕，在党组织的领导下，组织印发和张贴朱德总司令进军令、新四军战报，为新四军进攻南京城做准备。1945年11月加入中国共产党。1946年在上海交通大学担任中共支部书记、上层党团（组）书记。1947年任上海大学区委委员兼《号角报》主编。1948年夏，奉命由上海调回中共南京市委，后经市委书记陈修良批准，和兄嫂5人成立"家庭党支部"并任书记，同时担任中共南京市委公务员工作委员会调研组长，负责调查、编绘国民党机关组织系统和分布详图。参与完成的调研资料后被及时送交到人民解放军渡江战役总前委，为南京城的顺利接管作出了贡献。南京解放后，历任南京水厂军代表，南京机械厂军代表兼书记，南京电影机械厂厂长。1964年调北京筹建中国电影科学技术研究所，任所长、教授级高工。1978年后任上海开发（浦东）研究会副会长等。1991年离休。2019年在北京逝世。

2007年，纪念五二〇学生运动60周年座谈会召开后，4位地下党员合影留念。从右至左：邵单、王嘉猷、刘维懿、潘嘉钊（刘维懿　提供）

DH:10-(1-29041)

1010	240—02

户主姓名	王達五

姓名	王嘉訓			教育程度		大學
別號		性別	男	職業	業別	學
年齡	歲數	19			服務處所	
	出生日期	民前國17年 月 日		特徵		
籍屬	本籍	南京		與户主關係		父子
	寄籍	南京		家屬人數		9
本市居住年月		18年 月		身份證		5字/06387號

指名 手別	左	右
小指		

（上粘貼相片）

注意

一、無相片者須在表内註明兩手各指箕斗

二、箕用△代表斗用○代表

年 月 日登記

公民資格	宣誓時期	民國 年 月 日		住址	寧海路福音巷里 3 號
	宣誓地點			保甲番號	5 區 鄉鎮 30 保 16 甲 5 户
兵役	起役	民前國 年 月 日		住址異動登記	街路 巷里 號
	除役	民國 年 月 日			區 鄉鎮 保 甲 户
義務勞動	工作地點	日期			街路 巷里 號
		自至 年 月 日 起止			區 鄉鎮 保 甲 户
		自至 年 月 日 起止			
		自至 年 月 日 起止		附記	

王嘉训（1928—2014），男，江苏南京人。早年在南京昇平桥小学、市立一中、南京建村农学院等校学习。少年时代，被两位哥哥王嘉谟、王嘉猷参加学运的事迹所鼓舞，激发了投身革命的热情。1946年8月，入金陵大学农学院农业专修科学习。在校期间，广交进步朋友，组织参加“永生”团契、“庄稼”团契，传阅革命理论书籍，开展进步文娱活动。先后参加抗议美军暴行运动、助学运动、五二〇运动等进步活动。1948年4月，由陶大钊介绍加入中国共产党。同年底，经中共南京市委书记陈修良批准，和兄嫂5人共同组成特殊的“家庭党支部”，接受中共南京市委公务员工作委员会领导，主要调查了解南京敌伪财产情况。南京解放后，参加接管工作，任南京市军管会行政司法部市府园林组军事联络员。后历任华东军政委员会农林部种子公司军事联络员，华东农林部农业科学研究所人事室教育组副组长等职。1955年至1960年，在北京俄语学院二部学习后，赴苏联莫斯科季米里亚席夫农学院研究室攻读作物栽培专业。研究生毕业回国后，任中国农业科学院江苏分院粮食作物系助研。1973年5月担任江苏省农业科学院粮食作物所助研。1988年离休。2014年在南京逝世。

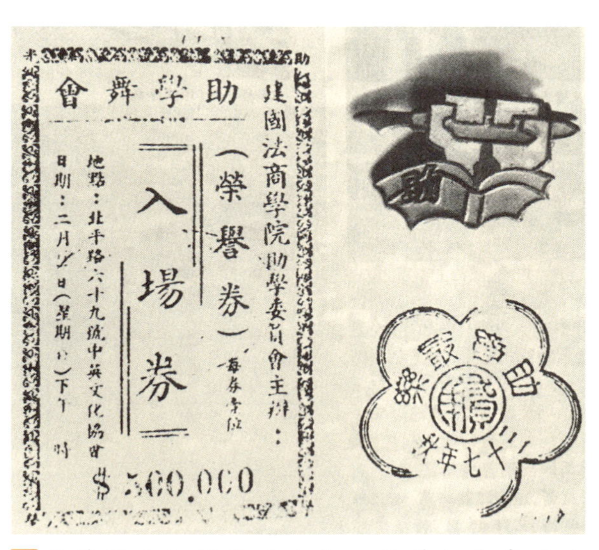

助学舞会入场券（左）、助学纪念章（右上）、助学纪念戳（右下）

协助查档单位及人员：

江苏省农业科学院　杨吉

DH:10-4-28934

1810	40-00	1	戶主姓名	王達五

姓名	王嘉言		教育程度		中學
別號		性別 男	職業	業別	學
年齡 歲數	16			服務處所	
出生日期	民前國19年 月 日		特徵		
屬籍 本籍	南京		與戶主關係		父子
寄籍	南京		家屬人數		9
本市居住年月	15年 月		身份證		5字/06388號

指名 手別	左	右
指		

注意：一、無相片者須在表內註明兩手各指箕斗 二、箕用△代表斗用○代表

年 月 日登記

公民資格	宣誓時期	民國 年 月 日		住址	寧海街路 福音巷里 3號
	宣誓地點			保甲番號	5區 鄉鎮 30保 16甲 5戶
兵役	起役	民前國 年 月 日		住址異動登記	街路 巷里 號
	除役	民國 年 月 日			區 鄉鎮 保 甲 戶
義務勞動	工作地點	日期			街路 巷里 號
		自至 年 月 日 起止			區 鄉鎮 保 甲 戶
		自至 年 月 日 起止			
		自至 年 月 日 起止		附記	

王嘉言（1931—2021），男，江苏南京人。1942年至1948年，先后在南京市立一中、国立临时第二中学（后更名为市立第五中学）读初高中。中学时代接触和参加进步活动，接受革命思想的启蒙教育。1948年4月，由王世杰（王静远）介绍加入中国共产党，接受中共南京市委学生工作委员会领导。入党后，团结进步青年，发起成立“求真”团契并担任德育部长；组织同学参加两次助学运动和五二〇运动周年纪念晚会。1949年初，组织关系被调至中共南京市委公务员工作委员会。经中共南京市委书记陈修良批准，和兄嫂5人共同组成特殊的“家庭党支部”，负责调查国民党各级机关地籍房产资料。南京解放初期，在南京市军管会负责接管南京电照厂，并担任军事联络员、主任秘书、工程队长。1954年6月起，响应国家号召，参加中央建筑工程部支援洛阳的基建工作，历任洛阳工程局一〇三工区科长、副主任，河南省建工厅计划处副处长、施工局副局长，省建二公司副经理，济源地区城建局副局长，河南炼油厂建设指挥部处长、调度长等。1981年起，调任南京市政工程公司副经理、调研员。1991年离休。2021年在南京逝世。

抗战胜利后，王嘉言（后排右二）全家搬至宁海路福音里3号居住，这里后来成为中共南京市委公务员工作委员会的秘密活动地点

协助查档单位及人员：
南京市城建集团　何琴、颜闻航

2643　24-17　D1·1·10-3-28287

戶主姓名	王鴻章			
姓名	吴佳翼	教育程度	高中	
別號	性別 男	職業 業別	学生	
年齡 歲數	十八	職業 服務處所	中央大学附中	
年齡 出生日期	民國17年9月9日	特徵		
籍屬 本籍	河南固始	與戶主關係	親誼	
籍屬 寄籍		家屬人數	七人	
本市住年月	年 月	身份證	4字88635 號	

手 ……… 小指

（上粘貼相片）

注意 一 無相片者須在表內註明兩手各指箕斗 二 箕用△代表斗用○代表

年 月 日登記

公名資格	宣誓時期	民國 年 月 日	住址	倉门口 街路 巷里 三十三號
	宣誓地點		保甲番號	四 區 鄉鎮 二 保 三 甲 戶
兵役	起役	民國前 年 月 日	住址異動登記	街路 巷里 號
	除役	民國 年 月 日		區 鄉鎮 保 甲 戶
義務勞動	工作地點	日期		街路 巷里 號
		自至 年 月 日 起止		區 鄉鎮 保 甲 戶
		自至 年 月 日 起止	附記	
		自至 年 月 日 起止		

吴佳翼（1928—2004），男，曾用名李石野，原籍河南固始，生于北京。早年在北平、固始等地学习直至初中毕业。1946年入南京中央大学附属中学（简称中大附中）读高中。1947年因目睹、跟随抗议美军暴行运动的游行队伍，思想上深受震撼和鼓舞，政治意识得到了启蒙。1948年春夏间，和同学成立进步团体五四潮社，创办进步刊物《五四潮》。组织社员阅读进步书刊和革命书籍，筹备开展出壁报、读书会等进步活动。1949年2月，由曹锦介绍加入中国共产党。入党后，在中共南京市委学生工作委员会中学分委的领导下，参与成立中大附中党支部并担任书记。南京解放初期，领导党支部主要负责联系、配合军事代表联络员接管学校等工作，同时联合校内进步团体成立壁报联合会、社团联合会，宣传、教育、团结积极分子和进步学生。之后历任中共南京市委党训班学员，南京人民大会堂管理员等职。1952年调任中央军委机要干部学校文化教员。1956年至1963年，在北京大学地球物理系学习。1964年毕业后，任职于中国科学院地球物理研究所（现中国地震局地球物理研究所）。后主要从事科研工作，历任助理研究员、副研究员等职。1988年离休。2004年在北京逝世。

1999年5月，吴佳翼（右）与曹锦（中）、李桢革（左）合影（曹锦　提供）

协助查档单位及人员：

中国地震局地球物理研究所　孙天翼

VH:10-3-29698

2643　32-40

戶主姓名	許舜廷				
姓名	吴兆嘉		教育程度	高中	
別號	/	性別 男	職業	業別	電信
年齡	歲數	26		服務處所	南京電信局
	出生日期	民前國 9年 1月 1日	特徵		
屬籍	本籍	吴县	與戶主關係	房員	
	寄籍	南京	家屬人數		
居住本市年月		年 月	身份證	24字0253號	

手別/指名	左	右
大指		

（上粘貼相片）

注意 一 無相片者須在表內註明兩手各指箕斗 二 箕用△代表斗用〇代表

年 月 日登記

公民資格	宣誓時期	民國 年 月 日		住址	太平路黨公巷三十號
	宣誓地點			保甲番號	2 區 鄉鎮 10 保 甲 戶
兵役	起役	民前國 年 月 日		住址異動登記	街路 巷里 號
	除役	民國 年 月 日			區 鄉鎮 保 甲 戶
義務勞動	工作地點	日期			街路 巷里 號
		自至 年 月 日 起止			區 鄉鎮 保 甲 戶
		自至 年 月 日 起止			
		自至 年 月 日 起止		附記	

吴兆奇（1921—2008），男，江苏吴县人。早年在苏州读书直至高中毕业。1940年9月入南京中央大学经济系学习。毕业后，历任苏州职业中学教员，苏州裕民信记公司会计员等职。1946年在南京电信局会计科任会计。为解决职工福利问题，参加电信局工会并担任常务监事，领导职工积极开展经济斗争。1948年3月，由李铮介绍加入中国共产党，担任中共电信局总支委员。领导组织创办《京电会刊》、举办文艺座谈会、开展文体活动等各项工会活动，团结和教育电信局员工。1948年下半年时局日益紧张，按照中共组织指示，领导团结电信局职工开展经济斗争，后被国民党宪兵司令部两次传讯，始终坚持说理斗争，拒不泄密。南京解放初期，协助市军管会接管南京电信局工作。1950年至1965年，历任南京电信局工会副主席，市工会劳保部科长，市工人文化宫副主任、主任、支部书记，南京油脂化工厂党委办公室主任等职。1981年调任南京市工人文化宫主任。1985年离休。2008年在南京逝世。

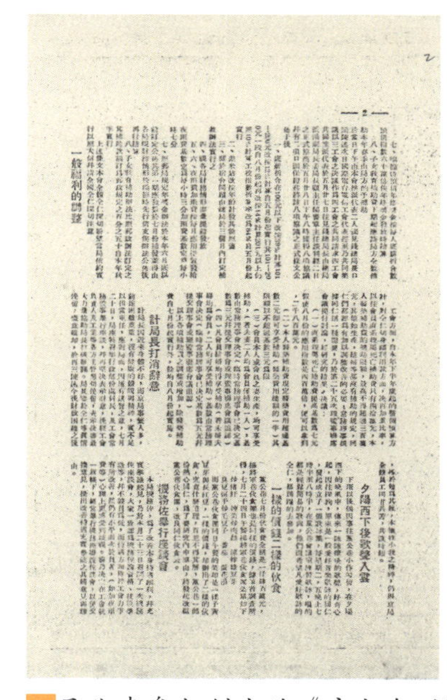

吴兆奇参与创办的《京电会刊》第1卷第3期

协助查档单位及人员：

南京市总工会　胡敏

南京市工人文化宫　吕彩虹、朱力玮

0460　48-37

户主姓名	許舜廷

姓名	謝增鴻		教育程度	中學
别號		性别 男	職業 業别	報务員
年齡 歲數	叁拾		職業 服務處所	交通部南京電信局
年齡 出生日期	民前國六年十月廿八日		特徵	
屬籍 本籍	江蘇吴縣		與户主關係	房客
屬籍 寄籍			家屬人數	
居住本市年月	卅五年五月		身份證	字210259號

指名 手别	左	右
大		

（上粘貼相片）

注意 一 無相片者須在表内註明兩手各指箕斗 二 箕用△代表斗用〇代表

年　月　日登記

公民資格 宣誓時期	民國　年　月　日	住址	太平路[illegible]公[illegible]巷里[illegible]號
公民資格 宣誓地點		保甲番號	2區　鄉鎮　10保　甲　户
兵役 起役	民前國　年　月　日	住址異動登記	街路　巷里　號
兵役 除役	民國　年　月　日		區　鄉鎮　保　甲　户
義務勞動 工作地點	日期		街路　巷里　號
	自至　年　月　日　起止		區　鄉鎮　保　甲　户
	自至　年　月　日　起止		
	自至　年　月　日　起止	附記	DH：10-1-163

谢增鸿（1917—1996），男，江苏吴县人。早年在苏州、黎川等地求学谋生。1938年至1945年，先后在浙赣铁路玉山报房、鹰潭报房，广西电政管理局桂林报房、宜山电信局报房，贵阳电信局报房等地担任报务员、译电员。1946年，在南京电信局担任译电员。工作期间，参加工会组织的文艺座谈会、文娱表演等各项进步活动。1948年被推选为电信局工会代表，领导职工积极开展经济斗争。1949年3月，由吴乃敏介绍加入中国共产党。南京解放前夕，引导组织职工开展护局斗争，保护通信机器设备等物资。南京解放后，历任南京电讯局消费合作社业务员、主任，市合作总社副科长，市手工业联社副主任，市工业局副科长。1972年起，先后任市工艺美术公司党委副书记，市二轻局副局长、党委副书记。1985年离休。1996年在南京逝世。

1953年，新街口消费合作社欢送理事主任谢增鸿（二排左九）合影（谢莺　提供）

协助查档单位及人员：

中共南京市委组织部干部档案室

南京市档案馆　金善

南京新工投资集团有限责任公司　杨芳

DH-10-11-51373

2829	3780	戶主姓名	徐張氏

姓名	徐淑美		教育程度		中學	指別 手	左	右
別號		性別 女	職業	業別	學生			
年齡	歲數	二十一歲		服務處所	國立一臨中			
	出生日期	民前國15年10月11日	特徵					
屬籍	本籍	本市	與戶主關係		女			
	寄籍		家屬人數		七人	指		
居住本市年月		十年 月	身份證		1字76433號	（上粘貼相片）		

注意

一 無相片者須在表內註明兩手各指箕斗

二 箕用△代表斗用○代表

年 月 日登記

公民資格	宣誓時期	民國 年 月 日		住址	漢府 街/路	巷/里 20號
	宣誓地點			保甲番號	1區 鄉/鎮 30保 甲 戶	
兵役	起役	民前國 年 月 日		住址異動登記	街/路	巷/里 號
	除役	民國 年 月 日			區 鄉/鎮 保 甲 戶	
義務勞動	工作地點	日期			街/路	巷/里 號
		自/至 年 月 日 起/止			區 鄉/鎮 保 甲 戶	
		自/至 年 月 日 起/止				
		自/至 年 月 日 起/止		附記		

徐淑美（1925—2016），女，江苏南京人。早年在南京游府西街小学、钟英中学、汇文女中等校学习。1943年考入国立师范学校（后更名为国立第一临时中学）。在校期间思想进步，开始接触中共地下党员，接受共产主义思想的教育。1944年4月，由陶钟介绍加入中国共产党。入党后，宣传教育同学，培养发展党员。抗战胜利后，为了配合新四军进城，秘密散发《新四军告南京人民书》传单；面对国民党对收复区学生的歧视和侮辱，积极参加中学生反甄审斗争，说服同学罢考，集体抵制甄审。1946年毕业后，先后在常州乡村小学，南京大中桥小学、六〇兵工厂子弟小学任教，以教师身份为掩护从事党的地下斗争。1947年，按照中共组织指示，参加南京小学教师协进会，开展文体活动，争取进步教师。南京解放后，先后在鼓楼幼稚园、朱雀路小学、颜料坊小学等校任教。1951年起，历任三区（现秦淮区）教育科科长，秦淮区宣传部副部长，南京四中、七中教师等职。1956年至1960年，入南京工学院夜大学学习。毕业后历任中华路、瑞金路街道办事处副主任，朝阳中学党支部书记等职。1982年9月担任南京市幼儿师范学校党支部书记。1983年离休。2016年在南京逝世。

1994年，徐淑美（左）与陈观英合影

协助查档单位及人员：

南京市教育局　王京、邹燕

DH-2011-51425

2829	37-444	户主姓名	趙騏

姓名	徐淑華		教育程度	中學
别號		性别 女	職業 業别	學
年齡 歲數	二五		服務處所	南京市三條巷小學校
出生日期	民國六年八月二日		特徵	
屬籍 本籍	江蘇吳縣		與户主關係	教員
寄籍			家屬人數	1
本市居住年月	三五年二月		身份證	6字108號

指名 手別	左	右

注意
一 無相片者須在表內註明兩手各指箕斗
二 箕用△代表斗用○代表

35年5月30日登記

公民資格	宣誓時期	民國　年　月　日	住址	二條街路巷里 181號
	宣誓地點		保甲番號	6區鄉鎮 4保 5甲 8户
兵役	起役	民前國　年　月　日	住址異動登記	街路　巷里　號
	除役	民國　年　月　日		區　鄉鎮　保　甲　户
義務勞動	工作地點	日期		街路　巷里　號
		自至　年　月　日　起止		區　鄉鎮　保　甲　户
		自至　年　月　日　起止		
		自至　年　月　日　起止	附記	

徐漱华（1922—2021），女，曾用名徐瀚、尤琪，江苏吴县人。1938年在上海培明中学读书时，加入中共上海地下党领导的抗日救亡团体上海市学生协会。1939年9月转入泉漳中学。1940年3月，由丁筱农介绍加入中国共产党。1942年2月，由党组织决定由沪来宁从事地下党的建点工作。在宁期间，先后考入金陵女子文理学院实验科、中央大学实验学校，继续以学生身份为掩护从事地下斗争。1944年毕业后，先后在三条巷小学、鼓楼小学等校任教，负责几个学校的联络工作。抗战胜利后，面对国民党对收复区学生的歧视和侮辱，发动同学参加反甄审斗争。1947年，组织关系从学委调转至小教系统。1948年2月任中共南京市委小教工作委员会分委委员。同年秋，领导开展全市小学教师总罢教斗争。年底，按照中共组织安排，离宁撤退至解放区。1949年1月，入华中党校学习并任副小组长。南京解放前夕，被编入中国人民解放军第二野战军金陵支队第七大队，后随人民解放军南下，参加对南京的接管工作。1949年5月起，先后任中共南京市委组织部干部处干事、科长、副处长，市委交通部干部处副处长。1957年，调至西北工业大学，历任教师科科长、总务部副主任、六系副政委、校工厂总支书记等职。1979年11月起，调任南京市教育卫生办公室、市委教育卫生部干部处处长。1982年离休。2021年在南京逝世。

1961年，徐漱华（前排中间）与西北工业大学同学合影（薛钢　提供）

协助查档单位及人员：

南京市教育局　王京、邹燕

DH:106-55702

0864	00-30	4	户主姓名	許徵

姓名	許京安		教育程度	高中毕业	指名 手别	左	右	注意
别號		性别 男	職業 業别	学				二箕用△代表斗用○代表 一無相片者須在表內註明兩手各指箕斗
年齡 歲數	十八		職業 服務處所					
年齡 出生日期	民國18年5月15日		特徵					
屬籍 本籍	浙江瑞安		與户主關係	祖孫				
屬籍 寄籍			家屬人數					
居住本市年月	卅五年八月		身份證	6字71525號	（上粘貼相片）			

三十五年十月二日登記

公民資格	宣誓時期	民國　年　月　日	住址	寧海路街 桂林里 八號
公民資格	宣誓地點		保甲番號	區　鄉鎮　廿三保二二甲　户
兵役	起役	前民國　年　月　日		
兵役	除役	民國　年　月　日	住址異動登記	區　街路　巷里　號
義務勞動	工作地點	日　期	住址異動登記	區　鄉鎮　保　甲　户
義務勞動		自至　年　月　日　起止	住址異動登記	街路　巷里　號
義務勞動		自至　年　月　日　起止	住址異動登記	區　鄉鎮　保　甲　户
義務勞動		自至　年　月　日　起止	附記	

许京安（1929—2022），男，曾用名谢易，浙江瑞安人。早年在瑞安小学、瑞安中学读书。1947年入南京建国法商学院（简称建院）法律系学习。大学期间，追求进步，参加民主运动。1948年2月，由李辅仁介绍加入中国共产党。入党后，先后担任建院党支部委员、励进会总干事，并被中共组织指定为建院的学生代表参加南京学生联合会，负责交换情报，筹划部署工作。1948年11月，国民党特务机构进行大逮捕，按照中共组织的指示，撤退至苏北解放区，并在华中党校学习担任小组长。南京解放前夕，被编入中国人民解放军第二野战军金陵支队第七大队任小队长。后随人民解放军南下，参加对南京的接管工作。1951年起，历任南京第十一区（现建邺区）宣传科副科长，市委农委办公室副主任，市政府农林处秘书室副主任等职。1956年调任江苏省委办公厅机要秘书。1966年调任南京市鼓楼区委副书记。1975年起，历任中共南京市委办公室副主任、市委副秘书长等职。1980年6月担任江苏省政府副秘书长兼办公厅主任。1994年离休。2022年在南京逝世。

1951年，许京安（右一）与同事在第十一区区委门口合影

协助查档单位及人员：

中共江苏省委党史工作办公室　蔡琦

0864 60-31 6

D1.10-1-77652

户主姓名	許徽

姓名	許恩瀫	教育程度	大学
别號		性别 女	職業 業别	学
年齡 歲數	41	職業 服務處所	
年齡 出生日期	民前國12年二月八日	特徵	
屬籍 本籍	浙江瑞安	與户主關係	父女
屬籍 寄籍		家屬人數	
居市住年本月	卅五年九月	身份證	6字715號

（上粘貼相片）

注意 二箕用△代表斗用〇代表……箕斗

三十五年十月二日登記

公民資格 宣誓時期	民國 年 月 日	住址	寧海街路 鼓樓新華里 八號
公民資格 宣誓地點		保甲番號	區 鄉鎮 廿三保二二甲 户
兵役 起役	民前國 年 月 日	住址異動登記	街路 巷里 號
兵役 除役	民國 年 月 日		區 鄉鎮 保 甲 户
義務勞動 工作地點	日期		街路 巷里 號
	自至 年 月 日 起止		區 鄉鎮 保 甲 户
	自至 年 月 日 起止		
	自至 年 月 日 起止	附記	

许荏华（1926—2020），女，曾用名许思灏、许明焕，浙江瑞安人。早年在南京逸仙桥小学，重庆复旦中学、南开中学等校学习。1945年入中央大学艺术系读书，同年9月参加中共领导的秘密外围组织新民主主义青年社，担任领导小组成员。抗战胜利后随校迁至南京。在宁期间，先后参加抗议美军暴行运动、五二〇运动、中大争取自治运动等学生爱国运动。1947年6月，由翁礼巽介绍加入中国共产党。先后担任中央大学女生支部委员、书记，中央大学总支委员，金陵女子文理学院党组联系人。1948年底奉命撤退至解放区，在中共豫皖苏分局雪枫报社任见习编辑。南京解放前夕，被编入中国人民解放军第二野战军金陵支队第七大队，担任支队部干部，后随人民解放军南下，参加对南京的接管工作。1949年5月起，历任中共南京市委政策研究室研究员，市委办公厅第一办公室副主任，市委纪委、监委办公室主任，江苏省民族宗教事务局办公室副主任，南京市一轻局美术设计室主任、支部副书记等职。1980年以后，在中共南京市委党史资料征集编研委员会领导下，参与筹建市委党史办公室，并担任征委会委员、党史办副主任。1984年离休。2020年在南京逝世。

2007年，当年新青社小组成员再聚一堂。左起：许荏华、陈秀云、胡润如、唐树艺、乔象钟（许荏华　提供）

协助查档单位：

中共南京市委组织部干部档案室

DH:10-7-30004

4474 60-71 6

户主姓名	吴有训

姓名	薛國頗		教育程度	大學
別號		性別 男	職業 業別	學生
年齡 歲數	23		服務處所	
出生日期	民前國12年4月 日		黨籍	
屬籍 本籍	四川隆昌		特徵	
			與户主關係	師生
寄籍			家屬人數	
本市居住年月	年 月		身份證	字1569號

指别/指名	左	右
指		

（上粘貼相片）

注意

一 無相片者須在表內証明兩手各指箕斗

二 箕用△代表斗用〇代表

年 月 日登記

公民資格	宣誓時期	民國 年 月 日	住址	四川樂山 街路 巷里 一 號
	宣誓地點		保甲番號	一 區 鄉鎮 九 保 甲 户
兵役	起役	民前國 年 月 日	住址異動登記	街路 巷里 號
	除役	民國 年 月 日		區 鄉鎮 保 甲 户
義務勞動	工作地點	日 期		街路 巷里 號
		自至 年 月 日 起止		區 鄉鎮 保 甲 户
		自至 年 月 日 起止		
		自至 年 月 日 起止	附記	

薛国愿（1923—1998），男，曾用名廖志陶，四川隆昌人。1944年在重庆入中央大学中文系学习。1946年随校迁至南京。1947年6月参加中共领导的秘密外围组织新民主主义青年社。1947年7月，由徐潄华介绍加入中国共产党。大学时期，不满国民党的黑暗统治，追求光明和进步，先后参加了抗议美军暴行运动、五二〇运动等爱国学生运动。1948年10月遭国民党反动政府逮捕判刑。在狱中立场坚定，拒不泄密，和敌人进行不屈的斗争，1949年2月获释。之后随即加入人民解放军苏浙皖边区宜（兴）、溧（阳）、长（兴）、广（德）、郎（溪）游击队，为配合解放军渡江做出贡献。南京解放后，历任中共南京市委组织部干事，南京大学附属工农速成中学教导主任、副校长，南京第一工农速成中学副校长等职。1957年起，历任西北工业大学五系党总支书记、校长办公室主任，西北工大附中革委会主任，中共南京市委党校教研室副主任等职。1980年担任中共南京市委党史办公室副主任。1986年离休。1998年在南京逝世。

1982年，全国青运史资料征集座谈会合影。三排左十薛国愿（薛钢　提供）

协助查档单位及人员：

中共南京市委组织部干部档案室

南京市档案馆　金善

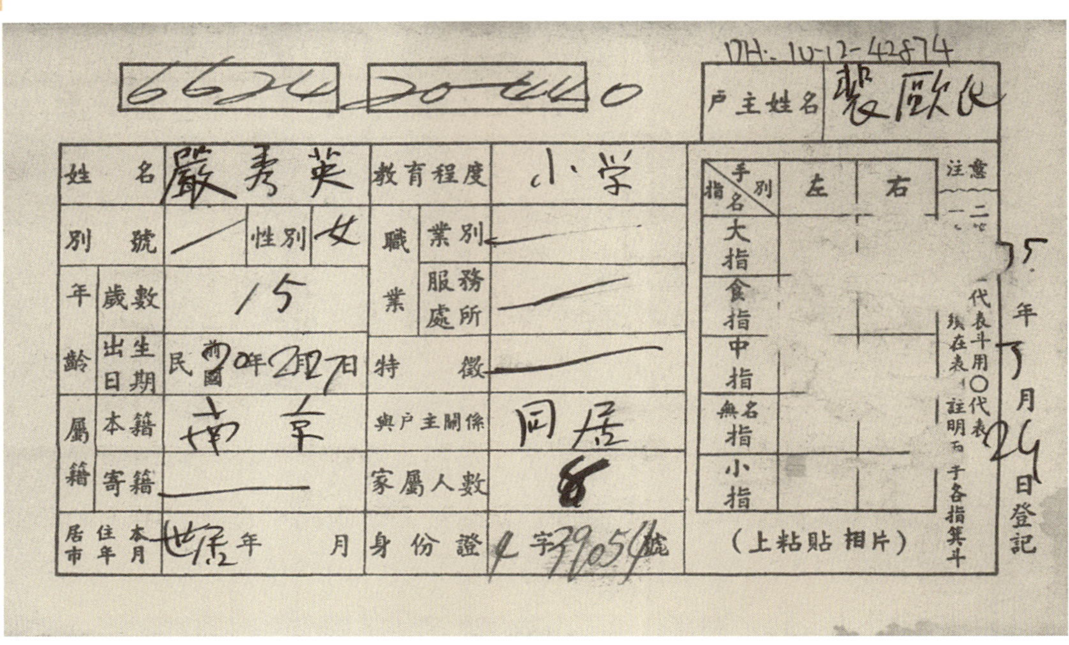

6624 20-4460

IDH-10-12-42874

户主姓名	裴歐氏

姓名	嚴秀英		教育程度		小学
别號	—	性别 女	職業	業别	—
年齡 歲數	15			服務處所	—
出生日期	民前國20年2月27日		特徵		—
屬籍 本籍	南京		與户主關係		同居
寄籍	—		家屬人數		8
居住本市年月	世居 年 月		身份證		[illegible]字79054號

指名＼手别	左	右
大指		
食指		
中指		
無名指		
小指		

（上粘貼相片）

注意 一、二、[illegible]代表斗用〇代表箕在表[illegible]註明[illegible]手各指箕斗

35年7月24日登記

公民資格	宣誓時期	民國 年 月 日	住址	小船板巷街路 里 2號
	宣誓地點		保甲番號	4區 鄉鎮 32保 15甲 27户
兵役	起役	民前國 年 月 日	住址異動登記	街路 巷里 號
	除役	民國 年 月 日		區 鄉鎮 保 甲 户
義務勞動	工作地點	日期		街路 巷里 號
		自至 年 月 日 起止		區 鄉鎮 保 甲 户
		自至 年 月 日 起止		
		自至 年 月 日 起止	附記	

严秀英（1932—2022），女，曾用名严雯，江苏南京人。早年在南京荷花塘小学读书，后因家境贫困而被迫辍学。1944年在南京汪伪首都被服厂做童工。其间，饱受厂方欺辱和压迫。抗战胜利后，被服厂被国民党接收并更名为首都被服实验厂。1948年1月，在厂内参加由中共地下党员领导成立的“姊妹会”。因年龄最小，聪慧活泼，被大家亲切地称为“小盐豆”，并受到地下党员的特别关心和教育。入会后，积极参加学习座谈会和为工人争取福利的斗争。1948年3月，由许桂珍介绍加入中国共产党。入党后，主要从事宣传教育工作，如驳斥国民党反动派的造谣等。南京解放前夕，按照党组织指示，参与号召工人拒绝撤离并争取遣散费的斗争，同时采取拆除和破坏机器设备的办法，禁止敌人搬运。1949年4月起，历任中国人民解放军三五〇三厂工人、统计员，南京汽车仪表厂副书记，白下区委工业部干事，南京人民帽厂副主任，南京服装三厂厂长，市二轻局供销经理部地方产品工业门市部支部书记等职。1984年2月担任南京市二轻工业供销公司工会副主席。1988年离休。2022年在南京逝世。

1948年，“姊妹会”成员合影。四排左九为严秀英（刘卫　提供）

协助查档单位及人员：

南京新工投资集团有限责任公司　杨芳

南京轻纺产业（集团）有限公司　周志强、李宁、周颖

DH:10-5-80982

4692	5A-30	户主姓名	楊王氏

姓名	楊振宇		教育程度	識
別號		性別 男	職業 業別	日僑管理處
年齡 歲數	貳拾捌歲		服務處所	下関集中營
出生日期	民前國 年十二月拾日		特徵	
屬籍 本籍	南京		與户主關係	户主之子
寄籍			家屬人數	九人
居住本市年月	年 月		身份證	4字13018號

（上粘貼相片）

三十五年五月二十日登記

公民資格	宣誓時期	民國 年 月 日	住址	磨福 街巷路里 5 號
	宣誓地點		保甲番號	4區 鄉鎮 12保10甲8户
兵役	起役	民前國 年 月 日	住址異動登記	街路 巷里 號
	除役	民國 年 月 日		區 鄉鎮 保 甲 户
義務勞動	工作地點	日期		街路 巷里 號
		自至 年 月 日 起止		區 鄉鎮 保 甲 户
		自至 年 月 日 起止		
		自至 年 月 日 起止	附記	

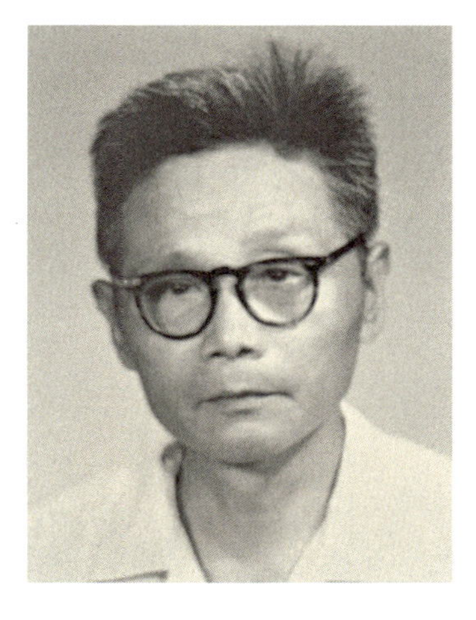

杨华（1921—1995），男，曾用名杨振宇、杨振华，江苏南京人。早年在南京砂珠巷小学、市立第一中学等校学习。1940年考入南京中央大学学习。因经济拮据，学习之余在小学兼职教员，后因待遇太低，无力支持学业，被迫辍学谋生。1943年开始接触基督教青年会活动，结识进步青年，接受中共地下党员的教育。后加入学生互助会，阅读学习进步书刊。1944年7月，由陈健介绍加入中国共产党。入党后，按照中共组织的指示，同年9月打入汪伪青年模范团及其外围团体干字运动实践会并担任教员。1945年11月在南京市日侨集中营管理所任管理员，负责布置环境，检查日侨带回物资。1948年至1949年，担任中共南京市委小教工作委员会书记、小教党委副书记，参与领导全市小学教师总罢教并取得胜利。南京解放后，配合市军管会部署开展对全市小学的接管等重要工作。后历任青年团南京市工委职教部部长，青年团三区（现秦淮区）工委书记，市人事局副科长，市编委办公室副主任，市有线广播电台副台长等职。1974年9月担任南京第四十七中学副校长兼党支部书记。1983年离休。1995年在南京逝世。

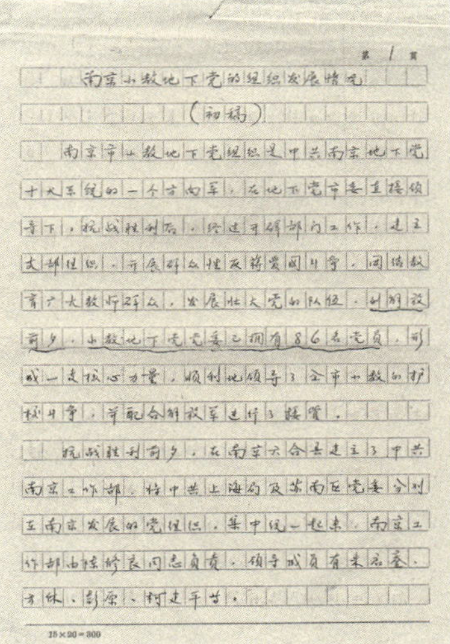

第 1 页

南京小教地下党的组织发展情况

（初稿）

南京市小教地下党组织是中共南京地下党十大系统的一个方面军，在地下党市委直接领导下，抗战胜利后，经过了解部门工作，建立大部组织，开展群众性反蒋爱国斗争，团结教育广大教师群众，发展壮大党的队伍。到解放前夕，小教地下党党委已拥有86名党员，形成一支核心力量，顺利地领导了全市小教的护校斗争，并配合解放军进行了接管。

抗战胜利前夕，在南京六合县建立了中共南京工作部，将中共上海局及苏南区党委分别在南京发展的党组织，集中统一起来。南京工作部由陈修良同志负责，领导成员有朱启銮、方休、彭原、[illegible]等。

15×20=300

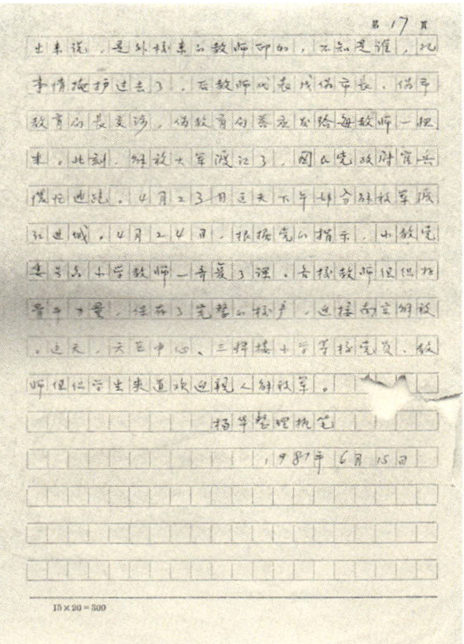

第 17 页

出来说，是外校来的教师印的，不知是谁，把事情掩护过去了。在教师代表找伪市长、伪市教育局长交涉，伪教育局答应发给每教师一担米。此刻，解放大军渡江了，国民党政府官兵慌忙逃跑。4月23日这天下午部分解放军渡江进城。4月24日，根据党的指示，小教党委号召小学教师一齐复了课，各校教师组织护校力量，保存了完整的校产，迎接南京解放。这天，大区中心、三牌楼小学等校党员、教师组织学生夹道欢迎亲人解放军。

杨华整理执笔

1981年6月15日

15×20=300

1981年，杨华写给南京市委党史办的文章《南京小教地下党的组织发展情况（初稿）》手稿（部分）

协助查档单位及人员：

南京市玄武中等专业学校　万媛

2410-10-39748

4692	45-10。	户主姓名	朱金波

姓名	楊坤一		教育程度		中学
別號		性別 女	職業	業別	教育
年齡	歲數	廿七		服務處所	石鼓路41号
	出生日期	民國九年三月十七日	特徵		
屬籍	本籍	南京	與户主關係		妻
	寄籍		家屬人數		五
居住本市年月		廿七年 月	身份證		字10812號

（上粘貼相片）

注意

一、無相片者須在表內註明兩手各指箕斗

二、箕用△代表斗用○代表

年 月 日登記

公民資格	宣誓時期	民國35年3月30日	住址	南台街路 巷里112二號
	宣誓地點		保甲番號	五區 鄉鎮18保21甲 户
兵役	起役	前民國 年 月 日		
	除役	民國 年 月 日	住址異動登記	街路 巷里 號
義務勞動	工作地點	日期		區 鄉鎮 保 甲 户
		自至 年 月 日 起止		街路 巷里 號
		自至 年 月 日 起止		區 鄉鎮 保 甲 户
		自至 年 月 日 起止	附記	

杨坤一（1920—2005），女，曾用名杨慕贤，江苏南京人。1940年入南京私立育群中学读书，结识了当时受中共江苏省委派遣，从上海到南京来开辟党的工作的邻居朱启銮。朱启銮为其辅导英语，讲授革命理论。1942年，经中共组织批准，与朱启銮结婚。自1944年6月中共南京工作委员会成立后，一边在私立培育学校教书作为公开职业，一边掩护朱启銮从事党的地下工作。1947年4月，由朱启銮介绍加入中国共产党。入党后，继续掩护和协助市委机关工作，为机关保存进步书籍、杂志，协助处理秘密文件等，同时照顾其他地下党员的生活。南京解放后，历任南京邮政子弟学校教员、支部委员，市人委办公厅政策研究室组长等。1952年，入南京师范学院调干学习并领导团支部工作。1956年毕业后调至江苏省高教局人事处工作。1958年起，先后任南京市九中教师、语文教研组组长兼政治组组长，江苏省青年越剧团支部副书记，南京延安剧场支部书记等职。1978年担任中国共产党代表团梅园新村纪念馆副馆长。1983年离休。2005年在北京逝世。

1993年10月，杨坤一（左五）及女儿朱小蔓（左三）在南京无线电工业学校参加朱启銮塑像落成仪式（朱小蔓　提供）

协助查档单位及人员：

南京市文化和旅游局　叶海霞

中国共产党代表团梅园新村纪念馆　林建英

DH:10-5-77176

4692　　02-57　　4

戶主姓名	吳有訓

姓名	楊训恺		教育程度	大學 
別號		性別 男	職業 業別	學生
年齡 歲數	23		職業 服務處所	
年齡 出生日期	民國前 13 年 1 月 日		特徵	
籍屬 本籍	廣東		與戶主關係	師生
籍屬 寄籍	南京		家屬人數	
本市居住年月	年 月		身份證	字 14504 號

（上粘貼相片）

注意 一 … 二 … 異用△代表斗用○代表 … 異斗

年 月 日登記

公名資格	宣誓時期	民國 年 月 日	住址	四牌樓 街路 巷里 一 號
	宣誓地點		保甲番號	一 區 鄉鎮 九 保 甲 戶
兵役	起役	民國前 年 月 日	住址異動登記	街路 巷里 號
	除役	民國 年 月 日		區 鄉鎮 保 甲 戶
義務勞動	工作地點	日期		街路 巷里 號
		自至 年 月 日 起止		區 鄉鎮 保 甲 戶
		自至 年 月 日 起止		
		自至 年 月 日 起止	附記	

杨训焕（1924—2018），男，曾用名杨子彬，广东潮安人。早年在汕头第一中学、梅州中学等校学习至高中毕业。其间，于1938年加入青年抗敌后援会，从事抗日宣传工作。1943年在中山大学师院数学专修科读书。因日军侵入湘桂，逃难至重庆。后在中央大学借读。1946年4月，加入由中共中央南方局青年组领导的中国学生导报社。同年10月随校迁至南京。在校期间，因从事学生运动被迫停学半年。1949年1月，由尹懋本介绍加入中国共产党。入党后，在中央大学师范学院发展进步团体新知社，扩大进步力量。南京解放后，响应党的号召，报名参加中国人民解放军西南服务团。经过两个多月的集训整编，于1949年7月随队伍踏上进军云南的征途，其间任班长、分队长、宣传队长等。1950年3月到达云南后，历任中共云南玉溪地委秘书、政策研究室干事、地委农村群众运动检查组组长。1951年，调至云南日报社工作，历任采访通讯处处长、总编辑室副主任、编委会委员、《春城晚报》副总编等职。1982年调至昆明工学院（现昆明理工大学），历任党委常委、党委办公室主任、党委副书记。1986年退居二线后，担任《当代中国》丛书云南卷副主编。1988年离休。2018年在深圳逝世。

西南服务团云南支队从南京出发，在下关上轮渡去浦口

协助查档单位及人员：

昆明理工大学　陈云

4692　30-126　12/10-5 71226

户主姓名	楊為誠

姓名	楊之水	性别	男	年齡	27	出生	民國前十一年一月廿日
本籍	南京	寄籍		婚姻狀况		特徵	

教育程度				職業		公職候選人資格	指紋符號	注意
(一)	(二)	(三)	(四)	行業	教育	類别	小指	一、無相片者須在表内註明
高中畢業				職位	主任	證書字號		二、箕用△代表斗用○代表兩手指紋
				服務處所	高華學校			

保甲番號				住址名稱	登記日期			户籍登記	役歷
區	保	甲	户		年	月	日	事由	役别
五	四	十三	一	走馬巷14号				日期　年　月　日	日期　年　月　日

家屬									
稱謂									
姓名									

國民身份證	填發機關	
	填發日期	年　月　日
	號碼	5字197088號
備註		

杨之水（1927—1991），男，曾用名杨为霞、杨国荣，原籍江苏南京，生于上海。早年在上海广福小学、养正小学，南京钟英中学等校学习。1941年至1945年，先后在南京金陵兵工厂做机械工，在华中铁道南京车长区任京沪、京芜等线列车长。1946年起，在南郊小学、育华小学等校担任教导主任及校长等职。任教期间，开始接触中共地下党员和进步教师，传阅革命理论书刊，接受共产主义思想教育。1946年7月，由吴树山介绍加入中国共产党。入党后，组织和参加南京小学教师协进会，担任下设联络总站站长；参与领导新生小学抗议美军暴行斗争和争取活命贷金的全市小学教师总罢教斗争。1949年1月，小教党委成立后，担任私校总负责人。南京解放后，历任浦口、栖霞区委宣传部副部长，《南京日报》报社农业组副组长。1960年，入中国人民大学新闻专修科学习。1962年毕业后，历任南京市人委办公厅副组长，南京冷气机械厂党总支副书记，市经委、市委工交部办公室主任等职。1982年10月起，担任南京市地方志办公室副主任、主任，市地方志编纂委员会副主任，中国地方志城市志指导组成员、副编审。其主编的《南京简志》在全国第一轮新修志书中率先出版。该书是新中国成立后第一部新编城市志，并于1993年获全国新编地方志优秀成果三等奖。1991年在南京逝世。

《南京简志》书影

协助查档单位及人员：

南京市档案馆　金善

南京市地方志办公室　李琳琳

24-10-7-27825

4241	41—444		户主姓名	章凤林

姓名	姚比梓	教育程度	大学	指 手别 名	左	右
别号	性别 男	職業 業别	新闻			
年齡 歲數	30	職業 服務處所	国民公报			
年齡 出生日期	民前國 6年1月20日	黨籍	国民党			
屬籍 本籍	江苏铜山	特徵				
屬籍 寄籍		與户主關係	表兄弟			
		家屬人數	六人			
居住本市年月	36年3月	身份證	2字105026號	(上粘貼相片)		

注意 一、二箕用△代表斗用○代表 無相片者須在表内註明兩手各指箕斗

年 月 日登記

公民資格	宣誓時期	民國 年 月 日	住址	太平街路 科巷里 五十之二號
公民資格	宣誓地點		保甲番號	二區 鄉鎮 保 甲 户
兵役	起役	民前國 年 月 日		
兵役	除役	民國 年 月 日	住址異動登記	街路 巷里 號 區 鄉鎮 保 甲 户
義務勞動	工作地點	日期	住址異動登記	
義務勞動		自至 年 月 日 起止	住址異動登記	街路 巷里 號 區 鄉鎮 保 甲 户
義務勞動		自至 年 月 日 起止		
義務勞動		自至 年 月 日 起止	附記	

姚北桦（1923—2002），男，曾用名姚家骏、姚桦，江苏徐州人。早年在铜山、徐州等地学习。全民族抗日战争爆发后，随即投笔从戎，参加中共领导的抗日宣传文艺团体抗敌演剧第四队，从事抗日救亡工作。1945年在重庆担任《国民公报》《西南日报》编辑、特派记者。1948年4月，在宁应邀参加《中国日报》复刊工作。1948年10月，由杨琦、宋锡仁介绍加入中国共产党。入党后，因遭到国民党特务监视，按照中共组织指示暂避下蜀乡间。是年底，调回南京担任新成立的中共南京市委文化工作委员会新闻分委委员、《中国日报》编辑部主任，负责领导、巩固发展《中国日报》《益世报》《建设日报》《和平日报》等报馆内的党组织，团结南京新闻界进步人士开展斗争、迎接解放。南京解放后，参加《新华日报》的创建，先后任编委、编辑部主任、秘书长等职。1956年至1957年，在中央高级党校新闻三班学习毕业。1969年起，先后任南京师范学院中文系资料室资料员、学报编辑部主任等职，创办并主编《文教资料简报》。1981年，调入江苏省社会科学院，担任《群众论丛》编辑部负责人、省社科联理事会副秘书长、《江海学刊》主编等职。1985年离休。2002年在南京逝世。

1998年，姚北桦（左）和好友合影（姚北桦　提供）

协助查档单位及人员：

江苏省社会科学院　徐春兰、汪烨

4241　20-74　4

DH.10-7-27683

戶主姓名	姚培金

姓名	姚高謀			教育程度		大學
別號	謀孫	性別	男	職業	業別	軍界
年齡	歲數	二十二歲			服務處所	軍政部
	出生日期	民國十三年二月七日		特徵		
屬籍	本籍	安徽桐城		與戶主關係		子
	寄籍	南京市		家屬人數		九人
本市居住年月		二十二年二月		身份證		3字50260號

手指別　右　左

（上粘貼相片）

注意　一 無相片者須在表內註明　二 箕用△代表斗用○代表兩手各指箕斗

卅五年四月四日登記

公民資格	宣誓時期	民國卅五年三月廿七日			住址	街路 萬[illegible]里 43 巷 號
	宣誓地點	夫子廟首都大戲院			保甲番號	3區 鄉鎮 19保 16甲 3戶
兵役	起役	民前國　年　月　日			住址異動登記	街路　巷里　號
	除役	民國　年　月　日				區　鄉鎮　保　甲　戶
義務勞動	工作地點	日期				街路　巷里　號
		自至　年　月　日　起止				區　鄉鎮　保　甲　戶
		自至　年　月　日　起止			附記	
		自至　年　月　日　起止				

姚禹谟（1925—1997），男，原籍安徽桐城，生于江苏南京。早年在南京崇淑小学、市立第一中学、模范中学等校学习。1940年9月考入南京中央大学理工学院土木工程系。1941年，参加中共领导的秘密外围组织青年救国社，利用合法形式，开展抗日爱国的学生运动。1942年春参与创办进步月刊《学生》。1943年春参与领导中大学生驱逐反动校长樊仲云的倒樊斗争。是年底，和厉恩虞、王嘉谟等一起领导、参加了声势浩大的清毒运动。抗战胜利前夕，参加中共领导的南京各界抗敌内援会，负责保管党内秘密书刊。8月，参与组织有关新四军进入南京接受日军投降的宣传、调查等准备工作。1946年4月，由王嘉谟加入中国共产党。同年7月根据党组织指示，以报考绘图员的身份，打入美军顾问团空军部，收集情报并担任顾问团中共地下党支部书记。1948年3月起，任中共南京市委公务员工作委员会委员，继续从事地下革命斗争。南京解放后，历任南京市军管会公用事业部副部长，市建设局公用处处长，市城建局副局长、局党组成员，市建设委员会总工程师、党组成员等职。参与组织建设渡江胜利纪念碑、雨花路立交桥等一批重点工程。1984年开始筹划南京地铁工程各项准备工作。1990年离休。1997年在南京逝世。

1995年，姚禹谟（二排右一）和家人合影（姚禹谟　提供）

DH:10-7-55706

4490	14-273	戶主姓名	鄧季愷

姓名	葉劲冬		教育程度	大学	
別號		性別 男	職業	業別	
年齡	歲數	25歲		服務處所	新民报
	出生日期	民前國 11年4月15日	特徵		
屬籍	本籍	福建	與戶主關係		僱用
	寄籍	南京	家屬人數		
居住本市年月		4 年 一 月	身份證		1字72467號

（上粘貼相片）

注意 一 …… 二 箕用△代表斗用○代表 …… 各指箕斗

年 月 日登記

公民資格	宣誓時期	民國 年 月 日	住址	中山東街路 巷里 52 號
	宣誓地點		保甲番號	1 區 21 鄉鎮 保 甲 戶
兵役	起役	民前國 年 月 日		
	除役	民國 年 月 日	住址異動登記	街路 巷里 號
義務勞動	工作地點	日 期		區 鄉鎮 保 甲 戶
		自至 年 月 日 起止		街路 巷里 號
		自至 年 月 日 起止		區 鄉鎮 保 甲 戶
		自至 年 月 日 起止	附記	

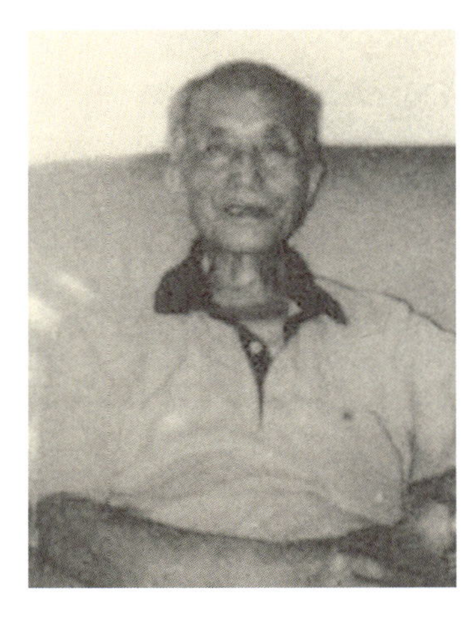

叶再生（1925—2004），曾用名叶劲冬、李明华，原籍福建闽侯，生于上海。早年在泉漳中学读书时，深受校内进步师生的影响和教育，阅读进步书刊，参加抗日救亡宣传活动。1941年，由徐少航介绍加入中国共产党。1943年8月，受中共上海学委派遣，考入南京汪伪中央青年干部学校第一期高级训练班。1944年3月结业后，分配至中国青年模范团文化组工作，不久任组织组组长。利用合法身份，建议发起组织南京市工商青年联谊会并任总干事，通过形式多样的活动吸收青年工人、职工、店员参加，培养发展一批积极分子，不少会员由此走上革命道路。1945年9月，任南京市失业青年大同盟主席，领导举行了要求解决失业问题的游行请愿，并创办《生路》周刊。1946年起，担任南京《新民报》编辑、记者，党内先后任中共南京市委城内工人区委委员、工人工作委员会委员。1947年三四月间，被市委派往徐州，布置开展对国民党装甲兵部队的策反工作。1948年5月至7月，在香港参加中共上海局秘密举办的干部训练班，为迎接全国解放、接管城市做准备工作。新中国成立后，历任中国青年出版社办公室主任，全国青年联合会工商青年部副部长，第二机械工业部十二局设计院副院长、政治部宣传部副部长。1977年调任科学出版社，先后任副总编辑、总编辑。1984年7月调任中国出版发行科学研究所编审。1993年离休。2004年在北京逝世。

南京市工商青年联谊会首次公演《日出》的演员合影

DH:10-9-15286

4301	12099	户主姓名	蒋锡康

姓名	尤瑞麟	教育程度	初中
别号	性别 男	职业 业别	商
年龄 岁数	24	服务处所	金都百货公司
出生日期	民前国10年9月21日	特征	
属籍 本籍	江苏无锡	与户主关系	东伙
寄籍	南京	家属人数	3
居住本市年月	2年6月	身份证	3字2454号

手指别名 左 右 指

(上粘贴相片)

注意 一、箕用△代表斗用○代表 二、无相片者须在表内注明两手各指箕斗

35年3月22日登记

公民资格	宣誓时期	民国 年 月 日	住址	贡院街路永安商场巷里 6 号
	宣誓地点		保甲番号	3区 乡镇 9保 4甲 6户
兵役	起役	民前国 年 月 日	住址异动登记	街路 巷里 号
	除役	民国 年 月 日		区 乡镇 保 甲 户
义务劳动	工作	日期		街路 巷里 号
		自至 年 月 日 起止		区 乡镇 保 甲 户
		自至 年 月 日 起止	附记	
		自至 年 月 日 起止		

尤于天，1921年生，男，曾用名尤瑞麟，江苏无锡人。早年在无锡、上海、南京等地学习、谋生。1942年起，先后在南京中央商场金城百货公司、永安商场金都百货公司做店员。1947年参加组织永安商场职工互励会筹委会。1948年7月，由陈惠标介绍加入中国共产党。入党后，参与创建南京市百货业职工组织，提议命名为百联互励会，并担任成立大会的主席团成员。在互励会中，组织开展各种进步文娱活动团结教育职工。同年10月，按照中共组织的指示，打入国民党的勘乱建国义务大队，掌握敌人动向，以掩护和保存党组织的力量。1949年初，在中共南京市委店员工作委员会的领导下，打入南区义务警察队伍，积极争取和团结广大职工，开展反搬迁的护场护店斗争。南京解放后，历任南京市百货业工会副主席，店员工会干事，市总工会二区（现秦淮区）工作委员会副科长、党支部书记等职。1956年起，先后担任市总工会财务部副部长、部长，南京战斗机械厂工会主席，市总工会生产部副部长等职。1980年在南京市总工会任财贸工会主席。1983年离休。

1984年，部分中共地下党老同志参加党史座谈会后合影。一排左起：杨才能、朱启銮、陆少华、陈修良，二排左三起：陈良、刘峰、夏云林、吴文熙，后排左三柯西平、左五单洪元、左六尤于天、左九刘有余

协助查档单位及人员：

南京市总工会　胡敏、刘璐

DH:1072-88109

8050	30-44	4

戶主姓名	鄺鏡湖

姓名	余宗蓮			教育程度		中學
別號		性別	女	職業	業別	學生
年齡	歲數	十七歲			服務處所	育群中學
	出生日期	民前國18年6月2日		特徵		
屬籍	本籍	本籍		與戶主關係		親戚
	寄籍			家屬人數		
居市住年月		35年9月		身份證		4字82799號

手指別 / 指名	左	右
大指		
食指		
中指		
無名指		
小指		

（上粘貼相片）

注意：二箕用△代表斗用○代表指箕斗

卅五年九月廿三日登記

公民資格	宣誓時期	民國　年　月　日		住址	長樂街路　牽牛巷里　十八號
	宣誓地點			保甲番號	四區　鄉鎮　十九保十四甲十戶
兵役	起役	民前國　年　月　日		住址異動登記	街路　巷里　號
	除役	民國　年　月　日			區　鄉鎮　保　甲　戶
義務勞動	工作地點	日期			街路　巷里　號
		自至　年　月　日　起止			區　鄉鎮　保　甲　戶
		自至　年　月　日　起止			
		自至　年　月　日　起止		附記	

余宗莲（1930—2021），女，原籍浙江遂安，生于江苏南京。早年在南京、重庆、遂安等地学习。1946年至1950年，先后在南京育群中学、市立一女中、市立三女中等校读书直至高中毕业。1947年3月加入中共领导的秘密外围组织新民主主义青年社。1948年5月，由丁玉虹介绍加入中国共产党。在中共南京市委学生工作委员会女中分委的领导下，担任三女中学生工作负责人，组织参加五二〇运动周年纪念活动、助学运动等进步活动。1948年11月，因国民党“八一九”大逮捕，按照党组织指示，撤退至遂安老家暂时隐蔽。1949年2月重返三女中，继续从事建党建团的组织发展工作，组织参加应变会，开展护校斗争，并筹建三女中第一届学生自治会。南京解放后，历任中共南京市委组织部干事兼机关青年团总支书记，市财经贸易党委、金融贸易党委宣传部干事，市委宣传部讲师团理论教员，市护士学校教导处副主任等职。1963年起，在南京一女中任政治教员、政治教研组组长等职。1980年调任南京市文教干部学校理论教员。1985年离休。2021年在南京逝世。

1947年，余宗莲（后排右一）和市立一女中高二同学合影（余宗莲　提供）

协助查档单位及人员：

南京市教育科学研究所　余庆

DH:10-5-10189

1123	26-82	户主姓名	張樹森

姓名	張德鎧		教育程度	初中	注意
别號		性别 男	職業 業别	讀書	一、无指纹者用△代表手用〇代表 二、無相片者須在表內註明兩手各指箕斗
年齡 歲數	14		服務處所		
出生日期	民國22年6月11日		特徵		
屬籍 本籍	南京		與户主關係	五子	
寄籍			家屬人數	4	
居住本市年月	4 年 月		身份證	4字1512號	（上粘貼相片）

35年7月25日登記

公民資格	宣誓時期	民國 年 月 日	住址	集慶 街路 巷里 130 號
	宣誓地點		保甲番號	4 區 26 鄉鎮 保 3 甲 22 户
兵役	起役	民前國 年 月 日	住址異動登記	街路 巷里 號
	除役	民國 年 月 日		區 鄉鎮 保 甲 户
義務勞動	工作地點	日 期		街路 巷里 號
		自至 年 月 日 起止		區 鄉鎮 保 甲 户
		自至 年 月 日 起止		
		自至 年 月 日 起止	附記	

张德鎧（1931—2014），男，江苏南京人。早年在南京荷花塘小学、市立第一职业中学等校学习。1945年入南京国立第二临时中学（后更名为市立第五中学）读书。在校期间，加入“启明”读书会、南京基督教青年会及“求真”团契。通过阅读优秀文学作品和革命理论书籍，组织开展文娱活动，结识了进步同学和中共地下党员。1947年6月，由张远（张德锟）介绍加入中国共产党。入党后，领导参加五中的助学运动，通过义卖窗花等方式筹集助学金；宣传并参加在中央大学举行的五二〇运动周年纪念晚会等。南京解放后，先后在曾公祠小学、绣花巷小学、府西街小学、二条巷小学担任教师、校长、支部副书记等职。1956年起，历任白下区人委文教科副科长，区委宣传部干事，区人委办公室副主任，区政府卫生科副科长，区城市管理办公室主任等职。1987年5月担任白下区人大专职常委兼教科文卫委主任。1993年离休。2014年在南京逝世。

20世纪80年代，小教系统部分地下党员合影。右二林幼丽、右三张德鎧、右七姚复康（姚建平　提供）

协助查档单位及人员：

中共南京市秦淮区委组织部　杜洪源

中共南京市秦淮区委党史工作办公室　姜利平

DH二〇二-〇一-86535

1123	86-770	戶主姓名	張冠儒

姓名	張錦屏			教育程度		高中
別號		性別	女	職業	業別	學
年齡	歲數	17			服務處所	中華女中
	出生日期	民前國17年11月2日		特徵		
屬籍	本籍	山東濟南		與戶主關係		女
	寄籍	南京		家屬人數		7
居住本市年月		35年1月		身份證		6字3655號

手指別	左	右

（上粘貼相片）

注意

箕斗

35年4月2日登記

公民資格	宣誓時期	民國　年　月　日			住址	鼓樓街路二條巷里12-1號
	宣誓地點				保甲番號	6區　鄉鎮　4保4甲5戶
兵役	起役	民前國　年　月　日				
	除役	民國　年　月　日			住址異動登記	街路　巷里　號
義務勞動	工作地點	日期				區　鄉鎮　保　甲　戶
		自至　年　月　日　起止				街路　巷里　號
		自至　年　月　日　起止				區　鄉鎮　保　甲　戶
		自至　年　月　日　起止			附記	

张锦屏（1929—2014），女，曾用名张锦平、张金玉、李健，原籍山东淄川，生于江苏南京。早年在南京、南昌、重庆、贵阳等地求学。1946年就读于南京中华女中。1947年7月，由沙轶因介绍加入中国共产党。同年入金陵大学中文系学习（后转历史系）。为掩护身份，按照中共组织指示，由沙轶因单线联系。1947年五二〇运动后，担任中共南京市委学生工作委员会女中分委委员。主要负责联系指导市立一女中、市立二女中、明德女中、市立师范学校等部分中学的党组织，在校内领导开展读书会、出墙报、时事座谈会等活动，团结教育进步学生；参与领导南京中学生开展助学运动、减免费斗争；组织学生代表慰问四一惨案受伤同学，并宣讲事实真相。南京解放前夕，组织中学生开展反搬迁的护校斗争。解放后，历任青年团南京市工委学生部干事，团市委办公室研究员，上海华东团校干事、班主任、研究员等职。1956年起，调任《吉林市日报》（现《江城日报》前身）工业组副组长、总编办副主任，吉林市人民广播电台社教部主任等职。1980年调任中共南京市委宣传部新闻文艺处副处长。1983年担任南京人民广播电台副台长。1985年离休。2014年在南京逝世。

张锦屏（右）拜访解放战争时期南京市委副书记刘峰（胡立峰　提供）

协助查档单位及人员：

中共南京市委组织部干部档案室

南京广播电视集团　余承璞

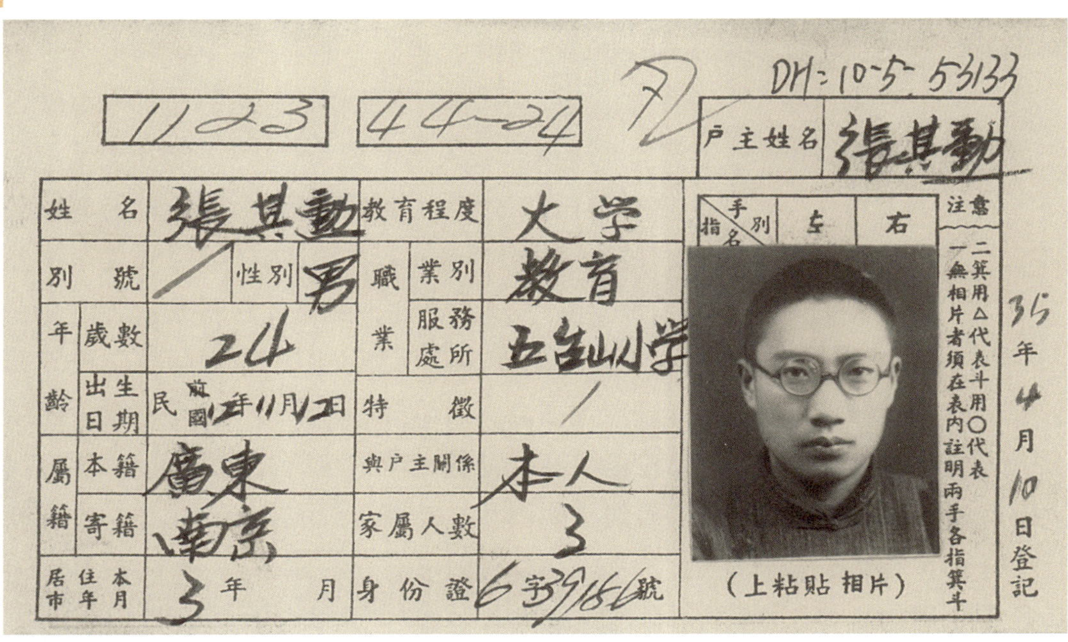

1123	44-24	户主姓名	張其勳

DH:10-5-53133

姓名		張其勳	教育程度		大学
别號		/ 性别 男	職業	業别	教育
年齡	歲數	24		服務處所	五台山小学
	出生日期	民前國12年11月12日	特徵		/
屬籍	本籍	廣東	與户主關係		本人
	寄籍	南京	家屬人數		3
居住本市年月		3年　月	身份證		6字39186號

手别 指名	左	右

(上粘貼相片)

注意
一 無相片者須在表內註明兩手各指箕斗
二 箕用△代表斗用○代表

35年4月10日登記

公民資格	宣誓時期	民國　年　月　日	住址	金銀街路　巷里 11 號
	宣誓地點		保甲番號	6 區　鄉鎮 25 保 12 甲 14 户
兵役	起役	民前國　年　月　日	住址異動登記	街路　巷里　號
	除役	民國　年　月　日		區　鄉鎮　保　甲　户
義務勞動	工作地點	日　期		街路　巷里　號
		自至　年　月　日　起止		區　鄉鎮　保　甲　户
		自至　年　月　日　起止		
		自至　年　月　日　起止	附記	

张其勋（1924—1999），男，曾用名张伟庭、张铁民，广东江门人。早年在青岛江苏路小学、市立中学读书至高中毕业。1943年9月，入南京中央大学农学院农艺系学习。在校期间追求真理，与中共地下党员紧密接触，阅读进步书刊，主动接受思想教育和政治启蒙。1945年2月，由史正鑑介绍加入中国共产党。12月，担任中共南京市工委小教党支部书记。1946年10月，经党组织决定打入国民党“三青团”，积极开展策反工作，完成党所交办的任务。1947年，参与组织成立南京小学教师协进会，并负责会刊《生活通讯》的编印发行。为改进教学，办好教师福利，提高教师待遇做了大量工作。1948年1月至1949年4月，先后担任中共南京市委小教工作委员会委员、小教党委委员。其间，参与领导新生小学抗议美军暴行斗争，全市小学教师总罢教斗争并取得胜利。南京解放后，历任中共南京市委小教分党委驻琅琊路小学等大区学校支书、校长，市委农委生产科科长，市农业专科学校党委委员、支部书记，市农业科学研究所支部书记、副所长，市农林局林业科科长、副局长、党组成员等职。1983年5月担任金陵职业大学（现金陵科技学院）党委副书记。1985年离休。1999年在南京逝世。

1984年，张其勋在金陵职业大学留影（张大洪　提供）

协助查档单位及人员：

中共南京市委组织部干部档案室

南京市档案馆　金善

DH:10-5-57056

11 2 3	40-40	户主姓名	徐继庄

姓名	張士雄		教育程度	大學畢業	手指别	左	右	注意
别號		性别 男	職業 業别	郵政匯業局				一 無相片者須在表内註明
年齡 歲數	卅二		服務處所	郵匯局会计处				二 箕用△代表斗用○代表兩手各指箕斗
出生日期	民前國 4年8月15日		特徵					
屬籍 本籍	浙江杭州		與户主關係					
寄籍			家屬人數					
本市居住年月	35年9月		身份證	字10782號	（上粘貼相片）			

年 月 日登記

公民資格	宣誓時期	民國　年　月　日	住址	街路 横大路 巷里 1 號
	宣誓地點		保甲番號	區 5區 鄉鎮 26保 甲 4户
兵役	起役	民前國　年　月　日		
	除役	民國　年　月　日	住址異動登記	街路　巷里　號
義務勞動	工作地點	日期		區　鄉鎮　保　甲　户
		自至　年　月　日　起止		街路　巷里　號
		自至　年　月　日　起止		區　鄉鎮　保　甲　户
		自至　年　月　日　起止	附記	

张士雄（1917—2003），男，浙江杭州人。1937年11月，在上海持志大学读书时，加入中共上海地下党领导的抗日救亡团体上海学生界救亡协会，担任通讯联络员。1938年10月，由马绍述、周一峰介绍加入中国共产党。1938年至1941年，在上海复旦大学学习，党内任中共支部书记。1946年进入南京邮政储金汇业局（简称邮汇局）工作。先后担任邮汇局同仁福利会、非邮班人员同仁联谊会、同仁消费合作社等组织的理事，领导开展群众斗争，为员工谋取福利，改善生活待遇，团结教育群众。1948年11月，受组织安排从金融系统调出，改任新成立的中共南京市委店员工作委员会负责人之一，领导广大店员开展反搬迁斗争。南京解放后，历任南京市军管会物资清理处科长，筹建并担任南京棉织厂、南京水泥厂第一任厂长，市副食品局副科长，市烟酒公司科长，市食品工业公司副经理等职。1981年6月任南京市政协第六届委员会副秘书长。1983年离休。2003年在南京逝世。

1959年，张士雄写给南京市委党史办的文章《中共南京地下党党史篇段》手稿（部分）

协助查档单位及人员：

中共南京市委组织部干部档案室

南京市档案馆　金善

D4:6-6-92777

1123 10-65 D

户主姓名	張聖漠

姓名	張一誠	教育程度	大学
別號	性別 女	職業 業別	本校
年齡 歲數	22	職業 服務處所	金陵大学
年齡 出生日期	民前國 年11月25日	特徵	無
屬籍 本籍	江蘇鄧县	與户主關係	父女
屬籍 寄籍	南京市	家屬人數	6人
本市居住年月	32年7月	身份證	3 字 689 號

(上粘貼相片)

注意

一 無相片者須在表內註明兩手各指箕斗

二 箕用△代表斗用○代表

年 月 日登記

公民資格	宣誓時期	民國 年 月 日	住址	蔦王府 街路 巷里 54 號
公民資格	宣誓地點		保甲番號	3 區 鄉鎮 19 保 11 甲 4 户
兵役	起役	民前國 年 月 日	住址異動登記	街路 巷里 號
兵役	除役	民國 年 月 日	住址異動登記	區 鄉鎮 保 甲 户
義務勞動	工作地點	日 期	住址異動登記	街路 巷里 號
義務勞動		自至 年 月 日 起止	住址異動登記	區 鄉鎮 保 甲 户
義務勞動		自至 年 月 日 起止	附記	
義務勞動		自至 年 月 日 起止	附記	

张一诚（1924—2010），女，曾用名陈英，江苏邳县人。早年在南京、扬州、上海等地求学。1941年至1943年，先后就读于南京金陵女子文理学院附属中学、中央大学附属中学。1942年3月，由姜秀英介绍加入中国共产党。1943年9月考入南京中央大学农学院园艺系。抗战胜利后，面对国民党对收复区学生的歧视，领导同学开展反甄审斗争。1946年转入金陵大学农学院，担任中共金大支部委员，继续从事党的地下工作。先后领导参加抗议美军暴行运动、五二〇运动、助学运动和包围国民党青年部、营救被捕学生斗争等。1948年底，按照中共组织指示，撤退至苏北解放区，并在华中党校学习。南京解放前夕，被编入中国人民解放军第二野战军金陵支队第七大队任副组长，后随人民解放军南下，参加对南京的接管工作。1949年5月起，历任青年团南京市委组织部科长、副部长、党委委员，南京农学院组织部部长、党委办公室主任、党委委员等职。1957年调吉林化学工业公司，历任染料厂宣传部部长、党委办公室调研员、《吉化工人报》副总编等职。1982年9月调任南京晓庄师范学校（现南京晓庄学院）党总支书记。1984年离休。2010年在南京逝世。

20世纪80年代，部分中共地下党员合影。一排左一张一诚、左二林幼丽，二排左一杨华、左二曹昭云、左四鲁平、左六张一锋、左七尚渊如（姚建平　提供）

协助查档单位及人员：

南京晓庄学院　宋冬冬、李根

21.10-10-88188

1123	10-44	戶主姓名	

姓名	張玉英	性別	女	年齡	22	出生	民國前15年9月20日
本籍	安徽巢縣	寄籍	南京	婚姻狀況	未	特徵	

教育程度				職業		義務勞動			指紋符號			注意
(一)	(二)	(三)	(四)	行業	學生	工作地點			手指	右手	左手	一、無相片者須在表內註明
	大學			職位		日期	自年月日起	至年月日止	大指			二、箕用△代表斗用○代表
				服務處所			自年月日起	至年月日止	食指			
									中指			
									環指			
									小指			

保甲番號 區	保	甲	戶	住址名稱	登記日期 年	月	日	戶籍登記 事由	日期年月日	役歷 役別	日期年月日
1	9			中央大學	37	12	7				

家屬	
稱謂	校長
姓名	周鴻經

國民身份證	
填發機關	
填發日期	37年12月7日
號碼	京一字310144號
備註	

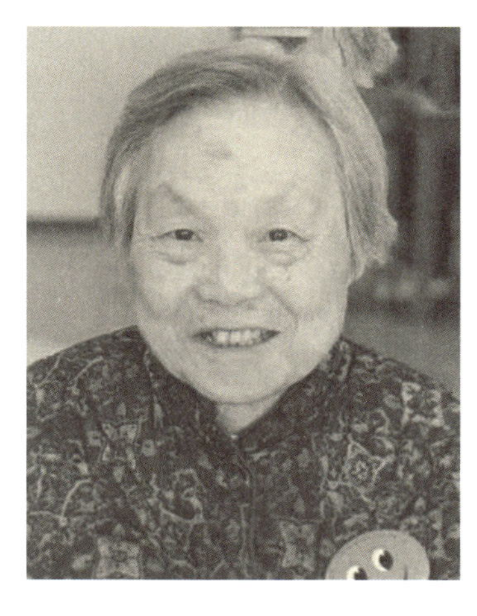

张玉英（1927—2022），女，安徽巢县人。早年在安徽巢县新城小学、湖南乾城国立八中、四川白沙大学先修班等校学习。1946年在南京入中央大学读书。大学期间，追求进步，先后参加五二〇运动，五二〇运动周年纪念及包围国民党青年部、营救被捕学生斗争等。1948年7月，参加中央大学基督教青年会，参与组织团契、读书会等进步活动；之后又加入中共领导的秘密外围组织新民主主义青年社。1949年2月，由钮式如介绍加入中国共产党。入党后，在党组织领导下，利用文艺、宗教、读书会等合法形式，在同学中开展工作，组织同学参加应变护校斗争，为迎接解放做好准备。南京解放后，历任中共南京市白下区委宣传部、工业部干事，盱眙龙山中学教师，南京大同被单厂厂长，南京工农兵染织厂干部等职。1980年调任南京纺织工业公司副科长。1983年离休。2022年在南京逝世。

20世纪70年代，张玉英（二排左四）参加盱眙龙山公社妇联大会合影（祖瑜　提供）

协助查档单位及人员：

南京新工投资集团有限责任公司　杨芳

南京轻纺产业（集团）有限公司　周志强、李宁、周颖

DH: 10-4-92171

4980　53-17,

户主姓名	李潞田

姓名	趙拔群			教育程度		
别號		性别	男	職業	業别	
年齡	歲數	十五			服務處所	
	出生日期	民前國　年三月六日		特徵		
屬籍	本籍	南京		與户主關係	親戚	
	寄籍			家屬人數		
居住本市年月		年　月		身份證	5字 74 5105706號	

手别 指名	左	右

（上粘貼相片）

注意
一 無相片者須在表内註明兩手各指箕斗
二 箕用△代表斗用○代表

年　月　日登記

公民資格	宣誓時期	民國　年　月　日	住址	漢中路　街巷　里 110 號
	宣誓地點		保甲番號	5 區　鄉鎮 27 保 5 甲 17 户
兵役	起役	民前國　年　月　日		
	除役	民國　年　月　日	住址異動登記	街路　巷里　號
義務勞動	工作地點	日期		區　鄉鎮　保　甲　户
		自至　年　月　日起止		街路　巷里　號
		自至　年　月　日起止		區　鄉鎮　保　甲　户
		自至　年　月　日起止	附記	

赵志（1931—2023），男，曾用名赵拔群，江苏南京人。早年在在南京中央大学实验学校、市立第五中学（简称五中）等校学习。在校期间思想进步，追求真理，开始接触进步书刊。在中共地下党员的教育和启发下，先后参加班级进步读书会六人社，参与宣传抗议美军暴行运动等进步活动。1947年7月，由王少华介绍加入中国共产党。入党后，在中共南京市委学生工作委员会男中分委的领导下，组织参加助学运动并任联络员；参与成立“白云”团契，开展写作、歌咏等文娱活动，团结教育进步同学等。1948年暑假后，开始负责五中党支部工作。同年12月，因国民党特务机构进行大逮捕，按照党组织指示，和哥哥赵拔奇等人在交通员的引导下，穿越国民党反动派的封锁线，到达解放军皖西军区四分区南京联络部，入皖西干部学校学习。1949年2月任中国人民解放军第二野战军三兵团司令部训练科见习参谋。南京解放后，历任南京市政府行政处总务科出纳、会计组长，南京棉毛纺织厂成本会计、筹建处主管会计，南京丝织厂生产技术课第一会课长等职。1980年7月起，先后任南京丝织厂教育副科长、科长。1991年离休。2023年在南京逝世。

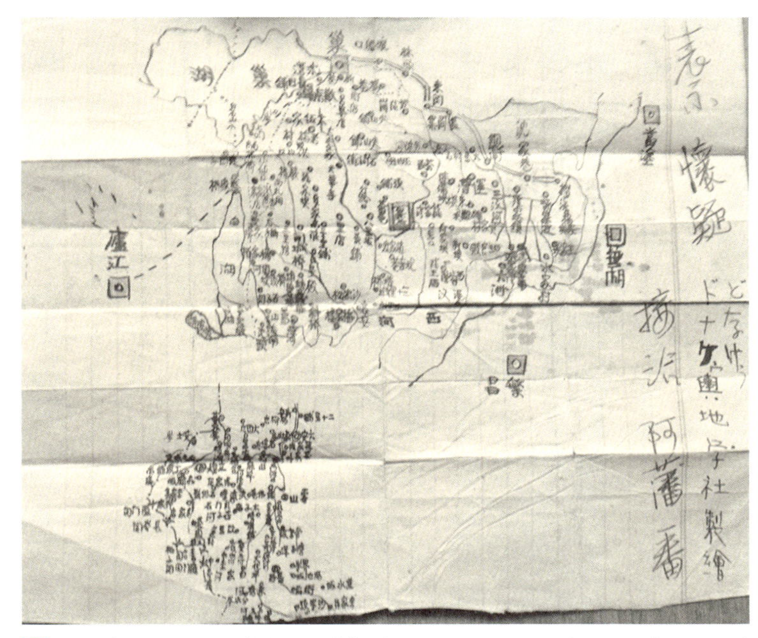

1948年12月，赵志撤退到解放军皖西军区四分区时自己绘制的行军路线（赵志　提供）

D4-10-9-92401

4040　28-08

戶主姓名　支從敦

姓名	支從敦			教育程度		大学
別號		性別	男	職業	業別	職員
年齡	歲數	39			服務處所	中國銀行
	出生日期	民前國　年　月　日		特徵		
屬籍	本籍	江蘇淮安		與戶主關係		本人
	寄籍	南京		家屬人數		
居住本市年月		35年9月		身份證		5字115178號

手指名　別	左	右
大指		
食指		
中指		
無名指		
小指		

（上粘貼相片）

注意：一、無相片者須在表內注明白手各指箕斗　二、箕用△代表斗用○代表

年　月　日登記

公民資格	宣誓時期	民國　年　月　日	住址	建鄴路　街　巷　里　168號
	宣誓地點		保甲番號	5區　鄉鎮　15保　29甲　戶
兵役	起役	民前國　年　月　日	住址異動登記	街路　巷里　號
	除役	民國　年　月　日		區　鄉鎮　保　甲　戶
義務勞動	工作地點	日期		街路　巷里　號
		自至　年　月　日　起止		區　鄉鎮　保　甲　戶
		自至　年　月　日　起止		
		自至　年　月　日　起止	附記	

支从敦（1916—2006），男，曾用名陈若飞、支笃生，江苏淮安人。早年在淮安实验小学、淮安中学等校学习。1936年至1946年，先后在扬州、桂林、柳州、南京中国银行做练习生、助理员、文书员等职。1946年7月加入中国经济事业协进会南京分会。之后以银行办事员职业为掩护，从事革命工作。不久加入南京市银行业同仁联谊社（简称银社）。1947年支持五二〇运动，曾写信慰问鼓励中大学生。1948年8月，参加改选后的银社干事会，组织银行员工开展健康有益的活动，担任银行职员喜爱的刊物《银讯》编辑。1948年10月，由耿一民、庞佑宗介绍加入中国共产党。南京解放前夕，在中共南京市委银钱业工作委员会领导下，带领群众，全力以赴，投入反搬迁、护行迎解放的斗争中。南京解放后，先后在中国银行南京分行、中国人民建设银行南京支行工作。1957年起，先后任市财政局秘书室主任，市计划委员会综合处副处长。1969年起，调任淮安县宣传队指导员，县财政局副局长。1979年3月任南京市建筑材料工业局财务科科长。1984年离休。2006年在南京逝世。

第十四期 ·18·

從儲户的思想情况談到做好儲蓄工作的關鍵

支從敦

1952年，支从敦在《中国金融》期刊上发表的文章

协助查档单位及人员：

南京新工投资集团有限责任公司　杨芳

南京化建产业（集团）有限公司　薛莉娟

2590	55-77		DH:10-5-90463
		户主姓名	吳宥訓

姓名	朱井熙		教育程度	大學	（上粘貼相片）	注意 一、箕用△代表斗用○代表 二、無相片者須在表內証明兩手各指箕斗
別號		性別 男	職業 業別	學生		
年齡 歲數	21		職業 服務處所			
年齡 出生日期	民國前15年4月4日		特徵			
屬籍 本籍	江蘇泰縣		與户主關係	師生		
屬籍 寄籍	南京		家屬人數			
居住本市年月	年 月		身份證	/字1444479號		

年 月 日登記

公名資格	宣誓時期	民國 年 月 日	住址	四牌樓街路 巷里 號
公名資格	宣誓地點		保甲番號	一區 鄉鎮 九保 甲 户
兵役	起役	民國前 年 月 日	住址異動登記	街路 巷里 號
兵役	除役	民國 年 月 日		區 鄉鎮 保 甲 户
義務勞動	工作地點	日期		街路 巷里 號
義務勞動		自至 年 月 日 起止		區 鄉鎮 保 甲 户
義務勞動		自至 年 月 日 起止	附記	
義務勞動		自至 年 月 日 起止		

朱井熙（1926—2017），男，曾用名朱养易、季司，江苏泰兴人。早年在泰兴、杭州等地求学直至高中毕业。1944年入南京中央大学经济系学习。在校期间思想进步，追求真理，接受中共地下党员何明的教育和影响，并被指派参加干字运动实践会，逐步与地下党员建立深厚友谊。1945年7月，由史继陶介绍加入中国共产党。抗战胜利后，入南京临时大学补习班读书，担任临时大学党支部委员，领导组织同学开展要求承认学籍、反对甄审的斗争。1946年重新考入中央大学经济系，继续从事学生运动。先后领导参加抗议美军暴行运动，五二〇运动以及包围国民党青年部、营救被捕同学等斗争。1949年春，在中共南京市委学生工作委员会大专分委的领导下，负责联系音乐学院、国立药学专科学校、东方语文专科学校党支部，发展党组织，领导参加地下斗争。南京解放后，先后在中共南京市委学区党委大专分党委、市委组织部学校支部科、支部工作处任干事。1956年起，调至市委宣传部工作，历任专职理论教员、政治经济学教研室副主任、学习室副主任、农村工作处副处长、宣传处副处长等职。1978年3月调至金陵图书馆工作。1985年离休。2017年逝世。

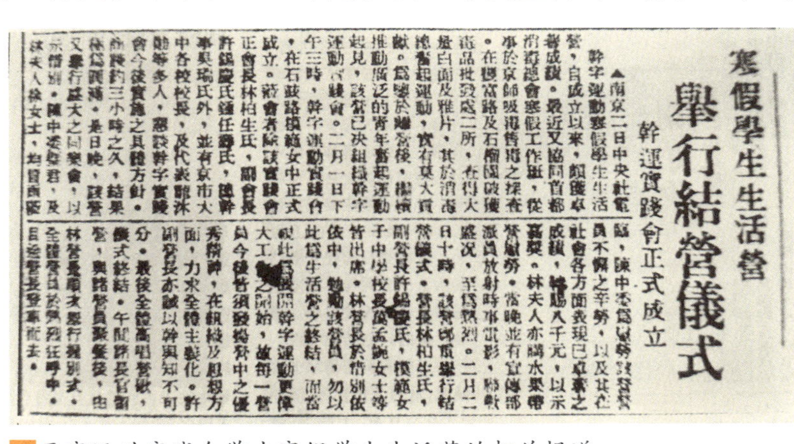

寒假學生生活營

舉行結營儀式

幹運實踐會正式成立

[illegible]

干字运动实践会举办寒假学生生活营的相关报道

协助查档单位及人员：

金陵图书馆　顾敏、徐昊丰

4421　17-16。

D1-1-10-13-39615

戶主姓名	李乾一

姓名	莊珮琳		教育程度	大學
別號		性別 女	職業 業別	教育
年齡 歲數	廿六		職業 服務處所	私立伯純中學
年齡 出生日期	民國十年十月九日		特徵	
籍屬 本籍	無錫		與戶主關係	教員
籍屬 寄籍			家屬人數	
居住本市年月	四年七月		身份證	4字2181號

指紋 手別	左	右

（上粘貼相片）

注意
一 箕用△代表斗用○代表
二 無相片者須在表內註明兩手各指箕斗

年　月　日登記

公民資格 宣誓時期	民國　年　月　日	住址	箍桶街巷一號
公民資格 宣誓地點		保甲番號	四區　鄉鎮　八保十二甲　戶
兵役 起役	民國前　年　月　日	住址異動登記	街路　巷里　號
兵役 除役	民國　年　月　日	住址異動登記	區　鄉鎮　保　甲　戶
義務勞動 工作地點	日期	住址異動登記	街路　巷里　號
義務勞動	自至　年　月　日起止	住址異動登記	區　鄉鎮　保　甲　戶
義務勞動	自至　年　月　日起止	附記	
義務勞動	自至　年　月　日起止		

庄佩琳（1920—2006），女，曾用名庄珮琳、庄珍珮，江苏江阴人。早年在江阴、无锡、杭州等地学习生活。1938年入上海培明女中读书。1939年2月，加入中共上海地下党领导的抗日救亡团体上海市学生协会，担任《学生》刊物发行工作，推销预订《西行漫记》，开始参加革命工作。1939年4月，由费瑛介绍加入中国共产党。1942年入南京中央大学教育系学习，发起成立进步社团民社。同年秋，打入汪伪南京市长周学昌主办的东亚联盟总会南京分会所属的学生互助会，开展抗日活动。1945年中大毕业后，在南京私立伯纯中学任教员。1947年受中共组织安排，到上海任法声新闻社副编辑。1948年在上海晓光中学当教员，党内任京沪线交通员。同年12月，因安全迅速完成宁沪交通工作，受到中共上海市委的口头奖励。1949年3月调至南京，在中共南京市委学习译电工作直到解放。南京解放后，历任中共南京市委常委办事处机要员，二女中教导主任，汇文女中校长，五女中副校长，教师进修学院教务长，一女中（曾更名为东方红中学）校长等职。1979年起，担任东方红中学（现中华中学）副校长、党支部书记。1983年离休。2006年在南京逝世。

庄佩琳（右三）、林幼丽（右二）和中央大学女同学在一起（姚建平　提供）

协助查档单位及人员：

南京市教育局　王京、邹燕

DH:10-9-5942

1.0　40-25　4

户主姓名	左星伯

姓名	左士伟			教育程度	锺英中学
别号		性别	男	职业 业别	学生
年龄 岁数	19			服务处所	
出生日期	民国18年5月5日			特徵	
属籍 本籍	镇江			与户主关係	子
寄籍				家属人数	9
本市居住年月	29年9月			身份證	京5字38335號

指纹 手别	左	右	注意

年　月　日登記

公民资格	宣誓時期	民國　年　月　日	住址	平安 街路 巷里 49 號
	宣誓地點		保甲番號	5 區 鄉鎮 9 保 8 甲 11 戶
兵役	起役	民前國　年　月　日	住址異動登記	街路　巷里　號
	除役	民國　年　月　日		區　鄉鎮　保　甲　戶
義務勞動	工作地點	日　期		街路　巷里　號
		自至　年　月　日 起止		區　鄉鎮　保　甲　戶
		自至　年　月　日 起止		
		自至　年　月　日 起止	附記	

左士杰（1928—2022），男，原籍江苏镇江，生于江都。早年在南京就读小学、中学。全民族抗日战争爆发后，曾在家乡担任新四军建立的儿童团副团长。1941年入南京钟英中学读书。在校期间加入进步文艺团体“洪流”剧团，出版小型手抄刊物《洪流》，印发新四军宣传品。1945年10月，由黄翔鹏介绍加入中国共产党。先后担任钟英中学党支部（抗战胜利后南京首个中学党支部）宣传委员、学生自治会主席。1946年秋入上海暨南大学经济系学习，担任南京迁沪学生党支部书记。1947年参加声援五二〇运动的进步活动，因身份暴露，被校方勒令退学。1948年秋考入中央大学教育系。12月秘密担任中共南京市委学生工作委员会中学分委委员，先后负责联系部分中学党组织，协助地下党员撤退至解放区，组织开展应变护校斗争等工作。1949年4月1日，参加游行时被国民党反动分子殴打，成为著名的四一惨案重伤者之一。南京解放后，历任中共南京市委学校区党委干事，市委组织部干事，市交通局办公室副主任、科长，市委交通工作部办公室副主任，市委工业工作部副处长、办公室主任等职。1965年起，在南京玻璃厂等企业工作，历任南京五金工具工业公司经理，南京钟厂革委会副主任，南京自行车总厂厂长、党委副书记。1980年7月起任中国科学院南京天文仪器厂第一副厂长、厂长，1986年9月任正局级巡视员。1988年离休。2022年在南京逝世。

和钟英中学的老同学在一起。左起：柯西平、左士杰、程极明

协助查档单位及人员：

中科院南京天文仪器有限公司　丁丽媛

综述文章

龙潭虎穴迎曙光
——中共南京市委迎解放斗争纪实*

峥　岩

1945年抗战胜利后至1949年中华人民共和国成立，是国民党政府反动统治覆灭和人民革命在全国胜利的大决战时期，在这一时期，南京人民革命斗争有声有色，成为推翻反动统治的“第二条战线”中的重要组成部分。南京人民革命斗争的发展与高涨与中共地下党的有效组织和领导是分不开的。

抗战胜利时，中共南京地下党有200多名党员。

1945年10月间，中共华中分局在城工部下专门设立南京工作部，将南京分散的党员集中管理，但由于领导机构设在解放区，对党组织工作只能原则指导。1946年4月，华中分局撤销南京工作部，派陈修良等一批干部到南京建立秘密的中共南京市委。市委由陈修良（书记）、刘峰（副书记）、王明远、朱启銮、方休（1947年初调出，补陈慎言）组成。随着形势的发展，中共中央调整党在国统区的组织，1947年1月建立中共中央上海分局（5月改为上海局），南京市委的工作从上海分局建立后即由上海领导，直至南京解放。中共南京党组织在国民党统治的心脏地区，用各种方式向广大人民群众揭露国民党的反动本质，宣传中国共产党的主张和方针政策，在不同的阶段，组织发动群众开展了一系列斗争。在斗争中，党始终把握斗争方向，在不同阶段，注意敌我力量对比变化，采取灵活的方式和策略，最大限度的团结了各阶层人民，积蓄和发展了革命力量，到南京解放前夕，中共南京市委在学生、工人、小学教员、公务员、文化、警察、银钱业、店员、中学教员和卫生等系统建立了9个工作委员会和情报策反两个系统，2000多名党员分布在全市各行各业和敌人心脏机关。市委领导下的南京人民革命斗争使国民党反动政府“后院起火”，在配合人民解

*本文选自中共南京市委党史工作办公室编：《南京党史》第2辑，1999年，第29—34页。

放军解放南京并顺利接管城市起了重要作用。

对学生工作。中共组织领导的南京学生运动是南京人民革命斗争的先锋和主力。中共南京市委一建立，便成立了学生工作委员会。针对青年学生血气方刚、热情、富于正义感、思想活跃、求知欲强等特点，党组织着重加强对青年学生的政治引导，启发提高他们的政治觉悟，引导组织他们参加学生运动。解放战争三年多时间里，党领导青年学生先后开展了反甄审斗争，反美抗暴斗争，高中学生反对毕业会考斗争，五二〇运动，助学运动，争夺学校学生自治会领导权的斗争，自费生请求伙食贷金运动，红五月及五二〇周年纪念活动，中学生争取减免学费的斗争，争生存、争自由、争取真和平、反对假和平的斗争，护校、迎解放斗争，等等。其中一些斗争震惊中外，造成很大的政治影响。如1947年上半年，国民党发动全面内战后，不仅军事上受到严重打击和失败，还由此引发了严重的经济危机，国统区通货膨胀，物价飞涨，劳动人民和公教人员生活日益恶化，人民群众对国民党统治日生不满，争生存、反内战情绪日渐强烈。在上海局的统一部署下，中共南京党组织在国立中央大学，私立金陵大学等大专院校中进行了卓有成效的组织发动工作。5月20日，5000多学生代表京、沪、苏、杭16所专科学校的学生，在挽救教育危机的旗帜下，在南京举行反饥饿、反内战大游行。学生在珠江路口遭到国民党军警镇压（重伤19人，轻伤90余人，被捕20余人），这就是震惊中外的五二〇运动。学生运动引发了全民爱国民主运动的高涨。5月30日，新华社发表了毛泽东撰写的著名评论文章《蒋介石政府已处在人民的包围中》，充分肯定和高度评价了伟大正义的学生运动。指出“学生运动是整个人民运动的一部分。学生运动的高涨，不可避免地要促进整个人民运动的高涨”。这是与国民党反动政府做斗争的“第二条战线”。又如1949年4月1日，党又组织了南京10所大专院校6000多学生，为争生存、反迫害、争取真和平、反对假和平举行游行，事后遭国民党国防部军官收容总队的打手毒打施暴，造成3人死亡、200多人受伤的惨案。惨案在全国引起极大震动，各地纷纷声援抗议。毛泽东发表《南京政府向何处去》的檄文，声讨国民党的暴行，警告南京政府不要继续与人民为敌。正准备渡江的人民解放军战士和广大民工纷纷请战，要求尽快“打过长江去，活捉蒋介石”，解救长江以南正在受苦受难的青年学生和广大人民。

大中学生举行包围国民党青年部、营救被捕同学的示威游行

党组织在领导学生运动走向深入的同时也日益发展壮大，1947年五二〇运动后，市委调整充实学生工作委员会，学委下增设大专分党委、男中分党委和女中分党委。到南京解放时，学生系统是党的力量最强的系统，大部分大专院校和全部公立中学、部分中等职业专科学校和较有影响的私立中学，都有了党的支部和党员。建有党总支的中央大学，因进步力量强大，被人称为“小解放区”。

对工人工作。抗战胜利时，市委在南京职工中有50多个党员，市委建立后加强了这方面工作，到1947年初，党员发展到200多人，成立了工人工作委员会。市委在组织发动工人斗争时，多从经济斗争入手，不提过高的要求，不搞过大的斗争目标，取得胜利立即收兵。这种积小胜为大胜的做法使南京的工人运动此起彼伏，并与学生运动形成强有力的呼应。解放战争三年中，南京共发生职工罢工、怠工等形式的斗争60多次，其中党组织领导的有50多次，这些斗争绝大部分都达到了预定的目标。虽然南京工人运动中大规模的斗争不多，但一旦发动，造成的影响很大，如1947年下半年，五二〇运动后，国民党严密控制学生运动，这时，工人斗争趋于活跃，市委工委相继组织发动了邮政、电信、公交、印刷等行业的工人举行罢工、怠工斗争，其中印刷和两浦铁路工人的斗争影响最大。1947年8月，党组织通过进步力量较强的《大刚报》《和平日报》工厂提出“提高底薪、要求双薪”的口号，立即获得南京13家报社，包括国民党《中央日报》社工人的响应。党组织对领导斗争的党员明确指示，不轻易提全报界印刷工人罢工的口号，在谈判中设法拖时间，只要报纸不能按时出版，客观上就起到了罢工的作用。在这个思想的引导下，印刷工人与资方的谈判从27日下午起持续到翌日凌晨两点无结果。第二天清晨，南京除《中央日报》外，其余十多种报纸均未能按时出报。首都无报，震惊中外。最后，资方让步，印刷工人取得了斗争的胜利。1948年，国民党政治、军事、经济危机日益深化。五六月起，铁路当局一再拖欠工人米贴及生活指数补贴，工人生活陷入困境，不满情绪逐渐高涨，自发的怠工斗争不断发生。中共组织审时度势，决定抓住时机，以要求补发和增加米贴为口号，发动一次大罢工。7月2日，南京爆发了两浦铁路工人大罢工。浦镇机厂、浦镇工务段、电务段、浦口机务段、检车段、车务段、车站、港务所、自来水厂、发电厂等两浦铁路部门所有单位的6000多人参加了罢工。顿时，两浦地区机器停开，机车不动，电话不响，水电停供，车站不售票，江边码头渡船停驶，一列列军用车开不出去。罢工使铁路运输中断10多小时，不仅打乱了津浦铁路徐浦路段的运输计划，甚至影响陇海线列车的正常运行。罢工充分显示了工人阶级的斗争威力。党的力量在一次次斗争中得到发展，到南京解放前夕，党的力量已深入到全市重要工业交通部门，党员人数增加到500多人。

1948年7月2日，两浦铁路工人举行大罢工

对小学教员工作。抗战胜利时，中共在南京小学教师中有6名党员，1个支部。中共南京市委建立后，小教党支部积极开展工作，利用国民党“三青团”的名义，推动成立了合法团体——南京小学教师协进会（简称小教协），并使之成为中共组织广泛团结群众，领导群众开展斗争的重要阵地。到1948年1月，小教协进会会员达到1830多人，占当时南京200多所小学教职工人数的三分之二。中共南京市委在1948年1月建立了小教工作委员会（简称小教工委），并组织了几次颇有声势的斗争。如1948年10月领导开展的抗议美国教士、士兵无理殴打新生小学学生、教师的南京新生小学抗议美军暴行的反美爱国斗争。斗争获得了全市各界的声援、支持以及全国各地新闻媒体的关注并取得了胜利。这年11月上旬，小教工委又组织发动了全市小学教师总罢教的斗争。全市城区、郊区，市立、私立学校的小学教师为维持生计，集体罢教，要求发放“活命贷金”，并到教育局请愿，震动全市。结果，南京市市长被迫出面处理，市教育局局长为此被迫辞职。1949年4月20日，小教工委再次组织发动了全市小学教师总罢教。到南京解放时，市委小教工委已拥有近百名党员。

对公务员的工作。南京是国民党党、政、军、特等首脑机关所在地，是国家政治中心，机关公务人员众多。1946年下半年起，市委开始在公务员中开展工作。1947年4月在南京市政府机关中成立了党支部，并将工作深入到国民党中央及政府机关。1948年为迎解放，市委于3月成立公务员工作委员会。工委成立后，积极发动党员和工作关系开展调查研究和情报策反工作，广泛发动群众，开展争取疏散费、反搬迁斗争。1949年1月，财政部的公务人员在党领导的进步群众组织成员发动下，开展了向部长要求发疏散费的斗争，斗争获得胜利。党组织又建立了公务员工党团小组，负责领导推动各机关迅速组织员工联谊会。2月，各机关公务员工联谊会召开联合大会，成立了全市公务员工联谊总会。联谊会领导公务员积极保护档案、物资，如水力发电工程总处的员工用拖延和换包战术保护重要资料。国民党审计部的公务员设法截留了已装上车的档案资料。在“中央研究院”，经过党组织多方面做工作，挽留了一大批专家、学者并使大多数研究所留下不迁台湾，这批专家学者和保存下来的科研设备、资料，解放后成为建立中国科学院和南京、上海科研机构的重要基础。至南京解放时，市委在南京公务人员中有100多名党员，分布在国民党政府的中央和地方机关里，包括国民党国防部、美军顾问团、国民政府、中央党部等重要部门都有党员和党领导的活动。

对新闻、艺术工作。中共南京市委建立后即通过各种关系，在新闻、艺术界开展工作，发展党员。1948年10月，根据上级党组织的指示，市委成立了文化工作委员会，带领战斗在新闻艺术界的党员和进步群众，利用舆论工具和各种艺术形式巧妙开展工作，发展壮大党的力量，为迎解放出力。当时国民党军事上连连失败，为隐瞒真相，欺骗群众，政府有关方面对发布军事新闻严格控制，规定只能由官方的“中央社”“军闻社”统一发稿。为打破官方的控制，在各报社担任记者、编辑的党员和进步群众，就把新华社消息、外国通讯社电讯稿以及香港、新加坡等地报刊上的有关消息综合成《军事综合报道》《外电集锦》等栏目，既揭露了中央社等发布的虚假新闻，透露出战局真相和国民党反动派面临的困境，又不易让人抓住把柄。1949年国共和谈期间，在《中央日报》任采访主任的地下党员先后通过采访曾到北平的南京人民和平代表团代表

1948年，“中央研究院”部分院士合影

兼秘书长吴裕后教授以及国民党政府和谈代表团代表、国民党元老邵力子等，在《中央日报》上发表专访报道，以吴裕后、邵力子之口说出：共产党有和谈诚意，北平工商业营业正常，市场物价稳定，市民安居乐业的事实，同时配发毛泽东题写的《人民日报》报头和5元人民币的照片，引起较强的社会反响，并被上海报纸、外国通讯社转发。国民党当局对《中央日报》刊发这样的报道颇为恼怒，中宣部正、副部长先后从台湾、上海来电，警示报纸不许再登此类消息。1949年4月23日，南京刚解放，中共南京市委立即以《中央日报》社的党员和进步力量为基础，利用保存下来的物资设备，组织编辑出版《解放新闻》日报。26日，《解放新闻》第一号出版（该报在《新华日报》出版后停刊）。在南京解放之初，该报起到了及时宣传党的政策主张，宣扬解放军的胜利，传播公用事业等信息，促进生产和商业的恢复，安定民心等作用。在戏剧、美术、音乐界工作的党员和进步群众也为迎接解放做了大量的工作。党组织通过组织学术团体，开展健康的活动，团结、组织一大批音乐美术工作者抵制搬迁，并将各文化单位财产、人员等情况的调查材料编制成册，以备接管。南京解放前夕，市委文委系统的党员约有百名，并团结了一大批新闻艺术界群众。解放后，戏剧、美术、音乐等艺术界人才迅速组成了南京市文工团、仪仗队。

对警员工作。中共南京市委从1946年下半年起在警察系统开展工作。首都警察厅是国民党维护反动统治的重要机构，共有警察约9800人。中共南京市委对首都警察厅人员政治状况作了分析，认为其中大部分警员是来自贵阳、重庆、河南以及南京等地的高、初中毕业生，这些人薪晌微薄，家庭负担较重，对处境不满，是党组织可以争取的主要对象。为此市委从其他系统抽调党员干部，利用同乡、同学等关系，在中下层警员中开展工作，到1948年10月，相继在西郊、南郊、下关等警察局、所发展了一批党员。11月，市委成立警员工作委员会，并从工委、店员、学委等系统陆续抽调一批骨干加强警察工作。警委成立后，贯彻上海局和市委指示，发动党员和进步力量调查各区警察局管辖范围内的驻军番号，江防部署，要塞设施，地方武装，反动党团、特务、会道门等情况，汇集上报，以便市委准确了解、掌握敌情，部署工作。同时积极开展工作，利用一切可以利用的警力组成党能控制的武装，准备迎接南京解放。到解放前夕，警委共有党员120多人，还掌握了一批能控制局面的工作关系，分布在内政部警察总署、人口局、警官学校、首都警察厅及下属的12个区局。

在市委的周密布署和领导下，南京解放时，警员系统的党员及其团结控制的警察力量在保护警察厅档案、财产，保护城市设施、反击敌特武装骚扰，维护社会治安，出动巡艇和组织民船渡运解放军过江以及消防救火等方面，做了大量的工作。4月24日，市委正式决定成立南京人民警察总队（下分11个区），警总组织店员职工1000多人，陆续收编归顺警察3000多人，在各方面的配合下，站岗、放哨、巡逻，保护机关、学校、厂矿、仓库、公用事业；协同接管国防部、陆军总部、励志社和警察特务机构的房产、物资；及时平息了地痞流氓的哄抢风；破获了苏联大使馆和比利时大使馆被盗案；清查处理了一大批冒充接收的坏分子。同时还协助解放军追歼溃逃敌军，解除特务武装，收缴枪炮1200多支（门），炮弹18775枚，子弹几十万发。在维护社会治安，协助建立革命新秩序方面发挥了重要作用。

对金融系统工作。1946年，国民党政府还都后，南京金融系统有了为数不多的几个党员。1947年，金融系统中原来分属不同上级领导的党员的组织关系陆续转到中共南京市委。当时南京的金融机构有国家控制的中央银行、中国银行、交通银行、农民银行、邮政储金汇业总局（简称邮汇局）、中央信托局、中央合作金库（总称四行、二局、一库）以及一批私人银行、钱庄。银行历来被人称之为“金饭碗”，员工职业稳定，生活安逸。为此，市委要求在金融系统工作的党员首先要做到勤学勤业，广交朋友，同时利用各种形式，扩大党员在群众中的威信，扩大党的影响。金融系统的党员根据党的要求，在干好业务工作的同时，着力参与职工的福利组织、联谊组织的工作，通过为群众办实事，赢得群众的信任与支持。1948年11月，市委银钱业工作委员会成立。银钱业工委根据市委指示，迅速开展了迎接解放工作。如指定专人秘密收听新华社广播，将解放军获胜的消息、党的方针、政策，特别是党的城市经济政策等汇编油印宣传品，邮寄给南京工商业、金融业上层人士等；发动群众保护账册、档案、房产、资财，带领群众开展反对裁员、争取多发搬迁费、安家费的斗争，争取动员更多的银行员工留下来，并组织群众开展护行斗争。到南京解放，银钱业工委有30多名党员。

对店员工作。作为国民党政府首都，南京是一座消费城市，商业较为发达。据1947年不完全统计，全市有商店1.5万余家。中共组织从抗战时期起就在店员较多且集中的中央商场开辟工作，培养积极分子，发展党员，并建立起党的小组。中共南京市委建立后，根据南京商业的实际情况，指示党员利用合法形式开展斗争，先后推动组织了中央、永安、太平商场同人自励会和职工互励会、南京市百联互励会（百货业店员团体）、云章互励会（绸布业店员团体）等职工联谊团体，把几大商场及全市百货行业的店员职工团结在党的周围，先后开展了缩短工作时间，改善劳动条件，限制解雇，保障职业，争取休假、开会等合法权利的斗争。1949年1月，中共南京市委成立店员工作委员会，领导店员系统的党员争取和团结工商界人士和广大店员开展护店迎解放斗争。党员通过自励会，以多种方式广泛宣传党的政策，说服工商界中上层人士安心守业，迎接解放；本着劳资兼顾，共渡难关的精神调解劳资矛盾，解决解雇、拖欠工资等纠纷；对少数不顾职工死活、执意抽走货物、资金的资本家，则发动群众开展反搬迁斗争。党组织还把能控制的各商场的义务警察、自卫队等力量组织起来，开展护场、护店和商业地区的治安保卫工作。到南京解放时，店员工作委员会有党员70人，不仅在中央、永安、世界、太平4个商场建立了党组织，而且在中山路、新街口、建康路、三山街等主要街道的商店中发展了党的力量。

对中教卫生工作。中共南京市委对中学教员的工作主要是利用中学教员联谊会团结群众，发现培养积极分子，同时通过中教联发动教师支持学生运动，开展要求保障职业和最低生活水平等经济斗争。在鼓楼医院等卫生部门，市委也派党员去开展工作。1949年1月，市委成立中教工作委员会，领导中教和卫生系统的党员积极开展调查研究以及组织群众护校、护院等迎接解放和准备接管的斗争。到南京解放时，中教工作委员会有30多名党员，分布在全市公、私立中学和鼓楼、中央、市立等主要医院。

对情报、策反工作。置身国民党统治中心的中共南京市委始终把了解敌情作为不可缺少的重要工作。市委一建立，便设立了情报部门，随着战场形势的变化和发展，1948年10月市委根据上海局的指示又建立了策反工作系统。市委情报、策反系统都直属上海局领导，由市委书记陈修良单线联络，直接布置工作。除建立专门机构外，市委还布置公务员、警员、文化等系统积极开展情报、策反工作。情报工作人员截获敌人政治、军事、经济等各方面情报，使党掌握了斗争的主动权。1946年夏天，在南京一军事情报机关印刷所工作的共产党员，利用工作之便获取了国民党动员发动全面内战的“军事复员会议”全套会议材料，为解放军部署自卫作战提供了重要参考。1947年，中共华中十地委负责人被国民党特务秘密逮捕并叛变，敌特机关派他潜回苏中地区，以进行更大的破坏活动，在国防部二厅工作的我地下情报人员获悉后，立即报告上级，使党组织避免了重大损失，叛徒亦受到应有的惩罚。1948年下半年，为严厉镇压以学生运动为代表的人民革命运动，保密局、中统、“三青团”、宪兵司令部、京沪杭卫戍总司令部等军、警、宪、特机关抽调特务，在南京成立学运小组。打入保密局南京站的中共党员及时准确地为市委提供了敌人破坏学运的计划，特务组织联席会议的内容以及敌拟定的大逮捕名单等情报，保证了市委能迅速转移撤退被列入“黑名单”、暴露政治面貌的共产党员和革命群众，粉碎了敌人彻底镇压中共南京党组织及人民革命斗争的阴谋。人民解放军进行战略反攻后，情报人员还获取了国民党陆、海、空军调运情况，《京沪、京杭沿线军事布置图》《长江北岸桥头堡封港情况》《江宁要塞弹药储运及数量表》等重要军事情报，以及国民党保密局、国防部二厅、宪兵司令部二处等敌特机关撤逃前在南京布置的潜伏特务台、组和长期潜伏特工人员等情报。警员工委的党员也迅速提供了首都警察厅内的枪支弹药和档案资料，以及各区警察局辖区内的驻军、江防以及地方武装、帮会等情况。党的情报工作，不仅使中共南京市委及

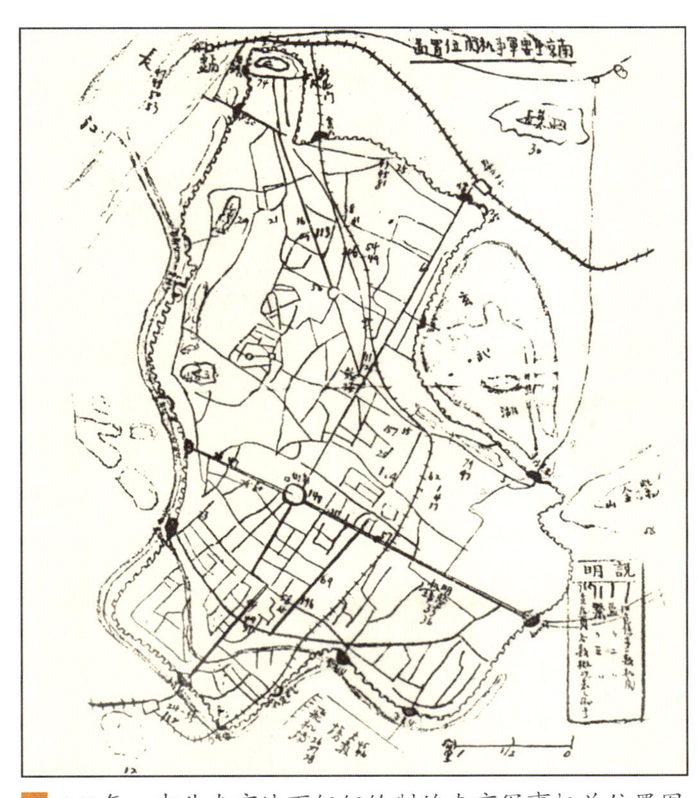
1949年，中共南京地下组织绘制的南京军事机关位置图

时准确掌握敌人动态，而且转报上级党组织，有力配合了人民解放战争。南京解放后，新生的人民政权依据相关情报一一摧毁了敌特布置的潜伏组织，3000多名潜伏滞留南京的敌特分子包括一些隐蔽性很强的“优秀特工”和老牌特务，除坦白自首者外，均被逮捕法办。

中共南京市委对国民党军的策反工作同样很有成效。南京有国民党最高军事指挥机关国防部、陆、海、空、联勤总司令部及其下属的宪兵、卫戍10多个二级司令部，另有22所军事院校。淮海战役开始后，南京有军事指挥人员和驻守部队共22.6万多人。在以往工作的基础上，市委根据上海局的指示，进一步加强策反和瓦解敌军的工作。1948年12月16日晚，国民党空军八大队飞行员俞渤等5人（其中3人为中共党员）驾B—24型轰炸机起义，在南京投下3枚炸弹后，飞到解放后的石家庄。通过农工民主党成员的关系，南京市委派党员策反国民党驻南京的45军97师起义。护卫京畿的“御林军”倒戈，对国民党朝野震动极大。市委还参与了策反国民党海军“重庆”号巡洋舰起义的工作，1949年2月25日，“重庆”号巡洋舰发动起义。南京大校场飞机场的电台、塔台人员经策反后，亦于4月22日宣布起义。使机场通讯、导航、塔台联络全部中断，国民党军政要人只好靠一架运输机临时替代塔台工作，大大影响了空中撤逃计划。中共南京市委还做了国民党最高检察署检察长杨兆龙、首都警察厅东区警察局副局长周春萱等人士的策反工作。促使他们弃暗投明，为释放政治犯，组织警力留守保卫城市、迎接解放出力。

1948年12月，俞渤（中共党员，右一）、郝桂桥（中共党员）、陈九英、周作舟（中共党员）、张祖礼5人驾机起义飞抵石家庄后合影

对中共南京市委的情报策反工作，中共上海局书记刘晓在后来的回忆中曾有评价，他说：在解放战争时期，南京市委很重视策反情报工作，把了解敌情，研究敌人的政治、军事、经济动态作为日常重要工作之一，大量搜

集敌军军事情报，及时送给中共中央代表团南京办事处与上海局，对解放战争起了有力的支援作用。南京市的策反工作是很有成绩的，如策反九十七师等，再如一些飞机、军舰起义是经过南京市策划的，后来把关系转到上海局统一领导，对以后的工作起了很大影响。

在斗争中建立健全起来的中共南京市委，从1948年秋季始，发动党员广泛开展调查研究，接过敌人的“应变”口号，积极组织群众，开展反对搬迁、保护工厂、机关、学校、商店、仓库、迎接解放军渡江的迎解放斗争，为保卫城市做出了重要贡献，为解放后的城市接管做了十分必要的准备。解放后建立的新一届中共南京市委于5月23日向中央及华东局报告说：南京敌撤退后，“除军警特务机关一部分被敌人自行破坏及少数地方为游民偷窃外，其他大部完好；尤其工人、职员、学生在地下党领导下，为保护资财，早已组织了‘员工联谊会’‘应变会’等团体，作用很大，这是我们能完成接收任务主要因素之一”。

南京解放了，中国共产党领导南京人民踏上了建设新南京的征途！

回忆南京解放前夕的护厂斗争*

陈慎言　高　骏

1949年4月23日，南京城宣告解放，各工厂、企业、机关、学校、商店，除下关东站和国民党政府财政部和司法行政部被敌人临走前纵火烧去一角外，余均保护完好，南京的电信局的通讯一刻也未停过。党中央和毛泽东为南京解放发来了贺电，南京人民更为之欢欣鼓舞。南京的解放和接管都是顺利的。南京解放不久，工厂都恢复了生产。回想起来，这都是由于：党中央的政策正确，代表了人民利益，所以蒋管区人民欢迎解放；人民解放军有排山倒海的威力，敌人这时已无还手之力；党在国民党上层人员中，做了不少统战工作；南京工人、学生、市民，在党的领导下，保护了城市。我们当时是南京市委工委的负责人，对这场护厂迎解放的斗争，至今还记忆犹新。

1948年12月，南京街头的搬迁车队

1948年人民解放军开始全面反攻后，国民党反动派军事上已经惨败，政治上、经济上也开始全面崩溃。面临这样的形势，如何开展斗争，迎接解放，是摆在党组织面前的迫切任务。5月，中共中央上海局在香港办了干部训练班，南京市委派了十几个同志去参加，工委陈慎言和曾群两同志也去了，在那里学习了中央文件和城市政策，特别研究了国民党反动派在逃跑前，狗急跳墙

*本文选自中共南京市委党史编写领导小组办公室、南京市档案局编：《南京党史资料》第2辑，1982年，第102—110页。

进行大屠杀和搬迁工厂、破坏工厂的可能性。回南京后，立即传达了训练班的精神，并明确提出了党中央、上海局所制定的斗争部署，中心是保护城市，迎接解放，里应外合，起积极的配合作用。

1948年8月，在工委委员叶再生家里开了一次工委会议。陈慎言和高骏都参加了。一致决定：1.开展群众性的护厂斗争；2.组织精干队伍，保护工厂，迎接解放军过江；3.用人民解放军名义写信给各工厂负责人，要他们保护工厂，争取立功；4.以警员系统加三轮苦力系统，组成地方武装力量，维持南京秩序。

在整个解放战争时期，南京工人中党的工作发展是比较快的。从1946年4月起，南京工人中只有50个党员，工委直接领导下的党员近20个，到1949年4月，全市已有近500名工人党员，重点工厂和单位都建立了党支部。在1948年秋天后开始的护厂斗争，就是以各基层党支部为核心，发动群众展开的。

早在1948年9月，国民党联勤总部所属首都被服厂，就传说要迁到台湾。12月，厂方要工人填自愿迁福建漳州的志愿书。工委通过纪浩向该厂党支部传达了关于反对搬迁和要求遣散费的决定，即：反搬迁，要求发遣散费，拖延时间，必要时得拆除或破坏机器的主要零件。并具体帮助厂党支部研究做法。向群众宣传老被服厂从南京迁到桂林，又从桂林迁到重庆，遭到种种困难，那时搬迁是为了抗日，如今搬迁为了什么？经过宣传，工人纷纷响应，拒绝填表，并要求发给遣散费，形成工厂总怠工。厂方被迫与工人谈判，但只答允先拆机器，后发遣散费。为了防止僵持下去敌人会下毒手，工人就改变策略，在拆机器时，乘机把主要零件破坏或拆下，使他们搬走了机器，却开不了工。

当拆走机器后，厂方主要人员果然企图溜走，不发遣散费。党号召工人，齐心协力，进行斗争，终于迫使厂方如数发给了遣散费。工厂解散了，工人失业，只能依靠在街上摆缝纫摊子接生意，勉强过活。这时，听说国民党还有几十万军队在长江两岸，需要军衣。找到承包商，要求2个月内赶制8万套单装和8万套衬衣裤，但承包商却找不到工人，正在发愁。党组织研究这笔生意可以接，不仅可以维持工人生活，而且拖下去，这批军衣就是我们的。这样，该厂党支部就发动工人集体接下这笔任务。我们原首都被服厂的党员，团结了一批工人随身带了自己的机器400多台，进了新被服厂（地址在三牌楼国民党联勤总部），进行生产。表面上，工人整天都在干活，事实却是进行了巧妙的怠工，各道工序设法拖延，不是有衣无袖，就是有衣无钮，使衣服不成件、不配套，不能装包。一直拖到解放，都没完成。

1949年4月19日，国民党政府联勤总部的库兵弃枪逃跑了，被服厂党支部组织工人护厂纠察队站岗放哨，对上千工人进行了不拿公物的纪律教育，维持了社会秩序和工厂秩序，防止敌人破坏。23日夜，发现仓库起火，护厂队扑灭了火苗。接着又发现十几个人冒充解放军先遣部队，来接收仓库、护厂队朝天放了一枪，这些人便逃跑了。后来查明这些人是国民党交警总队的特务，负有破坏工厂的任务，上次就是他们放的火。这样，被服厂工人就把工厂和仓库都保护了下来。那10万多套军装解放后立即做好，交给了解放军，为进军西南做出了贡献。到1950年时，工厂有新机器了，工人才将自己的机器抬回家去，这就是后来的中国人民解放军第三五〇三工厂。

1948年下半年，国民党政府联勤总部，在南京的10个汽车修理厂，迁走了一部分设备，工人没有走，发了遣散费，因为还有军队在打仗，还要修理汽车，联勤总部就把这10个厂并成3个厂。我们在厂的党员都掌握技术，都在要

南京解放后，被服厂护厂英雄和生产支前模范合影

害修理部门。党支部研究，如果修好一部车，就对国民党增加一份力量，对人民增加一份祸害。于是决定，在修车中使小病变成大病，修过的车只能短途行驶，许多车试车很好，开出去半路开不动了，又拖回来。因为，市场奇缺的零部件都被集中埋藏起来，工人说没有零件无法修理。这样，到解放时，3个厂待修的车还有好几十辆，连同缴获的其他军车，一共有100多辆。解放后，工人把埋藏的零部件都找回来，很快把100多辆汽车修理好，交给了第二野战军。同时，开始恢复生产。这就是后来的汽车制造厂的前身。

国民党政府资源委员会所属在南京工厂有无线电厂、有线电厂、电照厂、电瓷厂、中国农业机械公司南京分公司等。1948年11月，资源委员会下令所属工厂要迁到台湾或西南。为此，无线电厂党支部决定开展反搬迁斗争。持续半个月斗争后，厂方只好宣布暂时疏散，发给职工3个半月的疏散费，解散了许多工人，只留下50多人清点物资。实则企图诱骗这些工人拆机器。工人不肯拆，厂方就高价雇外面工人拆，并且装箱上船，从板桥运到下关。这时，该厂党支部用人民解放军江南挺进总部名义，写信给厂长，要他认清形势，为人民立功，与此同时，党中央统战部门对资源委员会的主要负责人作了不少工作，促进在香港的负责人，也下令给所属工厂要坚持原地生产，把一切物资，账册、资料保存起来，准备给共产党接管。这样，无线电厂的设备才又卸下船，重新安装起来。解放后，该厂成为全国无线电工业的重点骨干厂，即现在的七一四厂。

无线电厂的党支部，解放前夕还做了两件事。一是在1948年4月，市委为准备在紧急情况下可以直接与党中央取得联系，决定架设地下电台。把试装收发报机的任务交给了无线电厂党支部。党支部找到了疏散在上海、苏州的两位思想比较进步的工程师郭文昭和胡经伦，他们几个人日夜赶工，只用5天时间就赶出来了，而且质量也较好。解放后电台交给了我人民海军。

1949年初，南京板桥驻有一批国民党军队，约有百余人枪。市委决定做这批军队的工作。党支部派人先摸情况，在他们内部做了工作，再用解放军的名义，公开找他们负责人谈话，讲明形势、政策，要求他们：1.保护地方治安，不准欺压百姓；2.协助保护工厂，防止坏人破坏；3.不准向解放军开枪；4.人员集中，住厂。解放后全部交由解放军接管。他们都同意了。解放后，人民解放军接收了这批部队，对他们进行了整编。

我们在国民党资源委员会的农业机械公司南京分公司发展了蒋智敏、周公道等3个党员，了解到该分公司负责人已逃走，主持该公司工作的史秘书盼望南京解放。工委决定派张成章同志代表解放区和史秘书的参加革命的老同学来找史秘书谈话，希望他留下来，参加祖国建设，并对其他厂的同学做工作。谈话之后，促进史秘书在护厂中起了很好的作用。厂里许多职工都留下了，没有搬迁。这就是后来的南京机床厂。

南京最大的私营工厂是永利錏厂，处在长江北岸。它也是我国民族资产阶级一个较大的企业。国民党社会部不肯放过它，下令要该厂迁广州或迁台湾，不迁厂就要炸毁工厂，扬言要不留一个螺丝钉给共产党。我们得知这一消息后，向厂党支部传达了市委指示，这个厂一定要保护下来，设备、人员都要完整地留下来，至少要把技术人员留下来。厂党支部分析研究：厂方是不肯迁厂的，实际上化工厂机器大，也无法迁；交通不便，时间又紧，工人也不肯迁。国民党只可能破坏工厂。于是，决定提出“职工团结，劳资合作，保厂护家，共渡难关”的口号，争取厂方，团结厂里所有人员，组织同人互助会，把愿意保厂护家的人组织起来。

錏厂厂长李承干（中共党员）同意我们护厂护家的口号，组织了保厂护家指挥部，由他担任负责人，并且为了防止敌人破坏，加固门窗，增派工人纠察队员站岗，围墙上加电网。厂方还拿出一笔钱，买了3个月的粮食和菜。高级职员和技术人员也组织到同人互助会中来担任保厂护家工作（事后了解，李承干

1936年建成的永利錏厂

先生1945年早在重庆时就曾主动找党，曾被中共代表团李维汉接见，是一位有进步思想的实业家）。

国民党政府社会部这时指示锰厂的特务张维烈盗用工人名义要求迁厂，并威胁工人“谁留下一颗螺丝钉给共产党就有通匪嫌疑，到那时莫怪我事先不打招呼”，他仗着他是工会常务理事的身份，要求开工会常务理事会议讨论迁厂问题。在我党支部坚持下，召开了各车间工会主任联席会，讨论会上张维烈威胁大家说“工会早该决定迁厂”，工会理事李文范（中共党员）带头说明“工人靠工厂吃饭，这么大设备无法迁，要是工厂迁不走，又开不了工，几千工人难道外去讨饭吃？”工会理事长刘玉泉激动地说：“谁敢说迁厂，就打断谁的狗腿！”一些工人闯进会场，愤怒地说：“刺刀架在颈子上，也不迁厂！”特务张维烈只有狼狈而去。

当时，市委还预计到在南京临解放前敌人可能封锁长江，决定派陈明去六合，先把去解放区的路打通，以防敌人逮捕，准备转移；同时，也防备在真空期间，无武装保护，争取支援。因此，派陈明和王春海去六合向解放军汇报了情况，当敌人逮捕人时，党员中被敌人注意的19人已撤到六合。在1949年初，大厂镇驻扎了一批大褂子队，是“还乡团”败阵下来的队伍，前来锰厂骚扰。幸好滁县地委陈雨田政委已派部队前来，在两次袭击后打垮了大褂子队。这样，锰厂一直到解放，丝毫未遭到敌人破坏，4月底南京解放，6月就复工生产。这就是后来名闻全国的南京化学工业公司的前身。

浦镇机厂原是南京工运的发源地。1948年“七二”两浦铁路工人大罢工之

后，11月，我们主动撤走了该厂的大部分党员和积极分子。翌年1月，敌人大势已去，该厂厂方还嚣张地胁迫职工跟他们一道南逃，准备撤机器过江带走，厂区还驻进了国民党军队，弄来10箱炸药，看来是想炸厂。厂党支部一方面教育群众不要上当，组织护厂队，党员带头，堵住厂房的墙洞，防止厂区被盗，同时还派人去破坏栈桥（后因形势变化而停止），赶到尧化门把火车钩头拆掉，以防敌人把机车拉去。另一方面，支部书记张以新带着党员刘春亭代表老工人找厂长谈话，警告他：“厂在工人在，厂毁工人不会答应你。这是数千工人的命根子。”刘春亭还自己拿钱买点心给驻厂的士兵吃，和他们谈心，说明穷人留下来也可以找工作。趁夜间，党员刘春亭、刘树等搬去了那10箱炸药。这样，就避免了敌军的骚扰，厂区也未被炸毁。解放以后发展成为全国有名的浦镇车辆厂。

电信局的护局斗争，是在要求按自定生活指数发放工资等一系列斗争取得胜利的基础上开展的。1949年1月，国民党首都宪兵司令部两次通知局工会负责人去谈话，进行威胁。党组织借电信局疏散人员之机，将已被注意的党员撤离。

淮海战役后，南京邮电总局要群众填表，准备搬迁。党组织广泛进行宣传，大多数人不愿意走，在填写志愿搬迁表中填“留守，候命离京内调”或“不拟离京内调，留职回家待命”两项。

申報
何院長離滬前召開軍會
厚集兵力保衛上海
中央金融機構決不遷移
何院長飛抵廣州
共軍進入南京城
蘇州人心甚衛靜
司法院大厦焚燬
江南國軍完成部署

1949年4月25日，《申报》上刊登的南京电信局发布的南京解放的电报全文（南京电信局　提供）

1949年1月，听说电信总局局长陈树人要调离南京，党立即发动了要求发“应变费”的斗争，通过黄色工会出面，组织职工纠察队轮流包围陈树人，迫使他签字同意发给“应变费”。最后，邮电职工都领到了3万或5万金圆券。

电信局的党组织在斗争中发展壮大，又进一步发动群众开展了护局斗争，提出“保护机器就是保护我们的饭碗”“如有人破坏，不能坐视”等口号。成立了消防、警卫等小组，并迫使驻局的交警总队的警卫班交枪，动员他们一起参加护局斗争。电信局人员共2100人，留下了1800人档案完好，通讯不断，真空时一直继续工作。

首都电厂党组织曾遭破坏，党员不多，我们查知厂长陆法曾的堂妹是共产党员，在解放区。1949年2月，即由鲁平同志持陆法曾堂妹的信去见陆法曾。陆法曾看信后十分惊奇。鲁平说明自己是解放区来的，因首都电厂很重要，望陆厂长为人民立功，护厂、坚持生产。陆法曾表示同意。以后鲁平多次去联系，共商如何储粮“应变”，组织巡逻队等，陆法曾均通过其弟陆佑曾（工程师）出面在下关发电所设法贯彻。在电厂工人的支持下，最后实现了在真空时间向全市输电不断。4月23日凌晨，电厂工人主动驾驶“京电”号煤轮，过江去迎接解放大军渡江。

早在抗日战争时期，三轮车工人就在党的领导下开展了斗争。在斗争中逐渐建立了苦力系统的党组织。

1948年夏天以后，市委指示，为迎接解放，配合人民解放军作战，要酝酿组织工人武装力量。1949年1月，建立4个区委，调骨干加强三轮车工作。3月，以三轮车工人为基础，成立工人纠察总队，并刻了“中国人民解放军江南挺进总队”的图章，后改称人民民主保卫总队，下设3个中队，小队长多为中共党员。开始有一二百人，到5月初，已有500人。这支队伍在“真空”期间，维持社会秩序，调查仓库情况；搜集敌人遗弃的武器、弹药以及物资，如军衣、降落伞、汽车等；宣传政策，贴标语，写警告信，掌握敌情，等等，配合地下党领导的警察总队，做了大量工作，对保护城市起了积极作用。

南京解放时，水电、电讯、电话，市内交通都没有停顿。所以，接管很顺利，许多工厂很快恢复生产，并为解放大西南装备人民解放军二野部队做出了贡献。

像南京这样国民党反动统治的中心，一个过去麇集着许许多多反动军、警、宪、特的城市，能够如此完整地回到人民手中，这不能不说是一个奇迹！光荣归于党和人民！

（1982年8月，许荏华根据高骏回忆录及访问陈慎言的记录整理）

小教系统党组织的发展与斗争*

曹昭云　杨　华　张其勋

解放战争时期，小教党组织是南京地下党九大工委之一。在中共南京市委领导下，小教系统党组织在斗争中不断发展壮大，到解放前夕，已拥有近百名党员，形成了一支核心力量，团结广大教职员工，胜利地完成了护校、迎解放等任务。

开展小教工作　建立党的组织

旧社会，小学教师社会地位较低，经济收入微薄，是革命的一支基本群众队伍。在地下斗争中，党很重视小教的力量，积极开辟这条战线的工作。在南京，小教系统是建立党组织较早的一个系统。

1945年12月，原在小教工作的几名党员，加上从银行系统调入小教的张其勋同志，合并组织，由地下党南京市工委委员朱启銮宣布成立小教党支部，张其勋为书记，徐振亚、李业章为支委，共有党员6人。

1946年4月，中共华中分局决定建立南京市委，新四军一、二、六、七师在南京的党组织，交给南京市委统一领导。市委建立后，按产业系统调整组织。9月，小教党支部也相应调整，由市委委员方休分工领导，杨华为书记，潘嘉镇、张其勋为支委。此时，党员增加到24人。

1946年夏，通过教师暑期讲习会，小教地下党员团结了一部分教师，组织了小学教师联谊会（简称小教联），由马琅出面负责。为保障教师权益，小教联就群众迫切要求解决的保障职业问题，推选代表向国民党南京市教育局请愿。反动当局声称小教联未经社会局批准，明令宣布解散，斗争遭到挫折。

---

*本文选自中共南京市委党史编写领导小组办公室、南京市档案局编：《南京党史资料》第8辑，1984年，第84—94页。

1947年初方休调离，小教工作改由市委委员朱启銮领导，党员开始时分男女两条线联系。原先私立小学党员较多，以后市立小学党员增多。1948年初，成立小教工作委员会，书记、委员未变，下分市校和私校两部分，编成若干小组（或单线），由委员分工联系，这时有党员32人。

开展群众斗争　发展党的力量

一、利用合法建立小学教师协进会

国民党反动政府为了维持内战的庞大军事开支，大量发行货币，物价高涨，民不聊生。1947年5月在南京和其他各大城市爆发了“反饥饿、反内战、反迫害”的群众运动，以五二〇学生运动为先导的爱国民主运动，形成了人民解放斗争的第二条战线。

小教党组织为了开展群众活动，打开局面，根据党的利用合法的指示，派张其勋、沈明芝两同志加入“三青团”，利用国民党与“三青团”的派系矛盾，推动建立小学教师协进会（简称小教协），几经曲折，使小教协得到社会局批准登记，取得了合法地位。

1947年11月9日，小教协成立，成立大会上选出理监事，通过章程。这为我们利用合法组织，广泛联系群众，开展革命活动，打开了局面。11月中旬，第一次理监事会议决，就教师们的迫切需要，正式向教育局提出5项要求：提前发薪、发配给证、发教师进修费、发私校教师生活补助费、保障职业。经过多次斗争，除私校教师生活补助费一项外，均获得解决。12月18日，教育局发文训令各校长，不得任意解聘教师。

在南京新街口游行的女学生

1948年4月小教协改选。由于小教地下党有较好的群众基础，对小教协的理监事人选做了充分的酝酿准备，因而在改选后进一步掌握了领导权。改选后小教协理事会中，5名常务理事有2名是共产党员，另2名是积极分子，不久发展入党；理事长唐承舜又是个作风正派、工作热心、在群众中很有威信的老教师。理事会的活动，实际上是在党组织领导下进行的。党为了使上层活动与下层活动分开，上层掩护下层，1948年下半年在小教协中设立党组，成员是沈明芝与葛维明2人，由杨华直接联系。

小教协设联络总站，站长由杨之水担任，下设18个分站，其中10个分站的负责人是共产党员，形成了组织联络网。联络站负责沟通情报，登记会员。据1948年11月统计，正式会员1830余人，占当时200多所小学教职员工人数的三分之二。

小教协成立后，不久就发行了会刊《生活通讯》，开始负责人是张其勋，编辑、刻印均为共产党员。出到24期后，改由周文彬负责，改铅印版，接着出到30多期。刊物内容包括教师呼声、康乐活动、文艺小品、小教协活动及外地小教请愿、罢教动态等。这个刊物，对广大教师起到了很好的教育鼓动作用。

小教协还开展了多种形式的康乐活动，如演剧、歌咏、舞蹈等，组织这些活动的负责人，也多为共产党员或进步群众。我们一方面演出健康的进步的文艺作品，如演出过讽刺剧《十万大钞》，演唱过《唱出一个春天来》，放映过苏联片《宝石花》等，以教育群众；另一方面，利用这种形式广交朋友，联络感情，发展进步力量。

当时，小学教师待遇微薄、生活清苦，加之物价高涨，基本生活都维持不了。小教党组织通过小教协领导群众，于1947年冬到1948年秋，陆续向反动当局开展了争发寒衣费、争取私小教师补助、要求职业保障、争发配给证等多次斗争，斗争方式包括开记者招待会发出呼吁、派代表到教育局和市参议会请愿等。

由于党的领导正确，斗争方式得当，并博得社会同情，反动当局不得不答应一些保障小教员工生活权益的迫切要求。一次次斗争的胜利提高了小教协在群众中的威望，也教育和鼓舞了广大教职员工，增强了他们团结斗争的信心。

二、推动成立私小校长联谊会

1948年，全市私立小学有70多所（包括一部分非市管的公立小学），私小教师待遇多数比市校低，生活更苦，不少私校校长在物价一日数涨情况下，也感支撑不易。在向反动当局争取福利补贴方面，校长和教师有着共同的利益。党很注意私校校长的工作，由西园小学校长黄国祥（中共党员）发起，组织了一个私小校长联谊会，公推新生小学校长徐哲人为主任委员，黄国祥以联络与文书的名义，负责具体工作。私小教师向反动当局争取福利的斗争，得到了私小校长联谊会的积极配合。此外，黄国祥还通过私小校长联谊会的关系，推荐了一些党员和积极分子去福建小学、空军子弟学校、栅栏门小学、邮汇局子弟小学、航建小学等校任教，使党的力量向城南和下关地区扩展。当时，党员力量较强、又掌握校行政领导的私小先后有知行小学、四维小学和西园小学等。

三、领导新生小学事件的斗争

1948年10月10日发生的新生小学事件，是发生在南京的、继声援北京沈崇事件后又一次影响较大的反美爱国斗争。事件的起因是少数美籍教士和美军，借口新生小学学生为纪念“国庆节”[①]吹集合号，影响他们在操场旁教堂里做礼拜，而对纯真可爱的小学生大打出手，当场打伤学生9人，并将2名教师从楼梯上摔下。校长徐哲人去护卫学生，也被打破了眼镜，打断了手指。事件发生后，在我党领导掌握下的小教协、私小教师代表会和私小校长联谊会等迅即发起声势浩大的抗暴声援活动。在小教协的支持下，新生小学成立了抗暴委员会，印发了数万

1948年10月10日，南京新生小学被打受伤学生

①指中华民国的“双十”国庆节。

份《告全国同胞书》。13日召开记者招待会，新生小学报告了事件经过，控诉暴行，发出呼吁，并提出严正要求。15日由学生家长，教师代表及有关方面代表成立抗暴后援会。10月17日由小教协在介寿堂主持召开了800多名教师参加的控诉美军暴行大会。会前，党组织集中了能写善画的党员于西园小学通宵赶写标语、漫画，把会场布置得具有强烈的抗暴气氛。会后，许多小学又对本校学生进行反美爱国的教育。这一活动得到社会舆论的广泛支持，各报均进行了报道，社会各界，包括工人、大学生、公务人员等纷纷以慰问、捐款、抗议各种方式予以支援。在社会压力下，美军顾问团被迫向新生小学道歉，慰问受伤师生，天主教会给行凶教士记过处分并调离南京。在提出的要求基本达到的情况下，党组织适时地胜利结束了这场斗争。

四、为要求活命贷金举行总罢教

在新生小学事件斗争胜利的鼓舞下，1948年11月初，小教地下党组织发动了第一次全市小教总罢教。

11月1日，国民党因限价措施失灵，宣布限价开放，致使物价陡涨。小教协派代表向教育局请愿，要求发放贷金，未获结果。3日，火瓦巷小学部分教师“请假”不上课，校长闵绍骞表示同情，说你们请假，我替你们送假条。火瓦巷小学教师的行动，反映了全市小教职工的要求，小教委决定迅速地全面展开这场斗争。4日上午，先发动3个区10多所学校停课，同时小教协通过《生活通讯》发出通知：4日下午在白鹭洲召开各校教师代表会议。这天，到会教师200余人，会议提出“发活命贷金”等5项要求，并决定未解决前“总请假外出贷款维持生活”。当晚，小教委开会，决定实现城区小学总罢教，研究确定了部署和策略。5日上午用“滚雪球”的方法广泛发动，下午城区各校一致罢教，郊区小学也纷纷停课。6日上午在小西湖小学召开教师大会，有600多人参加，大会决定举行总罢教，不发贷金不复课。同时私小教师亦陆续停了课，派代表支援市校，并联合私小校长向教育局请愿，提出借活命贷金的要求。

面对小教的总罢教斗争，反动当局先是采用“规劝”、推托手段。罢教一开始，教育局主任秘书就去火瓦巷小学对教师们说：“首都的小学校罢校影响很大，恳请大家复课。”教育局长马元放对请愿教师说：“市府财政困难，贷金难以解决。”继之，又采用恫吓和分化手法。7日教育局长召开校长会，训令各校复课，并声言要追查何校何人发动罢教，另一方面又撇开小教协，召集各校校长和由校长指定的教师代表开会，商讨复课事宜，但由于联络站（罢教临时组织）发动数百名教师反对，会未开成。这些手法都未奏效，最后南京市长沈怡被迫出面，在11月8日下午6时宣布，答应发给每人贷金100元。震动全市的小教总罢教胜利结束。

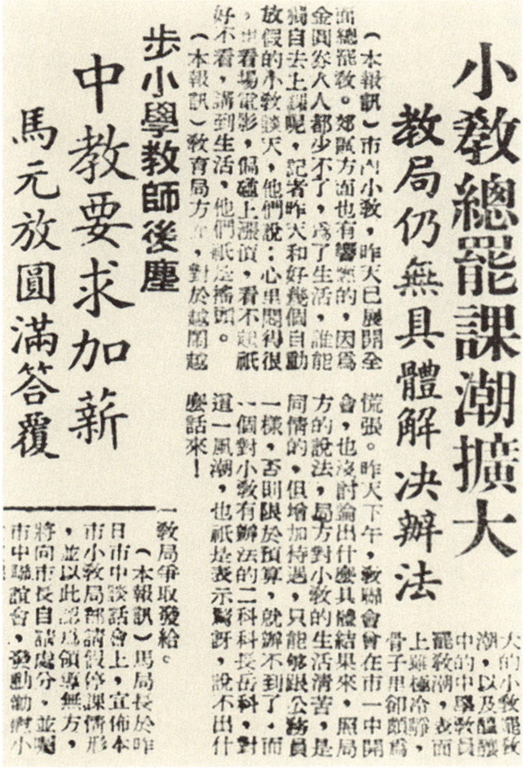

市校复课后，私校教师继续请愿，在市校的支援下，私小教师也获得每人100元的“活命贷金”。

由于全市小学总罢教，市教育局受到责难，不久，教育局长马元放便引咎下台了。

1948年11月，《益世报》有关小教总罢教的报道

在这次小教总罢教中，朱启銮与小教委共同研究，领导了罢教斗争。罢教结束后，他做了总结，认为这次小教党组织根据教师的急迫要求和自发行动，及时组织党员广泛发动群众，并带领群众，正确地掌握了党的方针政策，灵活地运用斗争策略，实现了总罢教，斗争是成功的。

小教总罢教后，党组织考虑到潘嘉镇、徐漱华的安全，经研究确定，安排她俩撤退去解放区。另一党员周文彬，因受敌人注意，也临时隐蔽起来。

组织护校　迎接解放

经过总罢教斗争，党组织又发展了一批积极分子入党，1948年11月到1949年1月间共发展了16人，党的队伍进一步壮大了。1949年1月，市委决定加强小教党委，调原在军事系统工作的曹昭云任书记，杨华任副书记，张其勋为委员。这时小教已有党员60余人。

1950年在北京团中央少工部的姜琳华（张大洪 提供）

此时，解放大军积极准备渡江，南京面临解放。小教地下党委根据地下市委指示，发动群众，组织起来护校、迎接解放。

1949年2月，小教协召开各校联络员会议，发动清点校产，专人负责保管，开展了全面的护校应变活动，并分区建立应变组织。一些学校的党员、积极分子住校护产。

小教党委根据党的队伍不断扩大和形势发展的需要，适时调整了组织，市校分区建立了6个支部，城区除四区外均有了支部，一区珠江路、二区火瓦巷、六区琅琊路3个地区中心小学党员力量较强。各区的支部负责人是：一区韩瑞涛，二区林幼丽，三区傅泽如，五区王瑞文，六区李锡琨，七区强健。私校由杨之水总负责，下按城南、城北分建两个支部，负责人是黄国祥和姜琳华。同时将小教协各区分会改为各区的应变会，由各区支部直接领导，开展护校、应变工作。当时有过这样一件事：2月初，尚在寒假中，一批国民党败兵驻进珠江路一区中心小学，该校教师积极进行护校斗争，始终占据灰楼（另一幢红楼和礼堂被国民党军队占据），并把学校的课桌凳集中在灰楼，白天组织学生来补课，夜里住校护产。教师们对着红楼唱：“不远了，不远了，只要星儿没有了，幸福的日子就要来到。”寒假结束，新学期开学，国民党军队不得不撤走，该校校产一直未遭破坏。

南京解放前夕，朱启銮去解放区汇报工作，小教党委工作由市委副书记刘峰直接领导，直到解放。

1949年3月，小教党委发展了珠江路中心小学校长钟定樵入党，由曹昭云单线联系，钟定樵在争取团结校长方面做了一些工作。

曙光已露，但黑暗仍罩南京。解放前夕物价飞涨，人心慌乱。1949年4月初，广大小教员工迫于生活，酝酿要求“应变费”，准备于4月12日在游府西街小学召开代表会，因国民党首都卫戍司令部派官兵到校制止，会没开成。但由于小教员工生活极度贫困，为索取“应变粮”而要求罢教的呼声很高，小教党委决定支持和领导大家罢教。4月19日各校代表600多人，在南京参议会堂集中，南京教育局长不敢出面讲话，偷偷溜走。教师们乃推吴明培（珠江路小学教师，共产党员）主持会议，一致决定不发应变粮则总请假3天。会后一呼百应，全市小学都从4月20日起全部停课。这是在解放前夕南京第二次全市小教总罢教。

在总罢教的同时，小教党组织通过各区应变会，组织广大教师积极开展护校工作。

1949年4月23日南京解放。24日，根据中共南京市委的指示，小教党委号召全体教职员工立即复课，在歌声中迎接南京解放。这天，六区中心小学、三牌楼小学等校教师还组织学生夹道欢迎从城北入城的解放军。

南京解放后，小教党组织在市委领导下，配合军管会，参加了对全市小学的接管工作。至此，小教党组织胜利地完成了地下斗争的历史使命。

几点初步认识

一、掌握秘密工作原则是党在白区工作中取得斗争胜利的一大法宝。南京是当时国民党政府的首都，敌人控制很严。小教党组织严格按照秘密工作的原则办事，被领导人不得知道领导人的住处和公开姓名；汇报请示只用脑记，不得见诸文字；党员间不得发生横的关系；一般采用个别联系等。这些规定都是血的教训的结晶，只有这样做，才能有效地防止组织被破坏，隐蔽保存自己，积蓄革命力量。小教党组织在地下市委领导下，在艰苦斗争的条件下，发展组织是审慎的，因而在白区3年半的斗争中，不仅组织未受到任何破坏，而且还在斗争中不断发展壮大。

二、利用合法开展斗争是党在白区开展地下斗争的重要方针。利用合法组织开展斗争，当时客观上有可能，一是当时首都的敌人表面上也讲点民主，二是国民党内部派系斗争严重，可资我们利用；在主观上，我们通过合法组织的活动，可以广泛接触群众，团结教育群众，发展进步力量，打开工作局面。利用合法组织，上层活动与下层活动要分开，上层掩护下层。我们在小教协中设立党组，党组不直接联系和发展党员；在斗争中还要注意保护合法组织，如第一次大罢教，我们不是以小教协出面号召，而是用教师代表会的名义去发动和号召，小教协当时则退居调解人的地位。

2004年10月，小教系统部分地下党员合影留念。一排左一林幼丽、左三欧阳仪、左四刘峰，三排左二张德鎧、左三徐淑美、左七张志明，四排左四姚复康、左五韩瑞涛（吴斌　提供）

三、灵活运用斗争策略是取得地下斗争胜利的保证。小教党组织在地下市委正确领导下，注意掌握有理有利有节的斗争策略。有理，就是问题提得合理，要求提得合理。如新生小学事件发生后，我们提“美军和美籍教士蛮横地打伤师生多人，难道不要维护中国人的尊严？要，就得斗争！”这个斗争有理，就得到了社会广泛同情。有利，主要是个掌握时机问题。如第一次小教总罢教是发生在1948年11月初，当时国民党军事上严重失利，经济上又面临危机，限价政策失灵，广大教职员工面临生活困境，不满国民党的腐朽统治。因而，一提出要“活命贷金”口号后，罢教浪潮迅即波及全市。有节，就是在一定条件下，斗争要有节制。如第一次总罢教，经过几次斗争，国民党南京市政府已被迫答应每人发放100元贷金，在这样条件下，党组织认为基本达到要求，遂适时复了课。

四、开展统战工作有利于地下斗争深入持久地发展。我们注意了对一些上层人士的统战工作。如，对待私小的校长，我们不仅支持他们组织私小校长联谊会，而且团结他们一道向反动当局争取福利待遇，也允许他们参加小教协为会员。至于市校方面，情况复杂得多，由于相当一部分校长还和国民党官员有一定关系，从客观上说，做他们的工作有一定困难。但从几次大的群众性斗争中也可看出，他们中不少人对教师是同情支持的，取敌对态度的只是极少数，我们也应该做好他们的统战工作。而在这方面，我们当时还是做得不够的。

开展警察运动　配合南京解放*

南京市公安局史志组

一、首都警察厅是国民党反动派法西斯统治的重要工具

抗战胜利后，蒋介石政府为了发动内战，保障其政治、军事指挥中心的安全，竭力扩编“首都”的军、警、宪、特机构，加强法西斯统治。他们派国民党军委会二厅中将韩文焕，三十一军中将副军长、国民党中执委委员黄珍吾，充任内政部直辖的首都警察厅的正、副厅长，韩文焕、黄珍吾2人还从重庆带来了310名亲信骨干。内政部警察总署署长唐纵（军统局局长戴笠的十弟兄之一，兼蒋介石的特别警卫组组长），还陆续派军统少将组长等骨干分子200多名进首都警察厅，掌握许多重要职位。改组后的首都警察厅，内设五室（办公室、外事警察、人事、会计、统计）、五处（特警、督察、刑警、行政警察、总务），还有直辖保安警察总队、特别警备大队、刑事警察队、驻卫警察总队、消防总队、警察学校等。厅下设东区、南区、西区、北区、中区、下关、水上、东郊、南郊、西郊、北郊、浦口和汤山13个警察局，84个警察派驻所。在员警方面，除留用少数汪伪警察外，又从黔、鲁、豫、赣、苏、皖、平、津等省市招考中学生，经中央警官学校或首都警察学校训练后委任为警员，分派各所统管户口调查、巡逻守望、临时检查、非常警备、交通管理等任务，实行全国仅有的“警员制”。全厅共有官佐员警9798人。

在各区中，东区是国民党党政军首脑机关所在地，西据市中心，东扼中山门、太平门、光华门，出城与中山陵区紧连，向东延伸至汤山“中央训练团”及兵营，控制京杭国道（即今宁杭公路），在各级警察机构中密派了一批军统

---

*本文选自中共南京市委党史资料征集编研委员会办公室、南京市档案馆编：《南京党史资料》第22辑，1988年，第1—22页。

特务作为骨干。北区为外交使馆和官僚公寓，派驻有大量的保安警察和外事警察。中区有中央、中国、交通、农业四大银行，这是金融的中心。南区所辖中华路、三山街、夫子庙一带商业区，人口稠密，警所较多。西区毗邻辽阔的西郊，紧沿长江、内河，多系城市贫民、小商小贩和菜农。下关、浦口及长江两岸，为津浦、京沪铁路起点站，车站、码头密集，是水陆交通命脉，居民多系铁路、轮船、电厂等产业工人和船民、苦力，警力布置甚多，统治较严。

1946年6月，国民党政府向解放区发动全面进攻后，由于我军强有力地反击，他们不仅在军事上连遭惨败，而且在政治上、经济上也出现了严重危机。于是他们变本加厉地强化特务统治，警察厅在派驻所实行“警察勤务区”，每区设警察1人，并将若干勤务区合成一个“联勤区”。同时，“加强警备力量，培养警察耳目”，在全市普遍组训了民众自卫队、防护团和义务警察队，厅、局长兼任团、队长，推行“联保联坐法”，加强社会面的控制，以发现和监视“异党”“共嫌”活动，迫害进步人士，破坏革命运动。警厅除设机要室、督察处、外事警察室、刑警队党政组、社团组专司特务情报工作以外，还在各级警察机构内部秘密建立“调查组”（后改为情报组）、“情报搜集所”“防奸保密小组”。在单位内部和公共场所设置秘密坐探及耳目，搜集各种情报，整理进步员工“黑名单”，密报国民党中央党部、内政部、首都卫戍司令部、党政军联络秘书处等反动首脑机关。

二、采取多种办法，开辟警运工作

南京党组织对旧警察机构开展工作，是从1946年夏天开始的。新四军淮北办事处敌工部的“反攻同盟会”会员王荫民（安徽凤阳县人），趁首都警察学校在蚌埠招生时投考来宁。他与市委工委的党员纪浩接触过程中，经纪浩教育培养，由陈慎言批准，于1947年3月入党。后来市委将王荫民的关系转给负责搞警察工作的马文林，从此党组织就能够了解首都警察学校内部的情况。马文林根据当时国民党搜刮民脂民膏，大打内战，苛捐杂税很多，物价一日三涨，劳动人民和公教人员生活日趋恶化等情况，便叫王荫民在警察学校内“通过经济斗争，扩大政治影响，争取进步群众，在斗争中谨慎建党，发展组织”。王荫民利用学警因生活津贴费太少而产生的不满情绪，抓住所在中队队长庚传新用学警津贴费去做投机生意的把柄，发动全队学警起来找庾传新算账，逼迫校长将庾传新调走。这次斗争取得胜利后，其他中队的学警也纷纷起来与克扣生活费的中队长进行说理斗争，迫使那些一贯骑在学警头上作威作福的“上司”的行为有所收敛。

1947年初，人民解放军粉碎了国民党反动派的全面进攻，国民党在1946年底召开“国民大会”抛出“宪法”之后，又在1947年2月底强迫我党驻南京、上海、重庆等地的谈判代表和工作人员撤退，并向延安发动进攻。这就进一步暴露了国民党政府法西斯面目，使它在政治上彻底孤立，经济更加陷入危机，引起各阶层人士的深刻不满。广大群众日益把和平民主的希望寄托在我党的身上，并程度不同的投入反内战、反迫害的斗争。毛泽东在《迎接中国革命的新高潮》的指示中指出：由于国民党政府的卖国、独裁、内战和掠夺政策，迫使中国各阶层人民处于团结自救的地位，罢工、罢课、民变运动不断发生，蒋管区的人民运动将日益向前发展。周恩来为党中央起草的《关于在蒋管区的工作方针和斗争策略的两个文件》中也指示：“同时在斗争中要联系到、有时要转移到经济斗争上去，才能动员更广大群众参加，而且易于取得合法形式。有了经济斗争的广大基础，也易于联系到反特务反内战的斗争上去。”

南京的党组织根据中央的这些重要指示，因势利导，发动了“反饥饿、反内战、反迫害”的斗争，发动了五二〇运动，得到上海、杭州、苏州、北平、天津等十几个大城市学生的声援，展开了联合行动，在全国造成巨大的声势，形成了反蒋的第二条战线，震撼了国民党的反动统治。

为了配合学运、工运的斗争，搜集敌人镇压革命运动的情报，控制地方武装实力，市委决定抽调专门力量，深入开展警察工作。当时我党对首都警察厅的政治情况作了分析，认为巡官以上的警官多系军委会、内政部、中央警官学校派来的骨干，但在大多数的员警中，除留用的汪伪警察外，其基层队伍，一部分是抗战胜利前夕，在重庆中央警官学校初级干部训练班受训一年结业的警员。他们为警校招生简章上写的“为抗日培养人材、毕业后以初级警官任用”所诱惑，可是，抗战胜利后，离乡背井来到南京，穿的是粗呢警士服，戴乌龟壳（指白钢盔）、站大岗，他们深感受骗。在我党发动学运、工运革命浪潮的影响下，他们于1947年5月举行过罢岗和游行、示威，争得“委任警员”的空衔，但并非都是死心塌地“效忠”国民党的。另一部分是从首都警察学校分来的学警，他们多系国民党发动内战后，由于百业凋敝而失学失业的中学生，因走投无路，没有办法才当警察。这些人薪饷微薄，家庭负担又重，寅吃卯粮，感到前途渺茫；其中有些思想活跃的，目睹国民党卖国独裁、贪污腐败等种种丑恶现象，加之受我解放战争节节胜利和蒋管区人民运动的影响，他们对国民党政府日益不满，渴望早日摆脱困境，这部分人是我党争取的主要对象。因此，市委决定，从工委系统抽调过去在上海搞过警察工作的马文林同志专门从事警运工作，并陆续抽调地下党员金广臣、王继贵、郝佩臣、汤待英、刘庆生、金同福等协助开展工作。

1947年夏，首都警察学校第二期学警即将毕业时，马文林要王荫民利用安徽籍同乡同学的关系，组织了“皖警联谊会”，以便在这些学警分配工作后进一步进行联络活动。为了争取合法地位，聘请了警校教育组长傅维新（安徽人）任该会理事长，王荫民被选为常务理事兼联络组长，并安插了积极分子、安徽籍学警李玉美、易潜（这2人后来均被发展入党）为该会骨干，初步在警校建立了一个团结进步群众进行斗争的核心。

当时蒋管区物资缺乏，物价暴涨，国民党政府实行食品配给制度。每月发给配购券，分红、绿两种，“红票”比“绿票”增配公价的米、面、布等日用品，油、盐、糖配量也多一倍。1947年秋，首都警察学校第二期学警毕业，分配前有3个月实习期，校方宣布在实习期只能领用“绿票”，实习期满才换发“红票”。可是，在实习期满后又食言，不发“红票”，学

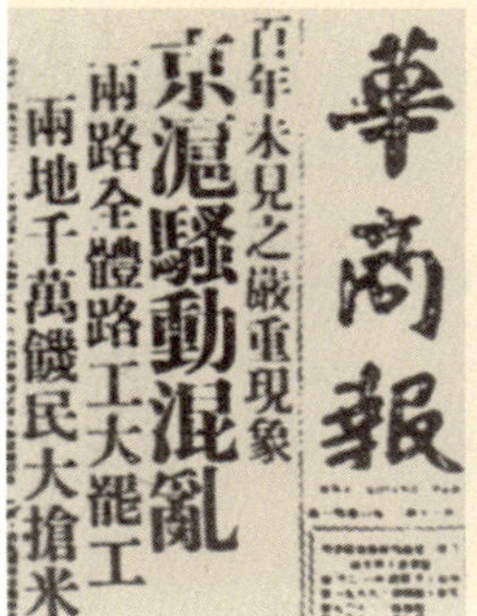
華商報
百年未見之嚴重現象
京滬騷動混亂
兩路全體路工大罷工
兩地千萬饑民大搶米

物资匮乏，米店、百货店门口抢购人潮汹涌

警多有怨言。地下党员王荫民等即以“皖警联谊会”的积极分子为骨干，发动几百名学警到警校集会请愿，进行抗议，掀起了争“红票”的斗争。警校负责人耍尽推委、哄骗的手段均无济于事，后来被迫与学警代表一起到内政部谈判，内政部次长胡次威只得答应补发。在争“红票”的斗争中，培养锻炼了一批积极分子，后来王荫民将其中的孙洙（当时名叫朱树勋）发展入党。

1947年11月初，上海民盟中央将学运中暴露的骨干杨辉介绍来南京，市委将他交给马文林领导，同年12月，杨辉经马文林介绍入党。杨辉在西郊警察局新河口派驻所当警员的同乡王松的家落脚，争取联络在敌控制较为薄弱的西郊警察局工作的同乡同学。经过3个多月教育、启发，王松于1948年2月被发展入党。杨辉又通过王松在警员中积极串连和物色建党对象，经过一段时间的思想政治教育和在实际工作中考核，到1948年10月，经组织批准，在西郊、南郊、下关等警察局、所，先后发展了邬家福、赵圣范、冯福成等人入党。之后又由邬家福介绍了宋锡光、赵光明等人，赵圣范介绍了赵仿吾、周群中、李炎钧等人，李炎钧又介绍冯英等20多人参加了党，从而开辟了新的阵地，为后来进一步联络下关、水上警察机构中的进步力量和开展各项斗争打下了基础。

三、建立警察运动委员会

1948年9月21日，中共中央上海局在给南京市委的指示信中指出：“为了执行党的总任务，认真做到在充分准备、抓紧时机、跳跃发展的方针下，加强与扩大自己的力量，争取群众的优势，建立战略堡垒，深入敌人心脏，来有效地发动第二战线作战和加强支援解放战争。”市委认为，对国民党警察中的多数下层人员可以做分化瓦解工作，争取他们起义，以便在解放军解放南京时起里应外合的作用；在敌人弃城逃跑之际，可以组织他们维持社会秩序，这是一支可资利用的重要力量。两年来，我们虽然在警察中发展了一批党员，形成一些秘密据点，但力量尚弱，远远不能控制全局，因此，市委作出了进一步加强警察工作的决定，于1948年11月成立了中共南京市委警察运动委员会[①]（简称警运会），在市委副书记刘峰和市委委员兼工委书记陈慎言的先后领导下，由陈良、马文林两同志分任正、副书记。为了充实骨干，聚积力量，加强领导，

①亦称中共南京市委警员工作委员会。

市委先后从工委系统抽调黄河、丁熊同志，从店员系统抽调邓德明、陈铮、周静芳（女）、胡化楠等同志，从军运系统抽调李昭定、陈志宣、谢锦生、翁士毅，以及由李昭定联系的安庆市安徽大学地下党员刘玉浦、朱蒋生、季道元（女）、尤继安等同志；1949年2月以后，又从徐州军运系统调来徐南、王励明、苏新同志，从南京学运系统调来曹汶、焦维和同志，分赴各区，与埋伏在警察机构内部的同志秘密联系，并肩战斗，以加速开展警察工作。

警运会成立以后，积极贯彻中共中央上海局的“继续为巩固与扩大党的组织而斗争”，“坚决地向着（国民党）中央和地方党政军机关特别是前方和后方的部队，特工系统等扩大我们的力量”的指示和市委的部署。一方面，加强对新党员的教育巩固工作，普遍进行了时事、政策、政治、思想教育，秘密工作技术，斗争策略和气节教育，以站稳脚跟，巩固阵地；另一方面，在警察机构的基层继续发展党员，并通过各种社会关系，在其中、上层人物中积极进行分化、争取和策反工作。1948年10月，南京市委公务员系统的党员刘胜鉴同志通过友人左健东认识了原任内政部警察总署专员的张澍作为工作关系。通过在工作中考察，刘胜鉴认为张澍原与我党有过关系，后来虽在国民党政界任职多年，但是几经起落，与蒋党貌合神离，在解放战争节节胜利的影响下有重新革命的可能，而且张澍认识警察界不少头面人物，可通过他做上层的策反工作。于是刘胜鉴要张澍写了自传，经组织审查，发展张澍入党，并将张澍的关系交陈良同志直接领导。张澍在入党后，先后发展了内政部警察总署编审兼外事教官袁友秋、人事室科员周忠珩、内政部人口局科员庞凌魁等入党，而后由他们陆续分头发展了中央警官学校助教陈勃、首都警察厅督察处服务员李鼎成、水上警察局刑事课长林大宗、北区警察局实习巡官兰荣衡和阴阳营派驻所所长李虎俊、北郊警察局八卦洲所巡官萧绍基以及当时被遣散的原山东省历城县警察局局长李继增入党。此外，还将原在北平市警察局任巡官来南京后赋闲的赵守荣作为工作关系。

经过两年多的艰苦努力，我党在敌警中的工作有了较大的开展，到南京解放前夕，警运会系统共有地下党员124人。其中属于组织上指派和从工委、学委、店员和军运系统抽调来的党员骨干25人，属于内政部警察总署、人口局和警官学校等部门的8人，属于首都警察厅的91人。在首都警察厅的地下党员分布情况是：东区9人，西区8人，南区3人，北区2人，中区7人，下关6人，东郊2人，西郊29人，南郊5人，北郊2人，水上15人，厅本部3人。另外，警运会掌握的工作关系共有95人，分布厅本部、浦口警察局及各区。

四、开展情报、策反等工作

随着人民解放军向南方胜利进军，敌人进行垂死挣扎，搜集和研究敌人的政治、军事、经济情报的任务就更加紧迫。警运会要求每个党员迅速查报所在单位的员警，特别是巡官以上人员的来历、身份、个性、思想动向和社会关系，分出左、中、右政治倾向；同时摸清警察机构内的枪支弹药和档案资料等情况，以及各区警察局管辖范围内的驻军番号、江防部署、要塞设施、地方武装，反动党、团、特务、会道门、青洪帮和地痞流氓头子、“还乡团”分子以及属地方武装性质的民众自卫队、防护团和义务督察队等情况，整理材料，向组织报告，以便市委掌握全面情况，部署工作。

警运会的地下党员在复杂的环境中，采取多种方式，搜集了一些重要情报。东区警察局的地下党员陈润田提供了军统局在警察厅内部部署的绝密情报，其中有东区、东郊、汤山3个警察局属蒋介石侍从室特别警卫组控制的重点；东区警察局的两任局长陈善周、江理章都是军统特别警卫组的少将副组长；太平桥、太平门、中山门、中山陵和汤山等警察所多系特别警卫组派出的特务，许多便衣特务也经常在这一带活动。袁友秋根据党组织的指示，利用其职业身份，收集到南区、北区警察局和首都警察学校职员的政治情况，国民党军队的考资《江防图》，中央通讯社汇编送给警察总署署长唐纵看的《参料》和国民党军队

20世纪80年代，陈良（后排左二）与其当年地下党同志合影。前排左一陈慎言、左三刘峰，后排左一彭原

调防部署、戒严口令等，提供组织上参考。

此外，中共中央社会部早在抗日战争期间，派遣葛亦远打入军统局，抗战胜利后埋伏于内政部警察总署，长期隐蔽，单线领导，搜集情报。华中行政办事处公安处也于1946年底派顾良琛来南京，利用其在首都警察厅当机要秘书主任的舅父刘启迪的关系，多方搜集情报。1948年市委学委组织的纪念“五四”晚会、五二〇周年纪念会前，顾良琛从国民党青年部获悉敌人预先布置特务、“职业学生”准备进行破坏的情报后，均报告了组织。顾良琛还先后发展督察处服务员杨振声、刑警队邱富民和北区警察局朱养和为工作关系。

在辽沈、淮海、平津三大战役中，国民党的精锐部队被消灭殆尽。国民党政府面临崩溃的境地，便将大部分官僚机构陆续迁往广州、台湾等地。蒋介石的军政要员纷纷南逃，一般公教人员惶惶不可终日。当时南京市场萧条，人民生活艰难，社会秩序非常混乱。1949年2月初，市委书记陈修良、副书记刘峰、委员陈慎言、陈良、马文林在陈良家里秘密开会，分析了敌情，根据南京解放前夕敌人可能出现顽抗死守、撤退逃跑、投诚起义3种情况，具体研究对策。着重部署将警察中可以利用的力量进一步组织起来，在必要而又可能的情况下，争取一部分警察起义，夺取武器，武装工人、学生，以便在我军兵临城下时，实行里应外合，武装保护机关、工厂、企业、粮仓和重要桥梁、交通设施等，防止敌人破坏。在指导思想上，要从最困难的情况出发，做好作战的准备。在组织指挥上，采取分区负责、独立作战的方式，机智灵活地进行战斗。为此，市委随即从南京被服厂抽调一部分党员骨干，分别到东区、南区、西区、北区和下关等区，加强三轮车工人系统的工作，准备在作战时，与我党领导的武装警察配合行动，必要时再调动小教系统的力量参战。

市委会议之后，马文林即召集黄河、杨辉开会，分析敌情，研究工作。估计解放军一旦扫清长江北岸敌军，将会包抄芜湖、句容等地，进而解放南京。这时，敌人可能扼守中华门、光华门和中山门，加强江防，进行顽抗，使紧邻长江的下关、三汊河、上新河一带处于前沿阵地。当出现这种局势，来不及向上级汇报时，授权黄河代表警运会宣布成立“水陆联合指挥部”。由黄河具体负责下关地区、长江南岸，控制水上警察局所有巡艇，组织民船，保护火车轮渡栈桥、码头，并配合下关发电厂工人护厂。杨辉负责西郊地区的三汊河、上新河、大胜关、水西门一带，保护中央广播电台、自来水厂、有恒面粉厂和水西门外大桥的安全。由黄河统一指挥，水陆协同作战，相互策应。

与此同时，陈良在玄武湖樱洲召集邓德明、袁友秋、庞凌魁、周忠珩、林大宗等开会，布置城区迎接解放的行动计划，要求在警察中加紧策反、联络工作，利用原有的系统，上令下行，为我所用。并特别交代袁友秋、庞凌魁在警察中、上层人物中加速进行统战工作，抓紧与工作关系周春萱联系，争取周春萱在解放时率部起义，控制市中心，维护城区社会治安，以减少国家和人民群众财产的损失。

1948年秋，南京市委传达了上海局的指示信："要求即刻着手注意通过现有社会关系，利用自己的业务关系，联络社会各角落里不满现状的同情分子，敌人内部的反对派，甚至投机分子，只要肯支援解放军，想立功赎罪的各种分子，都要看成为策反线索的对象。"警运会根据这一指示，1949年2月派党员张澍、袁友秋、庞凌魁着手对东区警察局警官进行策反工作。袁友秋、庞凌魁利用过去与东区警察局副局长周春萱在中央警官学校同学，而庞凌魁与周春萱又是干亲家的关系，对周春萱进行策反。早在淮海战役激烈进行的时候，国民党军政官员人人自危，他们就经常在一起议论时局和前途问题。有一次，周春萱对袁友秋、庞凌魁说："国民党败局已定，要想法找路子。"并哀叹地说："我身为警察局长，一般人都说是特务，即使遇有进步人士，亦怕与我谈，内心颇为苦闷。"随后，袁友秋根据组织上的授意，找周春萱谈话，告知已"有了关系线索"。周春萱当时惊喜交集地说："必须谨慎行事，因为国民党有时放出特务，诡称中共，诱骗进步青年上钩，加以残害，谨防中计。"不几天，袁友秋又告诉周春萱："路线准确"，并约周春萱去庞凌魁家吃饭。周春萱按时赴约，当他与张澍见面后，谈了4个多小时，"大有相见恨晚之感"。张澍对他进行了革命政策和形势教育，周春萱主动谈了他的身世以及他参加军统特务组织的经过和活动情况。经

1940年从中央警官学校毕业的周春萱（南京市公安局档案室 提供）

张澍等向组织汇报，决定对周春萱抓紧教育，要他真心向我，立功自赎。后来周春萱又写了自传，提供了国民党军统机构、特务分子名单，以及东区特种户口名册，准备迫害共产党员、进步人士的“黑名单”。从此周春萱就成为工作关系，准备在适当时候“亮相”起义，周春萱还把庞凌魁的妻子陈悦兰安排在东区警察局当雇员，借以传递情报，及时联络。

与此同时，张澍还对首都警察学校教官冯子厚进行了策反工作。张澍也是利用冯子厚与他是警官学校同学的关系，经常相聚，议论时局，通过言谈考察，认为冯子厚谈的国民党政治腐败，共产党富有朝气等言论，确是出自内心认识，便把冯子厚作为工作关系，要他搜集情报。在解放时，冯子厚带领了200多学员参加维持社会秩序的工作。

五、与敌特破坏作斗争

正当警运会为迎接解放而紧张地进行各种准备工作的时候，敌特的魔爪伸进来了。在东区警察局太平桥派驻所工作的党员孙洙因思想麻痹，未经认真考查，竟将私交较好的同所警员张明伦作为发展对象。他在对张明伦进行教育谈话的过程中暴露了自己的身份。张明伦认为这是报功领赏的机会，就向派驻所长报告。1949年3月1日，警察厅刑警队经过两次秘密布置，带张明伦前往密约地点，将地下党组织派去对张明伦进行考察的丁熊捕去，孙洙在派驻所也同时被捕。敌特在孙洙的住处搜出笔记本，上面记有孙洙的同学王荫民的通讯地址，因此又将王荫民逮捕，均被关押在首都警察厅看守所。王荫民被刑讯后矢口否认，敌人只好于7天后将王荫民取保释放。周春萱和地下党员先后向党组织报告，党组织立即采取紧急措施，切断各方面与被捕同志的联系，并通知所有党员提高警惕。后警察厅将丁熊、孙洙解往首都卫戍司令部羊皮巷看守所，敌人对丁熊施行老虎凳等毒刑，丁熊坚贞不屈；孙洙虽一度动摇，经丁熊教育后，也坚决翻供，敌人无法定案。丁熊、孙洙在4月23日夜出狱，张明伦在解放后被政府处决。

孙洙等被捕后不久，在水上警察局太阳宫派驻所工作的地下党员冯英在秘密抄录该所人员和装备时，被警察所长发现，以“共党嫌疑”拘留所内，并上报水上警察局刑事课。当时课长就是地下党员林大宗，林大宗及时向党组织汇报。组织上指示林大宗压住不让上解，令该派驻所所长把“嫌疑”搞清后再说，来一个“缓兵之计”。以后又使冯英伺机逃出虎口，安全转移到湖南家乡；同时，组织上将冯英的联系人李炎钧也撤退到句容县隐蔽。

六、保护城市，迎接解放

1949年4月20日，国民党政府公开拒绝在国内和平协定上签字，彻底暴露了他们求和的骗局。4月21日，毛主席、朱总司令发布了“打过长江去，解放全中国”的命令。中国人民解放军百万大军立即从西起九江市的湖口，东到江阴要塞的千里战线上，以排山倒海之势强渡长江，国民党政府苦心经营了3个多月的江防工事，顿时土崩瓦解。4月21日起，全城喜闻江北隆隆炮声，入夜火光映红了大江。

为了制止敌人的破坏，保护国家物资、档案和人民生命财产的安全，迎接我军顺利接管南京，市委早在4月中旬秘密部署警运会“抓紧周密地控制敌警武装，配合人民解放军解放南京”。4月18日，陈良、马文林分别向各区党的负责人传达上海局和市委的指示精神，布置迅速做好解放南京的准备工作，并秘密印发了《入城指示》，要求3天内把各项具体工作分工落实到人，待机行动。4月21日，陈良又在庞凌魁家召集各区主要骨干开紧急会议，要求密切注意敌人动态，做好应付各种事变的准备工作，各区迅速传达到每个同志。

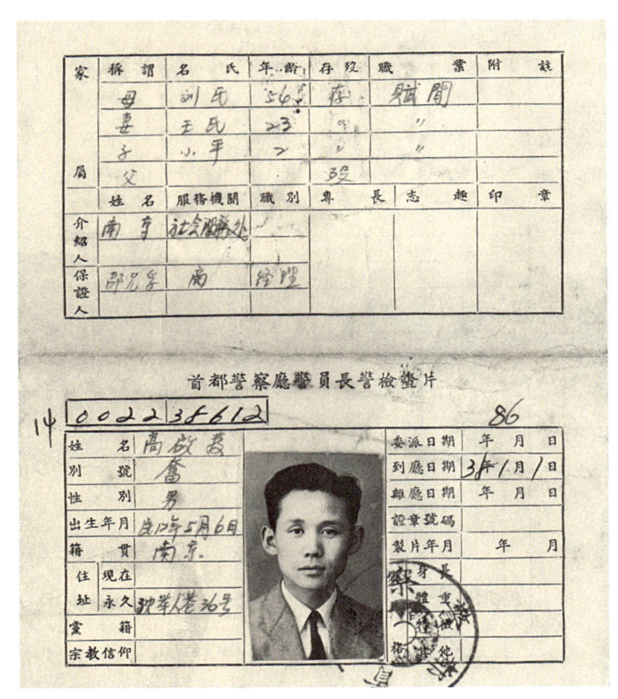

家屬	稱謂	名氏	年齡	存歿	職業	附註
	母	刘氏	56	存	賦閒	
	妻	王氏	23	〃	〃	
	子	小平	2	〃	〃	
	父			歿		

	姓名	服務機關	職別	專長	志趣	印章
介紹人						
保證人						

首都警察廳警員長警檢查片

0022 38612　86

姓名	高啟發	委派日期	年　月　日
別號		到廳日期	38年1月1日
性別	男	離廳日期	年　月　日
出生年月	民12年5月6日	證章號碼	
籍貫	南京	製片年月	年　月
住址　現在		身長	
住址　永久		體重	
黨籍			
宗教信仰			

高启发在首都警察厅任职时的警员长警检查片（南京市公安局档案室　提供）

东区警察局副局长周春萱在4月22日夜获悉敌人撤退消息后，曾两次派人向我党地下员传递情报。当敌人开始溃逃时，周春萱挺身而出，公开表态留城维持治安。在他控制影响下有600多名员警留局待命。这时，陈良决定打起“南京地下工作团”的旗帜，由地下党员张澍、庞凌魁出面负责，领导周春萱维持地方秩序。他们在各主要干道路口派出员警执勤，指挥交通。地下党员陈润田、刘圮等还组织人员保护二郎庙粮食仓库和碑亭巷食品库。打入首都警察厅工作的顾良琛同志，利用工作关系袁弢（交际课长）、杨振声组织“员警复职会”，动员200多名员警出来工作，控制了部分人枪，保护了档案和财产。埋伏在警察厅通讯部门的地下党员高启发及其联系的工作关系沙金华等，保护了全厅的电话总机、无线电台和通讯警鸽，保证了通讯联络畅通。

4月23日凌晨，国民党的溃军、宪兵和部分警察仓皇溜出中山门，沿京杭国道逃跑。这时敌军的一个工兵营长带领爆炸小组在破坏了下关火车站一部分设施之后，紧接着就去爆炸老江口火车轮渡栈桥。如果他们的阴谋得逞，将会阻碍我军大部队迅速渡江，且使南北铁路运输中断，严重影响大量军需民用物资的运输。手无寸铁的栈桥工人虽然竭力阻止，但终究抵挡不住全副武装的敌军，正在这个危急的时刻，站在老江口水上警察局岗楼上守望的中共地下党员潘逸舟，一面喊话制止敌军暴行；一面用机枪扫射示警。这时，地下党支部委员林大宗闻警即率领党员和工作关系谭志广、郑维武、陈古哲、胡力甫等人迅速奔向栈桥援助。敌军爆炸小组见势不妙，遂狼狈逃窜。轮渡栈桥终于保存下来了，林大宗立即派2名武装警察配合工人日夜守护栈桥，保证大江南北铁路运输畅通，为迎接解放大军渡江作出了贡献。

“京电”号

从1949年3月起，国民党政府就宣布“封江”，对过往船只严格控制。江北“三浦战役”① 打响后，国民党江防部队严禁南岸行船，大小船只全被赶到内河停靠。水上警察局的8艘巡艇也

①“三浦战役”是指1949年4月20日至22日，中国人民解放军三十五军一〇三师先后攻克江浦、浦镇、浦口的战役。

被迫全部撤到护城河内“隐蔽”起来。

4月23日，在下关地区的警运会系统的地下党员，由黄河同志组织，打起“中国人民解放军水上挺进队”的旗号，指定林大宗为队长，下设治安巡逻、港口保护和巡艇3个分队、分头执行任务。

23日夜间，在解放军三十五军一〇三师、一〇四师派侦察员渡江到下关后，下关电厂、轮渡所工人开出“京电”号、“凌平”号小火轮迎接解放军渡江。24日拂晓，由刘超、甘绪生驾驶的水上警察局第二号巡艇，也从老江口乘风破浪向江北急驰，跟在它后面的另外7艘巡艇也拖着民船，前往浦口迎接解放军渡江。船队到达北岸，解放军三十五军政治部袁副主任热情接待了刘超等，并大加慰勉。接着二号巡艇和船队满载着解放军某部返航，当他们跨上长江南岸时，伫立在中山码头迎接解放军的工人群众一片欢腾。

经过水上警察局地下党负责同志与三十五军参谋协力组织，24日上午7时许，林大宗、郑维武、谭志广等分乘8艘巡艇第2批驶往浦口。紧接着由徐万里、孙歧凤、田守信和段建禄等又组织沿江一带的民船小划子，上江、下江、内河的木帆船，以及民生轮船公司、福记轮船公司、招商局和铁路轮渡管理所等单位的大小轮船，先后加入了接运解放军过江的行列。

千帆竞发，蔚为壮观，尽管空中有敌机的轮番轰炸、扫射，但无法阻挡解放大军飞越天堑。从4月24日凌晨到中午，经过往返不停的载运，胜利完成了攻克三浦的三十五军先头部队渡江解放南京的光荣任务，三十五军先头部队把胜利红旗插上总统府的门楼，宣告了国民党反动统治的覆灭。

由于敌机狂轰滥炸，4月24日中午，4号码头及停泊在3号码头的“中山”号货轮中弹着火，船上装有大批粮食、布匹和橡胶制品，火势凶猛。黄河、林大宗立即命令任居义等同志驾驶消防艇迅速赶往

“凌平”号

出事水域救火。接着，下关发电厂附近也遭敌机轰炸起火，情况十分紧迫。刚进城的解放军指战员立即投入救火。任居义、谭志广等迅速将消防艇开到电厂附近岸边登陆灭火。随后由地下党员田农控制下的首都警察厅消防总队的消防车也赶到现场。下关警察局地下党员冯福成带领该局员警和群众参加救火，军民同心合力，终于扑灭了大火，保证了全市的正常供电。

坐落在西郊江东门附近的敌中央广播电台，是当时东亚地区规模最大的电台之一，是敌人进行破坏的重要目标。当敌军逃跑后，西郊地区的情势仍十分险恶，当地皇木厂的地主武装和上新河军统特务张梦秋组织的特务武装四处活动。西郊地下党负责人杨辉果断地派了党员谢家声、王德钰身带短枪，佩带“中国人民解放军西郊挺进队”的袖章，抢先武装进驻了广播电台，组织留守职工坚持工作。4月24日午夜，将该台完整地移交给解放军三十五军某部驻守，及时地向全世界播出了“南京解放了”的喜讯。

七、成立警察总队、维护社会秩序

大军渡江之后，大部队继续向东南进军追歼逃敌。这时敌机不断空袭，国民党武装特务指示轰炸目标，伺机纵火焚烧机关，盗窃使领馆财产，地痞、流氓趁火打劫，反动分子造谣惑众。为了尽快地安定人心，震慑暗藏的敌人，建立革命秩序，统一领导全市的社会治安工作，市委于4月24日决定临时成立南京市人民警察总队（简称警总）。

当天下午，市委委员陈慎言和警运会正副书记陈良、马文林在党公巷召开干部会议。参加会议的有黄河、杨辉、李昭定、邓德明、丁熊、曹汶、张澍、庞凌魁、袁友秋、林大宗、周忠珩等党员骨干20余人，并邀请了党的工作关系周春萱参加了会议。陈良在会上宣布了警总机构和人选：总队长周春萱、副总队长张澍、主任秘书周忠珩（秘书组成员有刘玉浦、尤继安、曹汶、陈志宣、谢锦生、胡化楠、马佩珩、王冠三、杨秀岩等）、业务组长李鼎成、总务组长李宗烈。东区队长庞凌魁、南区队长袁友秋、西区队长赵守荣、北区队长兰荣衡、中区队长张可和、东郊区队长邓亦文、南郊区队长李继曾、西郊区队长杨辉、北郊区队长萧绍基、下关区队长黄河、水上区队长林大宗。区队下面按所设分队，配备分队长1人。会上宣布了全体干警必须严格执行党的政策，自觉遵守组织纪律，依靠广大人民群众，维护好社会秩序，迎接解放军进行军管接收。

警运会各区的党组织、党员和工作关系，怀着胜利的喜悦，不顾当时粮饷、经费短缺，自觉地克服困难，团结广大群众，开展斗争，积极完成上级部署的各项任务。

水上区队的孙歧凤、徐万里、田守信、吴延泰等分别到水上管区的上江、内江、内河、三汊河等地维护水上治安。他们还重点加强对中山码头、江边仓库、民生公司、招商局、美军顾问团码头和海军码头等地保护工作。

下关区由王松领导党员冯福成、张梅魁、滕建喜和数十名员警，组织了巡逻队，配合工人纠察队，保护下关发电厂。

西郊地下党员杨辉和焦维和将中共地下组织策动留下来的140多名员警组织起来，针对西郊沿江水陆要冲、情况复杂的特点，采取全面控制、确保重点的方法，指派专门员警，加强对中央广播电台、自来水厂、有恒面粉厂、上新河合作金库和水西门大桥的武装保护。同时由所在警察所的地下党员负责，组织员警和居民积极分子，维护地方治安。西郊队还配合解放军收缴了皇木厂地主武装和上新河特务武装的枪支100余支，轻机枪3挺，迫击炮2门。

南郊地下党员宋锡光、赵仿吾、詹洪霖控制留下来的70多名员警和工作关系鲁汝川、吴仁侠、唐跃中、陈啸天等，发动工人武装保护集合村粮食仓库、中华门外大桥，并配合工委保卫六〇兵工厂等重要厂库。北郊的地下党员王励明、萧绍基、曹湘等组织员警进行武装巡逻，维护社会秩序。

城内中区的邓德明、张可和、李志超等，组织了警察巡逻队。西区的陈登堂、刘建业，南区的袁友秋、易潜、刘毅、程元祥、谢俊成等，也积极组织群众维护当地治安。

4月27日，警总召开了第二次会议，到会的除上次与会成员外，还有吴象、陈润田、杨聿镛，刘圯、李继曾、李鼎成、王励明、徐南等30余人。会上汇报了各区情况，总结了工作经验。陈良、马文林作了报告，他们谈到，在迎接南京解放的过程中，警总共组织店员、职工1000多人，陆续收编归顺的警察3000多人。在市委直接领导下，在人民群众和各方面进步力量的配合下，全体党员团结广大员警，不顾个人安危，勇于克服各种困难，夜以继日地工作，从而迅速控制了治安局势。从4月25日起，全市商店照常营业，交通干线岗哨恢复了指挥管理。此外，广大员警还警戒、保护了中央合作金库，中央、中国、交通、农业四大银行，电信局，六〇兵工厂，下关发电厂，自来水厂，面粉厂，明故宫飞机场，中央广播电台，中央大学和重要物资仓库、桥梁、码头等重要单位；协同接管了国民党中央党部、市党部、“三青团”总部、国防部、陆军总部、励志社和警宪特务机构的房产、物资；及时平息了地痞流氓、帮会头子的哄抢风，破获了苏联大使馆和比利时大使馆被盗案，防范了敌特的破坏活动，清查处理了一批冒充接收的坏分子。同时，还协助解放军追歼溃逃敌军，解除特务武装，共收缴炮73门、炮弹1875枚、枪1185支、子弹几十万发，对维护社会治安，初步建立革命秩序起了重要的作用。

市公安局在1949年7月25日给市委的工作总结报告中说：“警运会在南京解放之初做了许多工作，在维持治安上起了相当作用，在军管会公安部正式组成之后，警运会党员及少数干部和公安部的同志及各工作小组一起进行工作。”

1949年5月16日，以刘伯承为首的市委派常委、社会部部长、市军管会公安部部长周兴，在“考试院”[①]召开了军管会公安部暨工作组，警总干部会议，代表市委、市军管会和南京市人民政府宣布成立南京市人民政府公安局。他指出：警运会在配合大军解放南京，维护城市治安，协同进行接管工作，发挥了很大的作用。自即日起，警总的工作全部移交给市公安局及所属各分局接管。至此，警运会的全体党员和进步群众，愉快地转入到人民公安机关的各个工作岗位。

①国民政府考试院是国民政府最高人事管理机构。院址为原南京东岳庙，1930年成立，与行政院、立法院、司法院、监察院并称五院。其旧址现为中共南京市委、南京市人大、南京市人民政府、南京市政协的所在地。

解放战争时期党在金融战线的革命斗争*

顾公泰　张士雄

抗日战争时期，汪伪政府在南京的金融机构很少，其中只有个别中共党员，做些团结教育群众的工作。抗战胜利后，1946年5月国民党政府“还都”南京，蒋、宋、孔、陈四大家族控制的中央银行、中国银行、交通银行、农民银行、邮政储金汇业总局（简称邮汇局）、中央信托局、中央合作金库（总称四行、二局、一库）陆续迁回南京；同时，一些外地的私人银行也先后来南京设立分行，这样就有一大批银行员工从“大后方”复员或从外地迁来南京。中共南京地下组织认为必须开展金融系统的工作，要求党员根据银钱业的情况和特点，积极开展群众工作，领导群众进行各种斗争，发展党的力量。

一、各系统的共产党员独立作战，分别开展活动

抗战时期，在国民党的金融机构中就有了一些中共地下党员，抗战胜利后，他们随金融机构一起迁来南京。因此，这时南京金融系统的地下党员就有原属中共中央南方局（后改为中共中央南京局）领导的耿一民（中国银行南京分行）、陆兰秀（中央银行南京分行）、张渊泉（邮汇局）、顾公泰（邮汇局南京分局），属上海地下党领导的张士雄、熊耀辉（邮汇局），还有中共南京市委领导的党员刘超尘、刘鑑农、张一权、沈振寀等人，他们之间都没有横的关系。他们根据“勤学勤业，广交朋友”和“发展进步势力，团结中间势力，孤立反动势力”的方针，各自独立作战，积极开展群众活动，团结和带领银行员工向国民党反动当局进行坚决的斗争。

1946年1月，耿一民从重庆来到南京，在中国银行南京分行做文书主任。他

*本文选自中共南京市委党史资料征集编研委员会办公室、南京市档案馆编：《南京党史资料》第22辑，1988年，第23—37页。

受中共中央南方局经济组负责人许涤新的委托，和汪季琦、张启宗、欧阳执无等人一起，筹建中国经济事业协进会（简称经协）南京分会，先后发展会员60多人，分城南、城北两个组开展活动，定期举行座谈会、形势报告会，讨论时局和国民党的经济政策等方面的问题，交流各地情况，宣传我党经济政策，团结了一批工商界和银行业的知名人士。

耿一民来南京不久，陆兰秀也从重庆来到南京，在中央银行工作。她在重庆时，即经罗叔章介绍参加了经协，到南京后，和耿一民取得联系，参加经协南京分会的活动。

1946年6月，蒋介石集团撕毁政协协议，发动全面内战，上海人民派出以马叙伦为首的和平代表团到南京向国民党政府请愿。代表团来南京前，罗叔章、胡子婴两人先一天来南京，找到耿一民，要耿一民帮助解决代表团的食宿问题。耿一民以化名在鼓楼兴皋旅社订了两个房间，并安排经协成员陆兰秀同罗叔章一起，前往下关车站迎接代表团。23日下午，代表团到达南京下关车站，遭到伪装成“苏北难民”的国民党特务的围殴，马叙伦、阎宝航、陈震中、雷洁琼等代表和新闻记者被打伤，陆兰秀为掩护罗叔章也遭毒打。这就是震惊中外的下关惨案。下关惨案发生后，耿一民曾组织经协成员，冒险到中央医院慰问受伤代表，并向各界呼吁和捐款慰问。

1945年，顾公泰、徐锦明夫妇携三儿子顾重华在乐山（顾乐山　提供）

1946年6月，顾公泰由四川乐山武汉大学来南京，经人介绍，进邮汇局南京分局工作。他到南京后，很快就和中共代表团的钱瑛接上关系，钱瑛先后派李晨、卫永清与他联系。当时顾公泰刚到南京，人生地疏，无法和其他党员取得联系，因此，他就参加在南京的武汉大学校友会的一些活动，广交朋友，做团结教育工作。以后，他经卫永清的同意，又参加原武大的进步同学组织的星原社活动，座谈时事，评议时政，揭露国民党统治的黑暗、腐败，团结进步青年。后来，他还参加了进步人士组织的中国科学工作者协会（简称科协）的活动。

邮汇局迁来南京后，职工生活方面的困难很多，如职工宿舍、上下班交通、子女入学等问题长期没有解决，特别是物价飞涨，职工生活水平下降，大家意见很大。他们对接收大员发胜利财，中饱私囊，而不考虑群众的生活非常不满，因此迫切希望有一个组织为他们说话，能解决一些实际问题。根据这一情况，党员张士雄、熊耀辉、张渊泉3人，为解决员工生活福利问题，准备成立一个福利性的组织，以便团结群众，向邮汇当局开展斗争。他们3人先在会计处和储金处串联酝酿，后又向各处室提出成立同仁福利会的倡议，得到各处室的积极响应。接着，各处室的积极分子召开了预备会，拟定了章程草案。经过1个月的筹备，开了成立大会，通过了章程，选出了理、监事会，张士雄、熊耀辉、吴宗仁（进步群众）3人当选为常务理事，主持日常工作。

同仁福利会成立后，全体理事20余人找总局副局长陈述曾进行说理斗争，提出群众迫切要求解决的问题：1.尽快建造职工宿舍并供给必要的家俱；2.在宿舍区设立子弟学校；3.开交通车接送职工上下班；4.设立医务室和改善职工伙食；5.恢复同仁消费合作社；6.同仁福利会的各项活动，局方要给予支持。经多次交涉，陈述曾基本上答应了大家的要求。到1947年，同仁福利会所提各项要求基本实现：建造了100套职工家属宿舍，并配备了大床、方桌、椅子、五斗橱及一对沙发，还建造了单人宿舍；设立了南京邮汇子弟小学（由张渊泉担任校长）和医务室，安排了接送职工上下班的交通车；恢复了消费合作社。并以同仁福利会的名义，多次组织旅游，举办歌咏会、诗歌朗诵会及交谊舞会，还以会计处为主成立了“湖滨”读书会，建立了图书馆。这次斗争的胜利，大大鼓舞了群众的情绪，为我党团结群众，开展活动打下良好的基础。

二、利用各种形式，团结教育群众

1947年，中共中央南京局和上海分局领导的党员顾公泰、张渊泉、张士雄、熊耀辉、张庆祥、王首民、胡承淼等人的组织关系，先后转到南京市委，加上原属南京市委的几个党员，都由市委副书记刘峰分别进行联系。

当时市委分析，银行员工大多是通过各种关系进入银行的，背景复杂，加上国民党当局在这里安插了许多中统、军统、“三青团”、青年军和政学系分子，盘根错节，形成了不同于其他系统的特殊环境。另一方面，银行是个“金饭碗”，工资待遇较高，尤其是国家银行职工，每月按生活指数发薪，职业稳定，生活优裕。因此，一般员工多埋头业务，不大关心时事政治，业余时间则用于打牌、逛夫子庙、看戏、进舞厅，只有少数人不愿随波逐流，想多学点知识，以便在事业上有所成就。这种状况，给我党在银行系统开展工作造成一定的困难。为此，市委决定本着“勤学勤业，广交朋友”的精神，利用各种适合的形式，扩大接触面，开展团结、教育工作，在银行职工中扩大党的影响，发展党的力量。

1.领导非邮班人员的反裁减斗争。邮汇局是从邮政系统分离出来的机构，邮汇局长历来都由邮政局长兼任，员工也大部分是从邮政局转来的。这些从邮政局转来的员工，称为邮班人员。随着邮汇局金融业务的增加，后来又聘用了一部分人员，称为非邮班人员，他们的职级、工资、福利待遇低于邮班人员。

1947年下半年，谷春帆接任邮汇总局局长，他是老邮班人员，有“门户”之见，提出要对非邮班人员进行裁减或通过考试个别录用，这样就引起非邮班人员的惊慌和愤怒。于是，邮汇总局和南京分局的300多名非邮班人员集会，为反对裁减，保障职业，成立了非邮班人员同仁联谊会，张士雄被选为理事。由于理事会中多数人是国民党、“三青团”、中统、军统或政学系分子，他们并不坚决反对裁减，并想通过裁减捞一笔可观的遣散费。他们的这种态度，遭到大多数低级职员的反对。根据这一情况，市委指示地下党员要团结群众，同反动分子进行坚决的斗争。于是，张士雄等几个党员，团结一部分积极分子，在理事会和群众大会上，提出针锋相对的主张。这下激怒了反动分子，他们便放出谣言，说有赤色分子捣乱，企图进行政治威胁。但是群众反对裁减的呼声仍然很高，在群众的压力下，一些反动分子不得不同意做出“不得裁减人员”的决议。后来经过几次交涉，谷春帆只好取消裁减非邮班人员的决定，取得了斗争的胜利。

2.通过同仁消费合作社为群众谋福利。在员工的积极争取下，1947年夏，邮汇总局恢复建立了同仁消费合作社。但新当选的姓龚的经理经营无方，一年过去了，他不但没有给群众办什么好事，反而通过消费合作社使自己的生活阔绰起来，群众议论纷纷，要求改选理事会。很多群众希望张士雄担任经理，为群众谋利益。经组织同意后，1948年初，张士雄担任了消费合作社经理，任振华担任了副经理（任振华不久加入中国共产党）。

张士雄等担任消费合作社经理后，为群众服务热情周到。群众需要什么东西，就到消费合作社登记，消费合作社按群众登记品种和数量去采购，然后逐户送上门。消费合作社还利用局方提供的资金，提前一个月购进群众所需的物品，如棉布、袜子、毛巾、肥皂及其他日用工业品。一个月后，虽然物价上涨，他们还是按进货时的价格销售给职工，使每个职工每月可以获得十多万元的差价利益。

1948年8月19日，国民党政府颁布新经济政策，发行金圆券，并妄图用高压的办法限制商品全面涨价。当时市场一片混乱，奸商囤积居奇，到处出现抢购，特别是各粮店均无大米出售，人心惶惶。这时，江宁县有一米商运来一船大米，约有500担，他不愿按官价出售，又怕被查收或抢掉，将船泊在中华门。消费合作社得到这个消息，便由张士雄出面，和米商洽谈，以略高于官价的价格全部买下。邮汇局的党员发动群众，组织了五六十人的纠察队在河岸警戒，将米安全运到邮汇子弟小学，分配给职工，在发工资时，再按进价收款。这时，市面米价已上涨三四倍，群众非常高兴，认为消费合作社给大家办了一件好事。

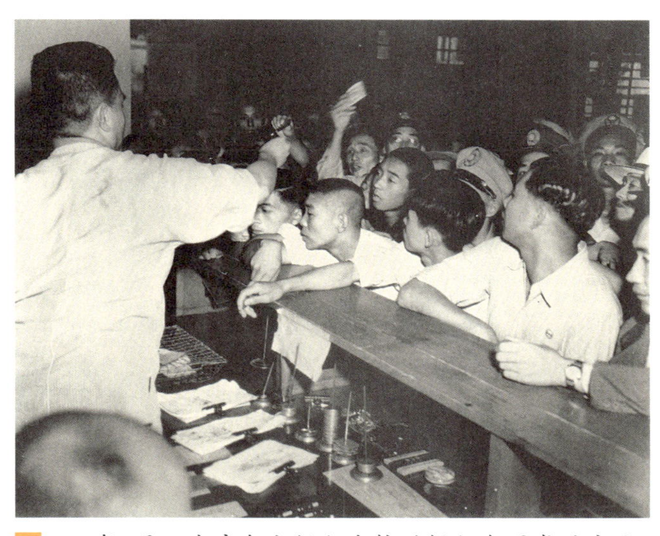
1948年8月，南京各大银行内挤满提领金圆券的市民

3.通过银社组织，扩大交友范围。1947年7月，顾公泰与刘峰接上组织关系。为了加强党在银行系统的工作，刘峰先后把陆永青、沈振

荣、胡承淼3人的组织关系交给顾公泰。1948年4月，耿一民的组织关系转到南京市委，刘峰又把耿一民交给顾公泰联系。刘峰认为，经协原是南方局经济组领导建立的半公开的统一战线的组织，已不适应当前斗争的形势，他要顾公泰和耿一民停止经协活动，重点抓银社工作，对经协成员符合入党条件的发展入党，不能发展入党的，就动员他们参加银社，并通过他们，带动周围群众参加银社活动。

银社全称是银行业同仁联谊社，在重庆时，是由资方同业公会搞起来的，是银行系统的职工俱乐部性质的组织。各银行迁回南京后，经耿一民串联活动，由南京市银行业同业公会发起倡议，恢复了该组织，称南京市银行业同仁联谊社，由程觉民、金天锡、耿一民等人组成干事会，程觉民为总干事，金天锡为副总干事。

根据市委的意见，顾公泰、耿一民等几个党员，于1948年8月促成银社干事会改选，党员耿一民、顾公泰、王首民、戴佩宸、刘超尘、刘佛缘、符德璜、支从敦、庞佑宗等人参加了干事会，耿一民当选为副总干事。改选后的银社，下设秘书股、游艺股、文娱股、体育股、学术股、研究股，并且根据银行员工的特点，开展各种健康、有益的活动。通过举办国语班、速记班、英语补习班、乐器班、京剧班、平剧班、话剧班、歌唱班，举行歌咏会、诗歌朗诵会，开展游艺活动，组织郊游，进行学术交流，举办业务讲座，出版《银讯》等，吸引了一大批群众，沟通了我党和银行员工的联系。

銀訊

程覺民

南京市銀行業同仁聯誼社二版股編

卅七、十、五出版

第二卷 第十四期

非賣品

小言

銀行與同仁的苦悶 以章

本期目錄

《银讯》

8月19日限价后，国民党经济体系日趋崩溃，金融市场更加混乱，许多银行员工惶惶不安，关心时局的人越来越多。为此，银社组织了一次币制改革座谈会，参加座谈的20多人，大家慷慨陈词，痛斥国民党的新经济政策。认为只有停止内战，制止投机，增加生产，才能解决根本问题，否则，金圆券必走法币老路，对老百姓毫无益处，从而揭露了国民党政治腐败的本质。

9月，银社活动进一步扩大到中上层职员。耿一民搞了一个文书主任“星五”（即星期五）聚餐会，以聚餐名义联络职员，把团结、教育群众的工作扩大到中上层职员中去。在耿一民倡导下，王首民和庞佑宗搞了一个会计主任“星五”聚餐会，张一权和刘超尘搞了一个妇女“星五”聚餐会。这样，接触的面越来越广，团结教育的对象越来越多，党的力量也有了发展。

银社比较突出的一项工作是出版《银讯》，该刊由耿一民、支从敦、丁永桢、王首民、刘超尘、李英、王祖念等人负责编辑，辟有“时事述评”“经济漫谈”“学术研究”“妇声”“文艺”“随笔”“行员日记摘登”等栏目，从1947年1月创刊，先是半月刊，后改为一月刊，一直出版到南京解放。这个刊物深受银行职工的喜爱，它是宣传、教育群众的好形式。

三、建立银钱业工作委员会，护行护局迎解放

1948年下半年，国民党在军事上节节败退，政治上日益腐败，经济上陷于崩溃，人民爱国民主运动风起云涌，革命胜利的大局已定。中共中央上海局指示南京市委：要积极发展力量，巩固与扩大核心，加强重点工作，依靠基本群众，团结广大人民，为我党、我军顺利解放、接管南京作准备。

市委根据上海局指示的精神，于1948年11月建立银钱业工作委员会，顾公泰为书记，周家嵘为委员，由市委刘峰直接联系领导。除张士雄、张渊泉因工作需要调出金融系统外，其他各银行的党员，一律划归银钱业工委统一管理；在斗争中发展党的力量，充分发挥党员的作用，带领群众，全力以赴，投入反搬迁、护行护局迎解放的斗争。经过几个月的工作，先后发展了牟敦重、支从敦、周家让等18人入党，加上原有的党员，到南京解放时，共有36名党员。

1948年底，国民党政府部署迁逃时，江苏省农民银行首先宣布裁遣十几名职工。一时间，人心浮动，大家都担心自己的命运，党员张一权也在被裁之列。银行行长找到张一权说：“我和你父亲是老朋友了，有些话和你直说也没关系。目前市场物价波动，银行要紧缩机构，为照顾你们几个女职工的安全，让你们先走一步，等将来到了台湾再复职。”张一权根据党的斗争策略，提出“和衷共济”，要裁遣大家一起裁遣的要求。

在被裁人员中，除少数职员外，经济上都比较宽裕，他们对起来斗争犹豫不决。张一权和另一名党员李英耐心说服动员他们起来斗争，并向未被裁人员呼吁，争取他们的支持。行长第一次碰壁后，又单独找张一权谈话，以长者的口吻拉拢说："你是我介绍来的，本来不裁遣你的，因为有这个私人关系，照顾你就不好动员别人了。你先走，等大家走后 你再回来。"张一权理直气壮地说："四行二局都没遣散，我们一共才30几个人，一下就裁这么多，难道就多这10几个人吗？"行长说："这是总行的指示，凡是年老体弱和女的都要先走。"张一权与之力争，坚持不走。

行长找张一权谈话后，张立即召集被裁人员开会，晓以利害，大家一致表示不走，并作出决议：1.立即向本行职工揭露行方裁遣的阴谋；2.立即向省内各银行发出呼吁，要求支援；3.大家一起去找行长谈判。

由于行长搪塞敷衍，谈判几次均无结果。营业间的一个年轻职工说："我们应该停业支持他们。"这样，铁门关上了，营业停止了，行长也慌了，连忙说："可以合理解决，可以在遣散费上考虑"，并把责任推到总行行长身上。恰巧总行行长来南京，大家又去找总行行长，围住他不让他走，一个工友气愤地砸碎了他的汽车玻璃。经过几天的斗争，该行考虑到职工的情绪，同意每个被裁人员发给半年工资的遣散费，3个生活有困难的职工也被留了下来，斗争取得一定的胜利。

就在这时，有一天，中央银行行长和交通银行行长召集南京各银行的上层分子和银行同业公会头目举行联席会议，策划银行业的搬迁问题，说要走抗战的老路，先搬走将来再搬回来。要所有银行立即向全体人员动员，登记物资，清点装箱，并准备把首都汽车公司的三四十辆汽车全部包下来，作为搬迁之用。

会后，各行开始做登记造册的准备工作，有的已开始转移资金。邮汇局局长谷春帆下令全局职工携档案向上海、广州两地搬迁，并给每个职工预支一个月的工资作为搬迁费用。消息传出，群众议论纷纷，思想很混乱。有的认为，总局搬了，自己不跟着走，生活无着落，但跟着搬迁，家庭受损失太大。有的认为，全国大部分地区已经解放，南京、上海、广州也将守不住，搬到哪里都不"安全"，还不如留在南京，反正共产党来了也不会不给事做，天津的银行不是照常营业吗？有些家在北方的职工，从老家的来信中，知道家乡已经解放，人民安居乐业，他们对党的政策比较了解，想趁此机会回北方老家去。只有那些国民党特务和上层分子，认为共产党来了不会有好果子吃，还是跑得越远越好，因此极力主张搬迁。

市委银钱业工委分析了各种情况以后认为，像邮汇局这样的单位，不搬迁是不可能的，但要尽量打乱敌人的搬迁部署，为群众争取更多的经济利益。于是工委作了部署：1.向群众做宣传工作，动员他们不要跟国民党跑，争取更多的人留下来，以掩护我们的党员留下来做迎接解放的工作；2.要让当局拿出更多的钱来，弥补群众的损失。

党支部根据工委的部署，立即分头向群众宣传。一天下午，党员发动一部分积极分子通知各处室到大礼堂开会，和谷春帆谈判。礼堂里聚集了六七百人，黄色工会头子张云伍首先上台发言说："你们今天集会找局长，为什么不通过我们工会？一定有坏人捣乱，你们不要上赤色分子的当。"张云伍讲后，谷春帆在群众的哄闹声中上台发言，他说："大家对搬迁有什么意见可以提出来，凡是我们能解决的可以考虑。"因为张士雄在群众中有威信，几个群众大声喊道："张士雄！你来讲讲。"还有的说："张士雄！不要怕，到前边来讲。"于是，张士雄根据党的意图提出了职工去留自愿、发3个月的工资作为安家费、预付3个月的工资以防急用等5项要求，群众大声呼喊："同意！同意！"谷春帆在群众的压力下出来表态说："搬迁是上峰的命令。对职工同仁搬家的困难，本人表示同情。对大家所提要求，过一天再给大家一个明确的答复。"谷春帆在群众的压力下，后来基本上同意了大家的要求，一大部分职工留了下来，迎接南京的解放。

建邺银行的共产党员王首民、张庆祥、符德璜等人，得知行方清点物资，登记装箱，准备迁逃的消息后，立即发动全行员工，一致拒绝登记装箱。他们根据党组织的布置，购买了一架油印机，自刻蜡纸，油印宣传品，秘密分发给全市银行，宣传解放战争的胜利形势和共产党的政策，针对职工的思想状况进行教育，指出光明前途。该行一位经理看到宣传品后，很惊奇地说："共产党来得这么快呀？他们说得也有道理。"另一方面，张庆祥还利用交换员的身份，召集各行交换员的聚餐会，商讨反搬迁问题。经过交换员分别做工作，结

1948年，堆积如山的金圆券加速了国民政府经济总崩溃

果各银行都不登记、不装箱。一拖再拖，一直拖到南京解放，他们把资财完整地交给人民解放军。

1948年底，中央信托局南京分局的经理、副经理和襄理都已逃到上海，只留下一个绰号“泥菩萨”的襄理主持工作。共产党员吴致远根据工委的部署，发动群众，开展反裁遣斗争，并联名签署誓愿书。誓愿书说：“同仁等具有同生死共患难之决心，誓在任何艰难局势下，仍本一贯奉公守法之精神与见危授命之意志，继续工作到底，愿与南京分局共进退。除自愿资遣者外，如局方对于同仁中任何一人加以裁遣，则同仁势必全体请求资遣；又同仁中如有一人遭受意外威胁或遭受不合理之待遇时，同仁等势必共同要求局方收回成命，并愿与受害人共同进退。誓不反悔。”他们还向局方提出书面抗议，并以办事员以下人员的名义，发电报给在上海的总经理，表示留守南京的决心。通过斗争，该局既没有裁人，也没有停发工资，最后，几十名员工都留了下来，保护了全局的档案资财。

1949年1月底，人民解放军已取得三大战役的胜利，南京解放在即。市委要求银钱业工委对各行、局的情况全面开展调查工作，发动群众保护所有账册、档案、房产、资财，宣传我党的政策，为迎接解放，顺利接管做好准备。工委根据市委的部署，指定周家让、王世元、任振华3名党员秘密收听新华社广播，印刷宣传品，报道我军三大战役胜利的消息，宣传我党的方针、政策，特别是“发展生产，繁荣经济，公私兼顾，劳资两利”的城市经济政策，消除某些人的疑虑，安定人心，迎接南京解放。

他们利用谷春帆办公室的收音机（谷春帆已逃至上海），在晚上10点钟后，将我方电台用记录速度广播的消息收听记录下来，汇编成简报印发。散发时，用不同的信封，从各个邮筒投寄给南京工商业、金融业的上层人士和国民党尚滞留南京的政府机构及军事机构的官员，使他们了解我党的政策，警告他们不要继续与人民为敌，要将功赎罪，保护好国家财产，等待人民解放军的接管。

这个宣传品是不定期的，也没有名称，综合一期就印发一期，每期印发100份左右，一直印发到南京解放。

当时，邮汇总局和中国银行党的力量较强，工委就以这两个单位为主，广泛开展调查研究，做好保护账册、档案和国家资财的工作，并且通过银社的活动，影响、带动其他各行、局一起行动起来，为人民解放军顺利接管创造条件。

邮汇总局的头子逃跑前，把总局的房产及未带走的档案全部委托留下来的人员管理（实际上，留下来的大部分都是共产党员和积极分子），并任命任振华为负责人。这样，我们的党员就以合法身份，名正言顺地以极端负责的精神，把所有房产、物资、档案等进行清理，逐一编号，登记造册，等待接管。

中国银行南京分行在地下党员的推动下，也成立了“应变会”，组织群众，分工负责，对全行所有档案、账册、房产、物资等进行清理登记，指定专人保管。

原中央银行被接管后成为中国人民银行南京分行

解放前夕，中国银行南京分行将一部分黄金存放在上海的总行。在南京解放后，上海尚未解放，耿一民、丁永桢、支从敦3人，就以中国银行南京分行地下党小组的名义，于4月25日打电报给上海总行，说“南京已解放，‘宁任远’开户的1100两黄金冻结，不准中国银行的任何人提取，如被提取，概由你们负责”。电报去后，他们对这一部分黄金没有敢动。上海解放后，这笔财产也回到人民的手中。

其他各银行，也都在地下党员的带领下，顺利地完成了护行、护局迎解放的任务。

（李佩山　整理）

情报策反战线的特殊战斗*

中共南京市委党史工作办公室

解放战争时期，为了集中打击蒋介石集团，争取解放战争的胜利，必须进一步了解政情，加强在敌人心脏内部的工作。根据中共中央和上海局指示，南京市委调集干部，加强情报、策反工作。1946年5月，市委下设情报系统，卢伯明为负责人。1948年10月，市委又专门建立策反系统，史永为负责人。情报、策反系统均由市委书记陈修良单线联络，这两个部门一直属中共上海局领导。他们在敌人心脏千方百计获取情报，了解和研究敌人政治、军事、经济动态，及时报告上级；他们深入敌人内部，准备和组织起义，瓦解敌军，无畏地进行着特殊的战斗。

深入敌营，获取情报

国民党为实行法西斯统治，多年来强化其特务组织。南京特务众多，派系不一，有军统、中统、原属军统后又独立成派的国防部二厅，等等，竞相扩大势力范围，各自均有外围组织和公开机关，机构复杂。如军统头目戴笠死后，由毛人凤继任，军统局改称保密局，设7个处、3个室，又在全国设立46个情报站，其中南京站就有460多人。此外，还控制许多公开的特务机关，如全国警察总署、交通部全国交通警察总局、各地的稽查处，兵工稽查处，等等。中统组织亦很庞大，解放战争后期改名为内政部调查局，派遣特务到各省市成立调查室，在南京专门设立了首都实验区，有特工数百人，渗透到党、政、工、学、商等许多行业。国防部二厅把持军事情报，成立16个情报站，派出200多个谍报组，建立了特务派系中最大的外勤机构，另外还成立8000多人的绥靖总队，仅在南京市区周围就设了14个谍报组、侦察组，会同宪兵在车站、码头检查、侦

*本文选自中共南京市委党史工作办公室编：《南京人民革命史》，南京出版社2005年版，第330—340页。

察，进行跟踪逮捕等特务活动。据不完全统计，在南京活动的各派系职业特务有8000人之多。

1946年夏天，国民党召开“军事复员会议”，实际是一次进行全面内战的动员会。一位通晓几国语言的中共地下党员进入敌人一个军事情报机关的印刷所做校对，虽然职位很低，却能利用工作之便获取这次会议的整套材料，对解放军如何作战有重要参考价值。

1946年九十月间，中共华中分局决定建立第十地委，领导苏南国统区的工作。1947年，苏中区党委负责人陈丕显派金柯等秘密到江南活动。不久，金柯被国民党特务逮捕，供出十地委人员名单，敌特机构因此先后逮捕了100多人。金柯叛变后，被敌人任命为少将高参，拟派回到苏中，诱骗陈丕显到江南，准备进行更大的破坏。在国防部二厅的我情报人员获悉后，立即报告上级，很快转到苏中。苏中区党委就把金柯抓了起来，避免了重大损失。

1948年下半年，国民党政府镇压如火如荼的学生运动，几次进行大逮捕。保密局、中统、“三青团”、宪兵司令部、京沪杭卫戍总司令部抽调特务、宪警，在南京成立学运小组，经常召开联席会议，妄图彻底破坏南京的进步学生运动。打入保密局南京站的两个共产党员，提供了保密局、学运组许多材料，如暗中掌握敌人破坏学运的计划和特务组织召开联席会议的内容，在大逮捕之前拟定的“黑名单”等。这些重要情报，使市委能及时采取措施，将上了“黑名单”的共产党员和革命群众安全撤离南京。

还有的情报人员进入国民党联合勤务总司令部军运调度室、及时掌握国民党海、陆、空军调运情况。有的了解到国民党军队的战斗序列、江防情况。有的能通过国民党上层人物，了解国民政府的内部情况并提供策反线索。有的情报人员在国民党的报社工作，以记者身份，收集政治情报、军事情报、经济情报。

1949年，蒋介石宣布“引退”之前任命汤恩伯为京沪杭警备总司令，统率25个军约45万人，并调海军军舰26艘，炮艇56艘，空军的各种型号飞机58架，企图以海、陆、空立体防御拒解放军于大江之北。蒋介石还命令各特务系统秘密布置潜伏，加紧训练“敌后情报员”，并决定除少数人有必要去台湾外，其余均需留下“与共党斗争到底”。

南京市委情报系统工作人员收集到国民党保密局在南京成立“全能训练班”，中统特务开办“潜工训练班”，国防部二厅开设“电讯训练班”，并做了多点、多线预伏布置等情况，及时向组织汇报。保密局头子毛人凤于淮海战役后在南京洪公祠召开军统特务大会，他在会上说：从长远打算，我们全部走不聪明，全部留也不聪明，为党国大计，要做全面安排。有人要去上海、广州、重庆、台湾，有些人要留下来，准备我们回来。这是一次布置潜伏的大会。会后，在保密局内部工作的中共地下党情报工作人员，利用一切关系，了解其具体去留情况。保密局在南京布置了9个台、组，两名直属通讯员，并选择“优秀特工”，个别布置，深入埋伏。如保密局南京站少将组长荆有麟是个老牌特务，1923年即为北洋军阀搞情报，1939年在军统防奸防谍训练班毕业后，受戴笠派遣打入进步文化团体，长期以“左倾文人”面目进行特务活动。南京解放前，毛人凤亲自布置他任潜京一分站站长，并配备报务员、译电员、服务员各一人，发给大量活动经费，在南京闹市租下二套房子，挂出“新华话剧团”招牌掩护，活动频繁，先后与毛人凤通报十几次。由于中共地下党早掌握他是潜伏特务，南京解放后不久。他这个站的全部人员均被捕获。中统特务在南京做了三项多线布置：一是局本部直接布置掌握的留守台；二是南京实验区布置的双线潜工组；三是从上海派人来宁做长期潜伏。国防部二厅、宪兵司令部二处等特务机构也各自布置了好几个潜伏组和电台。这些预伏特务组织后来都被人民政权一一摧毁。潜伏和滞留南京的敌特3000余人，解放后除坦白自首者外，均被逮捕法办。

解放军渡江前夕，更需要及时掌握情报。除了情报系统收集情报外，各系统的中共组织、各民主党派也通过不同渠道收集敌情资料。

民盟南京工委成员以职业作掩护，收集了国民党中央及地方党政机关的内部组织状况以及有关负责人名单，制成1000多张卡片。

民革南京委员会搜集到国民党首都警察厅厅长黄珍吾受国防部指令在浙、闽、赣山区建立游击根据地的情报，国民党军队守卫京、沪、杭20个驻军、4个司令部的阵地、番号、防区、电台的联络呼号以及国民党军用公路地图等。

农工民主党成员提供了南京市城防工事地图、保密局特务名单和活动情况，国民党封锁长江的工事、兵力等情报。

国民党京沪杭警备总司令部江防指挥装甲兵参谋沈世猷，机智地把作战参谋掌握的钥匙弄到手，在极短时间找到了国民党从芜湖到安庆之间的江防部署图，并冒着生命危险，将图带回家中连夜复制。第二天一早，又赶着乘车去孝陵卫上班，不动声色地把江防图放归原处，完成了地下党交给的紧急任务。

1949年3月，中共南京市委委员朱启銮和情报系统干部白沙化装成商人，冒险过江，到达合肥人民解放军总前委指挥部，送去国民党京沪杭警备总司令汤恩伯的《京沪、京杭沿线军事布置图》《长江北岸桥头堡封港情报》《江宁要塞弹药储运及数量表》等重要敌情资料。这些资料里饱含着南京人民不怕牺牲、迎接解放的深情，为配合大军解放南京作出了贡献。

策动敌海、陆、空军起义

国民党在南京的军事指挥机关特别庞大，有国防部及海、陆、空、联勤总司令部还有其下属宪兵，卫戍十多个二级司令部，另有军事院校22所。淮海战役开始后，在南京的军事指挥人员和驻守的部队共22.6万多人。1948年，随着解放战争形势的迅速发展，中共南京市委根据上级指示，积极组织力量深入敌人内部，开展策反和瓦解敌军的工作。同年秋冬之间，市委在广大党员中进行社会关系调查，并依靠各阶层进步人士开展工作，寻找策反的线索，集中交策反部门掌握。

市委负责策反工作的史永同志直接受中共上海局领导，同市委书记陈修良联系，策反关系由南京市委提供。史永在南京的公开身份是中央研究院（解放后改为中国科学院）总办事处专员。1947年他用组织提供的资金和别人合股在南京中华路开设了一家华德电料行，作为他与陈修良联系的一个联络点。许多重大的策反工作就是在那里研究决定的。

由史永领导的中共地下党员林诚在南京国民党空军第四医院当内科医生，他利用工作之便，大胆地接触一些飞行员，分别研究起义之事，相约寻找党的组织。市委指派曹昭云与林诚联系，经林诚等人做工作，争取了国民党空军8架飞机先后起义。其中，1948年底俞渤等5人从南京驾机起义是震惊中外的一件大事，也是解放战争中国民党空军分崩离析的一个标志。

俞渤的父亲原是白崇禧属下的一名军官，抗日战争中被日军飞机炸死。俞渤在桂林上中学时，受到学校进步老师的思想影响。桂林失守后，他考入中山大学，一年后因家庭经济困难，到重庆考入空军。1945年春赴美受训，结识了同去受训的郝桂桥。日本投降后，他们还在美国受训，开始讨论今后自己的出路问题，准备回国后起义。

俞渤回国后，在国民党空军八大队任飞行员。1948年8月经同学介绍，结识了中共地下党员林诚，经林诚耐心细致的培养教育，11月被吸收入党。以后，俞渤又发展飞行员郝桂桥、轰炸员周作舟入党。他们根据党的指示，几次研究了驾机起义计划，还吸收了飞行员陈九英、领航员张祖礼一起参加。他们的计划由市委报上海局，经李白电台上报中共中央。不久，中央复电指示，起义飞机的降落地点为沈阳机场。

12月上旬，杜聿明集团被围困于永城东北地区。蒋介石想用笼络手段激励士气，定于12月16日在南京国民党空军俱乐部举行大会，慰问和嘉奖飞行人员，俞渤等决定就在当晚起义，并轰炸总统府及南京机场。这一天，大校场机场除少数执勤人员外，都去参加俱乐部的大会了，俞渤等5人沉着地绕过蒋介石的专机“美龄号”迅速走向机号为514的B-24型轰炸机，立即进入驾驶舱把飞机发动起来。晚上9时，飞机胜利起飞，丢下3枚炸弹，越过长江，穿过弥漫的大雾和厚厚的云层向正北飞行。飞机起飞后得知沈阳正降大雪，无法降落，只好改变地点，拟在邯郸降落，但未能准确测出位置，当发现地面机场跑道时，已在石家庄上空。石家庄市人民政府和驻石解放军司令部因事先未接到通知，高射炮和机枪一起向飞机开火。飞机在石家庄上空盘旋两个多小时，不断用无线电喊话。这时，油料已趋耗光，飞机处于危急状态。突然，地面燃起许多火把，映出了机场跑道。原来这是当地政府和部队根据飞机既不投弹、又盘旋不走的情势，判断是起义飞机，于是由石家庄城防司令研究后下命令采取的措施。俞渤等同志从16日夜晚9时飞离南京至17日凌晨3时才安全降落在解放了的土地上，立即被欢迎的群众高高举起。两小时后，罗青长奉毛泽东、周恩来命令，赶到石家庄，代表党中央向驾机起义的5人表示慰问。

这驾飞机起义时丢下的炸弹，因轰炸器失灵，未能命中总统府，但弹落近郊，全城震动，对蒋介石政府是个严重警告。这架飞机起义，对以后其他蚊式飞机和运输机等国民党飞机的起义起了促进作用。

从左至右依次为李益之（陆平）、王晏清、李君素，三人在南京王晏清家合影（邓腾帆 提供）

国民党第九十七师原是由蒋介石、顾祝同、陈诚的3个警卫团编成的，曾担任总统官邸、国防部、陆军总司令部、高级官员住宅和重要仓库的警卫工作，是一支“御林军”。1948年夏，国民党部队兵源枯竭，才把这个师与一〇一师合编成为四十五军，担任南京至当涂间长江江防阵地的守备和南京近郊的警备任务，归首都卫戍总司令张耀明指挥。这个师是蒋介石的亲信部队，在南京防军中装备最好。

九十七师师长王晏清曾在蒋介石的嫡系部队任职多年，后又任青年军八十七军副军长。蒋介石选中他，于1948年8月电召至南京，单独会见，授以重任。王晏清为人正直廉洁，早就对国民党的贪污腐败不满，对打内战十分厌倦。王晏清的母舅邓昊明是农工民主党成员，早年曾参加过五四运动和朱德领导的湘南起义。中共南京市委派党员李益之（陆平，公开身份是《大刚报》记者）通过邓昊明的关系结识了王晏清，一有机会就和王晏清谈形势，谈国民党的内幕，共产党的政策，重点帮助他认识蒋介石的真面目。邓昊明和夫人李君素等也以亲戚情谊帮助说服王晏清。经过几个月的频繁接触，王晏清决心投向人民一边。他根据平时的观察，知道团长杨镇洲和副团长邓健中思想进步，有正义感，就先找他们几次深谈，三人意见一致，决定率部起义，生死与共。他们组织了一个起义小组，参加的还有主任参谋赵昌然、参谋黄克栗等。

在此期间，史永会见了王晏清和邓健中，向他们诚恳热情地讲了人民解放军对起义官兵的政策，告诉他们中共中央对他们准备起义的事很重视，鼓励他们为人民解放事业作出贡献。1949年初，经过党组织研究，制定了九十七师起义的行动计划：一、解放军渡江时，九十七师开放江防正面30公里，迎接解放军。二、以一个团占领下关，阻止浦口的第二十八军向江南撤退。三、以一个团占领飞机场，截断国民党的空运，相机捕捉一些战犯。四、师直属队和另二个团开进南京城，维持治安，保护重要仓库和军需物资。

正当王晏清等积极地进行起义准备时，因有人告密，张耀明于1949年3月24日将王晏清叫到卫戍司令部查问，王晏清应对沉着，一时问不出什么问题，就将王晏清暂时扣留。下午，卫戍司令部副司令覃异之因同情王晏清，允许他先回家，“随传随到”。王晏清脱出虎口，当机立断，于当晚发布全师渡江游击的命令，提前起义。蒋介石闻讯后大怒，立即打电话给张耀明，出动坦克、飞机和步兵，追赶起义官兵，致使九十七师正在行进的部队受到损失，大部分未能到达解放区，王晏清、邓健中等率一部分起义部队到达解放区。九十七师的起义，是蒋介石众叛亲离的明显标志，在政治上影响很大，对国民党朝野上下震动非常强烈。王晏清义无反顾，舍家率部起义后，留在南京的夫人和孩子被国民党监禁，直到南京解放。

“重庆”号巡洋舰原是二次世界大战时英国在地中海的旗舰，英国政府于1948年5月将这艘军舰赠送给国民党政府。它是国民党海军中最大（排水量7500吨）、装备最优良的军舰，拥有各种先进齐全的炮火装置、无线电通讯设备及精密的航海仪器。1948年8月20日，此舰抵达上海，成为国民党赖以阻止人民解放军南下渡江的主要舰只。

“重庆”号舰长邓兆祥为人正派，在士兵中较有威信，因不是蒋介石的嫡系受到排挤。国民党海军总司令桂永清派他的亲信担任副舰长，对舰上官兵进行监视，并准备在适当时候取代邓兆祥。舰上官兵近600人，其中300多人在英国受训两年，在异域他乡受过歧视和欺侮；他们大多数原来是国内大、中学校学生，具有较强烈的民族意识和爱国思想，在舰上有机会阅读一些进步书报，逐步对共产党有所

“重庆”号巡洋舰

士兵解放委员会成员合影

了解。他们关心时事，对国民党的腐败不满，不愿充当打内战的工具。许多人考虑自己的出路，有些官兵想找共产党去解放区，或考虑起义。

在人民解放战争胜利发展的形势下，中共上海局、南京市委和上海市委都很重视对“重庆”号的策反，通过各种关系直接间接做工作。舰上的南京中共地下党员毕重远，1946年秋经党组织同意进入国民党赴英国接舰潜艇士兵训练班，1948年8月随“重庆”号回国后，南京党组织派陈良与他联系，要他团结进步士兵，根据形势发展，相机行事。他和进步士兵王颐桢、武定国、张启钰（原中共南方局党员）等为策动起义秘密串联，不久发展到27人，组成士兵解放委员会。

1948年11月，南京学生党员王毅刚向党组织反映，他的哥哥王淇是海军下级军官，认识“重庆”号少尉军官曾祥福、莫香传、蒋树德。他们想找党的关系，做策动部分官兵起义的工作。市委派史永与王淇联系，布置他进行策反工作，随后将他们转给上海局策反部门直接领导。曾祥福等人组成了以军官为主体的起义小组（起义前发展到21人），酝酿起义。南京市委还将国民党海军驻沪办事处参谋何友恪的关系介绍给上海局，通过他做了舰上几位军官的工作。

中共上海市委大场区委党员赵迈、黄炎也策动舰上一些士兵进行活动。工委所属的江南造船厂党组织派党员张兴昌打入舰上机舱锅炉房工作。上海局策反委员会通过国民党“灵甫”号军舰士兵尚镭联系“重庆”号部分士兵也在进行活动。

辽沈、淮海、平津三大战役胜利结束后，解放大军即将南渡长江，国民党反动统治覆灭已成定局，各方面加紧策反活动，终于使起义获得成功。

1949年2月17日，“重庆”号奉命开离上海，一出黄浦江口，就在吴淞口外抛锚停泊，上来两名长江引水员，运来大量炮弹，据悉军舰将逆江而上，到江阴与海军第二舰队配合，防止解放军渡江。舰上士兵解放委员会主要成员经过认真研究，决定改变原来的计划，把航行起义改为在吴淞口停泊中起义。2月25日凌晨，士兵解放委员会按预定计划智取枪支弹药，率先发动起义。舰长邓兆祥因与共产党有过接触，过去曾由董必武通过民主人士做过他的工作，有起义的思想基础。他在了解情况以后，毅然参加起义。舰上其他官兵也纷纷响应。在邓兆祥指挥下，“重庆”号军舰进入一级战备状态，以每小时32海里的速度闯过狙击海区，顺利通过青岛海面，持续航行25小时，满载574名官兵于26日凌晨胜利抵达解放区的烟台港。

“重庆”号起义震惊中外，引起国民党反动派极大的不安。正如毛主席、朱总司令在给邓兆祥和舰上全体官兵的慰问电中所指出的：“你们的起义，表示国民党反动派及其主人美帝国主义已经日暮途穷。”这次起义不仅沉重地打击了国民党反动派，也预示着全国解放即将到来。

人民解放军渡江之前，负责国民党空军策反工作的中共党员张荣甫、罗贤朴等加紧了对南京大校场电台和塔台人员的策反工作。罗贤朴是431电台机务长并代理台长。1949年3月，张荣甫又派国民党空军406通讯大队少尉机务员、中共地下党员李基厚协助罗贤朴工作，并发展了电台的少尉报务员傅秉一为党员。他们积极开展活动，先后争取了包括指挥塔台的机务员、代理台长徐佩新在内的30余名积极分子，准备起义。

1949年4月21日，人民解放军在江阴和芜湖突破长江天险。国民党政府弃守南京，命令其军政要员于22日从空中撤逃。同时命令机场电台和塔台人员22日最后一批撤离。罗贤朴等决定在此时带领“两台”士兵共50余人起义。4月22日清晨，罗贤朴召集全体人员，号召大家不要跟随国民党走，留下来投向人

孟士衡

民。“两台”有不少是国民党空军派赴美国学习的技术骨干，塔台有对空指挥超短波机器两套；431台有对空联络气象通讯、平面通讯、干线通讯等收发报机20多部。“两台”人员在罗贤朴等号召和指挥下，除3人随国民党撤走外，其余均留下。有的人行李装上飞机也不要了，起义人员穆效鹏不顾危险把装上飞机的全部47本密码和有关密件、讯号都抢运下来。他们做好一切准备工作，先后撤离机场。上午10点左右，“两台”全部停止工作。正在匆忙撤逃的飞机上的国民党军政要人，突然发现通讯人、导航、塔台联络等全部中断，陷入一片混乱，只得临时改用一架运输机代替塔台工作，大大影响了他们从空中撤逃的计划。国民党空军当局接到“两台”人员起义的报告后还下达了通缉令。22日下午5时左右，罗贤朴等根据党组织的指示带领起义人员回到大校场，迎接解放军进驻机场。

中国国民党革命委员会南京委员会主任委员孟士衡于1949年2月拟发动民革在宪警方面的地下组织成员，以宪兵七团、北区和中区警察局为基干，由大专院校和市民配合，举行暴动，打算控制机场，切断水陆交通，扣押国民党军政首脑，扰乱敌人防务，策应解放军渡江。不幸计划被敌特侦悉，孟士衡、王葆真、夏琫瑛等民革成员有四五十人遭逮捕。孟士衡、吴士文、萧俭魁在上海宋教仁公园被杀害。其余人暂押，直至上海解放才出狱。

还有许多从事隐蔽战线斗争的勇士，为南京解放建立了不朽的功勋。人民永远不会忘记这些无名英雄的功绩！

回忆文章

我永远难忘的革命经历*

陈修良

漫长的道路是这样起步的

1907年，我出生于宁波市中心呼童巷105号的一所百年老宅。老宅分为两部分，粹乾房属我的父亲陈宝善所有，粹坤房属父亲的兄弟陈祥善所有。1909年，父亲在23岁时即过世，留下年轻的母亲袁玉英（后改名为陈馥）与我们一对孪生姐妹。我的母亲自幼识字，常给我们讲白莲教、红灯照、义和团的故事，记得她常常诵读女英雄秋瑾殉难时所写的诗句“秋风秋雨愁煞人”，给我留下不可磨灭的印象。这些故事使我非常感动，我崇敬这些人物，也立志要成为志士仁人。

在这日趋没落的封建大家庭中，本有一些财产，但在我很小的时候，族人勾结了官吏、流氓欺凌孤寡，抢占财物，逼得我们母女无法生活下去。1919年，五四运动的风暴也吹到了高墙之中，我们看到了漫画和传单，知道了帝国主义凌辱中国人民和卖国贼订立丧权辱国条约的情况，内忧外患的时局，震撼了我们母女的心。此后，在族人的步步相逼下，母亲决定带领我们姐妹冲出樊笼。

1921年，我以第一名的成绩考进宁波女子师范预科，成为插班生。为了表示对孙中山先生的崇敬，我给自己起名为陈逸仙，姐姐则叫陈逸僧。女师的国文教师陈秀章和数学老师戴轩臣对我特别垂爱，经常嘉勉备至。我在家时母亲已请人教我学习了国文、英语等，我喜欢桐城派文章，叙事简洁，结构严谨。在女师我也爱读梁启超的《饮冰室文集》，以及郁达夫、郭沫若的新式诗文。

---

*本文选自中共江苏省委党史工作办公室、中共南京市委党史工作办公室编：《重温激情岁月——革命者口述历史》，中共党史出版社2003年版，第3—39页。因篇幅所限，部分章节有删改。

通过同学的关系，我拜沙孟海先生为师，在他的几位兄弟中我最早认识这位长兄（1932年末我与他的三弟沙文汉结婚）。沙孟海当时在上海修能学社教国文，我每星期写一篇文章并附上书法请他指点，我当时很想成为书法家。我20年代所写的书法作品，沙先生在经历了无数变迁后一直小心保留，60多年后又归还给我，实在令我感动。

1925年3月，孙中山先生逝世，宁波全市进步人士在小校场举行隆重的追悼大会，我也去参加了，“打倒军阀”“打倒列强”的口号深深地影响了我。接着就是五卅运动，全国罢市、罢工、罢课。英国巡捕在上海枪杀我同胞的消息传到宁波，女师同学失声痛哭。在宁波学生联合会的组织下，女师派代表参加了全市各校的联席会议。宁波四中是当时最进步与活跃的学校，那里已有中共的党团组织。沙孟海先生的四弟沙文威是四中的代表，他鼓励女师成立学生自治会。我参加完联席会议返校后，即以学联代表的名义召开了全校学生大会，传达了全市大会的情况，并提出成立女师学生自治会，获得同学一致赞成，并选我为会长，兼为学联代表。

此后，学生的爱国热情像火山一样爆发出来。我在学联负责文书，对外发表文电和报道。我当时写过一篇《救时刍议》，刊登在1925年7月23日《宁波学生联合会周刊》第2期上。后来，党的上海地委派张秋人同志（1927年任浙江省委书记，1928年牺牲于杭州）到了宁波，向群众述说了上海五卅运动的详情，并举行了盛大的示威游行。学生的爱国活动使得校方受到很大的震动，视之为“赤化”“过激”。当年暑假期间，我被校方单独召到办公室，强迫我在预先写好的一份声明书上签字，声明女师退出学联，并将在报上发表。我拒绝签字，并斩钉截铁地回答：“我是受全校同学委托参加学联的，没有权利可以个人做主退出，如学校认为必须退出，须经全体同学讨论通过。”谈判无结果，我愤然退出会场。

秋季开学后，女师又在未进行补课的情况下决定考试，引起全体学生不满，一致要求罢考。校方请来了宁波的道尹（相当于专员）出面镇压，道尹亲自坐轿到校，贴出开除5名学生的布告，我是第一名。此事又激起了全市学联的反响，举行了总罢课，并聚集到女师一致要求当局“收回成命”。校方勾结地方官厅，派来一连保安队到校，以武装阻止学生进入校门。我在女师遭开除之

大革命时期的陈修良（沙尚之 提供）

后，国文和数学老师对我很同情，他们鼓励我自学并愿为我补课。我感谢他们的好意，但是，我已经没有安心学习的可能了，以五卅运动和女师风潮为契机，我已决心投笔从戎，放弃了成为书法家的理想。我学习了《共产主义ABC》和孙中山的《三民主义》等书，更加痛恨旧社会制度的腐败，决心走革命的路。

大革命的洪流也冲进了我的家，自从五卅运动后，我的母亲和姐姐都积极支持正在风起云涌的革命运动。我的家搬到了丝巷弄，姐姐在附近的启明女校入团。我母亲十分关心革命青年，用自己的财力帮助他们克服困难。我的家成为开会和秘密印刷文件的地方。经常来往的是宁波早期的共产党员，如王小曼、杨眉山、贺威圣、沙文威、华林等，罗亦农同志到宁波布置工作时也住在我家。四一二反革命政变发生后，我的母亲冒着白色恐怖下的腥风血雨，奔波于宁波、杭州、上海等地，掩护和挽救同志，这样的举动她一直坚持到解放。在宁波她被誉为“众家姆妈”，她的许多事迹已留在宁波的革命史中。

1925年下半年，我考入杭州女子中学，有机会读到更多的革命书刊，如《中国青年》《向导》等。1926年初，我投考上海国民大学，并由徐玮同志（后任共青团浙江省委书记，1928年牺牲）介绍入团，从此走上了为争取人民民主和民族解放的革命道路，再也没有回过头。北伐战争开始后，我与沙孟海的二弟沙文求（烈士，广州起义后1928年牺牲于红花岗）一起来到广州，进入中山大学，参加学生运动，在《少年先锋》发表了《奋斗的人生》等文章。1927年初，我随李求实同志（烈士，共青团广东省委书记，1931年牺牲于上海龙华）到了湖南长沙，任团省委宣传干事。

给向警予同志当秘书

1927年4月，中国共产主义青年团第四次全国代表大会在武汉召开，我作为列席代表自长沙去武汉。大会结束后，团中央书记任弼时同志对我说：“党的汉口市委宣传部刚刚成立，只有一个女部长向警予同志，她那里比较忙，需要有一个秘书去那里工作，你去，好不好？”我欣然答应，急切想看看这位女部长是什么模样。不记得是4月哪一天，我匆匆赶到汉口市委宣传部去报到。这个机关是半公开的，设在湖北省总工会友益街附近的一所旧式三开间石库门房子里，宣传部设在楼下进门左手厢房内。这里是党的机关，工作人员全是党员，只有我是团员。我走进宣传部的办公室，一眼就看到了一位矮小瘦弱、30多岁的女同志，坐在写字台旁，正在写字。我走到她的面前，拿出任弼时同志的介绍信，她立即含笑站起来同我握手，连称：“我就是向警予。”她很高兴地说：“你来得正好，我每天要到外面去开会，连客人都没有人接待，你来帮助我做些工作吧！”我连忙回答：“我还是一个团员，不知道党的工作该怎样做？”警予同志温和亲切地说：“现在要做党的工作，必须转党，我就作为你的介绍人，到楼上组织部去办一下手续就是了。”她说完就提笔，给组织部长何孟雄写了一张条子，内容大致是介绍我转党办手续的。后来我就在汉口市委转党，开始为党工作。

在宣传部这间办公室内，我与警予同志各用一张写字桌，对坐办公。警予同志每天要出去开会，回来后总是十分疲乏。我记得在党的第五次全国代表大会召开之后，她开始对国共合作的前途表示担忧。果然不久之后，湖南便发生了马日事变。一天，警予同志告诉我，在共青团湖南省委机关被敌人破坏后，宣传部副部长田波扬同志英勇牺牲。我得知消息后十分难过，也愤慨至极，如果我不来武汉，估计也会被捕牺牲。我与警予同志从不在办公室里谈论家庭琐事，日常谈话几乎都是政治与工作问题。记得那时她每天穿一件淡蓝色的布旗袍，一双黑色布鞋，短短头发，很像一个小学教师。看着她瘦弱的身躯，我总想为她多做一些工作才好。

警予同志在宣传部不但写宣传提纲，还在市委提出要办干部理论训练班。她知道我在共青团湖南省委工作时，办过一期团干部训练班，便让我帮助她办党训班。此后，我找到一个小学校作为办班地点，请瞿秋白、恽代英、任弼时等党的负责人分别讲“土地问题”“农民运动”“工人运动”“中国革命的形势与任务”等课题。但按当时惯例，还一定要讲“青年运动”，警予同志便指定我去讲，我感到为难极了。我理解她的用意，她是希望我去讲实践的体会，不是去空谈理论；同时也是训练我去见世面，培养我们年轻人。我暗下决心，一定要上好这一课。我写了一个提纲给警予同志过目，她很仔细地推敲了许多问题，并提出修改意见。我去讲了两次，反映尚好。她大为高兴，称赞我的成功，以鼓舞我的勇气。

宣传部的工作是多方面的，每天有各种人来找警予同志，她不在的时候，由我接待，记下他们的各种要求与意见，我每天不断向她汇报。还有许多会议要请她去参加，有时她没有时间，也只得让我去代理。当时武汉召开过许多重要会议，如太平洋国际工会、全国总工会、汉口市积极分子会议，等等，我去出席，作了记录，向她汇报。随着武汉形势日趋严峻，6月间，警予同志告诉我，汉口市委要与湖北省委合并，她将离开市委去担任另一工作任务，决定把我介绍到湖北省委宣传部去工作。在她的推荐下，我担任了湖北省委宣传部的教育科长。7月15日，汪精卫政府背叛革命，武汉陷入白色恐怖之中。湖北省委书记张太雷同志召开紧急会议，宣布党员全部转入地下做秘密工作，不能留武汉的年轻党员，分批派往苏联学习，我是其中的一个。

会议结束后，我马上去与向警予同志告别。她紧握着我的手，亲切地说：“你走吧，这是党的需要。我们党今后的工作将会极端困难，你要坚定不移，也要提防坏人。”与她依依惜别后，我于1927年10月从上海出发，到达搭乘苏联货船到海参崴，11月到达莫斯科。1928年，我在莫斯科见到了蔡和森同志，他痛苦地告诉我，向警予同志已经在汉口壮烈牺牲了。

到莫斯科中山大学求学

我们这一批去苏联的同学有200人左右，党中央决定组成一个主席团（实际上即是支委会）。阮仲一任主席，他曾在苏联东方大学学习过，略懂俄语；支委共计5人，除我之外，还有张崇德（浙江人）、袁家镛（四川人，即袁孟超），还有一个人已忘其名。袁家镛任支部宣传委员，我任组织委员。全体同学绝大多数是党员，少数是团员，个别的不是党、团员。这批同志大抵是从武汉撤退的，还有上海、江苏、浙江等地撤出去的一些干部。出发前，我们在上海等了一个多月，幸而没有出事，大家抱着探求真理的愿望，登上了这条停泊在吴淞口外名为“安铁捷”的货轮。

货轮平安到达海参崴后，我们在那里住了一个多月，之后乘火车前往莫斯科。“中大”成立于1925年秋，原命名“孙逸仙”，照例应称为“孙逸仙大学”，但人们都叫它为“中山大学”，所以沿用“中大”的名称。1927年，武汉政府叛变革命后，南京国民党政府公开宣布取消中山大学。我们到苏联时学校的牌子已经改为中国共产主义劳动者大学，命名为“苏兆征”。照中国习惯应当称为“苏兆征大学”，但仍沿用“中山大学”的旧名，至今人们还是这样称它，所以我现在也仍然称它为“中大”。

我们进学校时，学生证上都用俄国名字，我的学生证号码是“781”，我前面的同学有许多已经归国，但号码还是继续编下去。所有中国去的党员，正式党员也一律改为联共的候补党员。我们这批去留学的同学，又分为普通班与预备班。预备班有20多人，均是工人出身的同志，他们因为文化程度较低，要补习中文、算术、政治常识、历史、经济地理等课目。预备班学习一年后才能升入普通班。初到的新生在普通班学习者，文化水平也不整齐，有留学生、大学生、中学生，也有半文盲，政治水平更不齐。普通班每班20余人，每班有中国翻译兼任副辅导员，这是专做政治工作的。班主任是苏联人兼教授，我班上的副辅导员是张闻天，即洛甫同志。

这一时期，“中大”斗争的内幕是极为复杂的，对中国党有深刻的影响，有许多问题有待后世的历史学家去研究。1930年，苏联进行全党清党运动。“中大”正式清党，是在1929年底到1930年上半年。1930年春，周恩来同志来到莫斯科，他是应共产国际的邀请而去的，他住在旅舍里，经常找许多“中大”同学去谈情况，我得有机会同他谈过几次。我把“中大”的情况如实反映给他，最后他说，你们应回国去，“中大”要结束了。不久之后，中共代表团在七八月间先后撤回中国，“中大”也宣布

1939年，陈修良与丈夫沙文汉、女儿沙尚之合影

解散，结束了它的历史使命。回国后，我先后担任上海丝厂工会工作委员会委员，全国海员总工会秘书兼《赤海》报主编。1937年11月，任中共江苏省妇委书记。1941年秋，我来到华中根据地后任华中局机关报《新华报》总编辑。

初到南京

1945年8月15日日本宣布无条件投降时，我正在华中建设大学财经系任副主任。不几天，校长彭康同志通知我说，党中央将在延安召开解放区人民代表会议，你与李仲融教授都被选为出席的代表。华中局组织部部长曾山同志同我谈话后，我们就欣然上路了。出席解放区人民代表会议的华中代表团团长是黄逸峰，我们从淮安出发后，一路上还同敌伪军发生过几次小战斗。过了古黄河，正向山东进发，9月间华中局忽来电报，说国内形势发生了变化，国共双方准备进行重庆会谈，共商建立联合政府，延安的代表会议不开了。我们华中代表就立即赶回淮安，得知华中局已于9月1日改组成华中分局，另外在山东建立了华东局，分局属于华东局领导，分局书记邓子恢，副书记谭震林，组织部部长曾山，民运部部长刘瑞龙，宣传部部长李一氓，城工部部长沙文汉（张登）、副部长吴宪，情报部部长扬帆。我到淮安后，谭震林等负责同志找我去谈话，决定派我去城工部工作，并设立城工部的派出机关——南京工作部，全称是“中共中央华中分局城工部南京工作部”，任命我为南京工作部部长，驻地是六合县。

分局给我的任务是：第一，领导南京城内各个系统党组织的工作、统一领导南京市的工作。当时南京城内党的活动有几条线，彼此不发生关系。这些组织有：城工部领导的南京工委，苏南、淮南、皖江区党委派出去的一些党的组织和六合、江浦等县的党员，等等。第二，整训干部。采取整风方法，学党的文件，研究白区工作的经验教训。第三，了解南京市的情况，摸清各种组织与群众的关系，群众团体的政治背景；着手调整、统一领导这些分散经营的群众团体或关系；建立根据地与南京的交通联络站，及时传达党的上级指示。第四，审查领导干部的历史，配备干部，充实力量。凡是南京不能立足的干部，一律撤回根据地，派出一批新的干部。

我们的机关有20多人（流动的不算），设秘书科、组织科、宣传科，还有会计、管理员、警卫人员、交通员，学习班的成员，等等。这个机关，开始设在六合竹镇东面。六合解放后，一度迁入六合城内办公。1946年初，因为国民党军队企图进占六合，我们匆匆撤退到天长城内苏家花园内。在此期间，南京工作部与南京的党组织来往频繁，几乎每天有人来往。我记得在六合、天长县城时，有方休、刘峰、朱启銮、柯秀珍、彭原等同志前来汇报工作。二师、七师派去的干部也有来汇报工作的，如周大材（葛平）。我们跟南京方面来的同志谈话，主要是了解情况，谈时局与政策，党在南京的任务，等等。

1946年的春节期间，一天晚间部队紧急通知，说敌人已离天长不远，要迅速转移。我们立即收拾文件与随身用品，连早饭也来不及吃，就匆匆忙忙向北撤退。走了数十里路以后，住入一家农民家里，方始造饭充饥，讨论进退问题。后来分局城工部通知我们速即撤退到淮安城工部。回到分局后得知，内战已不可避免。如国民党进攻我华中地区，南京工作部将无法隔江领导南京的工作，因此决定撤销南京工作部，成立南京市委，派我前去南京任市委书记，委员是刘峰（副书记）、朱启銮、方休、王明远共5人。我在城工部内住了几天，听了分局负责人的意见，一致认为南京工作十分重要，南京是国民党首都，在政治上讲比上海更重要。南京市委仍属分局城工部领导，不能与公开的中共代表团有任何联系，只能互相呼应，彼此之间如有互通情报的必要，只能通过华中分局。因此，敌人始终不知道我们这一条暗线。

南京工作部在撤销之前，已派了一批干部进了南京，其中有卢伯明、刘贞、王荣元、王明远、陈良、洪路、高骏等。我是4月中旬最后离开城工部前去南京的。南京城内，特务如毛，身入者确有“虎穴”之感。我脱去军装，换上旧时装，渡江到了镇江，然后又坐火车进入“虎穴”，同

丙戌春送陈修良主持南京地下工作，赠诗以壮其行（沙文汉20世纪50年代书法）

行者是马文林同志。到南京后暂时住在朱启銮同志的家里，后来考虑要单独居住以免牵连，就在城内找了两间房子。因国民党要查户口，我们来历不明，恐怕出事。我就迁入柏焱、柯秀珍同志的家里，他们有一个婴儿，我就算是他们的“姑妈”。柏焱和柯秀珍都是中学教员，这地方在中正路武学园3号（户籍登记地址为武学园37号）的楼上。我住在右面的厢房，市委也常在那里开会。

成立南京市委

到了南京以后，第一件事是召开市委成立会议。时间是1946年4月下旬，地点在磨盘街42号鲁平的家里。我传达了华中分局城工部给我们的任务：统一南京各个党组织，为建立和平民主新中国而奋斗，争取同国民党合作，召开全国性的国民大会；市委工作是配合中共办事处（即南京局）的政治活动，发动与组织广大群众拥护党的和平民主的政治方针，反对内战与独裁。在群众运动中建立党的组织，发展党的组织。为了预防时局起变化，国民党可能发动反共内战，实行镇压，地下市委的组织必须严密。市委不设机关，干部职业化、社会化，立脚在群众之中。情报的传递均经过华中分局。根据周恩来同志的意见，严禁市委同志进入梅园新村，因为那个地方实际上是在特务的包围之中。

市委成立后不久，讨论分工问题，我们不建立各部的机构，防止互相发生横向不必要的关系。市委下面设立各个委员会，或单独的支部组织，分类进行领导。第一个委员会是学生工作委员会，书记王明远，委员有盛天任、欧阳仪；工人方面，只是由陈慎言、彭原、高骏等同志分头联系各方面的工作。同时成立情报部，他们同市委各级组织不发生关系，由卢伯明负责，与我单独联系，也同中共代表团发生联系，情报全送上海中共办事处或华中分局。一般是送到上海中共办事处刘少文同志的地方。当时的指导思想是统一领导，加强团结，反对任何宗派主义。南京党的头绪较多，如果不能高度统一与分工合作，我们就难以坚持下去。

当时南京的全部党员约220人，在100万人口的南京人民中间，我们的党员比例很小。但这是党的基本力量，在艰苦的日伪统治下，坚持下来，是不容易的。

南京是敌人首都，情报工作特别重要，前方急需南京的军事情报、政治动态，对于战争局面有时是起决定作用的，所以我们特别重视。当时情报部门人数极少，我们的情报工作是依靠群众的力量，并不采取收买引诱的手段，统战对象常起重要的作用，有时利用亲属关系也很有成效。

内战开始后，大江南北往来困难，敌人盘查甚严，交通员来往几乎断绝。同华中分局的来往中断之后，我只有去上海找刘晓同志。通过我的母亲陈馥的关系（我的家本来是江苏省委机关，我的母亲是掩护这个机关的，和刘晓同志很熟悉），就在我的家里，同他相见。我们坐在二楼的亭子间里密谈。他告诉我说：内战是长期的，要准备5年至15年坚持在国民党区域的工作。他还问我有决心吗？我回答他："有决心。"他高兴地对我说：中央已经决定南京市委的工作由上海分局领导，因为长江的交通断了。

1946年底南京中共代表团被国民党监视，已经不能进行工作了。敌人包围更加严重，负责党的工作的钱瑛同志1946年10月由南京转入上海做地下工作，她参加上海分局为委员之一。当时分局成员是：刘晓（书记）、刘长胜（副书记）、钱瑛、刘少文4个人。南京市委关系转到上海分局之后，我们就能及时收到中央的指示，并接受上海分局的领导。

内战开始后华中分局城工部分两路进行工作，一部分人去山东华东局城工部，一部分人分批下江南，到上海建立城工部的办事机关。不久，刘晓同志建议，把华中分局城工部合并到上海分局。后中央同意，把沙文汉等合并到上海分局，1947年5月6日中央决定把分局改为上海局，沙文汉任上海局的宣传部部长，分工领导南京市委的工作。

南京是要查户口的，我在柏焱同志家里得到他们夫妇二人的精心掩护，我住的地方市委负责同志经常来开会或接头。市委全体会议开得极少，往往只是3个人在一起开会，人再多就有危险了。我出门寻人，经常走小巷子，转弯抹角地绕圈子，下雨天带伞，夏天戴黑眼镜，从不进电影院、商场、旅馆、茶楼、酒肆、公园、游乐场所，真正是隐姓埋名在敌人的心脏中进行地下活

抗日战争时期，陈修良在上海留影（沙尚之　提供）

动。柏焱夫妇称我为“姑妈”，谁也不知道“姑妈”是什么人。

开辟第二条战线

1946年美国积极支持国民党打内战，还派遣美军驻在大城市。同年12月间，北大女学生沈崇被美国士兵奸污，引起北平学生和市民的极大愤怒。12月30日北平学生罢课游行，抗议美军暴行，全国各大城市、各学校纷纷响应，举行示威游行，人数50万人以上。这件事发生之前，上海分局曾叫我到上海参加讨论，发动一次大规模的抗暴运动。这次会议由刘晓同志主持，沙文汉同志参加。分局认为蒋管区物价飞涨，民不聊生，抗暴运动的发生是合乎人情的，反映了人民对美蒋进行内战的仇恨；矛头直指国民党政府的反共政策。上层民主人士的思想也有转变，爱国统一战线在不断扩大。估计我们如发动一次抗暴运动，国民党一定要镇压。因此，我们的策略更要灵活，不能消极地“坐待时机”，而是要站在群众的前面，同反动派作殊死的斗争。我们的口号是：“反对国民党进行内战”，要求生存的权利。上海分局并认为从生活斗争开始，结合政治斗争，积大小的斗争成为一股反帝反封建的统一运动，估计红五月是一个高潮。上海分局的意见，经中央同意，认为必须坚决放手发动群众，进行反美反蒋，开辟第二条战线，把人民爱国和民主运动大大地推向前进。

这个方针南京市委是坚决执行的。我们讨论对策，大致如下：第一，尽量利用各种合法的机会，发动群众要求改善生活，求得生存的权利。第二，尽量地把“反饥饿”“反内战”的两个口号巧妙地结合起来，动员广泛的群众。第三，在斗争中尽量不暴露党的组织，不提政治色彩过于浓厚的口号，如“打倒蒋介石”“反对国民党”，等等。

1947年2月间，我解放军已歼敌71万人。敌人在经济上滥发纸币，通货膨胀，物价飞涨，民不聊生。延安新华社发表了《迎接中国革命的新高潮》社论，对蒋管区人民鼓舞很大。我们乘机发动群众，要求增加工资，发动学生争取民主权利、言论、结社的自由。南京当时有11个大专院校，中大、金大是两个重要的支点，许多运动往往在那里带头发动，重要的中学中也有我们党的组织。从主观力量看，那时我们在学校中的革命势力是相当雄厚的。金大教职员中也已有个别党员，便利我们开展统一战线工作。1947年5月6日，中央大学教授会发表要求提高教育经费，改善教员待遇的宣言，对全国文化教育界的影响极大。

4月间上海分局根据党中央的指示，召开了会议，通知我前去上海参加讨论如何发动学生，举行一次大规模的“反饥饿、反内战，反迫害”的学生运动。这次会议是在沙文汉住的房间内召开的（即上海分局一个机关），参加的有刘晓、刘长胜、沙文汉和我4人，专门讨论如何发动学生斗争问题。刘晓同志问我，有没有力量，在南京发动一次反饥饿、反内战的运动？南京是首都，先发动起来影响大。我回答他：“我们有力量，能够先行发动。”大家又详细地听了我的汇报，一致认为南京的条件已经成熟，就决定让南京先行发动，然后各地响应。会后我就立即回到南京，召集市委的负责同志开会。我把上海分局的意见说明以后，各校一齐举行罢课游行，向政府请愿、示威。5月20日上午，南京和各地数千学生高举着反饥饿的旗子，高呼“我们要饭吃”、“我们饿不能上课”。走到珠江路附近，队伍就走不过去了，先头队伍受到警察用水龙、木棍的殴打，发生一场恶斗。学生数十人被打伤。

五二〇运动的政治影响极大。南京一地几乎全市学生都罢课了。群众非常同情学生的革命行动，把一切的罪责都归到国民党当局打内战。毛泽东同志1947年5月30日在《蒋介石政府已处于全民包围中》一文中，对五二〇学生运动评价极高。当时国民党军队占领了延安，我们在蒋介石统治的心脏地区，放了一把野火，对解放军起了配合作用。国民党从此失去了人心，连反动营垒中的人们也发生了动摇，大大便利了我们发动广大群众，进行情报、策反、发展组织等活动。

五二〇运动以后，国民党恐慌万状，他们唯一的办法是加紧镇压。蒋介石下了《戡平共匪叛乱总动员令》，宣布解散民盟，以各种理由开除学生，分派大量特务监视学生行动。市委又决定开展“反迫害，争自治”斗争，先后达半年以上。我们从情报中知道敌人要加紧镇压，就把部分党员与学生撤到安全地区，同时又吸收了一批新党员。学生工作委员会进行调整，学委下面设立分党委分别领导大专学校、男中和女中。为了防止破坏，我们又在中大内成立平行支部，互相不来往，以防牵连。各高等学校的学生经过五二〇运动后，政治觉悟大大提高，纷纷组织起来。

经过这次运动，我们深知敌人决不会甘心罢休。因此，我们改变了工作方式，市委决定不再举行大规模的罢课示威行动，把斗争集中在群众的生活问题上，如助学运动，使2000多名大、中学学生得到了助学金，团结了大批群众。助学运动一直持续到次年，捐款方式丰富多彩，如义卖、劝募，等等。同时在中学生方面也乘机展开了党的活动，填补了“空白”学校，使以后的运动更加深入。五二〇运动后，各专科学校纷纷成立党支部，其中有音乐学院、建国法商学院、戏剧学校、东方语言专科学校等。

正是由于五二〇运动的政治影响，职工群众求生存的运动，也不可避免地发生了。1947年春市委决定成立工人工作委员会，在重点工厂中纷纷建立起支部，如首都电厂、淮南煤矿、江南汽车公司、邮政局、印刷业、永利铔厂、被服厂等都建立了党的组织。小学教员中也有了支部的组织。受五二〇运动影响，8月间首先是在《大刚报》《和平日报》两家党的力量比较强的工场里掀起了“提高底薪，要求双薪”的工潮，13家报社，包括《中央日报》在内响应了这个号召，举行罢工，首都无报（《中央日报》除外）成为世界奇闻，9月1日新华社还发布了这个消息。

1947年5月间南京发生抢米事件，1948年1000多名三轮车工人包围了市政府要求保障生活。南京对工人罢工控制极严，非法斗争几乎全被禁止，但我们也有办法同国民党做斗争。例如兵工厂工人公然怠工，或故意使枪炮配件不灵，失去效用；或故意浪费钢铁等原材料，达到破坏军事设备的目的。国民党的御用黄色工会是强迫工人集体加入的，如电讯局、铁路等都是这样，不加入的就说是共产党。我们讨论了对国民党工会的对策，凡是强迫集体加入的，一律加入，可以控制的就加以控制。我们除了利用黄色工会之外，还组织了一些兄弟会、姐妹会、友谊会等小团体，在斗争中也能起一定作用。

1947年上海局还要求我们开展外县的工作。我们经常派遣一些党员到外地去发展组织。在短短的时间内，开辟了许多新的组织，主要是芜湖、宣城、徐州、镇江等城市。镇江到解放前夕有党员80余人，芜湖方面解放时有党员20余人。店员方面有中央、永安等商场的支部，有群众自励会、互励会的工会组织，后来市委决定成立店员工作委员会，开展店员方面的工作。

南京的公务人员特别多，约有13万人之众，如何把他们组织起来，这个任务是相当重要的。为了大规模开展公务员方面的工作，1946年夏成立公务员支部，1948年3月成立公务员工作委员会。1948年九十月间建立了一个警察工作委员会。公务员与警察方面的工作同情报策反工作密切有关，但彼此不发生直接联系，由我联系公务员与情报部门的工作。1948年秋，上海局又把史永关系交给了我，并决定由他负责策反部门工作，这个部门的工作直接向上海局汇报，日常工作也由我布置、策划。除警委以外，其余两个部门的情况，市委其他同志都不知道。我们通过各种渠道获知敌人的兵源、供给、作战计划、人员调动等等。此外我们还重视特务机关的动态，敌人捕人的"黑名单"，我们事先大多能知道，保护了一大批同志的安全。中央很重视南京方面的情报工作，我们的情报一律由上海局转去。送情报的方法也是多种多样的，但从未发生过问题。1947年，我们又发展了一批银行等财经机关的关系，得知敌人已是外强中干，财力物力十分困难。

1948年的形势与斗争

1947年下半年，我军由战略防御转入战略进攻，国民党军队节节败退，经济上日趋崩溃。为了镇压革命，国民党政府先后公布了《维持社会秩序临时办法》《戡乱时期紧急治罪法》《特种刑事法庭组织条例》等一系列反动法令，妄图维持其摇摇欲坠的统治地位。在这种形势之下，市委充分估计到敌人必将加紧策划破坏活动，我们的工作必将日益困难。

市委在这一时期的对策是：第一，强调"稳扎稳打"，继续动员群众与反动派做斗争；另一方面又要更加小心谨慎，利用合法进行革命斗争，特别要抓紧经济斗争，攻击国民党的弱点，揭露其腐败。第二，撤退一部分暴露的党员与非党群众到解放区去。有一部分党员隐蔽在上海，成立独立支部，约有30余人。第三，小心发展党员，防止混入敌特，巩固中心堡垒，加强重点工厂、学校、机关的组织力量，组成"短小精干"善于战斗的党的队伍。第四，加紧训练干部，研究政治形势，准备配合解放军的进攻。总结工作经验，再接再厉，战胜强敌。

事情的发展，果然不出我们的预测，这一年的斗争十分频繁。由于敌人的猖狂进攻，我们也遭到一些损失。但失少得多，中间群众越来越趋向革命，国民党的统治日益动摇，我们的工作条件从不利地位转向了更有利的地位。1948年的情况证明了我们的估计是有根据的。

第一件事是1948年1月工人工作委员会的一个负责同志彭原因叛徒李长荣告密被捕，下关党支部的活动停顿，支部书记马绪善等同志不幸牺牲。虽然彭原同志坚贞不屈，拒绝供出党的关系，但事件的教训是很大的，主要是领导上思想麻痹，对敌人的阴谋估计不足，这是南京党一次最大的损失。

第二件事是两浦铁路工人“七二”大罢工，给国民党一个重大打击。这次罢工以经济问题为借口，破坏敌人的军事运输计划，积极地支援了解放军的战斗，改善了工人的切身利益。党在工人中间获得了威望，党员数量也有所增加，同时又开辟了一些空白单位的工作。

第三件事是大逮捕。五二〇运动以后，国民党加紧迫害，学校无故开除学生，甚至不惜采取大规模逮捕行动。市委对此早已有所准备，分批撤退一些党员和群众到解放区或其他地区去避难，同时发动群众抗议，反对传讯学生、营救被捕学生。南京学生在解放前夕的壮烈斗争是值得在历史上大书特书的。

第四件事是香港干部训练班。根据中共中央指示，因形势大变，需要总结蒋管区的工作经验，因此上海局在香港举办了几期干部训练班，参加学习者主要是上海、南京、台湾三个方面的部分负责干部。上海局书记刘晓同志告诉我，名单由市委自己决定，时间大约两个月。南京市委派了下列同志前去参加：工委方面有陈慎言、叶再生、曾群；学委方面有王明远、欧阳仪（女）、颜次青、翁礼巽、胡立峰、李昭定；商场方面有陆少华；小学方面有潘嘉镇（女）；公务员方面有王嘉谟。上海局决定我去香港领导南京训练班总结经验。6月间，我同刘晓同志一同搭轮船去香港，住在上海局的机关里。我在香港除了管南京工作之外，还到台湾训练班去教课，题目是《公开工作与秘密工作》；训练班学习的是整风文件，毛泽东著的《目前形势与我们的任务》等；另外，主要讨论南京的工作，展开批评与自我批评，总结南京党的工作，提出今后的工作意见。经过上下之间的反复讨论，我写出了《南京建党工作总结》，这个文件总结了工作的成就与缺点，起了统一思想的作用。8月间，我与王明远先返回南京，处理了中大学生被捕问题。此后，我住入林徵、江谨同志的家里。

第五件事是上海局给南京市委的指示。9月间上海局刘晓同志写信要我回上海讨论南京工作。上海局认为南京党的中心任务是加强情报与策反工作，加紧迎接解放军渡江作战，防止党被破坏。群众工作更要“稳扎稳打”。敌人可能死守首都，一定会加强镇压，党的秘密工作要重新布置，南京党要提出自己的新任务，改变工作的计划。讨论结果要我执笔写了一个《上海局给南京市委的指示信》，时间是在9月27日。市委讨论这封信后，做出了相应举措：一是建立策反部门，调史永负责。策反工作由上海局委托我单线联系。二是建立文化工作委员会，由王明远兼管，学生工作委员会书记由盛天任担任。三是加强警察工作委员会。任务是准备解放时维持地方治安，保卫安全。四是建立公务员工作委员会。主要工作是搞情报，保护档案资料，同时发挥特殊作用，如应付户口、搞身份证，侦察敌人动态。

1948年12月，上海局还派沙文汉来南京检查工作，并传达上海局的一些指示。此后，我们着手准备城市解放前的工作，尽可能使解放军少流血，顺利占领南京。因此首先要考虑的是加强策反工作，准备里应外合。要使敌人在海、陆、空军失去抵抗力，使敌人内部发生动摇，弃暗投明，迎接解放。在敌人溃散之前，必然要作垂死挣扎，我们就要防止敌人有组织地破坏，保护好人民财产，反对国民党迁移人力、物资去台湾。要考虑解放后的接管工作，做好准备，以便我们能顺利地接管城市，恢复生产。并且，我们要用攻心战术，使国民党的公务人员不跟着逃跑，使有用之才留在南京，为新中国服务。

准备迎接解放

1949年1月，工委委员叶再生被叛徒告密不幸被捕。为了避免牵连，我又搬了一次家，从林徵家里搬到鲍浙潮同志为我准备好的一个秘密机关，这个地方在中华路85弄内的一幢民房里。鲍浙潮的老伴邱嵋林同志尽力掩护我们的工作。我在这个地方一直住到南京解放的一天才离开。鲍浙潮除了做掩护工作之外，还承担管理电台的联络员工作。上海局当时有一个秘密电台设在南京，派了庄佩琳、丁宁同志作译电员，住在玄武湖附近，由鲍浙潮去联络。但这个电台事实上没有用过，原因是呼号不对。

国民党前线大败，后方军心动摇。在解放战争的关键时期，为配合人民解放军的战场攻势，情报和策反系统先后策动国民党空军B—24型重型轰炸机起义，首都警卫部队九十七师起义，并参与策动了国民党海军“重庆”号巡洋舰的起义。这些起义对于瓦解敌军阵营，加速国民党政权的垮台，具有特别重要的军事、政治意义。

1948年冬，国民党败局已定，为了防止敌人在失败前屠杀狱中革命同志，市委积极开展营救工作。当时，学生工作委员会委员沙轶因同志的姐夫杨兆龙任国民党政府最高检察署的检察长。我们通过沙轶因的关系，派白沙同志同他谈话。杨兆龙痛恨国民党政府腐败，司法界黑暗，他决心弃暗投明，要为共产党多做一些工作。当时李宗仁任“代总统”，国共两党在北平进行和平谈判。杨兆龙以“和谈期间，总要拿出点实际行动来”为由，到广州找到李宗仁游说，促使李宗仁在释放“政治犯”的文件上签了字。此后，国民党当局释放了一批“政治犯”，我们南京被捕的党员和进步分子得到释放，保存了一批革命力量。

1949年3月15日，新华社发表《中国学生运动的当前任务》一文，号召全国学生“坚决拥护中国共产党毛泽东主席提出的真正和平的八项条件，和全国人民一起，加紧努力粉碎美帝国主义与国民党反动政府的虚伪和平，把革命进行到底”。3月30日下午，市委学委领导和大专分党委的同志研究后，拟趁4月1日南京国民党政府代表赴北平参加和谈之机，举行“反对假和平，要求真和平”的大游行。市委领导了解情况后指示：南京即将解放，为了避免损失，这时不宜上街游行。31日，学委向大专分党委传达了市委指示，大专分党委的同志立即分头找各校党组织紧急贯彻市委指示。但由于时间紧迫，各校接到市委指示已是31日夜或4月1日清晨，而学生情绪激昂，已作好了上街游行的组织准备。4月1日上午8点多钟，南京10所大专院校的6000多名师生举行示威游行，到总统府向李宗仁递交请愿书，要求国民政府接受中共中央的八项和平条件，实现真正和平。在奉化“隐居”的蒋介石听说南京学生请愿，远程遥控，密谋镇压。下午3时，国防部军官收容总队的打手对游行后回校途经大中桥的剧专学生突然袭击，大打出手并抓捕学生。政治大学学生前往救护，亦遭围殴。中央大学、建国法商学院、边疆学校等校学生为制止事态发展，到总统府向政府交涉，却遭到更凶残的殴打。几个小时内，受伤学生达195人（不包括被殴教职员工和市民），政治大学司机陈祝三和中央大学学生程履绎、成贻宾伤重不治身亡，造成震惊全国的四一惨案。在全国各界人民的声援和支持下，以周恩来为代表的中共和谈代表团也要求南京政府对惨案作出处理。4月4日，毛泽东就四一惨案发表《南京政府向何处去》一文，指出南京政府正面临抉择向人民靠拢或与人民为敌的关键时期。新华社也发表了《南京惨案与和平谈判》的社论，宣称：“为南京以及一切其他惨案中牺牲的爱国人民报仇的时候已经不久了。南京及全国人民解放的时间已经不远了。”我们听到新华社的广播后，立即进行广泛宣传，大家热切期盼着南京解放的到来。

我们估计战火迫近南京时，敌人可能会且战且退，逃向西南。那时敌人会纵火烧杀，破坏全城的工厂、学校、机关、仓库、码头、轮渡及各种设备，劫走档案、文物等。因此我们要做好保护人民财产的准备，按照上海局的指示，市委做出了如下几个方面迎接解放的准备工作：1.瓦解敌人宪警力量，准备内应。2.组织群众采取护厂、护校，保护机关、仓库，维持地方治安，特别要重视人民的自卫力量和利用敌人的警宪力量。3.调查敌人的机关人员、物资、地产、特务组织，准备接管。4.稳定人心，宣传党的政策，使大部分公务人员留下，为人民服务。

国民党虽然前线已溃不成军，但在南京城内还是敌强我弱，所以仍然要“积蓄力量”“待机而动”，利用敌人的合法组织，进行工作。根据不完整的统计，南京城内的工人、苦力、店员，组织起来的自卫队员约有数千人，警察内部可以控制的约有2000人，准备在解放军尚未入城之前，维持全城的治安，把完整的南京交给中国人民。同时，保护了全市土地财产的登记册，制订了300余本图册。按照接管系统，分为几类，如国民政府、市政府、军事机关、学校、报馆、公用事业、电台、邮政等部门，按党的组织系统也作了调整。有800多名党员准备配合解放军进行接管工作。解放以后，我们很快配合进城部队参加了军管会的工作。地下党员熟悉情况，解放军称他们是“引路人”。

此外我们还通过邮电局，发出了许多信给国民党机关的负责人，要他们立功赎罪，保护人民财产，宣传党的政策，规劝大家不必弃家逃往台湾。经过努力，在保护人民财产方面，敌人没有能够达到破坏目的，除下关车站和国民政府司法行政部被敌人临走时火烧了一部分外，其余机关均被保护下来。南京的电灯、自来水、电讯、轮船、火车、汽车交通等在解放时均未停过。我们能够做到这些，是经过战斗的，例如对永利铔厂的保护。

4月21日，中央发出了“打过长江去，解放全中国”的号召。4月21日晨，解放军纷纷在各口岸渡江作战，攻破了敌人的江防。4月22日，南京城内已经能听到远远的炮声。23日晚，强大的人民解放军势如破竹，攻入了南京，蒋家王朝的末日来到了！

我军渡江入城之前，敌人纷纷向南狼狈逃跑，南京城内成了“真空”地带。这时就有不少坏人想趁机抢劫，市委立即决定号召各部门各级组织，全力以赴保护人民的财产。解放军渡江时，由于上海局的策反工作的成功，林遵第二舰队在笆斗山起义，狮子山炮台也起义了（台长是一位共产党员）。国民党在溃败之时，还在打算破坏老江口轮渡栈桥，使解放军难以渡过长江。但由于工人群众的勇敢斗争，敌人的阴谋不能得逞，栈桥没有遭到破坏，南北交通未断，我军渡江很顺利。

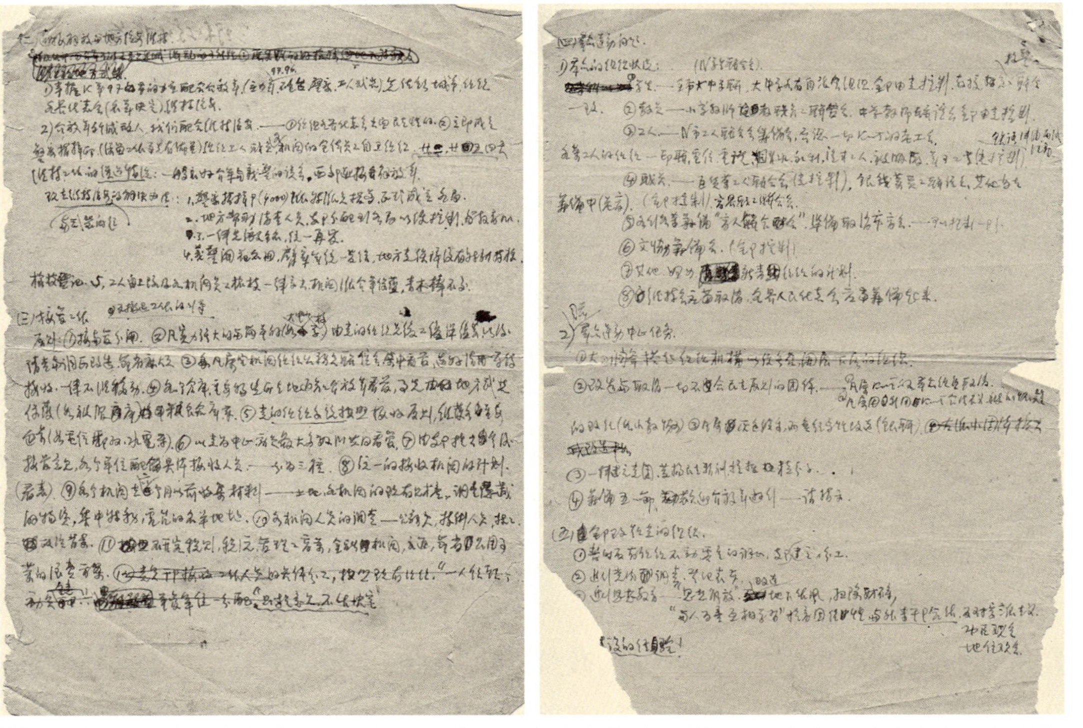

1949年4月，陈修良与中国人民解放军第三野战军交接的工作报告（部分）（沙尚之　捐赠）

24日拂晓，水上警察局，以2号巡艇为首的第一批巡艇在我们的党员率领之下到浦口去迎接人民解放军渡江，但单靠巡艇还是很不够承担运输的任务，因此我们又组织民船和停泊在下关沿江一带的公私营轮船公司的大小机动船只一齐出动，才很快地帮助解放军渡过所谓天险的长江。特别是老江口的栈桥火车轮渡发挥了最大的作用，一次便能运载一个团以上的人马大炮、战车等到江南。当时敌人的飞机还在轮番轰炸、扫射，但已无法阻挡我军的千军万马的渡江作战。这幅壮丽的画面，是永远值得后人纪念的。从24日清晨到中午，原在江北浦口一带的人民解放军三十五军全体人马渡过长江，浩浩荡荡地进入南京城，南京回归人民了！

三十五军的政委是何克希同志，我同他是很熟悉的。他领队伍先行进城，军部驻励志社，他在打听我的下落，我也在打听他的行踪。我后来得知他们已经到了励志社，立即在24日早晨坐上接收过来的吉普车，直驶而去，要求同何克希政委见面。当时我还穿着老百姓的衣服，门岗禁止车辆进去，我便说明身份与求见何克希的来意。门岗通报后，何克希见到了我，高兴得跳起来了，连说“我们会师了”。又过了几天，华东局负责同志都到了南京，中央宣布决定，成立新的南京市委，由刘伯承为书记，宋任穷为副书记，我任组织部部长，张际春任宣传部部长，陈同生任统战部部长。南京从国民党统治下解放出来，我也就完成了党交给我的任务。

白区二十年*

刘 峰

走上革命道路

我于1916年10月出生于安徽凤阳府城小北门内。我家祖籍在浙江杭州，祖父汤仁甫原是杭州布商，辛亥革命前两年，花钱捐了凤阳的县令，民国后还连续做了两年县官。祖母早逝，只生下我的父亲汤耀卿，祖父后又娶妻，生了3个儿子。我出生一年多后，祖父因病去世，留下一所小北门内较好的住宅，前后三进10多间房，后面还有个小花园，有田地100多亩，在蚌埠还有几间门面出租。

我的父亲通过亲戚做媒，与家住南京的我的母亲刘文禅结为夫妻。父亲为人老实，读的是私塾，未进过学校，因是前妻所生，继母对他一直不好。由于全家生活除每年收些田租和房租以外，没有其他收入，到我9岁时，家庭就难以维持，不得已只好分家。原来住的房子被分给了祖母和叔叔家，我们只得搬到外面另租房子居住。我的母亲性格温和、通情达理，可谓贤妻良母。在我出生后，父母将3岁多的长子，也就是我的大哥汤寿康过继给在安徽省政府民政厅当科长的一个亲戚做儿子，亲戚便介绍我父亲到凤阳县政府当了一个小职员。由于母亲勤俭持家，全家才不致冻饿，勉强度日。在我之后，母亲又生了3个女儿、2个儿子，全家共计8口人。

整个大家庭全靠母亲操劳照顾，她的为人和教导，对儿女影响至深。在父母关怀下，我5岁时就在家学认方块字，6岁送我到附近一位姓郭的私塾先生那里上学。家中亲友都认为我聪明用功，将来会有出息，最好进正规的学堂。凤

---

*本文选自中共江苏省委党史工作办公室、中共南京市委党史工作办公室编：《重温激情岁月——革命者口述历史》，中共党史出版社2003年版，第40—84页。因篇幅所限，部分章节有删改。

阳是安徽省教育比较发达的地方，一般县只有一两所初中，而凤阳有两所完中，一所是省立第五中学，还有一所省立三女中。在我9岁时，家里把我转送到第五中学附属小学三年级插班读书。为了实现父母对我的希望，我学习十分刻苦，从三年级起，每学期都被评为模范生。我之所以能于少年时期参加革命，家庭贫穷和父母期望使我有进取心也是一个原因。

我初小毕业后，考进凤阳第一高等小学，这个高小教学水平较高，校长和一些教师都比较进步，其中有共产党员。当时是1927年，我11岁，正是大革命时期。在老师们的教导下，我认识到只有打倒军阀，老百姓才能过上好日子；此后，又知道了鸦片战争以及各种卖国条约，以及孙中山领导国民革命和国共合作的事迹，这些教育使得我们开始产生爱国主义思想，这对我能较早参加革命具有积极影响。

我在高小读书将近两年，不仅受到进步老师的教育和引导，而且积极参加校内各种活动。1929年5月，在我们毕业前夕，传说要撤换校长，据说是怀疑学校内有共产党活动。同学们得知消息后非常气愤，在进步教师支持下，由学生会主持召开学生代表会，决定开展斗争。此后，经过同学们讨论，决定派几十名代表游行到县政府去请愿，我也是代表之一。请愿未果我们又宣布罢课，但拖了一个星期后，斗争还是失败了。学校宣布开除十几位学生，我也是其中之一。

这次斗争，对我是个很好的教育和锻炼，也更增加了我对反动统治者的不满。过了10多天，一位名叫武崇楼的中学生找我谈话，他称赞我在这次斗争中表现突出，认为我思想进步，有革命觉悟，表示他可以介绍我参加共产主义青年团。那时我13岁，年龄还较小，但我完全自觉自愿地想要参加共青团。武崇楼让我和另一位要入团的青年杨秀俊一起去他家，就在他家里举行了入团仪式。当时没有团旗，只做了一面党旗，他带着我们宣誓，教我们学唱少年先锋队的歌曲，就这样，我正式参加了团组织。

我被高小开除后得不到毕业文凭，如何考入中学是一个问题。父亲非常生气，后经母亲劝解，送我到一个姓孙的老先生家读私塾。过了一段时间，还是通过团组织帮我弄到了一张小学毕业文凭。我原名汤锦黻，改名为汤仲良，因功课较好，在报考省第五中学初中后被录取了。

在凤阳的革命活动

省第五中学在凤阳有红色大本营之称，不仅有30多名党团员，而且活动能力相当强。但由于当时受“左”的错误路线影响，凤阳党组织领导群众斗争过于突出，暴露了革命力量。1929年4月，五中学生19人、教师2人被捕，五中革命力量受到很大削弱。

我入校后，由于刚加入团组织，没有工作经验，只有一股革命热情，便根据党团组织的布置进行活动。当时，学校学生会负责人多数是外县的高中同学，其中有党团员，开展活动较活跃。1929年12月寒假前，校内国家主义派的学生想争取学生会领导权，造谣破坏学生会，学生会向学校提出开除这些学生，结果这些坏学生勾结校外一些流氓突然到学校来殴打学生会干部和进步学生。县警备队闻讯赶来强行制止，打伤的学生被送进医院。此后，省党部和省教育厅发来通知提早放寒假，并宣布学校停办解散。

这样到1930年初，我又失学了，家里仍把我送到那个姓孙的老先生处读书。这段时间我比较苦闷，因为关系较好的同学们都分开了。1930年下半年，学校重新招生，但只招初一、高一学生。当时审查较严，因我没有暴露，我还用汤仲良名字报考初一，结果又被录取了。进校后，学校党团员很少，只有5个团员，成立一个团支部，我担任团支部书记。不久，我被吸收为团县委委员，主要负责学校工作。1931年秋，组织让我担任团县委书记，还兼任五中支部书记，主要负责团内领导工作。

虽然感到自己能力有限，但我也决心在党的领导下，做好团的工作。由于工作较忙，功课成绩慢慢下降，学校老师和父亲都对我产生了怀疑。我要写工作计划或宣传品，都是夜里等家里人睡了才写。有一天夜间，被我的母亲发现了，我只好告诉她，我参加革命了，并请求她无论如何不能告诉父亲。母亲很同情我，后来一些文件、进步书刊都帮我收藏。我内心很高兴，因为有一个能支持我参加革命的好母亲。

由于国民党县党部认为五中还有共产党活动，我已被怀疑，加之当时中共长淮特委正需要调人，于是组织决定在1932年初放寒假后，将我调到蚌埠长淮特委工作。当时我内心很矛盾和不安，如果忽然离家出走，对父母尤其对母亲打击很大，必然要为我担惊受怕。但参加革命就要服从组织，我开始为离家做准备。到春节年初二，母亲带弟妹出去拜年，父亲喝了酒睡觉，我便带着一条被子和一些衣服出走。临走留下一封信，说明自己要出去参加革命工作，请他们不要为我担心。走时不得已拿了母亲唯一的一个金耳挖，还有父亲的一块挂表和两元钱。一位工人党员在后门口等我，帮我拿了行李，就这样离开了家。

在长淮特委工作的一年

我脱离家庭，到长淮特委工作，是我人生征途上一个大的变动。为了革命，我义无反顾地离家，虽然内心兴奋，但也知道生活和工作将面临极大的困难，想到有党组织的关怀与帮助，内心也没有什么顾虑。

离开家，背着行李走了两个多小时后，我们来到了津浦铁路上一个大镇临淮关，在那里找到县委书记赵立汉，在他家一间破草房里打了一夜地铺。第二天，经他介绍到蚌埠接上关系，通过一位教私塾的王先生找到长淮特委秘书长刘俊三同志。他告诉我，特委决定我参加长淮团特委，当时团特委书记是陈雨田同志，由他兼任组织部工作，我担任宣传部长，团特委由我们两人负责。因我年龄小，难以找地方单独住，于是他就把我带到陈雨田同志家寄居。我对外称作陈雨田夫妇的表弟，在用作厨房的那间草房住下，由此开始了在蚌埠的秘密活动。

当时长淮特委受上海江苏省委领导，负责蚌埠市及凤阳、定远、盱眙、泗县、灵璧、五河、怀远7个县党的工作，既要发动广大工人学生起来斗争，又要在农村领导农民运动，发动农民暴动，开展游击活动，工作任务很重。除了需要面对严重的白色恐怖，大家的生活也十分艰难困苦。特委书记朱务平经常想办法为大家解决生活问题，他对我更是特别关心。同志间同生死、共患难，充分体现了深厚的阶级感情。5月下旬，长淮特委的组织开始被破坏，到6月，特委委员刘俊三和团特委书记陈雨田也相继被捕。特委书记朱务平通知我，特委组织要转移到临淮关，要我也转移到那里，再另外安排工作。

此后，我便开始了颠沛流离的生活。为了躲避敌人抓捕，加之组织因叛徒告密而被破坏，我先后辗转于临淮关、明光、凤阳等地。失去组织联系后，我决定先回到凤阳探明情况，再想办法找到组织关系。从离家出走到去长淮特委工作，整整一年，我经历了无数艰难困苦的考验，但革命理想和信念始终坚定不移。回到凤阳家中后，父亲建议我去上海五叔祖父家，托他们帮助找点工作做。想到可以到上海寻找组织关系，我当即表示同意。这样，我又离开家开始了新的生活。

到上海寻找党组织

1933年2月份的一天，我从家乡乘火车一个人来到上海，找到叔祖父家。叔祖父名叫汤瀛川，是祖父的五弟，我叫他五爷爷。叔祖父一家对我都还热情，特别是叔祖父，对我生活安排照顾得很好。我内心很着急，一方面怕不容易找到工作，同时更担心难以找到党组织。直到6月份，才由亲戚托一位在银行工作的负责人，介绍我到一家私人开的富丰钱庄当练习生，开始了学徒生活。

为了找到党团组织关系，我从1934年暑假后，开始到南京路大陆商场楼上量才补习学校，利用晚间补习英文。量才图书馆也设在这里，这是民主人士李公朴为纪念被国民党特务杀害的史量才先生创办的，我在这里一方面学英文，同时结交一些朋友，他们多数是店员职工和学徒。虽然晚上时间很短，但我们渐渐熟悉后，可以对他们进行一些思想工作。

1935年四五月间，我在量才补习学校认识了在通讯社当实习记者的史继勋。我看他思想进步，便向他提及了想找革命组织的想法。9月的一天，经史继勋介绍，我见到了郑伯克同志（解放后曾任中组部老干部局局长）。经他介绍，我参加了党的外围组织教联，成员主要是教育系统的同志。他当时告诉我他名叫司徒，将和我单线联系。此后，在司徒同志领导下，我在量才补习学校团结了一些进步同学，组织班会、读书会等，积极开展各项活动。

18岁的刘峰（刘峰　提供）

一二九运动爆发后，上海各界纷纷响应。量才补习学校救国会成立后，大家选我担任救国会主席。当时上海各界纷纷成立全市性的救国会组织，上海职业界救国会宣布成立后，量才补习学校也参加“职救会”，我被选为理事。因活动被国民党特务注意到，这年春节前夕，我被钱庄辞退。叔祖父又托人将我介绍到一家亚美无线电公司当小职员，我仍然白天工作，晚间和星期日进行活动。

不久，上海市各界救国会联合会成立了，我们充分利用这些条件积极开展救亡活动。当时上海虽还没有恢复党的组织，但实际是留在上海的一些党团员和党的外围组织如教联、社联、左联等起着领导作用。1936年4月的一天，在去救国会同志吴佐臣家里时，我被捕了，被押送到英租界法院审讯。后因巡捕房查不出我有共产党嫌疑的证据，加上救国会为我请律师辩护，我和其他几人都被宣判无罪释放。

我获释后，工作和生活都很困难，再次失业。直到5月中旬，才经救国会同志介绍，到英商办的通用电器公司当中文打字员。我在法租界靠近善钟路租住了一个前楼房子，作为救国会开会活动的地方，并利用业余时间完成救国会工作。1936年6月上旬的一天，有一位和我一同被捕释放的袁青伟同志来告诉我，组织上有一位同志要找我谈话，约定时间在袁青伟的家里见面。来的这位同志名叫邓洁（解放后曾任轻工部部长），他是党中央派来上海恢复重建党组织的，他说根据我过去的革命经历和表现，党组织决定让我入党。我听了之后，心情非常激动。邓洁告诉我，今后将由林枫同志接上我的关系，并将我和职业界救国会的陆志慎和王纪华编为一个小组。

不久，上海成立了全国救国会联合会，在上海的进步爱国的上层人物和民主人士为理事会理事，在理事会下面建立干事会，党组织决定我代表职业界救国会参加干事会。我常与沈钧儒、章乃器、沙千里、李公朴见面谈话，经常参加理事会和一些上层人士的活动，有些党组织的指示意见通过我们加以贯彻。

国民党反动当局对日益增长的救亡活动感到威胁很大，总想加以破坏。1936年11月的一天晚上，我在章乃器家里开小会研究工作，因结束太晚借宿章家。当天夜里，章先生被法租界巡捕和中国特务抓走了，隔天又得知沈钧儒等几位全国救国会理事被捕。这就是当时著名的“七君子事件”。过了几天，邻居告知我的住处有人监视，为防止被捕，组织上决定我暂时离开上海。因陆志慎同志和北平救国会吴导九同志很熟，于是介绍我到北平参加救亡活动。

由北平返回上海负责学委工作

我到北平找到吴导九同志后，经他介绍，先后协助北平救国会和民族解放先锋队组织开展工作。1937年1月上旬，我来到一家报社任助理编辑，因需要上晚班，只能利用白天的下午外出参加救亡工作。当时要我联系的有几所大学，如北京大学、清华大学和东北大学等，还联系几所中学，主要了解各校民先队工作和活动情况。1937年4月间，华北各界救国会成立，为了扩大宣传，推动救亡运动，决定出一张报刊，并且要我来筹办。当出了3期后，6月底我就接到上海组织来信，告诉我上海环境好转，要我回上海工作。我当即把情况向北平救国会说明，他们要我先到天津，再从天津坐船去上海。

回到上海后，沙文汉同志来接我的关系，他当时是上海党组织负责人之一。他告诉我，组织上决定我负责学生系统党的工作。上海党组织是从1937年逐渐恢复重建的，先是派冯雪峰同志来做准备工作，5月份党中央从延安派刘晓等同志来负责审查党员和恢复党组织。为纯洁党的组织，刘晓同志来后，对原来分散在上海的党员进行严格审查，第一批通过审查的30名党员均是领导骨干，我也是其中之一。党组织先后交给我联系的有十五六位学生党员，我通过他们来了解上海整个学生系统救国会组织和工作活动情况。

时局变化很快，卢沟桥事变和上海八一三事变相继发生。为了贯彻执行党中央制定的抗日民族统一战线政策，上海党组织决定将各界救国会均改为救亡协会，这样更有利于团结更多的工人、学生、职员参加救亡工作。到9月底，日军占领了上海，虽未侵犯英法租界，但日军和汉奸政府必然要破坏抗日救亡组织。根据上海党组织指示，由社会上公开性的活动转到校内活动。

11月上旬，中共江苏省委经党中央批准正式建立，不仅领导整个上海市党的工作，还负责开辟其他城市和农村党的工作，开展农村游击活动。为加强各系统党的领导，正式成立各系统的工作委员会，学委决定由我担任书记。学委成立后，非常重视发展党的力量，1938年党组织有了较快的发展，有的学校建立了党支部，有的学校有了党小组或个别党员，到1938年底，各大中学校有了100多名党员。

我从北平回上海工作后，一直没有找到职业，生活只能依靠组织上补助。

为了方便开展工作，我搬到上海的一位姨妈家居住。全民族抗日战争爆发后，我正为家人担心时，忽然接到母亲来信，告诉我凤阳城失守，全家逃到乡下避难，不料父亲要回家再拿点东西，竟一去不回，后来听说遇到日本鬼子被打死了，连尸骨也找不到。母亲带着两个妹妹和两个弟弟流浪讨饭，生活无着，想来上海投奔我。我将母亲来信情况向沙文汉同志汇报，经组织帮助，他们得以来到上海。两个妹妹和一个大弟弟送到难民所，一个小弟弟送到孤儿院，好在难民所负责人李文芸同志是地下党员，对他们热心照顾。

由于生活不安定，工作较紧张，我从1938年下半年起就经常咳嗽。到1939年2月春节前，病情严重。经沙文汉同志帮助，得以住院治疗，被诊断为肺结核和严重的结核性肋膜炎，医生说再拖几天就没救了。住了一个月医院后出院，组织上根据我的病情，决定我在家休养，因而我只好离开学生系统工作。

成立小家庭并调往南京工作

养病期间，除专心阅读革命理论书籍外，也开始考虑个人婚姻问题。怀久女中有一位高中女生欧阳仪，入党时我和她谈话，以后联系过两次。她学习成绩好，爱好文学，品貌也较好，工作活动能力比较强。她发展了几个党员，不久担任学校党支部书记。虽然我对她内心产生了感情，但她正在高中读书，我也不常联系她，只好等待以后再说。

我在家休养三四个月，体力逐渐恢复，有一天沙文汉同志来看我，讲起学生系统党员骨干情况，他告诉我，欧阳仪学校环境不好，有人注意她，组织上已决定调她到苏北南通地区开辟党的工作。我考虑再三，趁她离开上海前同她见一次面，谈了我对她的感情问题。她没有思想准备，但见我如此坦然表达感情，欣然答应保持通信联系。于是她走后，我们一两个月通一次信，她当时在如皋县马塘镇一个小学任教师，在那里负责开辟党的工作。

我经过将近半年的休养，于9月向沙文汉同志提出要求恢复党的工作。这时学委书记已由王明远同志担任，经省委研究决定我担任教委书记，负责上海中小学系统党的工作。因教委系统工作是由省委组织部长王尧山负责的，于是沙文汉将我转给王尧山同志联系。由于教委系统党员不多，还有3位教委委员，省委决定要我协助省委组织部做些工作，主要是联系由上海派到外县的党的负责人。另外，还要我负责上海到苏南、苏北的交通工作。我的两个妹妹和一个弟弟，因难民所要结束了，经过学习教育也愿意参加革命，因此都由交通员送到苏北盐城新四军学习和工作。还有新四军驻上海办事处，省委决定由我联系，我定期到负责办事处工作的杨明同志住处，帮助他们解决一些问题。

1940年8月间，欧阳仪从南通调回上海，组织上分配她在虹口区任区委副书记，主要负责几个纱厂党的工作，暂时借住在一个工人家里。我们经常见面交谈，感情日增。1941年春，经党组织同意我们结婚，组成小家庭，在英租界赫德路租了一间二楼前楼，并将我的母亲接来住在一起。到1942年初，日军勾结汉奸进一步加强了对上海租界地区的统治，工作条件更为艰难。党中央对敌占区城市地下工作，确定了“隐蔽精干、长期埋伏、积蓄力量、以待时机”的十六字方针，并决定江苏省委准备撤到苏北根据地（新四军总部）成立城市工作部，领导各城市地下党工作。在上海比较暴露的同志，以及难以长期坚持的负责同志和党员，有的输送到各解放区，有的调到其他城市和地区开辟党的工作。

此后，组织上问我沪宁线各大中城市有没有社会关系，因我母亲是南京人，我想起在南京有一位我母亲本家兄弟刘君斗，但我不认识，也没有去过南京，对那里情况一点不了解。中共江苏省委了解到我在南京有这个亲戚关系后，决定派我和欧阳仪一同到南京恢复和开辟南京地下党工作。南京是敌伪统治中心，环境当然更为恶劣，但为了党的工作，我们毅然服从党组织决定前往南京，从此又进入了新的工作时期。

经过艰苦努力终于坚持下来

1942年6月端午节前一天，我们携带简单行装，从上海乘火车到南京，按照我知道的地址，找到堂子街38号我的远房舅舅刘君斗家。他原在铁路上工作，当时失业在家，生活相当困难。我们从未见过面，突然到来，他们虽感意外还是热情接待了我们。所幸这处房子的房主也算是我的亲戚，经与他们商量，将一小间堆放东西的地方腾出来，让我们临时放一张床，总算勉强解决了住的问题，吃只好临时在他家搭伙，给他们一些钱。

我到南京住下来后，先找到当时负责南京地下工作的朱启銮同志，了解已在南京的几位同志情况和研究如何开展工作。对我如何立足坚持下来，经商量只好先做点小生意。正好当时朱启銮的岳父杨叔达在新街口摆小百货摊，于是我到上海贩点日用小百货，当时叫“跑单帮”，也在新街口摆了个小百货摊，但这样不仅抛头露面，而且不便工作。

过了10多天，我得知原房主刘孝先的儿子刘规章在汪伪特务机关做事，这当然引起我的警惕。由于我们有亲戚关系，就攀谈起来。他说为了生活不得不为汪伪政府做事，他的任务是常到南京南郊湖熟、陶吴等乡镇探听新四军活动情况。当他知道我要在南京做生意时，就提出可以和我合伙贩些香烟、棉纱、肥皂之类商品到乡镇出售给店家，赚些钱两人平分。当时这些货物日军控制很严，防止运出去支援新四军。但他可以利用职务之便，将货物捎带到这些镇上卖掉。我为了能在南京立足坚持下来，就同意和他合伙做生意。不料11月的一天，他在湖熟镇和日本鬼子的翻译为了赌博闹翻了，被翻译诬告他通新四军，于是被日军抓起来连夜审讯，次日清晨就被日本鬼子杀掉了。汪伪特务机关和日本鬼子交涉，知道是误杀，给了一些慰问金后不了了之。

因生活无着，我又和朱启銮同志商量，他说可以考虑和他的岳父合开个百

初到南京时的住处——堂子街38号（刘峰　提供）

货店。我们在中华路靠近中华门找到了有一间门面的顾祥兴帽子店，店主因生意不好愿拿门面房作为一股。我和朱启銮的岳父出些钱各为一股，在1943年春节后正式开起小百货店，雇用一个店员，主要由朱启銮的岳父负责经营管理，我每天去照看一下，每月有些工资维持生活。这时我住的地方已有一家搬出，由我租下这一间房子，便将母亲和小弟从芜湖接回南京住在一起。次年5月，欧阳仪生下第一个儿子，母亲帮助照料家务，这样我们总算在南京立足和坚持下来了。

认真贯彻十六字方针开展工作

在我准备动身到南京开辟党的工作前，江苏省委组织部王尧山同志和我进行了一次重要谈话，他指出抗日战争是长期的，敌伪反动统治下的工作环境必然十分残酷。党中央总结历史经验教训，对敌伪区城市地下工作制订了“隐蔽精干，长期埋伏，积蓄力量，以待时机”的十六字方针，必须结合南京实际情况坚决贯彻执行。派到南京的党员都要尽可能做到“社会化、职业化、合法化”，要想各种办法立足和坚持下来，并要切实执行“勤学、勤业、广交朋友”的方针，密切联系群众，要善于充分利用合法组织和方式方法开展工作，团结教育群众，积极并慎重地发展党的力量。这次谈话对我启发帮助很大。

南京建党很早，1922年就有了党的小组。到大革命时期，党的力量有较大的发展，但由于受“左”的错误路线影响，大革命失败后，从1927年起，党组织先后遭受8次大的破坏。1940年开始，中共江苏省委从上海陆续选派党员到南京来开展工作。首先挑选在南京有家或亲戚在南京的党员，如马卓然同志的家在南京，1940年4月他第一个被派到南京。朱启銮同志因有亲戚在南京，于1940年9月被派到南京。1941年暑假，又派四五位学生党员到南京考进南京中央大学和中学。当我和欧阳仪来时，已有八九位同志先到了南京。8月底，我和朱启銮同志到上海向省委汇报工作时，省委就决定成立南京党的工作组，由我担任组长，朱启銮同志任副组长，负责开辟党的工作，发展党的力量。

除了从上海派来同志建立党组织外，新四军六师也从1940年起在南京开辟党的工作，他们的办法是吸收几位中学女同学到游击区学习，经过教育发展入党再派回南京，然后他们再动员进步学生去学习，用这样的办法建立党组织，发展党的力量。

我们从上海来的同志，不仅立足生根很困难，而且都感到环境很恶劣，如我住的大院子内，前后有两家是汪伪的特务，对门一家是在日本鬼子仓库做工的，前面一家住的是一个汪伪连长和他的小老婆。敌伪还在南京实行保甲制度，由保甲长监管居民，敌人有时还突击搜查，发现可疑的人就抓走，所以派到南京来的同志不仅要注意周围环境，提高警惕，还要搞好群众关系，找到职业，取得合法身份，才能坚持下来开展工作。

对上海派到南京的党员，特别是对在南京发展的新党员，我们都要加强十六字方针的教育、形势教育、气节教育、革命理论教育、纪律教育和秘密工作教育，使每个地下党员都能自觉地贯彻执行党的方针，严守党的纪律，具有不怕困难和不怕牺牲的精神，懂得如何进行秘密工作。党组织与每个党员保持单线联系，党员都不知道联系的领导同志的真实姓名和住址，不得向任何人暴露自己的党员身份，党员之间不得发生横的关系，约定会面时间必须严格遵守，随时注意有无敌特盯梢。到同志家必须注意安全信号，暴露或被敌人注意的党员必须及时调离或撤退解放区，使敌人难以破坏地下党组织。

到南京考进大、中学校和找到职业的地下党员，都必须认真贯彻“勤学、勤业、广交朋友”的方针。学生党员要勤奋读书，成为品学兼优的好学生，得到同学的好感；有职业的党员都要努力工作，熟习业务，以礼待人，取得周围群众的信任，这样就有利于广交朋友。首先团结教育思想进步的，成为知心朋友，并使他们成为开展群众活动的积极分子，经过相当一段时间的教育，使他们不但有了革命的觉悟，有入党要求，还要有不怕困难和不怕牺牲的精神，才能入党。因此我们发展的地下党员都能发挥一个党员的积极作用。

我们地下党员在广交朋友，团结部分进步群众后，利用合法的方式，建立合法组织，开展各种群众活动，如马卓然同志通过广交朋友将华中运输公司下关营业所中20多位职工团结在自己周围，并结交了不少铁路上的朋友。经我们同意，他于1943年初和几位爱好戏剧的职员发起成立了南社剧团，团结了一大批营业所内外群众，并发展了两名党员。又如，在中央大学读书的两名女党员，在同学中交朋友，根据一些同学爱好文艺的情况发起组织民社，大家在一起赋诗作文，后来在民社中发展了4人入党。

我们还根据中共中央城工委对敌占区大城市群众工作的指示，部署打入敌伪组织的群众团体开展工作。1942年夏，汪精卫为培植自己的势力，举办中央青年干部学校。我们就决定在南京中央大学读书的何明同志进入这个学校学习。1943年冬，他利用汪伪宣传部长林柏生想筹组一个学生团体，就参与组织干字运动实践会，任学术组组长，他与其他几个组进步的组长和成员5人结拜成五兄弟，成为干运会的核心。凡重要活动都向党组织请示后，通过五兄弟执行，如办刊物，搞生活营，办读书会等，形式上汪伪在搞，实际上为我们所用。类似的组织还有伪南京市市长周学昌办的学生互助会，从上海派来的和新四军六师在中大的几位党员都打进去了，也开展了各种群众性的活动。此后发生的清毒运动，就是利用敌伪矛盾开展合法斗争的成功案例。

1943年春，中共江苏省委撤销，省委书记刘晓和副书记刘长胜到中共中央华中局城工部担任正副部长。有一年多的时间，城工部指定在上海的一位老钱同志和我定期联系。1944年4月初，老钱告诉我，城工部要我到根据地汇报工作，并参加整风学习，于是派了一位交通带我到盱眙县大王庄见到刘晓和刘长胜同志，他们负责领导上海、南京等地的地下工作。我汇报了南京的工作后，和上海来的几位地下党同志一起学习。华中局和新四军军部都设在这里，这个县的农民生活很苦，华中局机关响应毛主席号召，所有同志都参加劳动，种菜、养猪。大家生活虽很苦，但精神愉快，到5月下旬回来前，组织上要我到华中局书记饶漱石那里谈工作。饶漱石谈了当时的形势和对地下工作的要求，并说根据南京工作开展的情况，决定成立南京市工作委员会，要我担任书记，朱启銮任副书记，彭原、陈慎言为委员。过了两天，我由交通带到镇江，乘火车回南京，于6月初正式成立南京市工委。工委除负责南京的工作外，还兼管镇江、马鞍山等地的工作，为了加强学生系统党的工作，不久又建立了学生工作委员会，由欧阳仪任书记，盛天任、柯秀珍任委员，他们分工领导各大中学党的工作。

由于我们正确执行白区大城市工作党的十六字方针，几年来党的力量不但没有遭受破坏，还团结了很多群众，发展了许多党员，完成了开辟党的工作的任务。抗战胜利前夕，日军即将投降，华中局城工部特派马文林同志兼程赶到南京向我传达关于积极准备里应外合的指示，要求地下党紧急行动起来，组织地下军，配合新四军进占南京。工委立即召开紧急会议，开始布置迎接和配合新四军解放南京的工作。后因情况有变，中央决定新四军不进驻南京，工委便立即停止了相关工作。

在斗争中迎来最后胜利

抗战胜利后，全国人民要求和平民主的呼声高涨。10月，华中局城工部要我去汇报工作，我随交通到六合县城，见到了城工部部长沙文汉同志和陈修良同志，他们对南京工作做了指示和部署。

这一时期，国民党政府从重庆派了许多官员到南京进行接收，实际上是来抢占房屋、财产，大捞一把的。同时物价不断上涨，广大市民非常不满，四处流传“等中央、盼中央、中央来了更遭殃”。我们通过党组织在群众中宣传揭露国民党的腐败和反动本质，同时宣传解放区的进步情况。我们还利用国民党正忙于接收还未顾及到群众的活动，抓紧在铁路、邮政、工厂、学校建立工会和各种合法性团体，把群众团结在我们周围开展活动。

国民党政府收复南京后，对人民采取歧视的态度，将学生称为“伪学生”，必须经过考试甄审才能就学和毕业；对官办的工厂、铁路职工均称为“伪职工”，还要开除一些职工，这必然引起广大学生、职工的不满和抗争。地下工委就因势利导，推动学生、职工开展反甄审、反解雇斗争。这场斗争持续了几个月时间，声势很大，最后迫使反动政府做出了一定让步。这是解放战争初期中共组织领导南京人民同国民党反动派进行的第一次直接斗争。它打破了许多群众对国民党政府的幻想，揭露了反动政府的真面目。我们还对思想进步的积极分子进行教育，积极而有计划地发展党员，扩大党的组织。

1945年，刘峰在南京从事地下党工作时的留影（刘峰　提供）

1946年上半年，国民党政府从重庆迁回南京，以周恩来为首的中共代表团也到了南京，驻梅园新村。根据当时形势发展，华中分局决定成立中共南京市委，将新四军六师在南京的关系，以及七师、二师在南京的少数党员和南京工委的党组织结合在一起，由南京市委统一领导。华中分局还派陈修良、王明远同志来南京，1946年4月，中共南京市委正式成立，陈修良同志任书记、我任副书记，朱启銮、王明远和六师的方休同志为委员。为了加强各系统的领导，1946年下半年，先充实了学委，由王明远同志任学委书记。欧阳仪同志这时怀孕要生第三个孩子，改任学委委员。不久又建立了工人工作委员会，由陈慎言同志任工委书记。市委委员做了分工：陈修良同志负责全面工作并领导情报工作；我协助陈修良抓全面工作，并领导工人工作；王明远领导学生工作；朱启銮领导公务员工作；方休领导小教及店员工作。在方休同志调去上海工作后，陈慎言同志补为委员。经过各系统党组织的努力，党的力量有了较快的发展。

20世纪80年代初，解放战争时期中共南京市委委员合影。左起：王明远、陈慎言、陈修良、朱启銮、刘峰

1946年夏，国民党发动全面内战后，国共谈判破裂，广大人民群众对国民党发动内战、压制民主和反动官员贪污腐败极为不满。并且，物价飞涨使得人民生活非常困难，各种自发斗争不断发生。陈修良同志定期到上海向中共上海局汇报，请示南京工作。她回来后向我们传达，经学委、工委等各系统党组织研究，决定领导人民开展各种形式的斗争。此后，南京先后爆发抗议美军暴行运动、五二〇运动、助学运动、红五月活动等。

南京学生两度进行反美抗暴游行，从声援被美军侮辱的北大女学生开始，发展成为一个要求美军撤出中国和反对国民党政府奴才外交的运动。五二〇运动从中央大学等校学生要求增加伙食费开始，进一步发展为“反饥饿、反内战、反迫害”的斗争，使广大人民看清了国民党反动统治的本质，显示了学生群众斗争的巨大力量。在这两次大的学生运动之后，我们也考虑还要同时坚持合法斗争。这时蒋管区物价持续暴涨，许多大、中学生因交不起学费面临失学，学委就组织学生开展了助学运动。助学运动结合了学生的切身利益，使更多的学生团结在我们周围。

工委系统也加强了在各个企业的工作，从生活问题入手，领导工人进行斗争，其中1948年的两浦铁路工人“七二”大罢工是一个高潮。其他行业也此起彼伏地开展了规模较大的斗争，如全市印刷业工人罢工、三轮车工人罢工和小学教师总罢教等。群众发动起来后，涌现了很多积极分子，除了个别党员参加上层活动外，所有党员都深入在群众之中，发挥核心作用。

国民党反动派在南京有军统、中统、“三青团”、宪兵等组织进行特务活动，他们千方百计想要破坏党的组织。因此，地下斗争可以说充满了艰险，稍有疏忽，就可能带来严重的后果。几年来，我们党组织虽未遭受大的破坏，但个别单位如下关铁路和电厂的党组织遭到了损失，有几位党员被捕，下关车站支部书记马绪善牺牲。

随着时光流逝，我们家里的情况也发生了变化。1944年12月，我们有了第二个儿子，两年后又有了第三个儿子，这就增加了不少家庭负担。幸好我有位老母亲，她同情革命，既能为我们做掩护工作，又为我们带孩子照料家务。为了改变环境，我们全家于1946年春搬到柳叶街居住。原在中华路合开的百货店，于抗战胜利前因生意清淡关闭了。为了掩护工作和维持生活，我和马卓然同志在兴中商场做起五洋生意，根据市场的行情变化，买进卖出洋烟、洋火、洋皂等，每天上午去一下，主要由马卓然参加交易。1946年秋，我有位亲戚在国民党财政部钱币司任副司长，被任命为中央储备银行清理处处长。经从重庆回来的我的大哥介绍，我到该处担任出纳会计，这份工作使我有了固定收入，也为从事地下工作提供了掩护。1948年秋，这位亲戚全家搬到上海后，把小锏银巷一幢小洋房托我照看。我们搬到那里后，家里有了电话，很便于我开展工作。此后，我又和清理处的一位科长合伙在建邺路开了一个合作肥皂厂。固定职业和收入，让我能够维持全家生活并长期坚持地下工作。

为了总结地下党工作经验，培训领导骨干，上海局决定在香港举办干部训练班，从上海和南京抽调一部分干部到香港学习。南京从各系统抽调10多位同志，一起从上海乘海轮到香港。因市委负责人陈修良、王明远、陈慎言都去香港，便由我和朱启銮负责南京地下工作。8月初，在香港参加学习的同志都回来了，传达了对国内形势的分析和对今后地下工作的要求。解放战争的形势发展很快，人民解放军在各个战场都发动了进攻，不断取得胜利。为了加强各系统的工作，市委于1948年冬先后成立了店员、金融、教育、文化、警察等工作委员会，在国民党机关、学校、工厂、军事部门，包括美军顾问团都有了党的组织或党的活动，这些都为配合解放军解放南京打下了良好基础。

在胜利形势下，中共上海局派张登同志（沙文汉）来南京传达上海局的指示，布置迎接解放的各项工作。此后，我们开始全面扩大解放战争即将取得胜利的宣传，使广大群众认识到国民党要垮台了；全面部署护厂、护校、保护人民财产的斗争；还抽调一些骨干加强警察工作、情报工作和策反工作，积极发展党的力量。同时，将已暴露的党员和部分群众骨干撤退到根据地去，先后共撤退了四五百人到解放区。

《革命一生——刘峰回忆录》书影

淮海战役结束后，蒋介石宣布下野，李宗仁任“代总统”。在胜利形势下，上海局决定加强情报策反工作，这两项工作分别由卢伯明、史永同志负责，策反关系由党内同志提供，做了大量工作，取得了很大成绩。情报工作如苏中十地委遭受破坏后，我情报人员及时获取十地委书记金柯叛变的供词和国民党的罪恶计划，粉碎了敌人阴谋，金柯被镇压；1948年下半年，我们及时得到敌人准备大逮捕的“黑名单”，有相当一部分学生撤退，保存了革命力量；渡江战役前夕，我们收集到很多敌情资料，许多情报是通过上海局发送到延安，我们将国民党军的江防图等重要情报送往解放区，配合了渡江战役的胜利进行。策反系统策动了敌海、陆、空的起义，这些起义对当时形势影响很大，对国民党产生很大震动。此外，为了营救被捕的同志，通过学委委员沙轶因同志策动其姐夫，即国民党最高检察署检察长杨兆龙，说服李宗仁为表示和平诚意释放了一批政治犯。

1949年4月22日，解放军占领浦口，南京的国民党军逃跑了，下关电厂和水上警察将他们的船只开过江去迎接解放军渡江。由于南京地下党护厂、护校等工作做得较好，事先组织好各区的警察和工人自卫队日夜巡逻，整个社会秩序和治安良好，水电通讯能正常运行，没有遭到破坏。

解放军进城后，4月24日上午，在原国民党的励志社，陈修良同志和我同进城的解放军负责同志何克希胜利会师。接着，南京成立了新的市委，地下市委工作就此结束。军管会成立后，我被任命为财经接管委员会副主任，二野后勤司令段君毅任主任，还有万里同志任副主任，我们负责接管财经各部门的工作。在完成地下时期的任务后，我又开始从事解放后新的工作了。

南京地下斗争十年*

朱启銮

在敌伪心脏重建党的组织

1937年12月，南京沦陷后落入日军之手。此后，古老的南京成为日军无恶不作、随意杀人的屠场，全市遍布日本军、警、宪、特机关，城内一片国破家亡景象。1939年9月，日本在南京设立中国派遣军总司令部，统辖全部侵华陆军部队。1940年初，汪伪国民政府在南京成立后，市内形势更是日趋险恶。从此，南京成为侵华日军的指挥中心，卖国奸贼的活动巢穴，南京人民在苦难之中挣扎求生。

1937年5月，中共中央派遣刘晓到上海重建地下党组织。刘晓到上海后，会同临时工作委员会书记王尧山，采取个别审查、个别确认其党员关系的办法，首先确认了林枫、沙文汉、陈修良、刘峰、孙冶方、朱启銮、吴仲超等20多人的党籍，然后逐步恢复各个系统的党组织。11月，经党中央批准，成立中共江苏省委，刘晓任书记。

1938年3月，党中央指示江苏省委："在敌人占领的中心城市中，应以长期积蓄力量保存力量，准备将来的决战为主。"根据中央指示，省委在重要企业和要害部门建立了极端秘密的党组织。1940年5月4日，党中央又指示，在日本占领地区（如上海、南京等地），应和国民党统治区一样，"长期埋伏，积蓄力量，以待时机，反对急性和暴露"。同年9月18日，中共中央发出《关于开展敌后大城市工作的通知》（第1号），要求"全党同志应把开展敌后大城市工作，视为党的最重要的任务"，"各地党特别是临近敌后大城市的党与军队，应彻底纠正忽视与放弃敌后城市的错误，把这一工作视为是自己全部工作不可

*本文选自《怀念朱启銮同志文集》，1992年，第204—222页。因篇幅所限，部分章节有删改。

分离的严重任务”。

此后，党中央决定开辟铁路沿线附近大城市工作，华东地区决定开辟沪宁、沪杭、津浦南段各大城市的工作，根据中央决定，当时的江苏省委就从上海干部中选择有上述地区关系的同志，陆续派往苏州、无锡、镇江、南京以及杭州等地。于是南京党的工作又重新开始。

1940年4月，中共上海地下党员马卓然同志因领导工人罢工被怀疑。为开辟南京工作，党组织决定派他到原籍南京工作。4月中旬，他离沪回宁。同年9月，因我在南京有亲友，江苏省委又决定派我来南京负责党的重建工作。

我是以参加侄女结婚典礼的名义，携带轻便行李，扮作衣冠楚楚的商人模样，持着上海日军发的“良民证”进入南京的。到南京后，我初步了解了情况，熟悉了路径（幼年在南京生活过几年，风土人情还比较有些印象），应付了社会礼节，略事安顿以后，就径往洪武路中段马卓然同志家中，代表党组织，按照规定的暗号、暗语，接上了关系。于是南京地下党组织在抗日战争时期恢复活动的最早的一个“细胞”诞生了。说起来这个细胞确实很微弱，只有我们两个人而已。然而，我们坚信，从无到有，从小到大，从弱到强，正是一切新生事物发生发展的规律。

当时党组织对于调到沦陷区工作干部的要求是：对党忠诚、政治坚定、勇于牺牲、胆大心细、有独立工作能力。因为开辟敌占区工作，不仅相当艰苦，而且是冒着生命危险的。上海、南京虽同为敌占区，但上海是五洋混处之地，社会复杂，除日本鬼子外，还有其他帝国主义统治（太平洋战争爆发前），有较多的矛盾可以利用，比较易于掩护。而南京是日伪反动统治中心，直接在敌人屠刀下生活，生存下来并开展工作，是更加艰难的。我们作为年青的共产党员，经验很少，可是怀着一颗赤热的心，为了抗日斗争，为了党的事业，我们终于坚持下来，这是南京地下斗争，恢复重建党的组织，开辟工作的开始。

在日伪盘踞的南京坚持斗争

马卓然同志在南京有家，有南京的“居民证”，居住是合法的。而我是一个外来户，是个“身份不明”的人，而且是来做客的。当时敌伪规定，迁入南京3个月后就要办理换证手续。为此，我就在亲友中表示要留下来做生意，并设法间接通过汉奸汪曼云（当时任汪伪中央委员）弄到了一张南京市的“居民证”，初步取得了合法身份。可是我与马卓然同志都还没有职业，是“无业游民”，因而在社会上还是不合法的。

当时党有一条原则，就是每个共产党员都要有一个与自己身份、年龄特征相称的合法职业，以掩护自己的政治身份并借以维持生活，同时，也便于在社会职业中联系群众。党员一般都不拿任何津贴，经过几次商量，我们计划先做行商。1940年冬天，我们跑起单帮来，把南京牛肉贩运到上海。可是由于我们不是真正的商人，不熟悉怎样应付伪警勒索，结果被敲诈得几乎蚀光老本，勉强回到南京后，不得不另觅出路。后来老马终于在伪华中铁道运输公司找到职业，我在他的帮助下，也在一所私立中学教英语。这样我们两人才算取得完全合法的身份，站住了脚根。

后来，江苏省委又陆续派遣了不少党员来南京工作，他们来宁后生存立足的办法大体有以下几种：一是有社会关系的，自己通过关系找职业；二是通过敌人的学校、机关公开招考进入这些部门学习或工作；三是自行设法筹措少量经费与人合伙经商；四是在自己毫无办法时，由党组织拿出少量经费与人合伙或单独开设小店。处在当时情况下，对一个新调来的同志来说，怎样找到职业，怎样考入学校，是一场必须经历的艰苦斗争，因为这是每一个同志开展工作的前提。

在南京搞地下工作的同志，在建立初步基础时必须遵循八字方针：“勤学勤业，广交朋友。”意思是：学生要好好读书，成为好学生，在同学中树立威信，取得学校当局信任；有职业的要埋头工作，做出成绩，取得单位主管信任放心。每一个同志都要在自己周围结交一至五个成分好、品质优、忠实可靠的人做朋友，把这些人团结起来，作为自己的工作掩护和长期培养的对象。后来，其中不少人就是经过我们长期交往、考察了解、启发教育、提高觉悟后发展入党的。这一时期，党员人数不多，所以都是个别联系的。后来，随着党员人数增加，组织领导形式也在不断改变。

从1941年秋冬起，我与杨坤一常去上海，带回江苏省委的口头指示与各种学习材料。我的母亲住在上海法租界阿尔培路小桃园弄内，这里就是我们到上海后与江苏省委联络的地点。杨坤一先后和刘晓、刘长胜、张登（沙文汉）

等同志都见过面。1942年夏，我在丹凤街按照规定口号接上了吴良杰同志党的关系；又在白下路安徽中学与沈浩青同志接上了党的关系。后来，我们三人成立一个小组，准备由吴良杰分工管工人工作，沈浩青分工管学生工作，我负总责。此外，我还个别联系马卓然同志和镇江的汪孝善同志。

1942年6月，省委派刘峰、欧阳仪夫妇来南京。刘峰同志在上海与我有过工作联系，他们来宁前已由省委通知了我。他们径来我的住处找我，我们建立了党的关系，此外，他们又带来一批党员关系。我们的力量渐渐壮大起来。1942年8月，刘峰同志和我同去上海向省委汇报工作。王尧山同志指示我们成立南京工作小组，全面负责南京工作，确定刘峰任组长，我任副组长，这是南京地下党组织在日伪时期恢复工作后，最早的领导机构。

此后一段时期，南京党的工作一直由江苏省委领导。先后和我们见面研究工作的有刘晓、刘长胜、刘宁一、王尧山、沙文汉等同志，我们不定期去上海汇报工作。当时我的掩护职业仍是教员，刘峰同志则与亲戚合伙经商。我们经常见面研究工作的地点一是我家（南台巷），一是刘峰同志的家（汉西门堂子街），当时党员人数已有几十人。由于党的基础还比较薄弱，当时的方针是：继续布点、稳扎稳打、扩大基础。

在江苏省委陆续派遣干部来南京开辟工作期间，1941年7月，苏皖区党委派原苏南特委妇女部长舒诚来南京工作。另外，新四军的一师、二师、六师、七师也通过各种渠道，用各种方式分别在南京建立关系。大家分进合击，各自发展力量，扩大基础，建立党的组织，但根据地下工作原则，彼此从不打通关系，党的组织尚未统一。

在日伪盘踞的南京，共产党员不仅要广交朋友，还必须利用合法组织，进行公开活动，才能影响和教育更多的群众。1941年4月，中共中央城委《关于敌后大城市群众工作的指示》要求："经上层汉奸关系，在日军允许下，组织汉奸形式的群众团体，或打入敌伪已组织的群众团体中进行耐心的埋头工作，在可能限度内，为群众谋些利益，逐渐取得群众信仰"，"利用资方举办的或社会上习惯能存在的一些工人学校、补习学校、夜校等教育组织及基督教的组织、封建组织、慈善团体等形式来组织群众"。遵照中央指示，各系统的党员利用学生互助会、干字运动实践会等合法组织，先后开展了倒樊斗争、清毒运动等各种进步活动，团结了大批青年学生，唤醒沦陷区人民，使众多青年潜移默化，逐渐觉醒，一批又一批地走上革命道路。此外，我们还在南京工人、店员、小学教师中，采取分散的、隐蔽的、以改善生活为主的点滴合法斗争，以不断壮大力量。

1943年3月，江苏省委撤销，中共中央华中局设立城市工作部（地址在淮南盱眙县大王庄），由刘晓任部长，刘长胜任副部长（后任部长），领导上海、南京等地的党组织。1944年4月初，刘峰去华中局城工部汇报工作并参加整风学习。此后，为了加强领导，华中局决定成立南京工作委员会，指定刘峰任书记，我任副书记，彭原、陈慎言为委员。5月下旬，刘峰回到南京，6月正式成立南京工委。工委成立后第一次会议在丰富路曹都巷彭原的家里召开，刘峰与彭原分工管工人工作，我与陈慎言分工管学生工作。彭原在下关铁路车站找到职业，陈慎言先在南方大学读书，后开设电料行（在鼓楼黄泥岗）为掩护。工委除负责南京的工作以外，还兼管马鞍山、镇江等地的工作。为贯彻城工部的指示，工委领导各系统的党员进一步开展群众活动，发展党的力量。到1945年8月抗日战争胜利时，南京工委领导下的党员80余人。

中共南京市委成立后开展的系列斗争

1945年8月，日本帝国主义投降，形势发生了急剧的变化。根据马文林同志从解放区回来传达的华中局关于做好和、战两手准备的指示，我们一方面派盛天任等同志组织修械所、农科所及中山陵驻卫警中的地下党员和积极分子，在中山门、太平门外等处搞群众武装，由彭原同志领导三轮车工人和城区工人群众做好夺取枪支的准备，以期在新四军进攻南京时，里应外合；一方面严密注视国民党政府的行动，准备在它发动内战后，继续坚持“隐蔽精干、长期埋伏、积蓄力量、以待时机”的方针。后来，新四军未能接收南京，我们即取消了里应外合的打算，继续坚持上述十六字方针。

日军投降后，国民党政府在美帝支持下，一面派员接收（人称劫收）南京，抢摘抗战胜利果实；一面从各方面积极为内战准备。当时，国民党反动派有强大的美式装备军队，一整套军、警、宪、特系统，以及各级反动统治机构。而且在老百姓中间，蒋介石政权还有一定的欺骗性。在“正统”观念的影响下，人们以为他是“抗战英雄”，对他还存有幻想。因此，我们在南京对付国民党反动派，就远比以前对付日军、汉奸要复杂得多，困难得多，这是南京地下斗争不利的一面。另外，也存在着有利的一面，即国民党反动派为了拢络民心，演出的假民主，对我们来说，却比日伪时期有着较为有利的合法斗争条件。这就是抗日战争胜利后，南京地下党所面临的新情况。

1945年10月，华中分局根据中央的指示精神，在分局城工部下建立南京工作部，由陈修良同志负责，地点在六合县城外。1946年4月，为实现直接领导，华中分局决定撤销南京工作部，建立南京市委。1946年3月，党派刚从延安参加七大归来的王明远、卢伯明、刘贞等同志来南京工作。4月，陈修良到南京。5月，召开第一次市委会议。在市委领导下，将原来在南京分散开辟工作的党组织统一起来。市委委员为陈修良、刘峰、王明远、朱启銮、方休（后调离南京，补陈慎言为市委委员）。市委成立后，市委委员也作了分工：陈修良任书记，负责全面工作，并领导情报系统；刘峰任副书记，协助陈修良抓全面工作，并领导工人工作；王明远负责学生工作；朱启銮领导公务员工作；方休领导店员、小教工作。卢伯明接受市委和上海局的双重领导，管情报工作，不担任委员。1948年秋，史永同志的关系转到南京，负责策反工作，也不担任委员。

南京地下市委成立后，首要的任务是整理组织，调整机构。市委成立时，由原江苏省委南京工委系统领导的党员有100多人，由原苏皖区党委（1945年5月改称苏南区党委）领导的党员有40余人，其他系统（包括新四军一师、二师、七师等）领导的党员十几人，共有党员200余人。另外，在1947年3月南京中共代表团撤退前后，交下来由原南方局领导的

朱启銮（后排中间）、杨坤一（后排左一）夫妇和弟弟诸敏一家合影。前排左二朱启銮之女朱小蔓

党员约30人，外围组织有中央大学新民主主义青年社社员100余人。这些党员、社员的组织关系，大多在1947年5月底之后，陆续经上海局转给南京市委。

在新的形势下，重建后的南京市委，贯彻了“在党的领导下，放手发动群众”的方针，在国民党反动派统治的中心——首都南京，配合人民解放战争，同以蒋介石为首的强大的敌人展开了第二条战线上的激烈战斗。解放战争期间，南京党组织不断发展壮大，到南京解放时，市委下设学生、工人、小教、公务员、文化、警员、银钱业、店员、中教9个工作委员会和情报、策反2个系统，党员从200多人发展到约2000人，其中陆续撤退到各解放区的有200多人。

南京地下党的组织是在斗争中发展壮大起来的。这些斗争大体上可分为三段，也可以说是三个回合。

第一个回合，是反对国民党“劫收”与“甄审”的斗争。

抗战胜利后，国民党的所谓“地下工作人员”从地下钻出来露面和重庆飞来的先遣队相汇合，他们一方面对许多汉奸包庇不问，另一方面却对原敌占区的学生、工人横加诬蔑，称他们为“伪学生”“伪工人”“黑帽子”（过去铁路搬运工叫作“红帽子”），要解散学校，甄审学生，开除职工。这种歧视收复区民众的做法，严重伤害了学生和职工的感情，引起他们的不满和抗争，党立即领导学生、工人开展了反甄审和反解雇的斗争。

1945年9月，国民党宣布解散汪伪时期的学校，教育部发布《伪专科以上学校在校生、毕业生甄审办法》，规定在校生必须经过甄审考试，合格者由政府分发到指定学校学习；毕业生必须经过“集中受训”后，各机关方可录用。南京的反甄审斗争是从中学开始的。10月，中大实中、模范男中、模范女中、国立师范4校的中共地下党员和进步学生，秘密成立了四校联合反甄审筹备会，在多次请愿无结果的情况下，筹备会决定组织罢考，集体抵制甄审。此后，由于大多数学生罢考，当局作出让步，许诺只要参加考试，都可以进临时中学读书，今后不再称“伪学生”等。党组织考虑到斗争已取得实质性胜利，便指示所属党员，动员积极分子和广大学生抓住有利时机参加考试，争取全部学生复学读书。

在这期间，原南京中央大学等校的学生也在党的领导下开展了反甄审斗争。中大学生向国民党政府抗议，对敌占区学生的歧视，反对解散学校，要求立即开学。这一抗议博得了社会同情。迫使国民党政府不得不下令，不再称“伪学生”，并设立南京临时大学让学生学习。但临大成立后，又宣布“甄审”编班后才能上课，并且不看试卷就宣布全体学生英文不及格。因此，引起学生公愤，质问临大补习班主任王书林，并押着他去教育部说理。反动当局理屈词穷，只好在全国取消对敌占区学生的“甄审”。但却对原南京中大学生骨干下了毒手，逮捕8位学生。经过全市同学营救，和广大社会人士的声援、抗议，以及被捕8名同学的绝食斗争和法庭上的斗争，取得了完全的胜利。

在领导学生开展反甄审斗争的同时，党还领导工人、职员开展了反解雇斗争，其中规模较大的是铁路工人开展的反对解雇，要求提高政治、生活待遇的斗争。这次斗争后因敌我力量悬殊，未能达到预期目的，但却教育了群众，涌现了一批积极分子。除开展群众斗争外，这一时期我们还根据形势需要，布置党员利用各种机会打入敌人内部，搜集敌人情报，掌握动态。

我们与国民党第二个回合的斗争，是反卖国、争独立；反饥饿、争生存；反内战、争和平；反迫害、反独裁、争自由的斗争。

1946年6月，蒋介石发动全面内战，向我解放区大举进攻。党中央号召以自卫战争粉碎蒋介石的进攻。上海局指示我们要准备长期艰苦的斗争，继续贯彻隐蔽精干的十六字方针。1946年12月，北平美军强奸北大女学生事件发生后，南京迅速掀起了抗议美军暴行的学生运动，各大中学生纷纷抗议、罢课。1947年1月2日，金陵大学、戏剧专科学校、东方语专、音乐学院学生和中央大学部分学生2000余人，举行反美抗暴游行示威。次日，中大进步力量经过与校内“三青团”学生激烈斗争后取得胜利，举行全校学生反美抗暴游行示威，金大等校也参加了，3000余名大学生走上街头，“美军滚出中国去！”的口号响彻全城。示威后，南京学生成立抗暴联合会，增强了团结战斗的力量。当时，党中央对全国学生的抗暴运动曾给予高度评价。

这次运动，预示着在蒋介石前线大败、后方危机重重、人民忍受不了的情况下，蒋管区的爱国民主运动将要出现高潮。中央在对白区工作的二月指示中指出：“应力求从为生存而斗争的基础上，建立反卖国、反内战、反独裁与反特务恐怖的广大阵线。”上海局多次分析形势，指出各地斗争此起彼伏正在酝酿一场大的运动，形势的发展比预料的要快些。南京地下市委指示基层党，要深入到群众中去，有准备地积极领导群众开展新的斗争。

1947年2月，国民党政府宣布冻结物价指数，而物价却像断了线的风筝直线上涨。5月初，南京中央大学教授会发表宣言，要求增加教育经费、改善生活待遇。5月10日，中大学生因每人每天副食费只能买两根半油条，面临断炊危险，伙食团决定要求国民党政府提高副食费，在未解决之前，先按原有伙食标准吃光再说。

地下党领导的中大新民主主义青年社就此将群众引向反饥饿斗争。5月15日，中大、音乐院、剧专3校学生约4000人首次联合举行饥饿请愿游行；5月16日，金大约700名学生前往教育部、行政院请愿。南京学生的请愿引起了全国性的反响，各地学生纷纷拍来响应电报。5月18日，蒋介石发表谈话，国民党政府公布《维持社会秩序临时办法》，威吓学生不准游行。广大青年学生并没有被恐吓所吓倒，中大学生系科代表大会以绝对多数通过了坚持5月20日举行请愿游行的决议，并把“反内战”列为宣传标语的一个重要内容。5月19日，沪、苏、杭三地学生代表陆续来南京，在四地十六校联席会议上通过以“挽救教育危机”（最先由上海提出）作为总的口号。

5月20日，南京举行了京沪苏杭十六专科以上学校学生挽救教育危机联合大游行。当5000多人的游行队伍经过珠江路口时，遭到国民党军警的水龙、棍棒的残酷冲打，当场受重伤者19人，轻伤者104人，28人被捕。

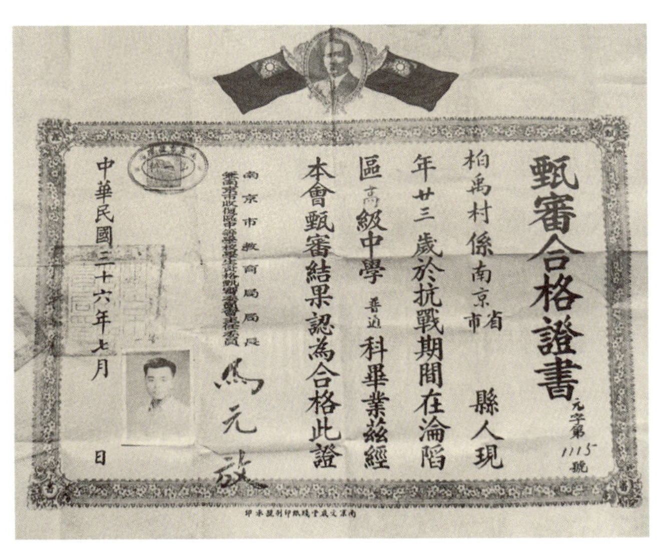
甄審合格證書 元字第1115號
柏禹村係南京省市 縣人現
年廿三歲於抗戰期間在淪陷
區高級中學普通科畢業茲經
本會甄審結果認為合格此證
南京市教育局局長 馬元放
中華民國三十六年七月 日

国民党南京市教育局对沦陷区大、中学生颁布的“甄审合格证书”（南京民间抗日战争博物馆　提供）

冲过珠江路封锁线的学生队伍在国府路（今长江路）又遭到以骑巡队为首的5道防线的堵截。国民党卫戍司令部两次下令，骑兵枪上刺刀，准备冲散学生队伍。但学生大义凛然，屹立不动，手挽手，高呼口号，高唱战歌。当时，虽然狂风骤雨大作，学生情绪却更加高昂。暴雨过后，市民们纷纷送毛巾、递茶水，有的流着眼泪来慰问学生。学生主席团在路边召开记者招待会，并派出代表向国民参政会和卫戍司令部谈判。除坚持原来的正义要求外，又提出惩办凶手，释放被捕学生，撤退5道防线等5项要求，迫使反动派不得不接受学生的条件。

同日，北平、天津学生也举行了反饥饿，反内战的示威游行，天津学生也遭到血腥镇压。全国学生闻讯后，纷纷起来罢课、游行、声援。这就是当时震惊中外的五二〇运动，参加这一运动的计有60多个大、中城市，数十万学生。各界人士（包括海外华侨）纷纷来电来函慰问、捐款，支持学生的正义行动。毛泽东同志撰写了评论文章《蒋介石政府已处在全民的包围中》，文章指出："中国境内已有了两条战线，蒋介石进犯军和人民解放军的战争，这是第一条战线。现在又出现了第二条战线，这就是伟大的正义的学生运动和蒋介石反动政府之间的尖锐斗争。"

南京市委在五二〇运动后，即引导基层党组织转向巩固成果，开展新的经济斗争，并学习上海经验开展助学运动，利用寒暑假时间，发动学生团结互助，克服求学困难。助学运动使许多学生提高了觉悟，此后党在中学的工作也全面铺开。

1948年5月，正值五四运动29周年、五二〇运动1周年之际，南京青年又开展了一场以反独裁、反卖国、反迫害、反美扶日为中心的爱国民主运动。5月1日，南京大中学生五四纪念周活动揭开序幕。五四纪念周后，学委在总结五四纪念周斗争经验的基础上，继续组织领导了五二〇运动周年纪念活动。5月21日晚，南京学生纪念五二〇周年晚会在中大宽阔的草坪上举行。金陵大学在会上演出《典型犹在》活报剧时（此剧演的是袁世凯，骂的是蒋介石），敌人安插在中大的特务带着一批暴徒窜入人群，大打出手，割断电源，破坏会场。经过五二〇运动洗礼的爱国学生沉着应战，纠察队抓获了2个捣乱的反动学生。

晚会结束返校时，国民党当局又策动一批特务分头堵截归校学生，暗中逮捕了中大、金大各两个同学。半夜，金大党支部得知有同学被捕，立即组织营救。5月22日凌晨，中大学生得知消息后也赶往国民党青年部进行营救。愤怒的人群包围了国民党青年部，并用沥青在大门和两旁的水泥墙上涂满了漫画和标语。经过不懈斗争，敌人先后释放了被捕学生。对此，国民党中央直接掌握的

《中央日报》连续几天发出杀气腾腾的社论、文章，叫嚷要对爱国学生“操刀一割”。南京市委根据当时斗争的形势，决定一方面在学生中继续发展壮大革命力量，一方面从组织上作必要调整，让一些同志有计划地撤退，以免遭敌人毒手。

学生运动不是孤立进行的，南京工人运动和各阶层人民（小教、公务员、店员等）的各种形式斗争也在同时期展开。这些斗争此起彼伏，如火如荼，在国民党首都起到了唤醒群众，动摇军心的作用。1948年9月24日，济南战役取得胜利。这是人民解放军解放敌人重点设防的大城市的开始，也是蒋介石以大城市为重点的防御体系总崩溃的开始。此后，南京地下党进入了第三个回合的斗争，即迎接解放的斗争。

迎接南京解放

1948年9月，上海局发出对南京市委的指示信，根据上级指示，我们决定除继续开展反饥饿、争生存的斗争外，着重抓以下七项工作：一、组织党员、群众收听广播，学习和宣传革命形势；二、反逮捕，营救被捕同志和撤退已经暴露的进步力量；三、进一步巩固和有重点地发展党的组织；四、反对搬迁，护厂、护校、保护城市；五、开展调查研究工作，准备接管；六、全党做情报、策反工作；七、发动党员群众搜集武器，组织城市人民武装。

为学习和宣传革命大好形势，我们积极设法收听新华社广播，并对激励人心的解放战争战报和重要文章进行记录，之后再油印成册，发给同志们学习宣传。在组织营救被捕同志和组织撤退方面，也进行了尖锐的斗争，保存了革命力量。早在1947年五二〇运动后，市委便开始筹划开辟到解放区的秘密交通线。从1948年7月开始，把已经暴露的党员、新青社员和进步群众400多人有计划地陆续撤退到解放区或疏散隐蔽到其他地区。南京解放时，接管南京的一支重要力量——金陵支队中的第七大队，就是由原来撤退到苏北进党校和华中抗日军政大学学习的一批党员和进步群众组成的。

由于形势急转直下，加上党组织之前持续不断地开展工作，群众觉悟迅速提高，涌现了不少积极分子，各系统党员均有较快的发展。从1948年7月到1949年1月，又新成立了中教、文化、银钱业、警员4个工委组织。面对敌人进行的大逮捕，结合我党组织的营救和撤退工作，市委决定迅速整顿和巩固党的组织，加强党员气节教育。

党组织整顿、巩固和发展之后，突出的中心工作就是发动群众反搬迁、反遣散、反破坏，护厂、护校，组织互助“应变”。“应变”本是国民党的口号，为了进行合法斗争，我们接过来用以组织群众活动，迎接解放。许多大、中学校成立了“应变会”。如中大在力主迁校的校长周鸿经卷款潜逃之后，选举产生了有教师、学生、职员、工人参加的中大校务维持委员会，行使中大行政领导权。另成立师生员工“应变会”，组织学习、生产、保卫，准备迎接解放。国立政治大学组织所谓寒假赴杭旅行团，想用旅游做诱饵把学生骗走，达到迁校的目的。在学校当局的欺骗下，300多位师生背井离乡，走上了崎岖的“旅程”。最后是我党支部通过学生自治会发动全校师生向旅杭师生写信，劝说回校，其中有200多人回来了，并且立即加入护校的行列。

1949年，完成干部训练班学习后，从香港回到南京的朱启銮

与此同时，许多工厂、企业、机关组织了同人联谊会、互助会、“应变会”，进行反搬迁、反遣散的斗争。私营南京永利铔厂是当时全国最大的氮肥厂，有2000多名工人。临解放前数月，经地下党支部研究，把技术人员和工人团结起来，组成同仁互助会，口号是“职工团结，劳资合作，保厂保家，共渡难关”。以后又建立保厂护家指挥部，由厂长李承干（中共秘密党员）负责，组织全厂职工加固门窗，给围墙加电网，增派工人纠察队员站岗，防止敌人破坏。厂房还拿出一笔钱，买了3个月的粮食和蔬菜给护厂职工食用，这个厂终于完整保存下来。南京解放后不久就迅速恢复了生产。

在电信局，局方动员疏散时，地下党总支团结群众坚守岗位，保证电讯一刻不断，秩序不乱。而且利用报房条件与北平通话，将北平解放后的新消息向群众宣传，并说服了局里的警卫班、交警总队交枪接受领导参加护局。4月23

日，地下党总支委员代表地下党打电话给电信局负责人，要他保证人、财、物完整，通讯不断。解放后接管时，电信局毫无损失。

南京水厂、电厂也保证了供应。1949年4月中旬，下关发电所所长潜逃，存煤仅够烧一天，党组织即发动群众设立“捐钱买煤”箱，几百人捐了2000多块银圆，买了200多吨煤，把生产坚持下来。首都电厂厂长陆法曾的堂妹是共产党员，1949年2月工委派鲁平以共产党代表的身份找陆法曾谈话，分析形势，宣传党的有关政策，要他保护好电厂。陆法曾即接受了党的领导，坚持供电直到南京解放。

党对接管工作的准备，除登记党员作适当分工安排外，主要是广泛而有重点地进行调查研究，拟订接管方案。特别是公务员系统，自香港干部训练班明确了接管方针后，工作大有进展。党组织迅速发展，依靠群众，对国民党政府机关的资料、档案和内部动态作了详细调查。其他各系统工委也都全面布置党员、社员（新民主主义青年社）对所在单位的机构、人员、设备、物资等作具体了解，秘密登记。

1949年3月初，市委接到通知，要我和白沙同志到渡江战役总前委指挥部汇报工作情况。我们便化装成西药商人，将带去的材料用药品纸盒装好往苏北进发。由镇江转往扬州途中，突遇敌人检查，由于我们比较镇静，未被觉察，脱险通过。以后我们经苏北转合肥，到达总前委指挥部，送去国民党京沪杭警备总司令汤恩伯的《京沪、京杭沿线军事布置图》《长江北岸桥头堡封港情报》《江宁要塞弹药储运及数量表》等重要敌情资料。以后，我们就参加了金陵支队学习，并汇报研究南京情况，为接管南京作好准备。

南京是国民党首都，是敌人心脏地区，一向是党的情报、策反工作重地。党组织派出的情报人员先后打入敌人多个重要军政机关，巧妙、机智地获取了大量有价值的军事、政治情报，为渡江胜利、解放战争的胜利，为南京解放后人民政权的巩固，做出了较大贡献。同时，为配合人民解放军的战场攻势，策反系统先后策动国民党空军B—24型重型轰炸机起义，首都警卫部队九十七师起义以及江宁要塞、南京大校场机场塔台、431电台的起义，参与策动了国民党海军“重庆”号巡洋舰的起义。这些起义对于瓦解敌军阵营，加速国民党政权的垮台，具有特别重要的军事、政治意义。

在我们进行地下斗争的同时，许多爱国民主人士在党的领导下也进行了英勇斗争，其中有些人为革命献出了生命。1949年2月，民革南京市委策应解放军渡江计划泄露，数十名成员被捕，南京主任委员孟士衡等3人英勇捐躯。他们是应该受到人民永远纪念的。

1949年4月1日，李宗仁、何应钦政府派出代表团启程飞往北平与我党谈判和平条件。当天上午，南京10所大专院校的6000多名学生举行示威游行，要求国民党政府接受中共中央的八项和平条件，实现真正和平。然而，下午学生返校时，首都卫戍司令部指使军警特务在大中桥殴打剧专学生，当政大学生前往救护时，又遭围殴。几个小时内，受伤学生达195人，政大司机陈祝三和中大学生程履绎、成贻宾因伤重不治，造成震惊全国的四一惨案。4月2日，市委学委决定组织中大、金大等10所院校联合成立四一血案善后处理委员会。4月4日，毛泽东就四一惨案发表《南京政府向何处去》一文，指出南京政府正面临抉择向人民靠拢或与人民为敌的关键时期。

解放前夕，国民党军政官员仓皇撤退，社会秩序相当紊乱。面对这一严重情况，党组织人民团结起来，维持治安，迎接解放。南京的警员工作，在迎接解放时也发挥了作用。广大下层警员在党的工作下提高了觉悟，部分先进分子加入了党组织。解放前夜，工委系统、店员系统组织工人和店

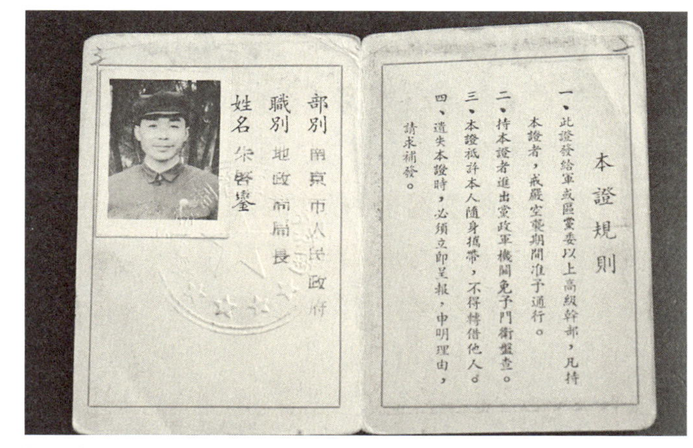

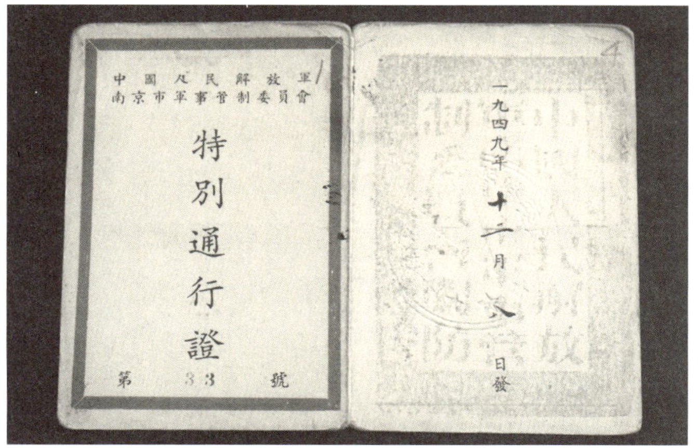

1949年，朱启銮任南京市人民政府地政局局长时的特别通行证

20世纪60年代，朱启銮（左三）与来南京访问的刚果劳动党代表团合影（朱小蔓 提供）

员成立了人民民主保卫队、义务警察队，警员系统组织了警察总队，共同担负起维持社会秩序，迎接解放的责任。

各行各业组织起来的人民群众，坚守自己的岗位，保护国家人民财产，与散兵游勇、地痞流氓等作斗争。南京电厂、水厂保证了供电、供水。电信局保证了电讯不断。在国民党军队撤逃、解放军尚未进城的时刻，南京没有大乱，也没有遭受大的破坏。总前委进南京城后，向中央军委的报告中说："此次各机关保护尚好，秩序尚未大乱，主要得力于秘密市委，他们的工作做得很好。"①

1949年4月23日，南京解放了！城市解放的第二天上午，我与白沙同志穿着人民解放军军服，随解放军部队回到南京。城内欢声笑语、鞭炮齐鸣、锣鼓喧天，满街的工人、学生、市民载歌载舞，夹道欢迎解放大军。这些动人的场景和我们当时激动的心情，远非笔墨所能表达万一。南京人民在党的领导下，经过不懈斗争，终于迎来了最终胜利。从此，南京回到了人民的怀抱，揭开了历史的新篇章。

①南京市档案馆编：《南京解放》（上），中国档案出版社2009年版，第137页。

虎穴中的情报工作*

卢伯明

奔赴延安　参加七大

1939年11月，我被中共江苏省委选派为参加中共第七次全国代表大会的代表。我系职员，原为候补代表，后来补为正式代表。我们同行一起去延安参加七大的上海代表一共有7位，6男1女，有人戏称为“七君子”。除我以外，还有纱厂工人代表张妙根、工委代表卢离棠、学委代表王明远、青浦游击区代表张凡、苏南游击区代表张云增，唯一的一位女同志是刘贞，她代表上海的青年女工。我们7人组成一个代表小组，代表江苏省委2300名党员，到皖南新四军军部中共中央东南局报到。

我们从上海秘密出发，当时我在航运公司工作，买船票自然是近水楼台。1939年11月24日凌晨，我们7位代表准时来到16铺码头，用暗号接上头后，随着嘈杂的人流一起登上一艘小火轮。到了宁波，又乘船到溪口镇，在那里找了家小旅馆住下，等候护送我们的新四军部队。一个多星期后，代表们全部换上新四军军服，还佩戴了领章，登上新四军送寒衣的军用大卡车。军车从奉化出发，取道金华，直入安徽。

我们7个代表在大卡车上坐了整整3天，途经浙江新昌、嵊州、义乌、永康、金华、兰溪，最后到达浙皖边境的威坪镇。威坪是国民党重要的检查哨所，人称此地为鬼门关。当晚，我们正在旅店休息，半夜里忽听传来一阵砰砰的敲门声，开门一看，果然是国民党宪兵。只见他们手持枪支，厉声问：“你们是干什么的？”我当时负责联络，就警惕地上前回答说：“我们都是抗日的

*本文选自中共江苏省委党史工作办公室、中共南京市委党史工作办公室编：《重温激情岁月——革命者口述历史》，中共党史出版社2003年版，第294—313页。因篇幅所限，部分章节有删改。

新四军，回上海探亲的。”宪兵没有发现什么破绽，便灰溜溜地走了。我们不敢在此地久留，天刚蒙蒙亮便又出发上路了。

此后，我们再也没有使用过任何交通工具，全凭两条腿一路跋涉，经歙县、太平，两天后，抵达泾县新四军军部。当时，军长叶挺正好外出，由副军长项英负责接待，并安排我们住在云岭等候其他省的代表。在军部等了一个多月，我们与浙江、福建、广东、广西、江西、湖南、安徽7省的代表50余人组成东南局七大代表团（对外称“战时服务团”）。

1940年1月，在广东代表古大存率领下，代表团在铜陵、繁昌开始出发渡江北上。在新四军护送下，代表团通过了敌人的严密封锁，顺利地渡过长江，到达无为，那里属皖中新解放区。几天后，又到达天长县新四军第二师地区。此后，从皖中到皖北，一路上都由新四军第二师司令罗炳辉率领部队亲自护送。

由于八路军南下支援和刘少奇同志到华中主持军政工作，苏皖边区发展很快。我们经定远盱眙，渡过洪泽湖、淮河，在运河车站附近越过陇海线（支队司令江华也亲自指挥部队进行掩护），进入鲁南沂蒙山区，已是1940年七八月间了。

冀南平原是较富庶的地方，那时还能吃到一些细粮，从河北邯郸到达太行山区，就比较艰苦。当时百团大战刚结束，敌人实行灭绝人性的“三光”政策，满眼都是残垣断壁，尸横遍野。我们跟随八路军总部及彭德怀副总司令战斗在太行山最高峰摩天岭周围。经过1个多月艰苦作战，我们的部队粉碎了敌人进攻，我们随徐向前、杨尚昆下太行山越过同蒲铁路。

奔赴延安的最后一站是晋西北贺龙的第一二〇师师部驻地。由于敌人对同蒲铁路控制很严，部队要求代表团一夜行程120里，其中50里必须急行军。代表们早就练出了一副铁脚板，眼看朝思暮想的延安将要到达，更是群情激昂。

由于敌人的封锁与频繁“扫荡”，代表团不得不迂回前进。从上海出发，绕了个大圈子，途经8个省的山山水水，历时一年零三个月，行程1万余里，终于在1940年12月25日风尘仆仆地到达了延安。

代表团到达延安后，很快受到毛主席和党中央其他领导的亲切接见。由于七大延期召开，我们在后山的马列学院待了一段时间后，全部集中到中央党校一部学习。为了保守党的秘密，中央组织部通知，大后方来的代表，一律改用化名，以普通学员名义对外活动，不得用七大代表名义，并要求每个人填写履历表，书写自传和自己工作地区的工作报告。不久，我和卢离棠被派往设在延安枣园的敌后工作委员会，我在那里兼管电报和资料。组织上对我说："这是机密工作，你不能再回上海了！"我当即表示：一切听从组织安排！其间，曾奉命去过枣园后沟敌工委办的（秘密）训练班。这个班有30至40人，其中一部分人学习后派到各根据地敌工部、城工部工作。

1941年春节过后，全国各地的七大代表陆续到达延安，进入中央党校学习。1941年5月，毛主席作了《改造我们的学习》的报告后，中央决定大批党的高级干部进党校学习，开展整风运动。同时，改组了党校领导，由毛主席兼任校长。1942年2月，中央党校一部举行开学典礼，毛主席作了整顿党风报告。从此，党校开始了整顿党风的学习活动。

整风运动中，同时也对七大代表的资格进行了严格细致的审查，目的在于肃清暗藏在革命队伍中的反革命分子，纯洁队伍。关门整风，进行"抢救运动"持续了三四个月，毛主席和党中央及时发现了其中的不良倾向，立即采取急刹车，并在党校大礼堂召开了全校学员会议。毛主席在大会上检讨，向被错误"抢救"的同志道歉，这种实事求是、有错必纠的态度使到会代表十分感动，许多人泪如雨下，泣不成声，之前所受的种种委屈便都抛到九霄云外去了。

1945年4月23日，代表们怀着激动的心情，迎来了盼望已久的七大。七大会场设在延安杨家岭中央大礼堂里，出席七大的代表共有752名，其中正式代表544名，候补代表208名，代表着全国121万党员。七大会期很长，从4月23日开到6月11日，共计50天。

会上，毛主席作了多次讲话，给我印象最深的一次，是当他讲到中国人民经过100多年的牺牲奋斗，还没有得到胜利时，情绪十分激动，声震屋宇。七大胜利闭幕后，国内形势起了重大变化，开完会的代表，迅速奔赴各个战场，我和刘贞、王明远则于1945年9月离开了延安。

深入虎穴　扎根南京

我们回来的路线基本上还是沿着1939年去延安时的路线，当时因为敌人重重封锁，走了十几个月才到延安。回来时，解放区扩大了，有些地方已连成一片，但还是走了3个月，途经晋、冀、鲁、豫、皖，于1946年初到达江苏淮安。由于情况变化，加之南京当时需要人手，华中分局分配我们到南京搞情报工作。我和刘贞、王明远到华中分局沙文汉那儿报到后，便准备去南京。我在天长县苏子宽处碰见了何明等到解放区去，我在那儿待了一个多月，见到了华中分局城工部南京工作部部长陈修良同志。由此开始协助她开展工作，直到解放。

我从延安出来搞情报工作，接受系统是华中分局情报部。在淮安待了个把月后，组织上让我先走。除我和妻子刘贞（到延安后，我与刘贞结婚）之外，还有王昭铨、金展辉等人，都准备进南京城。后因王昭铨、金展辉等人在南京缺少社会关系掩护，他们便暂缓进城。

1946年3月，我与刘贞先进城，受双重领导，一方面受南京市委领导；一方面受华中分局情报部领导，部长是扬帆，副部长是陈同生。接应我们的交通员叫江燕，由他护送我们过江。在研究如何进入南京的路线时，交通员提出两个方案：一是可以乘普通小火轮渡江，但船上有国民党特务；二是我作为镇江人，可以走天长渡口到镇江，再乘火车到南京，但要在敌我交界处过一道敌人的岗哨。我认为这两个方案都不甚保险，最后决定让地方干部找一只贫农经营的小船渡江，直达南京。就这样，我们乘了小船，当天就到达南京下关江边的怡和码头，弃舟上岸进入南京。

当时扬帆告诉我有两个关系可以联系：一个关系是吕一峰，中共党员，住南京金银街10号。我去找他这天他不在家，我只好先找一个旅馆住下，后又到八卦洲才找到吕一峰同志，在他家住了两夜。另一个关系是白沙，办过《大公周刊》。我通过吕一峰找到了白沙同志，他住在南京长江路香铺营附近。同他研究后决定，我要先成立一个家庭，有个正当职业作为掩护。于是，我就与父亲、妹妹住在一起，这样就像一个家庭了，由此便在南京落下了脚。

恢复关系　开展工作

抗日战争胜利后，周恩来同志通过扬帆派人与我们联系，要我们为代表团找房子。我们接受这个任务后交给白沙去处理。白沙在颐和路上找了一所大房子，后因国共关系日益紧张，代表团暂时不来了。由此引发了不少麻烦，房子卖掉后，剩余家具要处理，只能晚上偷偷把家具拉出来，拖到我家所处的升州路下浮桥处。

1946年5月3日，周恩来率中共代表团（对内称中共中央南京局）由重庆迁到南京，继续与国民党进行谈判。国民党特务机关在代表团驻地周围设立了各种监视站，街头、巷口、门旁布满了便衣特务。中共代表团要求和我们发生情报关系，因重要情报送苏北华中分局转交太慢，我请示陈修良同意后，叫白沙去接头。代表团接头人一般是童小鹏或他下面的人，他们采取把汽车开出来甩掉尾巴后接头的方法，传递情报。

1946年五六月，国民党召开“军事复员会议”，实际是针对共产党发动内战的一个军事部署会议。他们有一个整编部署方案，这是一个很重要的情报，我们把这份材料搞到了，交给了中共代表团办事处。另外，还有一些材料也送给了办事处。后来国共关系紧张，我们与办事处联系的危险性日益增大，中共上海分局打招呼要我们注意，所以1946年底也就不和代表团联系了。

1947年3月，中共代表团被迫准备撤退，他们打算还和我们保持联系，准备留下电台和报务员。我们请示陈修良，经反复研究，觉得在南京控制较严，架设电台容易暴露目标，便没有这样做。

1947年3月以后，国民党对我军由全面进攻改变为重点向陕北和山东两翼进攻。我们搞的蒋军情报全国各方面都有，但重点是华东。在鲁南作战方面的有运输情报、军队调运情报、海陆空调动情报。原打入汪伪财政部警卫大队的徐雨人，抗战期间曾任汪伪财政部警卫大队书记室书记。1944年秋，在新四军六师和苏皖区党委社会部工作的李铁飞到南京秘密组建地下军，准备里应外合，在条件成熟时，举行武装起义，夺取南京。其间，李铁飞做了徐雨人大量工作，争取他参加秘密抗日工作，后经苏皖区党委书记吴仲超批准，吸收徐雨人参加共产党。1946年，徐雨人通过关系打入国民党联勤总司令部工作，以后又逐步取得国民党的信任，被调到军运调度室工作。这个调度室能够及时掌握国民党陆、海、空军的军事调运情况，特别是当时国民党对山东及陕北一带重点进攻的情况。徐雨人提供了许多国民党军队调动运输的重要情报，受到上级的口头表扬。

有关敌人的情报很多，我们的工作重点是获得战场作战情报和学生方面情报，有时候国民党、军统、青年部召开联防联席会议，我们也可以获得这些会议记录，并打听到会议具体内容。

“何福林事件”

在南京从事地下工作期间，发生了一起“何福林事件”令我印象深刻。何福林原在上海美商电话公司工作，是个中共党员，因面貌较暴露，就转移至南京。1947年下半年，他通过关系到美国大使馆当电话班长（内部电话），可以听到一些情况。他租了马台街一所房子，楼下住一个女的，是基督教徒，她家就作为家庭教堂。楼上住的就是何福林和大使馆一个做会计的同事（青年学生）。

刘贞去接何福林的关系，联系过几次，一般是两个星期去一次。有一次刘贞去何家联系，大家坐下来吃饭，发现一个陌生人住在家里。刘贞询问后何福林介绍说，来人原是在上海美商电话公司的同事，也因暴露撤退到了解放区。后来解放区领导又派他来城市策反国民党一个军官，他先到上海，找到美商电话公司原领导人，由此介绍他到南京找何福林，何福林便安排他住在家中。刘贞当即指出这样不妥，应该设法搬出去，但因一时无法迁出，只能暂住何家。

有一天，特务机关突然打电话到美国大使馆查询有无何福林其人，并告知其系共党分子，马上要逮捕他。何福林在电话中得悉出了问题，马上溜出了大使馆，又用电话通知了妻子，通报情况后立即跑到上海，后到广州，最后到了香港。

何福林到上海时，在报纸上刊登了一个启事，通消息给刘贞。但刘贞并未看到报纸，所以不知道已出了问题。我每两三周去一次上海，把情报送上海局，当时不在家。刘贞按照惯例，正常联系取情报。她先到下关，到在联勤总部工作的徐雨人那里，把土改文件交给徐雨人看，徐雨人交给刘贞一个情报小纸条子，放在她的小拎包里。刘贞然后去何家，一上楼，何福林妻子讲了出事的情况：“江北解放区来人被抓了，他又供出了何福林，何福林在电话中告诉我消息之后就跑掉了。现在特务守在对面烟纸店，因叛徒供出有一个某小姐经常来何家，现在就等你上门要抓你。我上街买菜，特务都盯住我，并不许我讲话。”这样情况就很紧张了，刘贞就叫何家的小孩下楼到烟纸店看看有没有特务在场，小孩回来讲没有看到。何福林妻子立即把刘贞领到她家后门口，刘贞四顾无人，跳上一辆马车走了，走了很远一段路后又换乘公共汽车，到新街口后钻到商店里假装买东西。从商店出来，刚巧碰到亲戚家的一个小孩打着伞，刘贞一头钻进去，用伞挡着，掩护在一起，半天才敢回家。

南京解放初期，卢伯明（三排右一）、刘贞（二排右二）夫妇与陈修良（二排左一）等人合影（卢伯明　提供）

过了两天，我从上海回来，刘贞将上述情况告知我后，我立即去找张一锋。张一锋是我下面一个情报关系，他在特务机关工作，张家开一个澡堂。我到澡堂找到张一锋。张一锋见面就讲："急死了，我正要告诉你一个情况，但你又不来，我又不知你住址。"他说："苏北解放区派来的一个人，住在何福林家，他来南京策反一个反动军官，那个家伙很坏，一面假意应酬，一面向宪兵司令部汇报，当场把来人抓了起来，那人供出了何福林，现在何福林跑掉了，还要抓一个常去何福林家的某小姐。"这样，我才明白了出事的原因，前后关系都对应起来了。以后，张一锋又讲，特务在何家门口守候不到，就撤了。叛徒被押到江宁宪兵司令部拘留所去了，解放后被枪毙。

何福林没有抓到，国民党急得不得了，共产党钻到美国大使馆洋大人那里，那还得了。此后，何福林的照片被放大了贴在各城门口，在内部小报上也发出通报通缉，后来也不了了之。

获取情报　严惩金柯

大约是1947年，有一次陈修良告诉我说："这次去上海接头是个老头，就是刘少文。"刘少文是上海局负责情报工作的领导人，我们接上了关系（在延安时我们就认识）。刘少文在上海有一个点，有时我去，有时他派人来南京，平均每一周或10天一次与他联系。在上海的联系点是一个报关行，行内有个老会计，我每次去都带只南京板鸭去，与他相处很好。我到上海把情报交给刘少文，他向我讲形势和中央最近指示，重要一些的就和刘晓见面汇报。

我向陈修良请示，陈修良同志指示，只汇报情报内容事实，至于这个情报通过什么关系，具体什么人提供的不讲，以此保护情报人员安全。有一次刘少文同志问我，如果发生情况怎么联系，我告诉他："你可以写信给商报。"后来果然有一天接到刘少文的来信说："母亲病了，你不要来。"陈修良也得到消息，叫我不要与刘少文联系了。

原来刘少文的下面有一对夫妇，在杭州被敌人发现。刘少文与他们经常接头，地方是在一家烟纸店楼上。特务整天守候在烟纸店中，刘少文去接头时一上楼，敌人也紧跟上去了。刘少文一看苗头不对，冒死从二楼窗口跳下，将腿跌伤，立即带伤雇车逃跑了，没有被敌人抓住。后来，刘少文隐蔽到蔡叔厚家里养伤，之后转移到香港。

1947年春，解放军在苏北战场取得重大胜利以后，我苏中区党委准备在江南建立第十地委，派出金柯和杨斌为正副书记带领第一批10多名干部秘密到了上海。不久，从敌人监狱中就传出十地委常委兼社会部长任天石不幸被捕的消息。经调查，发现党内出了叛徒。因此，杨斌向十地委书记金柯提出地委机关驻上海不妥的问题。随后，杨斌两次派同志到杭州找房子准备移驻杭州，以避开敌人的注意力。

3月底，国民党在《江苏日报》上刊登悬赏缉拿十地委"匪首"的启事，杨斌、包厚昌、金柯等人名字赫然在列，情况已到了万分危急的时刻。但令人痛心的是十地委书记金柯完全不顾党的秘密工作原则，丧失警惕性，把杨斌等人的住处随便告诉抗战时期镇江地区汪伪自卫团负责人赵万和，由此埋下使十地委遭受重大破坏的祸根。1947年5月13日，赵万和被上海特务机关逮捕后，将杨斌等人的住址以及他所能知道的情况全盘托出。14日傍晚，杨斌等人在住处被捕，金柯也于同时被捕。次日清晨，一同被解往南京首都卫戍司令部看守所关押。

到南京的第二天，杨斌敏锐地察觉出金柯思想在起变化，曾严肃地对他说："这次十地委遭受破坏，我们负有严重的责任。我和你都是地委书记，身份完全暴露，不能存任何幻想，与其乌漆墨黑地生，不如光明磊落地死！"5月27日，杨斌被敌人铆上脚镣，与同志们分头关押。11月底，杨斌被押送到南京宁海路19号保密局看守所，与任天石等同志关押在一起。1948年4月，杨斌同志坚持不供，壮烈牺牲。

金柯被捕后叛变，供出我第十地委的部署情况，以后他将在解放区了解到的我党在上海、苏南、山东等地一些地下组织和秘密经济机构提供给了敌人。由于金柯的出卖，我党在这些地区的地下组织遭到了很大破坏，敌人共抓了100多人，我党在这些地区的经济活动也遭到重大损失。国民党特务机关因此案受到蒋介石的表扬，得到一大笔奖金，而叛徒金柯受到了保密局头子毛人凤的接见，并秘密授予少将高参军衔。

后来敌人认为金柯未暴露，又拟定一个更加凶险的阴谋，企图把金柯重派回苏中解放区，打入我党内长期埋伏，作为一条重要内线。国民党在南通开了一个棉花行做掩护，作为秘密联络点，他们第一步打算把苏中区党委书记陈丕显同志骗出来，逐步实施他们的凶恶诡计。正当我们党有进一步遭到敌人破坏的危险时刻，叛徒金柯的供词，在特务机关辗转上报给蒋介石的过程中，被我打入国防部二厅的秦杰同志看到，他立即暗暗记下金柯所供主要内容，密报市委情报部。秦杰当时刚从临大毕业，我们通过学委的盛天任，想法让他打入国民党国防部二厅三处兵要地志科。这个部门掌管全国的兵力部署地图，秦杰一直工作到1949年4月23日南京解放。他进去时，组织上交代了两条，一是扎根，二是注意国民党情报系统里的派系，避免暴露自己。工作规定是接触的材料就用脑子记下来，不轻易拿材料。在关键时刻，他发挥了作用。

我们随即向上海局做了报告。据事后了解，苏中区党委在接到这份重要情报之后，很快就把叛徒金柯逮捕审查，这样就粉碎了敌人的阴谋，避免了一次重大破坏。叛徒金柯在解放后被枪决，受到应有的惩罚。

舍生冒死　智取“江防图”

1949年4月初，渡江战役指挥部要我们送国民党在长江东起江阴西至九江的沿江兵力部署情况，以及芜湖荻港一带炮兵部署情况。我们通过汤恩伯的京沪杭警备司令部作战参谋沈世猷取得了这些绝密情报，很快送到了解放区。20世纪80年代沈世猷对此曾有回忆：

卢伯明到我那儿时，我在汤恩伯总司令部作战处工作，是个标准的国民党军官，我记得是1949年2月，我的关系从上海转来，交给了卢伯明。

我在南京做的工作：为了使渡江战役取得胜利，我弄到了敌人在江北桥头堡的整个布置情况，敌人为了用长江做掩护，阻止解放军渡江，曾制定了整套作战计划，把这份情报交给了党组织。我们都是搞战略情报，我把敌人桥头堡及江心洲一个排一个班的部署都弄清了，这是组织上交给的一个任务。

卢伯明和我刚见面时，汤恩伯正召集京、沪、杭战区团长以上军事会议，比较重要，顾祝同亲自主持，我当时争取参加作重点布置的会议。汤恩伯、何应钦主持的最后一次大会，我也参加了。我当时是中校参谋，每得到一些情报就向卢伯明反映。我知道敌人那时要镇压我党的情报员、策反员。王晏清起义就是大会期间。

1984年11月，朱启銮（右）、卢伯明（中）、沈世猷（左）在解放战争时期情报系统老同志座谈会上的合影

渡江战役前，卢伯明要我了解敌人在安庆、芜湖荻港一带的情况，荻港是敌人军事部署的薄弱环节，派系斗争矛盾严重，历史上是兵家必争之地，常常选此地过江，也最容易过江。这里曾是敌军第七绥靖区，江防兵力

配备在主管参谋胡健手中，一天敌军官视察江防，胡健也去了，他就把江防地图交给我保管，下班时我偷偷将图带回家，连夜将图誊写与复制，第二天又把地图完好地送回，敌人毫无察觉。

1949年3月，中共南京市委委员朱启銮和情报系统干部白沙化装成商人，冒险过江，到达合肥人民解放军渡江战役总前委司令部，送去国民党京沪杭警备司令汤恩伯的《京沪、京杭沿线军事布置图》《长江北岸桥头堡封港情况》《江宁要塞弹药储运及数量表》等重要敌情资料。

神出鬼没　巧截“黑名单”

解放战争时期，南京学生运动在中共南京市委的领导下搞得轰轰烈烈，搞得蒋介石坐立不安，下令要对学生操刀一割。国民党军统、中统、青年部、警察厅、卫戍司令部、宪兵司令部召开联席会议，搞了一个“黑名单”，准备大逮捕。打入保密局的周一凡，得到了“黑名单”，迅速交给组织，我们党马上通知名单上的同志迅速撤退，保证了安全。

周一凡1946年夏在接受党组织的考察和审查后，经组织同意由地下党员吕健军联系，打入保密局南京站学运组。他当时从首都警察厅刑警队长处得知学运组长是南京站出席联席会议的唯一代表，他就把目标放在了学运组长身上。

一天，学运组长坐着吉普车来到广州路小粉桥巷口，他夹着公文包，面露喜色，得意洋洋。周一凡认为可能有希望，果然，他从公文包中取出一厚叠册籍交给负责内勤的副组长。这些迹象表明，这些册子是“黑名单”无疑。这位负责内勤的副组长，因妻子与孩子多病，得不到军统的关心，工作敷衍，下班时间一到，“黑名单”往抽屉里一丢，上锁就走。恰好当时组长妻子来探亲，周一凡便为之张罗一番，并在夫子庙买了当晚的两张戏票，让他们去看戏，而自己以值班为名留下来，待到晚上搞到了这份名单。

因名单上的人多，为便于上级党组织通知名单上的人员撤退，必须连同性别、年龄、校名等一起抄下来。一个人抄太慢，他就请来汪洋（中共党员）帮忙，速度就快多了。不料，夜间警察厅特务闯了进来，由于安全措施得当，巧妙地将敌人打发，没有被敌人发觉。得到这份名单后，立即由吕健军交给张一锋转到组织，使进步学生避免了一次大逮捕，保存了革命的力量。

严惩敌特　保卫新生政权

我们的情报工作，不仅配合了当时的军事政治斗争，而且有些情报在南京解放后镇压反革命的斗争中也起到了作用。

国民党保密局有一个少将头衔的骨干特务叫荆有麟，敌人认为他是全国最优秀的情报人员之一，他惯于以左倾面貌出现，从事特务活动。淮海战役后，国民党特务机关全面布置南京的潜伏工作时，毛人凤曾亲自布置荆有麟为“潜南京第五分站站长”，并发给秘密电台一部、密码3本和大量特务活动经费，还配备了年轻貌美的女译电员为其助手。

南京解放后，荆有麟在新街口大鸿楼挂出“新华话剧团”的牌子，组织蹦蹦戏，自任经理，由他的译电员做宣传员，报务员当售票员，开展活动，先后与毛人凤通报十几次。荆有麟又找文化界的知名人士拉关系，企图混入我文协代表大会。同时，还派他的旧部和亲属，分别打入我南京文工团、二野军大、三野某师文工队，并妄图进而潜伏北京活动。但是尽管荆有麟的活动十分隐蔽，由于我们在地下情报工作中早已掌握了他的详细材料，所以他一活动就遭到了人民对他的制裁。

当时中统特务在南京做了3项多线布置：一是局本部直接布置掌握的留守台；二是南京实验区布置的双线潜工组；三是从上海派人来宁做长期潜伏。国防部二厅、宪兵司令部二处等特务机构也各自布置了好几个潜伏组和电台。这些预伏特务组织后来都被人民政权一一摧毁。潜伏和滞留南京的敌特3000余人，解放后除坦白自首者外，均被逮捕法

一、本證專為外勤記者採訪時證明身份
二、持證人得憑本證在所在地區內各機關團體公共場所採訪新聞并作旅行之證件
三、持證人不得藉工作上之關係有違法行為
四、本證使用有効期為六個月
中華民國　年　月　日填發

姓名 周發言
職務 記者

周一凡以记者身份为掩护，从事地下斗争。图为文教新闻社发给周一凡（原名周发言）的记者证（周一凡　提供）

办。这些措施，有力保卫了新生的人民政权。

回顾我在南京从事情报工作的历程，虽很危险，但没有出什么大差错。我们从敌人心脏地带收集到许多情报，而没有被敌人发觉，安全完成了上级党组织交给的任务。能做到这样，总结起来大致有这样几条：一是工作比较谨慎小心。每次接头，都要看后面有没有“尾巴”，确认没有问题才去接头。二是主要依靠我们自己的党员，并且经过教育培养，就是进步的群众也是经过考验的，不是不加选择的利用。三是人员选择精干，人数不多，情报正确，不搞道听途说的马路消息，因此质量高，有价值。四是情报工作应该是安全第一。首要任务是保卫地下党的安全，第二是配合解放战争，提供情报。五是情报工作是在党的领导下的独立系统，但不能孤立地进行，与地方党应很好地结合，地下党发现好的线索，好的关系，介绍过来，这样安全可靠。六是地下党其他情报关系，不统统转来有好处（如美军顾问团的关系）。总的方针是隐蔽精干，长期埋伏，严密组织，单线联系，不轻易发展。

2003年9月，卢伯明（左二）与前来采访的南京市委党史办同志合影

参加革命以来，我经历了许多艰难曲折，许多同志为了民族的独立、人民的解放，牺牲个人利益，甚至献出了宝贵的生命，我只是一个幸存者。在我有生之年，看到祖国的建设飞速发展，人民的生活日益提高，感到由衷的高兴。我们总结过去，是为了更好地建设未来，也是为了教育下一代不要忘记过去，这也是我们老同志义不容辞的责任。

（闻武　整理）

战斗在第二条战线*

盛天任

在南京立足生根

我原名盛大可，1922年出生于江苏太仓岳王镇。我的曾祖父、祖父行医，父亲曾做过私塾先生，后来还当过镇长，可以说是个书香门第。我从小跟着父亲读私塾，后来因为有个亲戚是小学校长，动员家里让我上了新式小学。8岁时，家里给我订了娃娃亲，女方名叫洪仪征，她家与我母亲家是邻居，她的祖父是沪太公路的副经理，父亲在太仓银行做事。她家比较开明，建议我家继续给我上新式学堂。因此，1935年我就考进了省立太仓师范附中。

1937年8月，上海八一三抗战爆发后，中华民族面临的危机使我的思想发生了很大变化。太仓与上海的交通断绝后，我先后当了半年小贩和半年学徒，想要自己养活自己。此后，太仓师范停止招生。日军占领太仓后，我们家的大宅子被日军占去做了指挥所。洪家逃难到上海，带信让我也到上海去升学。我们全家到上海后，租住在一间小房子里。由此，我真正体会到了国破家亡的痛苦，思想上开始想要寻找救国救民的道路。

1938年8月开始，我在上海读了半年省立扬州中学和半年松江职业中学后，于1939年9月，考进省立上海中学读书。同年10月，读高一时，我参加了上海学生界救亡协会，开始从事革命活动。1942年4月，经沈希约介绍，我在省立上海中学加入中国共产党。

在校读书期间，我完全按照地下党“勤学、勤业、广交朋友”的方针积极

*本文选自中共江苏省委党史工作办公室、中共南京市委党史工作办公室编：《重温激情岁月——革命者口述历史》，中共党史出版社2003年版，第193—219页。因篇幅所限，部分章节有删改。

开展工作。因为成绩优秀，我竞选上了学校级长，与老师的关系也很融洽。后来，我因病休学一年，学校因为我参加社会活动多，觉得我有共产党嫌疑，借此机会不让我复学，我的3位主课老师都拍胸脯为我担保，说像我学习这么好的学生不会是共产党。

1942年，盛天任削发改装，准备去根据地

一天，领导我的鲍奕珊同志通知我，因我的左倾面貌暴露，要我立即停止活动，准备撤退到根据地。我做好撤退准备，搞了一张假的身份证，改名叫张应琪，但等了两次没有接上关系。老鲍告诉我，要让处境比我更紧张的同志先走。后来，他就检查我在沪宁线一带的社会关系，得知我的未婚妻洪仪征在南京中央大学读书。这时组织上正要开辟沪宁线的工作，就让我撤退到南京来。听说让我到日伪统治中心工作，我一时思想上还想不通，内心还是想去根据地。经过鲍奕珊同志做思想工作，我决定服从组织安排。

洪仪征当时在南京中央大学法商学院读书，鲍奕珊让我通过她的关系去南京。我决定投考中央大学时，所有本科都考完了，只剩下两个专修科，一个是艺术专修科，一个是农业专修科。当时中大的一个注册课课员是我们的同乡，副校长和洪仪征的祖父相识。我就写信并寄了几张照片，请洪仪征找他们给我报名。我写信报的是艺术专修科，但报名的人给我报了农业专修科。我到南京后问他，对方说农专科毕业后容易找到职业。选定方向后，我打了行李铺盖到南京参加考试，一考就考上了。

我从上海到南京求学是经过组织周密安排的。在上海临走时，鲍奕珊让我把许多可能会暴露身份的书都烧掉了。因为凭借那张假的身份证无法进入汪伪统治的中心南京，只好请我母亲来把我带回太仓老家。回家后，我和上海脱离了一切关系，有个远房亲戚当伪保长，就通过他办了一张良民证，我又改了一次名字，名字就是这个亲戚给起的，叫盛天任。这样我就从太仓经昆山到南京上学。因为是从日伪“清乡”区出来的，我的处境就比较安全，对隐蔽下来长期埋伏非常有利。在顺利通过日军盘查走进南京挹江门的那一刹那，我的心情是复杂的，一方面高兴自己终于按照组织的要求进入了南京，另一方面又为自己作为一个中国人在自己的国土上受到这样的检查而感到屈辱。

到南京中大接上关系后，我和理工学院机电系的任曙同志编在一个小组，活动地点就在任曙家里（红庙2号）。大约半年左右，朱启銮同志来和我单线联系，要我不在中大校内做群众工作，而是把校外的几个党员交给我去联系。1943年暑假，钟沛璋同志从解放区出来考入中大理工学院化工系后，也是由我先去接上关系，再通过朱启銮交由何明去联系的。

清毒运动开始时，我没有参加行动，后经请示朱启銮同志，他要我参加进去，了解情况，但不要和别的系统的党员发生横的关系。此后，我通过同学介绍，参加了清毒总会举办的寒假工作团。工作团分设5个组，我和王嘉猷担任了四组（联络）副组长。那次到丰富路新街口抄抓"白面大王"曹玉成的行动，我也参加了。

新学期开始后，学校从农学院毕业班学生中调出6人提前参加工作，到暑假前再回班上参加毕业考试。我也在其中，并被分配到太平门果园任果树技佐，兼管幕府山林场。1944年7月毕业后，升任技士。太平门果园有工人9人，他们成为我的基本群众。我有一间卧室，朱启銮就到果园来同我联系。从此，我们有了一个固定的联络点，结束了一年多来在马路上接关系的历史，我可以说在南京立足生根了。

此后，洪仪征也常到果园来看我。有次她看到我枕下压着一本《共产党宣言》，便批评我太大意了，如果给旁人看到十分危险。通过这件事，我知道她对党的工作也是同情和支持的。由此，我们有了更多的共同语言，可以和她坦诚研究时政，也可以布置她一些工作了。

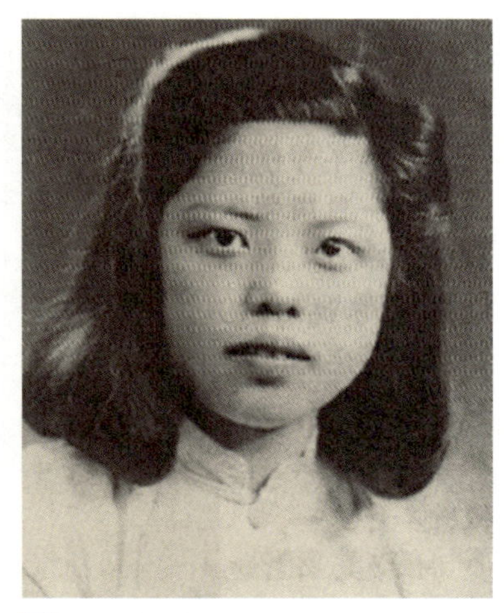

1942年的洪仪征

打入汪伪陆军部修械所

关于我打进汪伪陆军部修械所的情况是这样的。洪仪征在法商学院商学系的一位兼职教授名叫潘树基，他是汪伪陆军部修械所的总务处长。1943年下半年，潘树基把洪仪征班上的一位同学调到该所实习，洪仪征从同学处得知那里人手还不够。我将这一情况向朱启銮汇报后，朱启銮说组织上正设法开辟敌伪军事部门的工作，要我让洪仪征也设法进去。因为洪仪征是班上的高材生，所以向潘树基一讲想去，潘树基立即同意了。1944年夏，洪仪征毕业后即留在修械所成本会计室任职。朱启銮指示我通过她的关系，设法也打入修械所工作。

盛天任与洪仪征的结婚照

此后，经过洪仪征的积极活动，在潘树基的帮助下，我从中大被调到修械所去筹办农场。打进修械所后，我和朱启銮一同介绍洪仪征入党，我们二人于1944年10月1日结婚成家。当时还照了一张结婚照，这还是朱启銮同志提醒的，他说我们都是“少校”，结婚的形式也要和身份符合，所以我们办了一个茶餐会，老朱像一个正常往来的朋友，送了200元份子。

不久，有一名从上海派来的党员杨修芝（钳工）来到南京，由洪仪征介绍给工务课长后被录用。另有一个党员孟广鑫（学徒工），交过来后由杨修芝联系，这样就在修械所建立了党组织。后由于农场土地大部分被日军占用，我就改任总务处文书课课员。1945年3月，中共南京工委打算成立军事工作委员会，由朱启銮负责，老朱把情况告诉了我，要我利用在汪伪陆军部修械所工作的条件，做好军事方面的工作。此后，朱启銮把一批党员关系交由我领导。

日军投降前夕，新四军收复江南大片土地，直逼南京。华中局城工部向南京工委传达关于里应外合的指示，要地下党员立即行动起来，组织地下军，配合新四军解放南京。南京工委立即召开紧急会议，进行部署。后因情况有变，中央决定不进攻南京，因而停止了此项工作。但我们对涌现出来的积极分子，抓紧教育，从中发展了一批党员，壮大了党的队伍。

1945年9月，国民党军政部京沪区特派员办公处兵工组来接收汪伪修械所。因人手不够，该组负责人邓广泽要修械所所长汪德璇推荐一名会办公文，小楷写得好的人给他。汪德璇把我介绍给邓广泽，我被录用为雇员后，负责处理内勤事务。

设法获得邓广泽的信任后，他有次拿来一份报表，叫我复写5份。我一看，是关于国民党部队调动及换械的情况。此后，差不多每天下午下班前，就要写一份这样的报表。当时国民党正在准备内战，部队调动频繁，我所写的报表，就涉及国民党在华中、华东、华北和东北的军事部署。邓广泽要我写的时候，看管得很紧，待我写完后由他亲自校对，连草稿也一并拿走，但复写纸仍留在我处。于是，我每次夹一张新的复写纸在首页之下，下班时就将这张复写纸秘密带回家，交给洪仪征对着灯光，抄录成蝇头小字，送给朱启銮，再汇集其他情报，由交通送进解放区。有次邓广泽显得很高兴，说我写的小楷很工整，并说这5份报表是送给蒋介石、何应钦、陈诚、黄镇球（联勤总司令）和赵志垚（特派员看后存档）的。这样大概过了半个多月，兵工组接收的重点转移到上海，邓广泽要我做“留守”工作，每天去办公室看看有无函电，负责给他转送到上海。

1945年11月，朱启銮找我谈话说，现在南京学生纷纷起来反对国民党甄审条例，将要掀起较大的运动，市里要建立学生工作委员会，决定调我到学委工作。随即我把原由我领导的所有军事和其他党员的关系，全部交由朱启銮转出。就在这时，邓广泽从上海回到南京，说要调我到青岛某军械库任上尉库长，问我意向如何？因为我已接受了党的新任务，所以就推辞说，我是学农的，对军械一窍不通，恐怕不能胜任。邓广泽发给我3个月的遣散费，这样就离开了军政部兵工组。

风起云涌的学生运动

1945年12月，学生工作委员会成立后，欧阳仪任书记，柯建萍（又名柯秀珍，中大化工系助教）和我任委员。从此，我一直在学委工作，可以说参与组织领导了解放战争时期南京学生运动的全过程。我的社会职业改为私立汇文女中教师，一直到南京解放。

当时南京学生党员共约不到30人，中央大学和钟英中学分别建有支部，其余模范男中、模范女中、国立师范、中大实中、职业中学等校，则有分散的单线联系的党员关系。

反甄审斗争是南京学生与国民党反动派在抗战胜利后的第一次较量，也是学委成立后领导的第一次学生运动。它打破了许多群众对国民党政府的幻想。斗争过程中，许多优秀青年经过考验，先后加入党组织，并打入敌人多个部门，在之后的革命斗争中发挥了重要作用。

1946年4月，新的南京市委建立，学委亦进行了调整。市委委员王明远兼任学委书记，欧阳仪和我为委员。原属南京市工委、苏南区党委、淮南区党委等系统的学生党员合并组织起来，增强了学委所属党组织的力量。王明远是党的七大代表，向我们传达了七大精神，带来了七大新的党章，我们立即传达下去，组织学习，使大家提高了对党的认识，严格了入党的手续。

暑假前后，重庆、成都等地各大学先后来到南京。大后方来的学生中有许多党员、积极分子（原属南方局领导），我们利用基督教青年会的关系，在下关道胜中学（现十二中）举办了一期学生夏令营，邀请大后方来的一些大学生参加，举行联欢活动，使南京的党员与积极分子，认识了一批大后方来的进步同学，为以后的会师做了初步准备。此后，随着临大学生党员的分发和高中毕业生党员的升学，南京大、专院校中有了一些党的力量。其中原临大支部的8名党员进了中大，仍然保留一个支部的建制。金大、政大、音乐院、剧专、东方语专、建国法商学院等院校亦都有党员入学。但此时学委力量还比较薄弱，尚不能左右局面。

在1946年12月下旬的抗暴运动中，由于当时大后方学生党的关系还未联系上，我们只能处于配合的地位。各校党组织利用这次事件，向周围群众揭露国民党反动派卖国媚外的丑行。当时正值庆祝还都，于1947年1月1日、2日晚上举行提灯会，看热闹的群众不少，而2日、3日两天的抗暴游行迸发出的强烈反美情绪，正好冲淡了国民党反动派的庆祝气氛。

抗暴运动后，各校进步力量得到进一步发展，读书会、文艺社、壁报等社团活动，不断活跃。另一方面，社会上通货膨胀、物价上涨，人民生活水平不断下降，人民不满情绪日益高涨，工人中争生存的斗争也此起彼伏。大、专院校学生纷纷起来，要求增加副食费改善伙食，中大教授会发表宣言提出，教育经费应占国家总预算15%，教授薪金应按物价指数发给等5项要求。中大学生系科代表大会决议，发表请愿宣言，要求增加副食费，支持教授会的5项要求，并决定罢课。音乐院、剧专等校学生纷纷响应，金大学生亦为争取公费，都实行罢课。

5月中旬，罢课浪潮进一步扩大，各校学生进行了反饥饿大游行，到教育部、行政院请愿，但没有得到结果。党组织当即引导学生纷纷起来揭露教育经费为什么这样缺少，是因为都用去打内战了，于是提出了“向炮口要饭吃”和“反内战”的口号，很自然地把经济斗争提高到政治斗争。接着，中大联合各校，组成了南京地区大、专院校学生联合会（大学联），决定于20日国民参政会开幕那天，举行大游行，并通电全国大中城市的大学，要求一致行动。5月18日，蒋介石发表谈话，公布《维持社会秩序临时办法》，摆出镇压学生运动的架势，但广大学生并没有被吓倒。中大党组织及时研究这一新的情况，并经上级同意，坚持游行决定不变。5月20日，京、沪、苏、杭16所大专院校学生5000多人，举行“挽救教育危机”大游行，遭到国民党宪警的镇压，当场被打成重伤19人，轻伤104人，28人被捕，造成了五二〇血案。

五二〇运动期间，学委密切关注各校动态，王明远同志差不多每天都来我家一同分析情况、交换意见。我向他提出，中大、金大学生会都提出了“无限期罢课”口号，恐怕不够策略。但苦于大后方来的党员关系还未接上，我们学委在各校里的党员，对此还起不到决定性的作用，要设法赶快接通关系。王明远告诉我，上面已决定将大后方来的党员同中大新青社成员都交给我们领导，但正式关系还未到。他说可以先去联系负责那边学生工作的领导人卫永清。不久，卫永清的党的关系已交来，王明远与他正式接上了关系。此时，中大新青社有位同志提出了“休止罢课”的口号，我们认为很好，这样更为主动，就采纳了这个意见。对华北学联提出的“六二”总罢课大游行的倡议，我们就没有响应，改为在校内集会。我们斗争方式的改变，使原来准备镇压的军警，无从下手，避免了可能造成的损失。

五二〇运动后，市委充实调整了学委组织，王明远任书记，卫永清和我任委员（不久，增补沙轶因为委员）。由于五二〇运动中涌现出大批积极分子，我们就放手从新青社社员中发展了一批党员，壮大了党的组织。在学委下分别成立了大专分委与中学分委。稍后，中学分委又分设男中分委和女中分委，卫永清任大专分委书记，我任男中分委书记，同时分管女中工作，沙轶因任女中分委书记，由我与她单线联系，这样就避免了学委开会时，人多男女混杂，容易引人注意的问题。暑假期间，鉴于许多大、中学生交不起学费，面临入学困境，学委决定在全市范围内开展助学运动，把“反饥饿、反内战”的斗争引向深入。这次活动，暂时解除了许多学生的失学威胁，也教育了广大群众。

1947年10月，中大成立党总支委员会，各学院成立分支部，原临大转入中大的支部仍为平行组织。各中学党组织亦有较大发展，所有市立中学和主要私立中学先后都建立了支部。我们广泛发展中学生去和大学进步学生加强联系，接受影响。每年暑假，一些高三毕业学生党员通过考试升学，也为大、专院校输送了新生力量。各中学党组织还利用基督教青年会活动的合法形式，纷纷组织“团契”，以宗教色彩为掩护，开展进步活动。后来“团契”数量多达几十个，由党员骨干为主，组成中学生“团契”联合会，实际上起到了中学联的作用。

1948年2月初，在学委领导下，全市又一次开展了助学运动。二女中等中学利用“团契”活动首先发起，后由13所大、中学校联合成立南京市大、中学生助学委员会（后增至29所学校）。这次助学运动又帮助了一大批学生解决了失学的问题。

4月，王明远准备去香港参加干部训练班，市委宣布我担任学委副书记，在王明远离宁期间，负责全面工作，由市委副书记刘峰同志领导我。此时，卫永清把大专分委所属各校的党员组织情况向我做了详细介绍，改变了过去在学委会议上只谈工作，不涉及组织的情况。4月底，鉴于五二〇运动周年即将来临，我与卫永清一起筹划了整个5月活动的打算，由他到大专分委研究贯彻执行，我也把这些意见向男中、女中分委传达，准备发动群众，密切配合。

轰轰烈烈的“红五月”活动开始了。5月1日，中大总支通过在工人夜校工作的党员，发动校内工友数十人，召开了纪念国际劳动节的劳动晚会，为五四纪念周活动揭开了序幕。2日，在玄武湖音乐台，冒雨举行爱国歌曲合唱大会，听众2000多人。3日，在金大礼堂又举行了有近千人参加的文艺晚会，演出了许多追求光明，针砭时政的文艺节目。各校学生还举办了大量巡回展出，以各种方式宣传五四精神，宣传“反独裁、反卖国、反迫害”等时代精神，大大激发了广大师生的爱国、民主热情。

5月4日，纪念活动达到高潮。大、中学生联合召开纪念五四运动29周年大会，发布宣言，提出“反帝、反封建、要科学、要民主”“反饥饿、反迫害、要生存、要自由”“反对美帝干涉中国内政”“反对美帝扶植日本军国主义势力”等口号。晚上，在中大四牌楼大操场，1万多名大、中学生及教师、市民参加了营火晚会，演出了丰富多彩的文艺节目，直至深夜才结束。5日、6日、8日分别又在中大丁家桥分部、四牌楼本部、金大草坪等处举行文艺晚会、歌舞晚会、戏剧晚会，每次观众多达几千人。9日，纪念大会主席团举行各校联席会议，决定撤销原定的纪念大会闭幕式，改为认真总结经验，以利再战。

之后，学委在总结五四纪念周经验的基础上，继续组织领导五二〇周年纪念的活动。这时的斗争策略更灵活。由中大、金大、金女院出面筹组的“南京市大、中学校五二〇周年纪念大会”原定20日晚在金大举行，因这天正逢蒋介石就任总统的日子，我们从地下党情报部门获悉，敌人准备挑起事端，进行镇压。我们亦发现四牌楼、天津路一带有便衣活动，当即改变了原定计划，灵活地避开了敌人的正面锋芒。当天，除了举办五二〇史料展览，张贴了很多壁报、漫画，并分散地举行了几处纪念性小型集会以外，由少数几个担任上层工作的同志出面，举行了一次记者招待会，以大会名义发表了一个《反扶日、反卖国、反迫害宣言》，没有进行大的集体活动。在内部则传达布置，改于第二天晚上在中大集会举行晚会（向群众解释，当晚有雨），并做了防止敌人破坏的安排和准备工作。

21日晚上，全市大、中学生1万多人，按照预定的部署，齐集中大四牌楼操场，举行纪念五二〇周年和扩大的“反美扶日”（即反对美帝扶持日本军国主义）群众大会。国民党青年部闻讯后，临时调集了一批“三青团”骨干分子和复员青年军人，分批混进了会场。由于我们事先做了严密戒备，场上分布了大批担任纠察的同学，所以他们的破坏活动没有得逞。会议继续到深夜，才有秩序地解散。

在归途中，中大、金大各有2名学生，因离队单独行动，被特务架走，拖进了国民党青年部。金大、中大等校同学闻讯后，先后于22日清晨，聚集青年部门前，举行示威。群众愈聚愈多，包围得水泄不通，鼓楼、中山路一带交通为之阻塞。将近中午，金女院学生在党支部领导下，不顾学校当局的多次劝阻，冲出封锁了的校门，整队前来增援，一面大旗前导，上面写着“还我人来”4个大字，并送来了许多面包和馒头。这支生力军的到来，给在场的群众以极大的鼓舞。示威一直坚持到下午3时左右。敌人慑于群众斗争的压力，不得不将被捕的学生先后释放。

组织学生大撤退

这次包围青年部，是学生运动的一个转折点。敌人在组织上也做了一番调整，以国民党青年部和卫戍司令部为主，联合警察厅、宪兵司令部稽查处、国防部二厅保密局、内政部调查总署等敌特单位，统一成立了学运小组，加紧策划对爱国学生的镇压。

学委根据市委指示，反复分析了斗争形势，及时地做出了相应的部署。对全党加紧形势教育和气节教育，以便有充分的思想准备，迎接新的战斗，和应付可能来到的任何最坏的局面。学委布置各校党组织，对所有党员和新青社社员，逐个地做了排队，研究每个人的处境和在今后斗争中可能发挥的作用，从组织上做出“三线”准备。一是部分有条件留下来的同志，继续团结群众，严守阵地，坚持斗争；二是一批已相当暴露的同志，立即准备撤退或转移到其他地区工作，未走之前，要立即隐蔽起来；三是还有一些同志则暂时停止活动，视情况变化再定行止。

当时，学委自己尚无通往解放区的交通线，要撤退的人员得交由市委转给别的系统带走。撤退工作先从中大开始。当第一个中大党员张植年撤至皖西成功后，7月6日，朱成学、华彬清、李飞3人（均为中共党员，学生领袖）成为一组，到三汊河北河口茶馆接关系，因交通出了问题，等候时间过长，被下关水上分局警察逮捕。后面一组学生见状，迅速跑脱，第三组学生得通知后，不再出发。当晚，卫永清将消息告知我后，立即向市委做了汇报，决定要迅速向广大群众揭露，迫使敌人将他们移送“特刑庭”作公开审讯，以免秘密逮捕后引起的麻烦。

不久，王明远提前由香港回宁，同意我们的部署。一个广泛的群众性的营救运动开展了。各校学生纷纷提出抗议，成群结队地去“集体探监”慰问。中大师生组织了被捕同学营救委员会，一再发表声明，对国民党南京卫戍总司令发表的谈话，和“特刑庭”公布的对3位同学的“起诉书”严加驳斥，并且聘请了辩护律师，和敌人进行合法斗争，一些知名的教授也发表谈话，在舆论上支持我们。这样，“特刑庭”不得不延缓“侦讯”时间，不敢贸然“宣判”，也使敌人镇压爱国学生的整个阴谋计划，被迫推迟了。

8月19日，敌人在报上公布了100多人所谓“匪谍”学生的名单，同时对大专院校学生，连续几天进行大逮捕。以后在11月25日又进行了一次大逮捕。由于我们事先早有准备，沉着应付，而且都属群众性逮捕，所以从总体来说，党组织没有受到大的破坏。各校学生对被捕学生的营救工作一直没有停止。对有牵连的和原定撤退的同志，都做好离校、离家，分散隐蔽的工作，以待交通问题解决后，即行撤走。

后来通过上层统战工作，即通过沙轶因的姐夫、时任国民党最高检察署代检察长杨兆龙的关系，经李宗仁同意，下令各地释放“政治犯”。1949年4月13日，朱成学、华彬清、李飞及其他尚未被释放的学生都获得了释放。我们事先已得到消息，立即把他们分散隐蔽，以防敌人的反悔和重新迫害。

在组织学生大撤退期间，为了开辟通往解放区的交通线，学委通知所属组织普查党员曾经和解放区有过的关系，由此先后开辟了两条交通线。这时，工委系统开辟的皖西交通线已经修复，由市委交给学委使用。同时，王明远又从文委系统交来经河南商丘自忠中学到豫皖苏解放区的交通线，这样，就开始大规模地把隐蔽待命的党员和积极分子陆续分批撤退。这项工作，总的由我主持，先后撤退党员和积极分子200余人。另外，还有分散隐蔽转移到句容茅山地区、浙南游击区、皖南宣城地区以及鄂、湘等地的50人左右。

1949年1月7日，国民党又进行了一次大逮捕，由于已经封江，交通受阻，又有中大党员近10人要撤退，就要他们自己坐轮渡过江到浦口，秘密通过封锁线，进入了滁县地区。南京解放前，大部分撤退到苏中和豫皖苏等地区的党员和进步群众，都被编入金陵支队第七大队，在合肥集训，随军回宁后，参加了南京的接管工作。

党员大批撤退后，中大总支只剩下30多人，就与原临大的平行支部调整合并，统一组织。对撤退党员临走时交代下来的积极分子，继续派人联系，培养教育，条件成熟的就发展入党，使组织力量逐步恢复。大逮捕中，金大党支部遭受破坏，一度陷入散乱，我便把男中分委干部陆庆良（时在金大读书）调任金大支部书记，很快聚拢其他党员组成新的支部，继续战斗。另外，中大总支也有个别委员被捕，市委要大专分委书记卫永清暂时隐蔽待命（不久，市委成立中学教师工作委员会，由卫永清负责）。

1948年12月初，市委决定对学委进行调整，王明远不再兼任书记，仍代表市委领导学委工作。学委由我和沙轶因、饶展湘、胡立峰组成。我任学委书记，沙轶因任副书记，大专分委由饶展湘任书记，男中分委由胡立峰任书记，女中分委书记仍由沙轶因兼任。因环境条件限制，我们4人从未集体开过会。我除负责全面工作外，与饶展湘单线联系，重点抓大专工作。沙轶因和胡立峰单线联系，中学工作分工由沙轶因负责。这时，我才把我的真实姓名和住址向沙轶因开放。我是汇文女中教师，她是汇文女中毕业的校友，又是中华女中的教师，都在教会学校教书，就有了合法的关系，可以互相来往，研究工作。这样的组织形式，既灵活又安全，直至南京解放。

迎接胜利的曙光

经过了几次大逮捕和大撤退以后，我们的组织虽有缩小，但经过调整整顿，更加巩固坚强了，我们的工作也更加深入了。南京学生并没有被国民党的法西斯凶焰所吓退。相反，由于他们进一步认清了国民党反动派的本质，反美反蒋的斗争意志更加坚定，坚持下来的党组织，继续与群众保持密切的联系，领导新的战斗。

这时，人民解放战争已经进入一个新的转折点。三大战役先后胜利结束，南京已处在强大的人民解放军直接重压之下。国民党反动派在作垂死挣扎，又玩弄其假和平的阴谋，妄图保存残余力量，争取喘息时间。1949年1月21日，蒋介石宣布“引退”，由李宗仁出面代理“总统”。反动统治集团已分崩离析，有的逃往台湾、香港，有的准备“迁都”，跑到广州、重庆，像热锅上蚂蚁一样，惶惶不可终日。在学校方面，音乐院、东方语专等校校长早已潜行离校，有的学校宣布提前放假，让同学自谋出路。中大代理校长周鸿经和总务长串通一气，拐带巨款潜逃。很多学校处于严重的混乱状态。

当时，我们的工作重点，一方面在政治上揭露国民党反动派假和平阴谋，教育群众丢掉幻想，准备斗争。同时发动和组织群众开展护校运动，主张不迁校、不“逃难”，团结广大师生员工，坚持留校，继续上课，保护校产、维持秩序、组织生产、安排生活，以迎接南京的解放。我们接过当局提出的“应变”口号，放手发动群众，开展护校斗争。各校先后成立了应变委员会。以后，又成立了南京市专科以上学校应变联席会议，这实际上就是秘密存在的大专学联的合法组织形式。“应变”这两个字，在当时广大群众的心目中，已经成为迎接解放的同义语了。

开展护校斗争最活跃的，要数中大。中大党组织发动群众，坚持斗争，坚决要求撤查周鸿经，承认校务维持委员会的合法职权，迅速拨发应变经费，释放被捕同学。中大学生和教职员工一起在“应变会”下，成立了警卫、消防、救护、联络、物资储备、生活福利等组织，各司其职。在党组织的领导下，学校的几千名师生员工团结一致，保卫了学校的安全，直到南京解放。由于党的深入工作，其他各校也都展开了类似斗争。

1949年3月29日晚上，全市大、中学生6000余人，又聚集到中大广场，举行了一次联欢性的大团结晚会。这是自国民党反动派对学生实行大逮捕以后的第一次大规模的群众性集会，也是我们组织撤退以后，坚持斗争重新积蓄力量所做的一次新的检阅。通过这次晚会，对广大群众进行了一次很好的动员与教育，极大地鼓舞了对国民党反动派继续斗争的意志和将革命进行到底的决心。

在大团结晚会取得胜利的基础上，许多进步群众要求进行示威游行，揭露反动派的假和平阴谋，要求李宗仁政府接受中共中央提出的八项和平条件，广大爱国学生纷纷响应，情绪高涨。3月30日下午，大专分委举行会议，分析了大团结晚会后出现的新形势，同意举行“反对假和平，要求真和平”大游行。

1949年4月1日，正是国民党李宗仁政府派出和平谈判代表团离开南京飞往北平的日子。上午9时，由10所大专院校的6000多名学生组成的队伍，从中大操场整队出发。队伍沿途高呼：“反对假和平，要求真和平！”“争生存，争自由！”“反对美帝国主义援助反动政府屠杀中国人民！”“立即释放被捕学生！”“反对发行大钞，人民要活下去！”等口号，队伍到总统府门前，派代表进去，递交了请愿书。示威队伍没有停留，继续沿预定的路线行进。队伍经过中山路时，我正好上完课出来，便在人行道上，跟着队伍一直到鼓楼，看着游行结束，队伍解散，各校学生分别整队回校。

就在这时，首都卫戍司令部开始了一场预先布置的对示威学生的镇压。敌人选择了队伍人数最少、离开市中心最远的剧专学生，作为首先伏击的对象。剧专学生路过大中桥时，遭到预伏的“军官收容总队”暴徒的围殴。政大同学闻讯后，乘两辆卡车携带急救药品前去救援，也遭到殴击，政治大学司机陈祝三当场被打死。凶讯传到中大、建法等校，很多学生悲愤填膺，群集去总统府请愿，要求制止暴行，也被军警特务围殴。据事后统计，各校学生被打伤近200人，又有中大学生程履绎、成贻宾二人因伤重致死，造成了震惊全国的四一惨案。

惨案发生后，全市学生立即成立了四一血案善后处理委员会，向全国发出通电，控诉国民党反动派的血腥罪行；并致电北平和谈代表团，周恩来同志得悉后，在谈判桌上提出要国民党政府对四一惨案作出处理。同时，派出代表向

1982年，学委部分地下党员参加纪念五二〇座谈会后合影。前排左起：欧阳仪、沙轶因、陈修良、王明远、盛天任，二排左起：左士杰、工作人员、马新农、张锦屏、刘维震、陆庆良、陶子平，三排左起：黄秋霞、潘振玉、赵志、胡立峰、李更之、王正平、李桢革（胡立峰　提供）

李宗仁政府提出严正抗议，并多次请愿交涉，要求严惩凶手，保证学生集会安全、抚恤死者家属、医治伤员、赔偿损失。各校学生在校内组织起来，严密戒备，防止敌人的进一步挑衅和迫害。

南京学生的英勇斗争，立即得到了全国各地人民的支援。4月4日，毛泽东发表《南京政府向何处去？》的檄文。全国学联也发出通电，抗议反动派屠杀爱国学生的暴行。国民党统治区各地学生和其他各界人民纷纷成立四一血案后援会，各地争生存、争自由、争和平的斗争，有了很大的发展。

敌人的血腥镇压，使他们的狰狞面目更加暴露无遗，在政治上完全陷于孤立。当我们把收听到的新华社评论和全国各地支援南京惨案的消息抄印出来，在广大师生中进行秘密散发传阅的时候，很多人激动得热泪盈眶。大家坚信，现在除了迎接人民解放军渡江南下，解放南京，解放全中国以外，别无出路。此后，在强大的军事、政治压力之下，李宗仁政府不得不做出一些让步，答应负责受伤学生的医药费用，赔偿损失。

4月23日深夜，作为国民党22年来反革命统治中心的南京，终于获得解放。天还没有大亮，当我和各校学生，以及人民群众一起涌向下关迎接人民解放军进城的时候，内心充满了无限喜悦。从1942年加入党组织，到1949年迎来南京解放，我在南京经历了7年地下斗争。在同志们的共同努力下，我们终于赢得了最终胜利。

（洪欣　整理）

风雨征程革命路*

胡立峰

邳县抗战燃峰火

我1925年8月出生，老家在苏北邳县。我的外婆家住在南京游府西街，是个有三进房子的院落。我的母亲是家中长女，下面还有5个妹妹。从小我就被家人送到南京上幼儿园，先在二条巷小学，后又到逸仙桥小学读书。1937年7月，我读到小学五年级时，全民族抗战爆发。不久，上海八一三淞沪会战开始，我们全家便从南京回到了苏北老家邳县。在1937年12月的南京保卫战中，外婆家的房子被战火彻底烧毁，仅剩下一个门框。

回到老家时，我便在家乡县城官湖镇县立小学继续念小学。不久，日军快打到台儿庄时，我们开始逃难，逃到了下邳镇。在台儿庄战役还没开始前，我们在家乡认识了邳县的一个老共产党员栗培源，但当时大家并不知道他的党员身份。他带着我父亲、我大姑父、大姑父的儿子和我，三个大人和两个小孩一起来到徐州，说准备到李宗仁的第五战区参加抗战。去了以后不得要领，只好返回。后来才得知，实际上栗培源是去徐州找中共苏鲁豫皖特委书记处郭子化同志，他指示以党的抗日民族统一战线为中心，组织发动群众开展抗日工作，准备坚持敌后游击战争。我们回来的路上，遇到日军飞机来轰炸，只好从火车上跳下，等飞机轰炸过了以后，再上火车回到老家。

我们那里是台儿庄战役主战场，徐州距离台儿庄仅十几里路程，附近都是山区，称之为山窝。仗打得十分惨烈，日军和国民党军队都有很大伤亡，这也是抗战初期取得的一场重大胜利。1938年12月，八路军山东纵队在邳县炮车南

*本文选自中共南京市委党史工作办公室编：《在历史的洪流中：革命者口述历史续》，中共党史出版社2016年版，第15—40页。因篇幅所限，部分章节有删改。

许楼村组建陇海南进游击支队，钟辉任司令员兼政委。随着八路军敌后游击战争的开展，我们家乡建立起“三三制”的抗日民主政权。栗培源当时实际上已经公开了共产党的身份，并担任了抗日民主政权的县长兼民团团长，父亲和大姑父都参加了八路军，父亲当了五区的区长，大姑父也参加了抗日民主县政府的工作。这一时期游击支队发展迅速，真是哪里有抗战歌声，哪里就有八路军。

我当时只有十二三岁，上小学六年级，很想参加八路军。一次，我跑到县政府所在地，找到县长栗培源，说明了来意。他说：“好啊。”接着拿了一支中正式步枪递给我说：“你个子不太高啊，打一枪试试看。”我和步枪差不多高，我拿起枪单腿跪着，打了一抢，结果巨大的反作用力一下子把我震倒了。他笑道：“你看，枪一打，都把你震倒了，怎么能参加八路军？过几年再说吧。”我只好回到家里，因为没有当上八路军，情绪不高。

不久，战争吃紧，日军经常到我的家乡大“扫荡”，我和母亲从家乡逃到邳县南部我外祖父的家乡，和父亲就分开了。我在外祖父家乡，正好碰到我的二嫂子，她有一个亲戚姓张，这位亲戚的两个孩子在上海念书，暑假正好从上海回到家乡。通过和这两个学生聊天，我知道了他们在上海威海路中学读书。我回来后和母亲商量：“八路军不让参加，我想到上海去念书。”当时，我的三姨母在上海，她是体育学院毕业的，在上海的一个中学当体育教师。她们家住在上海愚园路兆丰村（现中山公园附近）。我的母亲比较开通，就同意我去上海念书，她自己一个人带着小女儿在张庄住。

这期间，母亲生下了我的三妹。我是家里老大，老二是个女孩，老三是个男孩，老四是女孩。逃难中条件极端艰苦，母亲感染得了产后风，十分危险。我有一个亲戚是台儿庄的著名老中医，在这种紧急情况下，家里请一位老大爷陪我一同到台儿庄抓药。我是第一次到台儿庄，那时台儿庄已失守，日军把守着城门，这也是我第一次看到日本兵。我们刚进城门时，守城的日军口中叽哩哇拉，端着枪用刺刀一挑，一下子就把老大爷的帽子挑掉了，差点戳通脑袋。我当时非常害怕，心想，日本人真是凶残蛮横啊。进城后找到那位老中医，我拿到药后立即往家赶，病情如火。

回到家后，我每天给母亲熬药、端吃的，不久母亲康复了。母亲和我的感情一直很好，她经常说是我救了她的命。她后来在南京一直活到93岁才去世。母亲痊愈后，还教我识全了英文字母。1939年夏天，我和那两个在上海读书的同学一起坐牛车到了碾庄，他们一个年纪比我大，一个和我差不多，我们再从碾庄坐火车到上海。

沪、宁求学参加党

到上海后，我住在三姨母家，先在兆丰村旁边的兆丰中学读书，读了一学期，转到静安寺附近的立德中学读初二，住校，开始独立生活。到立德中学读书的原因是附近有个爱国女中，我的五姨母张一诚在那里读书，我们两人便于相互照应。

在立德中学，我阅读了大量书籍，如苏联小说《钢铁是怎样炼成的》《静静的顿河》等进步书籍，还有《大众哲学》。另外也接触了许多进步学生。我经常给他们讲家乡八路军抗战的故事，唱八路军的歌曲，像《三大纪律八项注意》和一些抗战时期的民间小调。这些故事引起了他们的关注，大家熟悉后也取得了他们的信任。当时，我们每个班上都办有壁报，我负责出壁报，还参加读书会、学习社，学唱苏联歌曲，阅读苏联大使馆办的《时代》杂志等。

我接受进步思想最早是在家乡受八路军的影响，到上海后又受到一些进步同学的影响，思想有了很大变化。记得我们还在光明大剧院附近的大众电影院观看石挥主演的进步话剧《蜕变》，和进步同学凑钱购买《鲁迅全集》。

1940年冬，胡立峰在上海读初中时的留影

1941年1月，皖南事变爆发，许多进步同学选择回到苏北。我准备回家乡，因我五姨母张一诚住在南京，所以我决定先去南京，然后再回老家。当时张一诚先我回到南京（她比我大二班，1942年3月加入中国共产党），在金陵女子大学附属中学读书。我告诉她，我准备回家乡参加八路军。她说：“南京这里斗争也

很激烈、尖锐，你有没有勇气，敢不敢留在南京。”我那时年轻，也没有想到什么敢不敢的，就说：“小鬼子（日军）在南京，就留下抗日。”这样，我就留在了南京。从上海转学到南京钟英中学读初三。

1942年初，苏皖区党委南京特支委员姜秀英（又名石轩，我五姨母的同学；南京特支由舒诚、王秀琪、姜秀英组成，舒诚任书记）也从金女大附中转学到钟英中学就读。我经常和张一诚、姜秀英见面，时常谈起家乡八路军的战斗事迹，大家谈得很投机。五姨母张一诚问我：“苏南有新四军，姜秀英说要到苏南新四军那里去看看。”我不知道新四军什么样子，只知道上海有进步同学到了苏北新四军那里。我就说：“你去看看吧。”一次，姜秀英（当时未暴露共产党员身份）和我谈话说：“我和他们（苏南新四军）联系比较多，能不能和他们商量商量，如果他们同意的话，我们一同入党。”我说：“好啊。”实际上她当时已经入党了。

1942年4月，姜秀英介绍我加入了中国共产党，那年我只有17岁。入党后参与的第一项工作，就是在姜秀英领导下，在五四青年节前，以我为主，和她介绍来的三四个同学一起办了一个油印刊物，名为《青年们，怒吼吧》。油印、刻字都是在我们家搞的，刊物出来后，我们分头到学校等地散发，向群众宣传进步思想。我六姨母也在钟英中学读书，后来经姜秀英介绍也加入了中国共产党。1943年暑假以后，党组织决定钟英中学的3个党员分别离开学校开辟新的工作，加强金融、工人等方面的力量。我的直接联系人是金毅民，他撤退到根据地后，转由方休同志领导，直到抗战胜利。

四到茅山受考验

我曾先后4次到过苏南茅山抗日根据地，都是先与中共江句县委书记陆纲联系（路西北特委指定他与中共南京特支联系）。

1942年暑假期间，我第一次到茅山抗日根据地学习，我是和鲁平的妹妹张长清（中共党员）一同去的。我们从城南中华门出城，坐船到江宁湖熟镇。当时湖熟镇有日军的一个小队驻守，那里有我们的一个交通员。当时我也不了解张长清，她是市立女中的学生，对外，我们以表兄妹相称。到了湖熟镇，我们和交通员接上关系，他带我们往茅山方向走。走到半路，路过方山时，有一队扛枪的队伍经过。我当时很紧张，交通员告诉我们："别紧张，你们放心。他们对我们'四老板'（指新四军）很客气。"这样，我们安全地到了根据地。在县委书记陆纲的安排下，我们到了新四军十六旅旅部所在地里佳山，苏南区党委秘书长欧阳惠林接待了我们，给我们安排了一些活动，还听了一次江渭清政委作的形势报告。

第二次到茅山抗日根据地，除了我以外，还带着一个女同志，送她到根据地。她叫朱礼娴，广东人，是张一诚在爱国女中的同学，原来在上海读书，当时没有入党，是进步分子。到茅山根据地后，她在新四军的文工团工作。解放后，她回到上海，开始在上海京剧团任党支部书记，后任上海市文化局组织处处长、办公室主任，我在华东团委时曾经去看望过她。

第三次到茅山根据地大概是1943年间，去参加党的整风学习，主要学习整风的22个文件。有一件事印象很深，当时党的文件不让带，我就背诵了其中的《反对自由主义》11条，这些都使我们深受教育。当时正是抗日战争最艰苦的时期，日伪顽分别向我根据地进攻，斗争十分惨烈。我们随着部队白天学习、开会，晚上开拔，不在一个地方住宿。记得有一次晚上行军，一个同志不小心掉到粪坑里（那个粪坑是个露天的大缸）。现在回想起来，也正是在这段时期，我们受到了最深刻的教育和最严峻的考验。

第四次到茅山根据地，是抗战胜利前夕，当时南京情况很混乱，我找到江宁县委后，陆纲派人找到我的上级领导。这时已是苏南区党委（原苏皖区党委）特派员方休，负责领导苏南区委系统在南京的党员。我是在原直接联系人金毅民（解放后任上海办事处主任，山东省安全厅厅长）撤回根据地后，与方休接上的组织关系。当时，方休让我与模范女中的马凤楼联系，把我的组织关系转到南京临时大学党支部，我们成立一个党小组，史正鑑负责，加上康景平和我共3人。

带领同学争和平

在敌伪统治时期，环境恶劣、条件艰苦，党组织不可能有很大发展。1945年抗战胜利时，南京中学生中只有12名党员。抗战胜利后，随着革命形势的发展，在中学生中发展党员较多。到1949年4月南京解放时，全市中学生党员累计有191名（不包括撤退到苏北解放区的学生党员），分布在25所中学。

抗日战争期间，南京的中共党员没有全市统一的领导组织。抗战胜利以后，分散于各系统的党员都属于华中分局城工部南京工作委员会领导。为加强对学生工作的领导，1945年12月成立了学生工作委员会。1946年2月，方休到六合与华中分局城工部南京工作部接上关系，把苏南区党委系统的47名党员关系交由南京工作部领导，我们的组织关系也随之转到南京工作部。4月，华中分局决定撤销南京工作部，成立中共南京市委。

市委成立后，学委也作了调整加强，由市委委员王明远兼任书记，欧阳仪、盛天任为委员。王明远亲自交代我联系的许多同志，在分别考入中央大学、政治大学、复旦大学、厦门大学、建国法商学院后，关系才交出。这一时期，我在学校任教，以此掩护地下工作。

1947年五二〇运动以后，大后方的学生党员关系转到南京市委。这年夏秋之际，学委领导又作了调整，由王明远、卫永清、盛天任、沙轶因4人组成，王明远为书记。学委下面分别设立大专、男中、女中3个分委。男中分委由盛天任兼任书记，我和鲁平任委员，富华（富继武）和买德申（田枫）为联络员。1948年5月初，市委派我和王明远到香港参加中共上海局举办的干部训练班，决定由盛天任担任学委副书记，负责学委工作。同年12月，市委对学委领导又作了一次调整：市委委员王明远兼任文委书记，仍分管学委工作。卫永清经过短期隐蔽后调出学委，转任中学教委书记。学委由我和盛天任、沙轶因、饶展湘4人组成，盛天任为书记，沙轶因为副书记，中学党的工作由沙轶因分管。鲁平另有任务，调出学委系统。男中分委则由我、左士杰、王毅刚3人组成，我兼任书记。女中分委仍由沙轶因、张锦屏、丁玉虹3人组成，沙轶因兼任书记。1949年4月1日，四一惨案发生之后，左士杰受伤，组织派中大党员许家现、李时岳及王毅刚负责男中党员联系工作。

从1945年8月开始，我们利用当时国共和平谈判、党的影响不断扩大的有利条件，在进步学生中积极宣传党的政策主张，并且运用合法斗争的手段，揭露国民党的反动本质，破除一部分同学对国民党的幻想，扩大进步力量，发展党员队伍。反甄审斗争和助学运动是其中具有代表性的斗争案例。

1947年春以前，我们中学生党员大多数是在各自的学校或班级里开展活动。为了进一步打开局面，需要有适合中学生特点的跨班、跨校的活动形式。这时，南京基督教青年会少年部以“求真理、善思想、强体格、好集体”为宗旨，倡办少年团契。我们男中分委就利用钟英中学党支部率先发动成立了一批团契，吸引了部分同学到青年会活动。随后，各中学的团契也纷纷成立。为了协调行动，按学委布置，成立了团契联合会，之后又成立了女团契联。团契组织的各项活动渗透着进步思想，成为各校党员和同学们开展进步活动的一种新形式。

从抗议美军暴行运动到五二〇运动，再到1948年红五月活动，南京的大、中学生不断受到深刻的民主革命思想的影响，思想觉悟不断提高，党员和积极分子的队伍有了很大发展。

1948年8月以后，国民党当局对南京大专学校进步学生进行了两次大逮捕，有情报说，有些中学生也被写进了“黑名单”。因此，我们学委在组织大专学校学生党员和积极分子撤退时，也组织了一部分暴露的中学生党员疏散撤退。1948年12月至1949年1月，有23名中学生党员分批撤退到苏北、皖中，还有个别党员暂回原籍。这个阶段是南京学生运动的低潮。

开展反增费斗争

1949年2月，我们中学组织了一次针对国民党政府增加学费的反增费斗争。当时，国民党南京市教育局新任局长沈祖懋提出以食米时价为标准的收费办法，这样一来，一个中学生的学费，竟超过公教人员的月薪收入。学委分析了当时形势，认为国统区物价飞涨，老百姓苦不堪言，把学费改为学米，等于雪上加霜，必然引起家长和学生的愤怒。学委要求通过开展反增费斗争来打击敌人，并指出在斗争策略上不提政治口号，在方法上做到先礼后兵，注意有理、有利、有节，待胜利后，适可而止。

这项决定经市委批准后，即由盛天任、沙轶因和我分头向各校党组织作传达部署。2月22日，成立了以中共党员为骨干的南京市中清寒同学自助联合会（简称自助联）。自助联的10余人大部分是共产党员，其余人员在不久后也先后入党。在自助联带领下，各校反增费斗争迅速开展起来。

要搞好反增费斗争，首先要取得社会舆论的支持。学生们纷纷投书民办报纸，揭露、抨击沈祖懋。广大教师也在报上发表文章，对学生们的处境深表同情。在社会的广泛同情下，自助联动员同学缓交学米，他们还派代表上访当权者，逼他们表态。自助联从各学校选出8名代表到市教育局直接找局长沈祖懋。面对群情激愤的学生，沈祖懋先是敷衍，后是威胁，最后把责任全部推向市参议会。

在全市造成相当影响后，自助联认为组织一次大请愿的条件已成熟。经骨干协商，决定将请愿定在2月28日。当天，我在夫子庙虎世祥家坐镇，并一再交代要做到有理有节，见好就收，绝不能感情冲动。这天，各中学近2000名学生集中在夫子庙贡院明远楼国民党南京市政府所在地。学生高呼“学校不是米店”“校长不是米店老板”“要求增加免费名额”口号并张贴标语。面对市政府门前的武装士兵，学生们毫无惧色，选出10名代表参与交涉，而狡滑的沈祖懋并不出来见学生，只是派一名科长出来应付。外面的几千名学生得知情况后，高呼口号，“我们要读书，我们要免费！”震耳欲聋。一直拖到中午12点多钟，沈祖懋才出来见学生，并且一再狡辩。在学生们一致谴责下，沈祖懋最后狼狈溜走。当天下午，总统府第二局局长接见了学生，并允诺责令沈祖懋具体答复同学们的要求。

在学生们的强烈要求下，沈祖懋不得不采取“变通”方法。3月3日，他在记者招待会上宣布，中小学的学费不收学米，改收现金，固定学费金额；可分两次交付；免费名额也不受30%的限制，实际上已超过了40%；交费日期也推迟了几天。最终，南京中学生的这场斗争取得了胜利，沈祖懋也自动辞职。

临近南京解放，我们开始利用合法形式，进行护校斗争。学委布置各中学的党员，接过“应变”的口号，在应变委员会中掌握或部分掌握实际领导权，组织同学和附近工厂的工人开展联防，护校护厂。我们将这些斗争一直坚持到南京解放，有效阻止了敌人搬迁或破坏，国民党当局也未能把师生员工裹挟走。

参与建团、建队工作

解放前后，南京开展了两次大范围的建立青年团的工作。

第一次建团是在1949年2月，建团的对象主要是中学生（中大有新青社）。

中共中央于1949年1月发布了建团决议和《新民主主义青年团团章》。学委决定在中学和大学发展新民主主义青年团。我们收听新华社的广播，从电台抄下了建团的决议和《团章》，然后整理印刷出来，通过秘密组织发给各大学、中学，开展建团工作。

青年团建立是在中共组织的直接领导下进行的。经过考察，对觉悟高、思想进步的青少年，由中共党员介绍，经上级党组织批准，个别履行入团手续。经过一个月的宣传，从2月起，我们开始吸收团员。当时，一中、中央大学附属实验中学都已经成立了中共党支部。所以，这两所学校吸收的地下团员比较多。一中吸收了地下团员19人，中大附中吸收了11人。南京在11所学校，共发展了58名地下团员。这些中学分别是：一中、五中、六中、一女中、二女中、三女中、育群、商业职校、城南中学。由于一些原因，二中、三中、四中基本没有发展青年团员。

1949年4月23日，南京解放。当时解放战争正在展开，全国尚未解放。7月，中国新民主主义青年团南京市工作委员会成立，青委也成立了。王明远同志任团市工委书记和青委书记，我任工委委员和少年儿童部部长。团市工委建立不久，决定组织两期学习团，每期半个月，培养吸收团员。这是在南京开展的第二次大范围的建团工作。由工委委员、学生部长钱大卫担任暑期学习团的团长，我负责暑期学习团的建团工作。

南京中学生经历过许多次革命运动，积极分子很多。在党支部的领导下，由地下党员和团员推荐，每个学校组织一个中队来参加暑期学习团的学习。暑期学习团设在丁家桥中央大学农学院内，7月7日报到。大家在一起学习《社会发展史》《团章》《中国共产党与中国革命》等一些文件。学习团内还成立了学生会，开展歌唱、舞蹈等文艺活动。通过学习，大家对中国共产党和青年团的认识有了很大的提高，许多青年纷纷提出申请要求加入青年团，经自愿申请，暑期学习团成员大部分成为新团员。经上级批准，我们在暑期学习团举行了新发展团员的宣誓仪式以及地下团员的补宣仪式。

“星星之火，可以燎原。”结束学习回到各个中学的团员，发挥组织领导作用，把学校里的团委、团支部、团总支相继建立起来。此后，团的工作走上了规范化道路，队伍也不断壮大。1950年初，华东团委成立了华东团校。这些团员后来又参加了华东团校的学习，毕业后回到南京团市委等部门，都成了工作骨干。1953年3月，青年团南京第一届代表大会选举刘平为书记，我被选为委员、常委并担任宣传部部长兼统战部部长。

在推进建团工作的同时，1949年7月，我们在举办第二期暑期学习团时，增加了少儿队方面的工作。我们专门成立了“娃娃队”，把初中一、二年级还不够入团年龄的学生，也吸收到学习团当中来。通过学习，吸收他们为少儿队员。由于当时这个组织还没有公开，所以，他们入队后很多人自豪地说：我是地下少儿队！

少儿队的壮大速度是很快的。毛锐带领三中的3个学生，组织建立了三中的少儿队；中大实中吸收了十几个青少年加入少儿队，建立了少儿队组织。接着，南京各中学、小学的少儿队也陆续成立了。

1950年六一国际儿童节，我们在南京人民大会堂前组织了盛大的少儿队检阅活动。参加检阅的有南京市委书记、市长和华东军区司令员等领导。检阅活动的成功举办，在全市形成了很大影响，很多少年儿童踊跃加入中国少年儿童队，为少儿队的工作打开了新局面。记得当时少年儿童部干事毛峥峨还牵头创作了一个名为《小懒虫》的戏剧，在原中大的大礼堂演出后，受到社会各界好评。另外，我们还在金陵女子大学校园办了一期夏令营。

两次受到毛主席接见

我刚担任少年部部长时，对搞少年工作思想上开始还有点担心，心里想自己从来没有做少儿工作，该如何开展工作呢。1950年4月25日，全国少年儿童工作干部大会在北京召开，我们与华东地区的上海、浙江、山东、安徽等省市的代表出席了这个大会。会议期间，毛主席接见与会代表。开会前，各地代表要向毛主席献礼。南京市委对此非常重视，专门订做了一个瓷盘，用于盛装南京的雨花石，我把这雨花石作为礼品带到了北京。这是我第一次见到毛主席，给我印象很深，对我之后的工作有很大的鼓舞。

从北京回到南京后，我在工作上就更加有信心了。在这期间，我们南京少年工作也做了一些创新，如演戏、检阅、办夏令营，还创办了一个刊物《辅导员杂志》。后来，团市委又相继组织成立了“小红花”、少年之家，为少年儿童服务。

1953年初，我调至上海，先后任青年团华东工委少年儿童部副部长、统战部副部长。这期间我有幸再一次受到毛主席的亲切接见。1953年6月10日至15日，中华全国青年第二次代表大会在北京召开，华东代表团由乔石任团长，我担任秘书长。毛主席在晚上看演出时和大家见面。当毛主席健步走进会场时，我站在第二排，与毛主席仅一个座位之隔，这是我第一次近距离看到毛主席。由于有纪律要求，我没有敢伸手去和毛主席握手。此时全场爆发出热烈的掌声，我回头一看，后面几排的青年人全部起立，有的还站在了座位上，向毛主席欢呼致敬。这样激动人心的场景，让我至今回想起来还很激动，终身难忘。毛主席的这两次接见，给了我极大鼓舞，更增添了我干好工作的信心。

1946年春，时年17岁的张锦屏在香港留影（胡立峰　提供）

同年10月25日，我还作为华东的青年代表，参加了贺龙任总团长的中国人民第三届赴朝慰问团去朝鲜慰问。这次活动给我的教育很大。我们先在济南集中，一路经过了丹东、新义州、上甘岭、平壤。在平壤，全国最好的剧团都去了，带去了京剧、昆剧、沪剧、评剧还有黄梅戏。我们的任务就是组织大家慰问部队，安排看戏，还组织舞会（当时每个师都有文工团），各剧种的演出都受到广大官兵的喜爱。我亲眼目睹了被战火烧焦的上甘岭，切身体验到战争的残酷。回国后，我把自己的所闻所见写成宣讲材料，到各厂矿、机关和学校巡回介绍，持续了将近一个月。

我在青年团华东工委工作时间虽不长，却和那里的同志结下深厚的革命友谊。1955年初，我被调到吉林市参加苏联援建的156项目之一的201工厂建设。

革命战友结良缘

我的妻子张锦屏，解放前在中共南京市委学委负责联系女中工作，她受女中分委书记沙铁因的领导，共同开展革命工作。她比我小4岁，1929年出生，是南京人，祖籍山东，金陵大学历史系毕业。她父亲曾是国民党高官朱培德的少校副官。抗日战争爆发后，她跟着父亲撤退到重庆，她母亲在撤退途中不幸因病去世。她是家里的独生女，父亲把她安排在昆明的一个中学读书，自己到了重庆。她的进步思想是在昆明读书时逐步形成的。抗战胜利后，她父亲提前回到南京，她一时回不来，年纪很小，便乘坐别人的长途运输汽车由昆明先到澳门，再由澳门到香港。到了香港后，已身无分文，只好在香港一个饭店里帮人做点事。老板人不错，资助给她吃饭，以后又帮助她买了到上海的船票，她父亲到上海把她接回南京。

回到南京后，她在中华女中读高中，高中毕业后保送到金陵大学读书。在中华女中时，她是个活跃分子，喜欢打排球、篮球，喜欢唱歌、演讲。她是由沙铁因介绍加入中国共产党的。当时市委学委书记是盛天任，副书记是沙铁因，我是委员，负责男中分委；女中分委由沙铁因、张锦屏和丁玉虹组成。张锦屏当时负责一女中、二女中、明德女中、市师、助产等校的党组织的联系工作。1949年4月南京解放后，在5月和6月两个月，我是中学委书记，她担任副书记。

解放前我并不认识张锦屏，第一次见面是1949年4月23日南京解放时，我们在沙铁因的家中碰头。我作为中学工作的代表，一个人到那里讨论工作。大家一见面，张锦屏就向我们男中开炮，当时我注意到这个女同志比较有个性，有了初步印象。以后，我们在一起搞接管工作，逐步熟悉起来，进一步确立恋爱关系。7月，青年团南京工委成立，当时组织上拟让张锦屏回金陵大学，张锦屏不太愿意。我把

1951年，胡立峰、张锦屏结婚纪念两周年留影（胡立峰　提供）

这个想法向青年团市工委的领导王明远汇报，在组织关心下，她留在了团委学生部工作。不久，张锦屏到青年团南京第五区委（现鼓楼区）任副书记，主持团的工作。

1953年初，我调到上海青年团华东工委工作，张锦屏也调到上海华东团校工作。之后，随我调到东北吉林201厂，任厂团委宣传部长，不久又调到吉林市日报社工作。“文化大革命”结束后，她调到吉林市人民广播电台任职。1979年底，随我一起调回南京，先在南京市委宣传部任新闻文艺处副处长（主持工作），后又调至市人民广播电台任副台长。电台与电视台合并进行改革后，她仍为副职，后又恢复成市人民广播电台，她就离休了。

离休后，她在市委副书记刘峰同志的支持下，对大革命时期中共南京市委遭到严重破坏的情况进行调研，在调查基础上，经过两年多的时间，写出一个电视剧本《血溅九龙桥》。她离休后的老年生活丰富多彩，先后去过国内外多个地方旅游。她还喜爱歌舞，参加了大学同学组织的英文歌唱团，学习拉丁舞，最后在老年舞蹈圈子里成为一名拉丁舞者。2014年5月4日，与我相伴一生的革命伴侣张锦屏去世，享年85岁。

20世纪80年代，参加一二九运动座谈会的老同志合影。左一陆庆良、左二胡立峰、左四朱启銮、左九刘峰（刘峰　提供）

重回南京投身建设

1979年底调回故乡南京后，我在中国南京无线电公司担任党委书记，还兼任了一段时间总经理。1984年，我调回市委宣传部，受命负责筹建南京社会科学联合会，后任第一届常务副主席。

1986年离休后，我又在江苏老区开发促进会工作了近20年。这是我离休后，继续发挥余热的一个难得机会。在参加各项活动的过程中，我对不同历史时期革命先烈的英雄事迹有了更加深入的了解，思想境界和党性修养都有了新的提升。90多岁时，我仍然坚持学习政治、时事，关心党和国家大事，坚持锻炼。

回望革命生涯，我17岁入党，常常和战友们一起歌唱："年轻的中国共产党，你就是灯塔，你就是方向，我们永远跟着你走，中国一定解放！"我们那时没有想到做什么官，也不怕死，革命就是为人民服务，为党、为国家服务。

回忆自己走过的人生历程，未必波澜壮阔，却也丰富多彩。尤其是长期从事地下学委工作，以及新中国成立前后参与建团、建队工作，让我有许多机会和青少年、儿童打交道。每每回忆这些工作经历，我的内心总是充满欢欣与感动。我想，我这一生可以用这4组词语来进行总结：理想、拼搏、创新、无悔。

（朱昌好　整理）

黎明前夜热血飞*

左士杰

不甘做亡国奴的少年

我的祖籍是江苏镇江。1928年6月出生于江苏省扬州市江都县大桥镇田家巷。我的父亲曾在南京下关一个钱庄做学徒，以后在银行做出纳。我在农村读了一年多私塾，6岁时被父亲带到南京。此后，父亲又把我的祖母、妈妈和弟弟接到南京来，一起住在南京长乐路上。

1937年，我们家搬到长乐路弓箭坊7号，那时我读小学一年级下学期。记得老师曾教我们唱一些抗战歌曲："拿起你的枪，快快向前方，和那虎狼拼命干一场。"不久，七七事变爆发，当时我并没有什么感觉，南京生活照样。八一三事变时，日军攻打上海，南京危急，我们全家只好逃回祖籍镇江老家。祖母当时已60多岁，最后死在那里。以后我们又回到扬州大桥镇田家巷。我们家是个大家庭，家里人多住不下，我们这一房就分出来，借住在附近一个叫夏祝巷的村子里。

不久，新四军开到了大桥镇附近，我们居住的村子距大桥镇8里路，在那里能看到来来往往的新四军。他们纪律严明，给老百姓留下的印象很好。我的堂兄左士俊比我大三个月，我俩当时还小，一起参加了村子里的儿童团，担任了正、副团长。

到了1939年，因为家里生活难以为继，父亲只好再到南京做生意。父亲当时连家眷都没敢带，只带着我一个人回到南京。到南京后，父亲继续当店员，我继续读书。

---

*本文选自中共南京市委党史工作办公室编：《在历史的洪流中：革命者口述历史续》，中共党史出版社2016年版，第131—150页。因篇幅所限，部分章节有删改。

刚来南京时，给我印象最深的便是进城门。我在家乡参加过儿童团，对日本人没有什么好印象。进城门时，要向日本人鞠躬，这是我很不愿意的，看到日本人我就躲得远远的。站岗的警察看到后，把我抓回去，摁着我的头，强迫我向日本人鞠躬，我当时感到非常屈辱，从此以后，我就尽量不去城门。

抗战热血写青春

1940年下半年，我考取了南京市立一中，读初中一年级，但很快就害眼疾，生病了。1941年春天，我又考入钟英中学，随后认识了柯西平、程极明等思想进步的好同学。但是，日伪统治期间，钟英中学是一所受反动势力严密控制的学校，校长是汪伪特务於筠秋。

记得当时也没有什么教科书，我们的班主任是个女老师，叫汪慧秀，她教学认真负责，除了给我们讲《古文观止》《陈情表》《左传》《国语》等，还介绍冰心的《寄小读者》，讲授鲁迅的《阿Q正传》。当时《鲁迅全集》还没有正式出版，是分集出版，第一集就是《彷徨》。听了老师介绍，我就拿了父亲给我的零用钱买书。在阅读了不少进步书籍后，开始对文学有了兴趣。

早在1941年，当时还在读初中的黄祥鹏、程极明就接受了南京中央大学进步学生陈健和方焜（后二人均为中共党员）的影响，参加了他们组织的“萤社”和“团结救国社”，进行抗日活动。在校内，黄祥鹏、程极明等组织少年先锋队，写抗战短文，在同学中秘密传阅。

1948年夏，左士杰考入中央大学留影（左士杰　提供）

黄祥鹏、我和程极明3人，每人相差1岁。黄祥鹏是1927年出生，我是1928年出生，程极明是1929年出生。在同班同学中，我和程极明、柯西平俩人感情最好，我们三人也是班级里学习成绩、表现比较好的学生，同学们对我们也很信任。我们开始学习写作，把文章装订在一起，在同班同学中传阅，取名《洪流》，慢慢在同学中有了影响，参加的同学也越来越多。1942年至1943年间，黄祥鹏、程极明他们分别发起组织“洪流社”和“切磋社”这两个文艺小团体，阅读进步文艺作品，练习写作，出版《洪流》小型文艺手抄刊物。

南京解放初期，左士杰在中共南京市委组织部时留影

我家弟妹比较多，他们以后也都到了南京，住在城南平安巷49号。家里人多住不下，我和堂弟只好住在糯米巷35号，我们一个人一个房间。陈健等经常和一些进步同学来我的住处活动。进入高中后，我们常就苏联在上海出版的中文《时代》周刊的文章讨论时事，开始关注抗日根据地和抗日战场，大家心中洋溢着一股抗日救国的激情。于是，在学校里领着同学唱《义勇军进行曲》《松花江上》等当时被禁唱的歌曲，唱得同学们热泪盈眶，唱得汉奸校长火冒三丈。

1944年夏，陈健、方焜撤退到新四军茅山抗日根据地，就没有再回南京。黄祥鹏继母的妹妹姓董，在汪伪南京市银行当出纳，认识了同事刘鑑农，这年夏天，把黄祥鹏介绍给刘鑑农认识。刘鑑农是中共江苏省委从上海派到南京来开辟工作的中共地下党员（当时并不知道）。他和黄祥鹏等同学认识后，经常和大家谈心，启发抗战意识。他认为，仅办《洪流》手抄本还不够，就向黄祥鹏等人建议，把“洪流社”和“切磋社”合并改组为“洪流”剧团。“洪流”剧团里除了有钟英中学一批同学外，还增加了另外几所中学的学生和银钱业的一些青年职员，共有30多人。公开活动方面是演话剧；秘密活动方面，刘鑑农组织剧团骨干阅读《大众哲学》《社会发展史》《辩证法入门》《思想方法和工作方法》《新民主主义论》等书籍并进行讨论，宣传新四军在大江南北的抗日斗争，宣传抗日根据地的民主政治，进行革命思想教育。

1945年8月15日，日本无条件投降。为了独占抗战胜利的果实，8月11日，国民党政府最高统帅部一面命令国民党军队“积极推进，勿稍松懈”；一面命令共产党领导的军队“应就原地驻防待命”。8月13日，新华社发表评论，一针见血地揭露蒋介石的命令“从头到尾都是在挑拨内战”。8月10日，朱总司令向各解放区所有武装部队发出命令迅速前进，收缴敌伪武器，接受日军投降。8月13日，又致电蒋介石，坚决拒绝执行蒋介石的错误命令，并揭露他的阴谋。刘鑑农抄来了这两份文件。“洪流”剧团的青年们兴奋至极，把剧团结余的经费全买了纸张用于印刷传单。因为陈俊忻同学的字写得好，她就在家里连夜写钢板，我负责油印，印了上千份。听说宣城的新四军即将来到南京，已到了秣陵关。第二天我们就到街上发放传单，贴在电线杆上、塞到商铺门面里面，从公共汽车窗口扔进去，宣传抗日思想和目前形势。我们这些活动还是给日本人施加了一些压力的，记得当天夜里日本人就关城门了，在三山街路口和白下路、太平路口还架起炮来，炮口对着中华门，这表明他们心里面很紧张了。

这些行动对钟英中学的这些青少年们来说，是终生难忘的。正是从这时起，我们才开始摆脱所谓的“正统观点”，在共产党和国民党之间作出了严肃的比较和抉择，终于懂得真理和正义在共产党这边，进而更自觉地向党靠拢，更自觉地接受党的教育和领导。这些同学后来都陆续参加了共产党。

党指引我投身革命

经过抗日战争的洗礼，同学们经受了考验。1945年9月，黄祥鹏由刘鑑农介绍加入中国共产党；10月，陈叔同加入共产党；11月，我由黄祥鹏介绍加入共产党。11月，钟英中学成立了中共党支部，这在当时南京的大、中学校中，是除了临时大学（前身是南京中央大学）党支部以外，仅有的一个中学党支部。黄祥鹏任支部书记兼组织委员，我是宣传委员，陈叔同为委员。

在整个解放战争时期，钟英中学党支部虽然面临着学校反动势力强大、党员流动性大（多数入党不久即毕业）等困难，仍然始终不渝地坚持教育和领导同学，以不同的形式同国民党当局进行斗争，直到迎来南京的解放。

抗战胜利，人心喜悦，但群众中普遍存在着“正统”观念和崇美思想，青少年也不例外，即使在“洪流”剧团的少数成员中也有反映。刘鑑农、黄祥鹏经常引导剧团的成员和周围的同学讨论时事。经过讨论，不少同学提高了认识，而“洪流”剧团进步色彩也日益显露，而早些时候钻进剧团内部来秘密活动的反动分子也公开了身份，他们指责剧团“有赤化危险”。为了避免不必要的损失，党组织决定将“洪流”剧团解散。

1946年2月，中共南京市委学委领导在肯定“洪流”剧团前段时期工作成绩的同时，要求钟英支部在新的形势下，转向在公开合法的工作掩护下，扩大团结群众范围，用多种形式开展群众工作。同年春假前后，学委又用了大约一个多月时间，给钟英支部骨干上了四五次党课，对支部骨干进行七大党章，特别是党的基础知识的教育，为支部以后的发展壮大打下了坚实的思想基础。钟英支部的党员们在上级党组织领导下“勤学、勤业，广交朋友”，用多种形式，开展群众工作，发现和培养积极分子，并且不失时机地考验和锻炼积极分子。那时期，国共和谈刚刚结束，双十协定签订，政治协商会议开始进行，国民党一面空喊“和平、民主”，一面不断侵犯解放区，策划和挑起内战，在国统区则竭力搜刮民脂民膏，并且逐步加紧对进步力量的压迫。

老百姓对国民党造成的“谈谈打打，打打谈谈，边谈边打，边打边谈”的局势感到厌烦和不满，而对国民党对沦陷区的“劫收”，则日益愤怒。这些情绪在学生中同样存在，我们党支部决定利用这个条件，成立学生自治会。成立学生自治会，这不仅在钟英中学“史无前例”，在全市各中学里也是“前所未闻”的。为了减少阻力，党支部选择了合法的形式。一方面以进步力量较强的高三班为基础向全校各班级发起倡议，一方面推选了4名代表向校长俞采丞“申请备案”。一时倡议得到全校各班级普遍热烈响应。此时俞采丞摇身一变，成了国民党南京特别市党部组训处处长（曾一度代理主任委员），猝不及防中只好当场应允。这样一来，训导处、“三青团”就都不便公然阻挠破坏了。我们就大张旗鼓地选班级代表，开代表会，提候选人，采取由全校学生直接选举的办法，选出了我和陈叔同两个党员做学生自治会的正副主席，学生自治会的各部成员也绝大部分是党的发展对象或培养对象。

1955年6月，左士杰、潘嘉瑛夫妇合影（程极明　提供）

这个完全由党支部

掌握的学生自治会，在大量公开的非政治性活动的掩护下，进行了一些政治活动。平时举办各种体育竞赛，歌咏比赛，很多歌曲唱出了老百姓的心里话，唱出了对国民党的失望和反感。各班每一两个星期出一次壁报；全校每学期还举行一两次“同乐晚会”，我们组织同学唱《黄河大合唱》《嘉陵江上》《游击队之歌》，还演《放下你的鞭子》《三江好》《禁止小便》等短剧，受到同学们的热烈欢迎。这些活动为党员和积极分子在同学中“广交朋友”创造了有利条件。反动学校当局和“三青团”分子虽然一直在严密监视，却抓不着把柄。他们只能用在开晚会时切断电源之类的卑劣手法进行捣乱。这些伎俩反而引起同学们的愤怒，使得他们更加孤立，而学生自治会则更受拥护。

学生自治会还多次组织演讲会、时事讨论会，帮助同学们打开眼界，逐步认清国民党当局的真面目，吸引了许多积极分子团结在党支部周围。1946年2月下旬，国民党当局在全国各大城市制造了反苏大游行，南京也有一部分大、中学生受骗参加，但是由于我们掌握了钟英中学的学生自治会，“三青团”拉不起队伍。

积极分子队伍扩大后，学校当局和“三青团”对我们的监视也加强了。不久，我们陆续发现高中各年级中都有了特务学生。这样，继续用学生自治会的形式组织活动就不安全了。党支部又决定利用国民党佯为允许的“结社自由”，以共产党员为核心，把积极分子和一部分中间争取对象组织起来，分别成立读书会。每个读书会人数都不超过10人，有的全是一个班级的，有的又是跨班级的。由于大多数党员和积极分子课业优秀，在同学中有较高的威信，这些读书会对中间群众有不小吸引力。读书会在课余时间活动，除了举办一些课内作业互助和文体活动以迷惑敌人外，主要进行课外读物交流和讨论。像《钢铁是怎样炼成的》《母亲》《青年近卫军》等苏联小说和《王贵和李香香》《李有才板话》等北方文艺丛书，同学们都争相传看。同时，秘密传阅党在国民党统治区和香港出版的《文萃》《周报》《群众》和《西行漫记》等进步书刊，吸引了大批积极分子。“三青团”分子也想同我们争夺中间群众，可是他们学习成绩低劣，大多又品格低下，在同学中没有威信，完全没有活动市场。

党支部还在同国民党当局斗争实践中锻炼积极分子。日本投降后，国民党各派系的报纸先后在南京出版发行，反共反人民是他们的共性，而最突出的是有“大炮”之称的龚德柏。龚德柏是《救国日报》社的社长，他不仅谩骂共产党，还诬蔑沦陷区的学生是“伪学生”，这就更加激起了广大学生和群众的愤怒。1945年深秋的一个傍晚，同学们在讨论时事时，谈起龚德柏的反动来，大家愤然说：“找龚大炮去！”黄祥鹏见大家情绪激昂，表示同意。我们到了报社后发现龚德柏不在，便对报社职员说：“你告诉龚大炮，我们今天是来找他说理的，把我们丢在沦陷区，是政府的责任还是我们自己的责任？如果他还颠倒是非乱骂人，我们就要教训他。”那职员连连点头说：“我转达！我转达！”我们虽然因为没有找到龚德柏而觉得遗憾，可是这反动家伙却被我们这次警告吓破了胆。次日，他色厉内荏地在自己的报纸上登了一则启事，说什么“昨晚有一伙暴徒登门肇事，如果再来，决以手枪相待。”可是在全市学生反歧视反甄审斗争风潮的冲击下，“伪学生”的字样不几天就从《救国日报》的版面上悄悄消失了。在这一次行动中，积极分子王光义表现得很英勇，我们把他作为培养对象，由我负责培养发展。

联系群众的好纽带

1946年1月，钟英党支部在上级指示下，用学生互助会的名义，在校内组织近百名同学，在校外联络了一中、三中、一女中和汇文女中的一些同学，寒假中在南京首次开展了为清寒同学劝募助学金的助学运动。

沦陷区人民在日伪统治时期本来就已民不聊生，抗战胜利后，国民党接收大员蜂拥而至，见什么抢什么，大发“胜利财”。国民党政府又把汪伪的储备券同法币的兑换率定为200∶1，使原沦陷区的小康之家顷刻破产，升斗小民立成饿殍。这种明目张胆的掠夺使民怨沸腾。人民骂国民党是“刮民党”，骂接收大员是“劫收大员”，“想中央、盼中央、中央来了更遭殃”。许多同学家境衰落，学业难以为继，原来对国民党的一丝幻想变成绝望。在这种情况下，大群中学生上街劝募清寒同学助学金。当时的夫子庙达官贵人纸醉金迷，而大街小巷随处可见沿路乞讨的饥民。同学们高举着“义募”小旗子，在街头募捐，向驻足的行人倾诉“读书难”，吁请市民们买一束“助学纪念花”，帮助清寒的同学免于辍学。许多市民纷纷解囊相助，短短几天内，不但募集到了预期的金额，帮助一些清寒学生缴了学费，更重要的是学会了团结起来与国民党当局作合法斗争的手段。

经过这些不同形式、内容的教育和锻炼，积极分子成长得比较快。从1946年初开始，钟英中学党支部就有计划地积极发展党员。支部把准备发展的积极分子指定给党员联系考察，大致排出发展的计划时间。发展对象除了有在“洪流”剧团接受过较多教育的高年级同学外，还有处于低年级的积极分子。由于采取了积极而谨慎的态度，发展工作比较成功，新党员的质量绝大多数较好。到1946年暑假我们高中毕业时，全班48个同学，有10来名党员。

1946年暑假以后，形势起了很大变化，国民党当局加紧了对进步力量的控制。钟英中学当局公开禁止学生自治会继续活动，特务学生和“三青团”骨干更是气焰嚣张，他们跟踪甚至监视、警告进步同学，工作条件变得十分艰难。这一时期，有三分之二的党员因毕业、转学或休学而离校，党支部书记由毕镜澄（田耕）接任。党支部按照党的“隐蔽精干，长期埋伏，积蓄力量，以待时机”的方针，继续采用组织社团、合唱团、篮球队等办法，与积极分子、中间群众交朋友，同时加强对低年级同学的工作，注意在低年级中发展党的力量。

求学上海时一段险遇

1946年秋天，我从钟英中学高中毕业，同时考取了几个学校：中央大学先修班、北京大学先修班、上海大同大学和上海国立暨南大学。我想到北大先修班读书，盛天任对我说：“党的关系没有办法转，南京地下党和北平地下党没有联系，最好不要去。去中央大学先修班。”当时我们班48个人，有两个同学考取中央大学一年级，我考的是先修班，比较低，我就不想去。我说：“到上海读书怎么样？”他说：“到上海可以。”因为南京党的关系可以转到上海的党组织。当时大同大学是私立大学，发榜早，我到那里交了学费。学校校舍很分散，不便联系。很快，上海暨南大学也开始发榜，我从大同大学到暨南大学重新报到。

开学不久，1946年底，北平发生了沈崇事件，全国各地学生的抗议美军暴行运动风起云涌，我在暨南大学经济系学习，被同学选为暨南大学经济系一年级系科代表。我的党组织关系还没有转过去。党支部在校内组织读报（《文汇报》和《新民报》）和讨论，同学们的民族自尊心被激发起来，对美军的暴行十分愤慨。国民党当局为防止这些学生也走上大街，命学校当局锁上大门，特务学生亮出手枪。

在这种情况下我给南京的黄祥鹏写信，当时他在南京国立音乐院学习。我在信中询问他，没人来和我联系，以后工作怎么办。黄祥鹏批评我不该写信，说这样的信件如果被敌人查到很危险。1947年1月上旬，中共南京市委上海联络站负责人贺崇寅到暨南大学青云路新生宿舍来同我接关系。他自称姓何，穿着长袍，戴眼镜，风度翩翩，手里盘弄两只核桃（暗号）。他说，你的党组织关系暂不能转到上海，因为情况不明，从南京来上海的党员都暂不参加当地一切群众活动，尽量隐蔽，不暴露自己的政治观点，在群众中宁可表现得“落后”点、“灰色”点。另外，他叫我不要参加学生自治会的活动。

以后，贺崇寅同志又陆续交给我几个刚到上海的同志的关系，他叫我们组成一个临时支部，我当支部书记。任务是保持联系，按时收缴党费，上海的一切活动都不能参加。这几位同志住得极为分散，只能一个月左右由我分别联系一次。因为只求隐蔽，没有具体任务，我们见面交谈内容也不多。当时贺崇寅也每隔三四个星期同我联系一次，有一次在火车站，有几次在虹口公园。

1947年寒假过后不久，上海各高校的学生运动就此伏彼起，连绵不断，到这年四五月间，学生运动汇成高潮。暨南大学是斗争最激烈的学校之一，进步力量很雄厚，请过茅盾、王绍鏊来演讲，而反动学生也很猖獗，以特务学生但家瑞为首的少数反动学生向进步同学挑衅，用宽皮带见人就打。有一次，他们在大操场上殴打进步学生，两派学生打了起来，当时我在场没有介入，但是最后在场的人非左即右，打人的学生站在一边，进步学生站在另一边。最后只剩我一个人，没有退路，只好站在进步学生一边，这样我的身份就暴露了。当年5月13日，上海交通大学学生与教授3000余人举行“反饥饿、反内战”游行集会，准备到上海北站乘火车到南京请愿。交大学生登上了地下党搞来的火车，由交大学生担任司机，自驾火车前往南京，在真如火车站，铁轨被国民党当局扒掉了，火车无法前行。我们暨南大学离上海北站不远，半夜里听到消息，我和同学们一哄而起，一直追到真如站，表示对交大学生的声援，我参加这些活动时也不敢和老何（贺崇寅）讲。

后来，国民党上海警备司令部一度以装甲车和便衣特务封锁校门，又在校门口抓走几名同学，这都引起了全校罢课。整个5月间，上海学生从纪念五四运动延续到响应南京学生的五二〇运动，各校联合罢课，到6月，暨南大学校长李寿雍宣布提前放暑假，我便回到了南京。

虽然贺崇寅同志叫我不要参加校内活动，可是当时校内学生两派壁垒分明，形势不容许我保持“中间”和“灰色”，而当落后，于心不甘。我又是系科代表，回避不开，终于逐步由被动到主动地参加到进步群众队伍中来。1947年暑假，我在家中接到暨南大学“该生言行不轨，勒令退学”的通知，便再未返回上海。此后，经过黄祥鹏联系，我恢复了在中共南京地下市委学委的组织关系。

黎明前夜热血飞

当时我家因为经济拮据，在南京无法生存，全家都住到当涂县去了。接到这封通知后，我只能决定当年再考。因为在南京没有家，只能住到同学程极明家里，住了半个月，备考中央大学。由于学业荒废太多，没有考取，于是继续想办法找职业掩护。后来，在亲戚帮助下，去安徽蚌埠凤怀地方法院的会计室做代理书记官，干了一年。此后，黄祥鹏来信叫我回南京继续考大学。1948年暑假，我回南京继续考学，报考中央大学教育系，终于被录取。

我们师范生免费，但因为家庭经济困难，我在全班同学中显得十分寒酸。我到中央大学教育系读一年级后不久，胡立峰来接我的组织关系，他告诉我：“你的党的关系不转到中央大学，你还是在学委。”他后来告诉我，叫我做中学分委委员，分头联系几个中学。我负责联系二中、四中、六中、中大附中、金陵中学这几个在城北的中学，城南的学校由他本人和其他同志联系。胡立峰要求我不参加学校的任何活动，当年我在上海暨南大学参加学生运动是有教训的。以后，有几个暴露的同学要转到苏北解放区，我分头通知了这几个人，剩下几个同学仍由我联系，以后国民党封江，到江北的交通中断。

1949年初，国民党准备撤退台湾，南京临近解放，我作为普通一员参加“应变护校”活动，阻止学校当局运走图书、仪器设备，转移粮食，以防万一。

4月1日那天，南京的中央大学、金陵大学、戏剧专科学校、政治大学、东方语专等院校6000余师生示威游行，到总统府向国民党政府“代总统”李宗仁递交请愿书，要求国民党政府接受中共中央的八项和平条件，实现真正和平。当时，学生们都上街了，如果我一个人不参加，就显得很突出，所以我也参加了上街游行。上午游行后回到校，吃过午饭，我正在书报亭看报，忽然电话响了，有同学接听电话，大叫起来：“剧专的同学被打死了！埋在大阳沟。”大阳沟是一个地名，在大中桥附近，同学们误以为人被埋在大阳沟里。听到这个噩耗，同学们义愤填膺，立即敲打脸盆集中在大操场上商量对策，准备游行示威。当时有几个教授出来劝阻，但根本劝阻不住，大家群情激愤出了校门。从成贤街走到东海路口（大行宫和国府路口交叉处）时，游行队伍出现了分歧，一部分同学打着旗帜要往南走，从太平南路到大阳沟去；另一部分同学要向东去，到总统府请愿。我跟着后一支队伍去了总统府，大家要求见李宗仁“代总统”，提出：“惩办凶手，活要见人，死要见尸。”李宗仁的一个侍卫长出来见我们，说：“李‘代总统’不在，同学们回去吧。”同学们气愤至极，不愿回去，我们就在门口马路边上坐下来，等待答复。

不久，来了一队防暴警察，戴着高沿的帽子，把总统府的大铁门关上。后来得知，国民党还调来了宪兵，从别的门进了总统府。我们在总统府外等答复，不久又来了几部卡车，车子停在长江后街处，跳下一批穿军装的军官收容总队的暴徒，手持凶器，向同学们冲过来。我当时坐在最南边的马路边上，眼睛又不好，当同学们嗡嗡地向总统府里涌的时候，我才发现那些军警。当我跟着同学向总统府冲时，在总统府大铁门处挨了警察的皮鞭。我们冲进总统府后，再向里冲的时候，遭到手拿驳壳枪的国民党宪兵的阻拦，无法前行，大家只好站在总统府的长廊下。

这时从门口外冲进来一批凶手，围住我们往死里暴打。我一面逃，一面向外走，走到大门外才不被打。当时我满头满脸都是血，坐在总统府的门洞里。那时总统府里有些人还是有良心的，对我讲：“你不能坐这里，他们看见还要打。”我只好向里面走，走到前面又被宪兵拦住，只好再向东走，越过一个大门，见北面有几间房间，没有门窗，我就到里面靠墙坐下。里面还有一位同学一直在哭，我不认识他，我当时满脸是血，对这位同学说：“男子汉，流汗流血不流泪。”这位同学马上就不哭了。他不哭了，我却昏了过去，是失血过度造成的休克。后来感觉有人抬着我往汽车上送，我一看有一部卡车，有人把我抬到驾驶室后边的车厢上躺下，把我送到鼓楼医院，又有人把我抬下来，到医院过了一会儿，我又昏迷过去。等我再醒过来，已是第二天天亮了。医生告诉我，是严重的脑震荡，给我输了400CC血。当时毕竟年轻，身体恢复得快。住院的那几天，班上同学轮班护理我，每班两个人，有一个叫孙盘秀的同学一直护理我。过了几天，我能坐起来，感觉腰部非常疼，拍片一查，诊断是腰部骨节之间的韧带断裂。当时头部也被打裂，牙齿被打掉，医院叫我睡在石膏床上，躺了一个多月。

我们当时去总统府时只是请愿，根本没有动手，同学们手无寸铁，而这些凶手却是有备而来。这些国民党打手对我们下狠手，把我们往死里打，有几十个同学受伤。当天，政治大学的司机陈祝三被当场打死，中央大学学生程履绎、成贻宾被打成重伤，此后也相继牺牲，这就是震惊全国的四一惨案。

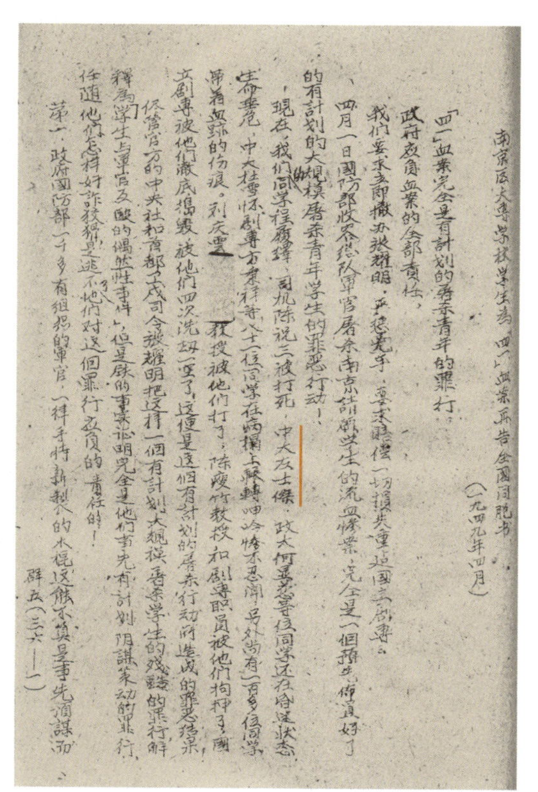
南京区大专学校学生为「四一」血案泣告全国同胞书
（一九四九年四月）
「四一」血案完全是有计划的屠杀青年的罪行：
政府应负血案的全部责任，
我们要求立即撤办张耀明，严惩凶手，要求赔偿一切损失，重建国立剧专。
四月一日国防部收容总队军官屠杀南京请愿学生的流血惨案，完全是一个预先布置好了的有计划的大规模屠杀青年学生的罪恶行动！
现在，我们同学程履绎，司机陈祝三被打死，中大左士杰，政大何畏等多位同学还在昏迷状态生命垂危，中大桂雪怀，剧专方汞祥等八十一位同学在病榻上辗转呻吟，惨不忍闻，另外尚有一百多位同学带着血迹的伤痕。刘庆云[illegible]教授被他们打了，陈瘦竹教授和剧专职员被他们拘押了，国立剧专被他们彻底捣毁，被他们四次洗劫一空了，这便是这个有计划的屠杀行动所造成的罪恶结果，
但官方的中央社和首都卫戍司令张耀明把这样一个有计划大规模屠杀学生的残酷的罪行解释为学生与军官殴斗的偶然性事件，但是无数的事实证明完全是他们事先有计划阴谋策动的罪行，任随他们怎样奸诈狡猾，是逃不了他们对这个罪行应负的责任的！
第一，政府国防部一千多有组织的军官，一样手持新制的木棍，这能不算是事先预谋而
群五（三六——一）

1949年4月，南京区大专学校“四一”善后处理会关于中大学生左士杰（标黄线处）等被殴打昏迷的记载，《南京四一学生运动史料》中国科学院近代史研究所南京史料整理处选辑（徐智明　提供）

听到这3人牺牲噩耗时，大家心情非常悲痛，都流了泪。当时国民党内政部一个姓李的部长假惺惺地到医院里来慰问被打学生，给每个住院的学生发一件衬衣，一床褥单，还有一挂香蕉。我对同学说：“我不要这些东西。再白的床单也掩盖不了鲜红的血迹。”同学们听到后，也把床单等物品给退了回去。我在病床上医治了一个多月，到5月31日才出院。等我回到学校时，南京已于4月23日解放，所以我是在病床上迎接南京解放的。鲜红的解放旗帜上也染有我们的鲜血！

出院后过了几天，梅学家（中共党员）通知我到中共南京市委报到，当时

2014年6月，左士杰（中）接受南京市委党史办的采访

市委刚搬到AB大楼。记得那时因为腰伤，抬家具、桌椅时，腰还是很疼。1949年5月1日，在中共中央华东局领导下，随军南下干部和南京地下党干部3000余人，在南京人民大会堂（时称国民大会堂）召开会师大会。会上宣布成立新的中共南京市委，刘伯承任市委书记，宋任穷任副书记。6月，中共南京市委学区党委成立，我留在学校区党委工作。此后，又先后在市委组织部、市交通局、市委工业工作部等单位工作过。1965年以后又先后在市五金工具公司、南京钟厂、南京自行车总厂、中科院南京天文仪器厂工作。1988年12月底在南京天文仪器厂离休。

（朱昌好、吴斌　整理）

甘当革命的“酵母菌”*

陆庆良

亡国奴的滋味不好受

我1930年8月出生于江苏吴县东山镇，当时父亲在上海做学徒，后来当了店员。1941年以后，经同事介绍，父亲到南京盐业公司工作，全家就搬到了南京。

抗战时期，有两件事令我终生难忘。第一件事是去苏州看病的经历。那是1937年底、1938年初，日本人到了苏州，老百姓都讲日本人要到我们东山来了。东山镇距离苏州市大概有70多里，现在坐车一个小时就能到，但在那时去苏州城要走一天。我小时候特别调皮，有一次吊在门框上玩，把胳膊搞脱臼了，母亲便带着我坐船去苏州看病。我记得一清早就到轮船码头乘船，一个小火轮拖着一个木船在河汊中行驶。大家坐在木船上，刚刚走到一半路程小火轮就坏了，只能停下来等人修好了再走，直到傍晚四五点钟天快黑了才到苏州城。上岸时，日本兵就站在那里检查，想要通过就要掏良民证。这个良民证，正代表着我们亡国奴的身份。进城后，母亲找了一个老中医帮我看病，说话间就把我的胳膊脱臼给治好了。这一天的经历，让我印象深刻。

再一件事就是经历日本飞机空袭。因为一直传言日本鬼子要来，大家心里都很紧张。一天，大家听到有飞机声音，便开始分散隐蔽。我赶快拉着妹妹跑到后面一个小院子里，趴在草地上，我从柴火堆里拿了一捆茅草罩在我们头上伪装起来。飞机嗡嗡响着，老远就看到一个小小影子在天上飞，突然，飞机上扔下了两个“蛋”，一会儿就听到轰轰两声巨响。下午，听隔壁邻居讲有两个

---

*本文选自中共南京市委党史工作办公室编：《在历史的洪流中：革命者口述历史续》，中共党史出版社2016年版，第259—279页。因篇幅所限，部分章节有删改。

妇女在一个小水塘边洗衣裳，被当场炸死了。

南京怎么被日本人轰炸，我没有经历，南京大屠杀的场面我没有看到，但我们家乡经历的空袭，我是永远不会忘记的。1941年暑假后，全家随父亲到了南京，城里到处能看到日本商品的广告。进城门时，大家要向日本兵鞠躬，还要把良民证掏出来接受检查。童年时期的我便深刻感受到，亡国奴的滋味不好受。

1941年，陆庆良在南京留影（陆庆良　提供）

初识共产党的主张

1937年全民族抗战爆发后，我的伯父、伯母带着我的堂姐、堂哥、堂弟一起从上海、苏州逃难到了东山，住在我家楼上。他们走了以后，我在他们住的地方发现了一个书包，里面有鲁迅编的书和《语丝》杂志。所以，我在小学里时就读过鲁迅的文章。

1943年初，我在家乡上小学时，有个叫做叶绪寅的同学在参加新四军前跟我讲："庆良啊，你晓得吗，我们太湖里面有游击队，是粟司令领导的。"我说："谁是粟司令啊？"他说："朱德你还晓得？"我说："朱总司令，我晓得啊！"他说："他是朱总司令手下的人。"当时我三年级他四年级，年龄都很小。但那时候，我们就知道了共产党的影响和共产党的主张，明白共产党领导的游击队是积极抗日的。大概是在1945年上半年，我从邻居那里看到了黄草纸印的《新民主主义论》《论联合政府》，从而进一步了解了党的主张。

抗战胜利的时候，我父亲在南京没有职业，比较苦闷和烦恼，经常上街买《民主》《周报》《文萃》等进步书报看，我也跟在后面看，印象比较深的一本书是邹韬奋写的《读书偶译》，我从中第一次接触到马克思、恩格斯的学说，接触到马克思主义，第一次接触到剩余价值学说。所幸父亲在上海一家盐碱办事处当职员时，认识了金仲华、钱君匋等文化界人士，患难之中成为朋友。钱君匋当时开了个万叶书店，拉我父亲入股，父亲入股后便有了职业。

抗战胜利以后，1946年的三四月，同学罗霖民约我一起到中山路新华日报门市部去玩。门市部左边是美国新闻处，对面是国民党的司法行政部。新华日报门市部有三大间，有三个大柜台和一面大镜子。我在里面转着时发现罗霖民不见了，便买了两份《新华日报》等他。过了一会儿，他出来了。我再三询问，他才说绕过店里的大镜子，进到了门市部里面。我后来才知道后面楼是中共代表团的招待所。

我把《新华日报》带到学校里，同学们都争着来看。我还在门市部买了一些"灯塔小丛书"，记得有一本陈云的《怎样做一位共产党员》。另外，在中央商场对面一个小书店买到了毛泽东的《辩证唯物论》。我把这些书带到学校里看，同学之间互相传阅，传到了比我高一年级的同学那里，被上一届支部，也就是黄祥鹏、左士杰他们那个支部发现了，便派了一个名叫朱宝泉的地下党员到我家找我谈话。他借了一本邓初民著的《社会发展史稿》给我看，后来又与我讨论读后感。我对他说，社会发展有规律，我相信；共产主义好，我也相信。

此后，比我低一班的同学毕镜澄也到我家来与我谈话。记得当时上海和平请愿团到南京来请愿，在下关车站遭到暴徒殴打，发生了下关惨案。他提议一起写慰问信，送到医院去慰问受伤的请愿团成员。并且，他讲到社会的种种黑暗，提出我们可以同时找关系，争取离开这里。后来，毕镜澄说他有一个亲戚的朋友，有关系可以到苏北去，问我要不要一起去。我说："好啊，我们一起去啊！"他讲："一起去不能凭嘴讲啊，你要写个申请书。"那时候我父亲有很多线装书，我拆了一本零散的线装书，在线装书的夹缝里面写了为什么要参加，有什么主张，家里都有什么人。上面不准写自己的名字，我便给自己起了一个别名，叫司马正午。我在地下党内的党名就是这样来的。

终生难忘的入党谈话

1946年7月的一天，接到毕镜澄通知，盛天任来找我作入党谈话，地点在娃娃桥12号我家里。我跟妈妈讲："这是我的老师。"母亲倒了一碗茶就走开了。

盛天任年龄比我大几岁，是中共南京地下党学委的成员，公开身份是汇文女中语文老师。我说："怎么称呼呢？"他讲："你喊我老盛就行啦！"他交代一句：“从今以后，该问的时候你问，不该问的时候，你不要问。”他也没讲哪些该问哪些不要问，我便不再接着问了。他找我谈话的第一句：“你为什么要参加共产党？”我说：“这是朱宝泉给我介绍的社会发展的规律。”“你有没有认识到，这是个规律，必然要向这方面发展的。”“你的目标要成什么样子呢？”他逼着我讲，我愣了半天想出一句：“人人为我，我为人人。”中国古代就有这样的追求。共产主义也好，人类解放也好，大家要过好的生活，生活越来越好。“假如要把你抓了去了，你怎么办呢？”我说：“反正牺牲小我，成就大我。”他说：“噢，你怎么会有这样的认识。”我说：“有好多牺牲的人，对自己追求的理想，最后都有一番话表示的。”盛天任说，1930年后，国民党采取叛徒政策，不是一律枪毙，所以你不能喊口号，什么共产党万岁、共产主义万岁等。你不能暴露党员的身份，你一承认是共产党员，你以为是坚持共产主义到底，对不起，他不枪毙你了，要你交代谁发展你的，你做了哪些事情，你还发展了哪些人。这次入党谈话，对我来讲是终身受益、难以忘怀的……

盛天任讲，以后要靠你自己去活动，要发动群众，大家一起来团结群众。党员要像酵母菌一样发挥作用，平时不能出头露面，而是要和群众打成一片。谈话结束后，我问盛天任：“我们下一次怎么联系呢？”他说：“我来找你，找不到，就再等一个礼拜。你在你家门口窗台上放一盆花或一个盆景，如果没有了，那就是你有问题了，我就不进来了。”盛天任走后，我悄悄地跟在他后面，想看他到哪里去，住在什么地方。走了一段以后被他发现了，他再次强调不能问的不问，只能他来找我。

我入党后不久，根据上级要求，发展了两个党员（叶绪泰和王志强）。当时自己还没有转正，怎么就能发展党员了呢？解放以后整党的时候，我专门就这个事情问地下党领导同志，他说是特殊情况。

钟英中学时期的革命活动

入党以后，我就跟叶绪泰、王志强商量如何开展工作，如何去发动群众、团结群众。9月开学后，我们决定出墙报，讨论中国向何处去、国共发生内战到底是谁的责任等问题。开始时，我们贴的墙报到第二天早上还有，后来就被撕

1949年，陆庆良在南京留影（陆庆良　提供）

掉了。后来出到第二期、第三期时，第二天早上去一看墙报就没有了，早就被撕掉了。这件事汇报给毕镜澄，毕镜澄又汇报给盛天任，盛天任找我说："你们这样做太危险了，这是很容易暴露的。立即停止，墙报不能这样搞。"

我和王志强主要在本班活动，后来通过选举班会，王志强当选班会主席。有一天，班上同学告诉我们："外面墙上贴有南京内桥基督教青年会英文查经班招生的布告，可以学英语，马上到高三了，我们一起去怎么样？"这样，我们就一起到基督教青年会少年部报名参加了查经班。查经班的老师是基督教青年会少年部干事钱大卫，他是上海圣约翰大学的学生会主席，由中共上海地下党组织派到南京基督教青年会开展革命工作。

1947年春，钱大卫以基督教青少年部名义贴出布告，欢迎同学们参加基督教少年团契。团契的宗旨是"求真理，善思想，强体格，好集体"。活动内容有读圣经、学英语、歌咏、舞蹈等，青年会还为同学们提供温习功课和体育活动的场所。从此以后，因为在学校里面没有办法活动，大家就一起到青年会去活动。钱大卫只比我们大几岁，大家都很喜欢他，不叫他老师而直呼其名，最后干脆喊他恩克尔戴维。这个班上一共有二三十人，钟英中学去的有十几个同学，其他是别的学校的，记得英文查经活动只进行过一次。

参加基督教青年会少年团契活动的情况，我向当时的中共南京市委学委男中分委领导人鲁平做了汇报。鲁平说："这个好，在灰色组织里面搞红色的活动。等学委研究一下，叫所有中学都参加。"团契活动合情、合理、合法，使反动政府无可挑剔、不便干涉，而对当时在学校里处处受约束的中学生来说，却具有巨大的吸引力。

此后，学委同意并决定由一部分党员发起串联，按学校或班级组成团契，参加基督教青年会的活动。第一个团契就是我们班的"敢能"团契，第二个团契就是我的入党介绍人毕镜澄班的叫作"晓钟"团契。每个团契少则十几人，多则二三十人。我们学校参加团契的同学有100多人。接着，市立师范、一中、二中、三中、四中、五中、六中、一女中、二女中、三女中、私立金陵中学、冶城中学、育群中学、汇文女中、明德女中的中共党员也在本校发动同学组织各种名称的团契，几乎所有的中学都搞了团契。

学委因势利导，成立了南京基督教青年会少年部团契联合会（简称团契联），实际上起了秘密的中学生联合会的作用，成为党联系和教育中学生群众的一个重要组织。学委研究决定由毕镜澄担任团契联主席，我和王叔麟、刘维震、马新农、叶绪泰为常务干事。我还担任了团契联的服务部长，负责团契联的日常工作。团契联后来组织了一些大的活动，南京市第一次助学活动是由基督教青年会出面组织的，以后又跟大学里面的学生联合起来搞大、中学生联合助学活动。助学活动一共搞了3次，规模较大的是大中学生一起开展的助学活动，许多大学生都参加活动，中学所有的团契成员也都参加了。

记得当时是在白下路中南银行门口和中华路三山街卖义花，大家一起向路人推销自制的纸花。助学运动有什么意义呢？第一确实是帮助了一部分贫困学生；第二是把中学生的互助互爱表达了出来；第三是考验了中学生组织和团结群众的工作；第四是加强了大学生与中学生之间的联系。学委的意图就是要“大学生带中学生”，中学生的年龄比较轻，政治上、觉悟上要迟一点，社会经验缺乏，南京的学生运动历来有大学与中学联系的传统。

五二〇运动时，在学委部署下，发动中学生声援大学生的游行活动，组织中学生到医院里去慰问受重伤的同学。当时我曾带了一部分同学到中大医院里去慰问，大家手捧鲜花去门诊部慰问一名受重伤的女同学赵之巽，我很清楚地记得她当时被打成脑震荡、胳膊骨折。后来中学生罢考、与上海同学联手罢考、到教育部请愿等活动，参加的基本上都是团契成员。在灰色的组织掩护下来搞红色活动，通过活动团结了一批同学。这些同学解放以后大部分都入了党，有的参加了民主党派。2014年钟英中学成立110周年的时候，我们这些同学聚会了一次，最大的88岁，我还算最小也已经84岁了。

由于团契活动搞得比较活跃，几次助学运动影响很大，各个中学的国民党发现学校里的活跃分子无声无息了，便把这个情况反映到国民党市党部和国民党中央青年部。他们就开始指使学生中的“三青团”分子打入团契，混到助学运动里进行破坏活动。然后，国民党市党部、国民党中央青年部以此为借口进行干涉，下令各个中学禁止团契活动。

1948年11月下旬的一个晚上，3个便衣军警来到基督教青年会，把少年部干事钱大卫了抓起来。国民党当局几次审讯毫无所获，总干事诸培恩等多方营救，最后钱大卫还是由司徒雷登出面保出来的。钱大卫放出来之后，我去看他，他讲了一句："只有失掉了自由，才知道自由的可贵。"在监牢里的经历，他一句都没讲。在他房间里，我看见有一本苏商时代出版社出版的《列宁主义问题》，他把这本书送给了我。现在，这本书作为纪念品，还保存在我家里。

盛天任说："你是中学委的联络员"

1948年9月，我考上了金陵大学，成为一名大学生。但是我的组织关系并没有转到金陵大学，老盛要求我继续联系中学党员。当时，叶绪泰是六中的支部书记，住在我家里。有一天，警察到我家里查户口，问房东的小老婆，又问我母亲是不是有一个外来中学生住在这里。我一听就晓得不对了，叶绪泰在学校里比较红，暂时躲在我家里，警察已经追到门口查户口了，下一步肯定要动手。我马上报告了组织，当时盛天任是学委副书记、男中分委书记，胡立峰是男中分委的委员，也是我的联系人之一。还有个女委员沙轶因，是专门管女中的，中学工作主要是他们3个负责。学委决定马上叫叶绪泰由胡立峰负责的一条线撤退。

当时学委中学系统主要的撤退线路有两条，一条是走镇江过江，到苏北；还有一条是走安徽到大别山。胡立峰讲："你们支部书记毕镜澄也被敌人给列入了'黑名单'，这两个人，你要立即通知他们。"叶绪泰住在我家里好通知，我告诉他："组织上通知你撤退，具体由老胡安排。"此后，按照胡立峰的交待，一个月以后，我给叶绪泰的父母写了封信："伯父、伯母，叶绪泰前一段儿生病，现在好了，现在跟同学到外地去了，身体也很好，一切请放心。"

怎么通知毕镜澄呢，他跟王叔麟住在一个楼上，已经几次没有联系上了。地下党那时候联系就是这样：第一个，是到你家去；第二个，是你到指定的地点，第一次联系不上，过一个礼拜再到原地。比如说我家门口有一个书店，约定在这个书店里联系的时候，先装着在书店里看书，等联系的人来，两个人眼光碰了头以后，两个人就分别走出书店，然后转到一个比较隐蔽的小巷子里面，趁没有人的时候，两个人进行接头谈话。这一次我很着急，因为毕镜澄是团契联主席，被敌人盯上了。虽然当时我已经是个大学生了，但我在进大学的时候年龄还比较小，看起来还像是中学生。所以我就背个书包，放学后装成中学生去找他。我一边走，一边往后面看，还蹲下来，装作系鞋带，偷偷往后面看有没有人盯着我。上楼后，终于找到毕镜澄和王叔麟，立即通知他们撤退。

1950年6月，中共金大支部党员在金陵大学（现南京大学）北大楼前合影。后排左起：萧焜焘、陈明铎、方恢狱、王毅刚、徐远平、朱家麟，中排左起：沈惠生、冯世昌、陆庆良、宋维湘、费旭、相重阳、许复宁，前排左起：庄瑞舫、舒泽湖、叶超麟、乔登江、刘德华（陆庆良　提供）

王叔麟是毕镜澄介绍入党的，他们俩跟我和叶绪泰一样，双方父母都很熟悉。当时地下党发展党员就是这样，在敌伪高压统治下，只有互相了解，才有可能发展对方入党，一般是夫妻、兄弟、姐妹、同学、同乡、同舍，或者同样爱好，同一工作，只有这样才有机会开展党的工作。就这样，叶绪泰、毕镜澄安全撤离南京。

根据上级党组织的指示，当时在学校里面不是太红，没有被特务盯上的学生党员继续留在学校里，要求他们稳扎稳打，继续开展团结动员群众的工作，也就是说要继续发挥好一个酵母菌的作用。叶绪泰撤退后，我除了联系自己负责的党员，还负责联系他之前联系的党员。当时我人在金陵大学，但组织关系仍在中学委。组织上再三叮嘱，不准参加学校的任何运动，也不能跟认识的大学里参加过助学运动的大学生有任何联系，任务就是负责中学。在金陵大学这个教会学校里，我没有西装，一直穿着长袍大褂，一下课就到图书馆看书。

临危受命挑起金陵大学支部书记重担

南京的学生运动在市委领导下开展得轰轰烈烈，国民党当局如坐针毡。国民党军统（保密局）、中统、青年部、警察厅、卫戍司令部、宪兵司令部“学运联席会议”拟定了一个“黑名单”，准备对学生进行大逮捕。市委获悉国民党当局的“黑名单”后，决定分批撤退已经暴露的学生党员和积极分子。

有一天，盛天任到娃娃桥12号找我，布置了一个紧急任务。他拿出一份朱雀路（现太平南路）明星大戏院的电影说明书说，“这里面有金大一部分上了‘黑名单’的学生，大概有六七个，你要通知他们赶快撤退。”他没有在白纸上写明名字，记得是在《出水芙蓉》电影说明书的几个字的旁边，用铅笔写了几个字，利用说明书上面的同音字，用铅笔做上记号，要求我记下来。我说这些人我一个都不认识怎么记、怎么通知啊？他让我务必想方设法通知到这些同学。

这份名单里有一个姓朱的同学，和我们同在辛字楼宿舍，他住在一上楼的地方，我住在地下室。因为地下室露出半个窗，可以很清楚地看到人员进出，我便在宿舍里守着等他回来。看见他进门了，我就找一张纸，用左手拿铅笔歪歪斜斜地写上“危险快走！！！”揉成纸团，悄悄地从他门上的气窗投进去。当时白色恐怖气氛已经十分浓厚，他看到纸条后马上就走掉了，再也没进来。当天晚上12点，一些警察、便衣，还有穿着军装的宪兵敲开我们宿舍的门询问，我已有思想准备所以比较镇静，装着打哈欠应付过去。他们检查了我们宿舍3个人的学生证后就离开了。

1948年8月17日，国民党行政院饬令治安机关“清除匪谍，安定后方”。18日，中央社发布《匪谍煽动学生，制造学潮铁证》长篇报道，制造大逮捕舆论。19日，蒋介石发表讲话，要人民“检举匪谍，清除乱源以保障安全”，南京高等特种刑事法庭发出传票147张，传讯179人，逮捕、关押中大、金大等校学生50人。各校中共组织立即采取措施，帮助部分被传讯的学生迅速隐蔽和撤退。此次传讯一直持续到10月。11月25日，《中央日报》又刊登对八一九传讯未到庭应讯的南京44人的通缉令。这一天，军警按照嫌疑分子的名单，到金陵大学小粉桥女生宿舍进行抓捕。在搜查到陈大桢房间时，有一个同学有进步书报，害怕被查出来，便把书报杂志从靠马路的窗口扔了下去，被守在楼下的特务发现了。本来她们宿舍3个人都不在敌人的搜捕名单里，但陈大桢作为党员，为了保护同学承认了下来，被特务当场带走了。

陈大桢是我入学时候的金陵大学支部宣传委员，她被捕以后，支部学生党员全部撤退，她的联系人卫永清也立即隐蔽。此后，中共金陵大学支部被撤。老盛找我谈话，他说组织决定将我从中学学委转到大学学委，担任金陵大学支部书记，整顿重建支部。另外，盛天任告诉我，上一届支部撤退时，留下了两个候补党员，他们掌握了一批积极分子的名单。他让我先联系上这2个候补党员，再依靠他们开展工作。这两个候补党员，一个是园艺系二年级学生李洪源，一个是农业专科的学生吴宏新。与他们接上头后，加上我本人也是农学院的学生，农学院党的工作就开展起来了。

然而，文学院和理学院的工作该如何开展呢，我就想到了过去在中学一起搞团契活动的进步同学。理学院学生沈惠生，是和我们一起搞过团契活动的积极分子，在这个基础上，我发展了沈惠生入党。新支部成立后，我担任书记，李洪源、沈惠生任支委，接着就着手开展党员发展工作。一般先发展的都是原来参加学生运动的积极分子，是上一届支部的培养对象。

金陵大学的学生运动有着优良的历史传统，对于学生生活一向提倡自治，学校很早就有学生自治会组织的设立。五四运动后，学生参与社会活动、团体组织的意识增强，许多志同道合的同学互相联络，在校园里发起组织了众多社团。这一时期，学校有许多进步学生社团，影响比较大有金大新闻社、伙伴社、大众社，以及“骆驼”团契等。新支部成立后，我们把这些力量整合起来，使得酵母菌的作用得到了发挥。

中共金陵大学党支部重新建立起来后，市委学委大学分委王慧君联系金陵大学。这段时间，我们主要做了两件事：一个是四一运动，一个是迎解放。

1949年春，国民党当局在内外交困的形势下，企图以“和谈”争取时间，扭转败局。南京人民掀起了一场争取真和平、反对假和平运动。3月30日下午，学委领导和大专分党委研究，拟于4月1日南京国民党政府代表赴北京参加和谈之际，举行“反对假和平，要求真和平”的大游行。当时的大专分委书记叫饶展湘，学委书记是盛天任，市委委员王明远仍负责联系学委工作。这个决定没有及时向王明远汇报，更没有向市委书记陈修良汇报。陈修良了解情况后指示：南京即将解放，为了避免损失，这时不宜上街游行，要求立即予以纠正。31日学委向大专分委传达了市委指示，指出要紧急劝阻游行，改为用校内请愿来表达群众要求真和平的愿望；如果劝说无效，各校党组织要引导队伍缩短游行线路，注意敌情，采取保护学生和群众的安全措施。大专分党委即分头找各校党组织紧急贯彻市委指示。各校接到市委指示已是31日夜或4月1日凌晨，而学生情绪激昂，已经做好上街游行的组织准备。

我接到通知时，游行之势如箭在弦上不得不发，再劝阻同学不要示威游行已经来不及了。当时，组织上命令我不准参加游行，不准参加公开活动，不能公开露面。怎么办，我就派沈惠生带领几名党员组成联络组，穿梭往来于游行队伍的前后，随时在游行中引导保护学生，并及时向在鼓楼公园旁假装散步的我反映前方游行情况，以便及时采取对策。我负责不定时地按照约定与大专分委王慧君碰头向她汇报情况。上午的情况还好，金大参加游行的大队人马在午后回到金大操场集合，然后宣布解散。哪知下午游行结束后，回校学生遭到预伏的国民党暴徒的围殴和毒打，被打死和被打重伤致死3人，酿成震惊全国的四一惨案。金大同学闻此义愤填膺，再次组织队伍赶去支援战友，后因被劝阻而返。

2000年初，南京市委党史办组织老同志到高淳参观学习，右三陆庆良，右二许荏华

为了将国民党反动派的血腥暴行公诸于众，我们决定印制、散发传单。我有一个同班同学吴贯明（解放后任南京林业大学教授，南京九三学社领导成员），是金陵女子文理学院院长吴贻芳的侄

子。虽非党团员，但政治态度倾向进步，也参加了游行，是可相信和依靠的群众，我便和他商量印传单的事。吴贯明立即同意，表示他平时经常住在姑妈家里，带一个朋友到她家过夜不成问题。我们俩说干就干，在吴贻芳家的楼下小房间里，吴贯明刻钢板我油印，到天亮时就印好《告全国同胞书》《告全国大学生书》传单近百份。传单邮寄至各大学学生会后，消息很快传遍全国，引起很大反响。

迎接黎明

1949年1月，市委委员朱启銮参加中共上海局在香港举办的干部训练班归来，同时将中共中央批转的关于地下党如何配合人民解放军进城的文件背诵带回。明确讲在解放战争的大好形势下，人民解放军已经大军压境了，地下党不要再搞暴动、起义，主要配合解放军进城。4月23日南京解放，陈修良讲："解放军进城具体时间我们事先并不知道，但是晓得解放军马上要进城了，早已作好准备。"解放军每一个师都独立派侦察员提前进城，伪装成老百姓渡江进城，摸清情况后发电报给部队，然后到江边上去接大部队。不是陈修良到江边上去见解放军，而是下关电厂、轮渡码头的中共地下党组织知道解放军要过来了，早已行动起来组织工人驾驶轮船、小船迎接解放军渡江。城里的所有警察在中共南京市委警员工作委员会的组织下，维持社会治安和社会秩序。狮子山炮台、南京飞机场塔台指挥等都由中共地下党员控制起来。南京解放时，广播电台没有停，电信没有停，火车、轮船、汽车、自来水都没有停。用陈修良的话就是："南京是和平解放的第三种形式。"

陆庆良（左一）与南京秘密学联当事人合影

当时，王慧君在鼓楼向我传达市委领导的指示：做好一切迎解放的工作，特别要争取教师、校长、职员，不单是学生。金大校长陈裕光是化学家，解放以后，是华东军政委员会参事室的参事。其任国民党政府教育部部长的妹夫将去台湾的飞机票送到他手里，陈裕光都没有走。支部了解到王绶教授跟陈校长是好朋友，王绶是“332大豆”的发明人，解放后是农业部粮食司第一任司长，他的女儿是地下青年团员，认识校长，支部决定派她去做校长的工作。

园艺系“伙伴社”党员费旭通过学生会安排学生做学校工勤人员的工作，文学院职工地下团员朱玉德报告说：总务处叫我们包装东西，准备要迁校到台湾去。总务长（国民党在金陵大学的书记长）朱庸章准备迁校台湾，已经开始包扎部分物品、标本。特别是植物标本最值钱了，弄得人心不定。支部得到情报后，由学生会、讲助会赶快找到校长，要求开大会。在南京解放的前3天召开了一个全校人员大会，陈校长在王绶女儿的搀扶下走上台，出安民告示：“同学们！大家不要惊慌，你们尽管放心，我跟你们在一起，我不走，我跟你们在一起！”以此稳定了全校学生、教职员工的情绪。我们提出女同学住在珠江路不安全，校长马上讲，让同学们住到学校里来。安排工友将礼堂主席台铺上稻草，让女同学一起集中到那里。晚上组织学生、工友、职员巡逻值班，防止破坏。两个人一班，分两班，每人手里拿个棍子、竹竿之类的东西，沿着学校周围转圈巡视。走到当中与另外一对碰头，他们再走过来，我们这一班再走过去，就这样巡逻值班。23日晚上，我和沈惠生一起巡逻了2个小时。

23日半夜，“轰隆、轰隆”声不响了，学生会就派学生出去侦察，一路到音乐学院，就是现在的省委所在地；一路到中央大学，就是现在的东南大学所在地。他们回来说解放军已经进城了。天亮时，我才倒在床上准备休息一下，还没等闭上眼，那边就喊：“解放军已经到了鼓楼了！”我们立即决定赶去欢迎解放军。我对冯世昌说：“我们分头出发，你到珠江路，我到鼓楼。”他带一批同学，我带一批同学，一路上看到人就进行宣传。我们到鼓楼的时候，发现在食品商店靠东边墙根下，有一排大约十几二十个解放军，刚睁开眼准备要起来了，说明他们晚上是睡在外面的。我们就喊口号“欢迎解放军！”大家一起鼓掌欢迎，有许多老百姓端着水瓶送水给解放军喝。珠江路这边，冯世昌他们一到就张罗着出墙报、写大字报。有一部分人等不及了，手里拿着粉笔，就在珠江路口地上用粉笔写上五个大字“欢迎解放军”。

南京解放后，因为金陵大学的背景是美国的教会学校，军管会暂时没有接管。到了五六月，金大党内正式公开是在小粉桥一位同志家开的会。会议经过审批召开，并正式成立新的支部。这是金大的地下党员第一次在一起开会，之前都是单线联系。虽然召开了会议，但金大的党组织没有对外公开，地下状态一直持续到12月以后。

暑假支部改选的时候，学区党委、大学委书记徐敏把我找到她家里汇报学校的情况。徐敏的丈夫江渭清当时是南京警备司令部的副政治委员兼政治部主任。当我问起为什么还不接收金陵大学时，江渭清要求我们："积蓄力量，等待时机。"黄华当时是南京市军管会外侨事务处处长，他也把我找去，亲自问、亲自记，对金大的美国人一个一个进行了解。

当时有一件事，让我们受到了刘伯承的严厉批评。支部改选后有个支委，性子非常急，因为金大没有被接收的事向支部提意见。虽然组织要求我们"积蓄力量，等待时机"，但他等不及，就发动同学在学校大门口贴大字报，公开要求军管会接收金陵大学。这件事被汇报到刘伯承那里，刘伯承说："这还得了啊！这个地方是哪个在这瞎搞啊！"随即市委学委的人就来找我，要求我们必须服从上级决定。市委委员王明远专门召集支部人员谈话，整整谈了一上午，还专门把那个支委喊过去做思想工作。之后，我们做了检讨。

南京解放，新中国成立，金陵大学获得新生。1951年9月，断绝与美国教会的联系后，私立金陵大学与私立金陵女子文理学院合并为公立金陵大学。1952年，全国高等学校院系调整，金陵大学等西方教会大学撤销建制，金陵大学农学院与中央大学农学院合并成立南京农学院，文学院、理学院并入新南京大学。金陵大学校名取消，金陵大学支部工作即告结束。

回顾在南京从事党的地下工作的经历，让我感触最多的便是"酵母菌"这个比喻。一群酵母菌在面粉里面发酵，只看到面在咕噜咕噜地鼓起来，最后将面粉做成白馒头，但是你看不到这个酵母菌。不是一个酵母菌就能把馒头做起来的，它是集体的作用。我们的地下党员就好比是发面用的酵母菌，能看到面发起来，却看不到酵母菌在哪里。

（郭淑文、徐彦　整理）

往日风雨已如烟　今朝盛世沐春风
——关于解放前参加革命活动的回忆

曹　锦

历经战乱　颠沛流离

我的老家位于安徽省绩溪县旺川村，因为我的曾祖父在清末时曾在县里做个小武官，所以家里有些田产。我的祖父自幼读书，考上秀才后，便在村里教书，后来当了小学校长。祖父对他的儿子寄予厚望，在他读完小学后，便送他去安徽歙县读中学。那时的旧式中学对追求思想进步的学生有着严苛的束缚和压制，因为参加反抗学校管理的罢课活动，不久后我父亲便被学校开除了。此后，祖父为了能让我父亲走出皖南山区多见点世面，决定让他跟着同乡去上海读书。就这样，父亲来到了上海大同学院中学部读书，并在中学部毕业后升入大学部。

1919年爆发的五四运动犹如一声响彻云霄的春雷，目睹中国遭受的不公平待遇，无数爱国青年心中积聚已久的愤怒终于像火山一样爆发了。当时上海的学生运动风起云涌，因为积极参加响应五四运动的罢课活动，父亲再次被学校开除。这一时期，正值赴法勤工俭学运动兴起，饱受半殖民地半封建社会压抑的大批青年渴望寻求改造社会的途径，以此挽救陷入水深火热的祖国。1919年至1921年间，先后有1800多名青年前往法国，学习西方社会的人文思想和科学技术。我的父亲曹强，便成为其中一员。

1919年8月，父亲向在上海商界的皖南同乡们借了几百元钱后，便瞒着老家亲人登上了去法国的邮轮。由于买不起有铺位的船票，父亲便在上船前买了一个藤椅和一块油布，夜里随便找个角落过夜。经过一个多月的艰难旅途，父亲终于到达了法国。他在向我回忆这段经历时，总是提到当时与他同船前往法国的还有后来赫赫有名的“延安五老”之一徐特立。父亲在法国求学的生活异常艰难，他在法国科律尼工业大学勤工俭学8年，专修机械工业。毕业后，他放弃在法国工作的机遇，怀抱“工业救国，振兴中华”的志愿归国，成为资深机械专家。

曹锦童年时代的全家合影（曹锦　提供）

回国后，父亲先在上海交通大学担任讲师，后又在南京等地的铁路、公路局等部门任职。1928年，父亲经留法同学介绍与母亲梅瑛相识后结婚。我的母亲毕业于南京幼儿师范，当时在评事街幼儿园当老师。我出生于1929年5月20日，当时我们家住在南京下关。1932年，一・二八事变后，父亲将我们送回安徽绩溪老家，自己则留在安庆的一所中等职业学校工作。我们在安徽生活了两三年，大约在1935年，父亲又回到南京工作，便将我们接回了南京生活。记得我当时在山西路小学（后改为琅琊路小学）读书，大约二年级时又转去昇平桥小学读书。1937年7月，抗战便全面爆发了，我们家又回到了颠沛流离的状态，先是从南京回到安徽老家，之后又搬去汉口，大约在1939年，我们全家辗转到了重庆。

战时的重庆，遭遇日军空袭是家常便饭。战乱中，我先后辗转于重庆的多所学校读书，记忆中曾在上清寺附近的小学读过一个学期，此后又转到北碚小学读书。由于长期处于颠沛流离的状态，我一直体弱多病，后来在家大约休学了一年半。1943年，我来到位于重庆沙坪坝的原中央大学附属的实验中学班上学，在这里结识了很多同学，这段经历为我之后在南京加入中共组织，开展地下工作打下了基础。抗战胜利后，父亲被调到安徽蚌埠工作，我们全家也从重庆搬到了合肥。为了不耽误我的学业，父母决定让我回到南京读中学，寄住于位于石钟路的姨妈家。于是，1946年秋天，我回到南京，并在第二年来到金陵中学读书，也由此开始踏上革命道路。

投身革命　受领任务

也许是因为骨子里有着与父亲相似的敢于与命运抗争的基因，加之从小经历战乱，过着颠沛流离的生活，我对国民党当局的腐败有着发自内心的痛恨，对广大人民群众的苦难生活有着感同身受的同情。1947年4月，我和同学王毅刚发起成立以开展进步活动为宗旨的秘密组织友爱会，参加者除金中的同学外，还有钟英中学、市立三中、市立一中及溧阳中学的同学等三四十人。同月，中共南京地下党员刘锐芳联络各班同学酝酿成立全校学生自治会，我积极参加了筹备活动，后被校方横加制止。五二〇运动期间，我积极参加校内进步同学共同举办的宣传、募捐活动，大家还派出代表去中大送交募捐款和慰问受伤者。

1947年暑假，刘锐芳从金中毕业后考入东方语专，但仍常来金中联系我，指导我开展活动。9月，我参加了中共金大地下党支部组织的秘密读书会活动，后又加入进步组织“耘社”。10月中旬，金中高二、高三学生要求分文、理组，遭到校方拒绝而引起学生不满，我积极参与了罢课活动。虽然罢课以校方接受部分要求而结束，但校内的进步学生也遭到了校方的训诫和威胁。这一时期，通过组织进步读书会，参加以教会团契活动为掩护的进步活动，以及主办壁报等，我的思想更趋于进步，组织活动能力也得到了较大的锻炼。

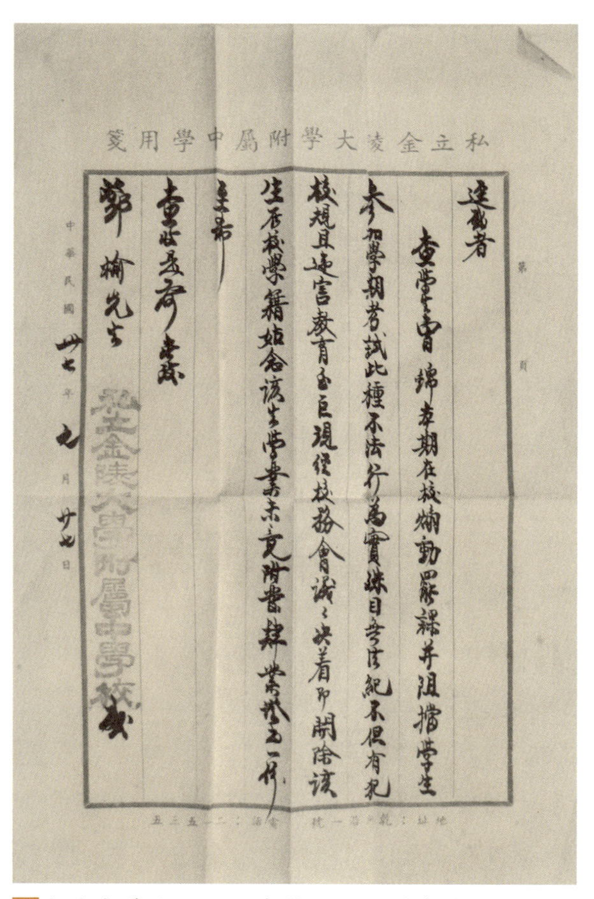
私立金陵大學附屬中學用箋

逕啟者

查學生曹錦本期在校煽動罷課并阻擋學生

參加學期考試此種不法行為實殊目無法紀不但有犯

校規且違害教育至巨現經校務會議議決着即開除該

生原校學籍[illegible]

至希

查照為荷此致

鄧[illegible]先生

中華民國卅七年七月廿七日

私立金陵大學附屬中學校

地址：乾河沿一號　電話：二一五三五

金陵中学决定开除曹锦的文书（曹锦　提供）

1948年1月大考前夕，风传各私立中学已商定下学期大涨学杂费。在中共南京市委学委中学分委的领导下，城南部分中学中共地下党组织散发了传单，准备发动同学起来反对，校内进步同学商议后决定在金中发动罢考。罢考斗争掀起后，由于校方横加阻挠，又调集军警威胁恐吓，加之准备工作不足，最终罢考失败。罢考失败后，我被校方开除，另外部分同学被勒令转学或受到留级、补考等处分。

被迫离开金中后，我准备转到钟英中学高三下班就读。因为我在之前的各项活动中表现出坚定的斗争意志，得到了许多进步同学的支持，也受到了党组织的关注。在尚未开学的寒假中，中共南京地下党员刘锐芳进一步对我进行思想引导和组织考察，1948年2月，在他的介绍下，我被批准加入中国共产党。

当时代表党组织来联系我的是时任中共南京市委学委中学分委委员的胡立峰同志，他年龄要比我大四五岁，中等个子，壮实的身体，穿一身灰色棉袍，头戴一顶灰色毡帽，外貌像一个商店店员。他和蔼可亲的态度，富有革命理论和经验的谈吐，审慎敏锐又扎实的作风，真诚坦率并关爱的襟怀，让我对他十分敬重、信服。我很乐于同他亲近，也愿意接受他的指示。他在了解我的情况后对我说："钟英中学有党的力量，也比较强，你在那里就是找一个掩护自己的身份，不需要你在那里工作。你不要参与学校里的活动，你的工作是在原金陵中学和中大附中。金陵中学的地下党员已毕业离校，培养对象也都被迫离开，现校内已无党的力量。另外中大附中过去（抗战时期）是有党的力量的，后来也成了空白点，现在没有党的力量。"以后，我便按照他的指示，在课余时间，联系金陵中学与中大附中我熟悉的同学。

抗战胜利以后迁到南京的中大附中，是由原抗战时期中央大学的几个附属中学合并而成的。我在重庆读书的原中央大学附属的实验中学班迁回南京后便并入了南京中大附中。我原在实验班第二班，这时原班老同学并入中大附中高三下级。我与原第二班、第三班（当时并入中大附中高二下级）的同学比较熟，而和第4班（这时并入中大附中初三下级）接触不多（比我低三个年级）。根据领导指示，我便以原实验班第二班、第三班的同学为对象开展工作。

当时的中大附中是南京一所规模较大的中学，在社会上具有较好的声誉与较大影响。虽然校内有国民党、"三青团"的活动，而且校方禁止进步活动，但也具有一些开展地下工作的有利条件：一是学校允许学生自治组织——"公仆会"的存在，当时一般中学都不允许建立，而且该机构还比较齐全，分工比较具体，下属还有报社、合作社、小吃部等；二是学生自由组成的社团比较多，课余生活相当活跃；三是男女学生全部住校，便于相互了解与接近；四是学校地处偏北地带，邻近各国使领馆地区，国民党当局的监控力量相比城南、城中等繁华地带要松一些。

由于没有党的力量进行组织与引导，中大附中内部虽然有一部分进步力量，但在五二〇运动和几次助学运动中，并无什么响应。加之当时中学地下党力量的重心主要在城南，中部地带有所分布，而中大附中偏处城北一隅，因而城南、城中的学生运动，也不易影响到该校。客观情况决定，在该校发展党员，建立党组织已势在必行。

发展党员　迎接解放

任务明确后，我开始利用星期日、节假日去该校做工作，通过找老同学玩耍、交谈等形式，掌握学校内部情况与学生思想状况。我当时就读的钟英中学在城南（学生均走读），家也住在城南，没有自行车，乘公交车车资也嫌贵，便经常步行去中大附中开展工作，单程要一个半小时，来回就要花去3小时。所以常常是早上去，傍晚回。

起初，我接触的对象主要是原来与我同班（第二班）的同学，后来发现他们因为处于高三下学期，学业压力很重，无心过问其他事情，很难深入交流。在将这一情况汇报党组织后，组织认为：对毕业班做工作比较难，即便发展了党员也会很快毕业离校。因此决定让我将工作重点转到原第三班的同学，他们当时处于高二下学期，学习压力不是太重，如能发展党员还可在校内工作一段时间。

于是，我便以采访编写《实验班通讯》（报道原实验班同学的动态与联络原实验班同学友情的油印刊物）为由，去接近原第三班的同学（共四五十人，分散在高二年级的几个班中）。接触一段时间后发现，原第三班也有相当一部分同学或专注学习或不问政治，而李桢革同学有所不同。他当时在“公仆会”工作，为人质朴敦厚，处事稳重踏实，具有较强的工作能力与较高的群众威信。并且，他有关心政治的态度，也具有进步倾向，此后我便以他为重点，开始将他向革命方向引导。

1948年三四月间，李桢革与进步同学吴佳翼等人，组织了一个进步团体"五四潮"社，还办了一个名为《五四潮》的油印刊物。他们在刊物上对国民党的反动统治表示不满，有趋向爱国民主运动的进步思想言论。另外，这个团体还组织阅读进步书刊和革命书籍，当时社里有一皮箱大家提供的违禁书籍，由吴佳翼保管，里面有胡绳的《辩证法唯物论入门》、王亚南的《资本论浅说》等，还有一些马恩原著与列宁的著作等。这个刊物与团体遭到了校方的严厉查禁，并受到反动师生的一再恐吓。通过李桢革介绍，我认识了吴佳翼，并通过他们接触其他进步同学。

在"五四潮"社和《五四潮》刊物被查禁后，吴佳翼又与部分进步同学秘密组成"再创造"社，继续阅读革命书刊，编印刊物《再创造》。此后，进步同学们又相继创办了性质类似的壁报《新生》《劲草》等。为了团结和影响更多同学，我和李桢革商量，决定利用在"公仆会"工作的便利，从苏联大使馆租来苏联电影放映，又发动进步同学去苏联大使馆新闻处开设的书店阅读和购买宣传马列主义的书刊。之后，又组织高中进步同学演出进步话剧、音乐会。此外，还举办了工人夜校，帮助校工学习文化，提高思想觉悟。这样一来，学校内的进步活动和力量便进一步扩大了。

1948年12月间，中共南京市委学委中学分委书记胡立峰，委员左士杰、王毅刚与我研究中大附中的工作情况，我当时担任中学分委的干事。我提出近期建党工作对象为李桢革、吴佳翼。在征得组织同意后，我对他们进行了组织考察，1949年2月间，我相继发展了吴佳翼和李桢革为共产党员。此后，中大附中便有了开展进步活动的核心力量。同年3月，原在市立二中高二上学的地下党员汤斌转学到中大附中，经中学分委研究决定：由吴佳翼、李桢革、汤斌3人组成党支部，吴佳翼任支部书记。党支部建立后，又先后发展了一批地下党员和团员，由李桢革担任团支部书记，学校内的进步力量更加强大，工作也得到了进一步开展。

1949年4月1日，南京发生震惊全国的四一惨案，当时校内少数倾向国民党政府的学生曾制造事端，意在干扰、破坏进步活动的开展。校内党团组织积极发动群众，采取分别对待、说理斗争的方式，使少数煽动者、闹事者面目显露、理屈孤立，也使党团与进步力量更加得到广大同学的拥护。这一时期各种工作纷至沓来：反对迁校广州，组织学生应变会，储备粮食、力争复课（1949年寒假后，学校曾不打算复课），团结全校师生员工迎接解放，协助军管会顺利接管学校，并积极开展各项革命工作。在这个划时代的历史关头，中大附中地下党团组织成为团结全校师生的中坚力量，在上级党组织的领导下，为迎接解放发挥了重要作用。

临近解放，我被调到南京市委学委机关工作，在掩护学委领导开展工作的同时，还负责收听解放区新华社的广播并进行记录，记录内容由内部交通送到地下刻印点，油印成传单后进行秘密散发。参加革命后，我的成长进步也深深影响了身边的亲人、朋友，甚至改变了他们的人生轨迹，我的表哥、弟妹，还有一些同学也先后走上了革命道路。在我的宣传影响下，父亲在解放前夕拒绝跟随工作机构迁往台湾，留下来迎接解放，配合接管，并积极投入新的工作。我的母亲也在我和弟弟的影响下，走出小家庭，在南京解放后积极参加街道工作。

参与接管　建设南京

1949年4月23日，南京解放。4月28日，南京市军管会正式宣布成立。5月1日，中共中央华东局在国民大会堂（今南京人民大会堂）召开人民解放军、随军南下干部与南京地下党干部会师大会。在这次大会上，宣布成立新的中共南京市委，刘伯承任市委书记兼统战部部长，陈修良任市委常委、组织部部长。也就是在这次大会上，我第一次见到了陈修良同志。

南京解放后，人民大会堂管理处全体同志合影。后排左二为曹锦（曹锦　提供）

因为当时南京刚解放，地下党组织还保持着原来的建制与秘密活动方式。我当时是南京地下党学委下属大专分委联络组的一个组员，担负部分大学的联络工作，第一次参加这样的盛会，我的心情十分激动，沉浸在革命取得胜利的无比喜悦之中。我走进大会堂后，见到了坐在东区座位上的南京地下党学委书记盛天任同志，他热情地伸过手来与我握手，并亲切地与我打招呼。这时坐在他身后的一位穿着旗袍、外罩毛线外套，神情庄重的中年妇女指着我问盛天任："他是谁？"盛天任同志与她说了，她略作迟疑后也亲切地伸过手来与我握手，并用明显的宁波口音对我说："哦，你好！你好！"我正疑惑间，盛天任向我耳语说："这就是南京地下党市委书记陈大姐——陈修良同志。"听了此话，我全身一震，十分惊讶，万万没有想到能在这里见到我们地下党组织的主要领导人。并且，担负如此重任的还是一位女同志，一种崇敬之情油然而生。

第二天，我接到通知，要我5月3日上午到颐和路15号（后改为牯岭路18号）报到。后来我才知道那座门口没有挂牌的花园洋房（解放前某国民党高官的住宅），就是中共南京市委组织部所在地。盛天任同志这时已到组织部任组织科副科长，我被调到组织部任组织科干事。当时组织部刚组建不久，只有十二三人，一部分是解放区来的干部，一部分是原地下党员，大家工作和吃、住都在一起。由于人手少，工作非常忙碌，每天工作十几小时，星期天也不休息，但大家的情绪都很振奋，以多做工作为荣，不觉辛苦。

当时，陈修良同志的工作异常繁重，除需协助刘伯承、宋任穷等市委主要领导处理接管南京的繁重工作外，还需协调干部调配与统一组织工作。所以她虽是组织部部长，却不能经常在部里，而是隔两三天来一次，听取汇报，处理工作。她反复关照大家，组织部门一定要注意工作态度，要让到部里来办事的党员感到亲切温暖，就像回到自己家里一样。有了问题，要耐心说服，不能简单生硬。当时每天来组织部办事的人很多，常常排着长队。

那时部里全体人员都身着解放军军装，可是陈修良同志仍然穿着便装，连她的秘书江谨和司机陈松也身着便装，没有换军装。我们当时感到不解，曾问过江谨。江谨说：陈大姐说上海还没有解放，她熟悉的一些同志还在上海担任重要的地下工作，她要一穿军装，完全公开了共产党的身份，就有可能影响他们的安全与工作。又说在5月1日晚的会师大会上，本来是要她上主席台与全体人员见面的，她没有肯上台，也是这个原因。南京刚解放，对于国民党的特务活动不能没有防备。由此可见，陈修良同志作为一名斗争经验丰富的老地下工作者，有着高度的警觉与细心。

在市委组织部工作了近5个月后，1949年10月，我到被调至南京人民大会堂担任管理处主任。有这样一件事让我记忆深刻。一次，二野文工团奉命到大会堂准备演出，这里是当时国内规模最大、设备最佳的会议场所。工作人员在布景时，为了赶工粗率地在天花板、后壁上敲了20多个窟窿，钉了许多铁钉，以便穿绳挂标语和画像等，还因操作聚光灯不当，将主席台上名贵的“海勃绒”深红大幕烧了个一尺宽的大洞。刘伯承书记得知消息后，立刻带着军管会房产处处长朱启銮到现场察看，当即严厉批评文工团团长、指导员等：“你们在这里乱弹琴啊！……这个大会堂过去是蒋介石的，可是现在到了人民的手里，就是人民的家私了。”“人民的家私不能随便糟蹋！人民的家私就是人民的血汗！这样一个大会堂需要多少钱才盖得起？蒋介石也是搜刮了多少民脂民膏才盖成的！我们是人民的军队嘛，我们是保护人民的利益的，对于人民的家私、财富，我们一点一滴都要爱护。我们哪有权利随便糟蹋人民的财富呢？”这样的作风令人民政府的威信迅速提高，大家以主人翁的姿态积极投身到了建设新南京的大潮中。

难忘南京　展望未来

我对南京这座城市有着特殊的感情，因为我出生在这里，又在这里求学并踏上革命道路。1950年10月，在担任南京人民大会堂管理处主任一年后，我又被调至南京市委秘书处从事秘书工作。此后，又先后在郊区参加土改，在市文联创作工场担任编辑，一路留下了许多难忘的南京记忆。1951年10月到1961年12月，是我在上海工作的十年，先后在华东文联、作家协会等单位工作。1962年1月，我

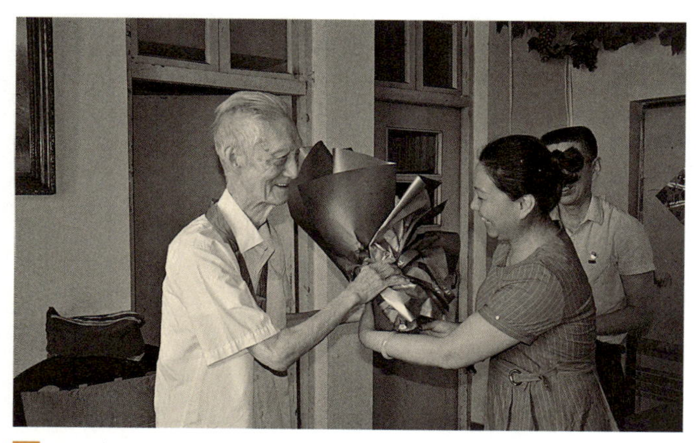

2021年6月，曹锦（左）接受“光荣在党50年”纪念章

调动到中共徐州市委办公室工作，在辗转多个工作岗位后，于1990年8月在中共徐州市委党史工作委员会离休。回望青春岁月和革命历程，有许多感慨，有为党、为人民奋斗一生的欣慰，有对当年战友的深切缅怀，更有对党、对祖国的无比感情与热爱。

1999年春天，为庆祝南京解放50周年，80多位当时的中学生地下党员在南京相聚，其中许多老领导、老战友，已是多年没有相见。就以我为相聚所作的一篇诗作作为结束吧：

《咏原地下党员聚会》

南京解放五十春，相邀聚会共欢欣。
战友纷至来各地，市府院内庆良辰。
同潜虎穴斗敌寇，并肩奋战拯黎民。
当年患难生死共，今朝重会倍情亲。
岁月易逝如流水，吾侪往昔适少年。
一别焉知数十载，今皆叟媪白发添。
晤面已生疑念涌，称名惊讶忆旧颜。
久离乍见中肠热，再逢恍如隔世然。
互询近况倾别愫，抒怀忆旧难尽言。
历经沧桑多感慨，身感故意暖心间。
今喜老境阳春沐，华夏腾飞霞光研。
重返金陵已迷路，通衢穿城大厦连。
举杯首贺昌国运，劝饮互颂福寿康。
咸谓高龄聚不易，今姑破戒频尽觞。
畅怀欢乐终须别，莫忘鱼雁传笺香。
我辈红心矢不改，再会石城说辉煌。

往日风雨已如烟，今朝盛世沐春风，惟愿我们的祖国更加繁荣昌盛！

（缪慧　整理）

回首风雨革命路　不忘初心人依旧

刘古心

四处避难求生活

1928年5月23日，我出生在江苏省江阴县祝塘镇东街田家场的一个贫寒家庭，家里有祖母、父母、我和妹妹5口人。我们住的3间房子是祖父在世时典租的，另外还有一块面积不到30平方米的桑田用于养蚕。除此之外，家里就没有其他财产了。祖父在我出生前就去世了，祖母是个自立自强的女人，年轻时候以上街帮着菜农卖菜为生，收入虽微薄但也能勉强贴补家用。我的父亲刘玉峰是一名木匠，在祝塘镇东街开过一间门面的木匠店，生意虽然不是很好，但也能凑合生活、供我念书。

可是好景不长，1934年我母亲不幸病逝，父亲便把店关了，之后他就长期以给人家做工为生。我的母亲刘侯氏是农民的女儿，在我童年模糊的记忆中，母亲勤勤恳恳、任劳任怨，和祖母一起操持着一大家的生活，对我和妹妹更是悉心照料、关怀备至。母亲去世时，我和妹妹还年幼，而祖母年事已高，无法照顾我们兄妹俩。恰巧叔伯二人均无子，于是就由祖母做主，把我送到了无锡叔父家中寄养，后来进了无锡雅言小学读书；而妹妹则被送到外婆家寄养。

1937年7月7日，卢沟桥事变发生，全民族抗日战争爆发。当时我年纪尚小，虽对整个形势知之甚少，但内心却充满了爱国激情。随着淞沪会战爆发，我知道战火已经燃烧到离家乡不远的地方了。果然，很快日军对无锡开始了狂轰滥炸，城内火光冲天、浓烟滚滚、一片废墟，到处充斥着轰炸声、警报声、哀嚎声，日夜不停。那些触目惊心、惨不忍睹的景象，更加激起了我对日本侵略者的仇恨。随着战事恶化，父亲很快把我接回家中，叔伯两家也都逃难到祝塘镇。回家后才知道，家里仅有的3间房屋，也被日军的战火烧毁了一半。

1937年11月25日，无锡县沦陷。12月1日，江阴县城被日军占领。江阴沦陷后，乡间自发的抗日自卫武装风起云涌。1938年10月，新四军第一支队司令员陈毅将这些武装整编，成立了江南抗日义勇军第三路军（简称江抗三路）。叔父经介绍，参加江抗并隶属于朱松寿部队，我也就有机会接触到了一些新四军战士，并对他们产生了极好的印象。他们为民服务、无私奉献的高尚品质和不惧生死、勇往直前的战斗精神在我幼小的心灵里留下了深深的印记。

少年时期的刘古心（刘古心　提供）

回到家乡逃难一年后，伯父全家又搬回了常熟。那时祝塘地区治安十分混乱，父亲经常失业，全家只能依靠祖母卖菜维持着，生活极为贫困。我当时在祝塘小学读书，经常放学后无饭可吃，有时一天只吃一顿，饿肚子更是常事。天不冷就打赤脚，想洗澡就跳进水塘，天冷了无衣可穿，日子每况愈下。1940年，我不得不去常熟投奔伯父，进了常熟泮宫小学读书，后又考入常熟县中。1942年前后，叔父因被敌人追捕离开江抗逃回常熟，后被汪伪特务机关逮捕，出狱后便留在常熟做生意。因为生活所迫，加之叔父家经济状况比伯父家要好些，1943年3月，我被迫从县中辍学，进了叔父经营的老天章茶漆店，开始了三年漫长而又艰辛的学徒生活。

饱受折磨做学徒

到叔父店里做学徒后，我过着寄人篱下的生活。对他而言，我就是一个廉价劳动力。除了经常被责骂之外，每天不停地叫我做工。他对待店里的工人也是极尽苛责，而自己却讲究吃穿用度。我和叔父的关系日渐恶化，后来他领养了一个儿子，对我更加冷漠，并产生了把我赶出家门的想法。

1946年5月的一天，我和另一个店员抬了近200斤的茶叶到店堂里让叔父称重。我无意中踩到了连着茶包的绳子，茶叶的重量便增多了。叔父看见后二话不说，上来就打了我两个大耳光。我那时因为长期营养不良，身体十分瘦弱，顿时眼前发黑，脑袋嗡嗡作响，差点昏厥过去。等我缓过神来，真是委屈、愤恨极了，立即想拿抬茶包的杠子还手。另一个店员见状赶忙把我拦住，叔父见此情形，惊恐之余当场喝令我滚蛋。之后，又登报宣布和我断绝叔侄关系。

我在他家受够凌辱，当天就离开了茶漆店，从此便和他没有什么联系了。那时我认为，人贵在自立自强，寄人篱下的生活境况总是悲惨凄凉的。参加革命后我才明白，他对我的折磨和欺压，从本质上来说就是资产阶级对劳苦大众的压迫，即使我们是有血缘关系的“亲戚”，我和他断断续续生活了近十年，但是彼此之间仍存在着阶级压迫。

我在常熟当学徒期间，在工作之余参加了泮宫镇义务消防队，主要任务是发现火情后，去救火会楼上敲钟报警，再跟随大家出去救火。另外，我还担任了常熟县铜锡漆业同业公会的兼职书记员，任务是抄写公文、散发通知、印发价目表等，每个月有三四斗米的津贴，比我做学徒还多一点。因为担任这个职位，我曾参加了国民党县政府社会科举办的同业公会书记人员训练班，主要学习如何写公文，以及注意上下行文规范等。那时候万万没有想到，这些不经意的活动和训练，为我后来从事党的地下工作，写文章、办报刊、发传单、组织巡逻队都打下了初步基础。

辗转南京谋生存

我从茶漆店失业后，无处可去，只能暂时住在泮宫镇救火会楼上，生活很困难。叔父有位朋友叫陈青耀，那时他在常熟和上海之间贩运货物。我还在茶漆店做工时，陈青耀便经常把货物放在店堂里，让我帮他看管、搬运。他有个小老婆常到茶漆店里存钱收利息，到期我就主动把利息送去她家里，因此他们二人平时对我印象较好。我失业后，恰好陈青耀准备到南京开同发百货店。我得知消息后，便请求他把我带南京工作。经我再三恳求，1946年7月，我跟随陈青耀一同来到南京，到当时开设在评事街15号的同发百货店工作。

同发百货店是一个批零兼营的商店，经营两个月后，因为与股东意见不合，陈青耀退出同发百货并离开了南京，我与他便失去了联系。当时店里有个同事叫陈克青，他离开同发百货店后，到中央商场南部二楼开设了一个哈德门百货店，主营袜子。因为开店急需用人，陈克青便问我愿不愿意去他店里工作。考虑到自己和他脾气挺合得来，我便跟他去了哈德门百货店工作。1946年11月，因生意不好、周转不开，陈克青只好把门面盘出去。当时，中央商场对面便是世界商场，万象百货公司便开设在世界商场门口。万象百货公司盘下哈德门百货店的店面后，将其改为万众百货商店，并以此作为万象百货公司的一个分店，而我也就跟着进了万众百货商店当店员。1948年，在万众百货商店工作一年多后，我被调到位于世界商场内的万象百货公司工作，并在那里一直工作到南京解放。

秘密入党干革命

我从常熟来到南京后，因为人生地不熟，很少外出参加社会活动。加上举目无亲、无人依靠，我每天只一门心思卖货，生怕生意冷清关门歇业，自己再遭受失业的厄运。到万众百货商店工作后，生活相对安定下来，我便开始参加一些商场内组织的活动。

1947年元旦，在经过较长时间的筹备和斗争后，中央商场同人自励会在胜利舞厅召开大会，通过会章，选举了第一届理事。在大家的支持下，自励会为店员们争取并实行了一些集体福利措施，如建立简易浴室，解决住店店员的洗澡问题；同理发店、洗衣店挂钩，对会员实行优待价格。此后，自励会趁热打铁，根据群众要求，同厂商资方代表组织——厂商联谊会进行了缩短工作时间，争取开会及休假权利，限制解雇、保障职业等斗争。当时，自励会有个刊物叫《自励》报，铅印八开，每月出一到两期，每期发行1000多份。《自励》报根据青年的特点，经常登载一些与提升思想修养相关的文章，如勉励青年珍惜年华，刻苦学习；劝导少数“迷恋声色”的店员及时醒悟、迷途知返等。

最让我难忘的是参加自励会组织的一次春游。在为店员们争取到每周半天的休息时间后，自励会组织大家骑自行车去中山陵游玩。那天晴空万里、风和日丽，一群朝气蓬勃的年轻人，骑着车、唱着歌，浩浩荡荡穿行在宽阔的林间大道上，那个场面很是壮观！后来，我还特意写了一篇文章发表在《自励》报上，题为《自行车扬威中山道，音乐台歌声彻太空》，那份斗争后取得胜利的自豪和欢乐，让我永远难忘。

其实最初，我对自励会的性质并不了解，只知道这个组织是为店员联络情谊、谋取福利而成立的，成为会员可以享受到很多福利。我很喜欢看《自励》报，起初只是一个读者，后来逐渐在这个报刊上投稿。当时主编刊物的是中共地下党员陈光照（以后才知道）。他从来稿中注意到我，便开始主动接触我。记得他在约我散步时曾询问我对时局的看法，我表达了对国民党当局腐败无能的强烈不满，和对物价上涨、民不聊生状况的担忧。他了解我的政治态度后，开始启发我的阶级觉悟，多次找我谈心、做思想工作。经过一段时间的接触和考察，1947年5月，在他的介绍下，我加入了中国共产党。

不久后，陈光照被调往上海工作，组织上指定我接替他继续主编《自励》报，我负责主编的刊物大约有十几期，稿件除了我自己执笔编写之外，自励会的领导人杨才能、缪卓民等人也会给我提供稿件。并且，报纸每次出版前，都要送给他们审阅。陈光照调走后，我的组织关系转由胡忠南负责。此后不久，又改由缪卓民领导，他也是我在中央商场内的万众百货商店工作时期最主要的联系人和直接领导。1948年，我调到世界商场内的万象百货公司工作后，便改由陈良领导。1949年初，陈良被调去从事警运工作后，我的联系人变更为张士雄，他一直带领我从事地下斗争直到解放。

我加入党组织后，便根据组织指示，密切联系群众，积极发展党员，壮大组织力量。当时，从事地下工作并不能脱产，商店营业时间很长，业余时间很少，加之发展和考察党员必须严谨细致，因此我发展的党员并不多。我参照我的入党介绍人陈光照的工作方法，通过日常活动来发现、观察和培养积极分子，在条件成熟时，把其中政治觉悟高、历史清楚、敢于斗争的同志发展入党。我首先发展了三花百货店的同乡赵寅良入党，后又领导赵寅良一起做杜

1947年前后，刘古心在中央商场留影（刘古心　提供）

清和的工作，并将其发展入党。另外，我还发展了和我在一个柜台工作的学徒朱金生入党，得益于他的掩护，我才能在工作时间溜出去完成党交给的其他任务。南京解放后，朱金生在市饮食公司工作。另外，我还通过自己发展的党员去做沈玉根、邵含茹等人的工作，并联系过世界商场光明书店的一个学徒，还做过一些入党积极分子的思想工作。

参与成立百联互励会

中央商场同人自励会成立之后，迅速将店员们团结在一起，突破了反动当局的封锁，为后来其他商场和百货业、绸布业的店员组织联合团体，树立了榜样。1948年5月，永安商场职工互励会成立，并创办《互励》报；同年10月，太平商场职工互励会在安乐酒家召开成立大会，共发展会员260多人。这一时期，由我牵头组织的世界商场互励会筹委会也相继成立，开展了不少会务活动。

为进一步团结教育群众，扩大影响，《自励》报和《互励》报及时报道会务活动和斗争情况，不断提高职工群众的政治觉悟。后来，《自励》报成了中央商场的权威性刊物，不但店员职工爱看，甚至资方人员也抢着看。随着缩短营业时间、争取休假权利和职业保障等斗争的胜利，自励会和互励会的威信不断提高，会员人数也日益增多，如中央商场的会员就从开始时的300人左右增加到800多人。

1948年，战局形势对国民党当局越来越不利，商店生意惨淡，解雇降薪的纠纷越来越多，尖锐的阶级矛盾愈演愈烈。因此，党组织认为，冲出商场范围，在全市建立百货业职工组织的时机和条件已经成熟。于是，陈良同志布置杨才能、范世昌出面，邀集我们各大商场自励会、互励会的领导骨干，充分利用商场自励会、互励会的影响和各人的社会关系，分头向下关、鱼市街、中山路、新街口、太平路、夫子庙、昇州路、建康路等地区的百货业店员积极分子进行串联发动。全市性组织的名称，采纳了尤于天同志的提议，定为百联互励会（简称百联），意在号召百货业职工联合起来。

1948年8月，百联正式成立筹委会，我是筹委会成员之一。当时参加筹备活动的地下党员，彼此不发生横向联系，我也是解放后才知道他们谁是地下党员。1948年12月，百联互励会成立大会在国民党市党部礼堂召开。当时在台上就座的有大会主席团成员尤影、杨才能、范世昌、尤于天、季国平5人，我和缪卓民作为记录员也坐在台上，还有一位是司仪名叫吴中。解放后才知道，我们8个人中除尤影外，其余7人都是共产党员。

百联成立后，按照“隐蔽精干、长期埋伏、积蓄力量、以待时机”的方针，积极开展向国民党争取集会、结社权利的政治斗争，发展、壮大党的队伍，配合人民解放战争。但是，我们在开展活动时也经常遇到各种困难和阻力。我所在商店的经理就曾查问过我参加百联的情况，警告我不要再参加活动，他把我视为政治上的危险分子，常常对我的言行举止进行监控。

这一时期，除了积极参加百联组织的活动和斗争外，我还短暂从事了情报工作。1948年的一天，有位同乡好友来南京探望我，他无意中说起他的弟弟是龚玉泉，在国防部二厅工作，还是个少将。我一听既惊讶又兴奋，心想：这人不就是个大特务嘛！我立刻把这个重要消息汇报给陈良。他听到后也很欣喜，让我密切关注，加强联系。

后来，我就通过同乡和龚玉泉慢慢接触，逐渐和他熟络起来，成为了“朋友”。1948年底，龚玉泉被国防部调到无锡，要他在江阴、常熟、无锡、常州、昆山五个县组织反动的青年服务总队。党组织便指示我假装失业，跟着他去无锡，争取打入敌人内部获取情报。龚玉泉非常警惕，我去无锡找他的时候，他以“关心”为名盘问了我很多问题，比如为什么突然失业？是不是在南京犯了什么事？我因为早有准备，回答得很淡定从容，初步打消了他的疑虑。不过后来党组织通知我，无锡已有地下党员打入了敌人内部，让我从无锡撤回南京。此后，我便没有再联系龚玉泉，返回南京后开始着手准备迎接解放的工作。

护场护店迎解放

1949年初，淮海、平津战役胜利结束，国民党的反动统治崩溃在即。根据斗争形势的需要，中共南京市委正式建立了店员工作委员会，由刘峰同志兼任书记，张士雄、陆少华为委员。店员工委根据中共上海局的指示精神，要求店员系统的地下党员要争取和团结工商界，为配合解放军进城和接管南京做好准备工作。

当时，南京工商业者普遍对国民党反动派不满，但他们又受到反动宣传的影响，对我党的政策缺少认识，因而对时局变化惶惶不安。一些规模较大，在沪、杭等地有机构的公司、商号则企图将高档货物运走，抽走资金。没有退路的商店则紧缩减员或拖欠工资，导致劳资矛盾愈演愈烈。党组织指示我们要积极在职工群众中进行宣传教育，帮助他们认清形势，提高认识，不要把主要矛盾指向民族工商业者，相反要争取和团结他们和广大店员一起共渡难关，组织应变，迎接解放；另一方面，要积极向工商业者宣传我党的政策，开展统战工作。因此，在发动群众开展反搬迁斗争的同时，对一些解雇和拖欠工资的纠纷，自励会、互励会则本着劳资兼顾、共度困难的精神，实事求是地进行调解。

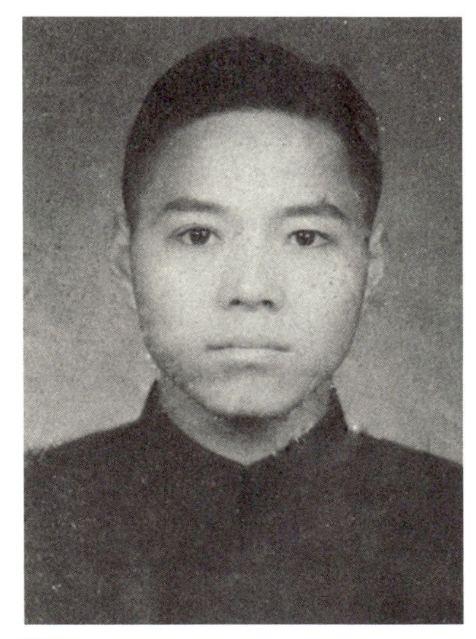
青年时期的刘古心（刘古心　提供）

淮海战役结束后，党组织指示我们要抓紧部署护场、护店工作，为此，我于1949年初打入了义务警察队。义务警察队的前身叫防护团，是国民党首都警察厅于1945年组织成立的用于统治和镇压人民的工具。当时，上级指示我们要争取打入丰富路警察所的义务警察队。丰富路警察所属于西区警察局管辖，地址在大香炉，辖区包括了国民党特务机关保密局周边地区。保密局为了自身安全，对丰富路警察所的义务警察队特别重视，预备发50支卡宾枪搞武装防卫。得知这一消息后，我立即汇报给陈良和张士雄，他们要求我尽快打进去，争取领导权，想办法控制住这50支卡宾枪。这将对里应外合迎接解放，起到很大作用。

加入义务警察队后，我每天都要上操两个小时，地点位于曹都巷口，训练大约持续了两个月，这期间还组织我们上过两次课，内容都是反共宣传。渡江战役打响后，1949年4月21日上午，我们正在上操训练时，警察所的人便基本逃跑光了。这样一来，我们也就没有能拿到那50支卡宾枪。我当时担任世界商场义务警察队的中队长，另外担任中央商场自卫队第八大队训导官的沈健康，担任永安商场义务警察班副的范世昌，以及太平商场义务警察班的季国平、赵志

1966年10月，财贸工作队结束留影。一排中间刘古心（刘古心　提供）

良，等等，都是中共地下党员。

4月22日夜，国民党反动派彻夜逃跑，而我解放大军还未渡江进城，南京城内陷入“真空”。23日清晨，我们几个商场的党员都赶到商场，把职工和资方人员都动员起来，由党员骨干统一指挥，以经过训练的“自卫队”和“义务警察”为骨干力量，组成群众性的护场、护店队伍。我当时负责世界商场一带的安全，后来中央商场有人从西区警察局弄来一批枪支，我就拿了3支步枪将队伍武装起来。巡逻途中正好看到丰富路一家米店被抢，我们一队人立刻上前阻止。此后，我和沈健康率领的“义务警察”和“自卫队”同中山南路新都百货公司老板吴慎之及地下党员黄惠仁所率领的义警队会合，共同担负起新街口地区的联防任务，大家一起制止了好几起散兵游勇、地痞流氓的砸门哄抢事件。夜里，我又在世界商场的楼上值守了一个通宵，当时一点也没有觉得疲倦，能够配合解放军解放南京，保护人民的人身财产安全，让我感到很光荣、很自豪。

南京解放后，繁华的商业地区完整无损地回到了人民手中，市委要求各商场早日恢复营业。4月24日晚，中央商场由自励会出面召开全场职工和资方代表会议，宣传党的政策，号召立即恢复营业。此后，中央商场、永安商场、上海百货公司于26、27日相继恢复营业。4月28日，全市商业职工代表大会召开，宣布成立南京市商业界职工联合会筹委会（简称职联，即店员工会的前身）。这些活动和举措都为南京解放初期恢复经济，保障供给，打击投机倒把，稳定市场，安定人民生活发挥了重要作用。

商贸领域勇前行

解放后，店员系统的党员和积极分子除少数坚持本岗位外，大部分同志被抽调到工会、财贸系统、统战部门和公安机关工作。按照组织安排，我被分配到市店员工会工作。此后，相继担任过市总工会店员工会副主席，私营企业工作委员会副主任，新街口百货商店工会副主席、副书记，市食品公司党委书记同时兼水产公司、饮食公司党总支书记，市商业局副食品科科长，市财办综合处处长，市供销社副主任等领导职务。1990年8月，我从南京市供销合作总社离休。

回顾解放后的工作历程，我在市供销社的工作时间是最长的。20世纪70年代末到80年代初，我们重点加强供销社经营服务设施建设，增强供销社的经济实力。记得那时我重点抓了棉麻公司浦口棉麻中转站、果品公司冷库和物资回收公司窑上村废钢铁加工节能工程等基本建设工作，这些项目当时都被列入了商业部重点工程项目。此后，根据国务院、商业部关于清仓核资、扭亏增盈的要求，我们在全系统开展了清理资金财产和库存商品，摸清家底，挖掘潜力的工作；健全财会机构，明确财会人员职责，加强财务管理制度；筹建市供销社干部学校，系统培训财会、统计人员，以及企业中层管理干部和基层供销社职工；加强经济核算，加强对企业经营效果的考核。同时，积极帮助指导各基层单位管好用活资金，使系统的经营管理水平有了较大提高。

1960年7月21日，新百商店职员欢送刘古心（一排右二）合影留念（刘古心　提供）

回首风雨革命路，不忘初心人依旧。从战火纷飞、四处避难的悲苦童年，到寄人篱下、受尽剥削的学徒生

1981年1月，南京市供销社第一期烹调训练班结业留影。一排右四为刘古心（刘古心　提供）

活；从参加革命、迎接解放，到投身新中国建设、从事财贸经济工作，在党的领导和培养下，我成长为一名坚定的革命者和建设者。在艰苦的地下斗争和长期的工作实践中，在持之以恒、坚持不懈的奋斗学习中，我努力提高政治理论素养，不断积累财贸专业知识和管理经验，脚踏实地、学以致用，为党和人民办了一点点实事。我所亲身经历的历史已雄辩地证明，没有中国共产党，就没有民族独立和人民解放；没有中国共产党，就没有中国的繁荣强大和人民幸福美好的生活。

（焦惠敏　整理）

筑牢红色堡垒　迎接南京解放*

傅积嘉

童年记忆

我1927年7月出生于哈尔滨。我母亲丁梦莲自小通诗书，勤学书画，由于是独生女，所以基本上一直跟着我外祖父生活。我的外祖父叫丁元秉，字质初，浙江绍兴人，早年到杭州苦读。外祖母姒贞予，绍兴大禹王第140世孙。外祖父被聘为山西大同知府衙门师爷后，派人回乡隆重迎接外祖母北上。外祖父后辗转东北，定居哈尔滨，作为公职人员经营一家航业公司，人称“丁总办”，并在哈尔滨西马家沟建了一座二层楼的宅院“丁园”。记得全家住在楼下，楼上10间房空着。我们家前5个孩子都是在这里出生的。

我的祖父傅彊，字写忱，清朝秀才出身，考取官费留学日本，习法政。回国后在国民政府供职，历任吉林省高等审判厅长、江苏省政务厅长、哈尔滨道尹、北平市政府秘书长等职。在任职哈尔滨道尹期间与外祖父过往密切。祖父与祖母傅郭氏膝下无子，过继三哥二子傅绥为子。父亲傅绥，字靖民，中学就读天津南开中学，后读上海复旦大学商学院，毕业后到哈尔滨邮局工作，1923年与我母亲成婚。

九一八事变后，日本人强住了“丁园”楼上的10间房。不久外祖父忍痛廉售了“丁园”的房地产，举家迁居关内。这时祖父在北平市政府供职，我们住到祖父家在石驸马大街后宅5号的“勺园”，几个孩子还到中南海里去玩过。1935年祖父被派到广东任第八区行政专员，1936年秋被任命为广东兴宁县代县长，父亲追随祖父到兴宁，任科长。这期间我们跟着外祖父住在西城武定侯新

*本文选自中共南京市委党史工作办公室编：《甘于奉献 初心永恒：南京解放亲历者口述历史》，中共党史出版社2019年版，第114—128页。因篇幅所限，部分章节有删改。

1942年7月，傅积嘉初中毕业留影（王索雅　提供）

买的一处四合院，五弟在这里出生。解放后外祖父在北京文史馆工作，1961年母亲和外祖父先后去世。

七七事变后，祖父不愿意为日本人干活，就带着父亲辞职了。为了躲避日本人“扫荡”屠杀，外祖母把大哥积宽、二弟积和两个男丁送到绍兴老家避难。1939年祖父去世，1941年父亲通过南开中学的同学谋得一份在南京做会计的工作，便把我们全家都带到了南京。在南京我们暂住在小石坝街的我姐夫家，一直到抗战胜利。此时已经有了小妹、小弟。

我们家基本处于走南闯北、聚散离合状态，孩子们也算是见多识广。我长期跟大哥和几个弟弟生活，养成了男孩子的性格。在南京，我家兄弟姐妹与王嘉谟家兄弟姐妹多是同学关系，来往甚密，我们都得到过王家父母的关照，并一同参加革命斗争。

初识嘉谟

1943年底，南京发生了一件震惊社会的大、中学生清毒运动，并得到上海、北平等城市学生的声援。南京中央大学学生上街砸了鸦片烟馆，当时我大哥积宽和中大同学王嘉猷（后来知道他是王嘉谟的二弟）等都参加了。

记得我第一次见到王嘉谟是在1943年12月18日的晚上。那天下午，王嘉猷来班上找我说，大学生砸鸦片烟馆时，中大同学被日本宪兵打伤了，当晚要召集全市大、中学生集会声援，要我发动本校同学去参加。我和几个同学到达集会地点国民大会堂（今南京人民大会堂）时，拥有3000个座位的大会堂已座无虚席，很多学生站满了走道。我看到舞台上站有两个中央大学学生，一个是厉恩虞，在慷慨激昂地控诉日军暴行——日本宪兵砍破了同学的头，并发动与会学生们参加清毒游行队伍；另一个就是被砍伤的王嘉谟，他头上缠着纱布绷带站在旁边。当时在我眼里，王嘉谟简直像个战场上的英雄。厉恩虞和王嘉谟在之后成立的首都学生清毒总会担任正、副会长。

通过以后的接触，我觉得王嘉谟更像一个教师，他常给我们中学生补课，语言那么清晰，黑板字那么整洁。并且，由于他在学生运动中常出些主意，但很少外露，因此更像个成熟的军师。后来得知，早在1941年，王嘉谟作为中央大学学生，便参加了党的秘密外围组织青年救国社（简称青救社），接受革命教育，并参加领导1943年春的倒樊斗争，成为学生运动的带头人。

参加清毒运动和地下军

对我们中学生而言，清毒运动是我们参加革命的启蒙。清毒运动名义上是汪伪宣传部长林柏生利用学生搞的一个禁烟运动，实质上却是中共地下组织利用敌伪矛盾，开展斗争，唤醒沦陷区人民的一次革命运动。林柏生后来感到学生们的禁烟运动控制不住了，就派了一个叫方汉的奸细到清毒总会来，他给方汉单独布置任务还给津贴。有一次，方汉被方焜等人戳穿了，便下跪求饶。1944年初，中共地下组织以青救社为核心，成立清毒运动寒假工作团，这是一个有目的地教育群众的组织。我是清毒总会市立女中分会的主任，当时还有模范女中的人也参加清毒总会。经历这次革命启蒙教育以后，大家的认识有了提高，变得更加团结，逐步形成了一个外表松散但召之即来的群众队伍。

1945年4月，王嘉谟参加了南京各界抗敌内援会，该组织由新四军六师派到南京的中共党员李铁飞领导。8月，经李铁飞同意，王嘉谟打入军事委员会东南特派员公署南京站青年组，参与对汪伪的策反，并组织地下军准备在新四军攻占南京城时里应外合。8月15日，日本投降后，蒋介石命令侵华日军总司令冈村宁次不许向新四军缴械，否则罪加一等。8月20日，毛泽东签署电报要各大城市立即组织武装起义，王嘉猷他们连夜把埋在地下的枪取出，擦去封蜡，上好子弹。鲁平将“朱总司令命令日军向八路军、新四军投降”及“新四军战报”等交厉恩虞、王嘉谟组织印发。大家立即准备，忙了一夜，凌晨分头上街张贴，还动员了我和他家的弟

1945年7月，傅积嘉高中毕业留影（王索雅　提供）

妹及一批同学，秘密将印刷品塞入住家和商店的门缝里。第二天，老百姓看到传单纷纷传说："夜里新四军进城了。"

但原定新四军攻城行动未见动静。厉恩虞、王嘉谟冒险出南京城找部队，结果误入日军飞机场警戒线，被日军打得遍体鳞伤回到城里。后得知，8月20日那天，中共中央起义电报发出后，根据形势变化，又连夜开会研究认为"现不宜起义"。21日中午，毛主席以党中央名义急电"停止起义"，我们随即停止行动。

1945年9月底，王嘉谟经历了一次严峻考验。上级党组织通知他随江南的新四军部队北撤到解放区去。他义无反顾地与南京的家人和战友告别，准备再也不回城了。到中共江宁县委书记陆纲同志处报到后，嘉谟由鲁平介绍，县委书记陆纲批准，加入了中国共产党。但当时苏皖区党委南京特派员方休同志考虑到王嘉谟在南京没有暴露，回城做地下工作条件有利，随即又派王嘉谟回南京。方休是1945年1月由中共苏皖区委书记江渭清调派，任苏皖区党委南京特派员。方休到南京后，负责联络领导南京城内苏皖区党委系统的党员，开展工作，他直接领导着王嘉谟。本以为和王嘉谟将长期见不到面的亲友们，在几天内又见他回城，自然是喜出望外。

王嘉谟回城后的第一件事是找工作，以求有合法身份作为掩护。通过熟人接受，先后找到汇文女中教员、南京飞机修理厂技术员等工作，但都因某些原因不适合地下工作而未获得上级党组织的批准。最后，他找到南京市政府工务局技术员的工作，被批准了。从此，王嘉谟成为国民党政府机关的公务人员，这为以后开辟这个领域的地下工作创造了有利条件。

成立公务员工作委员会

1946年4月间，陈修良同志受中共中央华中分局派遣，进入南京城组建中共南京市委，任市委书记，统一领导南京党的工作。市委副书记是刘峰同志，市委委员有朱启銮、王明远和方休同志（方休调出后补陈慎言）。陈修良曾说："我从方休同志的汇报中了解到组织的情况，特别对王嘉谟同志引起关注。据方休介绍，王嘉谟已经大学毕业，奉命打入了一个国民党的机关内工作。"那时的南京工业十分萧条，国民党的党政军机关林立，公务员的数量占了南京就业人口的大部分。所以，陈修良认为南京工作的重点应该是公务员和学生，而不是工人。由于打入机关的共产党员极少，陈修良对此十分重视，迅速着手建立公务员工作委员会，并派朱启銮和林徵同志直接领导，王嘉谟成为公务员系统的负责人。

王嘉谟和傅积嘉合影（王索雅　提供）

经过革命斗争考验，我于1946年7月经王嘉谟介绍加入中国共产党。当时并没有预备期，也没有转正手续，就写了个《自传》。当时入党的名字叫何琛，与我的小名“荷生”谐音。1947年11月2日我与王嘉谟结为夫妻，从此为共同的革命理想而奋斗。

1948年5月，中共上海局在香港秘密举办了干部训练班，王嘉谟与南京各工委书记等13人参加了干部训练。训练班期间，陈修良为了研究公务员工委的工作，约王嘉谟到她的住所，让王嘉谟分析了公务员工作的条件和特点，以及对党内理论学习的看法。陈修良认为：“王嘉谟头脑清晰，思想有条理，公务员工作很有成绩。”在香港期间，陈修良写成了《南京建党工作总结》，会议确定南京地下党的工作重点开始转到配合解放大军渡江，迎接南京解放。训练班结束时，按照地下工作纪律，所有文件不能随身携带，王嘉谟便把将近9000字的《南京建党工作总结》完整地背下来，在回程的轮船上，他不断反复默诵着这份文件。回到南京，他用横格练习本默写下《南京建党工作总结》近一整本，交给了市委领导。后来，市委书记陈修良多次赞叹王嘉谟的超常记忆力和文字功底。

从1946年6月担任公务员支部书记，到1948年3月担任公务员工委书记直到南京解放，在王嘉谟的带领下，公务员工委由最初的十几名党员发展到100多名党员。南京解放时，王嘉谟还是全凭头脑记忆，默写出支部和党小组的全部党员名单，完整交给党组织，并且整个系统没有混入一个特务，也没有出现一个叛徒。

成立“家庭党支部”

1948年底，为迎接解放，南京市委决定调查国民党中央和地方机关所在地情况。此项工作要阅读大量档案资料，经调查后再整理，稍有疏忽，易被军警特务发现。陈修良与当时任公务员工委书记的王嘉谟商量后，决定在我们家成立“家庭党支部”。经陈修良与中共上海局书记刘晓商定，将王嘉猷由上海调回南京任支部书记，成员有王嘉谟、二弟王嘉猷、三弟王嘉训、四弟王嘉言和我共5人。就这样，5人“家庭党支部”在国民党政府的眼皮底下开展了大量的秘密调查工作，为南京市军管会的接管工作提供了很有价值的资料。为方便工作，1949年初“家庭党支部”的活动地点搬到王嘉谟远房堂叔在石婆婆巷12号的家作为掩护，这里有洋房，是独门大院，隐蔽性好。

国民党南京地政局拥有完整的产权登记册和地籍图，保存在档案室。中共地下党南京市政府支部书记陈其福通过档案室管理人员濮齐民从档案室中秘密取出所需图册。经测工王景栋和王建林两位地下党员装在图筒内，分批背出大门，再由陈其福将图册交给王嘉谟带回家。依据这些档案材料，再进行实地核查。王嘉猷、王嘉训、王嘉言3人负责外勤，走街串巷，调查核实，弄清了国民党中央和地方机关的平面布置。

“家庭党支部”成员，前排左起：傅积嘉、王嘉谟，后排左起：王嘉猷、王嘉言、王嘉训（王索雅　提供）

“家庭党支部”每晚集中活动。对照地籍图、登记册和其他支部提供的情况及白天外出调查的结果，由负责内勤的我用红蓝铅笔修改地籍图、更正登记册。核实过的图纸通过林徵同志上交给地下党南京市委。这期间我们的生活也很艰苦，每天只能吃一顿饭，每餐做一个菜，怕不够吃还要放上很多盐，做得非常咸，才勉强对付。

调查结束时，“家庭党支部”已经拥有一整套按地区划分的南京市国民党各级机关单位的地籍图和登记册。考虑到接管工作的需要，我们又按照组织系统分类整理出一套国民党行政机关隶属关系及地址明细表。由于有了这两套资料、图表，南京解放后仅用一个月就顺利完成了对国民党政府1191个机关单位及1930处房地产的接管工作。我军进城后，人民解放军第二野战军司令员刘伯承赞扬说：“这个报告（指这套图表）最好，听了让人头脑清醒。”后来陈修良书记也说：“这是王嘉谟等人的功绩。此事给我留下了深刻印象。”

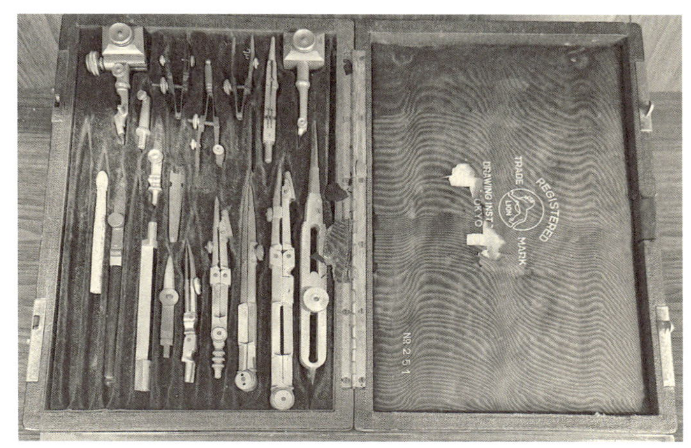

“家庭党支部”成员利用这套绘图仪，绘制了南京解放前夕国民党中央和地方机关地理区域和行政隶属关系表，为接管南京做出了重要贡献（王索雅　捐赠）

陈修良曾经说过：“你要认识到‘家庭党支部’是南京地下党工作的一部分。‘家庭党支部’在党的地下工作经验中具有唯一性，是南京地下工作特殊时期的特殊产物，应该以这个‘麻雀’为代表，恰如其分地总结和宣传，为地下党正名。”

南京解放后胜利会师

1949年4月21日，渡江战役打响，南京已能听到江北的隆隆炮声。4月23日中午后，南京的国民党军队已弃城而去。我们这些地下党员感到南京城就要解放了，心里无比激动，因为这是我们为之奋斗的目标。

4月23日傍晚，解放军第三野战军第三十五军先头部队开始陆续渡江。午夜，解放军部队占领总统府，南京解放。24日，大部队开始从挹江门步行进入城内，穿城而过，有的经过市中心区向南行进，有的出中华门向浙江方向挺进，有的向东出中山门沿京杭国道进发，并在中山陵附近遇到守陵部队，顺利地接管了陵园。有的立即进驻到各机关、工厂、学校和关键部位站岗。此时，王嘉谟去接受新的任务，其他兄弟3人奉命去迎接进城部队。

我这个“家庭党支部”的内勤再也忍耐不住，急切地抱着才4个月的女儿索雅到鼓楼大街。我看到大路两旁站着欢迎的市民，解放军战士们穿着普通，都是布衣、布裤、布绑腿，头戴红五星的布军帽，脚踏土布鞋，身挎步枪，背着行李。他们虽没有国民党军的美式装备，但个个精神抖擞，斗志昂扬。我热情地向行进队伍挥手打招呼，人家不理我，我这才意识到：“我是谁啊？”我当时穿着绿色的旗袍，脚蹬皮鞋，烫着头发，手里抱着个孩子，人家解放军知道你是干嘛的？不知道你的真实身份。但是我的心情无比激动，因为我们的队伍终于来了，南京终于解放了。

因为地下工作所具有的特殊性，南京解放后我们一度被邻居们误会。石婆婆巷的邻居曾向政府部门举报：这家人好像很神秘很可疑，大院里住的人不多，白天很安静，晚上有婴儿大声啼哭，好像没人管，不知是干什么的，怀疑有嫌疑！后来市军管会的工作人员帮助消除了误会，邻居们说：“原来是自己人！”解放前夕，我们确实行踪神秘，晚上要整理白天收集到的资料，经常忙到深夜以至凌晨。为了安全保密，街门和楼门都上了锁，所有对外的窗户都被遮挡得严严实实。因为工作紧张，孩子啼哭也顾不上照顾，难怪会被邻居们误会。

1949年5月1日是个难忘的日子，中共华东局在南京人民大会堂（时称“国民大会堂”）举行了随军南下干部与南京地下党干部会师大会。那天，南京人民大会堂座无虚席，我和很多同志都站在后面，听台上的第二、第三野战军及中共华东局、上海局领导邓小平、刘伯承、陈毅、饶漱石、刘晓等作重要讲话。会上宣布，经中共中央批准，新的中共南京市委成立。刘伯承任市委书记兼统战部部长，宋任穷任副书记，张际春任宣传部部长，陈修良任组织部部长，陈士榘任南京警备司令部司令员，5人为常委。

会场上有人虽然过去互相认识，但并不相知，此时也有老熟人相见，惊讶地说：“原来我们是同志！”大家非常感慨，多年来我们的真实身份和任务一直是不公开的，甚至姓名都是隐蔽的。直到这一天，地下工作者才从暗处走到明处，结束了隐蔽战线的斗争。也许还有人不能公开身份，因为此时全国还没有解放。

开始新的工作历程

1949年4月28日，中国人民解放军南京市军管会成立后，“家庭党支部”完成了历史使命，兄弟几人分别走上新的工作岗位。记得那天，王嘉谟带回了军管会的书面任命通知，他留在军管会房地产管理处任主任秘书；二弟嘉猷接管自来水厂任军事代表；三弟嘉训到园林组负责接管中山陵和玄武湖两个管理处；四弟嘉言接管南京电照厂；我被分配到刚刚成立的市妇联工作。

5月，我到市妇联报到，被分配做会计工作，因工作原因不怎么跟群众接触。市妇联虽然是新成立的单位，但是它有群众基础。解放以前，南京就有中国妇女联谊会南京分会，这个分会里面就有我们公务员工委的地下党员。当时沙轶因是妇联副主任，陈修良最早还当过一阵子妇委主任，后因工作太忙没有时间，由邱一涵（参加过二万五千里长征的女红军之一，皖南事变中牺牲的新四军政治部主任袁国平烈士的夫人）来接替陈修良的工作；秘书长是江谨，她曾经担任过陈修良的秘书。

我没有学过会计，就是解放前在国民党的地政局、测量局记过账。那个特殊时期，我不能发展人，不能暴露进步，不能对学生运动表态，因为王嘉谟在那工作。解放以后让我做会计，因为不懂专业让我觉得有点困难。王嘉谟说：“现在跟过去不一样了，不能公私不分，更不能贪污，这是给自己的政府做工作。”他提前给我打了预防针，以示警醒。我很想做好工作，账的余额要与现金相符合，这个我是懂的。账有时对不清楚，也查不出来是什么原因，就自己拿钱往里面添一点，添的多了，就拿点出来，保持平衡，这样就“公私不分”了。

过了些天，我觉得不好办，还是决定在单位小型的业务会上谈谈。我说：“我有这么一个情况，我也不是内行，碰到少了就添进去，碰到多了就拿出来，我也不知道是搁多了还是拿多了。账我这有，但不知道乱在哪。”单位就请了一位外单位的会计帮助我整理账目。这个会计是男同志，他替我查了账以后，说我填进去多了，又把多的还给了我。后来，他就接替我做了会计工作，我改做秘书，终于放下了心理负担。

我在妇联从1949年5月工作到1952年，后来南京教育局办了一个机关干部升学补习班，市妇联就把我给推荐去了，我在班上除了补习功课以外还兼任学生会主席、团支部书记。3个月的训练班学习结束后，我被调动至中国人民大学工作。王嘉谟是1950年调到北京中国人民大学学习的，原来是专修科，因为他的学业优秀、表现突出，苏联专家不让他走。中国人民大学就和南京市人事部门商量，让他留校做教师。1952年8月，他由人大企业管理研究生毕业后，留校工作。因此，中国人民大学和南京商量把我也调过去，正好那会儿我训练班毕业就调过去了。从此，我们离开了青年时代战斗过的南京。

顺利接管南京的几个因素

现在回忆南京能顺利接管，除了人民解放军取得三大战役胜利后，人民革命形势迅猛发展、人心所向，国民党反动统治岌岌可危外，应该还有这几个方面的因素：

一是部队和地下党的任务目标与分工明确，衔接紧密。比如“家庭党支部”的任务就是调查清楚国民党在南京的党政机关，以及重要行政、企业、公共单位，南京解放前将相关档案资料汇编成册，送交上级党组织。解放军部队进城后，南京地下党组织派专人带队，直达接收单位。

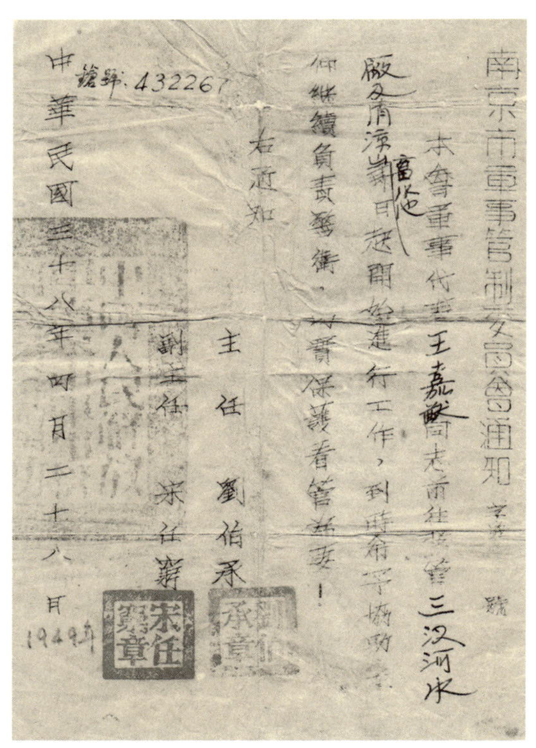

南京市軍事管制委員會通知 字第 號

本會軍事代表王嘉猷同志前往接管三汉河水

廠及[illegible]即日起開始進行工作，到時希予協助並

仰繼續負責警衛，切實保護着管[illegible]為要！

右通知

主任 劉伯承

副主任 宋任窮

中華民國三十八年四月二十八日

1949年

432267

南京市军管会任命王嘉猷接管下关三汉河水厂的通知（王宁　提供）

二是经过统一战线工作，起义人员发挥了作用。首先是国民党海防第二舰队司令林遵，在笆斗山长江江面上起义，解除了江面上敌军舰的威胁。当时国民党把用来渡江的船全都销毁了，负责攻占南京的解放军第三十五军先遣部队驾驶着小船先到下关电厂，与电厂的地下党员接上关系，电厂的工人驾驶“京电”号运煤船和其他几条小船一起去江北将三十五军主力部队接了回来。这是统一战线政治工作的胜利。

三是国民党布置的潜伏南京的特务被一网打尽。当时林徵同志单线联系的公务员工委有一位地下党员名叫刘洁，在市政府工作。他向林徵汇报说，国民党要布置解放以后的潜伏特务，而且这些人把户口、姓名都改了，跟以前不发生联系。由于刘洁正好在市政府负责发身份证，所以林徵就让刘洁注意这个事情。发放身份证要收两张照片，刘洁就跟这些人要3张照片，留了一份照片给林徵。南京解放后，刘洁把留存的档案上交给公安局，这些潜伏特务被一网打尽，保护了新生政权。

20世纪70年代，王嘉谟（前排右一）、傅积嘉（前排左一）全家合影（王索雅　提供）

回忆起70多年前的斗争经历，我仍然心潮激荡，难以平静。我们所获得的最终胜利是无数先烈用献血和生命换来的，我对自己当年的选择无怨无悔。我的老伴嘉谟已永远地离去了，但是我与他共同工作和生活的日日夜夜，以及我们在南京从事地下斗争的经历，将永远留在我的记忆中，这些都是我一生最深刻的烙印。

（王婷婷　整理）

封建大家庭里走出的革命者*

陆少华

国破家败　颠沛流离

1925年2月，我出生于南京。我们家曾经是一个大家庭，1937年全民族抗日战争爆发以前，位于明瓦廊57号的五进房屋便是我们陆家的大宅院。虽比不上豪门大户，但在当时属于比较殷实的小康之家。我的祖父母有4个儿子、4个女儿，我们这一辈的堂兄妹、表兄妹加起来共二三十人。除三叔在外地工作，大姑、四姑家自己另有房屋外，其余各房都住在明瓦廊。我的大姐九鸾、我、弟弟九丰和小妹九云都出生在这里，我的童年也基本上是在这里度过的。因此，这幢老宅给我留下了许多美好、难忘的记忆。

那时，陆家的4个弟兄，3个在铁路工作，一个在邮政储汇局工作，捧的都是铁饭碗，并担任着一定的职务。我父亲是沪宁铁路京丹段货运股主任，他在1934年的月薪已达到180元。在我的记忆里，少年时代的生活过得十分宽裕，不但吃、穿、用不愁，而且家里还有相当数额的积蓄。以至后来，抗日战争爆发后，父亲失了业，但靠这些积蓄，我们一家7口还能度过4年。

1937年全民族抗日战争爆发后，南京不断遭受到日本飞机的轰炸，父亲便把我们送到丹阳，投靠他的朋友，在那里租了房子暂时住下来，父亲自己回到南京上班。11月，上海、苏州相继失守后，丹阳也岌岌可危，于是父亲又忙把我们转移到镇江。11月末，铁路局下令疏散员工，父亲便赶到镇江安排我们搭车去芜湖投奔外婆家，他自己则赶回南京料理公务。我们才到达外婆家没几天，父亲也赶来了。12月13日，南京沦陷。在此前几天，我们和外婆家一起

*本文选自中共江苏省委党史工作办公室、中共南京市委党史工作办公室编：《重温激情岁月——革命者口述历史》，中共党史出版社2003年版，第120—141页。因篇幅所限，部分章节有删改。

从芜湖包乘帆船沿着青弋江向皖南进发，到达泾县的翟村上岸。在这里住了几天，然后再乘竹筏到太平县的徐河桥（村）投靠舅父的一位朋友。

1942年的陆少华（潘玮　提供）

大约在1938年3月间，我们前往屯溪，在那里住了个把月。因为打听到金华还有火车通南昌、九江，九江还有轮船通武汉，于是我们又起程，乘小帆船去金华，奔武汉。在去金华的途中，大舅父病死在船上。1938年4月底或5月初，我们终于抵达汉口。当时，国民党的最高统帅部，以及中共代表团办事处（即八路军办事处）都在武汉。许多从敌占区逃来的难民和大批流亡学生、抗日青年也聚集在这里，武汉三镇笼罩在炽热的抗日浪潮之中。那时我虽然因年龄小，未能参加抗日团体，但到处可以听到的《松花江上》《大刀进行曲》等抗日歌曲潜移默化影响着我，对日军的仇恨已然入心。

此后，武汉的形势日趋紧张，国民党的首脑机关已悄悄迁到重庆，老百姓也纷纷向重庆转移。因为没有弄到车船票，我们家只好留在了汉口。1938年10月25日，汉口沦陷，26日武昌失守。日本鬼子侵占武汉后，虽然没有像侵占南京时进行大屠杀，但对中国老百姓的欺压奴役却无所不在。那时路过日本鬼子岗哨，必须对他行礼，出示“良民证”，有时还要搜身，稍有不慎就会遭殃。

1938年底，有两个早年留学日本的教师开办了一个日语学校，我去学了半年多日语。1939年下半年，教会办的私立上智中学恢复开学，我就去继续我的学业。在南京时，我刚读完初一，这时便接着读初二。经过两年的颠沛流离和失学，我更加珍惜这可贵的学习机会。在上智中学的两年，我的学习成绩一直名列第一。1941年初中毕业后，我又以优异的成绩考入法国教会办的法汉中学读高中，因是第一名而免除学费。

从1937年底逃难出来已经4年，过去的家底早已坐吃山空，父亲需要回南京去谋职业。因此全家除了我以外，其他人都于1941年初冬回南京去了。我则寄居在三姨母家，继续在法汉中学读书。1942年初家中来信，让我回去找工作。

尽管我内心一百个不愿意，但为了担负起家庭责任，只能带着满腔遗憾回到南京。那年我17周岁，从此便结束了我的学生时代。

党指方向　破除迷惘

回到南京后，给我的第一印象是满目凄凉，完全不像我记忆中的美好家园，再想起被屠杀的30万同胞，让人怎能忘记这亡国之恨！回家后没几天就过春节，当时我们家住在建邺路，过完春节我就忙着找工作。

1942年6月，汪伪政府在南京设立海关，报关的业务则交日本通运株式会社承担。于是，该公司登报招考粗通英、日文的报关员，我去应试，被录用了，分配在该公司的下关营业所。不久，日本通运株式会社改组成日汪合营的华中运输公司，主要业务是总揽从铁路运入和运出货物的托运、装卸和市内运输，并垄断报关业务。公司里带“长”字的全是日本人，中国人都是一般职员。中日职员同工不同酬，待遇相差四五倍。在这样的环境里工作，心情当然不舒畅，但是为了生活，又不得不忍气吞声。

那时，父亲被下关永大运输公司聘为账房先生，吃住在公司里，本人生活解决了，但拿钱不多，家庭生活主要靠我来负担。我是带着满身书卷气踏进社会的，碰上如此尖锐的矛盾，苦恼极了。这时，一位同事、中共地下党员马卓然向我伸出了友谊之手。在他的启发、开导下，我逐渐懂得了怎样正确认识和处理我们所面对的形势和矛盾，怎样问心无愧地处世和做人。1943年10月，他介绍我加入了中国共产党。从此，我心中有了一盏指路明灯，有了明确的奋斗目标，不再彷徨和苦恼。在马卓然同志的教育下，我逐渐懂得人有各种各样的活法，但只有为民族、为国家、为社会，以至为人类的解放贡献毕生力量的活法才最有意义，最有价值。

勤学勤业　发展组织

入党后，在马卓然同志的领导下，我做了一些群众工作。当时，党对白区工作的方针是“隐蔽精干、长期埋伏、积蓄力量、以待时机”。在这个方针指引下，我们努力把群众团结、组织在我们周围，培养、发展党员，积蓄力量，坚持斗争，迎接抗日战争的最后胜利。

同时，根据上级指示精神，我们坚持“勤学、勤业、广交朋友”，“勤学勤业”是为了在群众中树立我们正直可靠的形象；“广交朋友”则是为我们开展工作创造条件。我们利用业余时间组织同事打排球，利用晚间或假日进行串门互访，逢年过节组织团拜或聚餐等，对少数进步青年则给他们阅读进步书刊，进行革命启蒙教育。对多数处于中间状态的青年，主要是通过组织正当的业余活动使他们精神有所寄托，不致走上歧途。

1949年的陆少华（潘玮　提供）

马卓然还串联了一批华中运输南京分公司、下关营业所、煤炭港营业所的中国职员，于1943年2月组织了“南社”业余剧团。剧团分京剧组和话剧组，社会上一些戏剧爱好者也来参加，这样它的影响就扩大到社会上去了。在开展这些活动的基础上，马卓然、白文良两位同志发展了一批党员。我入党后，发展了陈桥，陈桥又发展了徐震亚。此后，党组织在下关车站营业所，形成了一支以马卓然和白文良为核心，能左右营业所局面的骨干力量。这些同志以后分别打进邮局、小教、店员、工厂以及军事部门，为党的事业做出了贡献。

恢复重建之初，发展党的工作，必须非常审慎。对每个发展对象，都经过了较长时间的考查、了解，从交朋友起，建立互相信任的关系，然后再经过革命启蒙教育，在条件成熟后才发展入党。对新党员的教育也抓得很紧，1945年初，马卓然把我的关系交给朱启銮领导后，朱启銮将我、陈桥和徐震亚编成一个小组，每星期碰头一次，朱启銮亲自来讲解社会发展史、《中国革命与中国共产党》，还组织学习延安整风文件。文件是用蝇头小楷抄在美浓纸上，由交通员从解放区带出来的。因此，虽然时隔多年，但我对自己如何走上革命道路，接受过什么教育，仍记忆犹新。

团结群众　坚持斗争

1945年8月15日，日本天皇通过广播向公众宣布无条件投降。中共南京市委工委根据上级指示，组织地下军，积极准备配合新四军解放南京。为此，成立了指挥部，下关地区由彭原同志统一领导。他把华中运输公司5名党员白文良、王春海、刘有余、陈桥、我，以及在下关铁路上工作的地下党员吴良杰、张宝生（褚雷）的组织关系打通，编成两个小组，我们这个组由白文良担任组长（此时马卓然已经调离）。在一天傍晚，我们5人分头在下关地区散发、张贴朱德总司令给侵华日军总司令冈村宁次的命令及其他标语、传单，宣传我党的政策和政治主张。同时，白文良和王春海在装卸工人中组织起了一支10余人的地下军随时待命。当时，我们非常兴奋，因为这两三年积蓄力量所等待的时机终于来到了。但是不久，形势发生了变化，党中央对下一步工作重新做了部署，我们的地下工作必须重新作长期打算。

此时，华中运输公司宣布解散，日本职员集中起来，待命遣返；中国职员遣散回家，没有遣散费。我们根据党的指示，利用原来南社同华中运输公司各营业所中国职员之间建立的联系，很快地串联酝酿，组织了一场要求发给遣散费的斗争。一天上午，近百名中国职员聚集在华中运输公司南京分公司的门口示威请愿，当场推举我和在分公司供职的杨长富为代表，同公司经理山崎进行谈判，终于争得每人两袋面粉和一些现金，取得了斗争的胜利。此后，我和杨长富以及刘有余等被指定为留守人员，在公司解散后负责看管公司房屋、办公用具，等待国民党前来接收。

国民党的各级官员在复员接收过程中，大肆贪污所接收的敌伪资产。沦陷区的人民在日军占领期间，受到人格歧视，抗战胜利后仍然受到国民党的人格歧视，这深深刺伤了老百姓的心。针对这一情况，党指示我和陈桥配合另一位地下党员叶再生同志，运用原南京市工商青年联谊会的骨干和群众基础，组织南京市失业青年大同盟（简称大同盟）。大同盟成立后除广泛开展宣传工作外，组织了一次请愿游行，并出版了一本名为《生路》的铅印刊物，号召失业青年组织起来，向国民党要工作，要饭吃。该刊物由于经济原因，只出了1期。此后，随着成员逐渐找到工作，大同盟自然解体。

这时，我仍在华中运输公司留守，等了两个多月，国民党的战时运输管理局才来接收。又过了一两个月，战时运输管理局改组成公路总局，成立直辖第一运输处南京分处，经营南京长途汽车客运业务，我才被正式录用，当了一名小职员。但由于是被接收留用的“伪职员”，总是被另眼看待，在一年多时间里，先后被调到句容、六合、全椒。党组织要我设法调回南京来，单位的答复却是要么服从安排，要么辞职。终于，我辞职不干了，才脱掉了那顶屈辱的“伪帽子”，再次进入失业大军。

《生路》刊头

苦难岁月　亲友协进

国民党给国统区人民带来的最大灾难是：由于发动全面内战，军费开支空前庞大，只能靠大肆搜刮民脂民膏和滥发钞票来解决。其结果是通货恶性膨胀，物价一日三涨，民族工商业日益凋敝，老百姓民不聊生。

我们陆氏大家族中的兄弟姐妹20余人，当时都已长成了十几、二十几岁的青年，有的上学或工作，有的则失学、失业在家。原来以为抗战胜利后一切都会好起来的，而现实使大家苦闷、彷徨。1946年秋天的一个晚上，表哥王锦钰、姜寿彰提议，我们这么多兄弟姐妹不如组织起来，经常聚会交流思想，相互帮助。我非常支持这个意见，堂弟陆永青也表示赞同。于是，以我们4个人为骨干，成立了一个名叫亲友协进会（简称亲协）的组织。我起草了一个简单章程，说明亲戚入会没有什么手续，自愿参加活动；对于朋友，则要思想进步，为人可靠的，才能吸收。

亲协成立后，曾出版过一张油印小报，登载我们自己写的一些短小精悍的文章，先后出过10期，在亲友中产生了一定影响。平时开展较多的是大家所喜欢的文艺活动，在活动中向大家灌输进步思想。1948年春天开始，我们成立了读书会，学习艾思奇的《大众哲学》。在这些活动中，我们结识了一些朋友，如药专的学生袁克昭、袁克坚兄弟俩，下关的季群等参加了我们的读书会，丁玉虹参加了我们的文娱活动。亲协有时也组织大家参加一些社会活动。1948年5月21日，纪念五二〇运动1周年，当晚在中央大学草坪上举行纪念晚会，亲协成员中大多数人都去了。1949年四一惨案发生后，陆九如带领亲协的一些成员到医院去慰问受伤学生。

亲协教育了我的兄弟姐妹们，使他们在各自的学习和工作单位，成为组织和参加进步活动的积极分子。堂妹陆九蓉是南京电信局的职工，她积极参加中共地下党组织的各项活动，有时还把妹妹们带去。此后，她在电信局入了党。堂妹陆九如在由我发展入党后，在她读书的南京剧专担任过支部书记，积极组织领导了解放前夕剧专的学生运动。表妹王学勤，当时是建国法商学院的学生，她积极参加校内的进步活动，也在该校入了党。堂弟陆永青由我发展入党后，他又先后发展陆九云、王锦钰、姜寿彰入党。

这样，到南京解放前夕，我们兄弟姐妹中已有8人先后参加了中国共产党。南京解放后，我的堂妹陆九芝、表妹姜静芳参加人民解放军第二野战军西南服务团，两个16岁的堂妹陆九兰、陆九玉参加二野军大。1950年冬，我那未满16岁的小弟弟陆九滋，也参军去抗美援朝。亲协的绝大部分成员，先后都成了共产党员。几十年来，大家在社会主义革命和建设中努力学习，积极工作，经受住了各种考验，可以说没有一个掉队的，没有一个给党抹黑的。

1949年10月，在南京四条巷树德里陆少华（后排中间）家欢送亲协成员参军（潘玮　提供）

远赴香港　学习总结

1948年上半年，解放战争发展得比预计要快，为了迎接沪宁等大城市的解放，中共上海局在香港举办了几期干部训练班，抽调上海、南京各个系统的领导骨干去参加培训。1948年4月中旬，我的领导人陈良通知我准备去参加学习，但去哪里没有讲，让我把所联系的几个党员关系交代一下。然后，由市委委员朱启銮同志来向我具体布置去香港学习的走法及对家里的安排。

这时，我已经刘有余同志的介绍，在一家汽车材料行里当店员，上班才两个月。为了去学习，又找了一个托词辞职出来，对家里则说在上海找到了一份好一点的工作。我还写好几封家信，交给朱启銮同志按信上的日期从上海发出。在第一封信中，我说自己在一家公司的船上工作，家中来信我收不到，因此不必给我来信，我还编造说这家公司的地点在中汇大楼。本以为这样安排就可以了，不料后来出了点差错，当中有封信没有按时发出。因为较长时间没有接到我的信，父亲便给我的四姨父（他住在上海广东路）去信，请他到中汇大楼去找这家公司。得知没有这家公司后，父亲着急了，要登报寻人，幸亏九云从中做了些安抚工作，才没有登报。

我的妻子岫云那时也不清楚我的政治面貌，对常来我家的朱启銮、陈良，只知道他们的假姓，不知道他们住在哪里。但是她知道陈桥也认识朱启銮，因为有一段时候他们常在我家一起开会。于是，她到陈桥家里去向陈桥“要人”。这时陈桥已经到邮局去当邮差，组织关系和我不在一起，他也不知道我到哪里去了。后来，家里又收到我的信，此事才暂告平息。等我从香港回来后，父亲也不再追究。

去香港的过程，先是4月下旬，我到上海按约定办法与同行的小组长王嘉谟接上头，由他安排去办理香港的申请入境手续和购买船票，然后回南京等待。5月上旬，再去上海搭乘轮船去香港。我们乘的是一艘货轮改装的客货船，在一个货舱内装上许多双层床。我们同行的3人编一个小组。上船后一看，陈慎言（他曾领导过我）、叶再生（曾经一起工作过，但没有打通组织关系，相互心照不宣）也在，还有姜妈妈（吴树山的入党介绍人姜秀英的母亲，我和吴树山在她家开过会）也在船上。我们相逢“不相识”，心里却很高兴。从上海开船后，第二天上午，在台湾基隆港靠了半天，我们也上岸去观光一下，下午续航香港。抵达香港后，我们按事前规定先到离码头不远的一家旅馆开了一个房间，陈慎言、叶再生等也到这个旅馆另开了一个房间。过了一两个小时，一位姓“秦”的同志来敲门，对上了暗语暗号，他“打的”把我们接到南京学习班的住处。

人到齐了一数，连姜妈妈在内一共13人。姜妈妈不是党员，属于可靠的革命群众，是来为我们烧饭并做掩护的。学员12人分成3个组，学运组有王明远、欧阳仪（女）、颜次青、翁礼巽、胡立峰；工运组有陈慎言、叶再生、曾群；第三个组为公务员、店员、小学教师等的混合组，有王嘉谟、李昭定、潘嘉镇（女）和我。这份名单也是解放后逐步了解到的，当时都用的假姓假名。班长是王明远（中共南京市委委员、学委书记），副班长是陈慎言（中共南京市委委员、工委书记）。直到36年后，也就是1984年4月，在南京市委党史办召开的座谈会上，我才知道当时的市委书记陈修良同志也去了，她住在上海局机关，亲自领导了这期学习班，不过她没有同我们见面。

学习分两个阶段，前一段是学习文件，主要是学习毛泽东同志1947年底所作的《目前形势与我们的任务》，同时也学习《新民主主义论》《论联合政府》及其他毛泽东著作。其间，还听了两次讲座，一次是章汉夫同志讲国际形势，另一次是许涤新同志讲新民主主义经济问题。后一阶段是联系实际总结工作，特别是对如何配合解放军解放南京进行思考。学习班最后形成一个文件《南京建党工作总结》，当然这主要是陈修良同志他们撰写的，由王明远在学习班上宣读，作为学习的总结。这份《总结》后来由我用小楷毛笔蘸米汤抄写在一本古典小说的书眉上，交给陈修良带回南京（当时不知道是她带回的）。

护店护场　迎接解放

从香港干部训练班回来后不久，陈良同志调去开辟警察系统的工作，改由刘峰同志来领导我，并且成立店员工作委员会，刘峰亲任书记，我和张士雄为委员。我负责永安、太平商场党支部及其他一些党员联系；张士雄负责中央商场党支部的工作。这时，国统区的经济崩溃，社会上失业人员众多，我也就不再找掩护职业，专门从事党内领导工作。

1949年4月21日凌晨，随着毛主席、朱总司令的一声号令，解放大军以排山倒海之势强渡长江，我们日夜期盼的南京解放即将到来。4月22日晨，我解放军三十五军解放了浦镇、浦口，南京的国民党守军开始逃跑，到23日上午，南京已成空壳。下关车站及中山路上的国民党司法部被国民党特务安放的炸弹炸毁起火，城市秩序紊乱。我和张士雄分别赶到三大商场，通知他们按照事先部署，利用我们党所领导的自励会和互励会，组织店员群众、资本家及资方代理人护店护场。另外，让平时参加“义勇警察”和“自卫队”的同志穿起制服，到国民党的警察局或派出所接收了一批枪支弹药，武装起来，在商场内外及所在地区新街口、夫子庙、太平路一带巡逻，维持治安。他们坚持了两天一夜，确保了南京三大商业中心的社会秩序稳定，商店未受到破坏，为南京解放做出了应有的贡献。

迎来光明　焕发青春

南京解放，南京人民从此迎来了光明和希望，我们这个大家庭也重新焕发出青春。

南京一解放，父亲4月24日下午就到下关车站参加会议，25日就恢复办公。由于他原来的办公室已被炸毁掉了，他要凭记忆重新制定出规章及运价表来供恢复运输使用。同时，他还做了一些对恢复铁路运输有益的工作。因此，后来在表彰解放有功人员时，他被评四等功，在发给他的奖状上写道：“查该员在为解放后的人民铁道事业的恢复和发展中尽了很大的力量，经群众公认为人民铁道英雄。”1949年11月，铁路局公布了《员工退休暂行条例》，此时他已65周岁，于12月光荣退休。

我在5月上旬奉调到南京市总工会筹备委员会报到，任秘书长，地点在洪武路原介寿堂，即现在的工人文化宫。我去时，筹委会的领导班子已经配齐，主席高骏，副主席陈慎言、彭原、邵雪岭，都是地下党工委的负责同志，下面各部门及各产业工会除少数几个是军队转业来的外，大多数也是地下党员。如店员工会除1名书记是外来干部外，其余从领导到一般干部都是原店员系统的地下党员和积极分子。那时工作非常忙，我们都吃住在机关里，过集体生活，享受供给制待遇。早晨上班后先集体学习1小时，晚间也常开会，不开会时则加班工作，只有星期六下班后才回家度周末。

妻子岫云也于1949年5月参加了工作，进入南京贸易总公司当打字员。九云解放前从师范学校毕业后，在琅琊路小学当教师，解放后被分配到燕子矶小学，住在学校里，也是周末才回家。二弟九丰这时已进入常州电信局工作。我

老有所乐的陆少华

的那班堂、表兄妹们，解放后都各自有了自己的岗位。他们和我一样，都迎着朝霞和曙光，全身心地扑在工作上。加之1949年7月，我们家迁到中山东路四条巷树德里总工会的家属宿舍去了，于是大家难得见面。至此，经过战争洗礼的封建大家庭，已演变成若干个朝气蓬勃、流溢着革命气氛的小家庭，“亲协”也完成了历史使命，成为大家记忆中的一段美好故事。

1950年底，在轰轰烈烈的抗美援朝运动中，正在燕子矶农业学校住读高一的幼弟九滋没有征求家长意见，自己就报名参军，等被批准后才告诉家里，时年15周岁零4个月。1951年1月12日，他离家入伍去沈阳。那天，我送他到下关车站。这一别就是20多年，直到1972年10月，他才带着妻子儿女回家来探亲，而此时父亲已作古。并且，这时我们家已不在南京，而是随着我工作调动，迁到上海来了。年迈的老娘见到阔别22年、魂牵梦萦的幼子当然是喜泪盈眶了。

从1925年出生到1949年迎来南京解放，我当时正好在人生旅途中走过了24年，前12年充分享受了童年的幸福，后12年则充满屈辱、苦难与奋斗。但正是这屈辱和苦难促使我更快地觉醒、成熟和成长，并为寻找信仰和光明而不懈奋斗。我永远记得迎来胜利时的自豪、甜蜜和喜悦，并充满着深厚的主人翁情结。正是这份情结让我无怨无悔地为党、为祖国、为人民、为社会主义事业继续奋斗了几十个春秋。回首往事，思绪万千，归结为一句话：当初我这条路是走对了。正是：忝列耄耋霜染鬓，初衷不改尚乐天。

风雨话人生*

丁　熊

辗转上海、香港谋生

我原名丁连元，1924年出生于常熟，家里是做小生意的。1936年，我到上海虹口昆明路中华教育用具制造厂当学徒。学了一年不到，1937年卢沟桥事变爆发，老板就叫我们回家，我只好又回到常熟老家浒浦镇。那时家里生活十分困难，连饭都快吃不上了。1938年10月，南京、汉口相继被日军占领后，我原先在上海当学徒的工厂老板胡庭梅突然写信到我家里来，我们离厂时给他留了家庭地址。

这个老板是宁波人，很有钱，他在信中说他的厂已搬到香港去了，我们如果愿意去的话，可以拿着这封信去上海找他，不愿意去也可以。另外他提及，我们进这个厂当学徒时曾交过30块银元当保证金，如果不去的话，押金也不退了。母亲得知这个消息后说："这是个好事啊，赶快准备。"我就去买了件长衫，准备去上海。老板在信中说他住在上海法租界拉菲德路561号。浒浦正好有个码头，我就乘了长江里的轮船到了上海。到上海时已是晚上，因为不认识路，我就叫了一部黄包车赶过去。敲门进去后，正好老

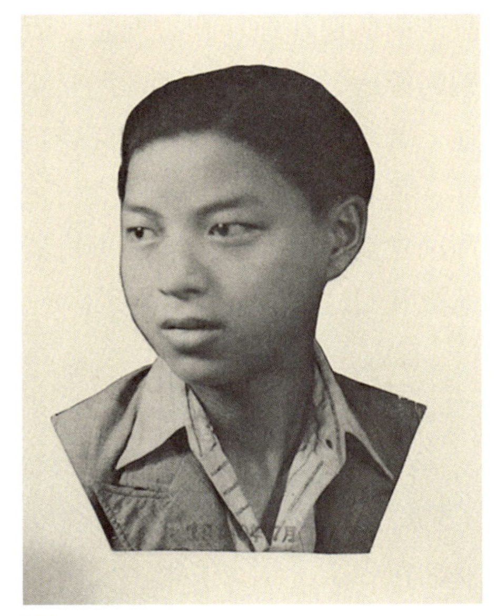

1940年在香港九龙的丁熊

*本文选自中共南京市委党史工作办公室编：《甘于奉献 初心永恒：南京解放亲历者口述历史》，中共党史出版社2019年版，第77—92页。因篇幅所限，部分章节有删改。

板有个亲戚认识我，便留我住下来，第二天带我去了工厂。

1938年底，在上海待了一两个月后，这个老板安排我们十多个学徒坐英商“太原”号轮船出发，坐了5天船后才到达香港。我们工作的地方名叫香港保安实业股份有限公司，地址在九龙牛池湾，工厂背靠大山，面向维多利亚港。我还是当学徒工，在第一工场工作，操作的是龙门刨床，加工的活大都是大型铸铁件。

1941年12月7日，日军偷袭珍珠港。不久后，香港遭日军占领。老板逃走后，公司被迫停产，员工们的生活日益困难，连米都买不到，大家焦虑万分。正在此时，香港维持会成立，发出公告，大意是现在香港生活物资严重匮乏，必须疏散人口。告示说，凡登记离开香港的人，准许购买大米3斤，发给“良民证”。我决定离开香港，到大后方去。正好保安公司工人周耀祖、顾谓昌两人也有此意愿，我们3人便结伴同行。

我们走了30天，才到了广东韶关。穿过火线时，日本鬼子不让我们往前走，只好又去了广东惠阳。在这里，我们遇到了许多香港来的难民，足有五六十个人，大家靠吃附近地里的青菜度日。待了3天后，我们发现附近有日本鬼子的队伍在往广州方向走。看了自己带的地图后，我们决定往河源方向走。到河源后，我们遇到了国民党士兵，他把我们带到了位于附近一个村子里的营地。为首的国民党军官让我们到前面去找区公所，说是能领到救济费。就这样，我们3个人终于吃饱了肚子，每天走八九十里路赶往韶关。到韶关后，碰巧国民党资源委员会昆明中央机器厂正在招工。他们知道香港会出来很多工人，就把我们这些人全都招去了。

走上革命道路

1942年4月，我到了中央机器厂工作。干了一年半后，又去昆明国民党兵工署第53兵工厂工作（国民党兵工署下辖多家兵工厂）。那时我年轻，只有20岁，在兵工厂结交了很多云南的朋友。兵工厂里的一些朋友认识西南联大历史系吴晗的一个学生，名叫萧松，他是共产党员。1945年的7月1日，萧松组织我们参加了云南省民主工人同盟，从此开始参加进步活动。1946年6月，我加入了中国共产党。1947年元旦，我从昆明乘联合国善后救济总署的交通工具到达上海。原先的想法是找到过去的工友林映银，解决吃住问题后，想办法找个工作，再尽快接上党的组织关系。然而事与愿违，当时林兄在一个小厂工作，并且老板已通知他，春节后不再雇佣他。他自己的生计都成问题，就很难再帮助我了。但林兄很乐观，他说你来了很好，可以一同学习，多交些朋友，关于住处问题，上海有个后方来沪失业工人招待所，有吃有住，一律免费，条件差些而已。

第二天，林兄陪我去该招待所。进去一看，管理人员与林兄都相识，打过招呼后，就到了林兄的床位。里面都是3层大木床，下铺住着有老婆和小孩的人，我们住二层，木床很大可睡3至4人。林映银要我当天就住在二层他的床位上，而且二层已住了一位名叫赵群的青年。经过介绍后，我就爬了上去，把所带东西都放好，床的里边有一堆书。我随手拿了一本翻翻，都是哲学、政治经济学之类的理论书籍，有一本是《反杜林论》。我想这里环境复杂，这些书放着不好，暴露了我们的思想观点。我对林映银说："这些书应该拿开，可以看看别的文艺小说。"林兄接受了我的意见。

我住的下铺住着一位妇女，怀里抱着一个婴儿，还有一个男孩五六岁。她的丈夫姓张，名字不详，在吴淞口一家工厂工作，平时不回来，只有到了周六傍晚回到招待所，与妻子小孩团聚。次日下午，张师傅又去吴淞口，星期一正常上班。

过了春节，林映银被老板辞退，又回到招待所与我们同住。林兄在上海朋友不少，有袁永业、孙一千、蒋智敏等人。他们也经常来招待所与我们聊天，大家一起想办法找工作。1947年3月，袁永业说曹家渡中纺一厂裕通公司要钳工，我可去应聘。于是，我就离开了失业工人招待所，住到了工作的地方。

我很想念林映银和赵群，20天后，第一次发工资时正好是星期六，我想第二天去招待所，送些钱给他们。晚饭后，袁永业突然进来告诉我，老林他们被捕了，并且门口有人要见我。我到门口一看，原来是在招待所下铺住着的张师傅。张师傅告诉我，林映银、赵群两人3天前已被警察抓走了，现在生死不知。警察还在等着抓我，让我不要再去招待所了。张师傅说，只知道我住在曹家渡，但不知道具体地址，幸好巧遇袁永业，才找到了我。

张师傅走后，我与袁永业紧急商量后决定立即离开上海。第二天，我通知有关朋友不要再去招待所了。此后，我乘火车经苏州到了常熟老家，见到了病危中的哥哥丁奎元。我和他是孪生兄弟，他得了晚期肺结核病，因无钱治病，一个多月后去世了，年仅23周岁。

后来得知，林映银和赵群在上海被关了两个多月后，因为事无证据被释放回家了。此后，林映银从宁波来到南京工作，我们在南京重逢后，我还成为了他的入党介绍人。1949年全国解放后，我曾经想过去上海或者通过组织寻找当时来报信的张师傅，但我不知道张师傅的全名，也不知道他在吴淞口的具体工作单位，该到哪里去找他呢？一想到这件事，我就觉得非常遗憾。

在南京参加党的工作

1947年，我在老家住了一星期，接到南京老朋友虞景兆来信。他在信中说如果没有工作，可来南京。于是4月间，我从老家来到南京谋生。虞景兆跟国民党教育部所属中华科学仪器制造所所长薛培贞相识，经他介绍我进了这个厂工作。后来，厂里又派我去紫金山天文台工作，主要是修理设备，天文台的许多设备之前被日本人破坏了。我是钳工，各种活都可以做。

1934年建成时的紫金山天文台

我在南京还有个朋友，他在中华门外的六〇兵工厂工作，我们在昆明工作时相识。他在我之前到南京谋生，与我有通信关系。安定下来后，我就写了封信给他，他马上就来找我。他说："老丁，我在这里结识了一位朋友，每周找我聊天一次，这个人有点像你。"我之前在云南省民主工人同盟时曾做过他的工作。于是，他就把这位名叫高骏的朋友介绍给我。我后来才得知，高骏隶属于中共南京市委下属的工人工作委员会。他在解放初曾任南京市总工会副主席，后来去了上海工作。

高骏跟我联系上后问我："有没有参加组织？"我说："没有。"因为当时才从上海逃出来，我不敢告诉他已参加党组织。相互熟悉后，他说："据我们了解，你们昆明过来了不少人，你在南京也可以入党。"我说："我也不入党，跟你保持联系就行。"此后，他每周联系我一次，告诉我一些关于延安的、八路军和新四军的消息。虽然没有接上组织关系，但我已经十分高兴，因为终于能够再次听到党的消息。

到了1947年10月，我的朋友姚志祥告诉高骏，说老丁是参加过组织的。因为高骏同时在跟姚志祥联系，姚志祥也是从昆明回来的，对我的情况比较了解。就这样，我就向高骏承认了自己之前已参加党组织的事实。明确党员身份后，我开始参加南京党的工作。

1948年夏天，我的一个名叫彭月樵的好朋友，从长沙来南京找工作。他在南京的朋友面较广，没过多久就在中华门外西板桥中央无线电器材有限公司南京厂（新中国成立后改称南京无线电厂）找到了工作。安定下来后，他星期天总要到城里来找我，有时会带该厂的几个工人一起过来，大家聊天、吃饭、谈论一些国家大事。彭月樵在聊天中告诉我，他们厂里有好几个人思想比较进步，其中就包括我在上海时的工友林映银，他当时已从宁波来南京，也在这个厂工作。

我把这个消息告诉高骏后，他对我说："这很好啊！这是一家官僚资本企业，将来要被我们接收的。"高骏让我视情况发展几个党员，大企业有了我们的人，就能深入了解情况，有利于接收工作。就这样，半年内我发展了两名党员，分别是张振海和林映银。当时，成立党支部需要有3名党员，高骏就说："你可兼支部书记，不就有3名党员了吗！"后来，张振海介绍了3位工人入党，我又介绍了彭月樵入党。这样，该厂就有6名党员了，我就无需兼任党支部书记。可是大家还是认为我是该厂的第一任党支部书记，连高骏都忽略了，我并不是无线电厂的职工，支部书记应由张振海或其他党员担任。此事直到张振海病危时才解决，张振海写了报告，交给新上任的厂党委领导。经组织研究认定，无线电厂第一任党支部书记是张振海。至此，我也就圆满完成了高骏所指示的，在无线电厂发展党员、建立党组织的任务。

1948年整整一年，我都在紫金山天文台修望远镜，除我之外，还有一位名叫吴伯钧的钳工一起工作。另外，还有个德国专家，他是维修望远镜的主要负责人，我们两个都是配合他工作的。到了1948年底，淮海战役打得很激烈，中华科学仪器制造所说要搬迁到广东汕头去，叫我们从紫金山天文台下来。党组织领导高骏就告诉我，要我离开这个厂，专职做党的工作。

不幸被捕

当时，南京白下区太平桥派出所有两个警察是中共地下党员，其中一个叫王荫民，他介绍了一个叫孙洙的警察入党。孙洙当时比较年轻，比我还小3岁。1948年底，中共南京市委决定将我和黄河（中共南京地下党员）调到警员工作委员会工作。此后，我的组织关系就交由陈良、马文林领导。

陈良和马文林考虑到我才24岁，没有结婚，如果没有社会职业专职做地下党工作，无法解决住处，便让我和黄河结为表兄弟，和他们家住在一起，以此为掩护。黄河与妻子、小孩、小舅子、母亲住在一起，我混在其中住了两天，陈良他们就向上级汇报了。市委领导陈修良、刘峰得知后，觉得这样居住不安全，让我马上搬走。此后，我就一个人住到了在虹桥附近司背后种菜的一个老农家。至于黄河他们搬到什么地方不让我知道，我也不能去。

1949年1月，让我做好暗号，去联系张明伦（其实这个人是国民党特务）。联系上之后，3月1日我就被捕了，同时被捕的还有王荫民和孙洙。我们被关押进去后，王荫民被上了电刑，但他坚不吐实，第三天就被放出去了，他走前偷偷给了我两块银元。后来得知，他出去以后去了皖北解放区，解放后在北京工作。

我和孙洙刚开始都被关押在羊皮巷看守所，后来孙洙被押到国民党卫戍司令部看守所，我们就分开了。此后，一直没有人来审讯我。时间很快到了4月份，国共双方正在进行和谈。南京解放前夕，国民党“代总统”李宗仁迫于压力，同意释放在押政治犯，我和孙洙被放出来的时候，南京已经解放。记得当时羊皮巷看守所关押了有五六十个人，其中有新四军，也有国民党起义军官，他们穿着黄大衣，有七八个人。4月23日那天，每天开饭的伙夫拿着钥匙，先把国民党的起义军官放掉，再一间一间开牢房，最后才开到我这间牢房，我这个牢房住了20余人。

出狱后，我独自离开，沿着羊皮巷向东拐个弯就是洪武路，我工作的中华科学仪器制造所原址就在这里，后来才迁到中央门外。我走进去一看，正好遇到一个熟人，熟人留我在这里吃早饭。我问他：“朱鑫铨和胡叔文还在厂里吗？”他说还在。当时南京电话、水、电未断，我就打了个电话给朱鑫铨，让他过来一趟。朱鑫铨接到电话后从中央门走到洪武路，看到我头发很长，人也消瘦，十分惊讶。我让他带我去理发，又陪我去司背后的住处，把被子搬到了中华科学仪器制造所，才算安顿下来。

建设新南京

第二天，黄河同志知道我出来了，开了个吉普车来接我，把我接到太平路那里的党公巷，市公安局在那里，我见到了陈良和马文林。在这里，我头一次吃到了小米饭。此后，我在部队干部处待了一段时间，等着分配工作。

大约是1949年6月，市委组织部干部处通知我，陈修良部长安排我做青年工作，让我拿着介绍信到中山东路41号市委组织部找一个姓寿的副部长。寿副部长说：“你拿着介绍信去找王明远，你们组织一个青年工作委员会（中国新民主主义青年团南京市工作委员会，简称南京青年工委）。”当时青年工委在成贤街口（原国民党教育部）。王明远、罗炳权、叶再生、卫永清还有我共5人，组成了青年工委。

1953年建成的五台山体育场

我是青委委员，王明远任中共南京市委委员兼青委书记，罗炳权任副书记，他和卫永清一起做学生工作，叶再生做宣传工作。

1950年7月，中华全国体育总会南京分会成立，王明远任主任，吴蕴瑞任副主任，我负责体育运动方面的工作。当时，原中央大学的几位体育教授，闻悉市青年团机关有人负责体育工作，便主动来青年团找我。吴蕴瑞教授当时年纪很大了，也来找过我。市政府教育局中教科的刘纪元也搞体育，他也找我共商如何开展南京市体育工作。我汇总各方面情况后，再向王明远汇报。

教授们建议五台山附近有个地方很适合做体育场，底下是平地，可以做成足球场，两边是坡地，可做成看台。但是修建体育场是需要钱的，王明远书记请示市领导后，市领导要求我们拿出方案来。教授们把方案图纸设计出来后，我送到市政府给市领导看。此后，市领导批了20万斤粮食作为以工代赈的经费。1950年8月18日，五台山体育场动工兴建，1953年建成。

在国营七七二厂工作的难忘经历

1953年，市委国营工业部有个从新疆来的女同志叫景路，当时担任副书记，她经过市委同意组织了一个工作组，去负责国营企业的调研工作。因为当时对于企业到底怎么开展思想工作，大家没有头绪，就决定派工作组去摸底看看。市委组织部、市委宣传部、市总工会、青年团都派人参加，派了五六个人住在厂里，景路当组长。青年团甘霖书记（王明远已调走）就派我去了。

工作组当时由陈慎言领导，在七七二厂（前身为国民党资源委员会的电工厂，即后来的山西路南京电子管厂）驻扎了4个月。在工作组即将撤销时，厂长兼书记张笑晨（山东人）跟我讲：“老

1950年，丁熊与王慧君夫妇二人在南京合影

丁，你愿不愿意到我们厂里来？”我当时已在青年团青工部当部长了。我那时有个想法，就觉得在青年团机关工作很单调，也没什么事情做，我倒是愿意去工厂，比较实在。所以我就说愿意到七七二厂来工作。但是怎么调呢？张厂长说，你只要同意，什么事都不要管。后来他到市委组织部去把我的工作关系、党的关系统统转到七七二厂来。这是1953年8月的事情。

在七七二厂，我的职务是厂基层工会主席。1954年，我还当选为鼓楼区的人大代表。我在厂里很活跃，各个车间到处跑，和工人的关系也很融洽，因为我也是工人出身，比较了解工人。1956年，二机部表彰劳动模范、先进工作者，召开全国第二机械工业部第一次先进生产者代表会议，我厂有3名代表参会，分别是蔡海全、胡为康，还有一位女同志。另外，文件规定，单位工会主席可陪同代表列席参加。我就陪他们一起去了北京，住在首都的西苑大旅社。

会上，彭德怀、朱德、郭沫若都到会讲话，记得郭沫若还朗诵了自己写的一首题为《先进生产者颂》的诗。会议结束后，我们在中南海受到了毛主席的接见，当时的中央领导人刘少奇、周恩来、朱德、彭德怀、邓小平都参加了。参会的第二机械工业部先进生产者和先进单位代表有531人，大家在怀仁堂前一起合影，这对我来说，是永远难忘的宝贵经历和荣誉。

处逆境而不放弃

1957年，我被划成“右派”，之后被下放到车间劳动。但无论身处怎样的逆境，我都抱着永不放弃的信念，努力做好自己的工作。1973年或1974年，我到七七二厂设计所第二室做技术组组长，组里大概有20几个人，设计各种模具、夹具。我当组长也要画图，我画的图由主任来核对，组员画的图都是由我来核对。这20几个人中，文化都较高，也有几个是大学生。此后，我还在厂设计所工作过，帮助设计所解决了一些关键技术问题。比如，曾去上海参观美国总统尼克松访华送的卫星地面站，从上海回来以后，我和陆良燕、魏凤琛3个人配合，仿造了一个部件。这个部件很难做，我们用了两个月才把它做好。

1979年平反，恢复党籍之后，我被调到新成立的中国南京无线电公司工作。公司党委书记是胡立峰，他曾负责南京市委学委中学分委工作。他到我家来找我说：“我当书记，你当工会主席。”那时我已经55岁了，在那里又继续

2018年，丁熊（前排右一）与南京市委党史办的采访同志合影留念

工作了四五年。

1984年6月，我从工作岗位上退了下来。正好市里办了一所金陵老年大学，罗炳权是校长，我报了历史和书画两门课，每天骑自行车去上课，感觉生活十分充实。我的夫人王慧君出生于1923年，1947年12月在中央大学加入中国共产党。她比我先退休，她后来也去报了建邺区的老年大学，学习书法。除了写字外，她还喜欢研究诗词，经常和省委党校的同事们讨论诗词。后来，她曾出了两本与诗词相关的书籍。但是老伴的身体比我差，常常要去住院。2010年11月，她因病去世，先我而走了，终年88岁。她的离去，让我和孩子都感到十分难过。

（王婷婷　整理）

在斗争中迎接南京解放*

鲁 平

接受党的启蒙教育

我原名张杰（张德铮），祖籍南京，1922年出生在南京铜坊苑的一座老宅里。我们家是一个大家庭，在我出生前，伯父、叔父和我们，三房的人住在一起。我出生后，叔父搬了出去，我们和大伯一家住在一起。我的父亲叫张荣森，母亲叫汤书敏，我有3个妹妹和3个弟弟，大妹妹张长清在22岁时因病去世。

1933年，我上小学五六年级时，我的父亲在江宁县任财务科科长。他平时脾气暴躁，但为人刚正，很看不惯国民党官员的贪污腐败。当时江宁县被改为实验县，由蓝衣社的梅思平担任实验县县长（梅思平抗战时期堕落为大汉奸）。有一次在酒席上，我父亲痛骂梅思平。不久被梅思平诬陷贪污罪，把我父亲抓了起来，关进南京江宁地方法院看守所，这件事对我们家是一个重大变故。虽然后来证明是一个冤案，但拖了3年多，父亲才被无罪释放。父亲在看守所里遇到了一些被关押在那里的共产党员，受到了他们的影响和教育。特别是他曾和陈独秀[①]关在一起，经他（陈独秀）开导，父亲才没有因为受到冤屈而自杀。因此，父亲在被无罪释放离开看守所后，到处宣传共产党的好和共产主义的正确。并且，他按照陈独秀的建议，购买了许多进步书籍，从那时起，我们这些子女也从父亲那里接受了党的启蒙教育。

我小学毕业后考入南京钟英中学。这个学校当时是个法西斯习气很重的学

---

*本文选自中共南京市委党史工作办公室编：《甘于奉献 初心永恒：南京解放亲历者口述历史》，中共党史出版社2019年版，第55—76页。因篇幅所限，部分章节有删改。

①陈独秀已于1929年11月被开除党籍。

校，生活上都是军事化管理。我在钟英中学鹦鹉学舌地发表了一些言论，老师非常反感，所以在初中一年级结束时，学校把我开除了。

1937年七七事变爆发。当时正好是初中一年级结束后的暑假，整个钟英中学要搬迁到安徽屯溪。父亲不想跟国民党走，便托关系让我重新进了钟英中学。当时正值第二次国共合作，在共产党的要求下，国民党被迫释放了一批政治犯，关押在南京的一些共产党员出狱后，到我家向我父亲告别。当时我们家住在门西老府桥，是座三进的房子。父亲从看守所出来后每逢过年过节，都会带上饭菜和一些钱去看守所看望陈独秀。作为回报，陈独秀就写幅字送给我父亲。在我印象中，陈独秀的篆、隶、草书都写得很好。本来家里存有很多陈独秀的字，可惜后来日军占领南京时，房屋被烧毁，这些字画也都被付之一炬。在日军进城前，父亲把家里的进步书籍装进一个铁箱和一个木箱里，埋在老府桥家中后面的花园里。

1937年9月，我只身离开南京，前往当时已迁到安徽歙县乡下的钟英中学。我从中华门火车站上的车，与父亲在车站依依惜别。到了那里后，父亲经常寄一些进步刊物给我，他可能是怕我跟着国民党走，与他们同流合污。这些刊物引起了学校当局的注意，他们监视我的行动，翻我的东西，我感到很危险。不久后的一天晚上，我与一位南京来的同学准备好行李，在公路上搭了一辆回南京的军车，第二天晚上回到了南京，此时已是1937年的12月。

1939年读中学时的鲁平

我回到老府桥家敲门时，家中只我父亲一个人，点着一盏煤油灯出来开门。他见我回来非常高兴，当时家里的其他人都已住进了难民区。第二天，父亲就带我住进了难民区阴阳营的一排平房里。我的母亲带着妹妹、弟弟张远（张德锟）住到金陵女子大学一个由美籍教师华小姐负责的女难民区。

我们进难民区不久，南京就沦陷了。我亲眼目睹了日军的暴行和汉奸的丑恶，也差一点做了日军屠刀下的冤魂。1938年2月，难民区安全委员会解散，南京成立了以汉奸梁鸿志为头目的维新政府。老府桥的家已被日军烧个精光，一大家子只好借住到老府桥附近我父亲的一个朋友家。从此，我家成了无产阶级，没有房产，只能租住别人家的房子。

1938年3月，我进了一个日语补习学校学习，到六七月时，考进了南京第一中学的初三班。在日本人统治下做亡国奴是非常悲惨的，老百姓进出城门都要向日本兵鞠躬，走在路上看到日本兵的队伍还要靠边站立、鞠躬。日本兵在市里四处胡作非为，我们一般都不上街，就待在家里。

1938年底，我们家租住到殷高巷，正房上面有个小阁楼，我们把两箱进步书籍从老府桥院子里挖出来，放在阁楼上。一有空我就躲在阁楼上看书，有高尔基的《母亲》，奥斯特洛夫斯基的《钢铁是怎样炼成的》，还有《萍踪寄语》《西行漫记》等。当时还看了一些理论性的书籍，有摩尔根的《古代社会》、达尔文的《进化论》和《唯物史观》，等等。这些阅读使我对共产主义有了一个初步认识，也为后来个人发展打下了思想基础。

参加秘密抗日组织

1940年7月，南京中央大学招生，我那时还差一年才高中毕业，但在老师、同学的鼓励帮助下，考上了工学院土木系。9月，进入南京中央大学学习。

从1941年初夏到七八月，我发现我家门里经常有寄来的宣传抗日的油印小册子《新知识》。开始我以为这些刊物是在新四军里的表哥、表姐寄来的。当时，班上的同学方焜、黄真经常到我们家来聊天，大家不约而同地谈到要抗日，我也赞成抗日。他们提出："我们参加抗日小组，你去不去？"我当然要参加，就这样，我就参加了秘密的抗日小组团结救国社（简称团救社）。团救社开始时有方焜、肖名树、黄真、程淑英、朱为捐（许勤），还有王志毅、陈健。后来又发展了徐栯松、康景孚、柳肇润、戴健、李嵘、方淑娴，包括我的妹妹张长清等。团救社的任务是团结爱国进步青年共同抗日。发展对象既要爱国、抗日，同时还要求思想进步，对共产党有一定认识。这就很符合我的思想，所以在团救社里，我还是积极分子。

1941年冬天，朱为捐开始找我到校外进行个别谈话。我记得一次到广州路旁边的五台山上，我俩就对共产主义、共产党的认识谈谈看法。当时，我就想看看共产党是怎么样的？她对我谈得很简单，说要靠我们大家去找共产党。实际上朱为捐那时已经是共产党员了。

1942年一二月放寒假。朱为捐带着芮琴和、于梦梅和我一同去了茅山抗日根据地。接见我们的是中共苏皖特委委员汪大铭和苏南保安司令樊玉琳。汪大铭给我们讲授了党的基本政策和知识，讲共产主义和共产党，坚定了我们跟共产党干革命的信心。我们在茅山大概学习了一个星期，就回到了南京。

1942年二三月间，国民党在南京的地下“三青团”被日汪特务破获，这一批人是金陵女子大学附中的地下“三青团”。据说特务搜查出《萤光》杂志，这些杂志是由程淑英带给地下“三青团”的，程淑英因受牵连而被捕。程淑英被捕是一件大事，又涉及朱为捐。程淑英与黄真是亲戚，一天早上，程淑英的父亲告诉黄真，日本人要去抓朱为捐。黄真一早就跑到学校宿舍找方焜，那时我正好也在那里。当时，朱为捐正在教室里上课，我们3人就到教室里去，我在学校大楼的外面放风，方焜他们就进去了。朱为捐看到教室外面有个影子晃了晃，马上就出去了。方焜、黄真告诉她情况紧急。她连书包都没有动，桌上的书还摆在那里，看上去像上厕所的样子，人就离开了。果然不出所料，过了一个小时，日汪特务的汽车就开来了，结果特务扑了个空。后来我才知道，朱为捐在我堂姐张辉英家里躲了好几天。跟组织联系上后，她才撤退到茅山江南区党委去了。

朱为捐撤退后，我的联系人不在了，不久，就由方焜联系我，找我谈话，我们表示一同找党。过了一段时间，他说：“有一个共产党来了，你愿意不愿意跟他谈？”我说：“谈啊。”他说：“既然来了，那就一个一个地谈，而且要在外面谈。”就这样，我认识了舒诚。舒诚是1941年7月，被江南区党委（即苏皖区党委）派到南京来的。1942年她先后任南京特支、南京工委书记。临来南京时，区党委副书记邓仲铭指示舒诚，要利用合法形式，团结群众，积蓄力量，准备做长期斗争。

舒诚和我谈话时，谈了许多共产党的道理。1942年5月份到6月份，舒诚问我：“参加共产党吗？”我说：“参加。”她就要我写《自传》和填表，我连夜写出来交给她。1942年6月，我加入了中国共产党。团救社以后有了分化，改名为萤社，把原来编辑的《新知识》改为《萤光》，一共出了7期。这时方焜找我商量，准备成立一个秘密抗日团体青年救国社（简称青救社），我参加了筹备工作。我印象最深的首先是找到大学同学王嘉谟，因为他是主张抗日的，功课也很好，在班上也很有威信。之后，又找到同学丁璇（丁又川），他也是积极抗日的。1941年10月，秘密抗日团体青年救国社成立。

她是一个优秀的女性

我要谈谈我的妹妹张长清。她原来是一个普通女学生，功课也不是太好。我参加团救社后，要学会做群众工作，开展抗日活动，就把妹妹作为发展对象。我关心她的功课，跟她谈抗日的道理。她一受到尊重，进步得很快，功课上成了优秀生，活动能力在班上也变得很强，团结了很多人。经过谈话，她表示愿意参加团救社。1942年七八月，她与南京市的张一诚、胡立峰等4个学生到了茅山抗日根据地，在那里还参加了新四军十六旅旅部组织的活动，听党课接受党的教育。她于1942年10月参加了中国共产党。她入党后，舒诚决定成立学生支部，书记是方焜，我和我妹妹是支委。

当时她在模范女中积极开展工作，在班上起了很大作用。大约在1942年底、1943年初，她介绍周兰加入中国共产党，还有一个女同学潘嘉镇。她不仅在本班上而且到外校开展工作，有时吃过中饭就到外面去活动。因为长时间劳累，不幸得了盲肠炎，因医治不及时转成腹膜炎，于1943年6月11日去世。那天我正好要大考，也没有看到她最后一眼，非常痛心。我妹妹去世后，支部就不存在了，由舒诚直接联系方焜和我。

利用合法开展工作

我入党后，第一次是到江宁县委陆纲（中共江宁县委书记）那里听报告，地点在江宁县龙都镇南门外。此后，陆续听了党的整顿“三风”的文件，参加整顿“三风”的座谈。

青救社成立后不久，方焜又跟我说，舒诚的意见要我们利用合法开展工作。我当时也不懂什么叫利用合法。事有凑巧，听一个同学说，伪南京市长周学昌想在学生里面搞点名堂，捞点资本。方焜他们认为这是个很好的机会，决定成立学生互助会，并打入进去，就是挂“东亚联盟总会南京分会”的招牌来

在南京中央大学读书时的鲁平

做我们自己的事情。

1942年秋，正值国民党“双十节”，我从陆纲那里回来后，和方焜一起参加了在游府西街小学召开的学生互助会成立大会。学生互助会成立后，开展了很多活动。1943年6月，中央大学的学生因校方克扣学生伙食，开展了驱逐校长樊仲云的斗争。这是方焜向党组织汇报同意后，由尚有为、王嘉谟等人发起的，我当时没有住在学校，所以没有参加倒樊斗争。1943年12月，又爆发了反对日伪统治的清毒运动。1944年1月，我参加了干字运动实践会举办的寒假生活营，与大家一起查抄了丰富路上“白面大王”曹玉成的家，因搜出大量海洛因，迫使汪伪当局枪毙了曹玉成。

1944年春天，我们中大土木系的四年级学生到苏州、木渎一带测量实习，回来就准备大考，做论文毕业了。刚刚做完论文，6月，组织上通知方焜、陈健撤退。方焜连毕业证也没有拿到，就撤到苏皖区党委去了。和他一起撤退的还有芮琴和、姜秀英、舒诚等人。方焜一走，他领导联系的学生就全归到我这里来了。

1944年7月，我大学毕业了，学校推荐我去华中铁道浦口管理局当技术员。我利用在铁路上工作的便利，经常到根据地汇报工作，这种状况一直持续到1945年8月日本投降。

迎接抗战胜利

1945年1月，中共苏皖区委特派员方休来南京工作，4月，他与我接上头，领导在南京的党组织。他在南京工作时，主要住在江宁县委陆纲那里。有时我到乡下去汇报工作，有时他也到城里我们家里来听汇报。到抗战胜利时，苏皖区党委系统在南京的党员共50余人。

1945年8月15日，日本一投降，上级命令新四军准备攻打南京，要我们里应外合。时间紧迫，我就和王嘉谟、厉恩虞、姚禹谟几个人一起商量，准备迎接新四军解放南京。当天夜里，我们4个人在我家一起印刷印有朱总司令敦促日本投降命令的传单。我们干了2夜3天，才印了几百来张，张贴出去，震慑了敌人。

当时，方休在江宁的方山上，成立了解放南京的指挥部，成员有方休、吴树山、周兰、潘家镇、康琳和我。我通知厉恩虞、王嘉谟搜集日伪军在南京的岗哨、位置、兵力、火力部署等情况。他们画出图来，由我交给了方休，准备解放南京之用。不久，听说中共中央有电令，新四军暂时不攻打南京了。方休要我通知王嘉谟撤退，此后方休又决定让我跟着陆纲一起撤退到江北。后来才知道，当时是按照国共两党签署的双十协定，江南的新四军要全部北撤。

我到了陆纲那里，正好王嘉谟也在，正准备与王嘉谟一同撤过长江，方休来通知我："王嘉谟还是回南京去。但他不是党员，你就介绍他入党，你和他是同学，你对他的情况也清楚。"在介绍王嘉谟入党的第二天，我过江，王嘉谟则回南京去了。

过了长江，到江阴，组织决定让我到华中野战军八纵队七十二团任连指导员。1945年底，我们部队参加了围歼日伪军的高邮战役。1946年初，我们部队继续在苏中、苏北一带作战，这时我已调到营部宣教科。陆纲大概随部队到山东去了。1946年4月，部队在南通小海镇与国民党第九军打了一仗，把国民党军队的嚣张的气焰打了下去。

重回虎穴南京

1946年五六月，我接到家里来信，说我姑母要我回去。那时我已经调到华中雪枫大学，雪枫大学就在淮安附近，我就去在淮安的华中局城工部询问。城工部田辛科长看到信封上的地址后告诉我，南京磨盘街42号是我们的联络站，并让我做好回南京的准备。

回南京也不是那么简单的事。组织上先安排我到淮阴的苏皖边区政府的教育厅打个"埋伏"，在那里帮助他们编初中代数，待了1个多月。此后，华中分局城工部派了个交通员送我过江。当时国民党已经封江了，交通员就带着我先到扬州，走不通，再走泰州，再走靖江，最后走南通，在路上走了1个多月。我从南通临江镇到了对面的吴淞口，再化装成学生模样，从上海坐火车回到南京。

当时方休住在方山上的尼姑庵里，我和陆纲随新四军北撤后，他进城后没地方住，就住到我家里。好在我父亲知道这个情况，对方休很照顾，就把我的房间让给他住。大概住了个把月，他把妻子接来后，就离开了我家。

1946年4月，中共南京市委成立，陈修良任书记。她来南京开辟工作，要找地方开会，据说方休推介我家最安全，所以就把我家所在的磨盘街42号作为南京市委联络站。5月，新成立的中共南京市委第一次会议就在这里召开，这个联络点一直使用到1947年6月。在此期间，我父亲帮助掩护、照应他们。我父亲和陈修良也很谈得来，陈修良认为我父亲直爽，也很有见解。她对我父亲是很尊敬的，我父亲对陈修良也很尊敬。从新中国成立后陈修良为我父亲出具的证明来看，她是很推崇这位政治上可靠的共产党的朋友的。

1946年11月我回到南京。1947年1月，由王明远领导我工作，交给我的关系是五中、六中、钟英中学的学生，还有零星没考上大学的学生。1947年初，我经手成立了五中党支部，这在南京算成立比较早的支部。五中党支部是在北门桥鱼市街王少华（邵单）家的楼上成立的。五中的支部书记是王少华，支委有张远和汪士华。我弟弟张远那时已经是共产党员了。我回南京后，王明远就把张远的组织关系交给了我。再一个就是开辟六中的工作。此后，市委学委成立了中学分委，盛天任为书记，我和胡立峰参加组织了中学分委，主要领导南京的中学生工作。

当时钟英中学有党员毕镜澄、陆庆良、王树林等，叶绪泰一开始也是在钟英中学的。当时钟英中学的党员也不少，但总感觉活动开展得比较零星，对群众锻炼不够。在向王明远汇报后，我们就慢慢摸索，从钟英中学开始开展团契工作。我们把各个学校的团契组织起来，成立了“团契联”，开展活动。当时的“团契联”主席是毕镜澄，还有陆庆良、叶绪泰这些人都参加了。党员领头，大家参与，效果很好。

打入美军顾问团

我在市委学委中学分委工作不久，开始在汇文女中代盛天任上课。他病愈后，我就不能代课了，就需要找新的社会职业。先是王明远由组织出面找王嘉谟，介绍我到珠江路上的张兴记营造厂工作，因为还要开展党的工作，只做了两三个月就离开了那里。

这时王明远就来告诉我，美军顾问团正在招考。他告诉我："姚禹谟在里面，要考英文。怎么样？你还能不能考？"我说："可以。为什么不能考，而且姚禹谟在里面，具体情况要跟姚禹谟去联系。"我就跑到姚禹谟那里去询问，他也支持我加入。因为没有工作关系，所以我当时不知道姚禹谟也是地下党员。

王明远交代过我在美军顾问团的任务，考进去填表时，我的名字叫张德铮，打表的人不知道这个"铮"怎么拼，把我的名字改成了张德城了。张德铮是我中学里用的，大学时名字就变成张杰了，现在又用张德城这个名字。到了那里，一看张成章在里面，他的弟弟张昆也在那里，他不是党员。还有一个鲍志甫，我不认识的，也是个党员。还有一个郭功佺，我跟他又是亲戚关系，所以这些都是熟人。这个美军顾问团绘图室里共有5个共产党员。过几天，刘家铨也来了，所以那里的环境对我们是很有利的。虽然没有什么横向关系，但大家工作上配合得都很默契。主要是以姚禹谟为主，他是专门搞机关工作的，他需要什么我们就配合他。

当时发生过一起彭原被捕事件，虽然彭原属工人系统，和我们没有直接联系，但怕受到牵连，组织上通知我和张成章、姚禹谟3个人当天晚上不要回家。我们3人就一起到同学周理全家里去打牌，并在周家住了一晚。经过这个事情，大家心照不宣，以后工作上就统一行动了。有什么事情互相支持、互相配合。一直到1948年底，美军顾问团解散了，我们才离开那里。

保护电厂迎解放

1949年元旦我到了句容，2月离开句容回到南京，后调到市委工委工作，由陈慎言、高骏领导我，担任工委委员。当时工委有一个重要任务就是护厂，不能让国民党在南京解放前把工厂破坏掉。我当时负责的主要是公用事业方面和部分工厂，其中包括一个水厂、一个电厂、两个汽车公司，再加上六〇兵工厂的一部分工人，有三四个工人党员，还有农业机械厂。其中工作开展比较困难的是电厂，当时叫首都电厂。电厂只有4个共产党员，其中汪士中、笪宝莲、许功焯3个党员是在新街口电业大楼工作，下关发电所只有一个党员叫张国宝，是个工人，后来叛变了。

电厂当时是重点保护单位，如果被破坏了，整个南京城都会受到影响。正当为难的时候，大约是1949年2月，市委工委的陈慎言交给我一封信，这封信是首都电厂总工程师、厂长陆法曾的堂妹陆菊如写的。陆菊如是中央大学艺专的学生，是位中共地下党员。她因为暴露了，组织决定她撤退。她向家里人讲到香港去了，实际上她撤退到湖南去了。她撤退之前给组织上留了一封信，就是写给她哥哥的那一封信。信的内容很简单："我介绍我一个好朋友跟你谈谈。"这样，谁都可以拿这封信去谈事。所以，陈慎言就把这封信交给了我。

陆法曾是留美学生，事业心也很强，是中国电业上的权威。他主持设计了首都电厂，在工人中的威信也很高，估计跟他谈护厂，问题不大。2月底3月初的一天，我直接到新街口电业大楼里去找他。陆法曾看过信后，我告诉他："我是共产党派来的，我来是想跟你谈谈。"他说："我隔壁就是宪兵队的办公室，这里不好谈。"我说："很简单，这厂要保护好。保护好你是立了大功，破坏掉了你有责任，我们也不会客气的。"他听后让我去下关电厂，找他的弟弟陆佑曾谈。

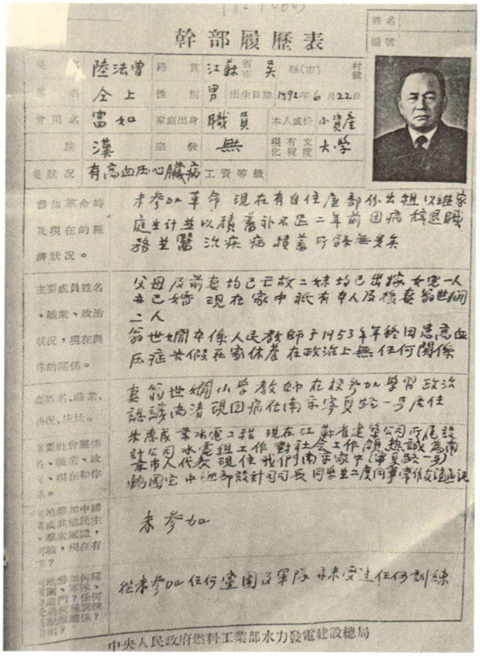

陆佑曾住在下关挹江门内祖师庵，那里有个小洋房。因为不清楚我的情况，他不敢怠慢我，对我很客气。我和陆佑曾研究了如何保护电厂的方案，他表态会坚决执行。他在这件事上是做得很好的，之后下关电厂秘密成立了工人护厂纠察队，把部分职工家属接到厂里，负责后勤工作，职工日夜护厂，以策安全。

4月中旬，国民党军政机构已在迁移，南京陷入混乱状态。银行已对电厂的资金实行冻结，国民党海军舰艇停在下关江面，当时下关电厂的燃煤即将告罄。为保护好电厂，维持发电，迎接解放，全厂

陆法曾的干部履历表（吴斌　提供）

员工不顾家中经济拮据，每人捐助银元2枚，集资向三汊河私商购买煤炭，克服了全厂断煤停电的难关。

1949年9月15日，下关电厂庆祝护厂胜利合影

4月21日，大批国民党开始溃退，南京全城一片混乱。驻扎在下关电厂的一股国民党宪兵，对厂里工人的监视、防范更加严密，妄图作最后的挣扎，并扬言要炸毁电厂。黄色工会头头赵家成也趁机煽动工人关机、停电、离厂。在这紧急关头，领班马文贤串连工人，商讨对策，采取措施；由马文贤出面，在生活区俱乐部与赵家成和国民党宪兵班班长曾繁光进行周旋，开展说理斗争；由工人把电厂的前后铁门关闭；由配电房工人合上刀闸，将围墙上的铁丝网全部通电，使敌人的阴谋无法得逞。曾繁光眼看大势已去，即与副班长罗福奎带着一股宪兵灰溜溜地离开电厂向城里撤走，赵家成见势不妙，也夹着手枪同时潜逃。

从4月22日起，下关电厂工人全部集中，并由三班制改为两班制，以便抽出更多工人护厂巡逻，加强戒备，防止隐藏的敌人进行破坏。4月23日晚，下关电厂全体职工以没有停止1分钟发电的实际行动，迎来了南京解放。

（孟幼然、吴斌　整理）

红色地下联络站*

贺崇寅

建立秘密联络站

1945年8月，日军投降，苏北解放区已连成一片，中共淮北、淮南两地区党委城工部合并成立了华中分局城市工作部（简称城工部），部长是沙文汉。我原在淮北城工部工作，我也因此转入分局城工部，分局城工部的驻地在淮安城内。1946年5月，城工部领导调我去负责华中分局城工部与南京市委之间的政治交通。6月，我即从解放区动身到南京，前去传送分局指示。

这时国民党正在准备打内战，一面假和谈，一面积极真备战，但还能顺利渡江。7月间形势大变，内战的炮声打响了，苏北一带已是前线，路途艰险，军警宪搜查极严，正在我犯愁如何能平安回到苏北解放区之际，中共地下党南京市委派人同我联系，要我留在南京工作，不必再回苏北。同时，要我积极在南京寻找职业，以获取生活来源和合法的社会身份。不久，我被分配在南京市委情报系统，来接我关系的同志是卢伯明。他告诉我有几位党员的组织关系由我负责去联系。但在南京找职业是件很困难的事，那时我的父亲已在上海安了家，通过父亲关系在上海找到了工作。我就将这一情况向卢伯明作了汇报，出乎我的意料，很快卢伯明就来告诉我说：组织上同意你去上海就业，我们以后到上海去接你的关系。这样在阔别两年之后，我又回到上海，时在1946年底。1947年初，卢伯明曾到我上海住处来看望我两次。他告诉我：“以后将由另一位同志来接你关系。这位同志你在抗日根据地时是认识的。”

过了一二个月，约在1947年4月，中共南京市委书记陈修良到上海接我关

*本文选自中共江苏省委党史工作办公室、中共南京市委党史工作办公室编：《重温激情岁月——革命者口述历史》，中共党史出版社2003年版，第220—232页。因篇幅所限，部分章节有删改。

系来了。我能够重新见到她，而且是直接来领导我的工作，感到分外高兴。她给我的任务是筹建上海联络站。她说："南京有不少党员因各种原因不得不撤退到上海，其中有的为了政治避难，有的是已经考取了上海的大学或就业，等等。这些党员本来都可以转给上海党组织的。但由于政治环境十分险恶，由南京转来的党员中有的身份已经暴露，留在南京很危险，转到上海，也恐牵累上海党组织，因此经中共中央上海分局决定，暂时不把这些南京党员的组织关系转到上海，单独建立一个联络站，仍由南京市委领导。这个联络站的任务是保持组织联系，保存实力，而不是开展群众工作，这一点你要特别注意。组织生活的内容主要是学习形势和理论。"自此以后，陈修良每次到上海时就陆续交几名党员的组织关系要我去联系。自1947年春至1948年夏这一年多时间里，经陈修良转给我的党员有30多名，现在还能记得起姓名的有：康景平、康景娴、陈俊忻、刘鑑农、吕君梅、朱惠如、厉恩虞（陈震东）、张默、陈裕年、庄佩琳、谢毓瑨、李静华、李恭亮、马觐廉、印邦炎等。

1995年，贺崇寅（左四）与上海联络站的部分老同志合影（莫淡宜　提供）

这些党员关系转来后都由我直接联系，后来由于人数增加，就由两个人合编一个小组去联系，另外我还请康景平去联系一些同志。转来的这些党员，当时都很年轻，一般20岁左右。虽然我对他们都曾反复强调：我们现在主要是保持组织联系和认真学习，而不是开展群众工作。但年轻人，特别是青年学生，身处学生运动汹涌澎湃的大学校园里，如何能叫他们完全冷眼旁观呢？我把这个问题请示了陈修良同志，她说，只能以积极分子的面目参加一些群众性的活动，不可暴露身份或随便发生横的关系。

难忘患难与共的战友

联络站中由南京转来的党员都是自己解决生活的，但厉恩虞却是例外。他是南京人，陈震东是他到解放区后的姓名，早年丧父，母亲一人拉扯他们兄弟三人长大，生活艰辛。厉恩虞是老大，他不得不辍学去当小学教师以维持家庭生计。1940年，他考取了南京中央大学，上大学时他不得不兼职报社记者工作，挣得微薄工资维持全家生活。他们全家挤住在新街口附近一间小屋里，条件简陋，厉恩虞很孝顺，还经常帮助母亲从事家务劳动。在这种半工半读，肩负家庭重担的艰苦环境中，他没有一天忘记国恨家仇，他对祖国的热爱和对日军的仇恨比一般人要强烈得多。

他在大学里结识了不少进步学生，其中与王嘉谟、王嘉猷、康景孚、潘田等人关系特别密切。他们由于政治观点一致，在王嘉谟的组织下，一起参加了党的外围组织青年救国社，厉恩虞是其中一名活跃分子。当时沦陷后的南京，日军实行毒化中国的政策，街上烟馆林立。这种情况早已激起中国人民的不满，在中央大学校园内反映更是强烈。厉恩虞、王嘉谟等在党组织领导下，利用了汪伪宣传部长林柏生妄图利用学生的爱国情绪来壮大自己实力的图谋，在校园内掀起了群众性的声讨毒化中国的活动。1943年12月17日晚组织队伍上街游行和砸烂烟馆，以泄群愤。第二天中央大学学生又发动了一次规模更大的清毒运动，在当晚召开的大会上厉恩虞慷慨陈词，声泪俱下，广大学生深受感动。这就是当时名震一时的、爆发在敌伪心脏首都南京的清毒运动。厉恩虞和王嘉谟是这次学生运动的组织者。经过清毒运动斗争的考验，厉恩虞、王嘉谟等人在政治上成熟起来，青救社许多成员在党组织的关心、教育、培养下，先后加入中国共产党，站在了反抗日伪斗争的第一线，为今后革命斗争积蓄了一批革命力量。

1944年，厉恩虞在南京中央大学的毕业留影

清毒运动后，厉恩虞就受到日伪当局的严密注意。厉恩虞那时是由中共苏皖区委特派员方休同志领导，党组织考虑到厉恩虞的安全，就动员他撤退到苏北根据地去了。1945年日军投降后，国民党政府接管了南京市，第二年（1946年冬）厉恩虞也从根据地出来，先到了

上海，找到同学王嘉猷（当时王嘉猷已是上海交通大学学生），王嘉猷请江泽民把厉恩虞安排在上海他姨妈家隐蔽下来。

1947年夏初，上海联络站成立后，陈修良就将厉恩虞的党的关系转交给我，我即按联络暗号在江泽民姨妈家中找到了厉恩虞。这是一幢坐落在武进路上靠近北站附近的旧式里弄房屋，厉恩虞住在楼下后厢房，他对我说："这是江泽民帮助我住进来的。"我以后去的次数逐渐多了，对江泽民的姨妈及其孩子小福宝（高步洲）也渐渐熟了，我有几次遇见过江泽民，也经厉恩虞介绍，互相认识，但不谈党的工作问题。厉恩虞住在江泽民的姨妈家，课余时间就帮小福宝温习功课，彼此相处得很好。

厉恩虞这次由解放区只身来沪，身无分文，住的问题虽解决了，但吃饭仍是个大问题。初到时，王嘉猷、江泽民临时接济他一些生活费用，或从交大弄一点联合国救济总署免费提供的面包、奶粉给他充饥。姨妈家有时也留厉恩虞一起吃饭，但天长日久，总不是办法，就这样饥一顿、饱一顿地过日子。我了解这一情况后，向陈修良请示，她要我将党费收入转作厉恩虞的生活费，以稳定他在上海的生活。那时联络站里有位叫陈裕年的同志在海关工作，收入颇丰，党费交得也多，我就以他的党费为主，加上其他同志的党费，都充作厉恩虞的生活费。这时江泽民利用课余时间在北四川路青年会职工业余夜校里兼点课，江泽民也介绍厉恩虞到该校当兼课老师，以增加点收入。他们两人还在学生中开展读书活动。厉恩虞和江泽民一道讲解国内外形势，宣传进步思想。

在帮助解决厉恩虞生活问题的同时，我就设法弄书给他看，解决他的精神食粮问题。图书先是从家里拿，也从淮海路鸿英图书馆里借，报纸杂志则是我买了带给他。他的求知欲旺盛，文化水平也高，不但看书的速度很快，而且善于发现问题、提出问题。每次见面，我在传达上级有关指示和当前形势、任务后，我们就进行内容广泛的讨论，他的发言不乏精辟的议论，有时讨论得很热烈。那时他还谈在根据地时所遇到的一些人和事，正好我也是1946年夏从淮安华中城工部出来的，他谈的人和事我也熟悉，这样我们谈得就更融洽了。

他又谈了些他的思想和苦闷，我也只是表示理解。当时正是上海学生运动高潮时期，他这位南京清毒运动学生领袖，如此长期蛰伏心情当然是不好受的。1948年他提出去报考上海工商专科学校。他虽然被录取了，但组织上考虑到他在南京面目太暴露，为安全起见还是动员他再回苏北根据地去。1948年11月，组织上派来政治交通带他进根据地去，江泽民到火车站为他送行。我和厉恩虞同志这次相处前后约一年半时间，但都给对方留下了深刻印象。

厉恩虞自1948年冬从上海撤退到苏皖解放区后，直到解放后好几年，我才知道他在南京，并开始通信。那时他在南京萨家湾中学当校长。1964年“四清”运动中我受审查，有一天他和江泽民同志来我家看望我，他们问了我受冲击的情况。但不久“文化大革命”开始，我们大家都受到了冲击。厉恩虞因为社会关系复杂，受到冲击更重，直到1973年方始被宣布“解放”。后来他曾到上海来过几次，其中有一次正巧江泽民同志也在上海，我们三人一起去看望了江泽民同志的姨妈和小福宝，以谢当年为党所作掩护工作之恩。

厉恩虞因长期受迫害，身体很不好，粉碎“四人帮”后，发现患有肺癌。1978年不幸逝世，终年59岁。

我自1947年认识厉恩虞到他1978年去世，前后30年。厉恩虞的一生可以说是非常坎坷，清毒运动是他一生中辉煌的一页。在这场运动中，他的革命理想和聪明才智得到淋漓尽致的发挥，上街游行砸烟馆，收缴烟具，焚烧鸦片，抓“白面大王”，在敌伪统治心脏的南京能有这样的斗争场面，真是震撼人心。

1973年，贺崇寅（左）与厉恩虞（中）及女儿陈元元在上海豫园合影（陈元元　提供）

1998年7月，时任中共中央总书记江泽民同志为纪念厉恩虞同志，满怀深情地写下了《忆厉恩虞同志》，在文章中回忆了在长期地下斗争中与厉恩虞同志结下的革命友谊，赞扬了在解放后厉恩虞同志因过去一段经历被误解、受到不公正对待时仍忠于党组织，始终勤恳工作的政治表现。江泽民同志在文章的字里行间洋溢了对革命战友的深情厚谊，表达了对许许多多不顾个人安危、不计较个人得失，为革命贡献了一切的无名英雄的高度敬意。

奔波沪宁线上传递情报

约1948年夏秋之间，陈修良向我谈了有关上海联络站今后去向问题。她说现在由于全国解放战争中敌我力量对比的迅速变化，解放军正在准备解放南京，上海联络站已经完成了它的历史任务，可以结束了。原来联系的南京党员通过上海局（原上海分局，1947年5月起改为上海局）分别转到上海基层党组织去，以后不再联系。同时她又告诉我，要我在原联络党员中选择几名本人有职业，在沪宁两地都有良好的社会关系，往来比较合法的党员，继续留在我处，以便建立一条新的秘密交通线。

根据陈修良的指示，我把所有南京党员都分别经陈修良之手转到上海去了，联络站的工作就算结束了。另一方面，我把庄佩琳、陈裕年、谢毓瑨、康景娴等4位同志留下来，承担沪宁交通线的任务。庄佩琳20世纪80年代曾在一篇文章中回忆道：

> 1948年9月，我在上海晓光中学执教，组织上命我担任宁沪线交通工作。当时领导我的有贺崇寅同志和一位姓陈的同志，在南京与我联系的是刘超尘同志，她与我是南京中央大学同学，当时在南京白下路国华银行工作。
>
> 开始时贺崇寅同志就嘱咐我：密件的伪装形式要与携带者的身份相称；无论在何种情况下，密件所在提包不能交给别人拿；交通员不能拆阅密件；每次完成任务回来都要详细汇报经过的细节。我当时都一一谨记了。在这7个

南京解放前的庄佩琳

月的交通工作中，共接受过几次任务，我已记不清了，其中有几次情况特殊的记忆犹新。

第一次送密件到南京是9月份，密件用锡纸卷好，藏在大号百源灵香脂盒中，盒中香脂基本上是满的，密件埋在香脂里，仅在边上挖掉一些，表示是正在使用的东西。它就放在我的手提包里带着，同时包里还带有香粉、口红之类化妆品。我是星期六下午从上海乘火车出发，原想星期天下午或晚上离开南京，不影响星期一的上课。这样学校就不会知道我曾离开过上海。但到南京以后，组织上通知我要留一天，因为有个要我带回上海的文件尚未完成。于是在星期天的晚上我和刘超尘同志在银行打长途电话到晓光中学请假。星期一早上回上海时只好带了些南京花生米到学校请同学们吃，公开表示我去南京玩了一天，于是同事们开玩笑说我去南京探望男朋友的，我也只能笑笑算是默认吧。

有时候是星期一早晨7点到达上海，学校里8点就有我的课，我只好不回住处，脸也不洗，仅仅在车站的女厕所里用手帕蘸点水擦掉脸上的残脂剩粉，急匆匆乘车到学校。那时无所谓备课笔记，只要上课不缺席，其余时间完全自由，有的教师一天跑几个学校兼课，上完课就走是理所当然的事。我上完课回住所，组织上就要来人了，因为每次我回上海或刘超尘送密件回来时，在24小时内老贺或老陈就会来的。

还有一次，我们做了一件蠢事。那是阴历年底，刘超尘同志从南京送密件来，直接到我住处，因为下一站是老陈同志来接密件，老陈是个男同志，密件再伪装成化妆品就不行了，我们在糕团店里买了一块才出笼的年糕，回来用碗底压成元宝形，密件就压在元宝的底肚里，年糕冷了，老陈同志来拿去了。可是第二天老贺来了，他批评我不该用年糕来伪装，因为老陈是个青年知识分子，身上带一个元宝形年糕是不合适的，如果是个中老年家庭妇女则可以，这是违反了密件的伪装与携带者的身份相适应的规定，我也承认是考虑不周。

当时在南京和庄佩琳联系的刘超尘在20世纪80年代对这段经历也有一些回忆：

我大约于1948年开始跑交通，当时我在南京一家私人银行——国华银行做职员，父母住在上海，同时我大学时的同学庄佩琳（也是我的入党介绍人）也在上海，这样组织上决定我跑上海、南京之间的交通，在上海接头的就是庄佩琳同志。对外讲是回家，我们银行有很多人的家住在上海，也常回上海，所以我经常跑上海，也不会引起别人注意。1948年底到1949年初是最紧张的阶段，有时，每周都要跑一个来回，一般是星期六下午下班后上火车，星期天和庄佩琳接头，后再乘夜车回来。有时到上海后直接到庄处，吃了饭马上就回来。庄佩琳有时也来南京，一般情况到我宿舍住一夜，有时她下火车后我们交换了情报（经过伪装的）就又转过头来上火车（我为她买好车票和吃的东西）。那时年轻，干劲也足，不知疲倦。1949年以后，庄佩琳告诉我以后一个姓贺的男同志来接关系。南京方面组织上也告诉我，以后上海改由老贺联系并告诉我暗号，当时我们地下党纪律不作兴问对方情况，因此我只知道这位同志姓贺，现在才知道就是贺崇寅同志。解放前夕，记不清是老贺送来的还是我去取回的，是由一个饼干筒伪装的物品，直到解放后才交给刘峰同志。解放前刘峰同志是南京市委副书记，因我不知道刘峰同志的住址，只有等他们来时，才能交给组织上。

通过这些同志的回忆，可以看出，当年跑交通同志的艰辛和危险。此时，我的上级领导关系不再是陈修良，而改为上海局机要支部书记金绍朱同志。过了不久，金绍朱通知我，要调康景娴去做机要工作，她的关系也从我处转出。沪宁线的交通工作即由留下的3人担任，他们的分工是：往来于沪宁线的任务由庄佩琳同志担任，其主要工作是传递情报；陈裕年同志的家里是我们的交换地点；谢毓瑨则作为备用力量，由金绍朱同志直接联系。

1945年元旦时的金绍朱（右）、尹锡荣夫妇

1948年底，战场形势发展

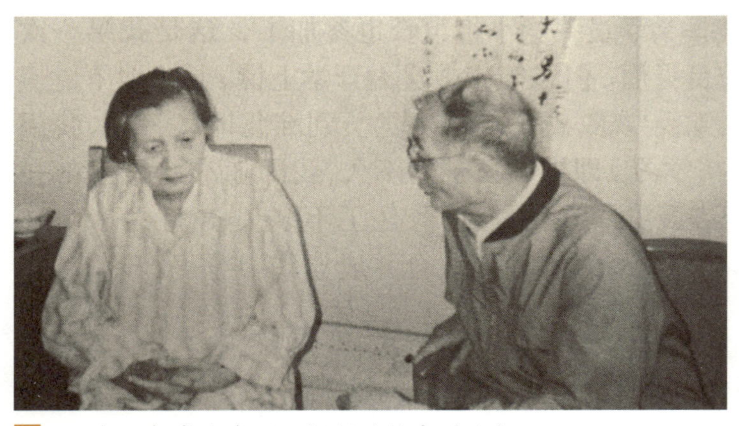
1995年，贺崇寅在医院探望陈修良（左）

得越来越快，情报的传递靠人跑来跑去已不能适应形势发展的需要，组织上要调庄佩琳同志回南京去当机要员，上海再配一名报务员一同去南京架设秘密电台。于是庄佩琳和一位女报务员在车站见面，同车到南京接受任务。解放后得知，她们两人到了南京后由于各种条件限制，电台未架设成功，南京就解放了。

传递情报工作中，上级规定我们不能拆阅情报，因此尽管情报经手很多，但都不知情报的内容。但有一次，无意间看到情报内容，才知道这些情报对毛主席指挥打败国民党军队所起的重大作用。有时情报传递是用香烟的，做法是先把烟丝拿掉一些，把卷成细细的情报纸卷塞在香烟内，然后再把烟丝放好。有一次在拿到香烟时，放情报的那支烟卷已散开，为了重新伪装，只得把情报纸卷摊开，重新卷好。就这样，我们看到在小小的纸上写着很多数字，如104、205，等等，在数字后有代表师、团的英文字母，并写着徐州、沈阳等地名。我们才知道，这是国民党部队调动的情报。

1949年4月中旬，金绍朱来找我，说现在要我自己去一次南京，并交给我一个报纸包，另给了我50块银元，说这是给我留作生活费的。如回不来上海，就留在南京可以过日子。我到南京把报纸包交出后，立即在南京市内售票处买了一张到上海的火车票，从南京市内赶到下关上了火车回到上海。后来从报上得知，那天夜里沪宁线交通中断，我乘的那班火车是从南京到达上海的最后一班车。回来后即去找金绍朱，报告他东西已送到，人也回来了，50块大洋也交还给他。之后上海很快也就解放了。

（闻武　整理）

文献资料

档案文献编辑说明

一、为维护历史的真实面貌，忠于档案文献的原文原意，本书收录的档案文献，除少量因内容与主题无关略有删节外，基本按原文照录。

二、本书所选档案文献，自1945年5月起至1949年5月止。

三、本书所选档案文献，均已注明出处。

四、本书所选档案文献，在分类中按文件形成的时间顺序排列。

五、本书所选的档案文献在充分保持原样的同时，大都经过了分段、标点、拟写标题等文字加工，其成文时间大多沿用原文时间。凡重新拟写标题及由编者考订的时间，标题上均用*号标明。

六、本书所选档案文献，缺漏字增补于［ ］中；错别字校勘于〔 〕中；衍文删减于＜＞中；删节以……标明。

党的文献

中央关于在国民党占领的大城市与交通要道进行合法斗争的指示

（1945年8月29日）

各<局>分局，各区党委：

根据目前形势的发展，大城市与交通要道可能今后不为我有，或占领而又退出。凡我不能切实占领的大城市及交通要道中的工作，必须仍作长期打算，蓄积力量，以待将来。趁此敌伪投降，国民党统治尚未建立和稳定的混乱期间，我们在城市与交通要道，应尽可能留下不暴露的力量，并须派遣大批干部，潜入国民党重要的军事、政治、经济、文化、党务机关和铁路、工厂、矿山、市政、银行、学校里边建立工作，利用合法团结群众，以便将来更有力的进行民主运动。望各局各区党委加以切实的布置。

中央

未艳

根据中央档案原抄件刊印

［选自中央档案馆编：《中共中央文献选集》第十五册（一九四五），中共中央党校出版社1991年版，第256页］

中共中央关于加强对蒋管区学生运动的组织与领导的指示

（1947年1月6日）

董（并转沪工委），叶，吴，张，刘晓（并转钱瑛），方，林[①]：

一、此次平津京沪学生的反美示威，成绩甚好，影响甚大。蒋介石在各学校罢课结束后，始发出禁止罢课的命令，同时，也更揭露他的独裁卖国行为。美帝国主义者虽万分恼怒，但对示威群众，仍不得不竭力避免冲突，而民族工商业家及自由主义教授，则一致同情这一运动。可见民主爱国运动的基础正日益扩大，与解放区自卫战争的胜利已渐能起着配合作用，而美蒋的统治则日趋孤立，其政策则更加反动。今后在民族主义口号之下的民主爱国运动，定会继长增高，层出不穷。

二、我党在蒋管区的工作，应尽量利用这次学运的成果，扩大民族爱国主义的宣传与活动。在一月十日停战协定与政协开幕的周年纪念时，更应尽量揭露美蒋合作破坏停战、大打内战、推翻政协、继续独裁的阴谋，尤其要反对正在商讨中的美蒋借款与购械计划，经过学生活动与报章揭露，要将这些宣传深入到工人、店员、妇女、城市贫民、工商业家、自由职业者乃至华侨中去，引起他们的响应，以扩大这一运动。在阴历年假中，如能组织学生下乡宣传更好。

三、在这次运动中已产生大批新的积极分子，我党应帮助这些积极分子组织起来，作为核心，才能使运动长期坚持下去。其组织方式，除继续加强与有步骤地扩大原有的核心组织外，应依据实况，在学生组织多的学校，加强其政

①董、叶、吴、张，即董必武、叶剑英、吴玉章、张友渔。方、林，即方方、尹林平。

治领导与联系；在学生组织少的学校，发展与巩固其组织；在没有学生组织的学校，设法建立适应当地当时环境的组织。一般地，在民族爱国主义口号下的组织（如这次抗议美军暴行委员会）较带普遍性，但为着持久与扩大，又必须有各种与学生日常生活有关的团体做基础。不要畏惧学生运动中少数领导分子的暴露，这是在今后斗争中不可避免的，但必须使这些少数领袖与广大学生群众保持经常联系，不致陷于孤立，同时又要准备二批三批的新的领袖来补缺。各学校学生团体间的联络，各地学生核心组织的彼此联系，青年会学生组织的活动加强，都成为迎接今后更大规模的学生爱国运动的必要条件。

四、在这次北平学生示威游行中，据闻核心组织的意见，开始时落后于群众，现时运动已经前进，我党在各地的领导同志，必须注意纠正对群众运动与民主来潮估计不足的右倾观点，方能有足够勇气与正确方针，领导这一运动的高涨。

中央

子鱼①

（原件存中央档案馆）

（选自《中共中央南京局》，中共党史出版社1990年版，第216—217页）

①子鱼，即1月6日。

关于在蒋管区的工作方针和斗争策略的两个文件*

（1947年2月28日、5月5日）

一

（一）目前，蒋顽在前线大败、后方危机重重及莫斯科会议趋向于解决国际问题的情况下，竟于其统治的城市，大施镇压，赶走我方人员，威胁民主运动，捕打人民学生。其企图不外：一、如我及人民团体、社会舆论默不作声，彼正好得寸进尺，加强镇压；二、如我及进步群众受其挑衅，实行硬碰，彼正好以有准备的打击，挫我锐气，加强恐怖；三、如我只动员少数进步分子提出中间分子尚不能接受的口号，进行反抗，正好中其暴露我方力量之计，便于其分化挑拨，各个击破。因此，蒋的镇压政策仍具试探性。尤其是使人活不下去的财经危机，人民既忍受不了，而前线继续大败，人民也吓唬不了，故蒋管区群众斗争，固然要经过一些迂回起伏，但总的趋势必然会继长增高，问题就要看我们领导的斗争策略如何，组织力量如何，以决定群众斗争增长的快慢与可否避免一些挫折。

（二）针对目前蒋的镇压政策，我们应扩大宣传，避免硬碰，争取中间分子，利用合法形式，力求从为生存而斗争的基础上，建立反卖国、反内战、反独裁与反特务恐怖的广大阵线。在宣传上，我们对蒋之任何一个反动设施、恐怖行为，都要尽情揭露，宣告中外，只要我们善于抓住其弱点，击中其要害。

---

*1947年春，周恩来根据中国革命将要出现新高潮的形势，对蒋管区的爱国民主运动多次为中共中央起草指示，这是其中的两份。

蒋美的反动阴谋是最怕被人揭穿的。在行动上，我们应避免在不利的条件下去硬碰，这不是保守，而是领导群众变换方式，绕过暗礁。去年底，各地学生反美示威，由于一年多美军横行，半年多反美宣传，加之沈崇事件[①]的激动，而蒋美于事前又毫无准备，故运动成功，收获至大。此次蒋特捕人打人，是其预定计划，我如不管条件如何，仍在学生中号召游行示威，有遭其屠杀的危险。且一般学生对捕人事件，有愤激的，也有畏缩的。我应顾及此种不同情绪，联合大多数学生首先向学校当局要求生命保障与释放同学，继之联合学校当局向地方当局要求生命保障与释放同学。如仍捕人，则在校内实行自保，如集体出入，互相联保，在条件成熟时，亦可实行罢课，要求释放同学等。同时在斗争中要联系到、有时要转移到经济斗争上去，才能动员更广大群众参加，而且易于取得合法形式。有了经济斗争的广大基础，也易于联系到反特务反内战的斗争上去。在组织上，学生的抗暴联合会虽已在京、沪、平、津、渝学生中有了基础和联络，但也要建立可以自保的防线，即在名称上与行动上，在蒋特发现施以高压后，不妨改换名称或分开作战，使我损失不大，而仍能继续斗争，继续联络。在工人与城市贫民（如小贩）中，更要着重经济斗争的领导和发展。现在沪津一带，工人反对一月指数、要求加薪的斗争已起[②]，我应善为领导，求得局部胜利，以便巩固阵地，利于今后发展。

（三）今后数月，蒋管区的变化必大，望你们依照具体情况，善于运用斗争策略为要。吴、张[③]在撤退前，望尽可能将此种意见转告隐蔽的同志。

二

近日，蒋顽因军事、经济、政治种种危机难以解脱，于是大造谣言，捏造

①1946年12月24日，北平发生了美军强奸北京大学女生沈崇的事件。蒋管区几十个大中城市的学生，分别成立抗议美军暴行联合会，举行反美反蒋的示威游行，要求美军退出中国。学生群众的这一行动得到社会各界的响应。

②1947年2月，国民党反动政府公布“经济紧急措施方案”，宣布“冻结生活指数”，即不管物价如何飞涨，工人工资只能维持在1月的水平，不能相应增加（以上海米价为例，1月初每担售伪法币6万元，同年6月已上涨到每担50万元）。上海工人、店员在5月间举行大规模游行示威，坚决反对这一反动措施。国民党政府被迫在6月宣布解除对生活指数的冻结。

③吴，即吴玉章（1878—1966），1925年参加中国共产党。当时任中共四川省委书记。张，即张友渔（1899—1992），当时任中共四川省委副书记、宣传部长兼新华日报社社长。

所谓“中共地下斗争路线纲领”，企图一方面借此陷害民主人士和群众团体，另方面借此捕杀我党秘密人员和进步分子，以镇压蒋管区的人民运动。在此情况下，你们在蒋管区统治尚严的地方尤其是蒋管区大城市中的工作方针，就是要保护我党及民主进步力量，以继续加紧开展人民运动。为此目的，既要坚定勇敢，又要机警谨慎。要时时注视情势的发展，坚持我党放手动员群众进行反美反蒋的方针，灵活地既结合又分别合法与非法的斗争。将适合群众迫切要求、提高群众斗争情绪的口号，均经过群众面目提出，以发动群众；将党的宣传工作，侧重于以群众中有职业有地位人物，利用公开刊物、报纸、集会，批评时政，增强不满；而将党的广播言论、解放区胜利消息，经过极可靠关系，辗转秘密散布。党与民主团体、群众组织及进步人士等关系，亦要多发展极端隐蔽党员及同情分子，成单线领导，居中工作，不要以党的公开面目经常来往，尤要避免书信文件来往，以防牵涉。党的组织要严守精干隐蔽，平行组织，单线领导，不转关系，城乡分开，上下分开，公开与秘密分开等原则。从城市派人往外县乡村去发动、组织与领导武装斗争，必须与城市其他任何工作及人员分开，免致牵连。高级领导机关更须十分隐蔽，少开会，少接头，多做局势研究与策略指导的工作。总之，蒋管区城市工作，一切要从长期存在打算，以推动群众斗争，开展统一战线，如此，方能配合解放区胜利，推动全国新高潮的到来。

（选自《周恩来选集》上卷，人民出版社1980年版，第268—271页）

中央关于蒋管区党的斗争方针的指示

（1947年5月23日）

叶、罗[①]即转上海局并香港分局并告朱、刘[②]：

一、刘晓卯俭电关于群众斗争形势的分析及斗争方针的规定，均甚恰当。一月来的米骚动及此次学潮，完全证明了你的分析的正确，斗争的发展也完全循着我党的指导方针前进。望即坚持此项方针，并灵活地运用斗争策略，有时直进，有时迂回，有时集中，有时分散，公开与秘密，合法与非法，既区别又结合，使一切群众斗争都为着开辟蒋管区的第二战场，把人民的爱国和平民主运动大大地向前推进。香港分局应依照刘晓卯俭电（另电告）方针，配合行动。

二、目前，蒋管区由于蒋军侵占延安后军事全面失败，蒋政府改组毫无欺骗作用，且更加速其独裁统治的瓦解，二月经济紧急措施亦跟着破产，遂造成军事政治经济的全面危机，其速度与深度大大超过三月以前蒋管区任何一次恐慌。因之，现在全国人民的斗争，不仅人民解放军的自卫战争是在搞垮蒋介石统治，就是蒋管区要饭吃、要和平、反对借外债打内战的任何一种斗争，不管其主观想法如何，其客观意义都在搞垮蒋介石统治，甚至统治阶级内部的斗争，乃至相互埋怨，美帝国主义对蒋借债的犹疑，都可看作是搞垮蒋介石统治的间接帮助。所以我们尽管放手动员群众进行反饥饿、反内战、反借款的斗争，向蒋政权要饭吃、要和平、要自由。人民解放军也是为独立、和平、民主而战。我们不必怕人民要和平，进步乃至中间舆论主张和平，我们要在为和平

①叶，指叶剑英。罗，指罗迈，即李维汉。

②朱，指朱德。刘，指刘少奇。

的斗争中，证明蒋介石不会给人民以和平。即使蒋介石一旦被迫而承认一时的假和平时，我们也能以人民要求真和平的力量配合人民解放军为和平而战的力量，突破蒋介石假和平的防线而搞垮蒋介石，这与为民主的斗争一样。

三、斗争口号的提高，停战条件的改变，要适时但也不要频繁，其作用要在能动员广大群众接受此口号并为此口号奋斗，以达到搞垮蒋介石的目的。在现在，停战两条件，恢复去年一月十三日军队位置与取消伪宪，还没过时，也还没有危险，因为蒋介石目前是以放下武器、恢复交通为宣传条件，在被迫时有可能又以无条件停战欺人，而人民中有真能无条件停战也不错的想法的也还有人，我们应提高他们为停战两条件与我们共同奋斗。如果逼到蒋介石也意识到只有接受这两个条件才能缓气时，那我们就可乘势直攻，逼其在取消伪宪撤回原防以宣布其政治军事破产中搞垮他。如蒋依然是拖骗（此种可能最大），则我们那时号召人民起来推翻他，更师出有名了。袁世凯取消洪宪随即垮台的经验可以为证。政协决议在蒋大打内战，订卖国条约，开国大，制伪宪，赶走中共代表团，改组伪政府，宣布三党施政方针后，已全部失效。我们现在所坚持的政协路线（或精神），不是政协决议。路线是指党派协商会议、联合政府而言。决议是蒋介石彻底破坏的，我们是拥护的，且已失效，可不必提它有什么弱点。

四、在向蒋政权要饭吃、要和平、要自由的斗争发展中，适当地提出实施民主自由，肃清贪官污吏，没收官僚资本，实行土地改革，驱逐反动好战分子与反对美帝国主义干涉中国内战援蒋内战等口号是很对的。

五、上述解释在最接近的同情分子中可以传达。

六、关于组织上领导关系，望照中央辰月各电所告原则办理。钱瑛已参加上海局，其所管关系，当然应遵守上海局的指示，统一策略行动，但组织系统，仍应是平行的，在学校机关中不必打通，以适应斗争形势的复杂发展，有可能还要经过一些艰苦曲折的斗争过程。许涤新所管的上海经济界上层关系，可介绍其关键人物与张明，以便配合，但必须注意，一切斗争不应急求组织统一，而应多求方针与策略一致，以利斗争的持续与组织的保全和发展。

七、经费问题待询明董、钱[1]后再复。

中央

辰漾[2]

［选自中共南京市委党史办公室编：《解放战争时期第二条战线 学生运动卷（中册）》，中共党史出版社1997年版，第21—23页］

①指董必武、钱瑛。

②指5月23日。

蒋介石政府已处在全民的包围中*

（1947年5月30日）

和全民为敌的蒋介石政府，现在已经发现它自己处在全民的包围中。无论是在军事战线上，或者是在政治战线上，蒋介石政府都打了败仗，都已被它所宣布为敌人的力量所包围，并且想不出逃脱的方法。

蒋介石卖国集团及其主人美国帝国主义者，错误地估计了形势。他们曾经过高地估计了自己的力量，过低地估计了人民的力量。他们把第二次世界大战以后的中国和世界，看成和过去一样，不许改变任何事物的样式，不许任何人违背他们的意志。在日本投降以后，他们决定要使中国回复到过去的旧秩序。经过政治协商和军事调处等项欺骗办法赢得时间之后，蒋介石卖国政府就调动了二百万军队实行了全面的进攻。

中国境内已有了两条战线。蒋介石进犯军和人民解放军的战争，这是第一条战线。现在又出现了第二条战线，这就是伟大的正义的学生运动和蒋介石反

*这是毛泽东为新华社写的一篇评论。这篇评论指出中国事变的发展，比人们预料的要快些，号召人民为中国革命在全国的胜利迅速地准备一切必要的条件。这个预言，不久以后就得到了证实。本篇和《关于西北战场的作战方针》，都是毛泽东在陕北靖边县王家湾写的。

动政府之间的尖锐斗争[①]。学生运动的口号是要饭吃，要和平，要自由，亦即反饥饿，反内战，反迫害。蒋介石颁布了《维持社会秩序临时办法》[②]。蒋介石的军警宪特同学生群众之间，到处发生冲突。蒋介石用逮捕、监禁、殴打、屠杀等项暴力行为对付赤手空拳的学生，学生运动因而日益扩大。一切社会同情都在学生方面，蒋介石及其走狗完全陷于孤立，蒋介石的狰狞面貌暴露无遗。学生运动是整个人民运动的一部分。学生运动的高涨，不可避免地要促进整个人民运动的高涨。过去五四运动[③]时期和一二九运动[④]时期的历史经验，已经表明了这一点。

---

①从1946年12月起，随着人民解放战争的发展，国民党统治区广大学生的爱国民主运动，有了新的高涨，逐步形成为反对蒋介石反动统治斗争的第二条战线。1946年12月底到1947年1月初，北平、天津、上海、南京等几十个大中城市，50多万学生，相继举行罢课和游行示威，抗议美国士兵强奸北京大学一名女生的暴行，要求美军撤出中国。这一斗争，迅速获得了工人、教员和其他人民群众的支持。1947年5月4日，上海各校学生举行游行示威，反对内战。同时，发生了上海8000工人、学生包围国民党警察局的事件。这一爱国运动，立即扩大到南京、北平、杭州、沈阳、青岛、开封等许多城市。国民党反动派对学生的爱国民主运动采取了极端野蛮的镇压办法。5月20日，同时在南京和天津殴伤和逮捕学生共百余人，造成有名的五二〇血案。但是学生的爱国运动，在广大人民支持之下，并没有被镇压下去。以"反饥饿、反内战、反迫害"为口号的学生罢课示威运动，和工人罢工、教员罢教等各界人民的反美反蒋斗争，当时遍及60多个大中城市。1948年5月间，上海学生又同文化界、新闻界和其他各界一起，展开了反对美国扶植日本侵略势力复活的爱国运动，这个运动也迅速地扩展到其他许多城市。直到全国胜利为止，学生的爱国斗争从未停止过，给了国民党以严重的打击。

②国民党政府于1947年5月18日颁布所谓《维持社会秩序临时办法》，严禁人民10人以上的请愿和一切罢工、罢课、游行示威，并授权各地方政府，对于人民的爱国民主运动，采取"紧急措施"，进行镇压。

③五四运动是1919年5月4日发生的反帝反封建的爱国运动。当时，第一次世界大战刚刚结束，英、美、法、日、意等战胜国在巴黎召开对德和会，决定由日本继承德国在中国山东的特权。中国是参加对德宣战的战胜国之一，但北洋军阀政府却准备接受这个决定。5月4日，北京学生游行示威，反对帝国主义的这一无理决定和北洋军阀政府的妥协。这次运动迅速地获得了全国人民的响应，到6月3日以后，发展成为有工人阶级、城市小资产阶级和民族资产阶级参加的广大群众性的反帝反封建的爱国运动。五四运动也是反对封建文化的新文化运动。以1915年《青年杂志》（后改名《新青年》）创刊为起点的新文化运动，竖起"民主"和"科学"的旗帜，反对旧道德，提倡新道德，反对旧文学，提倡新文学。五四运动中的先进分子接受了马克思主义，使新文化运动发展成为马克思主义思想运动，他们致力于马克思主义同中国工人运动相结合，在思想上和干部上准备了中国共产党的成立。

④1935年，全国人民的反日爱国运动开始新的高涨。北平学生在中国共产党领导下，首先在12月9日举行大规模的爱国示威游行，提出"反对华北防共自治运动""停止内战，一致对外""打倒日本帝国主义"等口号。游行的学生遭到了国民党政府的镇压。第二天，北平各校学生宣布总罢课。16日，学生和市民1万余人，再度举行示威游行。全国人民纷纷响应，开始了中国人民抗日运动的新高潮。这就是著名的一二九运动。全国各阶级的关系由此很明显地表现出新的变化，中国共产党提出的抗日民族统一战线政策，得到一切爱国人们的公开拥护。

由于美国帝国主义及其走狗蒋介石代替了日本帝国主义及其走狗汪精卫的地位，采取了变中国为美国殖民地的政策、发动内战的政策和加强法西斯独裁统治的政策，他们就宣布他们自己和全国人民为敌，他们就将全国各阶层人民放在饥饿和死亡的界线上，因而就迫使全国各阶层人民团结起来，同蒋介石反动政府作你死我活的斗争，并使这个斗争迅速发展下去。全国人民除此以外，再无出路。被蒋介石政府各项反动政策所压迫、处于团结自救地位的中国各阶层人民，包括了工人、农民、城市小资产阶级、民族资产阶级、开明绅士、其他爱国分子、少数民族和海外华侨在内。这是一个极其广泛的全民族的统一战线。

蒋介石政府所长期施行的极端反动的财政经济政策，现在被空前的卖国条约即中美商约[①]所加强了。在中美商约的基础上，美国的独占资本和蒋介石的官僚买办资本紧紧地结合在一起，控制着全国的经济生活。其结果，就是极端的通货膨胀，空前的物价高涨，民族工商业日益破产，劳动群众和公教人员的生活日益恶化。这种情形，迫使各阶层人民不得不团结起来为救死而斗争。

军事镇压和政治欺骗，是蒋介石维持自己反动统治的两个主要工具，现在人们已经看到这些工具的迅速破产。

蒋介石的军队，无论在哪个战场，都打了败仗。从去年七月到现在共计十一个月中，仅就其正规军来说，即已被歼灭约九十个旅。不但去年占长春、占承德、占张家口、占菏泽、占淮阴、占安东[②]时候的那种神气，现在没有了，就是今年占临沂、占延安时候的那种神气，现在也没有了。蒋介石、陈诚曾经错误地估计了人民解放军的力量和人民解放军的作战方法，以为退却就是胆

①中美商约即《中美友好通商航海条约》，1946年11月4日国民党政府和美国政府在南京签订。这个大量出卖中国主权的条约，共有30条，其主要内容是：第一，美国人有在中国“领土全境内”居住，旅行，从事商务、制造、加工、科学、教育、宗教、慈善事业，采勘和开发矿产资源，租赁和保有土地，以及从事各种职业的权利。美国人在中国，在经济权利上得与中国人享受同样待遇。第二，美国商品在中国的征税、销售、分配或使用，享有不低于任何第三国和中国商品的待遇。中国对美国任何种植物、出产物或制造品的输入，以及由中国运往美国的任何物品，“不得加以任何禁止或限制”。第三，美国船舶可以在中国开放的任何口岸、地方或领水内自由航行，其人员和物品有经由“最便捷之途径”通过中国领土的自由。美国船舶，包括军舰在内，可以在遇到“任何危难”的借口下，开入中国“对外国商务或航业不开放之任何口岸、地方或领水”。

②安东，今辽宁省丹东市。

怯，放弃若干城市就是失败，妄想在三个月或六个月内解决关内问题，然后再解决东北问题。但在十个月之后，蒋介石全部进犯军已经深入绝境，被解放区人民和人民解放军所重重包围，想要逃脱，已很困难。

蒋介石军队在前线打败仗的消息传到后方的日益增多，被蒋介石反动政府压迫得喘不过气来的广大人民群众，就日益感觉自己的出头翻身有了希望。恰在这时，蒋介石的一切政治欺骗，由于蒋介石的迅速扮演而迅速破产。一切出于反动派意料之外。什么召开国民大会制定宪法呀，什么改组一党政府为多党政府呀，其目的原是为着孤立中共和其他民主力量；结果却是相反，被孤立的不是中共，也不是任何民主力量，而是反动派自己。从此以后，中国人民从自己的经验中，知道什么是蒋介石的国民大会，什么是蒋介石的宪法，什么是蒋介石的多党政府。在这以前，中国人民中的许多人，主要地是中间阶层的分子，对于蒋介石的这些手法是多少存了幻想的。对于蒋介石的所谓和谈也是这样。在几次庄严的停战协定被蒋介石撕毁得干干净净之后，在用刺刀向着要和平反内战的学生群众之后，除了存心欺骗的人们或者政治上毫无经验的人们之外，什么人也不会相信蒋介石的所谓和谈了。

一切事变都证明我们估计的正确。我们曾经不断地向人们指出，蒋介石政府不是别的，仅仅是一个卖国内战独裁的政府。这个政府欲以内战的手段，削平中共和一切民主力量，达到变中国为美国殖民地和维持自己独裁统治的目的。这个政府因为采取了这些反动政策，它就在政治上变得毫无威信，毫无力量。蒋介石政府的强大只是暂时的，表面的，它实际上是一个外强中干的政府。它的进攻是能够打败的，不论是在什么地方和在什么战线上。它的前途必然是众叛亲离，全军覆灭。一切事变，都已经证明并且将继续证明这些估计的正确性。

中国事变的发展，比人们预料的要快些。一方面是人民解放军的胜利，一方面是蒋管区人民斗争的前进，其速度都是很快的。为了建立一个和平的、民主的、独立的新中国，中国人民应当迅速地准备一切必要的条件。

（选自《毛泽东选集》第四卷，人民出版社1991年版，第1224—1228页）

刘晓关于蒋管区群众斗争近况及今后策略问题的报告

（1947年5月31日）

中央并城工部：

据刘晓辰哿[①]电叶罗辰世[②]转如下：

你们指示完全同意。在运动中应当注意：

（甲）目前运动已从个别要求发展到共同要求，从局部发展到全国性，从经济性到带政治性，群众情绪高涨，社会同情，CC系与政学系矛盾，经济危机，继续发展对我们有利，但敌人预布之紧急措施，企图以威胁、镇压，首先压下群众气焰和进行若干妥协，以达到分化、打击积极分子。平津京沪均已发生惨案。我若在目前退却，敌人则得寸进尺，且群众情绪降低，敌会趁机击溃我们。因此，我抓紧各地惨案（这是敌人弱点），发扬上述我之有利条件，利用我一部分预备力量（只是扩大声势不行动），集中在三个可能实现的条件上，压迫敌人作若干让步，取得局部胜利，趁胜利转变斗争方式，即一面上课，一面交涉，来巩固这次斗争中的成果，准备第二次斗争。在我们进行这一策略时，同时推动一部分教授或参政会出面调解，这可以转圜，又可在第三者保证下转变，使我们更有利。但主客形势若有新发展，此运动可能变成新的五卅，必当向前推进。

（乙）目前斗争是将连续不断，一直发展到高潮。只有斗争形势改变，而无有斗争的停顿。为着既能发展而又能滋集力量，我们使斗争预定是：此起彼

①即5月20日。

②即5月31日。

伏，不同形态，车轮战式（即学生运动暂时休息，职工斗争又起；职工休息，学生又起），并充分利用矛盾来发展，使在每个斗争中，有主流，有细流，既分开，又配合，以经济为主，但又联系政治，使之不断提高。利用每次群众运动影响与运动，来争取与分化敌之统治力量。如：这次我们对军警作了很大妥协。从样样斗争中，取得我之群众基础，扩大群众领袖，创造、大胆提拔新干部，并使组织更隐藏在群众力量中，使用时以学生及文化上层为第一线，职工为预备，不要轻易使用。

（丙）由于斗争今天已带全国性，又由于今后斗争的新形势与我们力量弱，决定利用这次斗争，在真正群众基础上，成立各地学联与全国总学联，使之成为公开群众性领导机关。

（丁）以上各点，请即指示。

［选自中共南京市委党史办公室编：《解放战争时期第二条战线 学生运动卷（中册）》，中共党史出版社1997年版，第29—30页］

蒋管区斗争要有清醒头脑和灵活策略*

（1948年8月22日）

蒋近已决心撕破民主伪装的最后残余，实行疯狂的法西斯独裁的最后挣扎。其表现在经济方面的，已有财经紧急处分令①。其表现在政治方面的，已有特种刑事检举②。现北平已发出拘捕学生传票二百四十份，南京已发出传票一百四十份，上海、天津、广州、昆明及全国各蒋管区城市必将接着大行检举，必将由学生发展到工人、文化工作者及一切民主进步人士。在紧急处分令中，已禁止罢工、怠工，不久必将禁止其他一切群众活动。这是蒋在我人民解放军愈加胜利面前必然要采取的步骤和手段，这是蒋愈加接近死亡的表现。但蒋愈接近死亡，他的统治内部便会愈加分崩离析，各找生路，他统治下的群众便会愈加不能生活而走向革命化。到那时，蒋及其死党仍有可能在其最后据守的城市，继续其疯狂的法西斯的最后挣扎。但这种挣扎不是将自己的统治直接送进坟墓，便是被其统治内部在美帝国主义策动之下进行和平阴谋的政变所代替，从而也使代替者进入坟墓。因此，我党在国民党统治区的目前工作，必须有清醒的头脑和灵活的策略，必须依靠广大群众而不要犯冒险主义的错误。

在此原则下，针对当前紧急情况及可能发展的情势，除乡村在条件成熟的

---

*这是为中共中央起草的指示，经毛泽东修改过。

①蒋介石反动集团崩溃前夕，为了进一步搜刮人民，1948年8月19日颁布“财政经济紧急处分令”。主要内容为发行金圆券，并限期以一比三百万的比价收兑法币；限期收兑民间黄金、白银、银币和外国币券，禁止任何人持有；限期登记管理民间存放在国外的外汇资产。

②1948年4月，国民党反动派成立“特种刑事法庭”，8月17日以行政院名义发布命令，发动所谓特种刑事检举。由特务、暗探开列进步的工人、学生的“黑名单”，并自8月19日起陆续在报上公布学生的“黑名单”，限令他们在名单公布的第二天到特种刑事法庭“投案”，同时进行大规模的逮捕。

地区尽量发展武装斗争、在条件不成熟或我工作薄弱的地区坚持群众工作和隐蔽党的组织以待解放军的到来外，在城市方面，应坚决实行疏散隐蔽、积蓄力量、以待时机的方针。在国民党统治的城市，单独进行工人、市民的武装起义，肯定地说，一般地是不可能的。故城市的工人、学生及一切人民斗争的发展，在国民党反动武装力量尚能控制的地方，是有其一定限度的。超过这个限度，就是说要提出或接近于提出打倒蒋介石、推翻国民党反动政权的口号，采取或准备采取武装斗争的直接行动，都是不许可的，都有使少数先锋队脱离广大群众、遭受严重摧残与招致一时失败的危险。尤其是将城市中多年积聚的革命领导力量在解放军尚未逼近、敌人尚未最后崩溃之前过早地损失掉，这是最失策的事。根据最近上海来的材料，党的准备工作及学生运动情形，都有此冒险倾向，这对于今天的坚持，明天的配合解放军进城，或在反动统治内部举行政变时所需发动的人民革命运动，都是不利的。

现在敌人已向你们发出最后警号了。一切蒋管区的城市，尤其是上海，应实行有秩序的疏散。不论党内党外，凡是已经暴露或为敌特注意的分子，都应设法离开岗位，首先向解放区撤退。其已进入解放区受训者（如泊头），目前绝不容许再出去。如一时无法进入解放区而又有可能回至家乡者，即回家乡进行隐蔽工作；不能回家者，即须转移地区，另找职业隐蔽。凡未暴露而又未为敌特注意的分子，应继续深入隐蔽，在检举风浪过去后，再谋有步骤的发展，以便积蓄新的力量，等待时机。在这次大检举中的斗争策略，要依据各个单位自己群众的觉悟程度和人数，实行合法斗争（尽量利用统治内部的矛盾），如要求学校保护，反对特种刑事检举，在特种刑庭上据理力争，组织社会营救等。如果大多数学生已发生恐慌，不敢或不愿进行斗争，则不要使少数觉悟者单独去斗争。必须注意争取中间派，凡脱离中间派的群众行动必须力求避免。隐蔽后的组织形式，应采取抗战后期经验，实行平行组织、单线领导、转移地区不转关系的方针。在蒋管区城市中的党的领导机关，亦须严格遵守单线联络、分散领导的原则，不得违犯。必须认识敌人所欲打击的中心是我党组织，必然从公开检举当中寻找打击我党组织的线索，你们应特别注意党组织尤其领导机关的保护。对已经破坏的组织，不要急于恢复。对其中发生了叛变分子的关系，应暂时隔绝，待弄清情况，再谋处理。

无论反动派如何疯狂镇压，只要我党能有清醒的头脑，灵活的策略，并坚决依靠广大群众，而不犯冒险主义错误，我们是一定能够对付反动派的进攻，保持并发展自己的阵地的。

（选自《周恩来选集》上卷，人民出版社1980年版，第310—312页）

为执行上海局指示南京市委的指示信

（1948年9月21日）[①]

（一）

根据目前的军事形势，第三年战争解放军正在华北努力肃清敌人残留的大小据点，使华北解放区更大的连成一片。同时，把胜利之矛指向着蒋区的后方，准备比过去的二年更大地歼灭敌人有生力量，争取决定性的伟大胜利。战火不可避免的要移向京畿附近地区，南京也可能遥遥地被数面包围，首都极有可能受到更严重的威胁，使其前线城市的特点更形明显。但是现在还不能过早地估计第三年战争解放军要占领首都，因为第一，敌人必然死守首都，集中大军保护京畿，使其仍能成为军事政治的指挥中心点，而解放军也不会过早的付出过大的代价去强占其首都。第二，解放军尚未大规模的渡江，皖北苏南广大地区问题尚未完全解决，而我们在这些地区的力量也还相对的不够强大。第三，解放战争南移的目标很有可能向湘鄂赣川推进，不亟亟先解决长江三角洲敌人的心脏地区。

随着军事局势向南发展的结果，敌人必将用全力保卫这个指挥军事中心的大南京，因此南京及其附近大小城市的政治条件，亦必引起巨大的变化。这就是：第一，敌人要行军事的戒严，加强各方面的控制力量，加强特工军警的侦查网，残暴无比的镇压人民的自由，屠杀正义爱国人民，竭力企图摧毁我地方组织，取消、控制人民合法组织，压制人民的反抗斗争。第二，这就是敌人垂死的挣扎，必将更无所顾忌与掩盖来掠夺人民的财产（所谓币制改革、物资物

①此信件1948年10月初发到南京。

价管理、苛捐杂税等）而造［成］天怒人怨、民怨［沸］腾的局面。前一条件的变化，无疑要增加我们工作上的许多艰苦困难条件，而后一条件的变化则对我有利。同时胜利的解放战争也将更大地鼓舞人民革命的情绪，坚强人民的信心。解放军正确的城市政策，事实会揭破今日敌人各种欺骗蒙混的宣传，解除对我们疑惧；而仇恨统治者一切横行不法的措施，为着求生存、争自由、反卖国、反勘〔戡〕乱斗争，将用各种方式与花样繁多的形态出现。斗争的目标也将更趋向着反卖国、反独裁、反人民的法西斯统治的总目标，逐渐地走上殊途同归的方向，造成［对］我们更有利的条件，来教育与团结人民，发展组织与政治影响。其次，首都是敌人党政军的中心，是统治者上层首脑冠盖云集的地方，也即是各派系间倾轨〔轧〕与矛盾最尖锐明显的地方。前方的节节失败，后方将是责难纷纭、意见分歧、互争权势，新的结合与分化更将层出不穷（立法院的争论、革新运动的呼声，象征着内部矛盾的尖锐化）。这种分崩离析的结果会更大地削弱敌人的统治能力，有利于打击统治阶层中最凶顽的一些派系及其首脑分子。

（二）

为着执行党的总方针，“认真做到在充分准备，抓紧时机，跳跃发展的总方针下，加强与扩大自己的力量，争取群众的优势，建立战略堡垒，深入敌人心脏，来有效地发扬第二战线作战，加强支援解放战争”。我们目前应完成下列任务：

（一）继续为巩固与扩大党的组织而斗争

数年来的努力，我党的基础已有相当大的发展，但还非常的不够，而且流动性颇大，……因此，许多重要的产业部门，特别是敌人心脏机关内，还仅仅有一些播种工作，所起的作用不大，事实需要我们必须坚决地向着下列的部门巩固与扩大我们的力量：即四〔三〕条铁路、公路、煤矿、仓库、军事工业、公用事业、重要的民营工厂、中央和地方机关、党政军机关特别是前方和后方的部队、特工系统等。青年群众及智识分子组织（如学校）虽然也很重要，还需更大努力教育与组织他们在一定时期内起着号召的作用，但更要紧的是通过他们作为社会关系的桥梁，调查每个党员及同情分子的社会关系，建立上述重要部门的工作。教员、职员及其他部门人民中间的组织，也应除去本单位工作以外，积极谋得与社会相结合，来多方面打开这类有战略意义的重要部门的关系。各部门各级的负责干部除精通其单位的工作能力以外，同时必须要学习与研究新部门工作的方法，以便分散齐头进行，反对任何一种本位主义倾向、怠工疏忽的错误。只有这样深入敌人心脏，才能更大地致其死命。党的发展方针，仍是精干政策，有计划的发展，严防奸细及不良分子混入党内，党内必须经常检查组织生活、思想、工作作风等。

为着党的发展，暂时避过敌人的疯狂正面进攻，目前全党的工作，即近数月内工作的中心主要步骤是巩固与整编党［的］队伍，我们应即采取下列方式以完成任务：

（1）严密党的组织，加强与群众连〔联〕系，精通与学习秘密工作的技术，这是为扎稳阵地、迎接更激烈斗争的先决条件。任何轻敌的观点，自由散漫、不遵守纪律、终日空谈斗争的现象必须严格地批评，以减少党员的暴露、被捕、流浪、撤退等的数量，这样才能谈得到充分准备与保存力量，特别在有些有重要战略意义的党细胞要小心保护其存在，而需要在适当时期起决定作用的党员或组织更要注意其隐蔽的可能。

（2）提高全党的战斗力，做到“人尽其才，才尽其用”，根据每个党员环境、能力、社会关系、工作岗位决定其一定的工作，帮助其订出具体工作计划，完成一定任务。

（3）普遍地提高党的教育，不仅要提高政治水准策略、组织问题、工作方法、气节教育等基本教育，更需要检讨工作上的各种倾向、各种经验主义，纠正不良作风及其正确的思想意识等等，经〔轻〕敌的冒险主义倾向与短视、畏缩的保守主义倾向，都不允许党内有新的发展，事务主义的作风也要肃清。只有更高的提高政治原则性，更多的思想领导，才能纠正以往的错误，加强党内的团结。

（4）党与群众积极分子的组织必须完全分开，公开工作与秘密工作必须分开组织。党的组织与群众公开组织混淆不清的地方，必须清理整顿。未整编的组织必须刻不容缓进行整编，不得藉口忙于其他次要的工作，或藉口一些困难，拒绝或拖延。暴露分子可能遭到逮捕的，尽量注意隐蔽、撤退或转移，与隐蔽的党员在组织上严格分开。各部门、各地区的党没有必要，尽可能减少转移关系，让其独立地去进行一定的工作。这就是避免敌人疯狂进攻、组织上应有的必要处理。

（5）严格保护各级领导机关及负责人的安全，提高警惕性，防止重大破坏。

（二）乘机进行策反、怠工、破坏工作

所谓加强敌人心脏内部的工作，必须要有具体的日常工作内容。发展组织，开辟新关系，固然还是非常重要，但更重要的是即刻着手注意通过现有社会关系，利用自己的业务关系，联络社会各个角落里不满现状的同情分子，敌人内部的反对派甚至投机分子，只要肯支援解放军、想立功赎罪的各种分子都要看成为策反线索的对象，采用各种方法，进行前线倒戈、后方怠工，麻痹其行政效力，分化其内部，乘机破坏其军事设备等的工作，纠正有些同志思想上忽视、畏惧等心理。同时，又要精密细心地布置，不准随便暴露自己、急于求功、不择手段，慎重注意敌特的红旗政策与两面派活动。这一工作应当看为全党的任务、各部同志的责任，把革命运动的方法多样化起来，真正配合解放军的战斗，作里应外合的作用。

（三）研究敌人政治、军事、经济的动态

首都的政治动态是关系全国的，了解敌情作为我们经常的重要工作之一，不仅为了要应付地方的局部的工作问题，同时还应为着掌握蒋区对敌政策不可少的一件工作。身处政治中心，对敌人的情况与动态熟视无睹、漠不关心，这是一种政治的麻木症。今后必须一齐努力，共同注意不断地了解研究，按时报告上级，如关于敌人重要决策、派系人物的动态及其主张、重要会议内容，外交动态、经济动态、反共反人民具体措置、敌人军队的调动番号、驻军城防机密等。同时，研究问题必须要有中心，随时决定应了解的问题，实行分工合作，分头亲自动手，随时整理与研究材料（指一定的人员）。熟知敌情，不但对工作上有绝大的帮助，且可丰富我们实际上的政治教育，同时按照实际条件的可能性，对于今后管理大城市的调查研究工作亦必须有计划去进行，坚决执行中央的指示，并研究华北各大城市管理城市的新经验。

（四）开辟文化宣传部门工作

敌人主要派系在首都几乎均有自己的报纸和杂志，反映他们自己的政治意见，互相攻评〔讦〕，流销蒋区城市颇广，有它一定的政治影响。因此我们认为利用与掌握敌人的宣传武器，揭露敌人矛盾。侧面烘托出我党反蒋、反美、反卖国等的主张，扩大我若干政治影响，展开舆论上的统一战线工作是重要的，我们应有打算，开始着手开辟与展开这一部门的工作。

（五）建立外县，近郊农村党的组织和输送干部至解放区

南京的铁路沿线、长江口岸的各城市，党的组织在可能条件下应积极建立，作为侦察敌情、策反、进行二面派工作、掌握地方实力派与其地方武装、联络当地各阶层人士的支点，以呼应解放军渡江，与准备我军占领此类中小城市后建设与管理城市之用。近郊农村工作的对象应是农民、手工业者、小学教员、乡村下层行政机构的办事人员、地方自卫队员及当地士绅、商民等等。任务应是掌握当地的行政与武装力量，侦查敌人京畿防卫的实力，兵临城下时配合我军作战，在平日可作为转移与隐蔽之用。凡站不住的干部可转移至上述地区工作者，应尽量先行输送，着手开辟工作，一部分技术干部或被逼通缉或无法立足者则送往解放区。

（三）

过去一年来，群众运动基本上已有相当成就，克服了消极埋伏保守倾向，但也有许多弱点与倾向。根据党的指示（参看另一指示信）以及目前敌我斗争关系，特别要指出今后斗争的几个主要策略方向：

（1）尽量避免少数突出、个别阵地突出，照顾中间的多数，合理合法，阵容整齐、上下合节〔拍〕、内外分明（公开与秘密）与敌人周转。过去某些部门的工作就其运动的客观意义说，是获得了应有的政治影响的，组织力量也随着相当发展，但由于领导上组织性，计划性不够和思想上轻敌的左倾、关门倾向，没有积极地争取广大中间分子和上层的统战，党员与积极分子过多的暴露，遭致实力的损失，实际上违背了积蓄力量、稳扎稳打的方针的。党要信任群众力量，领导群众斗争，起核心作用，但不应先锋突出、包办与命令。所谓“带头”必须确定领导群众这样作风，才能避免敌人今后更大的打击，加强群众与党的密切连〔联〕系。

（2）尽量利用敌人的矛盾，熟［悉］敌人各派系的内幕，党员与群众积极

分子有可能条件的应在敌人内部……，以推动各种活动，加强同盟后备军的力量。今后敌人各派系要更多地利用群众力量来作其反动的活动，我们应……利用其作掩护，以开展斗争与组织群众，但决不能失去自己立场，作别人尾巴；同时，我们又要独立自主地酝酿群众性的各种斗争，在时机成熟时登高一呼，争取胜利。

（3）蒋区斗争趋势是目标渐趋一致，共同斗争。各方面上下层统一战线可能条件日在成长扩大中，但目前斗争策略基本上要分散进行，而又能各方面无形中互相呼应（如学生要求公费与救济，教授要求待遇改善，具体要求可以不同，而要求生活改善则为共同目标）。酝酿不足，准备很差，条件不齐，而为着求得扩大主观的希望声势浩大、一击打溃敌人的冒险斗争必须避免。

（4）采取多样性的斗争方式，适合各种群众的生活环境与其政治觉性是必要的。为着避免无情地打击，争取胜利，应力求群众性的自发性的形态出现，使敌人无从压迫（例如商人反对限价、不做买卖、有行无市的抗议、工人斗争的经验、公务人员无形的怠工等）。不仅经济斗争方式要多样化，政治斗争也更要采取巧妙灵活的多样性。在敌人心脏里，随便过分的刺激敌人，机械正面、赤露露的、过早地提出政治宣传口号，使敌人镇压有所借口，今后必须避免。

（5）逐个争取敌人的群众组织，保护自己的团体，同时又要创造群众自己的组织。估计今后敌人更要利用暴力抢夺群众的组织，或包括〔办〕式的建立各种组织，强迫参加，供其御用。争取各种群众是艰苦复杂的工作，决非轻易简易可以成功。凡是敌人控制的团体，确是带有名义上的全体性的（如工会、学生会），我们策略主要的是提出群众要求，要其为群众服务，揭露其虚伪的诺言，以分化与孤立其领导分子，逐渐渗透群众的力量进去，或根本乘机夺取领导权，甚至打垮他，另行组织。凡敌人不能完全控制的团体，我们应加强其群众力量，逼使其上层分子孤立，或与我拉拢，以便进行群众工作。凡过去由群众斗争中建立起来的一切组织，今后组织上必须多做福利事业、为群众所需要的各种事业，克服一切包办的作风，扩大其群众性，保护其存在。敌人群众团体组织法限制很多。近来连帮会也下令取消，有些合［法］存在很久的团体（京沪的小教联）也下令取消。所以我们组织群众团体的方法还要更多的创

爲執行上海局指示南京市委的指示信（一九四八年九月廿一日—十月初發到南京）

（一）

根據目前的軍事形勢，第三年戰爭解放軍正在華北努力肅清敵人殘留的大小據點，使華北解放區更大的連成一片，同時把勝利之矛指向着蔣區的後方，準備比過去的二年更大規模殲滅敵人有生力量，爭取決定性的偉大勝利，戰火不可避免的要移向京滬附近地區，南京也可能遭受四面包圍、首都僅有可能受到更嚴重的威脅，使其前線城市的特點更形明顯，但是現在還不能過早地估計第三年戰爭解放軍要佔領首都，因為第一，敵人必然死守首都，集中大軍保護京畿，使其仍能成為軍事政治的指揮中心點，而解放軍也不會過早的付出過大的代價去強佔其首都，第二，解放軍尚未大規模的渡江，蘇北蘇南廣大地區問題尚未完全解決，而我們在這些地區的力量也還相對的不夠強大，第三，解放戰爭需要的目標很有可能向湘鄂贛川推進，不一定先解決長江三角洲敵人的心臟地區。

隨着軍事局勢向前發展的結果，敵人必將用全力保衛這個指揮軍事中心的大南京，因此南京及其附近大小城市的政治條件，亦必引起巨大的變化，這就是：第一，敵人要行軍事的權威，加強各方面的控制力量，加強特工軍警的偵查網，殘暴無比的鎮壓人民的自由，屠殺正義愛國人民，竭力企圖摧毀我地下組織，取消控制人民合法組織，壓制人民的反抗鬥爭。第二，這就是敵人垂死的掙扎，必將更無所顧忌與掩飾的掠奪人民的財產（所謂幣制改革物資物價管理苛捐雜稅等）而遭天怒人怨，民怨沸騰的局面，前一條件的變化，無疑要增加我們工作上的許多艱苦困難條件，而後一條件的變化則對我有利，同時勝利的解放戰爭也將更大地鼓舞人民革命的情緒，堅強人民的信心，解放軍正確的城市政策，事實會揭破今日敵人各種欺騙蒙混的宣傳，解除對我們疑懼，而仇恨統治者一切橫行不法的措施，為着求生存爭自由反貪污反勒索鬥爭，將用各種合法方式與花樣繁多的形態出現。

更高的提高政治原則性，更多的思想領導，才能糾正以往的錯誤，加強黨內的團結。

(4)黨與群眾積極分子的組織必須完全分開，公開工作與秘密工作必須分開組織，黨的組織與群眾公開組織混淆不清的地方，必須清理整頓，未暴露的組織必須刻不容緩進行整頓，不得藉口忙於其他次要的工作，或藉口一些困難，拒絕或拖延，暴露分子可能遭到逮捕的盡量往農村撤退或轉移，與暴露的黨員在組織上嚴格分開，各部門各地區的黨沒有必要盡可能減少橫的關係，讓其獨立地去進行一定的工作，這就是避免敵人瘋狂進攻，組織上應有的必要處理。

(5)嚴格保護各級領導機關及負責人的安全，提高警惕性，防止重大破壞。

(二)乘機進行策反及怠工破壞工作

所謂加強敵人心臟內部的工作，必須要有具體的日常工作內容，發展組織，開闢新關係，固然還是非常重要，但更重要的是要立刻着手注意通過現有社會關係，利用自己的業務關係，聯絡社會各個角落裏不滿現狀同情的分子，敵人內部的反對派甚至投機分子，只要肯支援解放軍想立功贖罪的各種分子都要看做爭取與線索的對象，採用各種方法進行爭取策反，後方怠工破壞其行政效力，分化其內部，策動破壞其軍事設備等的工作，糾正有些同志思想上忽視畏懼等心理，同時又要精密細心的佈置，不應隨便暴露自己，急於求功不擇手段，慎重注意敵特的紅旗政策與兩面派活動，這一工作應當看為全黨的任務，各部同志的責任，把革命運動的方法多樣化起來，真正配合解放軍的戰鬥，作裏應外合的作用。

(三)研究敵人政治軍事經濟的動態

首都的政治動態是關係全國的，了解敵情作為我們經常的重要工作之一，不僅為了要應付地方的局部的工作問題，同時還應為着掌握蔣區對敵政策不可少的一件工作，身處政治中心對敵人的情況與

而為着求得偉大主義的布置擴大，一擊打倒敵人的盲動鬥爭必須避免。

(4)採取多樣性的鬥爭方式，適合各種群眾的生活環境與其政治覺悟是必要的，為着避免無情的打擊，爭取勝利，應力求群眾性的自發性的形態出現，使敵人無從鎮壓（例如插入反對漲價，不做實責，有打擊中共的扒手，××工人鬥爭的經驗，公務人員無形的怠工等），不僅經濟鬥爭方式要多樣化，政治鬥爭也更要採取巧妙靈活的多樣性，在敵人心臟市，隨便過分的刺激敵人，機械正面赤露露的過早地提出政治直接口號，使敵人鎮壓有所藉口，今後必須避免。

(5)透過爭取敵人的群眾組織，保護自己的團體，同時又要創造群眾自己的組織，估計今後敵人更要利用暴力統奪群眾的組織或包括式的建立各種組織強迫參加供其利用，爭取各種群眾是艱苦複雜的工作，決非輕易簡易可以成功，凡是敵人控制的團體，儘管帶有名義上的全體性的（如工會，學生會），我們策略主要的是提出群眾要求，要其為群眾服務，揭露其虛偽的諾言，以分化與孤立其領導分子，透過多數群眾的力量進去或根本乘機奪取領導權，甚至打倒他另行組織，凡敵人不能完全控制的團體，我們應加強其群眾力量，適使其上層分子孤立或與我拉攏，以便進行群眾工作，凡過去由群眾鬥爭中建立起來的一切組織，今後組織上必須多做福利事業為群眾所需要的各種事業，克服一切包辦的作風，擴大其群眾性，保護其存在，敵人群眾團體組織法規制很多，近來連將會也下令取消，有些合作社似的團體（京滬的小教聯）也下令取消，所以我們組織群眾團體的方法還要更多的創造，有些地方盡可不用名義，而有實際組織活動與一定的事業中心，加強人事上的密切聯絡，互通聲氣，一呼百應，此外如落後的封建性的行會性的各種組織也必須盡量利用之。

(6)每一時期群眾運動應有一定中心，幣制改革後，公務人員及平民生活更加痛苦，目前應以此為中心，分頭領導爭取為生存鬥爭的活動，目前還要按待遇不同而提出各種要求，透露推向共同要求——

—解除凍結生活指數，取消限價的鬥爭，前線軍事大失敗，決無對群眾讓步的可能，還將引起不可想像的群眾憤怒，怠工與離心作用日益增加，這將有利於我們完成各項任務。

此指示信係根據黨的指示適合南京環境決定的，其中關於國內形勢一般經驗教訓及策略不再重複，接到此信後應即付討論，檢討以往主要傾向，檢查目前工作是否已經戰鬥化，任務方針不夠明確的部門更應重新佈置（如學生工作的任務應有改變），具體決定各部門各個組織各個黨員應當如何執行，此信只准發到委員會並定時間繳收回，下級只准口頭傳達，遺失者嚴重處罰，並望認真與迅速討論之為要。

——九月廿七日——

南京市档案馆馆藏档案，档案号：4003000000100010002

造，有些地方尽可不用名义，而有实际组织活动与一定的事业中心，加强人事上的密切联络，互通声气，一呼百应。此外，如落后的封建性的行会性的各种组织也必须尽量利用之。

（6）每一时期群众运动应有一定中心。币制改革后，公务人员及平民生活更加痛苦，目前应以此为中心，分头积极准备为生存斗争的活动。目前还要按待遇不同而提出各种要求，逐渐推向共同要求——解除冻结生活指数、取消限价的斗争。［敌人］前线军事大失败，决无对群众让步的可能，这将引起不可想象的群众愤怒，怠工与离心作用日益增加，这将有利于我们完成各项任务。

此指示信系根据党的指示，适合南京环境决定的，其中关于国内形势一般经验教训及策略不再重复。接到此信后应即付讨论，检讨以往主要倾向，检查目前工作是否已经战斗化，任务方针不够明确的部门更应重新布置（如学生工作的任务应有改变），具体决定各部门、各个组织、各个党员应当如何执行。此信只准发到委员会并定时编号收回，下级只准口头传达，遗失者严重处罚，并望认真与迅速讨论之为要。

九月廿七日[①]

（南京市档案馆提供）

①原文日期如此。

上海局指示信

（1948年9月底）[①]

京沪一般形势的特点

一、从东北大捷以后，接着就是在华中的飞跃发展，在这里，已经给了敌人以决定性打击，使敌人主力更加大大削弱。不能不把一切所剩余的筹码投到这一战场来作孤注一掷，形成敌人后备力量的枯竭，士气更加低落，悲观绝望、相互埋怨、分崩离析的严重局面，这样会使整个局势再经一两个重大的飞跃发展成为急转直下，使将在一年左右根本打垮敌人的时间大为缩短。

根据这一总的趋向，我军在大江南北两岸歼灭敌人主力的胜利战斗是不会很远了。这一胜利的发展就是京沪的解放，我军将在基本上消灭敌人主力以后，不管是急转直下，夺取京沪或先占领江南及湘赣广大地区，迂回追歼残敌后再图京沪，但京沪解放前途是肯定了，而且也更加迫近了。一般的说来，敌人不可能在京沪作一长期的负隅顽抗的，但今天敌人为着支援正在进行的长江下游的战斗，为着更有利的策动各种政治阴谋与企图取得美国一定的援助，是不轻易放弃京沪的。相反的，敌人会加强控制京沪，企图将其残余力量集中京沪来作最后挣扎。所以京沪虽临解放前夜，还要经过一段艰苦斗争的过程，它的解放将是一个激烈斗争的结果，另一方面，假如我军发展得更迅速，敌人在不断的更大失败下，再加上敌人内部的分裂，使其防御长江下游成为不可能而失去最后信心的情形下，敌人为着保存残余力量，避免与我决战，也有可能放弃京沪，向西南逃窜。在京沪则经过美帝的导演，用各种不同方式来淹〔掩〕

①此件1948年10月初发到南京。

护其留存力量，使我们不能顺利控制上海，而同时造成我与美帝更直接的冲突。这是京沪在解放前形成一个短暂的过渡时期，要经过一番激烈的政治斗争，才能使京沪得到真正地解放。

二、无论京沪将来解放形式如何，但将解放是肯定了的。美蒋也深知这一前途的到来，尤其是他们了解不可能以武装守卫或陆战队登陆的恫吓，或局部直接武装干涉，来挽回这一前途，就会在京沪特别是上海相互勾结，策动各种政治阴谋，以各种方式来保存力量，以便将来在解放后仍可把京沪作为反革命据点来继续其反革命活动，这是京沪敌人主要的努力方向。敌人不仅正在有计划、有组织布置地下活动，而且也正在采取一切办法，公开的在政治上散布美国幻想，号召反动阶级的团结，组织反动核心，以和平中立、维持秩序、避免糜烂的词句来欺骗群众，增加群众幻想，并勾引民主阵营中个别动摇分子，分化民主阵营，作为在某种情形下更巧妙的掩护。同时，以伪装民主、反蒋反美姿态，乘隙混入革命队伍，取得革命队伍中某一部分人的同情。上海敌人最大阴谋，将来可能是一方面利用京沪在全国的影响，来发起或支持和平运动阴谋；另一方面在一定情形下会发动上海中立化运动，假借上海“人民”名义来掩护其反革命活动，麻痹与和缓群众革命斗争，以改头换面、借尸还魂，来保存美帝及其反动势力，在有利条件下转入与我作合法的地下的政治斗争。美帝正在布置与指导这一阴谋，这些阴谋又将是经过某些所谓自由主义学者以及在野的大资产阶级甚至某些个别民主人士来进行。

三、在阶级关系变化中今天，一个很重要的特点是中间阶层的开始普遍在政治上的积极化，这在上海可以看得很明显。上海的中间阶层目前的政治动态表现与过去不同的地方，使他们更普遍的对政治问题的关心与对我们政策的开始认识，而把解除目前困难寄托敌人的崩溃与我们的胜利，他们自己的利益逐渐与革命利益一致起来。因此他们反对迁移，准备如何在战后恢复生产，他们积极反对国民党任何经济统治步骤，对国民党开始从两面派的敷衍到局部的有组织怠工或不合作，一定程度的主动的改善劳资间的关系，在米荒斗争与最近护厂运动上表现了相当程度的积极与互助合作。他们在生产事业上不是害怕，而是愿意接受我们的领导。但中间阶层还有很大的弱点，还有其动摇性，还散漫的无组织，特别是其中比较进步的中间阶层的组织，还没有能及时在广大中间阶层中起应有的骨干与组织作用。这样使中间阶层还没有能完全从大资产阶级与美国影响下脱离出来，使他们许多自发的斗争不能迅速提高与明确，政治警惕性还不够敏锐。因此某些上层自由主义的知识分子还幻想一个中间路线在京沪出现，这样不自觉地帮助了大资产阶级的阴谋。这些弱点是局部的或暂时的，是自然会有的，是在向前变化中不能一下克服的弱点，但不能因此就否定了中间阶层的普遍积极化、逐渐倾向于我们。今天他们的弱点是可以在时局不断发展中逐渐克服的，是可以在上海人民力量发扬与督促下更加坚定起来的。

四、在新的形势下，京沪的群众斗争也在更广泛向前发展并向前不断提高，使整个斗争向着汇合、向着共同统一方面急速地迈进。在今天的群众斗争中，表现出很多与过去不同的特点，如自发斗争是那样广泛，而且很容易与正确领导结合，不断提高到有组织自觉斗争；从劳资斗争为主发展到劳资互助合作，而形成了各种共同利益的反国民党维护生产的统一战线的斗争，民族中小资产阶级生产内的斗争减少，而国营企业中及公教人员中斗争大大加强，生活与政治斗争从没有像今天那样结合得密切，基本群众的斗争已开始取得了其他中间阶层斗争的配合或援助，使基本群众政治不像以前孤立。这些都说明群众政治觉悟与斗争的本质是在不断提高，生活性与政治性的斗争更密切连〔联〕系，自发斗争迅速与有领导斗争结合，斗争不断的局部汇合，狭隘的阶级利益日益提高与增多为共同的统一斗争，从怨恨国民党统治逐渐发展成为推翻国民党统治地斗争。这是今后一个时期京沪群众斗争的基本趋向，也将一直发展到解放前后成为空前的高潮。

五、同时敌人的压迫与屠杀也在更加疯狂，这是敌人临到最后死亡地挣扎与对革命运动的报复，企图尽量削弱革命力量，把京沪作为任何情形下他们反动的据点。假如没有警惕到敌人愈临死亡，革命愈临胜利，敌我的斗争也必然更加残酷，是要遭受很大损失的。但是敌人今天已处在最后边缘上，他在政治上与组织上是空前孤立与分裂，群众斗争的觉悟性与积极性是在迅速提高。只要我们能提高警惕性，能依靠群众，能善于运用策略，能善于抓紧〔住〕敌人弱点来对付敌人，则敌人的压迫与屠杀是可以粉碎的。我们能够在这无理与人民作对、实行疯狂压迫中更提高人民斗争勇气与政治觉悟，使群众斗争更进一步发展与提高起来，使敌人的疯狂压迫更加困难，但我们必须要在即将胜利的最后一段，更大地提高警惕性，用谨慎向前发展来粉碎敌人对我的压迫。

六、在客观形势急剧向前发展的情形下，使目前党的主观力量大感不够，在思想上与组织上的准备均还落在客观形势发展之后。今天我们在发展中的主要困难是我们主观力量还不够，强大有组织的群众还不够普遍，特别是在某些重要企业部门和地区中。因此，我们也就不能产生与团结大批党内外各种专业干部人才，为接收京沪、管理京沪作充分的准备。我们对中间阶层的联系不够广泛，建立有组织的同盟军来孤立美帝与大资产阶级的阴谋还不够。最后就是我们的组织机构、工作作风与思想还没有能适应于这一新形势，因此必须要发展新力量转变老作风，从发展与转变中来克服今天我［们］主观上的弱点，加强明天的准备。目前在京沪已有的力量是我们进行发展与转变的一个很好基础，我们应善于保存与运用现有的力量向前发展，大大加强与扩大现有的力量，任何自满与保守都是错误的。

当前的基本方针与我们具体工作

根据以上对形势发展的认识，我们当前的具体基本方针，应是积极地广泛地发展力量、巩固与扩大核心、加强重点工作、依靠基本群众、团结人民大多数的原则上，来为彻底解放京沪与具体准备对京沪的接收与管理而奋斗。今天一切工作都要紧紧围绕这一中心。为此，必须从不断的对敌斗争中发展和提高我们力量，克服一切困难，阻止与粉碎敌人各种阴谋，深入地组织与教育群众，发扬群众优势，争取中间阶层，建立可靠同盟军，提高干部党员的数量与质量，加强党在群众中的领导作用，并使组织形式适合于当前战争任务，必须加强政治警惕性，防止敌人的袭击与敌人的伪装混入革命队伍。根据这一方针原则，京沪在解放前夜的具体工作应该是：

第一，要抓紧目前在群众普遍酝酿的自发斗争与迫切要求解放情绪、用各种不同方式，放手发动群众，把群众运动的质量与群众的政治觉悟不断地向前提高，作为工作中的中心一环。在今天要求迅速解放，害怕敌人破坏抢劫，与无限止的军事征发，恐惧混乱已成为各阶层人民共同的一致要求，因此，我们要在保护国家元气、给人民留生路、反破坏、反出卖、反屠杀的口号下，来发动广大群众进行反遣散、反迁移、反裁员、保厂、保校、保命、保业等等具体斗争，这样在生活斗争与政治斗争相互连〔联〕系中，逐渐发展到各阶层人民共同统一的各种保京沪运动，以便在解放军直接解放京沪时更进一步提高成为抢救京沪、驱逐破坏分子、解除反动派武装，把京沪从反动派手中夺过来交给解放军的解放运动。就在这一基础上，进行京沪接收与管理工作。自此，在策略上就应抓紧各阶层人民目前每一个共同具体要求，形成相互呼应、上下配合、分散发动，利用敌人矛盾与混乱，以生活性以及各种自发形态出现，掩护斗争发展，逐渐加强政治内容，在符合广大群众的觉悟与要求下，利用合法［方式］冲破反动的合法限制，使群众运动能得到广泛与迅速发展，使自发性的斗争能很快地与有领导的斗争相结合。为着要与广大群众连〔联〕系，使组织群众能够普遍，就应充分运用已有的合法组织，深入敌人各种群众团体，特别是工会，积极的争取下层群众与真〔正〕直群众领袖，在其中建立群众性的反对派，麻痹和部分地争取其中层干部，分化与动摇其上层分子，扩大他们相互间的矛盾，首先孤立与订〔定〕出最少数的反动分子。要把真正反动分子和暂时被反动分子所利用的分子分别看待，以便瓦解基础，夺取领导，变成我们与广大群众可以公开连〔联〕系的合法组织形式，又在这样形式下掩护进步的民主群众组织，［使之］得到顺利发展的机会及扩大其真正群众基础，使以民主团体为核心的群众组织能从分散的发展基础逐渐到各业各部门的集中，有〔由〕无影的到连〔联〕系到有形的联合，由各部门各区的逐渐联合逐渐到全市各阶层的统一。加强［对］学联、工协、技协、职协、教协、文协等领导，扩大他们在群众中政治影响，并培养一批有威望的群众领袖，把分散的积极分子组织成为核心，又使各种不同形式的核心组织准备组成各部门的统一的积极分子组织。进步民主团体政治上应公开号召与教育群众，但其组织没有到解放时仍应秘密活动。为着争取时间，力量应首先进〔集〕中于那些重点部门与已有组织的基础上，那些不很重要的部门或力量很弱的部门应以散布种子，首先组织积极分子和团结生产中的领袖为主要方式，这些群众工作又应与明天工作具体密切联系起来。因此，为着重于生产街道活动为单位，以各阶层共同利益为基础，以自卫自救、互助合作为斗争形式，组织各单位的维持和保护生产的各种运动与机构，团结上下层与各方面、各系统、各职位和各帮派的群众，组织纠察队，或监视组，或防护队等，以及群众性的接收与管理的准备工作，至于这方面必须收到实际效果，要进行得非常具体，反对为群众工作而群众工作的盲目空洞作风。假如只有轰轰烈烈的群众运动，而对接收与管理的具体准备工作毫无成绩，这就等于一无所有，这将是我们严重错误。最后还要指出：大规模的群众运动甚至包含局部的武装斗争，只有在解放过程中或解放后才有可能，在解放前基本上是酝酿与准备这样的斗争，要防止过早使用力量。

第二，把争取和提高中间阶层的统一战线运动与基本群众运动结合起来，并且建立起强固骨干组织，使我们能更迅速把目前统一战线从个别的争取联络变成为面的发展，并克服其动摇性，形成强有力的统战基础与可靠的同盟军。因此，今后对中间阶层的争取及提高工作应以基本群众为主要的与主动的力量，建立工厂、企业、学校、生产部门中的统一战线，以职工团体、学生团体与民主的文化及工商团体，来建立与某些真正代表工商界的同业公会、教授会、自由主义学者的学术团体、技术团体或一般经济团体、工商团体中的统一战线，以左派团体来建立与中间性社会团体中的统一战线，建立一个地区以内及几个地区相互之间的统一战线。这就是说，把争取与提［高］中间阶层的统一战线工作渗透到基本群众运动中去。在与群众共同斗争中，在群众积极性影响中，在群众的督促与批评中，特别在群众正确地执行政策与共同解决将来出路的互助中，使中间阶层积极性更能提高，斗争性更能坚定，利益更能共同统一，对敌人的政治斗争更能明确，当然也可使我统战工作能迅速得到扩大与加强。这里所谓争取中间阶层，不是毫无原则的乱拉，而是争取那些不仅在今天可以坚决同我们反蒋反美到底，而且在明天还可以提高到与我们共同进行新民主主义的建设。

一切民主团体，特别是工商界的民主团体，应有步骤的恢复其活动，首先使组织更能健全与扩大，吸收新的成份〔分〕，提拔新的干部，使之成为真正与其所代表的群众有连〔联〕系的进步与开明分子的组织，能在群众中起核心作用。党对于这些组织要特别重视，并加强其中党的领导，有计划指导他们的活动，使之能真正在中间阶层中成为骨干组织。

为着今天加强党在民主团体中的领导，打击民主阵营中某些右倾分子的动摇与他们利用民主团体作为政治投机的阴谋，统一对敌斗争的步调，以及准备明天孤立大资产阶级及中等资产阶级、自由主义者的右派和在建立革命政权时作为我们统治的基础起见，应该恢复上海人民团体联合会的组织与活动。我们应把人民团体联合会的主要基础建立在基本人民团体上，使其成为该会主要成份〔分〕。在这基础上，把各民主团体统一在这一个组织之内。这样一方面可以发挥上海各阶层人民的统一力量，共同反对敌人的作用；一方面又可经过基本群众团体来教育与督促其他上层民主团体，使之更加进步，更加坚定，使敌人及某些败类不能轻易利用民主团体为掩护来进行反动活动与政治投机，使该联合会成为中间阶层与基本群众相结合的桥梁，在基本群众帮助下又使其中的中间阶层的进步组织能够强化，致使能在一般中间阶层中增加其威信与作用。对于那些有若干动摇的上层民主分子，只要他还没有完全公开反对我们，一般的是在诚恳的批评与说服中争取他们。这里最有效的办法是把他们与基本群众连〔联〕系得密切一点，使他们经常受到群众的鼓励与督促，随着群众进步起来。

第三，集中瓦解与动摇京沪的一切防守武装力量，包括地方武装、警察、保安队和正规防军，便敌人在京沪防御削弱，在解放军兵临城下时，能够达到配合基本群众实行起义、向〔响〕应解放军，或使敌人整个防御力量动摇，而向解放军投降，这样来保护京沪，尽可能使京沪不遭战争破坏，这是我们策反中心工作一环。只要真正能有保证的可以达到这一目的，我们的政策可以略为宽大些，因为京沪这样的城市，若不遭破坏，对我们的利益是很重大的。

为使此工作能得到迅速效果，首先要动员全党与经过许多群众团体来进行进一［步］工作，把瓦［解］敌人武装变成一个群众运动。这样可以［使］每个群众都能根据自己条件与关系来进行，可以事半功倍。但这也需要有组织，根据各部门、各单位的关系与可能予以分工，并确定其具体任务，并该把某些重要关系集中起来，由专门机关负责去进行。各个单位都应具体调查研究，然而［后］根据同学、同乡、家属、亲戚、朋友等关系，把线索发现与组织起来，组织专门机关去固定地有计划地进行，调遣专门干部负责。

我们瓦解敌人策略是全面动摇，重点争取，……因此把工作重心应放在中下层干部上面。因为他们接近群众，对上级不满、成见较少。同时他们握有实权，他们的态度能对上级起重大的动摇作用。对于某些上级分子，今天只能作些建立线索工作，以备我们在必要时［按］线索进行策反，过分急切去找他们或过多的活动，对于我们是不利［的］，他们反可利用此为资本，抬高身价，欺骗群众。这样成功不大，且甚危险。……

其次要注意敌人之特务中的瓦解工作，这里我们的目的主要是使之瓦解、瘫痪，以致于全部消灭，在今天不能一致的起作用，明天也不能组织起新的反动活动。同时，使我们了解其内幕，打入其地下活动的组织，搜集敌人之一切罪行，作为将来之用。对他们的原则，基本上是允许个别分子改造自新、将功赎罪的原则，但对于一部分罪大恶极的特务头子与其重要干部，是不能适用这一原则的。

第四，对于管理与接收的具体步骤准备，从今天就要开始了。这里有头等重要意义的事就是＜用＞具体的进行调查研究，为将来接收与管理要准备好材料及初步意见。为着有效的进行这一工作，应该把调查工作由少数专人负责的习惯转变成为全党群众团体一种经常工作，渗透到日常工作中去。今天只〔至〕少应该如此的做到：1.根据每一单位，每一个党员与干部以致党周围的干部情况，确定他们具体的调查研究任务，并规定向组织作报告的制度与时间。2.每一级组织与群众团体均应指定专门干部成立调研组，专门负责整理从各方面搜集的材料，并做初步研究，向各级组织提出意见与供给有关的参考材料。3.定期讨论与研究各单位的调查材料，并根据这些材料研究政策及工作，应成每单位的工作之一，并将其研究结果向上级报告。4.各部门可以假定解放后的接收与管理的任务，而假定每一个干部或单位将来的具体工作岗位，分工负责来进行其中的调研工作。5.关于某些重要而复杂的部门、企业，由组织专门关于这一个或几个企业部门的调研组，专门调研这方面的材料。6.为着了解典型，各级领导机关可以经过所属的组织，直接调来一典型部门中的干部，专门负责做该典型中的调研工作。7.所有公开出版的刊物，均由组织指定一项调研任务，并经常有系统在该刊物上发表或报告。8.关于这方面工作所需要的经费，可以成立专门预算。

第五，最重要的是组织上的准备与把党的组织形式能转变到适应新的斗争环境，在这方面急需做到的应是：1.把京沪党的组织系统适应今后斗争需要，从生产系统建立党的系统的制度改变为以地区为主要基础，来改编党的组织系统，即把京沪二个城市根据军事、政治及经济情况划为若干地区，建立地区委员会。但有某些重要与全市有关系的生产部门或不易分割的部门仍旧成立生产区，如公用事业，市政公务人员，军警及文化统战部门等。2.各大群众团体及全市性的群众团体中建立党团，分别由区委领导或上级直接领导，这样才使公开

上海局指示信

京滬一般形勢的特點　（一九四八年九月底指示，十月初發到南京）

一、從東北大捷以後，接着就是在進中的飛躍發展，在這後，已能給（够）了敵人以決定性打擊，使敵人主力更加大大削弱，不能不把一切所剩餘的籌碼投到這一最後來作孤注一擲，形成敵人後備力量的枯竭，士氣更加低落、悲觀絕望，相互埋怨、分崩離析的嚴重局面，這樣會使戰爭局勢再經一兩個重大的飛躍發展成爲急轉直下，使將在一年左右根本打垮敵人的時間大爲縮短。

根據這一總的趨向，我軍在大江南北兩岸殲滅敵人主力的勝利戰鬥是不會很遠了。這一勝利的發展就是京滬的解放，我軍將在基本上消滅敵人主力以後，不管是急轉直下，奪取京滬或先佔領江南及相續廣大地區，迂迴退縮殘敵後再圖京滬，但京滬解放前途是肯定了，而且也更加迫近了。一般的說來敵人不可能在京滬作一長期的負隅頑抗的，但今天敵人爲着支援正在進行的長江下游的戰鬥，爲着更有利的策動各種政治陰謀與企圖取得美國一定的援助，是不輕易放棄京滬的，相反的敵人會加強控制京滬，企圖將其殘餘力量集中京滬來作最後掙扎。所以京滬臨解放前夜，還要經過一段艱苦鬥爭的過程，它的解放將是一個激烈鬥爭的結果。另一方面，假如我軍發展得更迅速，敵人在不斷的更大失敗下，再加上敵人內部的分裂，使其防禦長江下游成爲不可能而失去最後信心的情形下，敵人爲着保存殘餘力量，避免與我決戰也有可能放棄京滬，向西南逃竄，在京滬則經過美帝的操縱，用各種不同方式來掩護其留存力量，使我們不能順利控制上海而同時造成我與美帝更直接的衝突，這是京滬在解放前形成一個短暫的過渡時期，要經過一番激烈的政治鬥爭才能使京滬得到眞正的解放。

二、無論京滬將來解放形式如何，但將解放是肯定了的，美蔣也深知這一前途的到來，尤其是

他們了解不可能以武裝守衛或曲藏保衛的陰謀或局部直接武裝干涉來挽回這一頹勢，就會在京滬特別是上海相互勾結，策動各種政治陰謀以各種方式來保存力量，以便將來在解放後仍可把京滬作爲反革命據點來繼續其反革命活動，這是京滬敵人主要的努力的方向。敵人不僅正在有計劃有組織佈置地下活動，而且也正在採取一切辦法公開的在政治上散佈美國幻想，製造反動階級的團結、組織反動核心，以和平中立維持秩序，避免戰爭的詞句來欺騙群衆，增加群衆幻想，並勾引民主陣營中個別動搖分子，分化民主陣營，作爲在某種情形下更巧妙的掩護，同時以偽裝民主反蔣反美來混入革命隊伍，取得革命隊伍中某一部分人的同情，上海敵人最大陰謀將來可能是一方面利用京滬在全國的影響來發起或支持和平運動陰謀，另一方面在一定情形下會發動上海中立化運動，假借上海「人民」名義來掩護其反革命活動，麻痺與和緩群衆替革命鬥爭，以便顧供而借屍還魂來保存美帝及其反動勢力，在有利條件下轉入與我作合法的與地下的政治鬥爭，美帝正在佈置與指導這一陰謀，這些陰謀又將是經過某些所謂自由主義學者以及在野的大資產階級甚至某些個別民主人士來進行。

二、在階級關係變化中今天一個很重要的特點是中間階層的開始普遍在政治上的積極兩化，這在上海可以看得很明顯。上海的中間階層目前的政治動態表現與過去不同的地方，使他們更普遍的對政治問題的關心與對我們政策的開始認識而把解除目前困難寄托於敵人的崩潰與我們的勝利，他們自己的利益逐漸與革命利益一致起來，因此他們反對遷移，準備如何在戰後恢復生產，他們積極反對國民黨任何經濟統治步驟，對國民黨開始從兩面派的敷衍到局部的有組織怠工或不合作，一定程度的主動的改善勞資間的關係，在米荒鬥爭與最近搶救運動上表現了相當程度的積極與互助合作，他們在生產事業上不是害怕，而是願意接受我們的領導，但中間階層還有很大的弱點，還有其動搖

的力量，組立工會、企業、學校、生產部門中的統一戰線，以職工團體、學生團體與民主的文化及工商團體來組立與某些眞正代表工商界的同業公會，教授會、自由主義學者的學術團體、技術團體或一般經濟團體、工商團體中的統一戰線，以左派團體來組立與中間性社會團體中的統一戰線，組立一個地區以內及幾個地區相互之間的統一戰線，這就是說，把爭取與提中間階層的統一戰線工作滲透到基本群衆運動中去，在與群衆共同鬥爭中，在群衆積極性影響中，在群衆的督促與批評中，特別在群衆正確的執行政策與共同解決將來出路的互助中，使中間階層積極性更能提高，鬥爭性更能堅定，利益更能共同統一，對敵人的政治鬥爭更能明確，當然也可使我統戰工作能迅速得到擴大與加強，這樣所謂爭取中間階層，不是無原則的拉攏，而是爭取那些不僅在今天可以堅決同我們反蔣反美到底，而且在明天還可以提高到與我們共同進行新民主主義的建設。

一切民主團體，特別是工商界的民主團體，應有步驟的恢復其活動，首先使組織更能健全與擴大，吸收新的成份，提拔新的幹部，使之成爲眞正與其所代表的群衆有連系的進步與開明分子的組織，能在群衆中起核心作用，黨對於這些組織要特別重視並加強其中黨的領導，有計劃指導他們的活動，使之能眞正在中間階層中成爲骨幹組織。

爲着大大加強黨在民主團體中的領導，打擊民主陣營中某些右傾分子和動搖與他們利用民主團體作爲政治投機的陰謀，統一對敵鬥爭的步調，以及準備明天孤立大資產階級及中等資產階級自由主義者的右派和在建立革命政權時作爲我們統治的基礎起見，應該恢復上海人民團體聯合會的組織與活動，我們應把人民團體聯合會的主要基礎建立在基本人民團體之上，使其成爲該會主要成份，在這基礎上把各民主團體統一在這一個組織之內，這樣一方面可以發揮上海各階層人民的統一力量共同反對敵人的作用，一方面又可經過若本群衆團體來教育與督促其他上層民主團體使之更加進步，更加堅定。

是需要在現在加強階級政策教育，發揚他們獨立工作能力，克服自由主義，加強其階級立場和培養謹心學習與大膽創造的作風，在許多重要部門，特別是技術部門，應大量發展黨員。在準備中應嚴格戒驕戒躁，防止過早的暴露力量，提高警惕性，謹防破壞，既要廣泛的發展，但又要鞏固核心，要從積極領導群衆與敵人進行各種鬥爭來發展力量，克服困難，但又要把這些從鬥爭中發展起來的力量保存下來，避免損失，爲着爭取時間，我們工作要進行得迅速，工作要轉變，但又要照顧實際情況，必需有步驟，切不可採取平均主義方式，必須集中於一點與急迫的工作上使用力量，不求目前造成轟轟烈烈，但一切着眼爲明天打下一個很好的基礎，任何有損失力量的行動均應避免，我們應該大膽而發展，但必須慎重佈置工作，靈活運用策略，只有如此，才能完成我們的任務。

工作与秘密工作完全分开。党团内的干部，准备在解放过程中或解放后，首先转入公开活动。3.为着概〔既〕能发展又能巩固，为着准备在必要时领导群众斗争而又避免党的力量暴露，因此，党的全部组织和机构仍须采取纵深配备、内外分开的原则。各级党的组织为适应今后环境，应当先准备一部分党员公开领导群众斗争。同时，又要准备严密的地下组织，现在就要分开。在地下组织部分，也应分成几个领导统一而组织分开、完全没有横的关系的分别组织。某些重要的生产领袖、商业技术人才或特殊关系又应分别组织，不能参加一般的支部工作。在干部方面也应如此，随时均把干部分为两套，轮流保持一部分干部为预备干部，不要把一切力量都投入前线作战。4.建立组织部门工作，认识与合理调整现有干部，对于某些专门人才的党内外干部，应有清楚了解，予以特别爱护，并有计划采取轮流学习、带学徒、分工负责、固定工作岗位、检讨与总结工作等方式，在工作［中］大批提拔新干部来为将来准备干部，学生与教师中应派遣一批优秀分子参加其他部门的工作，解决其他部门干部的缺乏，大批团结社会的非党干部更其需要。5.征调一批专门人才的干部或生产中有长久历史的干部，组织若干专门委员会研究政策，准备干部与搜集材料，作为将来在接收管理工作中的骨干干部。6.把现有的全部党员从质量上提高，使之具备在将来大开展时充当干部的条件，这就是需要在现在加强阶级、政策教育，发扬他们独立工作能力，克服自由主义，加强其阶级立场和培养虚心学习与大胆创造的作风。在许多重要部门，特别是技术部门，应大量发展党员。7.在准备中应严格戒骄戒躁，防止过早的暴露力量，提高警惕性，严防破坏，既要广泛的发展，但又要巩固核心，要从积极领导群众、与敌人进行各种斗争［中］来发展力量，克服困难，但又要把这些从斗争中发展起来的力量保存下来，还要［避免］损失。为着争取时间，我们工作要进行得迅速，工作要转变，但又要照顾实际情况，必须有步骤，切不可采取平均主义方式。必须集中于一点与急迫的工作上使用力量，不求目前造成轰轰烈烈，但一切着眼为明天打下一个很好的基础，任何有损失力量的行动均应避免。我们应该大胆向前发展，但必须慎重布置工作，灵活运用策略，只有如此，才能完成我们的任务。

（南京市档案馆提供）

南京地下党最近工作报告[①]

（1948年10月）

最近工作报告，我把它集中在以下几个问题上：（1）我们对徐蚌会战及南京前途的看法；（2）徐蚌会战后南京的环境；（3）各部门总的工作方面；（4）新形势下的组织向题；（5）各部门的情况及工作布置（店员、小教、武职公务员、警宪）；附带把老张[②]同志对“上海都市国际化”的意义转报一下。

（一）

在我们看到“八一社论”以后，一个短时期内，我们思想上对于“中国人民还必须准备作几年的艰苦奋斗，至少还要准备拿三四年时间去作这种艰苦斗争，才能最后解放全中国，并在民主基础上统一全中国”和“在战争的第三年中中国人民将继续克服困难，取得更伟大的对全局有决定意义的胜利”这两问题并没有把它完全搞通，因此对时局的看法就有了某些偏差。由于解放军很快的解放了济南，不但使徐州受到极大的威胁，而且是打开了“打到南京去”的第一道大门。如果徐州成了问题，则这反动王朝的首都便要毫无保障地暴露在人民解放军铁奉［拳］之下了。同时由于济南解放的影响，使所谓“币制改革”完全崩溃，造成了金圆券的大波动。这些不得不使我们对时局重新予以估计，因此也就认识了“决定意义的胜利”与“三四年艰苦奋斗”之间的正确关系，和我们在这决定性的一年中的努力方向。

①此件系南京地下党市委向中共上海局工作汇报中的第一、二、三、四部分，由市委书记陈修良口述，市委委员朱启銮记录。

②即张登，原名沙文汉，时任中共上海局宣传部长。

接到上海局对蒋管区工作指示及对南京工作指示两个文件，南京同志对以上问题更有了明确的了解，同时在比较两个文件的精神以后，有以下几种看法：（1）前一文件强调跳跃发展，后一文件强调巩固，而且比较具体（刘[①]；鲁[②]），（2）今后工作应掌握前一文件所指出的“跳跃发展”的精神（王[③]）；（3）文件中指出今后解放军向“川湘赣鄂发展”这一估计值得讨论，解放军有可能直取南京（陈[④]）；（4）葛琴［覃］[⑤]同志认为今后工作基本是应该在跳跃中发展，但另一方面，由于敌人为了维持其垂死统治，必然进一步残酷镇压，因此也应该着重巩固，过去我们提出稳打稳扎的方针，在今天仍旧是符合的。至于直取南京的问题，因为有关于力量发展，和军事意图，我们不能过早估计及片面强调。我是与他的意见一致的。

以后徐州会战形势愈趋紧张，战火有迅速向南京外围发展的趋势，我们对这一形势作了讨论：

（1）徐州会战是解放战争新的临近，全国形势将有极大的变化；

（2）在大量歼灭蒋军及完成渡江准备的条件下，解放军有直取南京的可能。

（3）但为了不断歼灭敌人，彻底摧毁蒋朝统治，战争也有向湘鄂发展的可能。

由于局势紧迫，老张同志来到了南京。在分头听取了我们的工作报告后，对于徐蚌会战及南京解放前途，他提出了以下的意见：

徐蚌会战有三个可能前途：

（1）解放军在大量歼灭蒋军以后，获得了伟大的胜利，但为了继续歼灭敌人残余的第二线兵力，可能酝酿一个以蚌埠为中心的新的会战；

（2）徐州会战已将浦口到徐州这一地区中敌军大部歼灭，敌人已溃不成军，解放军有直逼浦口、陈兵江边的可能；

（3）歼灭了徐州地区一部分蒋军，而我们也遭到一定数量的损失，战局有

---

①即南京地下党市委副书记刘峰。

②即南京地下党市委中负责情报工作的卢伯明。

③即南京地下党市委委员王明远。

④即南京地下党市委委员陈慎言。

⑤即陈修良。

些间歇迂回的可能，解放军在相当的整补休息以后准备寻找敌人主力，开始新的会战。

为了戒骄戒躁，避免早日盲动，我们对徐蚌会战的看法应着重第一个前途，也就是比较审慎的看法。

至于以南京为中心的会战，他认为那是决战性的。估计可能在春末夏初（最晚在夏末秋初），因为南京会战必然在华北问题基本解决、我们后方交通补给有了充分准备（或苏北、皖西地区肃清，可以就地取给），可以集中优势兵力大规模渡江，一举占领京沪敌人心脏地区（上海可能没有战争），取得决定性的胜利。以后虽然以武汉为中心，可能出现一个小型会战，但大军西指向西南，不过是扫荡战的性质罢了。

根据以上的分析，指出南京的解放战还需要几个月的艰苦奋斗。长期论固然不对，但侥幸速胜论也是不对的。以上就是老张同志对徐蚌会战前途的及南京解放前途的意见，我们经过考虑，同意他的看法。

（二）

经过了“币改”的大搜刮，到金圆券崩溃，及最近徐蚌会战解放军不断胜利的刺激与影响下，南京的环境有了极大的变化。这可以分为以下几个方面：（1）敌人内部；（2）敌人政策；（3）群众情绪及政治觉悟；（4）群众斗争及组织；（5）群众基础及阶级关系；（6）的组织与安全。

（1）由于前线节节失利，后方经济危机日趋严重，敌人内部开始了极大的混乱。首先是取消限价前后，纷纷责难与不断辱骂；其次是抢米风潮以后，手忙脚乱，追究责任；战火逼近，纷纷逃难，美帝策动去蒋革新，内阁人选久悬未决，悲观失望，众叛亲离，今后必然一天天更加混乱。

（2）敌人为挽救其垂死统治，一面继续抵抗，争取时间，以便迁移、撤退、分散军事、行政、业务等机关，大批裁员迁散，不能迁移的器材、档案，则分批逐步破坏，散布“大捷”谰言及和平幻想，打入及利用各种群众组织，以伪善面目出现，企图掌握群众活动及进行破坏；另一方面是封锁新闻，镇压群众运动，横加逮捕，军事戒严，清查户口，密布特务，并以欢迎解放军、积极要求出路等红旗政策，企图打入我们组织。

（3）群众由于生活痛苦，愤怒情绪极度高涨，对敌无比痛恨，政治幻想大大消失，担忧生活，关心时局，厌倦工作，普遍怠工，一方面是害怕战火，幻想廉价和平，同时则要求了解我们，盼望早日解放，对解放军寄予极大希望。

（4）群众生活性的斗争由局部骚动走向共同统一，由自发走向与组织领导结合，生活问题很快联系政治，而政治斗争内容也就是为了生活，斗争形式更由徒手转为抢夺武器，斗争群众由一般群众发展到公务员、警宪，总之，群众斗争的频繁普遍，和它的规模达到前所未有的高度。

（5）当然由于机关结束迁移，人员迁散，以及一部分厂商害怕战火，不了解我们的工商政策，分散物资、关厂歇业的结果，造成大规模的失业，使群众基础有了很大变动。另一方面，由于群众反对迁移迁散，在今后的生活问题、安全问题、出路问题上利害一致，休戚相关，形成从来没有的团结。而在敌人经济掠夺造成工商业悲惨的灾难及解放军占领城市后工商业迅速恢复与日趋繁荣对比下，如何保存物资，避免损失，维持现状，共渡难关，则又大大改善了各阶层的相互关系。

（6）在这一新的形势下群众倾向我们，要求组织，使我们进行大发展运动有了空前有利的条件。但另一方面，由于群众基础不断变动，使党的发展遭遇到很大的阻碍，而战时环境的严重，如封锁、戒严、敌人的逮捕摧残，也使党的领导增加了新的困难，及党的安全有了新的威胁。形势急迫，党的领导需要加强，但环境困难则使党内生活更难正常，不得不要求各部门工作独立作战，分头负责。

根据以上分析，可以看到今后工作条件更加有利，但环境则越趋艰苦，不过正如指示告诉我们，敌人残酷只是暂时表面起作用的因素，而敌人更加混乱、孤立，群众觉悟提高，组织性加强，则是经常基本起作用的因素。如何避遭阻碍，迂回敌后，抓住时机，跳跃发展，加紧努力，迎接胜利，正是我们今后一切工作部门中的中心问题。

（三）

研究了党的指示及讨论了徐蚌会战的新形势及南京环境后，我们对工作做了如下的布置：

一、方向：今后总的方向是加强工作，配合解放军占领南京。

二、中心工作：分为以下五部。

（1）群众斗争：以继续扩大、深入领导群众性生活斗争及反对机关、学校、工厂、商店迁移和裁员疏散为今后两大中心工作。

1.反饥饿、要活命的生活斗争：

口号：政府机关及官办或公营企业——“向政府要饭吃”。

民营企业及商业、工厂——“维持生活，共渡难关”。

内容：要求指数发薪，实物配给，增加补贴生活贷金，补发欠薪……等，根据各部门的具体情况，群众的急迫生活要求，提出口号，展开斗争。

方式：可根据情况及群众觉悟程度采取请愿、怠工、请客、罢工、骚动等方式。

2.反对迁移迁散的斗争：

宣传鼓动：机关学校的公务员学生提出：

（一）快要垮台的反动政府不值得跟它下海。

（二）抗战期间的逃难和内战中的流亡痛苦，我们不愿再尝。

（三）解放军来了，生命有保障，生活有办法，大家有出路，不必逃亡。

工厂商店的工人店员对厂商提出：

（四）解放军来了实行保护工商业的政策，市面繁荣，生意好做，物资不必迁移。

斗争内容：反对机关迁散迁移，阻止搬运物资器材，反对登记疏散。在被迫迁散的部门则要求发给大量遣散费，配给食米，反对迁出宿舍，以便坚持。

组织：在群众集中的地方组织护厂委员会、善后委员会、管理委员会，以保护器材物资，解决群众生活，保障安全，及共同担保解决将来出路，来教育组织群众。

（2）情报及策反工作：

1.克服过去工作中的单纯化及本位主义现象，认识情报策反工作的重要，把情报策反工作提高为全党一致努力的任务。

2.通过现有工作关系，搜集策反对象及情报线索，掌握个别线索与群众路线相结合的原则，加强与扩大这一工作。策反以当地驻在军、城防部队及重要单位的军事首长为主要对象。情报主要着重驻在军及城防部队的番号、数量、分布地区、配备、长官姓名、部队素质、防守计划及其意图等。

3.策反工作：首先，选择对象从生活、出身、言论、行动进行了解。其次，经过事务关系、职务便利、感情联系加以团结，利用适当时机有关问题及生动材料，有计划地进行教育，在紧要关头则放手掌握运用。情报搜集可分口头传说及书面材料，片语只字或长篇计划，在工作、职务及环境便利的条件下均须搜集，但内容必须正确可靠，并以最稳秘办法保送存及最快方式送交上级组织。

4.为加强这一工作的领导，把分散在下面各单位的现有策反关系在不违反秘密工作及组织安全的原则下适当地集中起来，统一领导。

（3）警宪工作：

1.警宪为重要地方武装，流动性很小，今后在环境急迫时敌人必进一步加以运用，扩充其人数，增强其装备。为了加强这一工作，党要求各部门、各单位分头配合、展开警宪关系。

2.在现有警员基础上，加强发展与扩大群众基础，并向巡官、分驻所这一阶层实行突击，及迅速开辟宪兵关系。

3.为了加强领导，除总结过去经验教训外，应坚决抽调一部分干部转入警宪工作。

（4）地区工作：

1.由于城市贫民、码头苦力、摊贩的大量存在及今后各产业部门群众不断大批失业，使地区工作的重要性大大提高。

2.在敌人军事失败，后方混乱状态下，群众街头骚动带有极大的革命意义。

3.通过现有少数三轮车夫及摊贩关系，广泛展开群众基础。

4.把群众盲目的骚动、抢夺转变为打劫豪门，冲破军用仓库等斗争。

5.迅速把群众自发性的斗争提高与组织领导结合。

（5）党内工作：

1.克服小手小脚的保守主义，在条件具备的地方进行党的大发展运动，在党的基础较差和同志素质、能力薄弱的地方加强积极分子的团结，并建立骨干组织。

2.加强党的布尔什维克的领导，严重纠正自由散漫、不守纪律的现象，号召全党严禁临阵脱逃及必要时［实行］党的制裁。

3.必须提高警惕，加强秘密工作，严密党的组织，继续坚持稳扎稳打方针，避免敌人打击及保存力量。

4.在党内思想上防止两种偏向：

（一）空谈时局，肤浅乐观，不去实际工作，脱离群众的现象。

（二）畏首畏尾，斤斤于个人的生活安全问题，不敢正视现实，害怕领导群众斗争的懦怯作风。

老张同志在对徐蚌会战及南京解放前途给我们指示后，关于今后工作方向，他提出了以下的意见。他认为今后城市工作基本上有两个任务：

1.配合解放军占领城市。

2.占领城市后的接收工作。

在加紧努力迎接胜利的工作过程中，如果我们有一很好发展，那么我们就能配合解放军方面起很大的作用，如果城市迅速获得解放，而我们工作步骤迟缓，跟不上客观形［势］的要求，或主观力量在工作中遭受到很大的损失，不能积极完成第一个任务时，就只有不得已求其次，去努力完成第二个任务了。

今天时局由于东北问题迅速解决，徐蚌会战胜利展开，中国革命形势无疑大大推进了一步，工作条件大大有利，但敌人还在垂死挣扎，尚未最后消灭，它还有一定的力量，我们不能轻敌冒险，侥幸速胜，应该利用间隙绕过障碍，打击敌人，不断发展，以取得最后胜利。

他指出由于战局新的发展，南京变为直接前线，为了适应战争要求，我们在工作上应注意以下几个问题：

1.群众工作应以生活斗争、反对流亡、骚动、破坏及军警武装叛变几种斗争为主，相互结合起来，……以颠覆敌人的统治。在具有决定性意义的工作部门，如铁路、公路、码头、军火工厂、飞机修理厂等等应首先加紧完成准备。

2.全党应重视及加强策反工作。

3.为适应战争环境，党的机构应重新组织，划分地区，配备干部。

4.成立策反工作部，以统一及加强这一方面工作的领导。

5.严重注意领导机构的安全，及克服党内右倾空谈、左倾盲动两种偏向。

我们同意老张同志的工作意见，并根据其指示布置了下面的工作，除策反工作部的成立无需讨论外，关于党的机构重新组织、地区划分、干部配备等问题，我们留待以后审慎研究再作决定。

（四）

南京党的组织过去是以生产部门来划分的，市委同志则分别管理几个性质相近的，或由于开辟工作及历史关系，一个人管理着几个不同的工作部门，这是第一个特点；第二，一般地说，党的基础大部分集中在城区以内；而第三，党的发展极不平衡，某些在战时作用较小的部门有了很大的发展，对战争有决定意义的工作部门则发展很小，或者最近才在开辟阶段；第四，某些部门干部较强，支部组织比较健全，有些部门到现在还未成立支部，或虽有支部，但基础很差，还不能独立作战；第五，党的领导比较分散，集中意见、交换经验还很不够。

为了适应目前战争的要求，党的组织应有以下的改变：

1.领导机构应保持密切的接触，以便集中意见，交换工作经验；

2.工作应根据需要及干部条件适当地重新予以分配，

3.工作范围应突破市区，向城郊及战争附近地区发展；

4.有决定意义的工作部门必须充分配备干部，加强领导，

5.健全各部门的支部组织，提高其独立作战能力。

当我离开南京以前，关于突破市区的向城郊及战争附近地区发展的问题有了初步决定，我们的意见预备划分为以下五区：

1.浦镇浦口区；2.下关区；3.市内区；4.南郊区；5.东郊区。

五区的具体划分及干部配备问题尚未决定，其他几个问题亦正在研究。

（选自南京市档案馆编：《南京解放》，中国档案出版社2009年版，第38—43页）

金陵支队关于南京近况的参考材料（部分）

（1949年1月）

南京自从去年（1948年）11月紧急疏散后，一、二级机关如伪行政院、国防部等业已迁穗，空军总司令部已迁台湾，此二级机关之重要档案、会计报表均被带走，留下空房子很多。第三级机关大部留在南京，业务多数停顿，仅维持形式。此级机关原在城外者，多已迁入城内，其城外原址建筑物有部分被破坏。部分公务员被遣散，部分机关以原经费60%维持，生活较前更苦。

在南京匪军只三四个师（恐此数仍有欠缺），卫戍司令部仍在。今因李宗仁在南京，伪立法院亦在此开会，宪兵巡逻较前增多，警察机关照常维持秩序，并协助训练自卫队。

京沪铁路仍通车，明故宫及大校场两机场尚完整，不时仍有中航飞机降落。市内小火车照常，私营江南汽车公司车辆往来市区，但班次大为减少，首都公共汽车公司已停顿。由于煤矿困难，公用事业陷于僵局，电灯每三天停二天，自来水常中断，电话、电报仍通用。

中央大学校长周鸿经卷款潜逃后，学生组织应变会，开明教授梁希、刘庆云等及助教、学生、工友共维校政。商店照常营业，唯市面萧条，只买卖银元者最多。由于物价波动，金圆券不断贬值，粮价、燃料费用高涨，如米一斗需一个银元，柴100斤需一个半银元，市民、公教人员生活艰苦，均盼早日解放。

（选自南京市档案馆编：《南京解放》，中国档案出版社2009年版，第72—73页）

中共上海局关于地下党应如何配合解放军入城的指示[①]

（1949年2月）

（一）地下（党，下同）在解放城市的战役中虽然有限地或者不完全、不可能实行军事上的里应外合，但在城市接管工作上的里应外合则完全有可能与必要实行。要尽可能保障城市完整地归人民所有，因此解放（城市）要有计划有步骤地准备，并完成以下任务：

1.彻底肃清反革命及其破坏活动，并防止其他落后M（群众，下同）的破坏行为。

2.接收并发展全部公共机关、公共产业及其他一切公共技术的文化的建设事业。

3.迅速恢复城市正常社会秩序，动员公私力量供应粮食、燃料及工业原料，沟通城乡经济联系、完成任务的中心关键是通过城市内部有组织的力量与外面解放军力量的配合，实行对城市完整的接收与管理。

（二）我军入城前及入城过程中，地下应根据具体情况用各种方法向各阶层人民M进行思想政治上的解释动员，其内容：

1.广泛宣传我对城市政策及长期建设城市的方针，强调城市一经解放，则一切属于人民，不应使其遭受任何破坏，城市人民应自动组织起来，防止一切可能破坏分子及部分M的破坏行为，成立临时维持会及纠察队等维持秩序，防止破坏。对工商业者特别是商会，不但要使其了解我城市政策，还要使其在我未

①此件系1949年2月南京地下党市委委员朱启銮从上海局举办的香港训练班带回的文件，（ ）内系其根据记忆所作的注释。

［入］城前设法维持自己的工商业、社会秩序，以待解放军及临时人民政府接管，免遭匪特流氓破坏摧残。

2.号召工人、学生、劳动人民及一切公教人员更加团结地组织起来，用一切方法保护城市建设等。

3.向K（国民党，下同）警察机关及军政机关职员进行工作，普遍宣传我“首恶必办，协〔胁〕从不问，立功者奖”，但对于一切下令破坏及执行命令的分子则一律以战犯论罪，使其保护K物力及一切资材，并警告一切K军政机关、工厂、医院、学校主管人员，倘其主管部门遭受破坏应负主责，既〔即〕使过去违〔危〕害人民，如非罪大恶极而又能于紧急关头保护公共财产确具成绩者，允其将功赎罪或减轻处理。

4.对“青红帮”等流氓头［子］，通过关系，警告其不许抢掠破坏，倘敢故违，入城必予严办。

5.对城市落后M的破坏行为采［取］有效办法防止，应向其指出：只有保护公共产业，防止破坏，我军入城后才能恢复生产，适当解决生活。

（三）更重要的是组织上的准备，地下应详密布置，按城市各区、各工厂、各学校、各单位的员及M的具体情况，在全计划下分配具体任务，并准备以一部分党员M公开出面活动，大约在作战已基本结束、敌已根本被歼或政治溃败无法控制、城市秩序即将混乱时出面为宜。这些任务是：

1.组织以工人、学生、劳动人民M为骨干的纠察队、护厂护校委员会等，保护重要机关、工厂、学校、仓库，禁止破坏，特别注意掌握控制电话局、各区电线干线，设立指挥所，搜集情报，互相联络，以指挥城市活动。

2.指派得力人员携带证件出面活动，公开指挥城市旧有行政机关负责人员，特别是警察系统，维持秩序，防止破坏，并立即控制广播电台，向全市广播，号召人民自动组织起来，镇压反革命分子，防止破坏，迎接解放军。

3.严密监视战犯罪〔敌〕特及其他反革命分子，倘有破坏，应予逮捕，交主管机关处理。在执行任务时，为防止少数破坏分子假借名义借〔结〕招〔伙〕营私，并保证入城纪律。一切公共财产、公共资财及其他公共的东西，非得我军管会命令，任何人只有保护看管之责，决无接收处理之权，违者必究。监狱犯人暂不释放，听候我军入城后分别处理。

（四）在执行任务时，地下还应该根据各种情况，采取不同方法，如敌已在市郊被歼灭，则只需预先防止流氓、特务、散兵游兵〔勇〕及落后M的破坏行为，秩序即可维持；如敌在未溃败撤退时即已破坏，则须通过员、M的一切社会关系，采取怠工欺骗或敷衍的办法，以阻止或减少其破坏；如敌退守市内，则应动员各阶层人民特别是士绅、名流、商会等，以瓦解动摇敌人的作战计划，或逼使其投降，还应估计更坏的可能情况，采取不同方法。

（五）我军入城后，所有公开出面活动的员M及纠察队、护厂护校委员会等应向军管会报告，并接受新任务，如配合经济部运输粮食、燃料及工业原料等，特别是各阶层人民M的宣传组织工作，城内干部应配合外来干部组织干部队进行M工作，并准备成立各区代表会。

（六）我军未入城，一切工作服从（市委）领导，入城后服从军管会领导，克服一切无政府、无纪律现象。

（选自南京市档案馆编：《南京解放》，中国档案出版社2009年版，第44—45页）

总前委关于南京情况呈中央军委的报告

（1949年4月29日）

中央军委：

我们感夜到南京，初步了解情况如下：

（一）有夜陈士榘及八兵团部到达，宥夜宋任穷率200余干部到达。因南京解放太快，干部尚在途中，故现仅设立军管会及警备司令部两机构开始工作。

（二）此次南京破坏不大，房屋一般完好，仅国民党部、特务机关、司法行政部、国防部等机关为反动派撤退时自行破坏。

（三）最初两三天发生一些抢案，从感日起市区已无抢案，但因我军队尚未能分散到四郊，故四郊尚有不少抢案。

（四）此次各机关保护尚好，秩序尚未大乱，主要得力于秘密市委。他们工作做得很好。

（五）刘张李今（艳）日已到，黄华、周兴[①]等一批人昨夜已随漱石[②]同志同到。接管南京干部亦正陆续到达，大约三天后即可弄出头绪来。

（六）南京出了乱子[③]的就是一个外交问题。从梗到宥四天内共发生我军队人员与外国人争执事件有六起，而以到司徒雷登[④]住宅一事为较严重。其原因是我党外交政策没有在部队教育，我派到各大使馆门口警卫的哨兵禁止外国人出入。有的管理人员打房子跑到外人住宅，争执即由此起。我们到后，中央几个

①黄华，时任南京市军管会外侨事务处处长。周兴，时任南京市公安局局长。

②漱石，即饶漱石，时任中共中央华东局第二书记、华东军区政治委员。

③指1949年4月25日，中国人民解放军某部个别官兵擅自进入美国驻国民党政府大使司徒雷登的住宅的事件。

④司徒雷登，美国人。1946年7月，出任美国驻国民党政府大使。1949年4月南京解放后，仍然留在南京观望。同年8月离开中国。

指示亦已转到陈士榘等处，已引起严重注意。昨今两天已未发生问题。我们已同市委商定，于明（陷）夜召集几千人的干部大会，我们均到场讲话，统一思想与行动。

（七）其余情形当陆续报告。

总前委

艳酉

（选自南京市档案馆编：《南京解放》，中国档案出版社2009年版，第137页）

其他文献

国民政府内政部为抄发收复区实施户口清查办法致南京市政府电

（1945年5月11日）

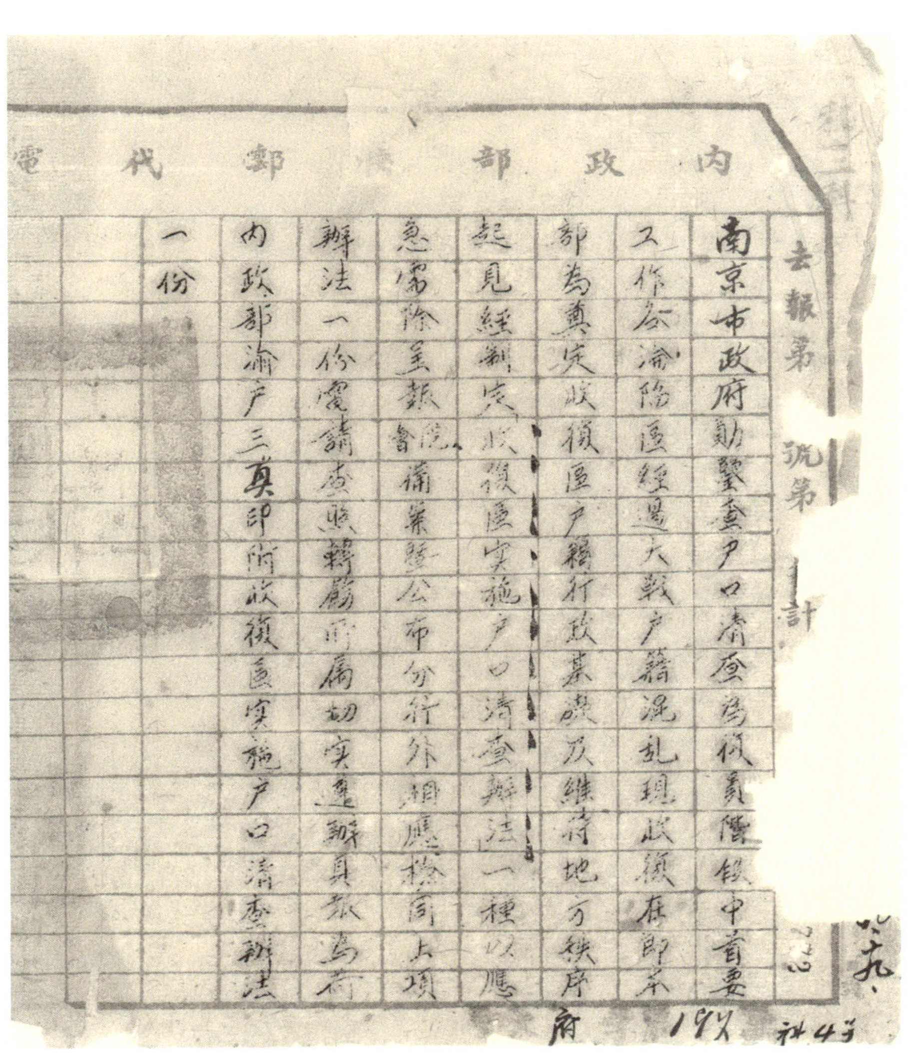

内政部郵代電

去報第　號第　計

南京市政府勛鑒：查户口清查為複員階段中首要工作，茲淪陷區經過大戰，户籍混亂，現收復在即，本部為奠定收復區户籍行政基礎及維持地方秩序起見，經制定收復區實施户口清查辦法一種，以應急需，除呈報會院備案暨公布分行外，相應檢同上項辦法一份，電請查照轉飭所屬切實遵辦具報為荷。内政部渝户三真印附收復區實施户口清查辦法一份

收復區實施戶口清查辦法

甲、總則

第一條 內政部為奠定收復區戶籍行政基礎，及維持地方秩序起見，訂定收復區實施戶口清查辦法（以下簡稱本辦法）

第二條 本辦法適用於所有收復區之初期戶口清查。

第三條 本辦法於每一收復區縣市政府成立或遷回時，首先實施，於三個月內辦理完竣。

乙、進行步驟

第四條 舉辦戶口清查應同時整編保甲，其辦理程序依「縣保甲戶口編查辦法」之規定。

第五條 縣市政府為查編之主辦機關，除責令所屬戶政

及警察人員並發動當地知識份子協同辦理外必要時當商請當地駐軍憲兵隊或其他武裝團隊負責協助辦理

第六條 縣市政府應會同有關機關敵偽儘量搜集戰前戶口兵籍及淪陷後偽組織舉辦戶口表冊之一切表冊案卷如獲得其他有關縣市有關之資料應妥為保存轉送參攷

第七條 對當地原有保甲組織○應斟酌實際情形儘量利用○其經摧毀者○應重新編組鄉鎮保甲長人選應就資望相當之純正智識份子選任之○

第八條 實施編查前應召集參加編查人員講習有關法令及技術○

第九條　舉辦戶口清查所需表式另訂之。

第十條　實施編查時對逃亡空戶之產號得予保留，以便因戰爭關係而他徙之人民於還回時得隨時編入。

第十一條　對遷徙民眾過多之區應先登記在家人口，其陸續歸來之人口責成當地保甲長隨時調查登記，月終彙報鄉（鎮）公所。

第十二條　清查戶口時對帶營軍人陣亡將士家屬及外僑、游民須另冊登記，以便保安及救濟等設施之參攷。

第十三條　編查完竣後縣市政府應派員至各鄉（鎮）抽查，鄉（鎮）公所應派員至各保甲抽查，以期確實。

第十四條　舉辦戶口清查後應即接辦戶口異動登記，按月由各保報由鄉（鎮）公所彙編統計呈送縣市政府

6

彙編全縣市戶口異動統計呈送省政府彙報內政部備查

丙 附則

第十五條 本辦法實施細則得由地方政府斟酌實際情形自行擬訂並報內政部備查

第十六條 收復區地方秩序完全恢復時其戶口調查應按現行一般戶籍法規辦理本辦法即停止適用

第十七條 本辦法自公布之日施行

附 表式

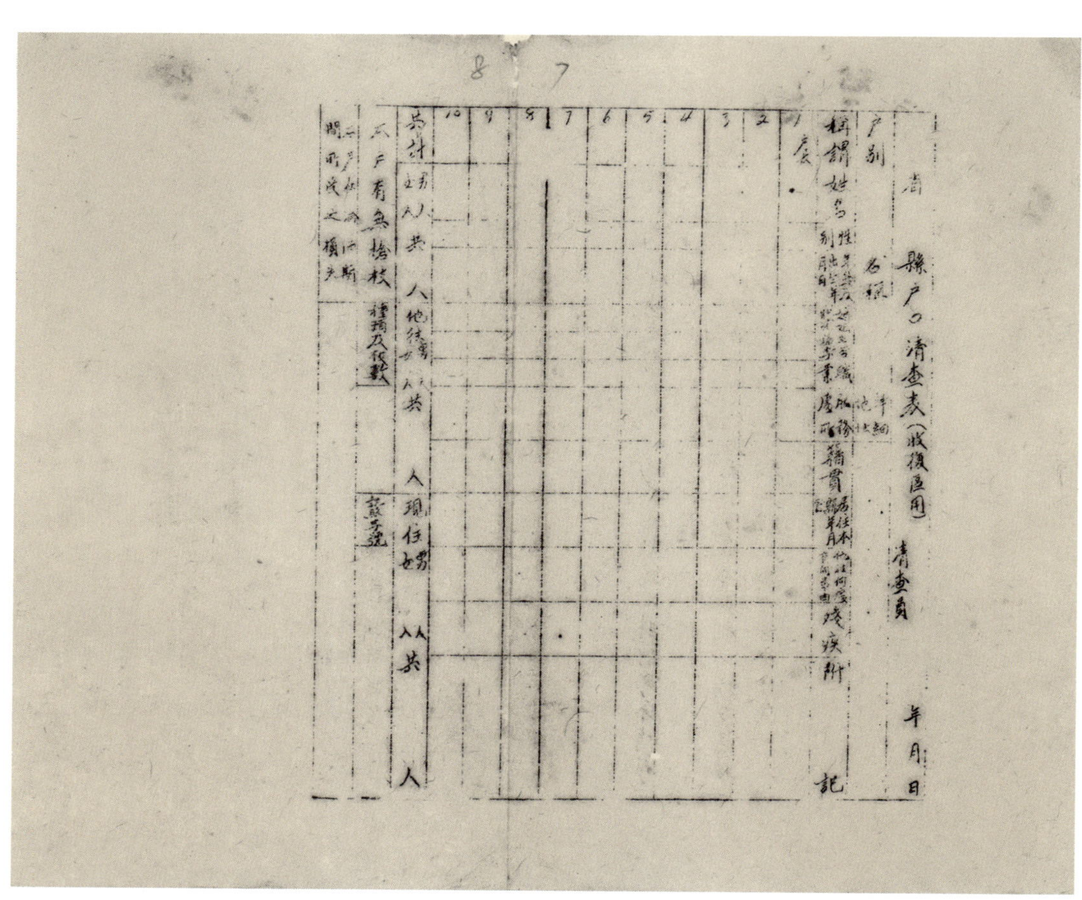

省　縣戶口清查表（收復區用）　清查員　年　月　日

戶別　名稱

稱謂　姓名　性別　職業　籍貫　殘疾　附記

共計　男　人　女　人　共　人　他往　男　人　女　人　共　人　現住　男　人　女　人　共　人

本戶有無槍枝　種類及枝數

（南京市档案馆提供）

首都警察厅为查照会核本市国民身份证登记处组织大纲致南京市政府公函

（1945年11月6日）

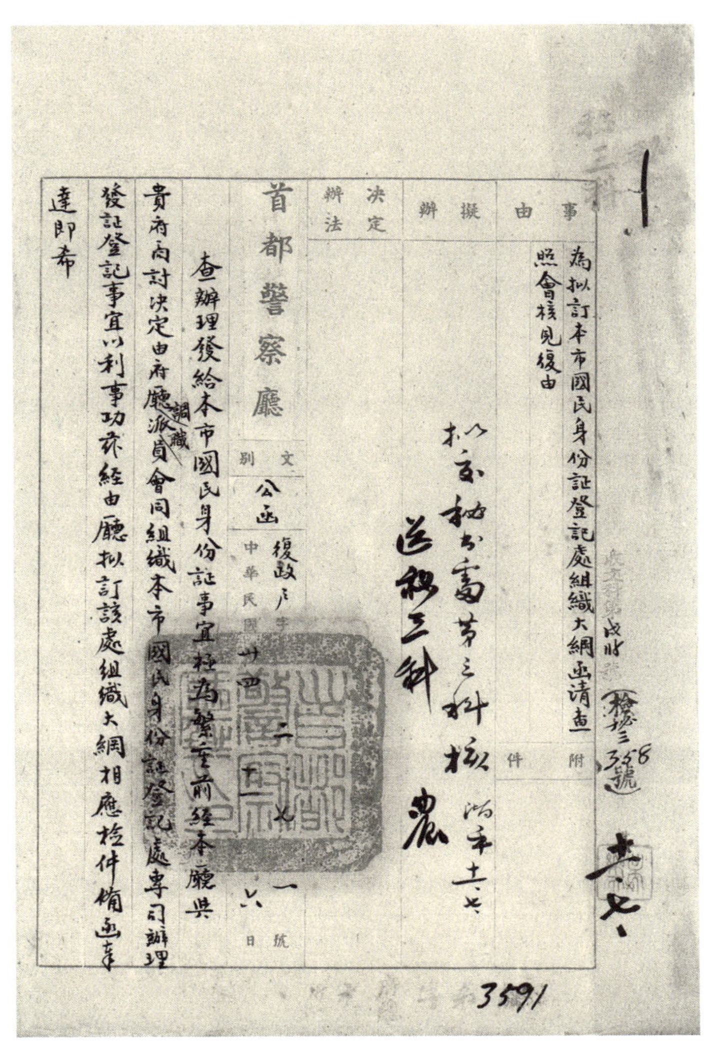

事由：為拟訂本市國民身份証登記處組織大綱函請查照會核見復由

首都警察廳

文别：公函

中華民國卅四年十一月六日

查辦理發給本市國民身份証事宜極為繁重前經本廳與貴府商討決定由府廳派員會同組織本市國民身份証登記處專司辦理發証登記事宜以利事功茲經由廳拟訂該處組織大綱相應檢件備函奉達即希

2

查照會核見復為荷

此致

南京市政府

附抄送南京市國民身份證登記處組織大綱一份

廳長 韓文焕

3

南京市國民身份証登記處組織大綱

一、本處由南京市政府首都警察廳調派職員会同組織之（以下簡稱府廳）

二、本處設處長一員副處長二員由府廳会同遴選相當職員兼任之承主管長官之命主持全處事務

三、本處分總務審核製証三組每組設正副主任各一員組員若干員由府廳於職員中調兼或向其他有關機關臨時調用之

四、本處職員均為義務兼職不另支薪但於全部登記手續辦理完畢後得酌給獎勵金如須加開夜工時則酌給夜餐費若干以資鼓勵

五、總務組之職掌如左

1. 撰擬文稿繕寫校對收發往來公文及典守印章事項

2、應領物品及資保約據事項

3、会计出纳事项

六、審核組之職掌如左

1、核对口卡与卡片是否相符检查口卡有無重複及有無其他欺矇事項

2、編定口卡四角號碼及分類儲藏保管事項

七、製证組之職掌如左

1、填寫身份证及編號事項

2、加蓋鋼印事項

八、本處辦理身份证暫定兩個月為期辦理完畢後即撤銷移交警察廳繼續辦理之

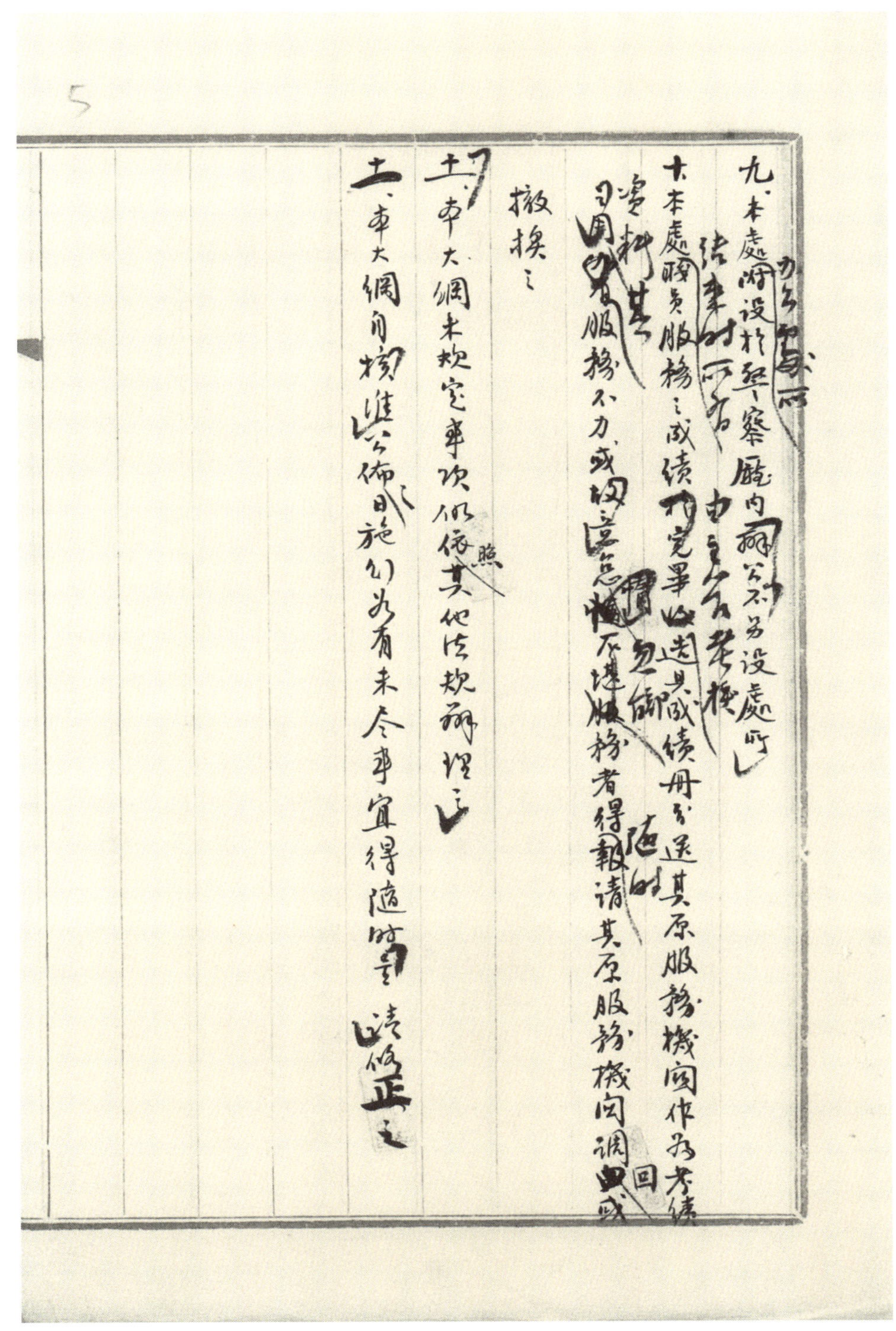

九、本處附設於警察廳內辦公不另設處所

十、本處職員服務之成績由主管者按其成績冊分送其原服務機關作為考績

如有服務不力或因違怠惰不堪服務者得隨時報請其原服務機關調回或撤換之

十一、本大綱未規定事項依照其他法規辦理之

十二、本大綱自核准公佈日施行如有未盡事宜得隨時呈請修正之

（南京市档案馆提供）

国民政府颁布《国家总动员案》*

（1947年7月4日）

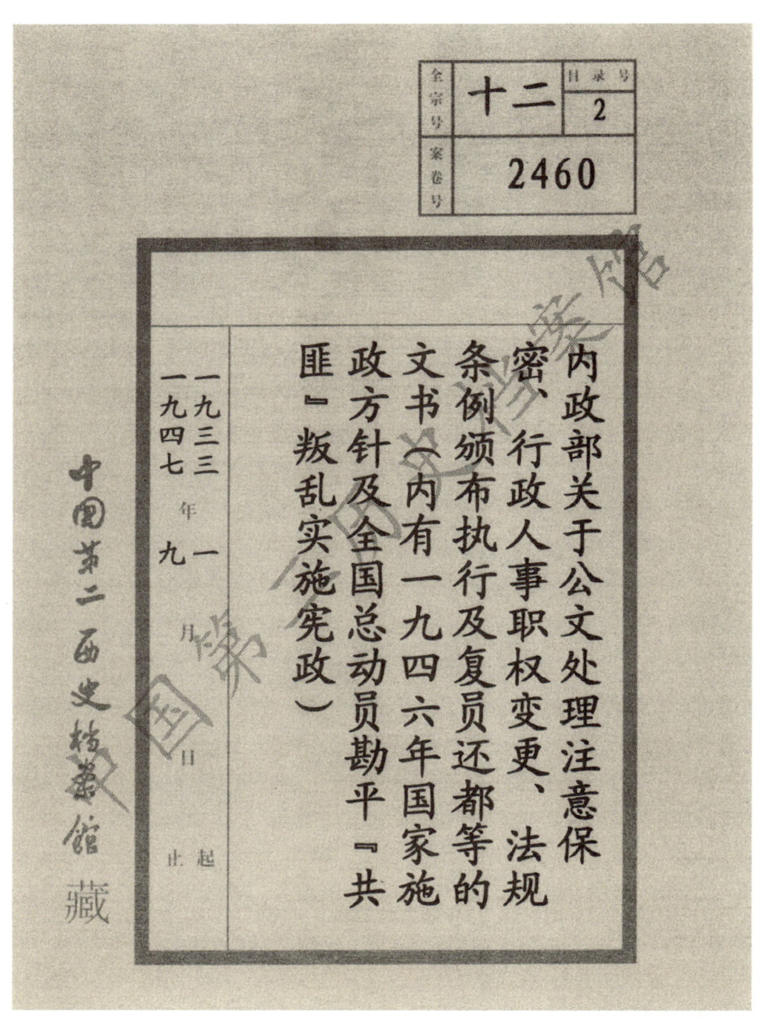

全宗号	十二	目录号	2
案卷号	2460		

内政部关于公文处理注意保密、行政人事职权变更、法规条例颁布执行及复员还都等的文书（内有一九四六年国家施政方针及全国总动员勘平『共匪』叛乱实施宪政）

一九三三年一月 日起
一九四七年九月 日止

*1947年夏秋，人民解放军从战略防御转入战略进攻，将战争引向国民党统治区后，国民党加紧了对其统治区人民的疯狂掠夺和血腥镇压。7月4日，国民政府颁布《国家总动员案》，并下达“戡平共匪叛乱总动员令”。

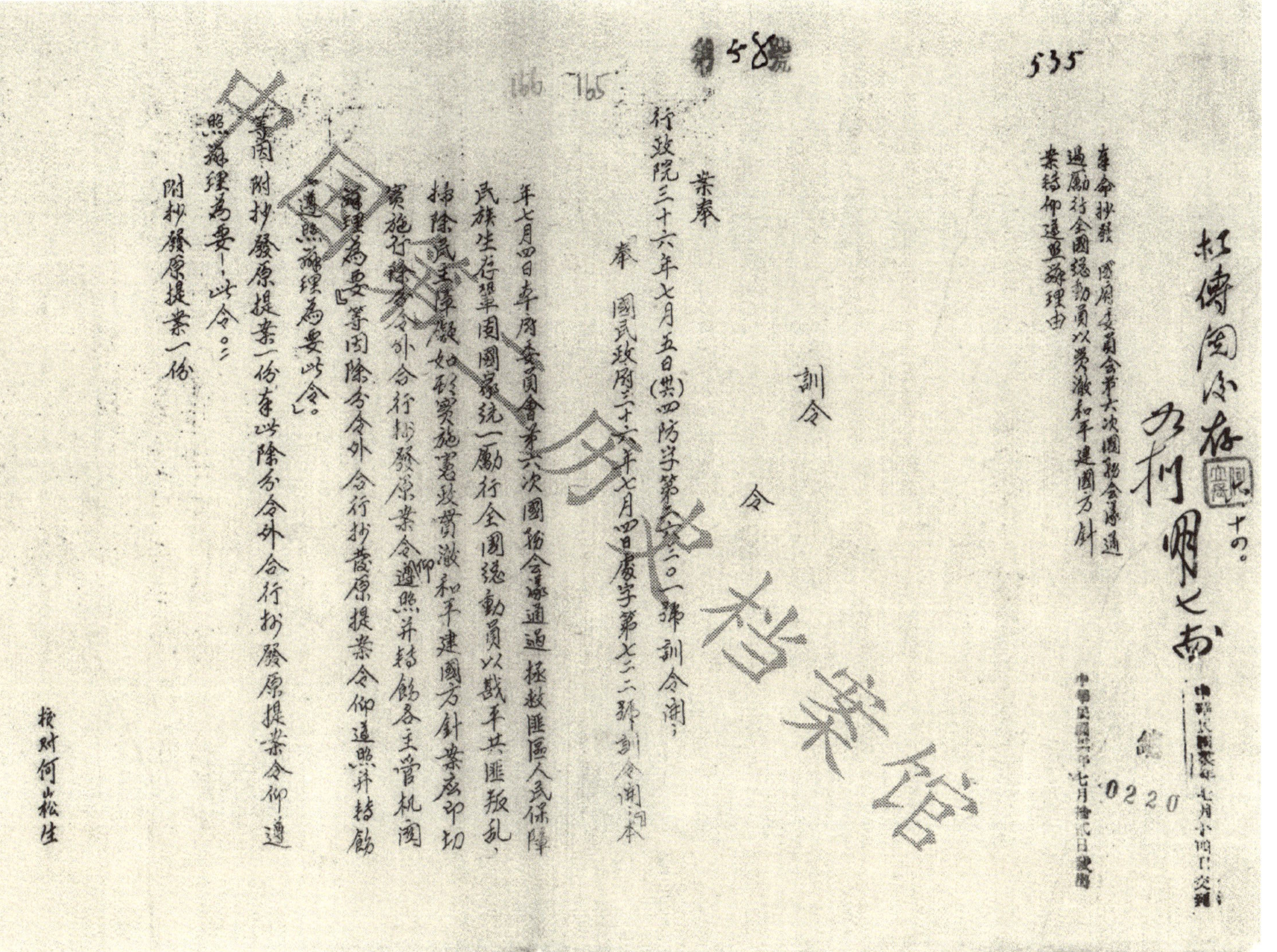

中華民國三十六年七月十四日交到

中華民國三十六年七月拾弍日發

0220

535

奉命抄發 國府委員會第六次國務會議通過勵行全國總動員以貫澈和平建國方針案飭仰遵照辦理由

訓令

令

案奉

行政院三十六年七月五日(卅六)四防字第二〇一號訓令開：

「奉 國民政府三十六年七月四日處字第七二二號訓令開：「本年七月四日本府委員會第六次國務會議通過「拯救匪區人民保障民族生存鞏固國家統一勵行全國總動員以戡平共匪叛亂、掃除民主障礙如期實施憲政貫澈和平建國方針案」應即切實施行」等因除分令外合行抄發原案令仰遵照并轉飭各主管機關遵照辦理為要此令。」等因除分令外合行抄發原提案令仰遵照并轉飭遵照辦理為要此令。」

等因附抄發原提案一份奉此除分令外合行抄發原提案令仰遵照辦理為要！此令。

附抄發原提案一份

校對何山松生

主席交議：為拯救匪區人民保障民族生存鞏固國家統一提請勵行全國總動員以戡平共匪叛亂掃除民主障碍如期實施憲政貫澈和平建國方針案

政府自抗戰勝利以後即極積進行復員以期從事建設與民蘇息雖一切措施未能盡如所期但對於中國共產黨擁兵割據擾亂地方武力叛國之行動則始終秉持政治解決之方針不惜委曲求全多方容忍以求其實現乃共黨自去年十月以來始則拒絕政府頒發之停戰令繼則拒絕參加國民大會又復拒絕政府派員赴延安商洽和平之建議最近復由其宣傳機關對於國民參政會之和平建議斷然予以拒絕政府方力謀整編軍隊而共黨則脅制民眾大量擴充其叛國之武力政府方力謀復員建設而共匪則到處阻撓復員之進行到處破壞我交通與工礦之建設政府方勵圖實現民主政治準備行憲之工作而共匪則一面宣傳民主一面殘虐人民無所不用其極最近數月共匪復在華北東北對於國軍發動大規模之攻勢妨碍政府對領土主權之完全接收其必欲以武力顛覆國家已極彰著而其煽動各地社會擾亂治安秩序之盜匪暴行亦日益明顯共匪既公然揭開其武裝全面之叛亂實已自絕於國人且早已武裝叛亂集團自居而自外於政黨之林不惜與國家民族為敵由其怙惡不悛執迷不悟一至於此則政府和平建國之國策已非以政治方式所能求得解決尤其西北方受共匪蹂躪區域及接近匪區之同胞水深火熱日甚一日政府不能長此貽誤坐視不救而我全國同胞欲求得安居樂業之生活亦非以全力剷除此復興建國之最大障碍實不足以捍衛國家基礎安定社會秩序而更我整個國家與全體人民之安全況政府有鞏固國家統一保障民族生存之責任若非從速戡平叛亂則不僅憲政與民主

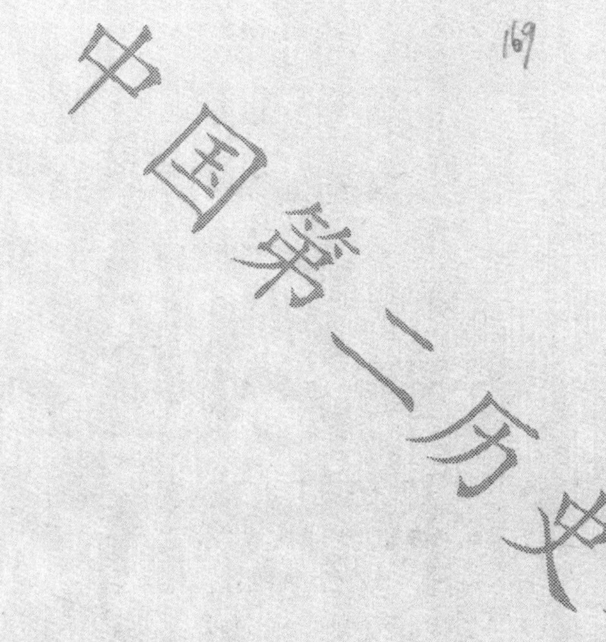

無由實現即國家之統一與安全亦已失其保障故政府決心戡亂實出於萬不得已必須全國軍民集中意志動員全國力量一面加緊戡亂一面積極建設方能掃除民主憲政之障碍達成和平建國之目的本此意旨擬請由國務會議決定實行全國總動員號召全民一致奮起淬勵進行舉凡加強經濟建設刷新地方政治發動人力物力改善糧政、役政保持社會安全救卹人民疾苦保障人民基本權利厲行消費節約增進農工生產提高官兵待遇等項均交各主管機關妥擬方案制頒法令一併依法推行至實施時應如何防止法外之濫擾並飭各主管機關嚴切注意是否有當敬祈

公決。

（中国第二历史档案馆提供）

国民政府颁布
《动员戡乱完成宪政实施纲要》*

（1947年7月18日）

動員戡亂完成憲政實施綱要

第一條　本綱要依國務會議通過厲行全國總動員以戡平共匪叛亂如期實現憲政案及國家總動員法之規定制定之

第二條　實施憲政及各項有關憲政之選舉均應依照規定積極進行

第三條　戡亂所需之兵役工役及其他有關人力應積極動員凡規避徵雇及妨礙徵雇等行為均應依法懲處

第四條　戡亂所需之軍糧被服藥品、油、煤、鋼鐵、運輸通訊器材及其他軍用物資均應積極動員凡規避徵購徵用妨礙徵購征用及囤積居奇等行為均應依法懲處

第五條　各業勞資双方應密切合作如有爭議並應依法調解及仲裁凡怠工罷工停業閉廠及其他妨礙生產及社會秩序之行為均應依法懲處

第六條　為安定民生政府对於日用品之交易价格各業薪俸工資及物資流通資金運用金融業務均得加以限制或管理

第七條　為維持安寧秩序政府對於煽動叛亂之集合及其言論行動應依法懲處

第八條　对於收復匪區應由各主管机関鞏固治安維持秩序必要時施行貸款停征賦稅並辦理各項社會救济及医药救護

---

*继《国家总动员案》公布后，1947年7月18日，国民政府又在国务会议上通过了《动员戡乱完成宪政实施纲要》，再次以立法的形式表示同中国人民最后决裂。

14

工作

第九條　对於由匪區未歸之人民應由各主管机関妥為救助與安置

第十條　对於粮食、燃料、紡織、冶煉及其特別需要之工礦製造事業各主管机関均應特別指導輔助其所需資金如有短缺應由國家銀行予以貸款使能積極推進以裕供應必要時得由政府对其成品加以管理

第十一條　凡未被匪乱之區域均應刷新地方政治確保社會安寧並就目前急需之生産運輸及農田水利各工程擇要建設以利民生

第十二條　增加合理之稅收限制非必要之支出以適應戡乱之迫切需要

第十三條　制定節約消費及增進效率辦法政府各机関與人民一致遵行

第十四條　人民基本权利均應切实尊重妥為保障除因動員戡乱所必需之各種法令必須切实施行者外任何法外侵擾行為均應嚴行防制

第十五條　関於本綱要之实施有須另定詳細規條者由行政院各主管部會釐訂辦法送由行政院核定分別以命令公布施行

第十六條　違反本綱要第三條至第七條或依據各該條所定辦法應行制裁或限制之行為者依妨害國家總動員懲罰暫行條例懲罰之
公務人員於執行本綱要賦與之職权時如有違法或失職之行為者應依法嚴行懲處

第十七條　除本綱要已有規定者外為達成戡乱之目的行政院得依國家總動員法之規定隨時發布必要之命令

第十八條　本綱要經國務會議通過公布施行

（南京市档案馆提供）

南京市政府民政局为请派员参加户口总清查会议并抄发清查计划致首都警察厅等公函

（1947年8月24日）

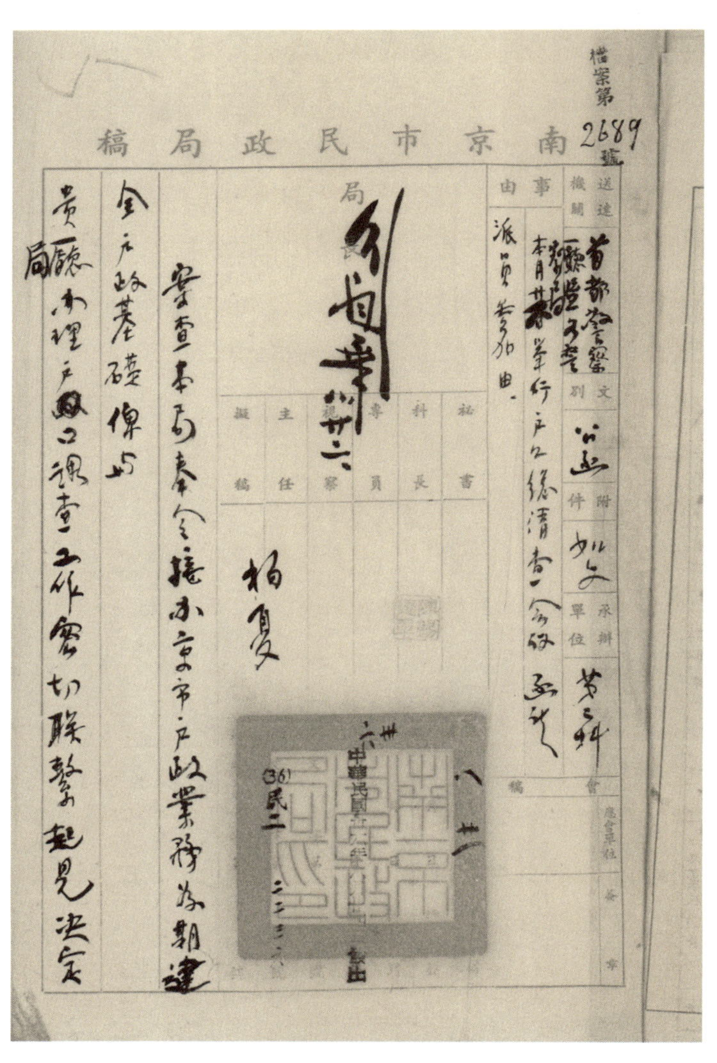

南京市民政局稿

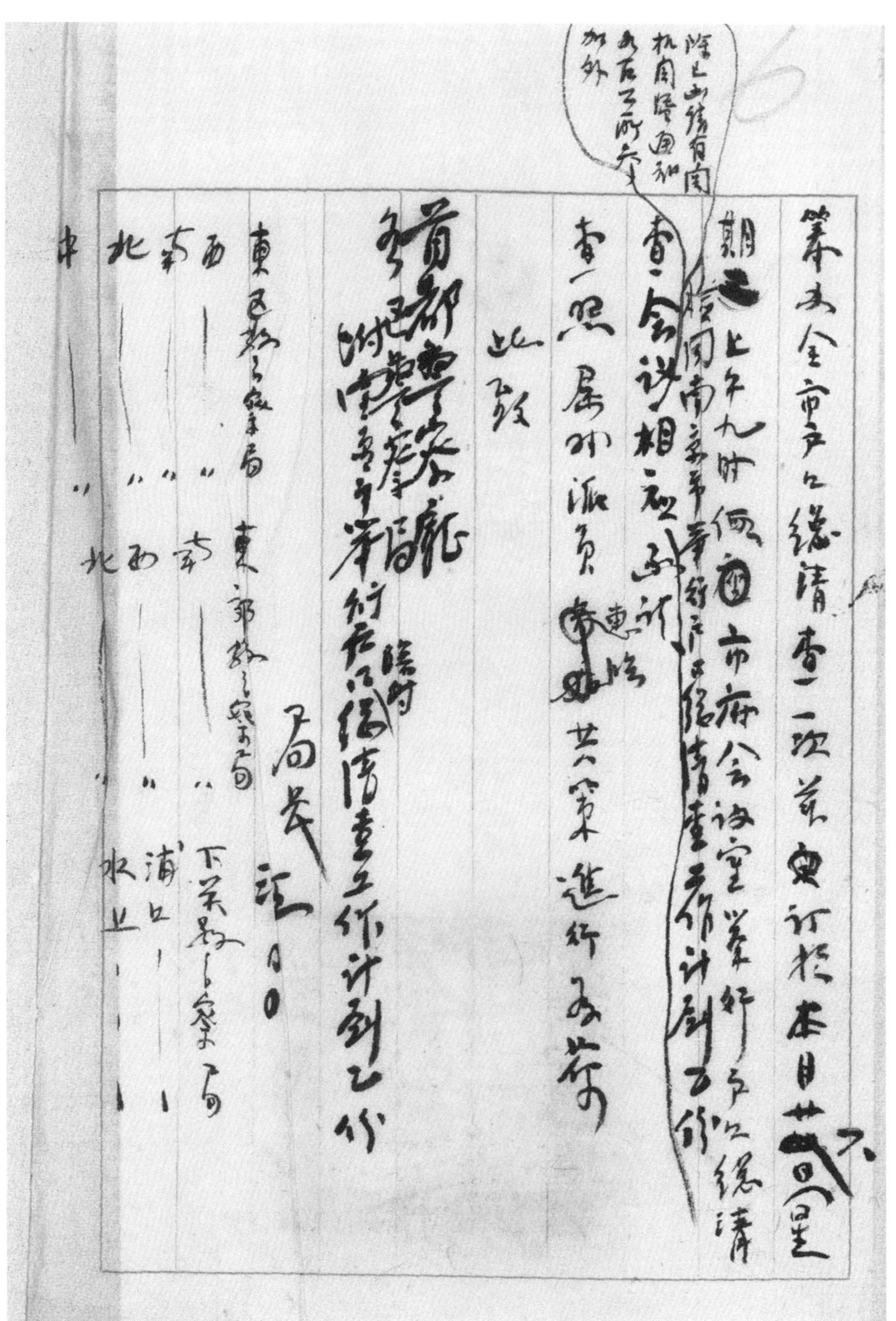

第六全市户口總清查一次業更訂於本月廿八日（星期二）上午九時假西市府会議室举行户口總清查会議相應函達（檢同南京市第六次舉行户口總清查工作計劃一份）（除已函請有關機關隨函通知各區公所外）查照屆時派員惠臨共策進行為荷

此致

首都警察廳

附首都第六次臨時舉行户口總清查工作計劃一份

局長 汪〇〇

東區[illegible]事務所　東郊[illegible]事務所　下關[illegible]事務所
西 〃 〃　南 〃 〃　浦口 〃
南 〃 〃　西 〃 〃　水上 〃
北 〃 〃　北 〃 〃
中 〃 〃

南京市民政局舉行全市户口臨時總清查工作計劃

一、本局奉令接辦京市户籍行政業務為使户口清查確實建立良好基礎以作今後辦理户籍登記及核發國民身份證之依據起見擬舉行全市户口臨時總清查一次

二、户口總清查實施辦法

1.清查時以甲為單位每甲編為一組由甲長任組長親自担任清查工作并請警察所所屬各局於每組派警士一名為組員或首部警察學校學生各加協同辦理以資双方得以確户口查記工作而便聯繫

2.各組清查人員應於實施清查前一日上午九時前至各保辦公處集合由保辦公處分發查記表及應用文具備用

3.各清查組於實施清查時應確實挨户查記並限於當日辦理完畢

4.清查時應由查記人員親自填寫查記表為原則如係當交居户填寫者須於當日收回並須予以核對詳實如居民不識字者應由查記人員代為填寫

5.每查竣一户即將户簽按保甲之番號填妥貼於本户之房门首并將查記證貼於該号门牌之大门首

6 清查時並同時將原有保甲之順序予以調整但以不變更原保甲番號為原則如有一甲之户數超过法定數目者餘户列為該甲之附户一保之甲數超过法定數目者其超數之甲則列為該保之附甲

7 查後每組並將查記表切实整理按户順序訂成一冊於查該之次日送至保辦公處彙送區公所辦理統計工作

8 區公所辦理統計工作完後除將原表發交保辦公處保存作為該保今後辦理户籍登記之依據(代表户籍登記簿)

三 統計方法

1 各區公所收到各保户口查記表後並按照各保番號順序及調查統計項目填載則計表分別計算各項統計數列表呈報民政府備查

2 統計數目以一保為一單位集各保之統計為一區之統計集各區之統計為為全市之總計

3 統計工作分組辦理各區得按所轄保數酌設若干統計組每組統計五保至七保為原則

4 每一統計組由二人組成之以一人按照規定統計事項唱唸各項統計數字另一人依照唱唸項目數字填入則計表內

5 則計表以滿五則為一正字餘數推以計其總數

6 則計完畢後担任則唱人員並互調工作实行校对一次俾免遺

南京市民政局举行户口總清查工作人員編組表

區別	保數	甲數	編組數	參加人數	附註
總計	410	7534	7534	15,068	每組二人由甲長及警員或首部警察[illegible]生参加担任其参加人員合如上數
第一區	35	805	805	1,610	
第二區	24	629	629	1,258	
第三區	31	594	594	1,188	
第四區	36	806	806	1,612	
第五區	35	945	945	1,890	
第六區	26	548	548	1,096	
第七區	23	472	472	944	
第八區	19	255	255	510	
第九區	39	589	589	1,178	
第十區	37	352	352	704	
第十一區	46	689	689	1,378	
第十二區	[illegible]	689	689	1,378	
第十三區	10	161	161	[illegible]	

漏報後由將各項統計數目分別填入統計表內以資正確

四、宣傳

1. 举行户口總清查宣傳週
2. 請各報社刊登户口總清查消息
3. 請各電影院放映户口總清查標語
4. 請各有関機関首長廣播户口總清查之要義

五、辦理統計人員請警察所派員協助

六、辦理户口總清查所需各項表冊用具由民政局籌备

七、呈請各有関機関會商户口總清查辦法及实施日期并請内政部派員指導

八、辦理户口總清查工作人員講習班由各區分別举行之。

（南京市档案馆提供）

国民政府行政院为切实施行《戒严法》致南京市政府训令*

（1948年5月）

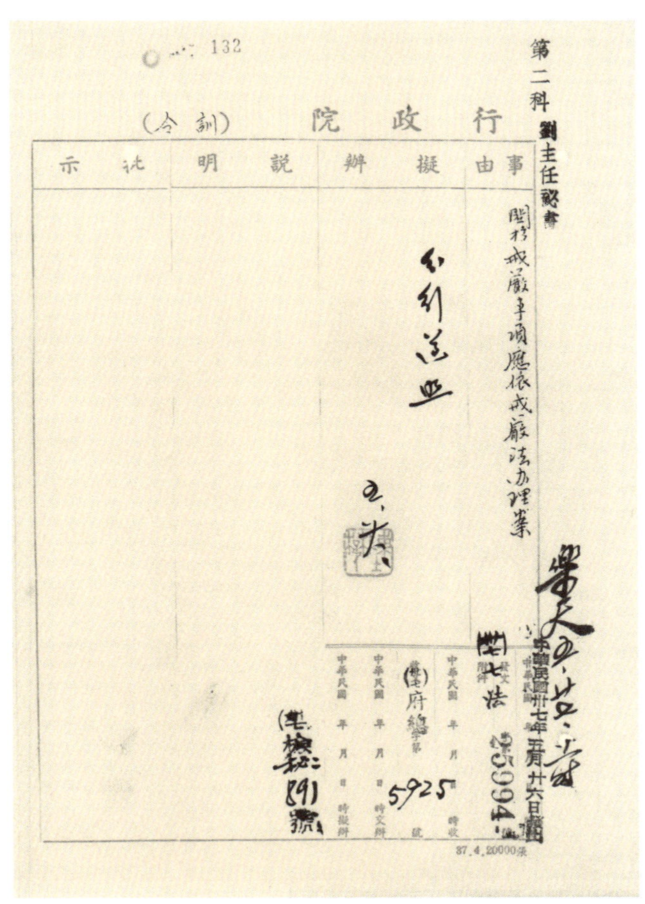
第二科

劉主任秘書

行政院 （訓令）

事由	擬辦	說明	批示
關於戒嚴事項應依戒嚴法辦理案			

中華民國卅七年五月廿六日

37.4.20000張

---

*《戒严法》是国民党镇压革命和人民群众的法规，最早于1934年11月29日由南京国民政府公布施行，1948年5月19日和1949年1月14日两次修订，全文共13条。该法对人民的生活、行动、言论及营业等各方面进行了严格的限制。

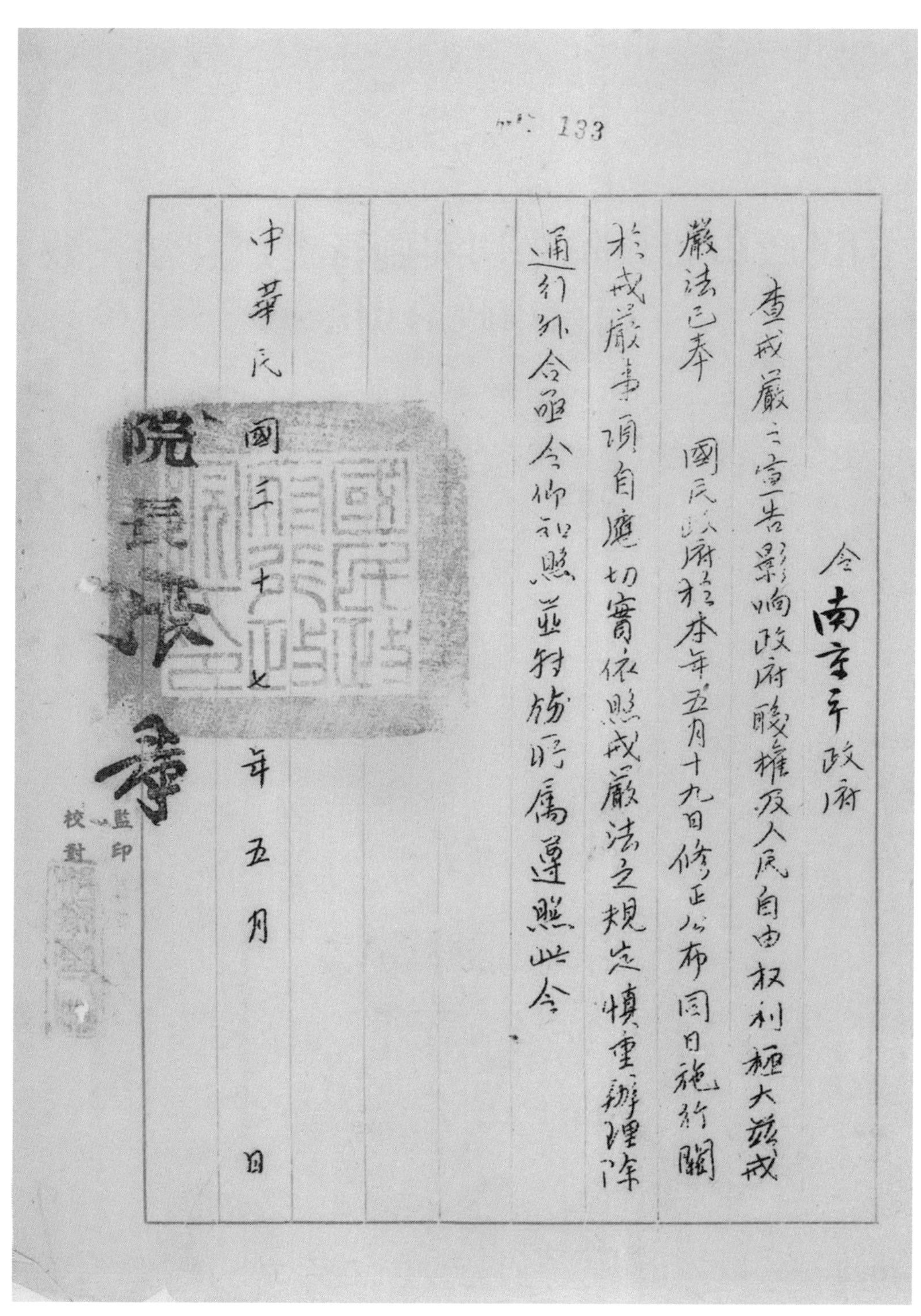

133

令南京市政府

查戒嚴之宣告影响政府職權及人民自由权利極大兹戒嚴法已奉　國民政府於本年五月十九日修正公布同日施行關於戒嚴事項自應切實依照戒嚴法之規定慎重辦理除通行外合亟令仰知照並轉飭所屬遵照此令

院長　張羣

監印
校對

中華民國三十七年五月　日

（南京市档案馆提供）

国民政府颁布《动员戡乱时期制发国民身份证实施办法》

（1948年7月）

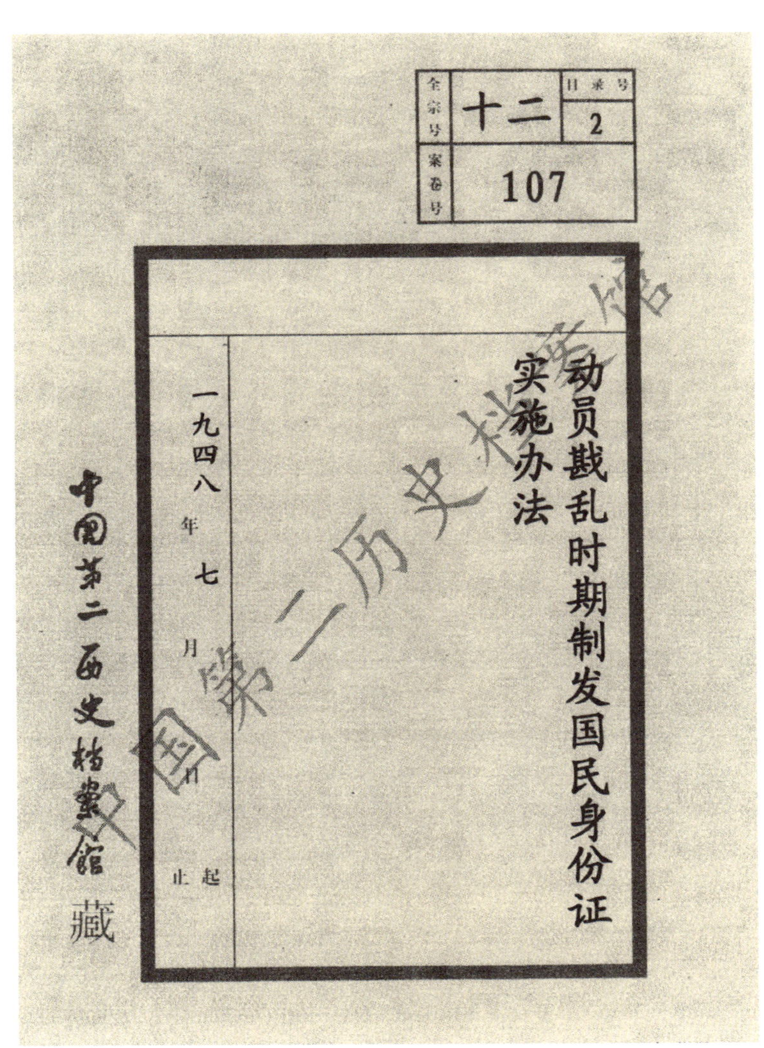

全宗号	十二	目录号	2
案卷号	107		

动员戡乱时期制发国民身份证实施办法

一九四八年七月 日 起止

中国第二历史档案馆藏

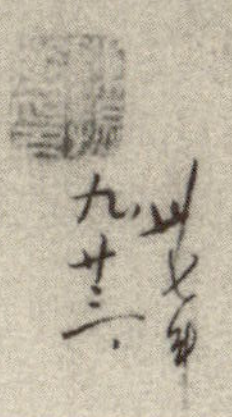

動員戡亂時期製發國民身分證實施辦法 行政院三十七年七月二十三日四内字第三三四七一號通令施行

第一條 為配合動員戡亂加強製發國民身分證之實施起見特制定本辦法

第二條 凡未製發國民身分證之區域應依本辦法規定於辦理設籍登記後三個月內製發完成（綏靖區於辦理戶口清查後三個月內製發完成）

第三條 製發國民身分證應根據戶籍登記簿（綏靖區根據戶口清查表）過錄以後辦理之請求補發換發應備具聲請書

流動人口及判處徒刑在執行期間者不得發給國民身分證

第四條 國民身分證以一律貼用相片為原則並於粘相片騎縫處加蓋鋼印如確因照相困難得暫以箕斗代替

第五條 各縣應製備製發國民身分證清冊並黏貼領證人相片或註明其箕斗備查

第六條 年滿十八歲以上之人民須一律發給國民身分證年在十八歲以下者由各省市斟酌辦理

第七條 國民身分證因毀損滅失或變更登記過多時應依法補發換發必要時得普遍換發

第八條 遷徙人口辦理遷徙登記時主管機關應查驗其國民身分證並於戶籍登記簿及國民身分證內有關欄位分別填註備查

第九條 各省縣製發換發及補發國民身分證數量應按月統計每半年彙報內政部備查

第十條 國民身分證一律不得攜往匪區違者即予收繳並酌予懲罰

第十一條 已製發國民身分證區域為匪佔據時應查明字號及確數迅速呈由該管省市政府分別函令作廢嚴密查防並報內政部備查

由匪區來歸人民得憑原領證換發其餘各縣區

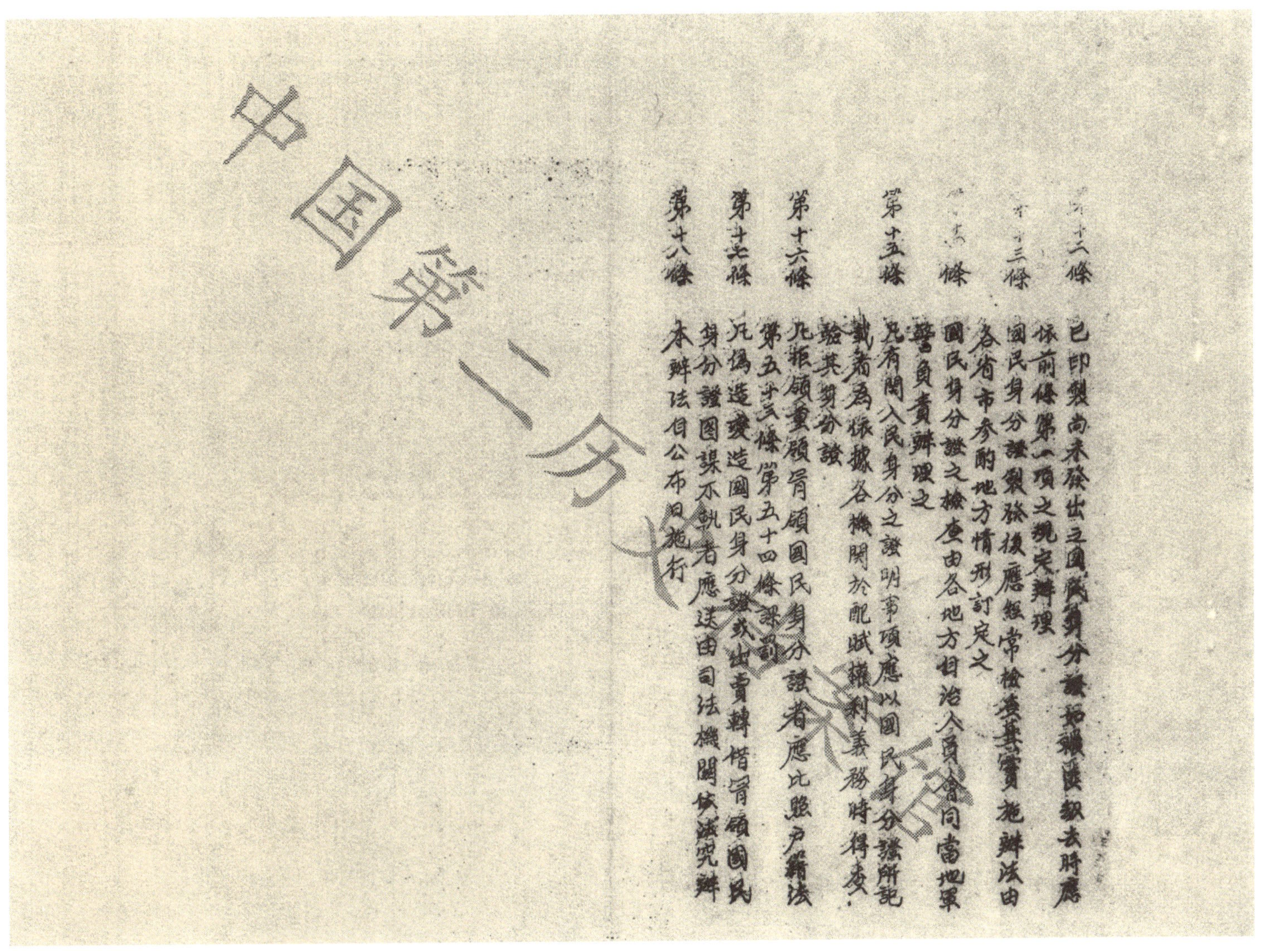

第十二條　已印製尚未發出之國民身分證如須[illegible][illegible]去時應
依前條第一項之規定辦理

第十三條　國民身分證製發後應經常檢查其實施辦法由
各省市參酌地方情形訂定之

第十四條　國民身分證之檢查由各地方自治人員會同當地軍
警負責辦理之

第十五條　凡有關人民身分之證明事項應以國民身分證所記
載者為依據各機關於配賦權利義務時得要
驗其身分證

第十六條　凡誑領重領冒領國民身分證者應比照戶籍法
第五十三條第五十四條課罰

第十七條　凡偽造變造國民身分證或出賣轉借冒領國民
身分證圖謀不軌者應送由司法機關依法究辦

第十八條　本辦法自公布日施行

（中国第二历史档案馆提供）

中国共产党江苏省南京市组织史资料（全国解放战争时期）*

（1945.9—1949.10）

解放战争时期南京党组织的沿革，大体上可分为两个阶段：第一阶段从1945年9月南京各系统党的关系逐步交给南京工作部至1946年4月建立市委；第二阶段从1946年4月市委建立至1949年4月南京解放。

1945年8月9日，毛泽东同志发表《对日寇的最后一战》，号召中国人民的一切抗日力量，举行全国规模的反攻。8月10日，中共中央指示华中局，“集中主力去占领大城市和要点”。根据以上指示精神，华中局决定由新四军进攻南京，并任命粟裕为南京特别市市长，方毅为副市长。南京党组织进行了紧张的动员和组织工作，发动党员和积极分子组织地下军，发动铁路工人掌握铁路交通，打算里应外合，配合新四军接收南京。8月15日，日本宣布无条件投降，中国的抗日战争取得了伟大胜利。8月21日，党中央根据当时国内外形势，决定采取“力争东北，巩固华北，收缩华中，撤退华南”的战略部署，停止进攻上海、南京等长江以南的大城市，因此南京党组织配合新四军接收南京的工作即行中止。

同年9月19日，中共中央作出“向北发展，向南防御”的部署，并决定华中局北移山东，和山东分局组成华东局，并在华东局领导下，在华中地区建立华中分局。抗日战争胜利后，南京又成为国民党政府的首都，由于南京地区的重要，10月，华中分局决定成立南京工作部，作为华中分局城工部的派出机构，

---

*本文选自中共南京市委组织部、中共南京市委党史办公室、南京市档案局编：《中国共产党江苏省南京市组织史资料（1922—1987）》，南京出版社1991年版，第80—102、105、108页。

专管南京党的工作，由陈修良任部长，先后驻江苏六合、安徽天长等地。南京工作部建立后，逐步接收了各系统在南京的党的组织关系。

1946年1月，中国共产党代表同国民党政府代表正式达成停战协定并在政治协商会议上通过了五项协议，但是国民党蓄意破坏协定，积极准备发动全面内战。为了适应斗争形势的需要，1946年春，华中分局陆续派了一些党员到南京，加强南京党的力量。4月，华中分局决定撤销南京工作部，建立中共南京市委，由陈修良任书记。此时，南京共有党员220多人。5月，陈修良召集市委委员开会，传达了华中分局关于南京工作的指示，要求利用各种合法条件，开展群众斗争，建立和发展党的组织；市委不设工作机构，干部要职业化、社会化，立足于群众之中。

市委建立后，将原来各系统的党组织统一领导起来，并按产业进行调整，由市委委员分工负责，单线联系。这时市委直接向在上海的原中央城工部副部长刘晓和华中分局城工部部长沙文汉请示汇报工作。1947年1月，成立中共中央上海分局，5月改为中共中央上海局，南京市委先后由上海分局、上海局领导。

1946年5月3日，周恩来率中共代表团从重庆飞抵南京，继续和国民党谈判，并建立中共中央南京局①。原在重庆、成都等地由南方局领导的一些秘密党员和党的外围组织新民主主义青年社成员，先后随学校、机关、工厂迁回南京，他们分别由中共中央南京局组织部和青年组、妇女组联系。

同年6月，国民党不顾全国人民的反对，悍然发动全面内战，人民解放军被迫进行自卫战争。同年11月，由于国民党单方面召开伪“国大”，国共谈判宣告破裂，中共代表团周恩来等撤返延安。国民党自发动内战以后，在军事上不断遭受挫折，在经济上出现危机，当时国民党统治区通货膨胀，物价暴涨，生产凋蔽，民不聊生，人民群众强烈不满，在此情况下，市委领导南京人民开展了轰轰烈烈的反对美、蒋反动派的爱国民主运动。

1947年1月，南京学生为抗议美军强奸北平女学生，举行了大规模的游行，抗议美军暴行，提出“要求美军滚出中国去！”的口号。同年5月20日，南京、上海、苏州、杭州等城市16个专科以上学校的5000余名学生在南京举行反饥饿、反内战、挽救教育危机的联合大游行，向国民党政府请愿，遭到国民党军

①1945年12月，中共中央南方局改为中共中央重庆局，1946年5月又改为中共中央南京局。

警的血腥镇压。惨案发生后，社会各界纷纷发来慰问函电，支持学生的正义行动。这就是著名的五二〇运动。这次斗争，有力地揭露了国民党反动派，教育了人民，使国民党反动政府完全陷于孤立。在五二〇运动后，毛泽东同志发表《蒋介石政府已处在全民的包围中》的文章，指出："中国境内已有了两条战线。蒋介石进犯军和人民解放军的战争，这是第一条战线。现在又出现了第二条战线，这就是伟大的正义的学生运动和蒋介石反动政府之间的尖锐斗争。"

为适应当时斗争形势的需要，5月下旬，中共中央上海局决定将原南京局领导的从大后方回到南京的党员数十人交给南京市委领导。7月以后，中共上海市委所领导的在南京工作的26名党员亦陆续交给南京市委。同时，南京市委还发展了一批党员，并陆续接受了原属南方局领导后失去党组织关系的30多人重新入党。

从1947年下半年至1948年底，国民党在军事上、政治上不断遭到惨重失败，南京人民的爱国民主运动进一步广泛深入的发展。在此期间，中共南京市委采取机动灵活的斗争策略，把政治斗争与经济斗争紧密结合起来，开展了分散的、此起彼伏的学生运动和职工运动，组织了许多重大斗争。如全市大中学生的助学运动，纪念五二〇周年活动，包围国民党青年部和反对召开伪"国大"等斗争。市委还领导了印刷业、三轮车公司、江南汽车公司、首都汽车公司、永利铔厂、两浦铁路工人以及教师、公务员、店员等进行了各种形式的斗争。这些都有力地打击了国民党的反动统治，配合了人民解放军的军事斗争。

在解放战争胜利发展的形势下，1948年9月，上海局发出对南京市委的指示信，要求南京市委完成下列任务：1.继续为巩固与扩大党的组织而斗争；2.相机进行策反、怠工破坏工作；3.研究敌人政治、军事、经济的动态；4.开辟文化、宣传部门工作；5.建立外县、近郊农村党的组织和输送干部至解放区。市委根据这一指示，进一步建立和加强了各个工作委员会，继续巩固和扩大党的组织。为保存党的力量，防止敌人的破坏，市委从1948年7月开始，把已经暴露的党员、新青社员和进步群众400多人有计划地陆续撤退到解放区或疏散隐蔽到其他地区。1948年冬至1949年初，市委领导党员和群众，对国民党军政机关进行了调查工作，并且开展了反破坏、反搬迁、护厂、护店、护校、保护城市和情报、策反工作，为解放南京、接管南京进行了一系列的准备工作。

在整个解放战争时期，中共南京市委先后在华中分局、上海分局和上海局的领导下，正确执行了党在白区的工作方针和斗争策略，团结教育人民，不断巩固和发展了党的组织，特别是在淮海战役以后发展了一大批党员，以适应形势发展的需要。到1949年4月南京解放时，南京市委下设学生、工人、小教、公务员、文化、警员、银钱业、店员、中教等九个工作委员会[①]和情报、策反两个系统，并领导镇江工委和芜湖等支部，总计有80个支部，约2000名党员（含撤退到解放区的党员200多人）。

解放战争时期，在党的领导下，南京还建立过新民主主义青年社、新民主主义青年工作小组、中央大学校友联谊会等秘密外围组织和新民主主义青年团。

在高淳、六合、江浦县境也曾建立过党的县委、政权和地方武装。

第一节　党　的　组　织

一、中共中央华中分局南京工作部领导的南京党组织

（1945.10—1946.4）

抗日战争胜利后，南京党组织仍分别由华中分局城工部和苏南[②]、皖江、淮南等区党委领导。1945年10月，开始陆续交给南京工作部统一领导。

1.华中局领导的南京工作委员会，1945年10月改由华中分局南京工作部领导。同年12月，南京工作委员会设立学生工作委员会，书记林仪（女，又名欧阳仪），组织委员柯建萍（女，又名柯秀珍），宣传委员盛天任。1946年2月，南京工作委员会共有9个支部，142名党员（包括分散的单线联系的党员）。

2.原苏南区党委特派员方休领导的47名党员，1946年2月交给南京工作部领导。

3.皖江区党委江全县委领导的花浦区委，共有2个支部，26名党员，1946年2—3月间交给南京工作部领导。

4.淮南区党委领导的8名党员，1945年10月，交给南京工作部领导。

①当时的名称不统一，有的叫工作委员会，有的叫运动委员会，都是在市委的领导下分管一个产业的党组织，这里统一称“工作委员会”。

②1945年5月，苏皖区党委改称为苏南区党委。

二、中共南京市委员会（1946.4—1949.4）

1946年4月，华中分局决定撤销南京工作部，成立中共南京市委，陈修良任书记，刘峰任副书记，朱启銮、王明远、方休为委员。1947年1月方休调离，同年5月，陈慎言任委员。南京市委属华中分局城工部领导，1947年1月和5月，先后改由上海分局和上海局领导，直至1949年4月南京解放。市委机关先后设在中正路武学园37号楼上、湖南路223号、马路街复成新村10号等三处。

中共南京市委

书　记　　陈修良（女，1946.4—1949.4）

副书记　　刘　峰（1946.4—1949.4）

委　员　　朱启銮（1946.4—1949.4）

王明远（1946.4—1949.4）

方　休（1946.4—1947.1）

陈慎言（1947.5—1949.4）

市委下辖组织

1946年4月市委成立后，按产业系统逐步建立各个工作委员会，分别领导下属基层党组织。首先，调整充实了原有的学生工作委员会，并增设了情报系统和下关两浦工人区委、城内工人区委。1947年初，上述两个工人区委撤销，统一成立工人工作委员会（简称工委）。1948年1月成立小教工作委员会（简称小教委）；3月成立公务员工作委员会；10月成立文化工作委员会（简称文委）；11月成立警员工作委员会、银钱业工作委员会和店员工作委员会；同年秋，建立策反系统。1949年1月，成立中教工作委员会（简称中教委）。到南京解放前夕，市委共有九个工作委员会和情报、策反两个系统。

（1）学生工作委员会

1946年5月，市委对学委进行充实调整，由市委委员王明远兼任书记。1948年4月，盛天任任副书记。1949年1月，学委成员调整，改由盛天任任书记，沙轶因任副书记，市委委员王明远仍负责联系学委工作。

书　记　　王明远（兼，1946.5—1948.12）

盛天任（1949.1—1949.4）

副书记　　盛天任（1948.4—1948.12）

沙铁因（女，1949.1—1949.4）

委　员　　林　仪（女，1946.5—1947.6—7）

盛天任（1946.5—1948.4）

卫永清（1947.6—7—1948.12）

沙铁因（女，1947秋—1948.12）

饶展湘（1948.12—1949.4）

胡立峰（1948.12—1949.4）

五二〇运动以后，学生中党员人数增加，为了分别开展大学和中学的工作，1947年7—8月间，在学委下面先后成立大专分委、男中分委和女中分委。

大专分委

书　记　　卫永清（1947.7—8—1948.12）

饶展湘（1948.12—1949.4）

委　员　　饶展湘（1947.7—8—1948.11）

翁礼巽（1947.7—8—1949.4）

李慕唐（1948.11—1949.4）

王慧君（女，1949.1—1949.4）

男中分委

书　记　　盛天任（1947.8—1948.12）

胡立峰（1948.12—1949.4）

委　员　　胡立峰（1947.8—1948.12）

鲁　平（又名张杰，1947.8—1948.12）

左士杰（1948.12—1949.4）

王毅刚（1948.12—1949.4）

许家现（1949.4—1949.4）

潘振玉（1949.4—1949.4）

女中分委

书　记　　沙铁因（女，1947秋—1949.4）

委　员　　张锦屏（女，1948.12—1949.4）

丁玉虹（女，1948.12—1949.4）

大专分委下属党组织有中央大学总支委员会和各大专学校支部委员会。中大总支于1947年10月建立，颜次青、李慕唐先后任书记，先后任委员的有翁礼巽、李慕唐、胡润如（女）、时昭溥、赵宏才（又名赵洛生）、许思灏（女，又名许荏华）、张植年、程郁璞、蒋毅莘。1949年2月底，成立新的中大总支，李慕唐任书记，周兰（女）、陈启刚、徐瑞卿先后任副书记，周延祐、屠益范、王鼎新为委员。

（2）工人工作委员会

1946年5月，成立下关两浦工人区委和城内工人区委，分别由彭原、陈慎言任书记。1947年初，下关两浦工人区委和城内工人区委撤销，成立工人工作委员会，陈慎言任书记，1949年2—3月间增补高骏为副书记。

下关两浦工人区委

书　记	彭　原（1946.5—1947初）
委　员	马文林（1946.5—1947初）
	高　骏（1946.5—1947初）

城内工人区委

书　记	陈慎言（1946.5—1947初）
委　员	林　徵（1946.5—1947初）
	乔关生（1946.5—1946秋）
	叶再生（1946.5—1947初）

工人工作委员会

书　记	陈慎言（1947初—1949.4）
副书记	高　骏（1949.2—3—1949.4）
委　员①	彭　原（1947初—1948.1）
	高　骏（1947初—1949.2—3）
	叶再生（1948.1—1949.1）

在工人工作委员会下面先后建立中共两浦区委、电信局总支、联勤总支等组织。

①另据有关同志回忆，1949年3—4月间，工委负责人曾口头宣布李铮、鲁平、陈明、曾群、纪浩5人为工委委员。

中共两浦区委

1947年夏秋间建立，陈明任书记，李守纲、陈椿江为委员，两浦区委先后由林徵、高骏分工联系。1949年1月，李守纲、陈椿江撤离，张以新、林映银递补为区委委员。

中共电信局总支

1948年10月建立，华格人任书记，冯仲一、吴兆奇为委员，不久增补李磐为委员。电信局总支由李铮联系。

中共联勤总支

1948年10月建立，张成章任书记，温一平任副书记，袁子布为委员。

（3）小教工作委员会

1948年1月，成立小教工作委员会，杨华任书记。1949年1月，小教工作委员会改为小教党委，曹昭云任书记，杨华任副书记。小教工作委员会和小教党委先后由市委委员朱启銮和市委副书记刘峰负责联系。

小教工作委员会

书　记　　杨　华（1948.1—1949.1）

委　员　　潘嘉镇（1948.1—1948.12）

　　　　　张其勋（1948.1—1949.1）

小教党委

书　记　　曹昭云（1949.1—1949.4）

副书记　　杨　华（1949.1—1949.4）

委　员　　张其勋（1949.1—1949.4）

（4）公务员工作委员会

1948年3月，成立公务员工作委员会，王嘉谟任书记，先由市委委员朱启銮负责联系，1948年秋改由林徵负责联系。

书　记　　王嘉谟（1948.3—1949.4）

委　员　　羊申甫（又名刘诚，1948.3—1949.4）

　　　　　姚禹谟（1948.3—1949.4）

（5）文化工作委员会

1948年10月，成立文化工作委员会，由市委委员王明远兼任书记，1949年初，改由黄可任书记，仍由王明远负责联系。

书　记　　王明远（1948.10—1949初）

　　　　　黄　可（1949初—1949.4）

副书记　　黄　可（1948.10—1949初）

委　员　　丁又川（1948.10—1949.4）

　　　　　李世仪（1948.10—1949.4）

1948年底，文委下设新闻分委和艺术分委。

新闻分委

书　记　　丁又川（1948底—1949.4）

委　员　　姚北桦（1948底—1949.4）

　　　　　宋锡仁（1948底—1949.4）

　　　　　吕健军（1948底—1949.4）

艺术分委

书　记　　李世仪（1948底—1949.4）

委　员　　朱克可（1948底—1949.4）

　　　　　朱石基（1948底—1949.4）

（6）警员工作委员会

1948年11月，成立警员工作委员会，陈良任书记，马文林任副书记，由市委委员陈慎言负责联系。

书　记　　陈　良（1948.11—1949.4）

副书记　　马文林（1948.11—1949.4）

（7）银钱业工作委员会

1948年11月，成立银钱业工作委员会，顾公泰、周家嵘为负责人，由市委副书记刘峰负责联系。

负责人　　顾公泰（1948.11—1949.4）

　　　　　周家嵘（1948.11—1949.4）

（8）店员工作委员会

1948年11月，成立店员工作委员会，张士雄、陆少华为负责人，由市委副书记刘峰负责联系。

负责人　　　张士雄（1948.11—1949.4）

　　　　　　陆少华（1948.11—1949.4）

（9）中教工作委员会

1949年1月，成立中教工作委员会，领导中教和卫生系统的党员，卫永清任书记，由市委委员王明远负责联系。

书　记　　　卫永清（1949.1—1949.4）

（10）情报系统

1946年初，华中分局派卢伯明等来南京开展情报工作。5月，建立情报系统，卢伯明为负责人，由市委书记陈修良单独联系，并先后受华中分局、上海分局、上海局情报部门领导。

负责人　　　卢伯明（1946.5—1949.4）

（11）策反系统

1948年9月，上海局将原属上海局领导的情报工作人员史永等人的关系交给南京市委，建立策反系统，史永为负责人。策反系统由市委书记陈修良单独联系，并受上海局领导。

负责人　　　史　永（又名沙文威，1948秋—1949.4）

市委领导的外地党组织

解放战争时期，市委在外地先后建立了镇江工委和芜湖、宣城、安徽大学、淮南煤矿、句容5个支部。此外，市委还派党员去徐州、无锡、嘉定开展工作。1947年初，由南京去上海工作或升学的部分党员，建立了上海联络站，由贺崇寅负责，市委书记陈修良直接联系。1948年秋，联络站撤销。

中共镇江工委

1948年1月，市委派胡果到镇江开辟工作。1949年1月，市委决定成立镇江工作委员会，胡果任书记，由市委副书记刘峰负责联系。

书　记　　　胡　果（1949.1—1949.4）

委　员　　　谢　枫（1949.1—1949.4）

　　　　　　王文知（1949.1—1949.4）

　　　　　　严克群（1949.2—1949.4）

　　　　　　周聪章（1949.2—1949.4）

中共芜湖支部

1946年7月建立，何明、张一锋先后任支部书记。

中共宣城支部

1947年夏建立，徐祖一任支部书记。1948年冬，徐祖一被捕，宣城支部的党员仍坚持活动，直到解放。

中共安徽大学支部

1946年10月建立，李昭定、刘玉甫先后任支部书记，1948年夏撤销。

中共淮南煤矿支部

1947年7—8月间建立，方刚任支部书记，至1949年1月淮南解放。

中共句容支部

1949年1月建立，陈家钰任支部书记，由张杰负责联系，1949年2月撤销。

第二节　党领导的秘密外围组织和新民主主义青年团

解放战争时期，南京党组织领导的秘密外围组织有新民主主义青年社、新民主主义青年工作小组、中央大学校友联谊会。此外，还建立了新民主主义青年团。

一、新民主主义青年社

1945年8月，经中共中央南方局批准，在重庆中央大学建立新民主主义青年社（简称新青社）。1946年夏，中央大学由重庆迁回南京，新青社由中共中央南京局领导，以后又转给中共中央上海局领导。五二〇运动后不久，上海局将新青社成员100多人交给南京市委领导。该社先后有400名社员，其中200多人于解放前入党，其余的于解放后转为新民主主义青年团团员。

二、新民主主义青年工作小组

1946年5月，中共代表团到达南京后，南京局青年组长刘光召集原在重庆时就有联系的进步关系胡果等人开会，决定成立城市青年工作小组，1947年初改名为新民主主义青年工作小组（简称新青小组），开展青年工作。在两年多时间里，新青小组在报馆、银行、学校等单位发展了100多名成员，其中40多人在南京解放前入党。

三、中央大学校友联谊会

1947年五二〇运动以后，为加强党在中大教师和科研机构人员中的工作和继续联系已在中大毕业离校的进步分子，市委决定建立中央大学校友联谊会（简称校联）。校联成立后，先后由市委学委、中大教师党支部领导，共发展会员60多人，其中20多人在南京解放前加入了党组织，其余成员在南京解放后转为新民主主义青年团团员。

四、新民主主义青年团

1949年1月，中共中央发布《关于建立中国新民主主义青年团的决议》并公布《中国新民主主义青年团团章草案》后，市委学委决定在大、中学校建立新民主主义青年团（简称新青团）组织。南京解放以前，除中大已建立新青社不再建团以外，金大、金女院和部分中学先后建立了新青团组织，共发展团员100余人。

第三节　南京周围游击根据地的党、政、军、统、群组织

1945年10月，江南新四军北撤，根据上级党组织的指示，江宁、横山、溧高等县委撤销，分别成立留守处。1946年6—7月间，溧高、江宁两县留守处先后遭到国民党破坏，停止了活动。横山留守处仍坚持斗争，直到1949年4月横山地区解放。

1947年冬和1948年2月，在高淳月亮湖地区和无为县境，先后成立芜当宣（江北）工委、芜当宣（江南）工委，1949年2月，以上两个工委统一成立芜当宣工委。同年4月，芜湖、当涂、宣城解放，芜当宣工委撤销。1948年10月，在高淳县城还成立了中共高淳县特别支部。

1945年11月，江浦县委改为县工委，同年12月，县工委撤销。1948年11月，在江浦、和县和全椒的原江和全地区重新建立江全县委。1949年2月，江全县委撤销，成立江浦县委。

1946年9月，六合县的党、政、军组织撤出县境。自1946年8月起，在六合边境陆续建立东南工委、东南县委、来六县委、盱嘉来六县委、六合县委。

1949年1月至5月，六合、江浦、江宁、溧水和高淳等县境相继解放。

一、横山地区

1945年10月新四军北撤，茅山工委派特派员纪涛、林德润分别去横山、江宁两地建立留守处和武工队。横山县留守处主任兼武工队长为刘杰枝，江宁县留守处主任和武工队长由林德润兼任。后因横山地区白色恐怖严重，纪涛随茅山工委行动，同年12月到达苏北。刘杰枝在与上级领导失去联系的情况下，带领武工队在原地坚持斗争，直到横山地区解放。

1946年1月，江宁县留守处主任林德润在战斗中被捕。6月，江宁县留守处政治工作负责人赵金城去苏北高邮向新四军江南办事处汇报情况，办事处改派李孝廉到江宁工作。7月，李孝廉被捕，江宁县留守处停止活动。

二、溧高地区

1945年10月上旬，茅山工委派特派员纪涛到溧水县境组建溧高县留守处和武工队，程华平任留守处主任兼武工队长，乔怀仁任武工队副队长。10月中旬程华平被捕，11月乔怀仁叛变，溧高县留守处遭到严重破坏。11月中旬，茅山工委书记徐明派原溧阳县西唐区组织科长袁焕明到溧高县恢复党的组织。1946年4月，茅山工委书记徐明牺牲，溧高县留守处与茅山工委失去联系。6月，袁焕明被迫撤走，溧高县留守处停止活动。

三、芜当宣、高淳地区

1947年冬，在皖北无为县上庄院成立中共芜当宣（江北）工委，属皖西四地委领导。1948年2月，在宣城、高淳交界的月亮湖地区成立中共芜当宣（江南）工委，属皖南地委领导；同年7月，改由皖南沿江工委领导。1949年2月，芜当宣（江北）工委和芜当宣（江南）工委统一起来，在月亮湖地区成立新的芜当宣工委，仍属皖南沿江工委领导。1948年10月，在高淳县城成立了中共高淳县特别支部，属上海局外县工作委员会领导。

中共芜当宣（江北）工委（1947冬—1949.4）

书　记　　彭醒梦（1947冬—1949.4）

中共芜当宣（江南）工委（1948.2—1949.2）

书　记　　孙　刚（1948.2—1949.2）

中共芜当宣工委（1949.2—1949.4）

书　记　　孙　刚（1949.2—1949.4）

中共高淳县特别支部（1948.10—1949.5）

书　记　　　高介子（1948.10—1949.5）

芜当宣地区建立的政权、地方军事组织

芜当宣行政办事处（1949.2—1949.4）

主　任　　　孙　刚（兼，1949.2—1949.4）

暂编芜当宣第三游击大队（1949.2—1949.4）

大队长　　　徐振亚（1949.2—1949.4）

副大队长　　季海波（1949.3—1949.4）

指导员　　　季海波（兼，1949.3—1949.4）

四、江浦地区

1945年11月，淮南区党委指示江浦县委北撤。同时，为处理北撤后的一些遗留问题，淮南区党委决定成立江浦县工委。12月，江浦县工委撤销。1948年11月建立江全县委，1949年2月改为江浦县委。江全县委和江浦县委均属江淮五地委领导。

中共江浦县工委（1945.11—1945.12）

书　记　　　纪立纲（1945.11—1945.12）

中共江全县委（1948.11—1949.2）

书　记　　　王训友（1948.11—1949.2）

中共江浦县委（1949.2—1949.4）

书　记　　　王训友（1949.2—1949.4）

副书记　　　胡　林（1949.2—1949.4）

江浦地区建立的政权、地方军事组织

江浦县办事处（1945.11—1945.12）

主　任　　　纪立纲（1945.11—1945.12）

江全督导室（1948.11—1949.1）

主　任　　　葛　平（1948.11—1949.1）

江全办事处（1949.1—1949.2）

主　任　　　周　俊（1949.1—1949.2）

副主任　　　葛　平（1949.1—1949.2）

江浦县政府（1949.2—1949.4）

县　长　　石永家（1949.2—1949.4）

副县长　　葛　平（1949.2—1949.4）

江全大队（1948.12—1949.2）

大队长　　胡仁达（1948.12—1949.2）

政　委　　王训友（1948.12—1949.2）

江浦县大队（1949.2—1949.4）

大队长　　张　杰（1949.2—1949.4）

政　委　　王训友（1949.2—1949.4）

五、六合地区

1945年8月，中共冶山县委改称为六合县委，属淮南津浦路东地委领导。1946年9月，六合县委撤销。

1946年8月，建立东南工委，属淮南区党委华中三地委领导。1948年4月，江淮区党委决定东南工委改为东南县委。同年5月江淮一地委成立后，东南县委属江淮一地委领导。

1948年5月，建立来六县委，属江淮一地委领导，7月，江淮一地委决定将盱嘉、来六两县合并建立盱嘉来六县委。

1948年11月，东南县委、盱嘉来六县委撤销，建立六合县委，属江淮一地委领导。

中共六合县委（1945.8—1946.9）

书　记　　魏　然（1945.8—1945.10）

　　　　　陈雨田（1945.10—1946.2）

　　　　　秦　超（1946.2—1946.9）

副书记　　秦　超（1945.8—1946.2）

　　　　　董家邦（1945.9—1946.4）

　　　　　李华楷（1946.5—1946.7）

中共东南工委（1946.8—1946.9）

书　记　　陈雨田（1946.8—1946.9）

中共东南县委（1948.4—1948.11）

书　记　　　魏　然（1948.4—1948.8）

　　　　　　丁明志（1948.8—1948.11）

副书记　　　项　南（1948.8—1948.11）

中共来六县委（1948.5—1948.7）

书　记　　　李　锐（1948.5—1948.7）

中共盱嘉来六县委（1948.7—1948.11）

书　记　　　胡　坦（1948.7—1948.11）

副书记　　　沙流辉（1948.7—1948.11）

中共六合县委（1948.11—1949.1）

书　记　　　沙流辉（1948.11—1949.1）

六合地区建立的政权、地方军事组织

六合县政府（1945.8—1946.9）

县　长　　　魏　然（1945.8—1945.10）

　　　　　　刘力行（1945.10—1946.9）

副县长　　　印绳之（1945.8—1945.11）

　　　　　　李绳武（1945.9—1946.1）

　　　　　　汪伯民（1946.4—1946.5）

东南县政府（1948.4—1948.11）

县　长　　　陈仁刚（1948.4—1948.11）

副县长　　　葛许光（1948.5—1948.10）

　　　　　　张振中（1948.4—1948.8）

　　　　　　周元林（1948.8—1948.11）

来六县政府（1948.5—1948.7）

县　长　　　余树棠（1948.5—1948.7）

盱嘉来六县政府（1948.7—1948.11）

县　长　　　沙流辉（1948.7—1948.11）

副县长　　　杨如新（1948.7—1948.11）

　　　　　　杨守仁（1948.7—1948.11）

六合县政府（1948.11—1949.1）

县　长　　任文彬（1948.11—1949.1）

副县长　　杨守仁（1948.11—1949.1）

六合县支队（大队）（1945.8—1946.9）

1945年12月，六合县支队改称六合县大队。

司　令　　艾明山（1945.8—1946.9）
（大队长）

副司令　　张白鹦（1945.8—1946.9）
（副大队长）

东南支队（1946.8—1946.9）

司　令　　艾明山（1946.8—1946.9）

政　委　　陈雨田（1946.8—1946.9）

东南支队（1948.4—1948.11）

司　令　　魏　然（1948.4—1948.8）
　　　　　薛　磊（1948.8—1948.11）

副司令　　薛　磊（1948.4—1948.8）

政　委　　魏　然（1948.4—1948.8）
　　　　　丁明志（1948.8—1948.11）

来六支队（1948.5—1948.7）

司　令　　顾玉清（1948.5—1948.7）

政　委　　李　锐（1948.5—1948.7）

副政委　　曾海涛（1948.5—1948.7）

盱嘉来六县支队（1948.7—1948.11）

司　令　　顾玉清（1948.7—1948.11）

副司令　　葛志华（1948.7—1948.11）

政　委　　胡　坦（1948.7—1948.11）

六合县总队（1948.11—1949.1）

总队长　　任文彬（1948.11—1949.1）

副总队长　万百川（1948.11—1949.1）

政　委　　沙流辉（1948.11—1949.1）

中国共产党南京市组织沿革示意图（1937.9—1949.4）

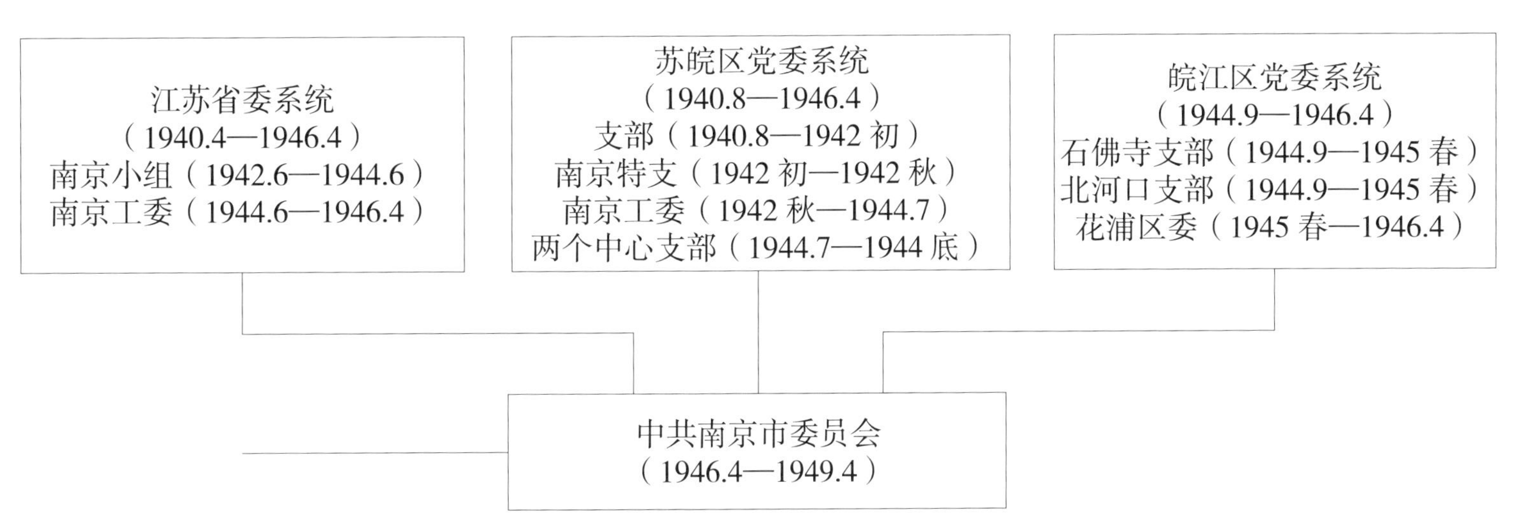

注：抗日战争时期，还有苏中、淮南、情报等系统先后派党员来南京工作。

1949年4月南京解放时全市党员分布情况表

名　称	党员数	备　注
学生工作委员会	647	
工人工作委员会	535	
小教党委	92	
公务员工作委员会	102	
文化工作委员会	100	系约数
警员工作委员会	148	
银钱业工作委员会	36	
店员工作委员会	70	
中教工作委员会	39	含卫生系统
情报系统	39	
策反系统	36	
镇江工委	83	
芜湖支部	18	
宣城支部	12	
淮南煤矿支部	13	
上海联络站	18	
其他	12	市委领导人和驻机关人员
合计	2000	系约数

解放战争时期南京地下党的隐蔽斗争
——以民国南京户籍卡档案为中心的研究

张生　徐春　孔爱萍

从1927年4月南京国民政府建立到1949年4月人民解放军占领总统府，南京是国民党和汪伪统治的核心地带。在这个特殊的空间中，中共地下党的生存极为困难。1927年到1934年，党组织经历了八次大的破坏，谢文锦、孙津川等多位书记相继牺牲；1934年到1939年，甚至经历两个“无党员时期”[①]。抗战时期，南京和周边地区的地下党组织有所恢复和发展，但抗战胜利后，国民政府“还都”，百万人口的南京城中，国民党党、政、军、宪的机关工作人员达11万，南京警察厅的在册警察也有9700余人[②]。虽然全国革命形势不断发展，但在南京，敌强我弱的极端困难局面一直存在。有人统计，从中共开始在南京活动至1949年南京解放的二十多年里，中共南京地下党组织9次遭到破坏，“113名主要负责人中，32人先后英勇牺牲”[③]。

“寇可往，我亦可往”，中国共产党人前赴后继地进入南京。“隐蔽精干、长期埋伏、积蓄力量、等待时机”，是中共中央确定的地下工作指导方针，如何将其与南京的实际结合起来？如何在敌人的心脏里潜伏下来，谋求发展，开展工作，掌握群众，造成打击国民党统治的“第二条战线”？这关系到南京地下党的战略和策略，是摆在南京地下党面前、关系其生死存亡的大问

①中共南京市委组织部整理：《南京地下党的组织情况（初稿）》（1922年—1949年4月），1959年11月。

②中共南京市委党史工作办公室编：《南京解放史》，中共党史出版社2019年版，第72页。

③吕宁丰：《尘封半世纪档案首次整体披露，揭开南京地下党组织可歌可泣斗争史》，《江苏对外经贸论坛》2011年第2期。

题。解读南京市档案馆所藏这一时期的南京户籍卡档案，可以看到，南京的中共地下党出色地回答了这些问题。

必须指出，这一时期的南京户籍卡档案是国民党政权留下的，他们进行户籍调查和统计时，共产党人不可能主动暴露自己的身份。相反，共产党人必须有清晰的亲属关系，“合理”的居留理由，“正当”的事务和职业，频繁、大量地使用化名。“大隐隐于市”，才能在百万南京人民的汪洋大海中不动声色地生存下来，这就给今天识读南京户籍档案背后的巨量信息带来了特殊的困难。

我们的尝试是初步的，敬请专家指正。

一、南京户籍调查和户籍卡档案

1927年6月6日，南京国民政府公布《南京特别市暂行条例》，确定了南京作为特别市直接隶属于国民政府的地位。1928年至1929年，国民政府先后出台了《户口调查统计报告规则》和《人事登记暂行条例》。1928年8月至10月，南京市便开展过一次大规模的首都户口调查活动，开始登记人口的出生、死亡、婚姻、继承、分居、迁徙、失踪等内容。随后，国民政府于1931年颁布《户籍法》，1934年颁布《户籍法实施细则》，“但由于该法条文太过繁琐，极难操作，而且只注重法定人口而忽略实际人口，不能适应军事时期之需要，因此只有云南、察哈尔两省及少数县级机构进行试办，成绩大都不佳”[①]。1936年7月4日，南京市还组织了以市长马超俊为总团长、约5000名调查员的队伍，对全市十六万九千余户进行户口总复查。全面抗战爆发后，南京的户籍统计随即中止。抗战胜利后，国民政府把户口清查作为施政的一项重要内容。为了有效地完成户籍调查，国民政府不仅委托内政部负其责，还于1946年1月3日修正公布了《户籍法》，1947年3月12日公布了《户口普查法》，相较于抗战前，户籍调查的内容也规定得更为详尽。

1947至1948年，国民党当局在南京连续开展了两次“户口总清查”与“户口总复查”，留下了以人口户籍卡为主的人口户籍统计档案近200万份。2006年底，南京市档案馆从南京市公安局浦口石佛寺仓库接收了这批原国民政府首都

①陈竹君：《略论南京国民政府的户口统计调查制度》，《湖北警官学院学报》2002年第2期。

警察厅留存的户籍资料，并对其中150万张户籍卡（含户卡和口卡）进行了电子化。2015年6月，民国南京户籍卡成功入选第四批《中国档案文献遗产名录》。这批档案客观反映了抗战胜利后到南京解放前夕南京市居民的人口状况，十分珍贵。

根据这次户籍调查，到1948年9月止，南京特别市共有409保，7850甲，254055户，人口共计1333891人，其中男性750138人，占总人口56.24%，女性583753人，占总人口43.76%①。在这次户籍调查中，还统计出南京人口中本籍人口有516914人，占总人口的38.75%，其中男性284102人，占本籍人口的54.96%，女性232812人，占本籍人口的45.06%；外省市人口815933人，占总人口的61.15%，其中男性465494人，占外省市人口的57.05%，女性350439人，占外省市人口的42.95%。外籍人士1044人，其中男性542人、女性502人②。外来人口占大多数，跟南京作为国民党政权首都的属性有关；在一个外来人口比比皆是的城市，地下党的活动有“天然”的便利。

户籍卡的内容具体而繁琐。每一户建有户卡，户卡主要登记户别、户主、地址、保甲番号，还需要登记本户所有人口内容，包括称谓、姓名、别号、性别、年龄、出生年月日、本籍、寄籍、身份证号、职业业别、服务处所、党籍、宗教、教育程度、婚姻状况、居住本地年月、废疾及身体上特征、异动登记等。

每一个受到户籍调查的个人，都要填写口卡，有些口卡为户籍登记本人填写，则更为珍贵。口卡正面有编码、户主姓名、本人姓名、别号、性别、教育程度、职业、服务处所、年龄、出生年月日、本籍、寄籍、特征、与户主关系、家属人数、居住本市年月、身份证号、公民资格宣誓时期、公民资格宣誓地点、兵役起役、兵役除役、住址、保甲番号、住址异动登记、义务劳动、附记等二十余项内容，并须粘贴本人证件照片。除此之外，还需要登记指纹。

根据这批历史档案，我们可以从宏观和微观层面上看到解放前夕南京人口

①《南京市各区现有人口统计表（一）人口性别》（1948年9月），南京市档案馆藏，全宗号1003—4，卷宗号175。

②《南京市各区现有人口统计表（二）籍别》（1948年9月），南京市档案馆藏，全宗号1003—4，卷宗号175。

结构的详细信息。一些特殊的户籍卡，还透露了不为人知的历史细节，如1946年5月，设在重庆的中共中央南方局（重庆局）迁往南京，继续进行国共谈判，由周恩来总负责并改称为中共中央南京局，对外称中共代表团南京办事处，办公地点设在国民政府附近的梅园新村，直到1947年3月。通过其户籍档案，可以检索到工作人员名单34人，户主是周恩来，工作人员的身份包括军政、记者、勤务、家属等，多出生在1910年至1930年之间，除周力行等4人为大学学历外，教育程度以中小学居多，籍贯则来自天南海北，为数不多的几位女性，以家属的身份出现①。

户籍调查是现代政府社会管理的常用手段之一，但国民政府开展户籍调查的目的之一，就是为了清查出隐藏在南京的中共地下党组织。像周恩来这样能公开以合法身份居住在南京的共产党人毕竟只是个案，绝大多数地下党人、包括南京解放前最后一任中共南京市委书记陈修良，都只能以其他身份来掩护。1948年7月，她在总结两年多的地下工作时指出："敌人控制力量强大，使南京城的政治环境过去和现在都处在很艰难的情况中，造成了我们工作条件的许多困难，迫着我们更小心地、慎重地进行工作。"②严峻的工作环境造成的人为信息失真，要求研究者综合其他资料，对户籍档案进行二次甄别，以最大程度地抽取其中的历史信息，彰显户籍卡相关内容的历史价值。

实际上，有关部门在对100多万份的南京户籍卡进行扫描时，根据之前多年积累的人物线索和新发现的组织资料，也无法找到陈修良本人，而陈修良明明就在其中。后来，工作人员通过其回忆文章中提及的住处"武学园3号"，逆向搜索到所在地址的户籍卡，并通过对照粘贴在户籍卡上的照片，才得以确认其中寄住在一个柏姓户主家的"程兰如"就是陈修良，而陈修良的各种传记和回忆文章，并未提及这一化名。

市委情报负责人卢伯明，按本名检索没有查到，在南京市档案馆馆藏档案中也未发现有效线索，后根据《解放战争时期的商报南京办事处》一文中的一句话，"情报部负责人卢伯明（化名鲁道麟）……还是在中央商场二楼租了一

①南京市档案馆编：《民国珍档：民国名人户籍》，南京出版社2015年版，第25—26页。

②陈修良：《南京建党工作总结》，姜沛南、沙尚之编：《陈修良文集》，上海社会科学院出版社1999年版，第181页。

个店面（实际是一个摊位）”，最终检出“鲁道麟”的民国户籍卡，户籍卡上填写的服务处所正是中正路中央商场，“摊住30号”，本籍、出生日期也核对无误。户主却为“唐季平”①。

并非仅有身处高位的地下党员使用化名隐身，普通党员同样如此。地下党员曹琬祖籍安徽歙县，因祖父在南京购置了房产，全家定居南京，1946年10月加入中国共产党，1948年底任金陵女子大学支部宣传委员。曹琬早年就定居南京，理应能查到其户籍档案，结果却没有检出。我们在南京市档案馆藏《南京市私立明德女子中学学生学籍家况登记表》中获得了其父亲姓名：曹鬋公，随即在户主曹鬋公名下，检出姓名为“曹毓苾”的民国户籍卡，经比对确定“曹毓苾”就是曹琬②。

跟影视剧描绘的场景不一样，地下党“市委全体会议开得极少，往往只是三个人在一起开会，再多的人就有危险了。我出门寻人，经常走小巷子，转弯抹角地绕圈子，下雨天带伞，夏天戴黑眼镜，从不进电影院、商场、旅馆、茶楼、酒肆、公园、游乐场所，真正是隐姓埋名在敌人的心脏中进行地下活动”③。千百个“程兰如”就这样活动在南京，于无声处听惊雷，他们最终与渡江部队一起，迅速地解放了南京。

在貌似枯燥的百万户籍卡档案中，找寻隐身其中的中共地下党，有关单位付出了巨大的辛劳，基本还原了解放战争时期南京地下党的组织架构和骨干人员构成，初步揭示了一段貌似平静、实则腥风血雨的历史，丰富了我们对中共地下党斗争艺术的认识，也深化了对建党精神的理解。

二、南京地下党的隐蔽策略

“江山就是人民，人民就是江山”④。南京地下党化身于百万南京人民之中，成功地躲过国民党军警宪特的搜索侦查、围追堵截，出色地承担了自己的使命，生动地诠释了这一命题。

---

①南京市档案馆藏，户籍卡10—08—055448。

②南京市档案馆藏，户籍卡10—12—001559。

③陈修良：《战斗在敌人的心脏——南京》，《陈修良文集》，第157页。

④习近平：《在庆祝中国共产党成立100周年大会上的讲话》（2021年7月1日）。

抗战胜利后，根据形势发展，1945年8月29日，中共中央发出《关于大城市交通要道的工作方针的指示》指出：凡我不能切实占领的大城市及交通要道中的工作，必须仍作长期打算，积蓄力量，以待将来。……在城市与交通要道，应尽可能留下不暴露的力量。并须派遣大批干部潜入国民党重要的军事、政治、经济、文化、党务机关和铁路、工厂、矿山、市政、银行、学校里边建立工作，利用合法，团结群众，以便将来更有力地进行民主运动[①]。华中中共高层据此筹划统一领导南京城内的地下党组织。1945年9月，华中分局副书记谭震林与陈修良谈话，“决定派我去城工部工作，并设立城工部的派出机关——南京工作部，全称是‘中共中央华中分局城工部南京工作部’，任命我任南京工作部部长，驻地是六合县”[②]。“当时南京城内党的活动有几条线，彼此不发生关系，工作很不协调。这些组织有：城工部领导的南京工委，苏南、淮南、皖江等区党委派出去的一些党的组织，和六合、江浦等县的党员”[③]。全部党员约220人。后工作部改为南京市委，陈修良为书记，刘峰为副书记。为防止意外，“南京市委仍属分局城工部领导，不能与公开的中共代表团有任何联系，只能互相呼应……彼此之间如有互通情报的必要，只能通过华中分局”[④]。陈修良脱去军装，换上“旧时装”，渡江到镇江，再坐火车到南京。“南京城内，特务如毛，身入者确有‘虎穴’之感”[⑤]。她先住在朱启銮家里，不久在外找了两间房子。“因国民党要查户口，我们来历不明，恐怕出事。我就迁入柏焱、柯秀珍同志的家里，他们有一个婴儿，我就算是他们的‘姑妈’。柏焱和柯秀珍都是中学教员，这地方在中正路武学园三号的楼上，我住在右面的厢房，市委也常在那里开会”[⑥]。陈修良给自己定的职业是“家务”[⑦]。副书记刘峰则化名“汤健行”，自成户主，在南京市中心新街口的“财务部清理储备银行总署”

①中共上海市委党史资料征集委员会主编：《解放战争时期的中共中央上海局》，学林出版社1989年版，第9页。

②陈修良：《战斗在敌人的心脏——南京》，《陈修良文集》，第151页。

③陈修良：《战斗在敌人的心脏——南京》，《陈修良文集》，第151页。

④陈修良：《战斗在敌人的心脏——南京》，《陈修良文集》，第153—154页。

⑤陈修良：《战斗在敌人的心脏——南京》，《陈修良文集》，第154页。

⑥陈修良：《战斗在敌人的心脏——南京》，《陈修良文集》，第154页。

⑦南京市档案馆藏，户籍卡10—12—024980。

谋到了差事[1]。朱启銮化名“朱金波”，以大学学历在石鼓路41号做上了“教育”工作，在居住南京时间一栏中则填写为17年[2]。学生工作委员会书记王明远化名“王绍华”，燕京大学毕业，寄住在户部街64号“姨表兄弟”马卓然（户主）家，职业为培育中学“教员”，调查户籍时到南京才两个月[3]。

这种策略就是陈修良所总结的，“地下市委的组织必须严密。市委不设机关，干部职业化、社会化，立脚在群众之中”[4]。这体现了1941年周恩来在南方局工作会议上关于国统区斗争提出的“十六字方针”，即地下党员要“勤业、勤学、勤交友”，做到“职业化、社会化、合法化”[5]。三勤三化的中心是社会化，“党员及干部有了社会身份，同普通群众一样生活，就能够在社会上立住脚步，在群众中扎下根”[6]。藏身于群众之中，是南京地下党潜伏下来、实现工作目标的根本性原则。

藏身于群众之中的地下党，生活的样态跟那个时代非常合拍，看不出异样。刘峰就像一个四处寻找机会的精明生意人，和当时的体制实现了无缝连接，“为了掩护工作和维持生活，就和马卓然同志在兴中商场作起五洋生意，根据市场的行情变化，买进卖出洋烟、洋火、洋皂等，每天上午去一下，主要由马参加交易。1946年秋，我有位亲戚在国民党财政部钱币司任副司长，被任命为汪伪中央储备银行清理处处长。经从重庆回来的我的大哥介绍，我到该处担任出纳会计，这样我不仅有了固定和较好的收入，而且可以作为地下工作的掩护。……又和清理处的一位科长合伙在建邺路开了一个合作肥皂厂。因为是合作社的性质，可以向国民党合作金库贷些款，利息较低，利用这些资金买进原材料进行生产，找了一位技师，雇了几个工人。由于物价不断飞涨，因之利润较好。我在南京大部分时间都有了较固定的职业，依靠自己的收入维持全家的生活，也便于我长期坚持工作”[7]。

①南京市档案馆藏，户籍卡10—08—029247。

②南京市档案馆藏，户籍卡10—06—000419。

③南京市档案馆藏，户籍卡10—02—037140。

④陈修良：《战斗在敌人的心脏——南京》，《陈修良文集》，第154页。

⑤南方局党史资料征集小组：《南方局党史资料（一）》，重庆出版社1986年版，第184页。

⑥中共南京市委党史工作办公室编：《南京解放史》，第77页。

⑦刘峰：《白区二十年》，中共江苏省委党史工作办公室、中共南京市委党史工作办公室编：《重温激情岁月——革命者口述历史》，中共党史出版社2003年版，第81—82页。

在这样隐蔽斗争的战略和策略之下，中共南京地下党从200多人迅速发展到2000多人。为了防止泄密，南京市委并未按地区来划分组织系统，而是按行业类别进行分工。除个别部门以外，南京市委下属各机构通常以委员会或独立的党支部形式出现。各方工作虽仍归南京市委统筹领导，但各工作口的分管部门也获得了一定的独立工作空间，对很多问题可以更加灵活地处理。这种划分体系也有利于党的隐蔽和安全，陈修良设想："如某一部门遭受破坏，或发生问题时，不致相互牵累。"[①]关于是否在市委之下建立区委的问题，她明确表示，淮海战役后"虽然这一问题也曾考虑与讨论过"，但最终"事实上除浦口地区因交通条件关系，曾建立有一个区委外，南京城内并没有建立过区委组织"[②]。也就是说，南京市地下党组织体系的特征是市委统抓、行业口分工负责到底的工作机制。

尽管十二万分地小心，在国民党强力控制下的南京，组织的局部暴露仍是大概率事件。1948年1月，工人工作委员会委员彭原被叛徒李长荣出卖。李长荣是京沪线的铁路工人，1945年参加进步团体同心会，后入党，担任下关车站党支部委员。抗战胜利后，他向敌人自首，并在杭州参加了特务训练。1947年6月，李被派回南京，伪装革命，与车站支部委员张家元联系，要求与上级组织恢复关系，当时工委决定由彭原与其联系。第二次会面时，李长荣带领一批特务逮捕了彭原，同天被捕的还有下关车站党员张家元、孙罗礼，后来又陆续逮捕了马继善等5名党员，致使下关车站党的活动完全停顿。彭原与南京市委关系紧密，后者由此陷入危机。幸亏彭原扛住了酷刑，坚贞不屈，"拒绝承认党的关系"，使南京市委最终"化险为夷"。然而，南京下关地区党支部的工作却遭受了严重破坏，组织长期难以恢复。陈修良将此次事件称为解放战争时期"南京党一次最大的损失"[③]。

面对严峻的局面，陈修良分析说，大城市的革命高潮必将到来，需要有"强大巩固的党"。为此，一方面，需要"严密党的下层组织，群众组织与秘

①陈修良：《南京解放战争时期党的工作情况》（1962年3月26日），南京市档案馆藏，档号：406300000010042006，第3页。

②陈修良：《南京解放战争时期党的工作情况》（1962年3月26日），南京市档案馆藏，档号：406300000010042006，第4页。

③陈修良：《战斗在敌人的心脏——南京》，《陈修良文集》，第164页。

密组织分开，避免给敌人破坏机会，加强党的秘密工作与气节教育，有计划的整编自己的组织”[①]。另一方面，“不管敌人会不会迁都，兵临城下时，人民有大批逃亡的可能，只要城市里还留着人民，我们必须坚持着自己的工作，而且今天就应该考虑把党的基础建筑在可能留在城市中的人民中间”[②]。

不惟组织路线如此，南京地下党的工作方法也紧紧依靠人民。南京的情报工作主要“是依靠群众的力量，并不采取收买引诱的手段，统战对象有时常起重要的作用，有时候利用亲属关系也很有成效”[③]。地下党陆庆良将这种工作方法形象地比喻为“酵母菌”：“一群酵母菌在面粉里面发酵，只看到面在咕噜咕噜地鼓起来，最后将面粉做成白馒头，但是你看不到这个酵母菌。不是一个酵母菌就能把馒头做起来的，它是集体的作用。地下党员就好比是发面用的酵母菌，能看到面发起来，却看不到酵母菌在哪里。”[④]

留在人民中间的南京地下党最终和南京人民一起迎来了南京解放。

三、南京地下党的组织体系

1948年9月中共中央上海局研判局势，认为南京解放有望，同时南京城内的地下工作形势会更加严峻。因此，上海局要求南京市委对工作进行调整，既要注重保护和发展党组织，也要加强对敌研究，做好情报、宣传、策反和破坏工作，以便进一步配合解放军的行动[⑤]。南京市委经过讨论，决定对组织机构进行一次大范围的调整。中共南京地下党的组织体系便在这次调整中逐渐发展成熟，至解放前夕，中共南京市委共形成了九个工作委员会和两个特殊系统。

目前，已经确认了这九个工作委员会、两个特殊系统175位地下党员的户籍卡，其中包括市委领导7人，即陈修良、刘峰、朱启銮、王明远、陈慎言、卢伯明和史永，他们在户籍卡中均用化名。学生工作委员会24人，工人工作委员会

①陈修良：《南京建党工作总结》，《陈修良文集》，第164页。

②陈修良：《南京建党工作总结》，《陈修良文集》，第185页。

③陈修良：《我永远难忘的革命经历》，中共江苏省委党史工作办公室、中共南京市委党史工作办公室编：《重温激情岁月——革命者口述历史》，第22页。

④陆庆良口述，郭淑文、徐彦整理：《甘当革命的”酵母菌”》，中共南京市委党史工作办公室编：《在历史的洪流中：革命者口述历史续》，中共党史出版社2016年版，第260页。

⑤《上海局给南京市委的指示信》（1948年9月21日），南京市档案馆藏，档号：4063000000503030007，第1—6页。

29人，小教工作委员会17人，公务员工作委员会6人，文化工作委员会21人，警员工作委员会17人，银钱业工作委员会18人，店员工作委员会9人，中教工作委员会（含卫生系统）9人，情报系统8人，策反系统8人，镇江工委1人，宣城地区1人。整个中共南京地下党系统在户籍卡档案中浮现出来：

1.学生工作委员会，于1946年5月进行了“充实调整”，由王明远任书记。1949年1月，改由盛天任任书记，王明远仍在市委中负责学委工作。五二〇学生运动后，学生党员的数量发展很快，学委又在1947年夏先后成立了大专分委、男中分委和女中分委。鉴于大学生是学生运动的主力，相应的组织工作更为重要，学委大专分委下又设立了中央大学总支委员会和各大专学校支部委员会[①]。除了管理和发展学生中的党组织外，学委还要领导新民主主义青年社等外围学生组织。

2.工人工作委员会，于1947年初由下关两浦工人区委和城内工人区委改组而成，由陈慎言任书记。工委于1947年夏秋之间又下设了中共两浦区委。1948年10月又先后建立了中共电信局总支和中共联勤总支[②]。工委下属的重要组织多在水电、军工、铁路、码头等行业的工人当中。“党的关系由各委员分头联系”[③]，各组织之间的横向联系是非常少的。

3.小教工作委员会，于1948年1月成立，杨华任书记。一年以后，小教工委改组为小教党委，由曹昭云任书记。该组织在市委中先后由朱启銮和刘峰负责联系[④]。

4.公务员工作委员会，于1948年3月成立，王嘉谟任书记，先后由朱启銮和林征（徵）负责联系[⑤]。南京当时有公务员13万人，这股力量无法忽视。该委员

①中共南京市委组织部、中共南京市委党史办公室、南京市档案局编：《中国共产党江苏省南京市组织史资料（1922—1987）》，南京出版社1991年版，第86—87页。

②中共南京市委组织部、中共南京市委党史办公室、南京市档案局编：《中国共产党江苏省南京市组织史资料（1922—1987）》，第88—89页。

③陈修良：《南京解放战争时期党的工作情况》（1962年3月26日），南京市档案馆藏，档号：406300000010042006，第2页。

④中共南京市委组织部、中共南京市委党史办公室、南京市档案局编：《中国共产党江苏省南京市组织史资料（1922—1987）》，第89页。

⑤中共南京市委组织部、中共南京市委党史办公室、南京市档案局编：《中国共产党江苏省南京市组织史资料（1922—1987）》，第90页。

会主要是对国民党中央各部委所属的公务人员开展工作，主要任务是“调查国民党机关内的物资与人员”[①]，以便解放时接收工作能够顺利进行。

5.文化工作委员会，于1948年10月成立，由王明远、黄可先后任书记，市委中由王明远负责。文化工作委员会分管了很多宣传工作，在1948年底又下设了新闻分委和艺术分委[②]，分管国民党各报馆、剧团等文化团体内部的中共地下党组织[③]。

6.警员工作委员会，于1948年11月成立，陈良任书记，陈慎言在市委中负责。该部门的“工作对象是国民党的警察与工人自卫队等组织”，主要工作包括在警察系统联络进步分子，发展部分党员，并注重“保护工厂，维持秩序，防止敌人破坏物资”[④]，以及进行相关的调查研究工作。

7.商店、银行、邮局等行业职工内的党组织，由市委副书记刘峰负责[⑤]。1948年11月，鉴于这些行业中党员数量有所发展，南京市委又分别设立了店员工作委员会和银钱业工作委员会来组织对应行业的党员，仍由刘峰负责联系。

8.中教工作委员会，成立于1949年1月，卫永清任书记，王明远负责联系。该部门负责领导中教系统和卫生系统的党员[⑥]。

9.情报系统，早在1946年5月就随南京市委建立，由陈修良单线联系，先后直接受华中分局、上海分局、上海局的领导。负责人卢伯明在1946年初便受华中分局的指派前往南京开展情报工作[⑦]。

---

①陈修良：《南京解放战争时期党的工作情况》（1962年3月26日），南京市档案馆藏，档号：406300000010042006，第2页。

②中共南京市委组织部、中共南京市委党史办公室、南京市档案局编：《中国共产党江苏省南京市组织史资料（1922—1987）》，第90页。

③陈修良：《南京解放战争时期党的工作情况》（1962年3月26日），南京市档案馆藏，档号：406300000010042006，第2页。

④陈修良：《南京解放战争时期党的工作情况》（1962年3月26日），南京市档案馆藏，档号：406300000010042006，第2页。

⑤陈修良：《南京解放战争时期党的工作情况》（1962年3月26日），南京市档案馆藏，档号：406300000010042006，第2—3页。

⑥中共南京市委组织部、中共南京市委党史办公室、南京市档案局编：《中国共产党江苏省南京市组织史资料（1922—1987）》，第91页。

⑦中共南京市委组织部、中共南京市委党史办公室、南京市档案局编：《中国共产党江苏省南京市组织史资料（1922—1987）》，第92页。

10.策反系统，南京市委于1948年9月建立，负责人史永原是上海局在南京情报组织的负责人。1948年，在南京市委已划归上海局领导的情况下，为了精简机构和保护上海局，史永负责的情报部门组织关系转交给了南京市委。在此基础上，南京市委建立了策反系统，由陈修良单线联系，并直接受上海局领导[①]。该部门主要负责联系国民党军内部的策反对象与个别统战对象，“凡是在军事机关有起义可能的线索，均集中于策反系统，策反系统对上海局负责”[②]。

国民党从未低估中共的组织能力，也并非没有意识到南京存在着中共地下组织。1938年，身处重庆的蒋介石就提醒自己：“共党教育与经验，是由其国际百年来秘密苦痛、幽囚中所得之教训而成。故其纪律最严，方法最精，组织最密，任何党派所不及。”[③]他深知，共产主义事实上难以战胜，1947年7月，他公开对美国人表示：“对于共产主义之理论与思想，吾人从未予以抨击，……政府固愿充分考虑彼等之意见。”[④]“五二〇运动”前夕，蒋介石发表谈话称：“须知共产党潜伏各大学内之捣乱分子，正以各种之姿态，利用各种之口号，多方煽动，扩大学潮，以遂行其牺牲青年，破坏秩序之预定的阴谋。观于此次学潮之离奇怪诞，为已往任何时期所未有。”[⑤]从反面指出了南京地下党与学生运动的关系。

然而，庞大而井然有序的中共地下党组织，就存在于国民党中央的眼皮底下并高效运转。究其原因，通过户籍卡我们可以看出端倪：杨华化名“杨振宇”，住在膺福街5号，户主杨王民是其父亲，家有9人，其本人在下关的“日侨管理处”工作[⑥]。王嘉谟在上海路福音里3号与其父亲王达五住在一起，已经干上了“市府工务局”的工作[⑦]。陈慎言隐藏之深，则是拥有后见之明的历

①中共南京市委组织部、中共南京市委党史办公室、南京市档案局编：《中国共产党江苏省南京市组织史资料（1922—1987）》，第92页。

②陈修良：《我们战斗在敌人的心脏——南京（下）》，中共南京市委党史资料征集编研委员办公室、南京市档案馆：《南京党史资料》第24—26辑，1989年，第52页。

③《蒋介石日记》，1938年11月18日，美国斯坦福大学胡佛研究所藏。

④《美国与中国的关系》，《中美关系资料汇编》第一辑（内部读物），世界知识出版社1957年版，第296页。

⑤《为整饬学风维护法纪蒋主席诰诫学生》，《申报》1947年5月19日第1版。

⑥南京市档案馆藏，户籍卡10—05—080982。

⑦南京市档案馆藏，户籍卡10—04—028114。

史研究者也深为感佩的。按本名检索，可以检出一张户籍卡，但内容与陈慎言解放后在组织部门登记的信息比对，发现籍贯、教育程度、年龄均不符。后根据《朱启銮自传》中记载的陈慎言“开设电料行（在鼓楼黄泥岗）”的信息，又在相关部门档案陈慎言的人员登记表中查到其妻子姓名，检出其妻子的户籍卡，然后在同一居住地址检出“陈剑华”户籍卡，经过职业、本籍、照片等信息比对，确认“陈剑华”就是陈慎言。户籍卡显示，浙江黄岩人“陈剑华”在南京鼓楼黄泥岗9号“九千闪光水电行”工作，居住南京6个月，户主名为“冯慎叔”，与其为主伙关系①。

上述众多委员会的领导中，也有少数人不使用化名。25岁的盛天任进入“军政部特派员办公室兵工组”，居住在大徨城巷52号，自任户主②。26岁的卫永清深入美大使馆工作，户主为其“表叔”王贵良③。文化工作委员会的黄可户籍登记用的是本名，落的是集体户，在国民政府六十兵工厂工作④。

需要特别指出的是，南京地下党一直处在严重威胁之下，这决定了它的组织发展原则是强调精干有力，解放战争期间很多地区中共党员数量狂飙突进式的增长在南京是看不到的。1948年7月，陈修良严肃提出：“根据以前大量发展党的经验，曾经有过这样的缺点，追求数目字，质量不够好，吸收了一些周围的接近者，而不注意争取群众的领袖与积极分子，大批进来后无法进行教育，反而变坏的也有。组织上联系发生困难，审查工作做得太差，不够条件的没有经过一定的教育的也进来了。根据目前的政治环境，一般地提出‘大量发展’的口号是不适合的，今后发展党员的工作必须有计划有步骤积极进行。”⑤

实际上，现代政党组织自从引入中国以来，一直不能仅以数量考量其战斗力。早有学者指出，1947年时，国民党有普通党员377万余人，军队党员485万余人，加上“三青团”的134万余人，总数近千万。其时，中共党员总数才275

①南京市档案馆藏，户籍卡10—02—097808。

②南京市档案馆藏，户籍卡10—09—013980。

③南京市档案馆藏，户籍卡10—09—092898。

④南京市档案馆藏，户籍卡10—02—055062。

⑤陈修良：《南京建党工作总结》，《陈修良文集》，第186—187页。

万余人，只为其四分之一强[①]。可是，这一点也没有妨碍中国共产党人战而胜之，在南京的恶劣环境中，小而精悍的共产党组织再次诠释了其中的道理。

四、南京地下党的特点和巨大能量

根据已经确认的175位中共南京地下党员户籍卡，对113位信息较全者进行统计，可以看出，男性94人，占83.2%；女性19人，占16.8%。就省籍分布而言，江苏32人，占28.3%；南京24人，占21.2%；安徽12人，占10.6%；浙江8人，占7.1%；湖南7人，占6.2%；广东6人，占5.3%；湖北5人，占4.4%；山东4人，占3.5%；四川、江西、上海、河北各2人，均占1.8%；河南、辽北、天津各1人，均占0.9%。可见，经过短期的发展，南京地下党明显地实现了“在地化”，南京特别市和江苏省的56人，占其中将近一半。如考虑到历史上的“两江”地区包括江苏、安徽和江西，则“在地化”更为明显，地缘的变化，更有利于地下党的潜伏和社会关系的生成。结合“与户主关系”，可见血亲38人，占22.6%；本人为户主者20人，占17.7%；僚属18人，占15.9%；师生13人，占11.5%；姻亲9人，占8.0%；未详者15人，占13.3%。地缘、亲缘和人际网络结合，有助于地下党获得更多的社会资源和更大的腾挪空间。

再看其他与地下工作紧密相关的因素，信息更加丰厚。首先，使用化名者87人，占77%；使用本名者26人，占23%，鲜明地揭示了地下工作的特点。其次，20—29岁者69人，占61.1%；30—38岁者28人，占24.8%；年龄19岁以下者13人，占11.5%，未详者3人，占2.7%。这和行业分布相当契合——学生39人，占34.5%；工界31人，占27.4%；军界9人，占8.0%；政界4人，占3.5%；商界8人，占7.1%；文教界8人，占7.1%；其他7人，占6.2%。而且，就教育程度而言，中学49人，占43.4%；大学36人，占31.9%；小学12人，占10.6%；专科6人，占5.3%，师范、识字各1人，均占0.9%，未详者8人，占7.1%。可见，南京地下党是一个中共领导下，以大、中学生为主，青年工人崭露头角，高度年轻化的群体，他们朝气蓬勃、热血沸腾，有着自己鲜明的特点，发挥了独特的作用。对此，毛泽东进行了精辟的分析，他说：

---

①王奇生：《党员、党权与党争：1924—1949年中国国民党的组织形态》，上海书店出版社2010年版，第342页。

中国境内已有了两条战线。蒋介石进犯军和人民解放军的战争，这是第一条线。现在又出现了第二条战线，这就是伟大的正义的学生运动和蒋介石反动政府之间的尖锐斗争。学生运动的口号是要饭吃，要和平，要自由，亦即反饥饿，反内战，反迫害。蒋介石颁布了《维持社会秩序临时办法》。蒋介石的军警宪特同学生群众之间，到处发生冲突。蒋介石用逮捕、监禁、殴打、屠杀等项暴力行为对付赤手空拳的学生，学生运动因而日益扩大。一切社会同情都在学生方面，蒋介石及其走狗完全陷于孤立，蒋介石的狰狞面貌暴露无遗。[①]

在敌人心脏中战斗，进行艰苦卓绝的斗争，需要绝大的勇气和忠诚，付出巨大的牺牲，南京的中共地下党实践了服膺真理的初心和决心。它的规模相对而言并不大，但其发挥的作用却不是其规模所能说明的。一一列举南京地下党的传奇为篇幅所不允许，这里以户籍卡档案为依据，仅举数例，以彰显其事功于万一。

在南京百万户籍卡中，“沙重叔”十分普通，原籍浙江，寄籍南京。这个人文化程度为大学，出生于1914年1月5日，户籍调查时33岁。因服务于“国立中央研究院”，落了“集体户口”，户主是中央研究院总干事萨本栋[②]。其实他是中共南京市委成员史永，原名沙文威，字重叔，陈修良爱人沙文汉的弟弟。

南京地下党1948年建立策反系统时，即“通知南京全党，凡是在军事机关有起义可能的线索，均集中于策反系统，策反系统对上海局负责”[③]。很快，史永等人策划了俞渤起义，“俞渤原是国民党空军第八大队飞行员，很有正义感。……上海局派了空军医院的军医林诚与他联系。后来上海局把林诚关系交给史永。俞渤在起义之前要求入党，我们批准了他的请求”[④]。1948年12月16日晚，蒋介石正在空军俱乐部开庆祝会，嘉奖飞行人员，俞渤就利用这个时机驾机起义了。

---

①《蒋介石政府已处在全民的包围中》（1947年5月30日），《毛泽东选集》第四卷，人民出版社1991年版，第1224—1225页。

②南京市档案馆藏，户籍卡10—08—096417。

③陈修良：《我们战斗在敌人的心脏——南京（下）》，中共南京市委党史资料征集编研委员办公室、南京市档案馆：《南京党史资料》第24—26辑，第52页。

④陈修良：《战斗在敌人的心脏——南京》，《陈修良文集》，第170页。

接着，他们策反了蒋介石的“御林军”——南京警卫师师长（即九十七师）王晏清，他是开明人士邓昊明的外甥。“王要求见到市委的负责同志，我们就派了史永同志同他见了面。王见我们对他很信任，就下决心起义了”[①]。地下党甚至与王晏清一起策划在南京起义，“控制南京，活捉战犯”[②]，可惜事泄，王晏清带领部队前往解放区。

在这批珍贵的户籍卡中，有一个王姓地下党员大家庭，长子王嘉谟、次子王嘉猷、三子王嘉训、四子王嘉言，以及王嘉谟之妻傅积嘉，都是中共地下党员。1949年1月，经中共南京市委特别批准，“家庭党支部”成立。作为特殊历史条件下采取的一种特殊组织形式，来自同一个大家庭王家兄弟们，以各自社会职业为掩护，共同担负起开展秘密调研的特殊任务。为方便工作，家庭党支部在成立后将活动地点搬迁到王家亲属位于丹凤街石婆婆巷12号的住宅，这里与他们的户籍登记地“福音里3号”相比，是一座独门深院的洋房，更具隐蔽性。

据傅积嘉回忆：“国民党南京地政局拥有完整的产权登记册和地籍图，保存在档案室。中共地下党南京市政府支部书记陈其福通过档案室管理人员濮齐民从档案室中秘密取出所需图册，由陈其福经测工王景栋和王建林两位地下党员，装在图简内，分批背出大门，再由陈其福将图册交给王嘉谟带回家。依据这些档案材料，再进行实地核查。王嘉猷、王嘉训、王嘉言3人负责外勤，走街串巷，调查核实。弄清了国民党中央和地方机关的平面布置。‘家庭党支部’每晚集中活动。对照地籍图、登记册和其他支部提供的情况及白天外出调查的结果，由负责内勤的我用红蓝铅笔修改地籍图、更正登记册。核实过的图纸通过林征（徵）同志上交给地下党南京市委。”[③]

此后，家庭党支部在公务员工作委员会的领导下，以及各系统中共南京地下党员的配合下，主要完成了两大项工作：一是在实地调查核实、不断修正的基础上，形成了一整套按地块划分的国民党各级机关地籍图和登记册；二是按照组织系统分类，整理出一套国民党机关隶属关系及地址明细表。这些调研材料后来

①陈修良：《战斗在敌人的心脏——南京》，《陈修良文集》，第171页。

②陈修良：《战斗在敌人的心脏——南京》，《陈修良文集》，第171页。

③中共南京市委党史工作办公室编：《甘于奉献　初心永恒：南京解放亲历者口述史》，中共党史出版社2019年版，第120页。

被编入《南京概况》，在解放南京和接管南京的过程中，发挥了重要作用。陈修良曾高度评价家庭党支部的贡献："在一次军管会会议上，我与朱启銮、林征（徵）等汇报了南京的房地产详情，刘司令说：这个报告最好，听了让人头脑清醒。这件事是王嘉谟等人的功绩，当时王嘉谟同志对工作极为认真负责。"①

当南京解放的那一天来临时，地下党把南京城内的工人、苦力、店员8000多人组织起来，加上在其影响下的警察2000人，在解放军未入城前，维持了南京的治安。"保护了全市土地财产的登记册，制订了三百余本图册。……大约有八百多党员准备配合解放军进行接管工作。解放以后，我们很快配合进城部队参加了军管会的工作。地下党员熟悉情况，解放军称他们是'引路人'"②。这些为南京解放默默付出的人，这些"引路人"，想必也在南京的户籍卡档案中，尽管至今无法弄清他们的姓名。

南京，是中国近代史的缩影，它见证了中国被纳入世界资本主义体系、"被迫"进入近代历史的屈辱，也见证了国民党政权的兴衰，更见证了中国内部被激发起来的革命力量"结束中国近代史"的时刻。人，是历史的主角，南京户籍卡就是当时一个个活生生的人的具象化信息载体，深化对南京户籍卡档案的研究，必将推动党史、国史和中华民国史等学科领域的研究。

我们还想指出的是，鉴于南京当时特殊的地位，国民党政权在户籍调查中付出了比其他城市更多的人力物力，规模之大，样本之全，信息之丰，其他城市难以望其项背。南京户籍卡档案必将成为历史学和人口学、社会学、人类学、政治学等学科交叉运用的肥沃土壤，也将是数字人文等新兴研究方法的富矿。

［本文选自《民国档案》2022年第4期，系南京市社会科学基金项目专项研究课题"中共南京地下党员户籍档案整理研究"（21ZX03）的阶段性成果。作者张生，系南京大学中华民国史研究中心教授；徐春，系中共南京市委党史工作办公室主任；孔爱萍，系南京市档案馆馆长］

①陈修良：《怀念王嘉谟同志》，《陈修良文集》，第533页。

②陈修良：《战斗在敌人的心脏——南京》，《陈修良文集》，第175页。

后　记

为进一步用好用活南京丰富的党史资源，从党的百年奋斗中汲取继续前进的智慧和力量，中共南京市委党史工作办公室、南京市档案馆、南京大学新中国史研究院联合成立课题组，以“民国时期南京户籍卡档案”研究为中心，共同开展中共南京地下党员户籍档案整理研究项目，并联合编撰出版《战斗在敌人的心脏——解放战争时期南京户籍档案整理研究（一）》。

中共地方党史研究是一项政治性、政策性很强的工作，如何充分挖掘南京丰富的档案资源，更好地拓展地方党史研究领域，是南京党史工作者的初心和使命。从2019年启动项目前期调研，到2022年完成书稿，前后历时3年，其间几经修改、数易其稿，最终定稿。全书共分五大部分，编写分工如下：第一部分为导读，由缪慧执笔。该部分全面介绍开展课题研究的史料基础，回顾解放战争时期中共南京地方组织的沿革与战斗历程，重点阐述对中共南京地下党员户籍卡档案所进行的搜寻与研究，以及伟大建党精神在南京隐蔽斗争中的展现。第二部分为户籍卡及人物小传，由焦惠敏执笔。该部分集中展示解放战争时期100位中共南京地下党员的户籍卡及人物小传，除6名市委委员外，其余户籍卡按照姓名音序进行排列。第三部分为综述文章，遴选自历年来积累的南京地方党史文献（文章排序参考《中国共产党江苏省南京市组织史资料（1922—1987）》），全面概述解放战争时期中共南京地方组织以及下辖组织（主要包括9个工作委员会和情报、策反两个系统）的发展沿革、组织架构和斗争历程。第四部分为回忆文章，大多节选自江苏和南京党史部门已出版的口述史丛书，来自不同战线的中共南京地下党员深情讲述了他们投身革命、坚持斗争、追寻理想的人生历程。第五部分为文献资料，选取了解放战争时期与中共南京地方组织开展隐蔽斗争紧密相关的部分重要文献；国民党政府所颁布的部分与开展户籍调查相关的档案文献；节选自《中国共产党江苏省南京市组织史资料（1922—1987）》的相关资料，以及公开发表于2022年第4期《民国档案》，并于2022年12月11日被中国历史研究院微信公众号全文转载的课题研究论文《解放战争时期南京地下党的隐蔽斗争——以民国南京户籍卡档案为中心的研究》。全书由徐彦、缪慧负责统稿。

本课题研究和书稿编撰工作的史料基础主要包括三大部分：一是南京市档案馆馆藏的“民国时期南京户籍卡档案”；二是馆藏的大批与中共南京地方组织相关的新民主主义革命时期相关档案；三是中共南京市委党史工作办公室历年来征集编撰的大量资料。如《中国共产党江苏省南京市组织史资料（1922—1987）》《南京人民革命史》《无名英雄》等。特别是省市党史部门历年来抢救和保存的近百万字口述史料，如以《重温激情岁月——革命者口述历史》《在历史的洪流中：革命者口述历史续》《甘于奉献 初心永恒：南京解放亲历者口述史》等为代表的一批口述史书籍，为搜寻中共南京地下党员户籍卡，以及完成书稿编撰工作提供了重要线索和史料支撑。另外，还参阅了《陈修良文集》《南京解放》《民国珍档：民国名人户籍》《金女大校友口述史》《南京大学共产党人（1922年9月—1949年4月）》《南京教育志》《南京建置志》等公开出版的图书资料，以及中央、省、市有关单位出版（发表）的其他相关书籍或文章的部分资料。

中共南京市委党史工作办公室负责项目的组织实施并承担项目工作经费以及编撰出版费用；南京市档案馆在协助查阅、复制档案文献的同时，为课题组提供后勤保障；南京大学新中国史研究院主要负责查阅和整理录入相关档案史料，协助完成口述采访工作。新中国成立后，中共南京地下党员的工作足迹遍布全国各地，为准确客观撰写人物小传，课题组先后与北京、上海、江苏、安徽、四川、甘肃、云南、陕西、黑龙江等省市近百家机关、院校、企事业单位取得联系，请求协助查阅相关档案和史料，承办具体工作的同志克服疫情影响，为课题组提供了热情无私的帮助。另外，多位长期关心支持南京党史工作的老领导、老同志，中共南京地下党员的家属、战友，以及全市各区组织、党史、档案部门的同志为课题组提供了重要史料和搜寻线索。

课题研究和书稿编撰出版工作得到中央、省级党史部门，以及全市相关部门的高度重视和支持。原中共中央党史研究室副主任李忠杰就论文框架和书稿编写给予多次指导；省、市专家吴雪晴、吴逵隆、张生、王平等先后审阅书稿并提出了修改意见；中共南京市委党史工作办公室原副主任方芳、南京市档案馆一级调研员张军对项目启动和前期查档工作给予有力指导与支持。中共党史出版社和南京出版社安排了较强编审力量，为确保本书质量并如期出版提供了有力保障。

解放战争距今已有70余年，隐蔽斗争的特殊性使得当年许多中共南京地下党员在参加国民党政府组织的户籍登记时使用了化名，加之新中国成立后，许多单位历经多次撤改合并，使得部分地下党员相关档案的搜寻工作难度较大，因此在书稿第一编中仅展示了相关档案相对完整的100位中共南京地下党员的户籍卡及人物小传。同时，由于户籍卡档案形成于特殊历史时期，其所填内容经考证亦有部分不实之处，特别是出生年月、籍贯、家庭住址等，课题组将在后续深化研究中作进一步甄别。2022年6月，中共南京地下党员户籍档案整理研究二期项目入选中央党史和文献研究宣传专项引导资金2022年度项目，成为全国党史部门获得立项的50个研究课题之一。2023年，课题组将继续推进课题研究项目，并联合编撰出版《战斗在敌人的心脏——解放战争时期南京户籍档案整理研究（二）》。各位专家和读者如有相关重要史料和线索，欢迎与我们联系。另外，因书中使用的部分图片未能联系到原拍摄者，请图片作者在看到书稿后与我们联系，我们将按标准支付稿酬。

值此书稿付梓之际，谨向所有参与单位和个人表示诚挚的感谢和敬意！由于编者水平所限，以及本书史料涉及时间较长，档案文献和许多统计数据来源较庞杂等因素，书中舛误之处在所难免，敬请各位专家和读者不吝指正。

编者

2023年1月